INSTITUTES OF THE CHRISTIAN RELIGION

1559년 최종판

기독교 강요 하

KB192864

세계
기독교
고전

◀ 46 ▶

INSTITUTES OF THE CHRISTIAN RELIGION

1559년 최종판

기독교 강요 하

존 칼빈 | 원광연 옮김

CH북스
크리스천
다이제스트

세계 기독교 고전을 발행하면서

한국에 기독교가 전해진 지 벌써 100년이 넘었습니다. 그동안 수많은 기독교 서적들이 간행되어 한국의 교회와 성도들에게 많은 공헌을 해 왔습니다. 그러나 기독교 역사 100년을 넘어선 우리의 교회와 성도들에게 더 큰 영적 성숙과 진정한 신앙을 심어주기 위해서는 가치있는 기독교 서적들이 많이 나와야 한다고 생각합니다. 그리하여 영혼의 양식이 될 수 있는 훌륭한 기독교 서적들이 모든 성도들의 가정뿐만 아니라 믿지 아니하는 가정에도 흘러 넘쳐야만 합니다.

믿는 성도들은 신앙의 성장과 영적 유익을 위해서 끊임없이 좋은 신앙 서적들을 읽고 명상해야 하며, 친구와 이웃 사람들의 구원을 위하여 신앙 서적 선물하기를 즐기고 읽도록 권해야 할 것입니다. 이것은 하나님의 백성으로서 살기 원하는 사람은 누구나 마땅히 해야 할 의무라고도 하겠습니다.

존 웨슬리는 "성도들이 책을 읽지 않는다면 은총의 사업은 한 세대도 못 가서 사라져 버릴 것이다. 책을 읽는 그리스도인만이 진리를 아는 그리스도인이다"라고 말했습니다. 우리는 이제 한국에서 최초로 세계의 기독교 고전들을 총망라하여 한국의 교회와 성도들에게 소개하고자 합니다. 전세계의 기독교 고전은 모든 기독교인들에게 영원한 보물이며, 신앙의 성숙과 영혼의 구원을 위하여 이보다 더 귀한 것은 없을 것입니다.

이러한 취지로 어언 2천여 년의 세월이 지나는 동안 세계 각국에서 저술된 가장 뛰어난 신앙의 글과 영속적 가치가 있는 위대한 신앙의 글만을 모아서 세계기독교 고전 전집으로 편찬하고자 합니다.

우리는 이 세계 기독교 고전 전집을 알차고, 품위있게 제작하여 오늘날 한국의 교회와 성도들에게 제공하고 후손들에게도 물려줄 기획을 하고 있습니다. 우리는 다시 한번 다니엘 웹스터가 한 말을 깊이 생각해 보아야 할 것입니다.

"만약 신앙 서적들이 우리 나라 대중들에게 광범위하게 유포되지 않고, 사람들이 신앙적으로 되지 않는다면, 우리나라가 어떤 나라가 될지 걱정스럽다 … 만약 진리가 확산되지 않는다면, 오류가 지배할 것이요, 하나님과 그의 말씀이 전파되고 인정받지 못한다면, 마귀와 그의 궤계가 우세할 것이요, 복음의 서적들이 모든 집에 들어가지 못한다면, 타락하고 음란한 서적들이 거기에 있을 것이요, 우리나라에서 복음의 능력이 나타나지 못한다면, 혼란과 무질서와 부패와 어둠이 끝없이 지배할 것이다."

독자들의 성원과 지도 편달을 바라마지 않습니다.

CH북스
발행인 박명곤

INSTITUTES OF THE CHRISTIAN RELIGION

제 4 권

◆

하나님께서 우리를
그리스도의 회(會)에 들이셔서
그 속에서 지키시는 외적인 수단 혹은 목표

제 1 장

모든 경건한 자들의 어머니로서
연합을 유지해야 할 참된 교회

(신자의 어머니인 거룩한 공교회. 1-4)

1. 교회의 필연성

전권(前卷)에서 설명한 대로, 그리스도께서 우리의 것이 되시며, 또한 우리가 그의 베푸시는 구원과 영원한 복락에 참여하게 되는 것은 바로 믿음으로 말미암는 것이다. 그러나 우리가 무지하고 게을러서 — 게다가 기질이 변덕스럽기까지 하여 — 우리 속에서 믿음을 낳고 키워가고 그 목표에 이를 수 있도록 외부의 도움이 필요하기 때문에, 하나님께서는 이러한 도움의 수단들을 더해 주셔서 우리의 연약함을 보살피시는 것이다. 그리고 복음을 전하는 역사가 흥왕하도록 하기 위하여, 그는 이 보배를 교회 안에 간직하셨다. 그는 "목사와 교사"(엡 4:11)를 세우셔서 그들의 입술을 통하여 그의 백성들을 가르치도록 하셨고, 그들에게 권위를 부여하셨으며, 마지막으로, 믿음의 거룩한 일치를 위하여, 또한 올바른 질서를 위하여 필요한 것은 하나도 빠뜨리지 않으셨다. 무엇보다도 그는 성례를 제정하셨으니, 이를 체험한 우리들이 느끼기에 믿음을 북돋고 강건하게 하는 데 매우 큰 도움이 되는 것이다. 우리는 지금 육체라는 감옥에 갇혀 있어서 천사와 같은 상태에는 아직 이르지 못하였다. 그러므로 하나님께서는 그의 놀라운 섭리 가운데서 자기 자신을 우리의 능력에 맞추사(accomodating himself to our capacity), 아직 멀리 있는 우리로 하여금 그에게로 가까이 나아가도록 한 가지 방도를 마련해 주신 것이다.

그러므로, 우리의 가르침의 계획상 이제는 교회와 그 정치, 질서, 그리고 권한을 논의해야 하겠고, 이어서 성례를 논의하고, 마지막으로 시민의 공공 질서에 대해서 논의해야 할 것이다. 그리고 동시에, 경건한 독자들을 경계하여 교황주의의 온갖 부패에서 보호하여야 할 것이다. 사탄이 그러한 부패의 상황을 이용하여 하나님께서 우리의 구원을 위하여 지정하신 모든 것을 오염시켜왔기 때문이다.

그러면 먼저 교회에 대해서 먼저 살펴보기로 하자. 하나님께서는 그의 자녀들을 교회의 품 속으로 모으셔서 유아와 어린아이의 상태에 있는 동안 교회의 도움과 사역을 통하여 그들을 기르실 뿐 아니라, 또한 그들이 장성하여 마침내 믿음의 목표에 도달하기까지 어머니와 같은 보살핌을 통하여 인도하시기를 기뻐하시는 것이다. "하나님이 짝지어 주신 것을 사람이 나누지 못할지니라"(막 10:9)고 말씀하셨듯이, 하나님께서 아버지가 되시는 자들에게는 교회가 또한 그 어머니가 되도록 하셨다. 그리고 바울이 우리가 하늘의 새 예루살렘의 자녀들이라는 가르침을 통해서 증거하듯이(갈 4:26), 그것은 비단 율법 아래서만 그러했던 것이 아니고, 그리스도께서 강림하신 이후에도 그러한 것이다.

2. 가시적 교회와 보편 교회

우리가 고백하고 있는 사도신경(the Creed) 가운데 나타나는 "교회를 믿사오며"(believe the church)라는 문구는 지금 우리가 논의하고자 하는 가시적(可視的)인 교회를 지칭할 뿐 아니라 또한 죽은 자들을 포함하여 하나님의 택하신 모든 자들을 지칭하는 것이기도 하다. 거기서 "믿사오며"라는 단어를 사용하는 것은 하나님의 자녀들과 불경건한 자들을, 하나님의 양 떼들과 야생 짐승들을 서로 구별할 다른 방도가 없을 경우가 많기 때문이다. 여기에 "안에"(in)라는 전치사를 덧붙이는 경우가 많으나 그것은 합당한 근거가 없다. 그 전치사를 붙이는 형식이 붙이지 않는 형식보다 더 비근하게 나타나고, 또한 「교회사」(*Ecclesiastical History*)의 보도에 의하면 니케아 신경(Nicene Creed)에서도 그 전치사를 붙이고 있어서 이런 용례에 대한 고대 교회의 뒷받침이 없지 않다는 점은 나도 인정한다. 그러나, 우리가 동시에 주목해야 할 것은 교부들의 저작에 나타난 증거들을 볼 때에 초기에는 "교회를 믿고 의지하오며"(believe in the church)가 아니라 "교회를 믿사오며"(believe the church)라고 말해야 한다는 것이 논란의 여지 없이 받아들여졌었다는 사실이다. 아우구스티누스도 그렇게 증거하며, 키프리아누스(Cyprian)의 이름으로 되어 있는 「사도신경 해설」(On the Exposition of the Creed)이라는 책을 쓴 고대의 저자(그가 누구였는지는 모르나)도 그렇게 증거하고 있다.[1]

게다가 그들은 전치사를 붙이게 되면 부적절한 표현이 된다는 점을 밝히고, 확실한 추론을 통해서 이를 확증하고 있는 것이다. 우리가 하나님을 믿고 의지한다(we believe in God)고 증언하는 것은 우리의 마음이 신실하신 그분의 안에서 안식하며, 우리의 신뢰가 그의 안에 거하기 때문이다. 그러나 "교회를 믿고 의지하오며"는 "죄 용서를 신앙하오며"나 혹은 "몸의 부활을 믿고 의지하오며" 등의 표현과 마찬가지로 부적절한 표현일 수밖에 없는 것이다. 결과적으로 — 나는 물론 단어 사용에 대해서 논란을 벌이고 싶지는 않지만 — 불필요하게 의미를 흐리게 하는 표현 양식보다는 의미를 바르게 전달해 줄 수 있는 더 나은 표현을 사용하는 것이 합당할 것이다.

그러나 우리의 목적은 — 마귀가 그리스도의 은혜를 파괴시키려고 모든 돌을 다 옮겨 놓고 있고, 또한 하나님의 원수들이 그와 똑같이 격렬하게 일어나고 있지만 — 그 은혜는 절대로 꺼질 수가 없고 그리스도의 피가 무기력해질 수 없을 뿐 아니라 오히려 언제나 선한 열매를 낸다는 사실을 아는 데 있는 것이다. 그러므로 우리는 하나님의 은밀한 택하심과 그의 내적인 부르심을 생각해야 한다. 왜냐하면 오직 하나님만이 "자기 백성을 아시며"(딤후 2:19), 또한 바울의 말처럼 그들을 자기의 인치심 아래 감싸 두시기(엡 1:13) 때문이다. 하나님께서는 그러한 인치심의 표지를 지닌 자들을 그 표지를 통해서 버림받은 자들과 구별되게 하시는 것이다. 그러나 거대한 무리 속에 아주 작고 보잘것없는 숫자가 감추어져 있고, 겨더미 속에 그저 몇 알의 알곡이 숨겨져 있는 현실이므로, 하나님의 교회를 아는 일은 오직 하나님께 맡길 수밖에 없다. 교회의 기초가 바로 그의 은밀하신 택하심에 있기 때문이다. 사실, 택한 자들의 숫자를 마음에 두고 생각하는 것만으로는 부족하다. 우리가 교회에 진정으로 접붙임을 받았다고 확신하는데, 바로 그 교회의 통일성을 생각하여야 하는 것이다. 왜냐하면 우리의 머리이신 그리스도 아래에서 우리가 다른 모든 지체들과 한 가지로 연합되어 있지 않으면 장차 우리에게 주어질 기업에 대한 소망을 가질 수가 없는 것이기 때문이다.

교회를 가리켜 "공교회"(catholic church), 혹은 "보편 교회"(universal church)

라 부르는데, 이는 그리스도께서 여러 갈래로 찢어지지 않으시는 이상 두 개나 세 개의 교회가 있을 수 없기 때문인데(참조. 고전 1:13), 그런 일이 어떻게 있을 수 있단 말인가! 택한 자들 모두가 그리스도 안에서 서로 연합을 이루어(참조. 엡 1:22-23) 한 머리를 의지하며, 또한 한 몸으로 함께 자라나며, 한 몸의 각 지체들로서(롬 12:5; 고전 10:17; 12:12, 27) 서로 연결되고 결합되어 있는 것이다(참조. 엡 4:16). 이들은 진정으로 하나로 만들어진다. 이는 이들이 한 믿음, 한 소망, 한 사랑, 그리고 한 하나님의 성령 가운데서 함께 살기 때문이다. 이들은 동일한 영생의 기업을 향하여 동일하게 부르심을 받았을 뿐 아니라 한 하나님과 그리스도 안에 함께 참여하도록 부르심을 받은 것이다(엡 5:30).

사방에서 침울하고 쓰라린 황폐함을 접하므로 교회가 남아 있지 않다고 외치게 되기도 하지만, 그러나 알아야 할 것은 그리스도의 죽으심이 반드시 열매가 있으며 또한 하나님께서 그의 교회를 마치 은밀한 곳에 숨겨 두시듯 그렇게 이적적으로 지키신다는 사실이다. 그러므로 엘리야에게 말씀하시기를, "내가 이스라엘 가운데에 칠천 명을 남기리니 다 바알에게 무릎을 꿇지 아니하고 다 바알에게 입맞추지 아니한 자니라"고 하신 것이다(왕상 19:18).

3. 교회의 통일성

우리들 각자가 하나님의 모든 자녀들과 형제로서의 화목을 유지해야 하며 교회의 합당한 권위를 인정하고 거기에 복종하여야 하며, 요컨대 우리 스스로 양 떼의 일원으로 행하여야 한다는 점에서 볼 때에, 사도신경의 이 조항은 외형적 교회에도 어느 정도 적용된다 하겠다. 그렇기 때문에 "성도가 서로 교통하는 것"(the communion of saints)이라는 조항이 거기에 첨가되어 있는 것이다. 고대의 문헌들에는 이 문구가 대체적으로 빠져 있지만, 그럼에도 불구하고 이 문구를 간과해서는 안 된다. 왜냐하면 이것이야말로 교회가 무엇인지를 매우 잘 표현해 주기 때문이다. 이는 마치 성도들이 그리스도의 회(會) 속으로 모일 때에는 하나님께서 그들 각자에게 어떠한 은혜들을 주시든지 그것들을 서로 나눈다는 원리 위에서 모이는 것이라고 말한 것과도 같은 것이다. 그러나 그렇다고 해서 은혜의 다양함을 배제하는 것은 아니다. 성령의 은사들이 매우 다양하게 베풀어진다는 것을 우리가 잘 알기 때문이다. 또한 개개인의 사유 재산권을 허용하는 시민의 공공 질서를 혼란스럽게 하는 것도 아니다. 사람들 가운데서 평화를 유지하여 개인의 재산의 소유권이 분명하게 유지되도록 하는 일이 필수적이기 때문이다. 그러나 누가가 묘사하는 것처럼, 믿는 무리가 한 마음과 한 뜻이 되는(행 4:32) 공동체(a community)는 확실히 인정한다. 바울도 에베소 교인들에게 "몸이 하나요 성령도 한 분이시니 이와 같이 너희가 부르심의 한 소망 안에서 부르심을 받았느니라"(엡 4:4)고 말하면서 이것을 염두에 두고 있는 것이다. 하나님께서 모든 신자들의 공통의 아버지시요, 그리스도께서는 함께 형제의 사랑 안에서 연합되어 있는 자들의 공통의 머리시라는 것을 진정 깨닫고 믿는다면, 그들로서는 자기들의 은혜들을 서로 나누지 않을 수가 없는 것이다.

자, 이 사실에서 무슨 유익을 얻는지를 아는 것이 우리에게 대단히 중요하다. 우리가 교회를 믿는 근거가 바로 우리가 교회의 지체들임을 충실히 믿는다는 사실에 있기 때문이다. 이렇게 해서 우리의 구원이 확고하고 든든한 기반 위에 서 있으므로, 세상의 구조 전체가 무너져내린다 해도 교회는 흔들리거나 무너질 수가 없는 것이다. 첫째로, 교회는 하나님의 택하심으로 말미암아 굳건히 서 있다. 따라서 하나님의 영원하신 섭리가 흔들리거나 무너질 수 없듯이, 교회도 마찬가지인 것이다. 둘째로, 교회는 그리스도의 견고하심과 모종의 방식으로 연결되어 있다. 그리스도께서는 그를 믿는 자들이 자기에게서 갈라져 나가도록 하시지 않으시며, 뿐만 아니라 그의 지체들이 갈기갈기 찢어지도록 허용하지도 않으시는 것이다. 그 다음으로, 우리는 우리가 교회의 품 속에 머물러 있는 한 언제나 진리가 우리와 함께 있을 것임을 확신한다. 마지막으로, 다음의 약속들이 우리에게 적용된다고 느낀다: "오직 시온 산에서 피할 자가 있으리니"(옵 17; 욜 2:32), "하나님이 그 성 중에 계시매 성이 흔들리지 아니할 것이라"(시 46:5). 교회에 참여하는 것이 어찌나 힘이 있든지, 그것이 우리를 하나님의 회(會) 가운데서 지켜주는 것이다. "교통"(communion, 혹은 "교제")이라는 단어 자체 속에 풍성한 위로가 있다. 왜냐하면 주께서 그의 지체들에게 무엇을 베풀어주시든 그것이 우리의 것임을 확신하므로, 그들이 받는 모든 은택들이 우리의 소망을 강건하게 해주기 때문이다.

그러나 앞에서 말했듯이, 교회의 통일성을 눈으로 보고 손으로 만져야만 그것을 이런 식으로 포용할 수 있는 것은 아니다. 오히려 교회의 통일성이 믿음의 영역에 속해 있다는 사실에서 경계를 받아, 그 통일성이 우리의 지각을 넘어선다 할지라도, 눈으로 분명히 보는 것 이상으로 그것을 대해야 마땅하다는 점을 생각해야 하는 것이다. 그리고 우리가 이해의 범위를 넘어서서 교회를 인식한다고 해서 믿음이 나빠지는 것도 아니다. 왜냐하면 여기서 우리에게 주어진 임무는 택함받은 자들과 버림받은 자들을 구별하는 것 ― 이는 우리가 아니라 오직 하나님께서 하실 일이다 ― 이 아니라, 성부 하나님의 자비하심으로 말미암고 성령의 역사하심을 통하여 그리스도와 함께 나누는 교제 속으로 들어온 자들은 모두가 하나님의 특별한 소유로 구별된다는 것과 또한 우리가 거기에 속할 때에 우리도 그 큰 은혜를 함께 나누게 된다는 것을 마음으로 확신하는 것이기 때문이다.

4. 신자의 어머니인 가시적 교회

그러나 지금 우리의 의도가 가시적인 교회를 논의하는 데 있으므로, "어머니"라는 간단한 호칭에서도, 교회를 안다는 것이 우리에게 얼마나 유익하며 또한 얼마나 절실한 일인지를 배워야 하겠다. 이 어머니가 우리를 그 뱃속에서 잉태하고, 낳고, 가슴의 젖으로 우리를 양육하며, 또한 마지막으로, 우리가 죽을 육체를 벗고 천사들과 같이 되기까지(마 22:30) 그 보살핌과 인도 아래 우리를 지키지 않는 한, 우리가 생명 속으로 들어갈 다른 길이 없기 때문이다. 또한 우리는 연약하기 때문에 평생토록 교회라는 학교의 학생들로 있어야 하고 거기서 벗어나서는 안 되는 것이다. 더 나아가서, 이사야(사 37:32)와 요엘(욜 2:32)이 증거하듯이, 그 어머니의 품을 떠나서는 죄 사함이나 구원에 대한 소망을 가질 수가 없다. 에스겔도 하나님께로부터 하늘의 생명에 들어가지 못하도록 거부를 당한 자들은 하나님의 백성의 호적에 기록되지 못하리라고 선포함으로써(겔 13:9) 그들의 증거에 동의하고 있다. 그러나 반대로, 돌이켜 참된 경건을 배양하는 자들은 그 이름을 예루살렘의 거민들 가운데 그 이름을 기록한다고 말씀한다(참조. 사 56:5; 시 87:6). 그렇기 때문에 또 다른 시편에서는 이렇게 말씀하는 것이다: "여호와여 주의 백성에게 베푸시는 은혜로 나를 기억하시며 주의 구원으로 나를 돌보사 내가 주의 택하신 자가 형통함을 보고 주의 나라의 기쁨을 나누어 가지게 하사 주의 유산을 자랑하게 하소서"(시 106:4-5). 이 말씀을 통해서 보듯이, 아버지로서 베푸시는 하나님의 사랑과 신령한 삶의 특별한 증거는 오직 하나님의 백성들에게만 있는 것이므로, 교회를 떠난다는 것은 언제나 치명적인 일이 되는 것이다.

(하나님께서 세우신 교회의 사역자들. 5-6)

5. 교회를 통한 교육, 그 가치와 의무

그러면 이 주제와 관련된 사실들을 계속 살펴보기로 하자. 바울은 기록하기를, 그리스도께서 "만물을 충만하게 하려" 하시사 "어떤 사람은 사도로, 어떤 사람은 선지자로, 어떤 사람은 복음 전하는 자로, 어떤 사람은 목사와 교사로 삼으셨으니 이는 성도를 온전하게 하며 봉사의 일을 하게 하며 그리스도의 몸을 세우려 하심이라. 우리가 다 하나님의 아들을 믿는 것과 아는 일에 하나가 되어 온전한 사람을 이루어 그리스도의 장성한 분량이 충만한 데까지 이르리라"(엡 4:10-13)고 한다. 하나님께서는 물론 자기의 백성들을 한순간에 완전하게 만드실 수 있지만, 그럼에도 불구하고 그는 그들이 오로지 교회의 교육을 통하여 장성한 자들로 자라나기를 원하신다는 것을 알 수가 있다. 그리고 그 구체적인 방법이 제시되어 있다. 곧, 하늘의 도리를 전하는 일이 목사들에게 맡겨졌다는 것이 그것이다. 모든 신자들이 이 규범을 따라서, 이 기능을 행하도록 지정받은 교사들에게 자기 자신을 내어 맡기고 온유하고 부드러운 심령으로 그들의 치리를 받도록 되어 있는 사실을 보게 되는 것이다.

이사야 선지자는 오래 전에 그리스도의 나라의 특징을 다음과 같이 말씀한 바 있다: "네 위에 있는 나의 영과 네 입에 둔 나의 말이 이제부터 영원하도록 네 입에서와 네 후손의 입에서와 네 후손의 후손의 입에서 떠나지 아니하리라"(사 59:21). 이로 볼 때에, 교회의 손을 통하여 신적으로 베풀어지는 신령한 양식을 물리치는 자들은 기갈과 굶주림으로 죽어 마땅한 것이다. 하나님은 오직 그의 복음을 도구로 하여 우리에게 믿음을 불어넣으신다. 바울이 지적하듯이 "믿음은 들음에서 나"는 것이다(롬 10:17). 이와 마찬가지로, 구원하는 능력은 물론 하나님께 있지만(롬 1:16), 바울이 또다시 증거하듯이, 하나님께서는 복음의 선포 가운데서 그 일을 드러내시고 펼치시는 것이다(롬 1:16).

이러한 계획을 통해서 하나님은 옛적에 성회(聖會)를 성소에서 회집하게 하셔서 제사장의 입으로 도리(道理)를 가르침으로써 믿음의 일치를 배양시키기를 원하셨다. 성전은 하나님의 "영원히 쉴 곳"(시 132:14)이요, 성소는 그의 "거처"(사 57:15)요, 하나님께서는 거기서 그룹 사이에 좌정하여 계신다고 말씀한다(시 80:1). 그런데 이 영광스러운 명칭들을 사용하는 것은 오로지 하늘의 도리의 사역에 존귀와 사랑과 위엄을 주기 위함인 것이다. 그렇게 하지 않으면, 보잘것

없는 죽을 인간이 하는 일로 여김을 받아 그 도리의 품위가 적지 않게 떨어질 것이었다. 그러므로, 도저히 측량할 수 없이 고귀한 보배가 우리의 질그릇 속에 있다는 것을(고후 4:7) 알게 하시기 위하여, 하나님께서는 친히 우리들 가운데 나타나시고, 친히 이 질서를 제정하신 주인으로서 사람들로 하여금 하나님께서 그의 제도 속에 임재해 계시다는 것을 깨닫게 하시는 것이다.

그러므로, 하나님께서는 그의 백성들에게 점, 주술, 마술, 강신술 등의 미신들을 금지하신 후에(신 18:10-11; 레 19:31), 모든 사람들에게 충족한 것을 주시겠다고 덧붙이셨다. 곧, 절대로 선지자 없이 그들을 버려두지 않으시겠다고 하신 것이다(신 18:15). 고대의 백성들을 천사들에게 맡기시지 않고 땅에서 교사들을 일으키사 그들로 하여금 천사들의 직분을 수행하도록 하신 것처럼, 오늘날에도 하나님은 인간적인 수단을 통하여 우리를 가르치시기 원하시는 것이다. 옛적에 율법을 주신 것으로 만족하지 않으시고 제사장들을 해석자들로 함께 두셔서 그들의 입술로 그 참된 의미를 가르치게 하신 것처럼(참조. 말 2:7), 오늘날에도 하나님께서는 우리가 그 율법을 읽는 일에 주의를 기울이기를 바라실 뿐 아니라 가르치는 자들을 지명하셔서 그들로 하여금 우리를 돕도록 하시는 것이다. 이것은 이중적으로 유익이 된다.

한편으로는 우리가 그의 보내신 사역자들의 말을 들으면서 마치 하나님께서 말씀하시는 것처럼 듣는지를 아주 합당한 테스트를 통하여 시험하셔서 우리의 순종을 입증하시며, 또 다른 한편으로는 우리의 연약함을 그런 방식으로 배려하시는 것이기도 하다. 곧, 하나님께서는 우리에게 친히 뇌성을 발하셔서 놀라서 도망하도록 하기보다는 해석자들을 통하여 인간적인 방식으로 우리에게 말씀하셔서 우리를 그에게로 이끄시기를 원하시는 것이다. 하나님의 위엄이 그들을 완전히 압도하여 몸서리치도록 두려움에 싸여 있을 수밖에 없을 것이므로, 과연 모든 경건한 자들은 이렇듯 친숙한 가르침의 방식이 얼마나 절실한가를 진정으로 느끼고도 남는 것이다.

말씀을 가르치도록 부르심을 받은 자들이 미천하기 때문에 그로 인하여 말씀의 권위가 손상된다고 생각하는 자들은 자기들의 감사할 줄 모르는 마음을 스스로 드러내는 것 이외에 아무것도 아니다. 하나님께서 인류에게 베풀어 주신 탁월한 은사들이 많이 있지만, 사람들의 입과 혀를 친히 거룩하게 구별하셔서 하나님의 음성이 그들 가운데 울려 퍼지도록 하시는 것이야말로 독특한 특권이 아닐 수 없다. 그러므로 하나님의 명령에 따라서 친히 그의 입으로 선포하시는 구원의 도리를 순종으로 받아들이기를 싫어해서는 안 될 것이다. 하나님의 권능은 외적인 수단에 매여 있지 않지만, 그럼에도 불구하고 하나님께서는 우리를 이러한 일상적인 가르침의 방식에 매어 두셨기 때문이다. 그런데, 광신적인 사람들은 이 사실을 붙들기를 거부하여 자기들 자신을 갖가지 치명적인 올무에 얽히게 만든다. 많은 사람들이 교만이나, 혐오, 혹은 경쟁심 등으로 인하여 사사로이 말씀을 읽고 묵상하는 것으로 충분한 유익을 얻을 수 있다는 확신을 갖는 것을 본다. 그리하여 그들은 공적인 집회들을 소홀히하며 설교를 쓸데없는 것으로 간주하는 것이다.

그러나, 그들은 성도들을 하나로 연합시켜 주는 신성한 끈을 잘라내고 끊어내려고 안간힘을 다 쓰므로, 어느 누구도 이러한 불경한 단절에 대해 공의의 형벌을 면하지 못하며, 모두가 자기들 스스로 그 치명적인 오류와 몹쓸 망상에 현혹되어 버리고 마는 것이다. 그러므로 그 순결하고도 단순한 믿음이 우리들 가운데에서 번성하도록 하기 위해서는, 이러한 신앙의 실천 방식을 사용하기를 꺼려서는 안 될 것이다. 하나님께서는 그 방식을 친히 제정하셔서 그 필요성을 보여 주셨고 또한 높이 인정하신 것이다. 아무도 — 심지어 광신적인 사람들이라 할지라도 — 하나님을 향하여 귀를 닫으라고 말할 사람은 없다. 그러나 각 시대마다 선지자들과 경건한 교사들은 불경건한 자들과 어려운 싸움을 싸워야 했다. 그들이 완악하여 인간의 말과 인간의 사역을 통하여 가르침을 받는 멍에를 지지 않으려고 안간힘을 썼기 때문이다. 이런 처사는 가르침 속에서 우리에게 비치는 하나님의 얼굴을 소멸시켜 버리는 것과 마찬가지인 것이다. 그 옛날 신자들은 성소에서 하나님의 얼굴을 구하라는 명을 받았고(시 105:4), 율법에서도 이런 명령이 자주 반복되는데(시 27:8; 100:2; 105:4; 대상 16:11; 대하 7:14), 이는 다른 이유에서가 아니라 그들에게는 율법의 가르침과 선지자들의 교훈들이 하나님의 살아 있는 형상이었기 때문이다. 바울도 그의 설교 가운데서 하나님의 영광이 그리스도의 얼굴에 비친다고 말하고 있다(고후 4:6).

그러나, 이보다 훨씬 더 몹쓸 태도는 바로 배도자(背道者)들의 태도인데, 이들은 교회를 분열시키고자 하는 열정을 갖고서 양 떼들을 우리에서 몰아내어 늑대들의 입에 던져 넣으려 하는 것이다. 우리는 바울에게서 인용한 말씀을 붙들어야 할 것이다. 곧, 교회는 오로지 외적인 설교를 통해서만 세워지며, 또한 성도들은 오직 하나의 끈에 의해서만 묶여지며, 하나로 연합하여 배우고 전진함으로써 하나님께서 세우신 교회의 질서를 유지한다는 것이다(참조. 엡 4:12). 이미 말한 바와 같이 그 옛날 율법 아래 있던 시절, 모든 신자들이 성소에 모이도록 명령을 받은 것은 특히 바로 이런 목적을 위함이었다. 모세는 하나님의 거처를 말하면서도 동시에 하나님께서 그의 이름을 기념하신 곳을 가리켜 "내 이름을 기념하게 하는 곳"이라 부르고 있다(참조. 출 20:24). 이로써 그는 경건의 도리를 떠나서는 그곳은 아무런 쓸모가 없다는 것을 분명히 가르치는 것이다. 뿐만 아니라 동일한 이유로 다윗도 원수들의 횡포와 잔인함으로 인하여 자신이 성막에서 쫓겨나 있다는 사실에 대하여 극한 쓰라림으로 아파하며 그 심정을 토로하고 있다(시 84:2-3).

많은 사람들이 이것을 어린아이 같은 불평처럼 생각한다. 다른 쾌락거리들이 아직 손에 닿아 있는 한, 성전에 들어가지 못한다는 사실은 지극히 작은 손실로서 약간의 불쾌감을 주는 정도에 불과할 것이기 때문이다. 그런데도 다윗은 이 한 가지 괴로움과 번민과 슬픔 때문에 괴로워서 미칠 지경이라고 하며 애곡하는 것이다. 그 이유는 분명 신자들에게는 공적인 예배보다 더 큰 도움을 주는 것이 없다는 데 있다. 하나님께서는 그런 예배를 통해서 그의 백성들을 한 걸음씩 위로 일으켜 세우시는 것이기 때문이다.

하나님께서는 언제나 이렇게 그의 가르침의 거울 속에서 거룩한 족장들에게 자기 자신을 계시하심으로 그들로 하여금 그를 영적으로 알게 하셨다. 그리하여, 성전을 가리켜 "하나님의 얼굴"이라 부르며(참조. 시 42:2) 동시에 — 미신의 모든 원인을 제거하기 위하여 — 그의 "발등상"이라 부르는 것이다(시 132:7; 99:5; 대상 28:2). 미천한 자나 높은 자나 할 것 없이 모두가 머리를 열망하는 가운데 한 믿음을 이룬다는 것(참조. 엡 4:13)이야말로 복된 일이 아니겠는가! 이방인들이 다른 원리를 근거로 지은 온갖 성전들은 하나님께 드리는 예배를 더럽히는 것일 뿐이었다. 그리고 물론 그들처럼 그렇게 난잡한 것은 아니었지만, 유대인들도 어느 정도 거기에 빠져 있었다. 그리하여 스데반은 이사야 선지자의 말씀으로 그들을 꾸짖었다: "지극히 높으신 이는 손으로 지은 곳에 계시지 아니하시나니"(행 7:48; 사 66:1-2). 하나님께서는 오직 그의 말씀으로 성전들을 거룩하게 하사 합당하게 사용할 수 있도록 하시는 것이다. 그러므로 만일 하나님의 명령이 없이 어떤 일을 경솔하게 시도하게 되면, 처음부터 건실하지 못한 원리에 근거하게 되고, 또한 거기에 이상야릇한 허구(虛構)들이 달라붙어서 한량없이 악을 조장하게 되는 것이다.

크세르크세스(Xerxes)는 그의 지혜자들의 간언을 듣고서, 모든 만물을 자유로이 접하여야 마땅할 신(神)들이 ― 마치 그들이 장소를 바꾸거나 사람들에게 땅의 수단들을 동원시키지 않고서는 사람들에게 강림하여 그들을 가까이 할 능력이 없기라도 한 것처럼 ― 벽과 지붕 속에 갇혀 있다는 것이 어리석은 일이라고 생각하여, 그리스의 모든 신전(神殿)들을 무차별하게 불태우고 파괴시켰다. 그러나 하나님께서는 지상의 성전을 통해서 마치 마차를 타고 오르듯, 우리를 그의 하늘의 영광에로 높이 들어올리시는 것이다. 그리하여 그 광대함으로 만물을 가득 채우며 심지어 하늘까지도 능가하는 그 영광을 바라보게 하시는 것이다.

6. 인간의 사역과 그 한계성

오늘날 인간의 사역의 유효성에 대해서 크나큰 논쟁이 제기되고 있다. 어떤 이들은 그 위엄을 정도 이상으로 과장시키기도 하며, 또 어떤 이들은, 만일 목사와 교사들이 사람들의 정신과 마음을 꿰뚫어서 정신의 우매함과 마음의 완악함을 교정시킨다고 생각한다면 그것은 성령께 속한 일을 죽을 인간에게 잘못 전가시키는 것이라고 주장하기도 한다. 그러므로 이러한 논쟁에 대해서 올바른 사고를 가져야 할 것이다.

다음의 구절들을 똑바로 잘 살펴보면, 양쪽에서 논란이 되고 있는 쟁점들이 쉽게 곧바로 해결될 것이라 본다: (1) 하나님께서 설교의 주체가 되사 그의 성령을 그 일과 결부시키시며, 거기서 은혜를 베푸실 것을 약속하시는 구절들; (2) 하나님께서 외적인 도움의 수단들에서 자기 자신을 분리시키시면서, 오직 자기 자신만이 믿음의 시초와 그 과정 전체를 주장하신다고 말씀하시는 구절들.

(1) 말라기 선지자의 말씀에 의하면, 장차 올 두 번째 엘리야의 임무는 사람들의 정신을 일깨워서 "아버지의 마음을 자식에게, 거스르는 자를 의인의 슬기에 돌아오게 하는 것"이었다(눅 1:17; 말 4:5-6). 그리스도께서는 친히 사도들을 보내서 그들의 수고를 통해서 열매를 내게 하시겠다고 선언하신다(요 15:16). 베드로는 우리가 "거듭난 것은 … 썩지 아니할 씨로 된 것이니"라고 말씀하여(벧전 1:23) 그 열매가 무엇인지를 간단히 정의하고 있다. 그러므로 바울은 자신이 고린도 교인들을 "복음으로써 … 낳았"으며(고전 4:15), 또한 그들이 그의 "사도 됨

을 주 안에서 인친 것"이라고 하며(고전 9:2) 자랑하고 있다. 아니, 그는 자기의 음성으로 귀를 때리기만 하는 율법 조문의 일꾼이 아니요, 자기의 가르침이 헛되지 않고 유익을 끼치도록 성령께서 역사하시는 그런 일꾼임을 자랑하고 있는 것이다(고후 3:6). 이와 같은 의미로 다른 곳에서는 그의 복음이 말이 아니라 능력에 있음을 말하고 있다(고전 2:4) 그는 또한 갈라디아 교인들이 듣고 믿음으로 성령을 받았음을 말하고 있다(갈 3:2). 요컨대, 여러 구절에서 바울은 자기 자신을 하나님의 동역자로 말하는 동시에, 구원을 베푸는 기능을 자기 자신에게 부여하기까지 하는 것이다(고전 3:9 이하).

(2) 이런 모든 일들을 언급하면서, 바울은 하나님을 벗어나서 털끝만큼도 자기 자신의 권위를 내세우려는 의도를 가진 것이 아니었다. 그는 다른 곳에서 이점을 간단하게 설명하고 있다: "우리의 수고를 헛되게 할까 함이니"(살전 3:5), "내 속에서 능력으로 역사하시는 이의 역사를 따라"(골 1:29). 또한 마찬가지로, "베드로에게 역사하사 그를 할례자의 사도로 삼으신 이가 또한 내게 역사하사 나를 이방인의 사도로 삼으셨느니라"(갈 2:8)라고도 말한다. 뿐만 아니라 다른 구절들을 보면, 바울이 목사들 자신에게는 아무런 여지도 남겨놓지 않는다는 것이 분명히 드러난다: "그런즉 심는 이나 물 주는 이는 아무것도 아니로되 오직 자라게 하시는 이는 하나님뿐이니라"(고전 3:7), "내가 모든 사도보다 더 많이 수고하였으나 내가 한 것이 아니요 오직 나와 함께 하신 하나님의 은혜로라"(고전 15:10). 우리는 사람의 정신을 일깨우고 마음을 새롭게 하는 일을 하나님께서 친히 자기 자신의 역사로 돌리시며, 사람이 그중의 어느 부분을 자기의 수고의 결과로 돌리는 것은 그야말로 망령된 일임을 경계하시는 그런 구절들을 반드시 기억해야 할 것이다.

그러나 동시에, 하나님께서 세우신 목사들의 가르침을 온유한 마음으로 받아들이는 자들은 거기서 유익한 결과를 얻게 되고, 그로 인하여 하나님께서 이러한 가르침의 방식을 기뻐하신다는 것과 또한 그가 선한 목적으로 신자들에게 이러한 적절한 멍에를 부여하셨음을 알게 될 것이다.

(가시적 교회: 그 구성원과 표지. 7-9)

7. 불가시적 교회와 가시적 교회

우리의 지식의 한계 내에 있는 가시적(可視的) 교회를 어떻게 판단할 것이냐

하는 문제는, 앞의 논의에서 이미 분명하게 드러난다고 믿는다. 이미 말했듯이, 성경은 교회에 대해서 두 가지로 말씀하고 있다. 때로는 "교회"라는 용어를 쓰면서 실제로 하나님의 임재 속에 있는 것을 의미하는데, 여기에는 오직 양자 됨의 은혜를 입어 하나님의 자녀들이요 성령의 거룩하게 하심으로 말미암아 그리스도의 참된 지체들인 자들 이외에는 어느 누구도 속할 수가 없다. 이렇게 볼 때, 이 교회에는 현재 이 땅에 살고 있는 성도들만이 아니라 세상이 시작된 이래 모든 택하심을 받은 자들이 포함되는 것이다.

그러나 때로는 "교회"라는 명칭이 땅 위에 흩어져 있는 사람들 가운데 한 분 하나님과 그리스도를 예배한다고 고백하는 자들의 무리를 지칭하기도 한다. 곧, 세례를 통하여 믿음에 속한 생활을 시작하고, 성찬에 참여함으로써 참된 교리와 사랑으로 하나가 되었음을 증거하며, 주의 말씀 안에서 일치하며 또한 말씀 전하는 일을 위하여 그리스도께서 제정하신 사역을 보존하는 무리들을 가리키는 것이다. 이 교회에는, 그리스도와는 아무 관계가 없고 그저 이름과 외양(外樣)뿐인 많은 외식자들이 뒤섞여 있다. 야심을 가진 자들과, 탐욕스러운 자들, 쟁투를 일삼는 자들, 악담하는 자들, 그리고 생활이 매우 부정한 자들이 거기에 많이 섞여 있는 것이다. 이런 자들이 일시적으로 용납되는데, 이는 유능한 재판 기관을 통해서도 이들의 죄상을 책벌할 수가 없기 때문이요, 혹은 철저한 권징이 언제나 합당하게 정상적으로 시행되지를 못하기 때문이기도 하다.

그러므로, 우리로서는 전자(前者)의 불가시적(不可視的) 교회는 오직 하나님의 눈에만 보이는 것으로 믿어야 함은 물론, 사람들에게 "교회"라 불리는 이 후자(後者)의 가시적 교회를 존귀히 여기고 그와 함께 교제를 유지하도록 명령을 받고 있는 것이다.

8. 인간의 판단의 한계와 하나님의 배려

그리하여, 주께서는 특정한 표지들(marks)과 증표들(tokens)을 통해서 교회에 대해서 우리가 알아야 할 바를 우리에게 지적해 주셨다. 이미 앞에서 인용한 말씀에서 바울이 선언하는 바와 같이, 과연 누가 하나님의 백성이냐 하는 것을 아는 일은 오직 하나님께서만 소유하신 특권이다(딤후 2:19). 그리하여 사람들이 온당치 못하게 경솔히 행하지 못하도록 막아 주는 여러 가지 현상들이 있다.

날마다 일어나는 사건들 자체가 하나님의 은밀한 판단들이 우리 인간의 지혜를 얼마나 뛰어넘는 것인지를 생각하게 해 준다. 완전히 잃어버렸고 도저히 소망이 없는 것처럼 보이는 자들이 하나님의 선하심으로 말미암아 다시 올바른 길로 부름을 받아 돌아오며, 다른 사람들보다 더 확고하게 믿음에 서 있다고 여겨지는 사람들이 타락하는 경우를 자주 보게 되는 것이다. 그러므로 — 아우구스티누스가 말하듯이 — 하나님의 은밀한 예정에 따라서, "많은 양들이 바깥에 있고, 많은 늑대들이 안에 있는 것이다."[2]

하나님을 알지도 못하며 자기 자신의 신분을 알지도 못하는 자들을 하나님 께서는 아시고 자기 백성으로 찍어 놓으셨다. 하나님께 속해 있다는 표지를 공 공연히 달고 있는 자들에 대해서는, 그중에 과연 어떤 자들이 거짓이 없이 거룩하며 또한 끝까지(마 24:13) — 구원의 최종점까지 — 견디게 될지는 오직 하나님 만이 보고 계시는 것이다.

그러나 반면에, 하나님께서는 과연 그의 자녀로 인정받을 자들이 누구인가 를 아는 것이 우리에게 어느 정도 가치가 있음을 미리 예견하시고서, 친히 자기 자신을 낮추셔서 우리의 능력에 맞추어 주셨다. 그리하여, 완전한 확신이 필수 적인 것이 아니었으므로 하나님은 그것 대신 특정한 판단 근거들을 주셨고, 그 것을 통해서 우리는, 믿음을 고백하고, 삶의 모범을 보이며, 성례에 참여함으로 써 우리와 함께 동일한 하나님과 그리스도를 시인하는 자들을 교회의 지체들로 인정하는 것이다.

더욱이, 하나님께서는 그리스도의 몸을 아는 것이 우리의 구원에 얼마나 절 실한지를 아시고서, 좀 더 분명한 표지들로써 그 몸을 알도록 해 주셨다.

9. 교회의 표지

이로써, 교회의 모습이 나아와서 우리의 눈에 보이게 된다. 어디서든 하나님 의 말씀이 순결하게 전해지고 또한 그 말씀을 들으며, 그리스도께서 정하신 규 례를 따라서 성례가 시행되면, 거기에 하나님의 교회가 존재한다는 것을 의심 해서는 안 될 것이다(참조. 엡 2:20). 왜냐하면 주님의 다음과 같은 약속이 헛된 것일 수가 없기 때문이다: "두세 사람이 내 이름으로 모인 곳에는 나도 그들 중 에 있느니라"(마 18:20).

그러나 이 문제를 분명히 정리하기 위해서는, 다음의 단계들을 따라야 할 것이 다. 곧, 보편 교회(the church universal)는 모든 나라에서 모인 무리들이다. 비록 나뉘어져서 곳곳에 흩어져 있으나, 이 교회는 신적 교리의 한 가지 진리에 동의하며, 동일한 신앙의 끈으로 매여 있다. 인간적 필요에 따라서 각 마을과 도시에 흩어져 있는 개개의 교회들이 이 [보편] 교회 아래에 속하여 있어서, 그 각 교회들마다 교회의 명칭과 권위를 정당하게 지니고 있다. 각 개개인들은 신앙을 고백함으로써 그런 교회들에 속한 것으로 인정을 받으며, 혹 그들이 실제로 교회에 대하여 외인(外人)들이라 할지라도 어떤 의미에서는 공적인 재판을 통하여 출교당하기까지는 그들이 그 교회에 속하는 것이다.

그러나 개개인과 개교회들에 관하여는 한 가지 약간 다른 판단의 근거가 있다. 경건한 자들의 교제에 합당하지 않다고 생각되는 자들도, 그들을 용납하여 그리스도의 몸에 받아들인 교회의 공통적인 동의 때문에 마땅히 형제들로 대하며 신자들로 인정해야 할 경우가 있을 수도 있는 것이다. 그런 사람들의 경우는 우리가 우리의 투표로써 교회의 지체로 인정하는 것이 아니라, 그들이 하나님의 백성들 가운데서 차지하고 있는 위치가 적법하게 박탈되기까지 그들을 그 위치에 그대로 두는 것이다.

그러나 무리 전체에 대해서는 달리 생각해야 한다. 거기에 말씀의 사역이 있고 또한 그 사역을 공경하고 있다면, 그리고 성례를 정당하게 시행한다면, 의심의 여지 없이 그 무리는 교회로 인정받아 마땅할 것이다. 왜냐하면 거기에 열매가 없지 않다는 것이 분명하기 때문이다. 이렇게 해서 우리는, 마귀의 심성을 가진 자들이 항상 갈라놓으려 애쓰는 그 보편 교회의 통일성을 보존하며, 또한 지역적인 필요에 따라서 세워진 정당한 회중(assemblies)들이 갖는 정당한 권위를 박탈하지도 않는 것이다.

(교회에 이런 표지가 있는 한 아무리 다른 결점들이 있더라도 거기서 분리해서는 안됨, 10-16)

10. 무시해서는 안 될 교회의 권위

우리는 말씀의 전파와 성례의 시행을 교회를 분간하는 표지로 제시하였다. 이런 표지에는 반드시 열매가 따르고 또한 하나님께서 주시는 복으로 말미암아 번창하게 되는 일이 따르지 않을 수가 없다. 말씀이 전파되는 곳마다 즉각적으로 열매가 나타난다는 말은 아니고, 말씀이 받아들여지고 또한 든든히 거하는 곳에는 어느 곳이든 말씀의 효과가 나타난다는 것이다. 어떤 식으로든 복음을 전할 때에 경외하는 자세로 듣고 또한 성례를 소홀히 하지 않는 곳에서는, 그러는 동안 교회가 거짓되거나 애매한 모습으로 나타나는 것이 아니며, 따라서 그 어느 누구도 그 교회의 권위를 무시하고 그 교회의 경고들을 업신여기며 그 훈계를 대적하거나 그 징계를 가벼이 여기거나 해서는 안 되며, 더욱이 그 교회를 버리고 그 통일성을 깨뜨리는 일은 더더욱 해서는 안 되는 것이다. 주께서는 그의 교회의 교제를 높이 보시므로, 또한 어떤 그리스도인의 회(會: society)가 참된 말씀 사역과 성례를 간직할 때에 교만하게 그 회를 떠나는 자들은 반역자요, 기독교에서 배도(背道)하는 자들로 간주하신다. 그는 교회의 권위를 높이 기리시므로, 교회의 권위가 침해를 받으면 주님 자신의 권위가 침해를 받는 것으로 보시는 것이다.

그러므로 교회를 가리켜 "진리의 기둥과 터"요 "하나님의 집"이라 부른다는 사실은(딤전 3:15) 매우 중요한 것이다. 이러한 바울의 말은 곧, 교회는 하나님의 진리가 세상에서 멸한 바 되지 않도록 그 진리를 신실하게 지키는 자라는 의미인 것이다. 왜냐하면 하나님께서는 교회의 사역과 수고를 통해서 그의 말씀을 전하는 일이 순결하게 지켜지기를 바라셨고, 또한 자신이 신령한 양식으로 우리를 먹이시고 우리의 구원을 이루는 데 필요한 모든 것을 베풀어 주시는 한 가족의 아버지이심을 스스로 드러내기를 바라셨기 때문이다.

그러므로 그리스도께서 교회를 "거룩하고 흠이 없는"(엡 5:27) 그의 신부로, 또한 "그의 몸이요… 충만함"(엡 1:23)으로 택하시고 세우셨다는 것은 범상한 칭찬이 아닌 것이다. 이렇게 볼 때에, 교회에서 분리한다는 것은 바로 하나님과 그리스도를 부인하는 행위다. 그러므로 우리는 그런 사악한 분리를 더욱 피하여야 할 것이다. 하나님의 진리를 전복시키려고 온 힘을 다 기울인다면, 하나님께서 그의 무서운 진노의 벼락을 내려서 우리를 깨뜨려 마땅할 것이다. 하나님의 독생자께서 우리와 맺으신 그 혼인의 관계를 망령된 불충으로 깨뜨리는 것보다 더 끔찍한 죄악이 어디 있겠는가(참조. 엡 5:23-32)!

11. 교회의 표지의 중요성

그러므로 이러한 표지들을 조심스럽게 마음에 계속 새겨두고 주님의 뜻에 따라서 그것들을 높이 기리도록 하자. 사탄이 그 무엇보다도 이 표지들을 — 그 중 한 가지나 또는 두 가지 모두를 — 제거하고 없애려고 온갖 책략을 다 꾸미기 때문이다. 때로는 이 표지들을 지우고 파괴시켜서 교회의 참되고 순전한 구별을 제거하려 한다. 또 어떤 때는 이 표지들을 마구 멸시하게 함으로써 우리로 하여금 교회를 노골적으로 대적하고 거기서 떠나게 만들려 하기도 하는 것이다. 사탄의 간계로 인하여 말씀의 순결한 전파가 몇 세대 동안 사라져 버렸고, 사탄은 지금도 동일한 악의를 갖고서 계속해서 말씀 사역을 전복시키려 안간힘을 쓰고 있다. 그리스도께서 교회 안에서 제정하셔서, 그것이 파괴되면 교회를 세우는 일 자체가 수포로 돌아가고 말 그 사역을 전복시키려 하고 있는 것이다(엡 4:12). 그러니 주께서 그의 교회로 인정하실 만한 충분한 표지와 증표들이 보이는 데도 불구하고 그 교회에서 떠나고자 하는 충동을 받는다면, 그것은 얼마나 위험스러운 ― 아니 얼마나 치명적인 ― 유혹인지 모르는 것이다. 우리가 얼마나 신중을 기하여야 하는지를 잘 알 수 있다.

"교회"라는 명칭에 속지 않기 위해서는, "교회"라는 명칭을 주장하는 모든 회중을 이 표준을 시금석으로 삼아 테스트해야 할 것이다. 말씀과 성례에서 주께서 인정하신 질서가 유지되고 있다면, 그 명칭이 우리를 속이는 것이 아닐 것이다. 그렇다면, 우리는 확신을 갖고서 교회에 합당한 존귀를 그 교회에게 돌려야 할 것이다. 그러나 만일, 말씀과 성례가 결핍되어 있는 상태에서 스스로 교회라는 이름을 지니고 있다면, 반대의 경우에 경솔함과 교만을 피하여야 하는 것과 똑같이 그런 속임수를 신중하게 경계해야 할 것이다.

12. 교회의 표지를 근거로 부당한 분리를 방지하여야 함

어떠한 모임에 순결한 말씀 사역과 순결한 성례의 시행이 있을 때에, 그 두 가지가 그 모임을 교회로서 안전하게 포용할 수 있는 충족한 보증이 된다. 또한 이러한 원리는, 어떤 모임에 다른 온갖 결점들이 많이 있다 할지라도 이 표지들이 유지되고 있는 한 그 모임을 거부해서는 안 된다는 데까지 확대되는 것이다.

더 나아가서, 교리나 혹은 성례를 시행하는 데에 약간의 오류가 끼어들 수도 있지만, 그렇다고 해서 그것 때문에 그 교회와의 교제를 끊어서는 안 될 것이다. 왜냐하면 참된 교리의 모든 조목(條目)들이 전부 다 동일한 종류에 속하는 것이 아니기 때문이다. 어떤 조목은 필수적으로 알아야 하는 것으로서 모든 사람들이 신앙의 적절한 원리들로 확실히 의심 없이 인정하는 것들이다. 예컨대, 하나님은 한 분이시다, 그리스도께서 하나님이시요 또한 하나님의 아들이시다, 우리의 구원이 하나님의 긍휼하심으로 말미암는다는 등등이 거기에 속한다. 교회들 사이에 논란이 있는 교리의 다른 조목들이 있지만, 그것들로 인해서 믿음의 통일성이 깨어지지는 않는 것이다. 가령 한 교회는 영혼들이 육체를 떠날 때에 하늘로 날아 올라간다고 믿고 — 이를 완강하게 주장하고 — 또 다른 교회는 감히 영혼이 가는 장소를 명확히 하지 못하여 그 영혼들이 주님을 대하여 산다고 믿는다고 하자. 과연 이것이 교회들 간에 불일치의 근거가 될 수 있겠는가? 사도는 이렇게 말씀하고 있다: "그러므로 누구든지 우리 온전히 이룬 자들은 이렇게 생각할지니 만일 어떤 일에 너희가 달리 생각하면 하나님이 이것도 너희에게 나타내시리라"(빌 3:15). 이런 비본질적인 문제들에 대해서 견해가 다르다는 것이 그리스도인들 가운데 분열의 근거가 되어서는 안 된다는 사실을 이 말씀이 충분히 시사해주지 않는가? 가장 좋은 것은 모든 문제에 대해서 완전하게 의견의 일치를 이루는 것이다. 그러나 모든 사람들이 어느 정도의 무지에 싸여 있으므로, 아예 교회를 남겨두지 않든지, 아니면 알지 못하는 상태로 나아가도 신앙의 총체에 해가 되지 않고 구원을 잃어버리지 않는 그런 문제들에 대한 이견(異見)을 용인해야 할 것이다.

그러나 아첨과 묵인을 통해서 그런 것들을 조장하는 것이 옳다는 식의 생각은 아무리 사소한 오류에 대한 것이라 할지라도 지지할 마음이 없다. 내가 말하고자 하는 것은, 경건을 건전하게 유지하는 그런 교리를 안전하고도 부패함 없이 유지하며 또한 주께서 제정하신 성례를 정당하게 시행하는 한, 사소한 의견의 차이들 때문에 분별 없이 교회를 저버리는 일이 있어서는 안 된다는 것이다. 그러나 동시에 우리가 불쾌하게 여기는 바를 교정하려 할 때에는, 그렇게 하는 것이 우리의 의무이다. 바울의 진술이 여기에 적용된다: "만일 곁에 앉아 있는 다른 이에게 계시가 있으면 먼저 하던 자는 잠잠할지니라"(고전 14:30). 교회의 각 지체마다 자기의 은혜의 분량에 따라서 공적으로 덕을 세울 책임을 지고 있으며, 단 이때에 예의 있게 질서를 지켜서 이를 행하여야 한다는 것이 이로써 분명해지는 것이다. 다시 말해서, 우리는 교회와의 교제를 절연시켜서도 안 되며, 또한 교회와의 교제를 유지하면서 그 교회의 평화와 정당하게 세워진 그 질서를 방해해서도 안 되는 것이다.

13. 도덕적인 결점도 분리의 이유가 될 수 없음

삶의 행실의 불완전한 면들을 참고 견디는 데에 있어서는 훨씬 더 신중해야 한다. 여기서는 내리막길이 매우 미끄럽고 또한 사탄이 절대로 범상치 않은 책략을 갖고 숨어서 우리를 노리고 있기 때문이다. 마치 자기들이 벌써 일종의 영적인 존재들(airy spirits)이 되기라도 한 것처럼 자기들 스스로 완전한 거룩성을 지니고 있다는 거짓된 확신에 젖어서, 인간성의 잔재가 드러나는 모든 사람들과의 관계를 끊어버리는 자들이 언제나 있어 왔다. 옛날의 카타리파(the Cathari)가 이런 유의 사람들이었고, 도나투스파(the Donatists) 역시 우매하여 그런 우를 범하였다. 또한 다른 사람들보다 훨씬 진보한 것으로 보이고 싶어하는 오늘날의 일부 재세례파들(the Anabaptists)이 이에 속하는 자들이다.

또한 정신 나간 교만에서라기보다는 잘못 오도된 의(義)를 향한 열심에서 죄를 범하는 자들도 있다. 이들은 복음의 선포를 듣는 자들 가운데서 복음의 교리에 부합되는 삶의 질을 보지 못하면, 즉시 거기에 교회가 존재하지 않는다고 판단해 버리는 것이다. 이것은 매우 당연한 비난이며, 이처럼 비참하기 그지 없는 시대에는 그런 비난을 받아 마땅한 예가 너무나도 많다. 우리의 저주받아 마땅한 게으름을 핑계 삼아서는 안 될 것이다. 주께서는 절대로 그것을 벌하지 않고 지나치지 않으실 것이기 때문이다. 주께서 이미 무거운 채찍으로 징계하기를 시작하지 않으셨는가! 그러니 그런 방탕과 못된 방종 가운데서 생활하여 연약한 양심들에게 상처를 주고 있는 우리에게 화가 있으리로다!

그러나 우리가 지금 말한 그 사람들의 편에서도 자기들의 불쾌감을 억제하지 못함으로써 죄를 범하고 있는 것이다. 주께서는 그런 일에 대해서 너그러움을 요구하시는데, 그들은 그것을 무시해 버리고 완전히 절제를 잃어버린 가혹함에 빠져 버리기 때문이다. 삶의 완전한 순결과 순전함이 없는 곳에는 교회가 존재하지 않는다고 생각하기 때문에, 그들은 사악함을 미워하는 동기에서 정당한 교회에서 스스로 떠나고, 그러면서 악인들의 무리들에게서 스스로 돌이켰다고 상상하는 것이다.

그들은 그리스도의 교회는 모름지기 거룩하다고 주장한다(엡 5:26). 그러나 교회에 선한 사람과 악한 사람들이 동시에 함께 섞여 있다는 사실을 알려면, 그리스도께서 친히 입으로 교회를 온갖 종류의 고기들이 모여들어서 해변에 이르기까지 구별하지 않고 그냥 두는 그물에 빗대어 말씀하신 비유에 귀를 기울여

보라(마 13:47-58). 교회는 마치 좋은 씨를 뿌린 밭과도 같은데 거기에 원수가 간계로 가라지를 함께 뿌려 놓았고, 그리하여 추수가 끝나 타작 마당에 모아들이기까지 솎아내지 않고 그냥 그대로 둔다는 비유의 말씀을 들어보기를 바란다(마 13:24-30). 그리고 마지막으로, 교회는 마치 알곡을 모아들여서 쭉정이와 함께 쌓아두는 타작마당과도 같다는 말씀을 들어보기를 바란다. 나중에 키로 켜서 알곡을 창고에 모아들일 것이다(마 3:12). 주께서 교회가 심판의 날이 임하기까지 무수한 악인들과 한데 섞여 있는 이러한 악조건 하에서 수고하도록 되어 있다고 선포하신다면, 흠과 티가 없는 완전한 교회를 찾으려는 그들의 노력은 헛수고일 수밖에 없는 것이다.

14. 고린도 교회와 갈라디아 교회의 예

그러나 이들은, 악행이 악질(惡疾)처럼 여기저기에 만연되어 있는 상황은 도저히 용납할 수가 없다고 외친다. 그러나 사도의 견해가 여기서도 또다시 해답을 준다면 어떻게 하겠는가? 고린도 교인들 가운데서도 적지 않은 수가 곁길로 빠져 있었다. 사실, 거의 온 교회 전체가 오염되어 있었다. 죄의 종류도 단 한 가지만이 아니라 온갖 종류가 있었다. 그리고 가벼운 오류들이 아니고 끔찍한 범죄들이었다. 도덕적인 부패만이 아니라 교리적인 부패도 있었다. 그런데, 하늘의 성령의 도구이며 그의 증언에 의해서 교회가 서 있기도 하고 무너지기도 하는 거룩한 사도는 과연 이에 대해서 어떻게 하는가? 그런 사람들에게서 자기 자신을 분리시키려 하는가? 그들을 그리스도의 나라 바깥으로 내어쫓는가? 궁극적인 출교의 벼락을 그들에게 내리는가? 그는 그런 식으로 대하지 않을 뿐 아니라, 심지어 그들을 그리스도의 교회요 성도들의 교제로 인정하고 그렇게 선포하고 있는 것이다(고전 1:2)!

고린도 교인들 가운데는 분쟁과 파당과 질투에 의한 싸움이 있었고(고전 1:11; 3:3; 5:1; 6:7; 9:1 이하), 논쟁과 격한 언쟁이 탐욕과 더불어 생겨났고, 심지어 이교도들까지도 혐오하는 악행이 공공연히 묵인되고 있었고(고전 5:1), 그들이 아버지로서 존경했어야 마땅할 바울의 이름이 그들 가운데서 무례하게도 모욕을 당하고 있었고, 어떤 이들은 죽은 자의 부활을 조롱하여 복음 전체를 파괴하기에 이르기까지 하였고(고전 15:12), 하나님께서 값없이 주신 은사들이 사랑이 아니라 야심을 채워주고 있었고(참조. 고전 13:5), 온갖 일들이 무례하게 무질서하게 행해지고 있었던 것이다.

　그러나 그럼에도 불구하고 교회가 그들 가운데 거하고 있었다. 왜냐하면 말씀과 성례의 사역이 거기서 부인되지 않는 상태로 유지되고 있었기 때문이다. 그렇다면, 과연 그런 악행의 십분의 일도 없는 그런 모임에게서 감히 "교회"라는 명칭을 빼앗아 갈 자가 누구란 말인가? 여기서 묻노니, 까다롭게 오늘날의 교회들을 대적하여 떠드는 자들은 과연 갈라디아 교인들에 대해서는 어떻게 대했겠는가? 그들은 모두 복음을 망가뜨리는 자들인데도, 사도는 그들 가운데도 교회가 있음을 인정하고 있지 않는가(갈 1:2)?

15. 악인과의 교제

　그들은 또한 바울이 고린도 교인들이 음행하는 자를 용납했다고 하여 그들을 심하게 책망하였다고 하며 반론을 제기한다(고전 5:2). 바울은 거기서 하나의 일반적인 원리를 제시하고서 부끄러운 삶을 사는 사람과 함께 음식을 나누는 것까지도 잘못된 일이라고 선언하는 것이다(고전 5:11). 그들은 이렇게 외친다: "그저 일상적인 음식도 함께 먹는 것이 허용되지 않는다면, 성찬의 떡을 먹는 일이 어떻게 허용된단 말인가?"

　만일 개와 돼지들이 하나님의 자녀들 가운데 자리를 차지한다면 그것이야말로 큰 불경이며, 거룩한 그리스도의 몸이 그들에게 팔린다면 그것은 더욱 큰 불경이라는 것은 나도 인정한다. 그리고 만일 교회들이 질서가 잘 잡혀 있다면, 그런 악인들을 그 품에 품지 않을 것이다. 그리고 가치 있는 자나 무가치한 자나 구별하지 않고 무조건 그런 신성한 잔치에 참여하게 하지도 않을 것이다. 그러나 목사들이 언제나 면밀하게 살피지를 않고, 때때로 정도 이상으로 관용을 베풀거나 아니면 원하는 만큼 엄정하게 그 일을 시행하지 못하도록 방해를 받기도 하기 때문에, 결국 노골적으로 악을 행하는 자들이 성도들의 무리에서 제외되지 않는 경우도 생기는 것이다.

　이것이 잘못이라는 것은 나도 인정하며, 이것을 변명할 의도도 없다. 바울이 고린도서에서 그 점을 신랄하게 꾸짖고 있기 때문이다. 그러나 교회가 그 의무를 시행하는 데에 나태하다 할지라도, 그것 때문에 즉시 그 교회에서 분리하기로 결정할 권한이 개개인에게 있는 것이 아니다. 사실, 나는 악인과 친하게 지내는 모든 관계를 금하며, 자의적으로 관계를 통하여 스스로 거기에 매이지 말아야 할 의무가 경건한 사람에게 있다는 것을 부인하지 않는다. 그러나 악인과의 유쾌한 교제를 피하는 것과, 그들을 미워하여 교회의 교제를 단절하는 것은 엄연히 다른 문제인 것이다.

그러나 악인과 함께 주의 성찬에 참여하는 것이 불경한 일이라고 생각한다면, 그것은 바울보다도 훨씬 더 경직된 것이다. 바울은 거룩하고 순결하게 성찬에 참여하라고 권면하면서도, 서로 상대방을 살피거나, 혹은 개개인이 교회 전체를 살피라고 말하지 않는다. 다만 개개인이 자기 자신을 살펴야 할 것을 말하는 것이다(고전 11:28). 합당치 못한 사람과 함께 성찬에 참여하는 일이 부당하다면, 바울은 분명히 회중 가운데 우리를 오염시키는 부정한 자가 있는지를 살피라고 명령했을 것이다. 그러나 그는 각자 자기만을 살피라고 말함으로써, 부정한 자가 우리들 가운데 슬쩍 끼어 있다 할지라도 우리에게는 전연 해가 없다는 것을 보여 주는 것이다.

그 다음에 이어지는 말씀이 이와 일치한다: "주의 몸을 분별하지 못하고 먹고 마시는 자는 자기의 죄를 먹고 마시는 것이니라"(고전 11:29). 바울은 "남의" 죄를 먹고 마신다고 하지 않고, "자기의" 죄를 먹고 마신다고 말한다. 이것이 과연 옳은 말이다. 개개인들에게는 누구를 받아들이며 누구를 거부할 것인지를 결정할 권위가 없는 것이다. 이를 인지하는 일은 교회 전체에 속한 것이요, 또한 계속 더 말하겠지만, 적법한 질서가 없는 상태로 이를 시행할 수도 없는 것이다. 그러므로 합당치 못한 사람이 성찬에 참여하지 못하도록 막을 수도 없고, 또한 막아서도 안 된다. 다른 부정한 사람의 그 부정함 때문에 자신이 더럽혀진다고 생각하는 것은 악한 일이 될 것이다.

16. 분열을 조장하는 자들의 거짓된 동기

물론 때로는 선한 사람들 가운데서도 의를 향한 잘못 오도된 열심에서 이런 유혹이 생겨나기도 하지만, 그러나 이렇게 지나치게 까다로운 태도는 참된 거룩함과 또한 거룩을 위한 참된 열심에서보다는 오히려 교만과 오만함과 거룩에 대한 그릇된 생각에서 나온다고 본다. 그러므로, 다른 사람들보다 더 담대하게 교회에서 분리하기를 충동질하고 마치 깃발을 드는 자들처럼 앞장서서 행동하는 사람들을 보면, 모든 사람들을 무시함으로써 자기들이 다른 사람들보다 더 낫다는 것을 보여 주고자 하는 그런 동기 이외에 아무것도 없는 경우가 대부분이다.

그리하여 아우구스티누스는 매우 지혜롭게 이렇게 말하고 있다: "교회의 권징을 시행하는 경건한 자세와 방식을 생각할 때에 언제나 '평안의 매는 줄로 성령이 하나 되게 하신 것'(엡 4:3)을 염두에 두어야 할 것이다. 사도는 이처럼 성도들끼리 서로 관용하라는 명령을 반드시 지키라고 명하였다. 이 명령이 지켜지지 않는 상태에서 하나의 치료 방법으로 책벌을 가하게 되면 그것은 아무런 소용이 없을 뿐 아니라 심지어 큰 위험을 초래하기까지 하여 결코 치료의 효과를 낼 수가 없다. 다른 사람들의 과실을 미워하는 것 때문이 아니라 자기들의 주장들을 관철하고자 하는 열정에 휩싸이기 때문에, 이 악의 자식들이 자기들의 이름을 자랑하는 데 얽혀 있는 연약한 보통 사람들을 질질 끌고 다니며, 아니면 최소한 이들 모두를 분열시키려 하는 것이다. 교만으로 우쭐해져 있고, 완악함에 정신이 팔려 있고, 온갖 중상 모략으로 속이며, 선동을 일으켜 혼란을 조장하는 가운데, 이 악한 자들은 자기들에게 진리의 빛이 없다는 것이 드러나지 않도록 스스로 극도의 엄격함으로 포장하는 것이다. 그러나 성경은, 우리의 형제들의 악행들을 더욱 따뜻한 보살핌으로 교정하며, 그러는 가운데 신실한 사랑과 평화의 연합을 보존할 것을 명하고 있는 것이다. 그들은 이러한 원리를 분열이라는 망령된 것에다 팔아먹고, 어떻게 하든지 형제들을 교제에서 끊어낼 기회를 찾고 있는 것이다."[3]

그러나 한편, 경건하고 평화를 위해 힘쓰는 자들을 위해서 아우구스티누스는 다음과 같이 권면하고 있다: "할 수 있는 만큼 긍휼로 교정시켜 주며, 그들로서 할 수 없는 문제에 대해서는 인내로 견디며, 사랑으로 아파하고 슬퍼하며, 하나님께서 그들을 교정시켜 주실 때까지, 아니면 마지막 추수 때에 가라지를 뽑으시고 쭉정이를 날려버리시기까지 기다려야 할 것이다(마 13:40; 3:12; 눅 3:17)."[4]

모든 경건한 사람들은 이것으로 무장(武裝)을 삼아서, 겉으로 의를 위하여 싸우는 용감한 투사처럼 보이다가 결국 하늘나라에서 떠나가게 되지 않도록 해야 할 것이다. 하늘나라는 오직 의의 나라인 것이다. 하나님께서는 그의 교회의 교제가 이러한 외형적인 회(會) 속에서 유지되기를 원하셨기 때문에, 악인이 갖는 미움을 갖고서 그 회의 결속을 끊어버리는 자가 있다면 그 사람은 성도의 교제에서 떨어져 내려가는 미끄러운 내리막길을 가고 있는 것이나 마찬가지이다.

경건한 사람들로서는, 큰 회중 중에는 자기들의 눈에는 띄지 않지만 주님이 보시기에 참으로 거룩하고 순결한 사람들이 많이 있다는 것을 생각해야 할 것이다. 심지어 병든 것처럼 보이는 사람들 가운데도 자기의 과실들을 절대로 기뻐하거나 자랑하지 않고 다시금 일깨워 주님을 향한 깊은 경외의 자세로 돌아가고 더 올바른 삶을 향하여 나아가기를 사모하는 자들이 많이 있다는 사실도 잊어서는 안 될 것이다. 지극히 거룩한 사람도 때로는 극심한 잘못을 범하기도 하기 때문에 사람을 단 한 가지 행위로 판단해서는 안 된다는 사실도 생각해야 할 것이다. 또한 말씀의 사역과 신성한 신비에 참여하는 일이, 이러한 모든 기능이 혹 특정한 불경한 자들의 죄악 때문에 오염될 가능성을 따지는 것보다도 교회의 모임을 위하여 훨씬 더 중요하다는 것도 생각해야 할 것이다. 마지막으로, 참된 교회를 평가하는 데에 사람의 판단보다 하나님의 판단이 무한히 더 무게가 있다는 사실도 깨달아야 할 것이다.

(교회의 불완전한 거룩은 분리의 구실이 될 수 없고 오히려 그 안에서 죄 사함을 시행할 기회가 됨. 17-22)

17. 교회의 거룩함

또한 그들이 주장하기를 아무런 근거도 없이 교회를 가리켜 거룩하다고 하는 것이 아니라고 하기 때문에, 교회의 거룩함이 과연 어디에 있는지를 살피는 것이 합당할 것이다. 그렇게 하지 않으면, 모든 면에서 완전하지 않는 이상 교회로 인정하려 하지 않을 것이고, 따라서 교회를 하나도 남겨두지 않게 될 것이기 때문이다. 바울의 다음과 같은 진술은 과연 사실이다: "그리스도께서 교회를 사랑하시고 그 교회를 위하여 자신을 주심 같이 하라 이는 곧 물로 씻어 말씀으로 깨끗하게 하사 거룩하게 하시고 자기 앞에 영광스러운 교회로 세우사 티나 주름 잡힌 것이나 흠이 없게 하려 하심이라"(엡 5:25-27). 그러나 동시에 주님께서 날마다 역사하셔서 주름 잡힌 것을 부드럽게 펴고 흠을 깨끗하게 지우는 일을 행하신다는 것 또한 이에 못지않게 사실이다.

이로 보건대, 교회의 거룩함이란 아직 완전한 것이 아니다. 그러므로 교회는 날마다 거룩을 향하여 전진한다는 의미에서 거룩하다. 그러나 아직 완전한 것은 아니다. 다른 곳에서 좀 더 충분히 설명하겠지만, 교회는 날마다 발전해가는 중이지만 아직 그 거룩의 목표에는 이르지 못하였다는 것이다.

선지자들은 거룩한 예루살렘이 있을 것인데 "이방 사람이 그 가운데로 통행하지 못하리라"고 예언하며(욜 3:17), 또한 지극히 거룩한 성전이 있을 것인데 그 속에는 부정한 자들이 들어가지 못할 것이라고 예언하고 있다(사 35:8; 52:1). 그런데 이 예언을 마치 교회의 모든 구성원들이 전혀 흠이 없다는 의미인 것처럼 이해해서는 안 될 것이다. 오히려, 교회의 지체들이 거룩함과 완전한 순결을 열심히 사모하므로, 아직 그들이 완전히 도달하지 못한 그 정결한 상태를 하나님께서 자비하심으로 그들에게 베풀어 주신다는 의미로 이해해야 할 것이다. 그러므로 물론 이런 성화의 증거가 사람들 가운데서 거의 보이지 않는 때도 자주 있으나, 그럼에도 불구하고 우리는 창세 이래로 주님의 교회가 이 땅에 없었던 때가 없었으며, 또한 이 시대의 완성 때까지 교회가 이 땅에 없는 때가 없을 것이라는 사실을 붙들어야 할 것이다. 온 인류 전체가 처음 시초부터 아담의 죄로 말미암아 부패하였고 더러워졌으나, 말하자면 하나님께서는 이 부패한 무리들 가운데서 언제나 특정한 그릇들을 거룩하게 하셔서 영광을 얻도록 하시므로(참조. 롬 9:23 이하) 이러한 하나님의 긍휼하심을 체험하지 못하는 시대가 없다는 것이다.

하나님께서는 다음과 같은 확실한 약속들을 통해서 이 사실을 확증하셨다: "나는 내가 택한 자와 언약을 맺으며 내 종 다윗에게 맹세하기를 내가 네 자손을 영원히 견고히 하며 네 왕위를 대대에 세우리라"(시 89:3-4). 또한: "여호와께서 시온을 택하시고 자기 거처를 삼고자 하여 이르시기를 이는 내가 영원히 쉴 곳이라 내가 여기 거주할 것은 이를 원하였음이로다"(시 132:13-14). 또한: "여호와께서 이와 같이 말씀하셨느니라 그는 해를 낮의 빛으로 주셨고 달과 별들을 밤의 빛으로 정하였고 … 이 법도가 내 앞에서 폐할진대 이스라엘 자손도 내 앞에서 끊어져 영원히 나라가 되지 못하리라"(렘 31:35-36).

18. 선지자들의 모범

그리스도 자신을 비롯해서, 사도들과 또한 대부분의 선지자들이 이에 대한 모범들을 제시해 주고 있다. 이사야와 예레미야, 요엘, 하박국 등의 선지자들이 예루살렘 교회의 환난들을 슬퍼하며 묘사하는 내용들은 참으로 두렵기 그지 없다. 백성들과 관원들과 제사장들에게서 모든 것들이 온통 부패하여 있어서 이사야는 주저하지 않고 예루살렘을 소돔과 고모라에 비유하고 있다(사 1:10). 신앙이 부분적으로 멸시를 당하였고, 부분적으로는 더러워져 있었다. 도덕적인 면에 있어서도 도둑질과 강도질과 사기, 살육 등의 악행들이 흔히 나타났다. 그러나 그렇다고 해서 선지자들은 자기들을 위해서 새로운 교회를 세우거나 따로 희생 제사를 드리기 위해서 새로운 단을 세우지 않았다. 사람들의 형편이 어떻든 간에 선지자들은 주께서 그의 말씀을 그들 중에 세우셨고 거기서 예배하도록 의식들을 제정하셨다는 것을 생각하여, 비록 악인들의 모임이라 할지라도 그 가운데서 자기들의 정결한 손을 하나님께로 향하였던 것이다. 만일 그런 의식들때문에 자기들이 오염된다고 생각했다면, 그들은 차라리 수백 번이라도 죽을지언정 그리로 끌려들어가려 하지를 않았을 것이다. 결국, 오직 하나 됨을 유지하고자 하는 그들의 열심이 그들로 하여금 분리를 지향하지 않도록 지켜 주었던 것이다. 거룩한 선지자들이, 한두 사람도 아니고 거의 대부분의 사람들에게서 온갖 큰 악행들을 보면서도 그 교회에서 자기들을 분리시키고자 하는 생각을 갖지 않았다면, 모든 사람들의 도덕성이 우리의 기준에 미치지 못한다거나 혹은 우리가 고백하는 기독교 신앙과 일치하지 않는다고 해서 그것 때문에 감히 교회의 교제에서 곧바로 물러선다면 우리는 우리 자신들을 위하여 너무 지나친 주장을 하는 것이라 아니할 수 없을 것이다.

19. 그리스도와 사도들의 모범

그러면, 그리스도와 사도들의 시대는 형편이 어떠했는가? 그 당시에도 바리새인들의 처절한 불경함을 비롯해서 온갖 방탕한 삶이 만연되어 있었으나, 그럼에도 불구하고 그들은 이런 사람들과 동일한 의식에 함께 참여하는 일을 삼가지도 않았고, 신앙의 공적인 실천을 위하여 나머지 사람들과 함께 같은 성전에 모이기를 삼가지도 않았다. 정결한 양심을 갖고 그 동일한 의식들에 참여한 자들이 악인들과 함께 연루된다 할지라도 자기들에게는 전연 해가 없음을 알고 있었던 것이 아니라면, 어떻게 이런 일이 있었겠는가?

선지자들과 사도들의 모범을 보면서도 납득이 되지 않는다면, 최소한 그리스도의 권위에는 굴복해야 할 것이다. 그러므로 키프리아누스(Cyprian)는 이를 다음과 같이 잘 표현하고 있다: "교회 안에 가라지나 부정한 그릇들이 있는 것처럼 보인다 할지라도 우리 자신이 그 교회에서 물러나와야 할 이유는 없다. 오히려 우리는 알곡이 되기 위하여 힘써야 하며, 금과 은으로 만든 그릇들이 되기 위하여 할 수 있는 만큼 수고해야 한다. 질그릇을 깨뜨리는 일은 오직 주님께 속한 것이요, 그가 철장으로 그것들을 깨뜨리실 것이다(시 2:9; 계 2:27). 아무도 성자께서 홀로 하실 일을 자기가 할 수 있다고 주장하여, 쭉정이를 골라내고 겨를 제거하며(참조. 마 3:12; 눅 3:17) 인간의 판단으로 모든 가라지를 다 분리해 내고도 남는다는 식의 생각을 가져서는 안 되는 것이다(참조. 마 13:38-41). 이러한 완고함과 불경한 경솔함이야말로 교만한 것이요, 사악한 자세가 그 모습을 드러내는 것이다."5)

다음의 두 가지 사실을 확고히 세워야 하겠다. 첫째로, 교회의 — 하나님의 말씀이 선포되며 성례가 시행되는 곳의 — 외형적인 교제를 자의로 훼손하는 자는 변명의 여지가 없다. 둘째로, 몇 사람의 악행이나 많은 사람들의 악행이 있다 할지라도 그것이 우리가 거기서 하나님께서 정하신 의식들을 시행하여 우리의 믿음을 정당하게 드러내지 못하도록 하는 사유는 될 수 없다. 목사든 평신도든 다른 사람의 부정함 때문에 경건한 자의 양심이 상처를 받는 것도 아니요, 부정한 자들이 시행한다고 해서 그 때문에 거룩하고 의로운 사람에게 성례가 덜 순결해지고 덜 유익하게 되는 것이 아니기 때문이다.

20. 죄 사함과 교회

그들의 오만함은 이보다 더 심하게 나타난다. 이들은 조그만 흠이나 티가 있어도 교회로 인정하지를 않는 것이다. 사실, 이들은 올바른 교사들이 신자들에게 전진하라고 권면하며, 평생토록 악행의 짐을 지고 탄식하며 주님의 사하심에서 피난처를 찾으라고 가르친다는 것 때문에 그들을 대적하여 화를 발한다. 우리의 반대자들은, 오히려 이런 가르침 때문에 사람들이 완전으로부터 계속 멀어진다고 반론을 제기하는 것이다.

사람들을 권하여 완전으로 향하게 하는 가운데 우리가 귀찮아하면서 게으름 피우며 나아가서는 안 되며, 더구나 포기해서는 더욱 안 된다는 것을 나는 인정한다. 그러나 이 땅의 경주(競走) 가운데 있는 동안 우리의 완전함을 자신한다는 것은 마귀가 우리의 생각에 심어 놓은 것이라고 단언한다. 그러므로 사도신경에서도 교회를 언급한 다음 죄 용서에 대해서 언급하고 있는 것이다.6) 선지자의 말씀에서 읽을 수 있는 바와 같이, 오직 시민과 교회의 권속들만 죄 사함을 얻기 때문이다(사 33:14-24). 그러므로 하늘의 예루살렘을 세우는 일이 먼저 오고, 그 다음 하나님께서는 그리로 들어오는 모든 사람들의 죄악을 씻으시기를 기뻐하시는 것이다.

그러므로 나는 교회를 세우는 일이 우선되어야 한다고 말한다. 죄 사함이 없이도 교회가 존재할 수 있다는 뜻이 아니라, 주께서 오직 성도들의 교제 속에 그의 긍휼하심을 약속하셨기 때문이다. 그러므로 죄 사함은 우리에게는 교회와 하나님 나라에 들어가는 첫 걸음인 것이다. 그것이 없이는 하나님과의 언약도, 하나님과의 연합도 우리에게 있을 수 없다. 그러므로 하나님께서는 선지자를 통하여 이렇게 말씀하신다: "그날에는 내가 그들을 위하여 들짐승과 공중의 새와 땅의 곤충과 더불어 언약을 맺으며 또 이 땅에서 활과 칼을 꺾어 전쟁을 없이하고 그들로 평안히 눕게 하리라 내가 네게 장가들어 영원히 살되 공의와 정의와 은총과 긍휼히 여김으로 네게 장가들며 진실함으로 네게 장가들리니 네가 여호와를 알리라"(호 2:18-20). 여호와께서 그의 긍휼하심을 통해서 우리를 자기 자신과 화목시키시는 모습을 보게 되는 것이다.

또한 다른 곳에서는 여호와께서 진노로 땅에 흩으셨던 백성을 다시 모아들이실 것을 선포하시면서 이렇게 말씀하고 있다: "내가 그들을 내게 범한 그 모든 죄악에서 정하게 하며 그들이 내게 범하며 행한 모든 죄악을 사할 것이라"(렘 33:8). 그렇기 때문에, 우리가 세례의 증표를 통해서 교회의 회(會)에 들어가는 것이며, 이는 먼저 하나님의 선하심으로 말미암아 우리의 더러움을 씻지 않고서는 우리가 하나님의 권속(가족)의 일원이 되지 못한다는 것을 가르쳐 주는 것이다.

21. 교회의 지체들에게 임하는 죄 사함의 은혜

주께서는 죄 사함을 통하여 우리를 교회 안으로 영원토록 받으실 뿐 아니라, 동일한 수단을 통해서 우리를 교회 안에 보존시키시고 보호하기도 하신다. 결국 죄 사함이 아무런 소용이 없게 될 것이라면, 우리에게 죄를 사하시는 일이 무슨 의미가 있겠는가? 경건한 사람은 주의 긍휼하심이 단 한 번만 베풀어지는 것이라면 그것은 헛되고 실체가 없는 것이 되고 만다는 것을 스스로 증언하는 법이다. 왜냐하면 각자가 자기의 온갖 연약함 때문에 하나님의 긍휼하심이 언제나 필요하다는 것을 평생토록 잘 알고 있기 때문이다. 하나님께서 특히 그의 권속에 속한 자들에게 이러한 은혜를 약속하시는 것이 분명 헛된 것이 아니며, 또한 동일한 화목의 메시지를 날마다 그들에게 전하도록 명하시는 것도 헛된 것이 아닌 것이다.

그러므로, 평생토록 죄의 흔적들을 우리 스스로 지니고 다니면서 주님의 끊임없는 죄 사함의 은혜로 말미암아 지탱받지 않는 한, 단 한 순간도 교회 안에 거하는 것이 아닐 것이다. 주께서는 그의 자녀들을 영원한 구원으로 부르셨다. 그러므로, 그들은 그들의 온갖 죄들에 대해서 언제나 용서가 구비되어 있다는 사실을 생각해야 마땅한 것이다. 결국, 주께 영접을 받아서 교회의 몸에 접붙임을 받은 자들인 우리들은, 그리스도의 공로로 말미암고, 성령의 거룩하게 하심을 통하여 역사하는 하나님의 자비하심으로 말미암아 죄가 사함 받았으며, 또한 날마다 사함 받는다는 사실을 확고하게 믿어야 하는 것이다.

22. 주께서 교회에게 주신 열쇠

이러한 은혜를 우리에게 베푸시기 위하여, 주께서는 교회에게 열쇠를 주셨다. 그리스도께서 사도들에게 계명을 주시고 그들에게 죄를 사하는 권세를 주셨는데(마 16:19; 18:18; 요 20:23), 이는 사도들이 불경한 상태에서 그리스도를 믿는 상태로 회심하게 될 자들의 죄를 사해 주기를 바라셔서가 아니라, 그들이 영구하게 이런 임무를 신자들 가운데서 시행하기를 바라셔서 그렇게 하신 것이다. 바울도 화목하게 하는 사명이 교회의 사역자들에게 맡겨졌음을 가르치며, 또한 그 사명에 의하여 그들이 그리스도의 이름으로 하나님과 화목하라고 계속해서 사람들을 권면한다고 말함으로써 이러한 사실을 가르치고 있다(고후 5:18, 20). 그러므로, 이런 임무를 부여받은 장로들이나 감독들이, 경우에 따라서 공적으로나 사적으로, 죄 사함에 대한 소망에 관한 복음의 약속들을 통해서 경건한 자들의 양심을 강건하게 할 때에, 교회의 사역을 통하여, 성도의 교제 가운데서, 우리의 죄들이 계속해서 용서를 받는 것이다. 매우 많은 사람들이 연약하여 개인적인 위로가 필요하기 때문이다. 사도 바울은 공적인 설교를 통해서만이 아니라 집집마다 방문하면서까지 그리스도를 믿는 자기의 믿음을 증명했고, 각 사람마다 개별적으로 구원의 도리에 관하여 권면하였음을 언급하고 있다(행 20:20-21).

그러므로 우리는 여기서 세 가지를 주목해야 한다. 첫째로, 하나님의 자녀들이 아무리 거룩함에 뛰어나다 할지라도, 그들은 여전히 ― 죽을 육체 속에 거하고 있는 동안에는 ― 죄 사함이 없이는 하나님 앞에 설 수가 없는 상태에 있다는 것이다. 둘째로, 이러한 은혜가 교회에 속하여 있기 때문에 우리가 교회와의 교제 가운데 있지 않고서는 그 은혜를 누릴 수가 없다는 것이다. 셋째로, 그 은혜는 교회의 사역자들과 목사들의 복음의 선포나 성례의 시행을 통하여 우리에게 베풀어지며, 주께서 신자들의 회(會)에게 주신 열쇠의 권세가 바로 여기에서 주로 드러난다는 것이다. 따라서, 우리들은 각자 주께서 죄 사함을 위하여 지정하신 그곳에서만 죄 사함을 구하기를 우리 각자의 의무로 알아야 할 것이다. 교회의 권징과 관련되는 공적인 화목(public reconciliation)에 대해서는 적절한 곳에서 논의할 것이다.

(교회 내에서 허물을 용서한 사실을 보여 주는 실례들. 23-29)

23. 신자는 언제나 죄 사함을 구해야 함

그러나 내가 말한 이 미친 심령들이 유일한 구원의 닻을 교회에서 빼앗아 가려고 하기 때문에, 우리는 그런 심각한 폐해를 끼치는 사고에 대해서 양심을 더욱더 든든하게 해야 할 것이다. 옛날 노바티아누스파(Novatianists)가 이런 가르침으로 교회를 혼란스럽게 했었는데, 지금 이 시대에는 특정한 재세례파들(Anabaptists)이 — 이들은 노바티아누스파와 별로 다를 게 없다 — 그와 똑같은 환상에 빠져 있다. 이들은 하나님의 백성들이 세례를 받을 때 순결하고도 천사 같고, 육체의 더러움에 전혀 물들지 않은 새로운 삶 속으로 거듭나는 것처럼 주장하면서, 세례를 받은 후에 누군가가 타락하여 떨어져 나가면 이들은 그 사람을 오로지 하나님의 무자비한 심판에 맡겨 버리는 것이다. 요컨대, 은혜를 받은 이후에 잘못 범죄하는 죄인에 대해서는 용서에 대한 소망의 여지를 남겨두지 않는 것이다. 이들은 처음 거듭날 때 받은 죄 사함 이외에 다른 용서를 인정하지 않는 것이다. 거짓된 사상을 반박해 주는 것으로 성경만큼 분명한 것이 없지만, 이 사람들의 그런 사상을 따르는 무리들이 있기 때문에 — 한때 많은 추종자들이 노바투스(노바티아누스파의 지도자)를 따른 것처럼 — 이들이 얼마나 미친 의도를 갖고서 자기들은 물론 다른 사람들까지 멸망으로 이끄는지를 간단히 살펴볼 필요가 있을 것이다.

첫째로, 주의 명령에 따라서 성도들이 날마다 "우리의 빚을 사하여 주옵시고"(마 6:12)라고 반복해서 기도하므로, 이들 자신도 자기들이 빚진 자들임을 분명 고백하고 있다. 그리고 그러한 그들의 간구가 헛된 것도 아니다. 왜냐하면 주께서는 주께서 주실 것만을 구하라고 분명히 가르치셨기 때문이다. 사실, 성부께서는 모든 기도를 들으실 것을 증거하시지만, 이러한 용서에 대해서는 특별하신 약속으로 인쳐 놓으신 것이다. 그렇다면 그보다 무엇을 더 바라겠는가? 주께서는 성도들이 자기들의 죄를 고백할 것을 요구하신다. 그것도 전 생애 동안 계속해서 그렇게 할 것을 요구하시며, 반드시 사해 주실 것을 약속하시는 것이다. 그렇다면, 그들이 스스로 죄를 완전히 면했다고 여기며, 혹시 잘못하여 범죄할 경우 완전히 은혜에서 제외시켜 버리다니 이 얼마나 뻔뻔스러운 일인가? 과연 누구를 일곱 번씩 일흔 번까지 용서하라고 하셨는가? 우리의 형제들이 아닌가(마 18:21-22)? 우리로 하여금 주님의 자비하심을 닮도록 하려는 목적이 아니라면, 주께서 무엇 때문에 그런 명령을 하셨단 말인가? 그러므로, 주님은 한두 번 뿐 아니라, 사람들이 자기의 범죄 사실을 깨닫고 그에게 부르짖을 때마다 언제나 용서하시는 것이다.

24. 구약 시대의 범죄한 신자들에게 베푸신 긍휼: 율법서의 증거

교회가 처음 출생하여 강보에 싸여 있을 무렵을 먼저 생각해 보자: 족장들이 이미 할례를 받은 상태에서 언약에 동참하도록 택하심을 받았고, 그들의 조상들의 부지런한 가르침에 의해서 의와 순결을 배웠을 것이 틀림없다. 그런데도 그들은 형제를 죽일 음모를 꾸몄다(창 37:18). 이런 범죄는 저 타락한 도적떼들조차도 혐오하는 그런 범죄가 아닌가! 결국 유다의 조언을 받아들여서 약간 부드러운 조치를 취하여 그를 팔아넘겼다(창 37:28). 그러나 이것 역시 도저히 참을 수 없는 잔인한 짓이었다. 시므온과 레위는 그들의 누이에게 저지른 추행을 복수하고자 세겜 사람들에게 해서는 안 될 악행을 저질렀는데, 이는 그 아버지의 판단으로도 정죄받을 행동이었다(창 34:25). 르우벤은 추잡한 정욕 때문에 그 아버지의 침상을 더럽혔다(창 35:22). 유다는 음행에 빠지고 싶어서 본성의 법의 한계를 넘어서 자기 아들의 아내에게로 들어갔다(창 38:16). 그러나 이들은 택한 백성으로부터 버림을 받기는커녕 오히려 우두머리로 높임을 받았던 것이다!

다윗은 어떠했던가? 그는 공의를 시행하는 우두머리가 된 후에, 정욕에 눈이 어두워 무죄한 피를 흘리는 악을 범하지 않았던가(삼하 11:4, 15)! 그는 이미 거듭난 상태였고, 거듭난 자들 중에서도 주의 놀라운 칭찬을 받고 있었다. 그런데도 그는 그런 범죄를 저질렀고(이는 이방인들 가운데서도 끔찍스러운 범죄였다) 그러고도 용서를 받은 것이다(삼하 12:13).

구태여 개개인의 실례를 길게 들 필요가 없을 것이다. 율법과 선지자들 속에 이스라엘 백성을 향한 하나님의 긍휼하심에 대한 약속이 매우 자주 드러나 있으며, 그만큼 자주 주께서는 자신이 그의 백성의 과실들을 기꺼이 용서하기를 바라신다는 것을 입증해 보이시는 것이다!

모세는 과연 무엇 때문에 장차 이스라엘 백성이 배도의 상태에 빠졌다가 다시 주께로 돌아올 때를 대비하여, 다음과 같은 약속을 한단 말인가? "네 하나님 여호와께서 마음을 돌이키시고 너를 긍휼히 여기사 포로에서 돌아오게 하시되 네 하나님 여호와께서 흩으신 그 모든 백성 중에서 너를 모으시리니 네 쫓겨간 자들이 하늘 가에 있을지라도 네 하나님 여호와께서 거기서 너를 모으실 것이며 거기서부터 너를 이끄실 것이라"(신 30:3-4).

25. 구약 시대의 범죄한 신자들에게 베푸신 긍휼: 선지자들의 증거

그러나 끝이 없이 이어질 사실들을 계속 열거하고 싶지는 않다. 선지자들의 글에는 백성들이 온갖 범죄로 얼룩져 있다 할지라도 그들을 긍휼히 여기시겠다는 이런 식의 약속들이 가득하기 때문이다. 반역보다 더 무거운 범죄가 어디 있겠는가? 그것은 하나님과 교회가 서로 이혼하는 것이라 불리지만, 그러나 하나님의 선하심은 그것을 덮고도 남는다. 하나님께서는 예레미야를 통해서 이렇게 말씀하신다: "그들이 말하기를, '가령 사람이 그의 아내를 버리므로 그가 그에게서 떠나 타인의 아내가 된다 하자. 남편이 그를 다시 받겠느냐? 그리하면 그 땅이 크게 더러워지지 아니하겠느냐?' 하느니라. 네가 많은 무리와 행음하고서도 내게로 돌아오려느냐?"(렘 3:1), "배역한 이스라엘아 돌아오라 나의 노한 얼굴을 너희에게로 향하지 아니하리라 나는 긍휼이 있는 자라 노를 한없이 품지 아니하느니라"(렘 3:12). 죄인의 죽음을 원치 않으시고 그가 회개하여 살기를 원하신다고 말씀하는 그분에게는(겔 18:23, 32; 33:11) 다른 감정이 있을 수가 없는 것이다. 그러므로 솔로몬은 성전을 지어 봉헌하면서, 그 성전이 그 백성들의 죄 용서를 구할 때에 그 간구가 응답되는 데에도 사용될 것을 구하고 있다: "범죄하지 아니하는 사람이 없사오니 그들이 주께 범죄함으로 주께서 그들에게 진노하사 그들을 적국에게 넘기시매 … 그들이 … 스스로 깨닫고 그 사로잡은 자의 땅에서 돌이켜 주께 간구하기를 우리가 범죄하여 반역을 행하며 악을 지었나이다 하며 자기를 사로잡아 간 적국의 땅에서 온 마음과 온 뜻으로 주께 돌아와서 주께서 그들의 조상들에게 주신 땅 … 과 … 성전 있는 쪽을 향하여 주께 기도하거든 주는 … 하늘에서 그들의 기도와 간구를 들으시고 그들의 일을 돌아보시오며 주께 범죄한 백성을 용서하시며 주께 범한 그 모든 허물을 사하시고 그들을 사로 잡아 간 자 앞에서 그들로 불쌍히 여김을 얻게 하사 그 사람들로 그들을 불쌍히 여기게 하옵소서"(왕상 8:46-50). 그리고 주께서 날마다 죄를 위하여 희생을 드릴 것을 율법에 제정하신 것도 헛된 것이 아닌 것이다(민 28:3 이하). 만일 그의 백성들이 계속해서 죄의 질병에 휩싸이게 될 것을 미리 예견하지 않으셨더라면, 주께서는 절대로 이러한 치료책을 세우지 않으셨을 것이다.

26. 신약 시대의 범죄한 신자들에게 베푸시는 긍휼

그러나 그리스도께서 강림하사 충만한 은혜가 드러남으로써 이러한 구약 시대의 은혜가 사라졌는가? 그래서 혹 신자들이 주님께 범죄할 경우 죄 사함을 위하여 감히 기도하지도 못하고 긍휼도 얻을 수 없게 되었는가? 구약 시대에 성도들의 죄를 용서하기 위하여 언제나 베풀어졌던 하나님의 자비하심이 이제 완전히 제거되어 버렸다면, 이것은 그리스도께서 그의 백성들을 구원하기 위함이 아니라 그들을 멸망시키기 위하여 오신 것이 아니고 무엇이겠는가? 그러나 우리가 성경을 믿을진대 ― 성경은 그리스도 안에서 주의 은혜와 자비하심이 충만히 나타났고 그의 긍휼하심의 풍성함이 쏟아부어졌으며(딛 1:9; 3:4; 딤후 1:9) 또한 하나님과 사람들 사이의 화목이 이루어졌음을(고후 5:18 이하) 분명히 선언하고 있다 ― 하늘 아버지의 너그러우심이 끊어졌거나 사라진 것이 아니라 오히려 더 풍성하게 우리에게 흘러넘친다는 사실을 의심하지 말아야 할 것이다.

이에 대한 증거 또한 여기저기서 나타난다. 베드로는 사람들 중에서 그리스도의 이름을 고백하지 않는 자는 누구든지 하나님의 천사들 앞에서 부인을 당할 것이라는 말씀(마 10:33; 막 8:38)을 들었으면서도 그리스도를 세 번씩 부인하였고 게다가 저주까지 했는데도(마 26:74), 그는 사하심을 받았다(눅 22:32; 요 21:15 이하). 데살로니가 교인들 가운데 순종하지 않고 죄악된 삶을 사는 자들에게 징계를 말하면서도 여전히 회개하도록 권면하는 것을 볼 수 있다(참조. 살후 3:14-15; 3:6). 심지어 마술사 시몬의 경우도 절망 가운데 던져진 것이 아니다. 베드로는 그에게 기도를 통하여 주께 용서받을 선한 소망을 가지라고 말하고 있는 것이다(행 8:22).

27. 죄악된 교회들을 향한 하나님의 풍성한 긍휼

지극히 가증스러운 죄들이 한동안 온 교회 전체를 사로잡고 있었는데도 바울은 그 지도자들을 저주한 것이 아니라 자비로써 그 죄들을 벗어버리도록 하였다는 사실은 어떠한가? 갈라디아 교인들의 잘못은 결코 가벼운 과실이 아니었다(갈 1:6; 3:1; 4:9). 고린도 교인들 역시 이들에 못지않게 가증스러운 악행이 가득한 상태에 있었다. 그러나 이 두 교회 모두 주님의 긍휼하심에서 제외되지 않았다. 부정함과 음행, 온갖 방종 가운데 있어서 다른 이들보다 더 많은 죄를 지은 바로 이들에게 사도는 회개하라고 분명하게 촉구하고 있는 것이다(고후 12:21). 여호와의 언약은 지금도 그대로 있으며, 앞으로 영원토록 불변한 상태로 남아 있을 것인데, 그는 다음의 말씀 가운데서 이 언약을 참 솔로몬이신 그리스도와 및 그의 지체들과 함께 엄숙하게 인준하고 계신 것이다: "만일 그의 자손이 내 법을 버리며 내 규례대로 행하지 아니하며 내 율례를 깨뜨리며 내 계명을 지키지 아니하면 내가 회초리로 그들의 죄를 다스리며 채찍으로 그들의 죄악을 벌하리로다 그러나 나의 인자함을 그에게서 다 거두지는 아니하며 나의 성실함도 폐하지 아니하리로다"(시 89:30-33). 뿐만 아니라, 우리는 사도신경에 언급된 순서를 통해서도 죄 사함의 은혜가 계속적으로 그리스도의 교회에 남아 있다는 것을 배우게 된다. 말하자면 교회가 세워진 다음, 죄 용서가 거기에 덧붙여지는 것이다.

28. 하나님의 긍휼은 자의로 범한 죄도 용서함

그런데, 다소 사려가 있는 어떤 이들은 성경의 분명한 가르침에 의해서 노바티아누스의 가르침의 그릇된 것이 드러나는 것을 보고서, 모든 죄가 다 용서받지 못하는 것이 아니라, 오직 자발적으로 율법을 범하는 죄만, 사람이 알면서도 자의에 의해서 빠지는 죄만 용서받지 못한다고 생각한다. 그러니 그렇게 말하는 자들은 무지(無知) 때문에 범한 죄 이외에는 용서를 용인하지 않는 것이다. 그러나 여호와께서는 율법에서 신자들이 자의적으로 범한 죄를 속하도록 한 가지 종류의 희생 제사를 명령하셨으며(레 6:1이하) 무지로 범한 죄를 속하는 제사를 별도로 명령하셨다(레 4장). 그러므로 자의적으로 범한 죄에 대하여 속할 길을 인정하지 않는 것이야말로 얼마나 패역한 처사인지 모르는 것이다. 여호와께서 짐승을 잡아 드리는 제사를 인(印)으로 사용하셔서 이를 인정하셨으니, 그리스도의 희생은 성도들의 자의적인 죄를 용서하기에도 충족한 것이다. 이 사실보다 더 분명한 것이 어디 있단 말인가?

또한, 율법에 대해서 능통하게 잘 알고 있었던 다윗이 범한 죄를 어떻게 무지의 소치라고 변명할 수 있겠는가? 신민들 중에서 간음과 살인의 죄를 범한 자들을 날마다 징벌하였던 다윗이 그런 죄악들이 얼마나 큰 범죄인가를 몰랐단 말인가(삼하 11장)? 족장들은 형제를 살해하는 일을 합당한 일로 여겼었는가(창 37:18 이하)? 고린도 교인들이 과연 정욕, 부정, 음행, 미움, 분쟁 등이 하나님을 기쁘시게 하는 것이라고 생각할 만큼 그렇게 분별이 없었단 말인가(고전 5장)? 베드로가 그렇게 조심스럽게 경고를 받고도 주를 부인하는 것이 얼마나 엄청난 죄인가를 몰랐단 말인가(마 26:74)? 그러므로, 그렇게도 풍성하게 드러나고 있는 하나님의 긍휼하심을 우리의 악의(惡意)로 가로막으려 해서는 안 될 것이다.

29. 고대 교회의 실례

사실, 고대의 저술가들이 신자들이 날마다 용서받는 죄들을 육체의 연약함 때문에 생겨나는 다소 가벼운 잘못으로 이해하였고, 그보다 더 악한 범죄들에 대해서 행한 엄숙한 회개는 세례와 마찬가지로 다시 반복되어서는 안 된다고 생각하였다는 것을 나는 알고 있다. 그러나 우리는 그들의 이러한 견해가, 처음 회개한 상태에서 떨어져 범죄한 자들을 절망 가운데 빠뜨리고 싶은 의도에서 비롯되었다거나 혹은 기타 일상적인 사소한 범죄들이 하나님 보시기에 작은 것처럼 가벼이 여기는 데서 비롯되었다는 식으로 이해해서는 안 될 것이다. 교부(敎父)들은 성도들이 불신앙 가운데서 흔들리는 경우가 잦으며 때로는 쓸데없이 맹세하기도 하고, 이따금씩 화를 발하기도 하고, 심지어 노골적으로 욕을 퍼붓기도 하는 등, 주께서 가증스러이 여기시는 온갖 악행들을 범한다는 것을 익히 잘 알고 있었다. 그러나 이 저술가들이 그런 잘못들을 "가벼운 과실들"이라 부른 것은 교회에 알려져 문제와 큰 혼란을 야기시키는 공적인 범죄들과 구별하기 위함이었다.

더욱이, 그들은 교회적인 교정을 요하는 범죄를 범한 자들에 대해서는 사면(赦免)이 매우 어렵도록 만들었다. 그들이 그렇게 한 것은 주님 앞에서 그들의 죄가 용서를 얻기 어렵다고 여겼기 때문이 아니라, 오히려 이렇게 엄격한 조치를 시행함으로써 다른 사람들이 교회의 교제에서 끊어지기에 합당한 큰 범죄들을 경솔하게 범하지 못하도록 하고자 하는 의도에서 그렇게 한 것이었다. 그러나 여기서 우리의 유일한 규범이 되어야 할 주님의 말씀은 그보다 훨씬 더 너그럽게 다루고 있다. 곧, 징계를 시행할 때에 거기에 해당되는 당사자가 너무 지나치게 근심에 잠기지 않도록 하여야 할 것을 가르치고 있는 것이다(고후 2:7). 이 점에 대해서는 앞에서 상세히 다룬 바 있다.

주

1. Augustine, *On Faith and the Creed*, x. 21; Pseudo-Cyprian, *On the Exposition of the Apostles' Creed*, xxxvi.

2. Augustine, *John's Gospel*, xlv. 12.

3. Augustine, *Against the Letter of Parmenianus*, III. i. 1

4. *Ibid.*, III. ii. 15.

5. Cyprian, *Letters*, liv. 3.

6. 사도신경에서 "거룩한 공회와 성도가 서로 교통하는 것" 다음에 "죄를 사하여 주시는 것"이 이어진다는 것을 기억하라

제 2 장

～⌒⌒～

거짓 교회와 참 교회의 비교

(참된 교리와 예배에서 벗어난 사실이 참된 교회의 주장을 무효화시킴. 1-6)

1. 교회의 존재 여부를 가늠하는 기본 원리

말씀과 성례의 사역을 교회를 분간하는 영구한 증표로 삼아서 얼마나 귀중히 여기고 기려야 하는지에 대해서는 이미 설명하였다. 다시 말해서, 그 사역이 순전하고도 부패하지 않은 상태로 유지된다면, 아무리 도덕적인 결점이나 흠이 있다 할지라도 "교회"라는 이름을 지니지 못할 이유가 없다는 것이다. 둘째로, 사소한 오류들로 인하여 그 사역이 약화되었다 할지라도 그것 때문에 그 사역 자체를 부당하다고 여겨서도 안 된다는 것이다.

또한 우리는 그렇게 용인되어야 할 오류들은 신앙의 근본 도리를 해치지 않으며, 모든 신자들이 동의해야 할 신앙의 강령들을 파괴시키지 않는 것들이며, 또한 성례에 관해서도 주님께서 정당하게 제정하신 것을 폐기하거나 손상시키지 않는 것들이라는 것을 보여 주었다.

그러나, 신앙의 보루(堡壘)에 거짓 것이 끼어들고, 필수적인 교리의 요강(要綱)이 무너지고, 성례의 바른 시행이 파괴되면 그 즉시 교회의 죽음이 반드시 이어지는 법이다. 마치 사람이 목을 찔리거나 심장에 치명적인 상처를 입으면 즉시 그 사람의 생명이 끝나는 것처럼 말이다. 이러한 사실은 교회는 사도들과 선지자들의 가르침 위에 세워졌고 그리스도 예수께서 친히 그 모퉁잇돌이 되신다는(엡 2:20) 바울의 말에서도 분명히 드러난다. 교회의 터가 바로 선지자들과 사도들의 가르침이며, 그 가르침이 신자들에게 그들의 구원을 오직 그리스도께만 두라고 명한다면, 과연 그런 가르침이 사라진다고 할 때에 어떻게 교회가 계속해서 서 있을 수가 있겠는가? 그러므로, 교회를 유지시켜 주는 유일한 것인 바로 그 신앙의 요강이 죽어 버리면, 교회는 무너질 수밖에 없는 것이다. 또한, 만일 참된 교회가 진리의 기둥과 터라면(딤전 3:15), 거짓말과 허위가 지배하는 곳에 교회가 존재할 수 없다는 것이 분명한 것이다.

2. 로마 교회의 주장

교황제 아래의 상태가 그렇기 때문에, 교회가 어느 정도나 거기에 남아 있을지를 잘 이해할 수 있을 것이다. 말씀의 사역 대신 거짓말이 혼합되어 있는 사악한 통치(government)가 지배하고 있어서 말씀의 순결한 빛을 부분적으로는 꺼뜨리며, 부분적으로는 질식시키고 있는 것이다. 주님의 성찬을 대신하여 가장 추악한 신성모독이 도입되었다. 하나님께 드리는 예배가 도저히 견딜 수 없는 온갖 다양한 미신거리들로 훼손되었다. 교리 ― 이것이 없으면 기독교가 설 수 없는 ― 가 전적으로 파묻혀버리고 추방되었고, 공적인 집회들이 우상숭배와 불경의 학교가 되어 버렸다.

그러므로 그러한 온갖 악행들에 참여하는 치명적인 일을 금하여도 결코 그리스도의 교회에서 끊어질 위험이 없는 것이다. 교회의 교제는 그것이 우리를 꾀어 우상숭배와 불경과 하나님에 대한 무지, 그리고 기타 온갖 악들에 빠지도록 만든다는 조건으로 세워진 것이 아니다. 오히려 하나님을 경외하고 진리를 순종하는 가운데 우리를 붙들기 위해서 세워진 것이다.

그들은 세상에 다른 교회가 없는 것처럼 보이게 하기 위하여 자기들의 교회를 극구 찬양한다. 그리고는 마치 그 문제가 정리되기라도 한 것처럼, 자기들이 기리는 그 교회를 복종하는 데에서 물러서는 모든 자들을 분리주의자들로 간주하며, 그 교회의 가르침을 반대하여 목소리를 내는 자들을 모두 이단들로 취급하는 것이다. 그러나, 그들이 자기들에게 참된 교회가 있다는 것을 입증하기 위해서 내세우는 근거는 무엇인가? 그들은 과거에 이탈리아, 프랑스, 그리고 스페인에 존재했다고 주장하는 고대의 기록들을 근거로 제시한다. 그러면서 그 기록들이, 과거에 건전한 교리로 교회들을 세우고 일으켰고 피를 흘려서 그 교리를 세우고 교회를 유지했던 그 거룩한 사람들에게서 비롯된 것이라고 주장한다. 그리고 더 나아가서, 그 교회는 영적인 은사들과 그들 중의 순교자들의 피로 말미암아 거룩하게 구별되었고, 또한 감독들을 통해서 끊임없이 계승되어왔으므로, 결코 망하지 않는다고 말한다. 그들은 이레나이우스(Irenaeus), 테르툴리아누스(Tertullian), 오리겐(Origen), 아우구스티누스 등이 이 교회를 계승해왔다고 주장하는 것이다.

그러나 이들의 주장들을 나와 함께 잠시 살펴보기를 원하는 자들에게 그런 주장들이 얼마나 하찮으며 우스꽝스러운 것인지를 쉽게 깨달을 수 있도록 해 줄 수가 있다. 그리고 혹 이런 가르침을 통해서 우리의 반대자들에게도 유익을 끼칠 수 있을지 모르겠지만, 그들도 유익을 얻으려면 이에 대해서 진지한 관심을 기울여야 한다고 말하고 싶다. 그러나 그들의 유일한 목적이 진리와는 상관없이 자기들 자신의 주장을 변호하는 것이므로, 선한 사람들과 진리를 위하여 열심 있는 자들이 그들의 헛된 속임수에서 벗어날 수 있도록 몇 가지만을 말하기로 하겠다.

첫째로, 어째서 아프리카와 이집트와 아시아는 언급하지 않는지를 묻고 싶다. 그들이 그 지역에 대해서 언급하지 않는 이유는 그들이 교회를 유지시키는 요인으로 자랑하는 감독들의 신성한 계승이 그 지방들에서는 중단되었기 때문이다. 그들은 처음부터 감독들이 끊어지지 않고 계속 계승되어 왔기 때문에 자기들에게는 참된 교회가 있다는 식의 주장을 되풀이한다.

그러나, 그리스의 실례를 제시하면 어떻게 되겠는가? 그들에게 묻고 싶다. 그리스 사람들 가운데에도 감독들(그들이 주장하는 대로 이들이 교회의 유일한 수호자요 보존자인데)의 계승이 끊어지지 않고 계속 이루어져왔는데, 어째서 그리스 사람들 중에는 교회가 망하였다고 말하는가? 그들은 그리스 인들을 분리주의자들로 본다. 그러나 무슨 권리로 그렇게 보는가? 그것은 사도의 관구(the apostolic see)에게서 떨어져 나감으로써 그 특권을 잃어버렸기 때문이라고 한다. 아니 무엇이라고? 오히려 그리스도에게서부터 떨어져 나간 그들이 그보다 훨씬 더 특권을 잃어버려야 마땅하지 않겠는가? 그러므로, 조상들의 손에서 물려받은 안전하고도 부패하지 않은 그리스도의 진리를 그 자손들이 보존하고 그 안에 거하지 않는 이상, 이처럼 그들을 계승하는 체하는 것은 헛된 일일 뿐인 것이다.

3. 거짓 교회의 모습: 말씀을 청종하지 않고 인간적인 계승만을 주장함

그러므로 오늘날 로마교회주의자들은, 과거에 유대인들이 주님의 선지자들을 통해서 그 어둠과 불경과 우상숭배에 대해서 책망을 받을 때 주장했던 내용을 그대로 반복하는 것 이외에 아무것도 아니다. 로마교회주의자들처럼, 과거 유대인들은 성전과 그 의식과 제사장들의 역할을 극구 자랑했으며, 그런 것들을 근거로 자기들이 생각하는 대로 아주 설득력 있게 교회를 평가하였다. 그들을 따라서 로마교회주의자들은 그 교회를 대신하여 특정한 외형적인 겉모습을 과시하고 있다. 그런 모습이 오히려 교회와는 완전히 동떨어진 것이요, 차라리 그것이 없으면 교회가 아주 잘 서 있을 그런 것들인데도 그것을 자랑하는 것이다.

그러므로, 우리는 예레미야가 유대인들의 그런 어리석은 확신을 대적하여 제시한 논지를 그들에게 제시하여야 할 것이다: "너희는 이것이 여호와의 성전이라, 여호와의 성전이라, 여호와의 성전이라 하는 거짓말을 믿지 말라"(렘 7:4). 여호와께서는 그의 말씀을 청종하고 전적으로 지키는 곳이 아니면 어떠한 성전도 자기의 것으로 인정하시지 않기 때문이다. 그러므로, 하나님의 영광이 성전의 그룹 사이에 자리잡고 있었고(겔 10:4), 하나님께서 그의 백성들에게 바로 그곳이 그의 거하시는 자리가 될 것이라고 약속하셨지만, 제사장들이 사악한 미신들로 하나님께 드리는 예배를 더럽히자, 하나님께서는 다른 곳으로 옮기시고, 거룩한 장소를 제거하시는 것이다. 하나님께서 영구히 거하시는 곳으로 거룩히 구별된 것처럼 보이는 그 성전이 하나님께 버림을 받아 더러운 곳이 될 수 있다면, 하나님께서 사람과 장소에 매여계시고 외형적인 행사를 집착하시므로 교회의 명칭과 겉모양밖에 없는 자들(롬 9:6) 가운데도 계속 남아 계신다는 이 사람들의 주장은 전혀 근거가 없는 것이다.

이것이 바로 로마서 9장부터 12장에서 바울이 제기하는 주장이다. 유대인들이 하나님의 백성인 것 같은데 그들이 복음의 가르침을 거부하였고 뿐만 아니라 그 가르침을 박해하기까지 했다는 사실 때문에 연약한 양심들이 상당히 혼란을 느끼고 있었다. 그러므로 바울은 교리를 해명한 다음 바로 그러한 난제를 다루면서, 그 유대인들이 비록 교회의 외형적인 모습에 있어서는 모자란 것이 없었지만 그들은 교회가 아니라고 한다. 그 이유는 그들이 그리스도를 포용하려 하지 않았기 때문이다. 그는 이러한 사실을 갈라디아서에서 약간 더 분명하게 말하고 있다. 거기서 그는 이스마엘을 이삭과 비교하면서 말하기를, 교회 속에 자리를 차지하고 있으나 유업을 받을 수 없는 자들이 많다고 한다. 왜냐하면 그들은 자유 있는 어머니에게서 난 자식들이 아니기 때문이라는 것이다(갈 4:22 이하). 여기서 더 나아가서 바울은 두 예루살렘을 서로 비교한다. 율법이 시내 산 위에서 주어진 것처럼, 복음도 예루살렘으로부터 나왔기 때문이다. 그리하여 종으로 출생하고 자라난 많은 사람들이 조금도 주저하지 않고 자기들이 하나님과 교회의 자녀라고 자랑한다는 것이다.

그들은 자기들이 부랑자들이면서도, 교만하게도 하나님의 참된 자녀들을 멸시하는 것이다. 그러나 우리는 이와 반대로 하늘로부터 "이 여종과 그 아들을 내쫓으라"(창 21:10)라는 선언을 들었으니, 이 불가침의 선언에 근거하여 그들의 허망한 자랑들을 담대하게 거부해야 할 것이다. 그들이 겉으로 나타나는 고백을 자랑한다면, 이스마엘 역시 할례를 받은 상태였다. 그들이 옛적부터 내려온 오랜 역사를 주장한다면, 이스마엘이 장자(長子)였다. 그러나 그럼에도 불구하고 그가 내어쫓김을 당하는 것이다. 그 이유를 찾자면, 바울이 지적하는 대로, 오직 순결하고도 적법한 교리의 씨로 출생한 자라야만 하나님의 자녀로 인정을 받는 것이기 때문이다(롬 9:6-9).

이러한 추론에 따르면, 하나님은 자신이 제사장들의 조상인 레위와 언약을 맺으셔서 그로 하여금 그의 사자 혹은 그의 해석자가 되게 하셨으나 그렇다고 해서 그 때문에 악한 제사장들에게 매여 계시지는 않는다는 것을 말씀하시는 것이다. 사실, 하나님은 거짓을 자랑거리로 삼아 습관적으로 선지자들을 대적하여 일어서는 그들에게서 돌아서시는 것이다. 제사장직의 고유한 위엄을 순전하게 지키기 위하여 그렇게 하시는 것이다. 하나님께서는 이 사실을 기꺼이 인정하시고 그들을 향하여 말씀하신다. 곧, 하나님 자신은 기꺼이 그 언약을 지키려 하시지만, 그들이 그것을 폐기시키고 있으니 그들이 버림을 받아 마땅하다고 하시는 것이다. 언약을 계승하는 자들의 편에서 참되고 순전한 행실이 따르지 않는다면, 과연 그렇게 계승하는 것이 무슨 가치가 있겠는가! 처음의 언약에서 타락하는 범죄를 저지르게 되면, 곧바로 모든 존귀를 빼앗기고 마는 것이다(말 2:1-9). 가야바가 수많은 경건한 제사장들을 계승했다고 해서(사실 아론에게서부터 그에게 이르기까지 끊어지지 않고 제사장직이 계승되었다) 그 악한 모임이 "교회"라는 이름에 합당하다고 말할 수 있겠는가!

심지어 세속적인 통치에 있어서도, 칼리굴라(Caligula)나 네로(Nero)나 헬리

오가발루스(Heliogabalus) 등이 브루투스(Brutus)나 스키피오(Scipio)나 카밀루스(Camillus) 등을 계승했지만, 그 사실에 근거해서 그들의 통치를 정당한 제국의 통치로 인정하는 사람은 아무도 없는 것이다. 그러나 특별히 교회의 구성에 있어서는, 가르침을 배제하고 오직 사람으로만 계승했다고 주장하는 것보다 더 어리석은 일은 없는 것이다.

　　마치 유업을 이어받는 권리처럼, 감독들이 한 사람씩 계승해가면 상태가 어떻든 교회가 존재하는 것이라는 식의 주장을 펴지만, 이런 주장만큼 거룩한 교부들의 ― 이들은 교부들에 대해서 매우 왜곡시키고 있다 ― 사상과 거리가 먼 것은 없는 것이다. 물론 처음부터 그 시대에 이르기까지 교리상의 변화가 없었다는 것은 논란의 여지가 없지만, 그들은 다음의 원리만으로도 모든 새로운 오류들을 충분히 막고 교회를 보호할 것으로 알아서 그것을 채택하여 적용시켜온 것이다. 그 원리는 곧, 사도들의 시대로부터 교회 안에서 확고하게 만장일치로 유지되고 지켜져온 가르침에 일치해야 한다는 것이다. 그러므로, 존귀히 여겨 기려야 마땅한 교회의 이름을 빙자하여 세상을 속이고자 하는 노력을 더 이상 계속할 이유가 없는 것이다. 그러나 교회의 정의 문제에 이르게 되면, 속담처럼 물이 달라붙게 되고 또 그들이 진창에 빠져서 헤맬 수밖에 없다. 왜냐하면 그들은 그리스도의 순결한 신부가 있어야 할 자리에 더러운 창녀를 데려다 앉혀 놓는 격이기 때문이다. 이처럼 교묘하게 바꾸어 놓는 악행에 속아 넘어가지 않기 위해서, 아우구스티누스의 ― 물론 다른 사람들도 똑같이 권면하지만 ― 교훈을 귀담아 듣도록 하자. 그는 교회에 대해서 말하는 가운데 이렇게 교훈하고 있다: "마치 무수한 비방 때문에 가려진 것처럼 때로는 교회 자체가 희미해지기도 하고, 때로 고요한 때에는 조용하고 자유로운 것처럼 보이기도 하고, 때로는 온갖 환난과 유혹의 파도에 휩싸여 이리저리 흔들리기도 한다." 이어서 그는 가장 강력한 교회의 기둥들이 믿음으로 인하여 담대하게 유배를 견디거나 세상을 등지고 숨어 지낸 실례들을 제시하고 있다.[1]

4. 교회는 말씀 위에 세워짐

　　이렇게 해서 로마교회주의자들은 자기들이 그리스도의 철천지 원수들이면서도 오늘날 교회라는 이름을 갖고서 무식한 대중들을 혼란스럽게 하고 공포를 조장하고 있다. 그러므로 그들이 아무리 성전과 제사장직과 기타 외형적인 걸치레를 제시한다 할지라도, 무식한 자들의 눈을 어둡게 만드는 이 허망한 현란한 장식품들에 감동을 받아서, 하나님의 말씀이 없어도 교회가 존재한다는 식의 생각을 가져서는 절대로 안 되는 것이다. 하나님의 말씀이 있다는 것이야말로 우리 주님께서 친히 인치신 영구적인 증표이기 때문이다: "무릇 진리에 속한 자는 내 음성을 듣느니라"(요 18:37), "나는 선한 목자라 나는 내 양을 알고 양도 나를 아느니라"(요 10:14), "내 양은 내 음성을 들으며 나는 그들을 알며 그들은 나를 따르느니라"(요 10:27). 그러나 그보다 조금 앞에서 주님은 이렇게 말씀하셨다: "양들이 그의 음성을 아는 고로 따라오되 타인의 음성은 알지 못하는 고로 타인을 따르지 아니하고 도리어 도망하느니라"(요 10:4-5).

절대로 틀림이 없는 표적을 그리스도께서 제시해 주셨으니, 우리가 미친 사람들처럼 교회를 이리저리 찾아 헤매는 악행을 저지를 이유가 무엇이란 말인가? 그리스도께서 제시해 주신 그 표적이 보이면, 어디든 반드시 그곳에 교회가 있는 것이고, 그 표적이 보이지 않으면, 교회의 참된 의미에 합당한 것이 아무것도 남아 있지 않은 것이다. 바울은 교회가 사람의 이런저런 판단 위에 세워진 것도 아니요, 제사장직 위에 세워진 것도 아니고, 오직 사도들과 선지자들의 가르침 위에 세워졌다는 사실을 우리에게 상기시켜 준다(엡 2:20). 예루살렘을 바벨론과 분명히 구별해야 한다. 그리스도의 교회를 사탄의 집단과 구별해야 한다. 무엇으로 구별할까? 그리스도께서 제시하신 대로 그 둘 사이의 차이를 보아서 구별하는 것이다. 그는 이렇게 말씀하신다: "하나님께 속한 자는 하나님의 말씀을 듣나니 너희가 듣지 아니함은 하나님께 속하지 아니하였음이로다"(요 8:47).

정리해서 말하자면, 교회는 그리스도의 나라요, 또한 그리스도는 오직 그의 말씀으로 다스리시므로, 그리스도의 나라가 그의 홀이 없이 ― 즉, 그의 지극히 거룩한 말씀이 없이 ― 존재한다는 말이 거짓이라는 사실이 누구에게나 분명히 드러나지 않겠는가?(참조. 렘 7:4)

5. 분열과 이단의 비난에 대한 답변

그런데 그들은 우리를 교회를 분열시킨 죄와 이단의 죄를 범한 사람들로 취급하고 있다. 우리가 그들과는 다른 교리를 전하며, 그들의 법령들을 순종하지 않고, 기도와 세례와 성찬을 비롯한 거룩한 활동들을 위하여 별도로 집회를 갖고 있기 때문이다.

이것이 물론 매우 심각한 비난인 것은 사실이지만, 그러나 이에 대해서는 별로 어렵지 않게 변호할 수가 있다. 교회에서 불화를 조장하고 연합의 교제를 깨뜨리는 자들을 가리켜 이단이나 분리주의자들이라 부른다. 그런데 그러한 교회의 교제는 건전한 교리와 형제 사랑이라는 두 가지 끈에 의해서 유지되는 것이다. 그러므로 이단과 분리주의자들을 아우구스티누스는 서로 이렇게 구분하고 있다. 이단들은 거짓 가르침으로 믿음의 신실성을 더럽히는 자들이요, 분리주의자들은 때로는 동일한 믿음을 갖고 있으면서도 교제의 끈을 깨뜨리는 자들이라는 것이다.[2]

그러나 여기서 또한 주목해야 할 것은 이러한 사랑의 연합이 믿음의 통일성에 의존하기 때문에 믿음이 사랑의 연합의 시작이요 끝이며, 결국 그 유일한 규범이 된다는 사실이다. 그러므로 교회의 연합을 명할 때에는, 언제든지 우리의 마음이 그리스도 안에서 일치하는 가운데 우리의 의지가 또한 그리스도 안에 있는 상호 간의 사랑으로 연결되어야 한다는 사실이 요구된다는 점을 기억하도록 하자. 그러므로 바울은 이를 권면하면서, "주도 한 분이시요 믿음도 하나요 세례도 하나"(엡 4:5)라는 사실을 근거로 삼는다. 바울은 마음을 같이하고 뜻을 합하라고 가르칠 때마다 즉시 "그리스도 안에서"(빌 2:1, 5) 또는 "그리스도 예수를 본받아"(롬 15:5) 그렇게 하라고 덧붙이고 있는 것이다. 곧, 주님의 말씀을 떠나서는 신자들의 일치라는 것은 없으며, 다만 사악한 자들의 무리가 있을 뿐이라는 뜻이다.

6. 그리스도의 머리 되심이 교회의 연합의 근거임

키프리아누스 역시 바울을 따라서 온 교회의 화합의 근원을 오직 그리스도의 감독직에서 찾는다. 그리고 이어서 그는 이렇게 덧붙이고 있다: "교회는 하나인데, 열매가 증가함에 따라서 멀리 그리고 널리 퍼져나가서 큰 무리를 이룬다. 태양의 광선이 무수하게 많지만 오직 한 빛이며, 한 나무에 가지가 많이 있지만 모두 든든한 그 뿌리에 기초를 두고 있는 하나의 줄기에 속하며, 그리고 하나의 샘에서 여러 물줄기가 생겨나는 것처럼, 경건한 무리들의 수가 많고 넘쳐나는 것처럼 보이지만, 그 근원은 하나인 것이다. 태양의 몸체에서 하나의 광선을 취하여 내어도 그 통일성이 전혀 흐트러지지 않는다. 한 가지를 나무에서 잘라내면, 그 잘려진 가지는 싹을 낼 수가 없다. 시냇물을 그 근원에서 단절시키면, 곧

바로 말라버리는 법이다. 마찬가지로, 교회도 주님의 빛을 받아 누리며 온 땅에 퍼져나가 있으나, 온누리에 비치는 빛은 오직 하나인 것이다."[3]

그리스도의 모든 지체들이 서로 누리고 있는 이 불가분리의 연합을 표현해 주는 진술로서 이보다 더 적절한 것은 없을 것이다. 그는 계속해서 머리이신 그리스도께로 우리를 다시 부르고 있음을 볼 수 있다. 그리하여 키프리아누스는 이단과 분열이 생겨나는 것은 사람들이 진리의 근원으로 돌아가지 않고, 머리이신 그리스도를 찾지 않으며, 하늘의 주인 되신 그분의 가르침을 지키지 않기 때문이라고 선언하는 것이다.

그러니 이제 우리가 자기들의 교회에서 물러나왔다고 해서 우리를 이단들이라 소리쳐 외칠 테면 외치라고 하라. 우리가 분리하게 된 유일한 원인은 그들이 어떤 식으로도 진리에 대한 순전한 고백을 지닐 수 없었기 때문이니 말이다. 그들이 출교와 저주로서 우리를 내쫓았다는 사실에 대해서는 굳이 언급하지 않겠다. 그들이 사도들까지도 우리와 같은 뜻을 가졌다고 해서 분리주의자들로 정죄하고 싶지 않으면 우리를 사면해야 할 충분한 이유가 있고도 남는데 말이다. 분명히 말하지만, 그리스도께서는 사도들에게 미리 경고하시기를, 그들이 그리스도의 이름 때문에 회당에서 내쫓길 것이라고 하셨다(요 16:2). 주께서 말씀하시는 그 회당들은 당시에 적법한 교회들로 간주되는 것들이었다. 그러므로 우리가 내쫓긴 사실이 분명하고, 또한 우리는 그리스도를 위하여 그런 일이 일어났음을 증명할 준비가 되어 있으니, 이런 쪽이든 저런 쪽이든 우리들에 대해서 그 어떠한 결정을 내리기 전에 사안을 분명히 조사해야 마땅할 것이 아닌가! 그들이 그렇게 조사하기를 원한다면, 그것을 기꺼이 인정하고 싶다. 그리스도께로 나아가기 위해서는 그들에게서 분리하는 일이 불가피했다는 것으로 충분한 사유가 된다고 보기 때문이다.

(로마 교회와 고대 이스라엘의 비교. 7-11)

7. 로마 교회와 패역한 이스라엘의 교회의 상태

그러나 선지자들이 묘사하고 있는 고대의 이스라엘의 교회와 비교할 때 로마의 우상의 횡포에 굴복한 상태에 있는 모든 교회들을 과연 어떻게 생각해야 할까 하는 것이 더욱더 분명해질 것이다. 이스라엘 사람들과 유대인들이 언약의 율법을 지킬 때에는 그들 가운데 참된 교회가 존재했었다. 즉, 하나님의 자비하심으로 말미암아 그들은 교회를 함께 결속시키는 그런 것들을 받는 상태에 있었던 것이다. 진리의 도리가 율법 속에 있었고, 그 도리의 사역이 제사장들과 선지자들의 손에 의해서 이루어지고 있었다. 할례의 표증을 통해서 신앙의 삶을 시작하고 있었고, 다른 성례들을 통해서 그들의 믿음을 강건하게 하는 일이 시행되고 있었다. 그러므로 하나님께서 그의 교회에 베푸신 칭호들이 그들의 회에도 분명 적용되고 있었던 것이다. 그런데 후에 그들은 여호와의 율법을 저버렸으며 우상숭배와 미신에 빠져들었고, 그리하여 그 특권을 부분적으로 잃어버렸다. 하나님께서 그의 말씀의 선포와 그의 성례의 준수를 맡기신 그들에게서 누가 감히 교회라는 이름을 취하여 갈 수 있었겠는가? 그러나 반대로, 여호와의 말씀이 노골적으로 거리낌 없이 짓밟힘을 당하며, 교회를 지탱시켜 주는 주요 요인이요 교회의 혼이 되는 그의 사역이 파괴되는 그런 회(會)를 감히 "교회"라는 이름으로 부를 자가 어디 있겠는가?

8. 유다와 이스라엘의 비교

그러면 다음과 같이 물을 사람이 있을 것이다: 그렇다면 유대인들이 우상숭배에 빠진 이후로는 그들 가운데 교회의 흔적이 남아 있지 않았단 말인가? 그 대답은 간단하다. 첫째로, 그들의 타락에는 몇 가지 단계가 있었다. 유다와 이스라엘이 모두 하나님께 드리는 순결한 예배에서 돌아섰을 때에, 이스라엘의 타락과 유다의 타락이 정도가 같다고는 말할 수 없다. 여로보암은 하나님의 분명한 금지 명령을 무시하고 송아지를 만들었고, 불법으로 예배 장소를 지정하여 봉헌함으로써 신앙을 완전히 부패시켰다(왕상 12:28 이하). 유다 백성들도 악한 미신적인 관습으로 스스로 더럽히고 결국 그들의 신앙을 외형적인 형식으로 왜곡시켰다. 물론 르호보암 시대에 이들은 이미 많은 왜곡된 의식들을 공공연히 취하였으나, 율법의 가르침과 제사장 제도와 하나님께서 제정하신 의식들이 예루살렘에서 계속 유지되고 있었기 때문에, 그곳의 경건한 자들에게는 그래도 교회가 용납할 수 있는 상태로 존재하고 있었던 것이다. 이스라엘 사람들 가운데서는 아합의 치세에 이르기까지 조금도 나아지는 것이 없었고, 그때에 가서는 훨씬 더 사정이 악화되었다. 그 이후로 등장하는 왕들은 이스라엘 왕국이 멸망되기까지 일부는 아합을 닮았고, 일부는 — 조금이라도 나아지기를 원했을 때에는 — 여로보암의 모범을 따랐다. 그러나 한 사람의 예외도 없이 모두가 불경한 우상숭배자들이었던 것이다.

그러나 유다의 경우는 이따금씩 다양한 변화가 있었다. 몇몇 왕들은 사람이 꾸며낸 거짓된 미신들로 하나님께 드리는 예배를 더럽히기도 했으나, 또 어떤 왕들은 부패한 신앙을 회복시키기도 했다. 그러나 급기야는 제사장들이 몸소 더럽고 추악한 의식들로 하나님의 성전을 오염시키고 말았다.

9. 로마 교회의 부패성

그러면 교황주의자들은 나아와서, 할 수 있는 만큼 반론을 제기해 보라. 그들의 신앙적 상태가 여로보암 시대의 이스라엘 왕국의 상태만큼 부패해 있고 더럽혀져 있다는 주장을 반박해 보기를 바란다. 그들의 경우는 오히려 더 심한 우상숭배라 아니할 수 없다. 그리고 교리 면에서도 이들은 그들보다 조금도 더 순결할 것이 없다. 아니 실제로 훨씬 더 불순한 것이다! 하나님께서 나의 증인이 되실 것이요, 평균 정도의 판단력을 지닌 사람들 모두가 나의 증인이 될 것이다. 그리고 내가 지금 과장하는 것이 아니라는 사실을 그 사실 자체가 선언하고 있는 것이다.

자, 이들은 자기들의 교회의 교제를 강제로 주입시키고 싶어서 우리에게 두 가지를 요구하고 있다. 그 첫째는 그들의 모든 기도와 성례와 의식들에 참여해야 한다는 것이고, 둘째는 그리스도께서 그의 교회에게 주시는 모든 존귀와 권세와 재판권을 자기들의 교회에 대해서 인정해야 한다는 것이다.

첫째 문제에 대해서는, 예루살렘에 있던 모든 선지자들이 모든 것이 완전히 부패해졌을 때 자기들이 별도로 제사를 드리지도 않았거니와 기도를 위하여 다른 사람들과 분리하여 모임을 갖지도 않았다는 것을 나는 인정한다. 그들이 그렇게 하지 않은 것은 그들이 솔로몬의 성전에서 모이라는 하나님의 명령을 받았기 때문이었다(신 12:13, 11). 선지자들은 레위 지파의 제사장들이, 물론 그 직분에 합당치 않지만, 여호와로 말미암아 거룩한 의식을 위하여 안수 받은 사역자들이었고(출 29:9) 또한 아직 쫓겨나지 않은 상태였으므로, 여전히 그 직분을 수행할 권한이 있다는 사실을 잘 알고 있었다. 그러나 ― 이것이 문제의 핵심인데 ― 그들은 어떠한 미신적인 예배에도 억지로 참여하도록 강압을 받지 않았었다. 사실 그들은 하나님께서 제정하지 않으신 것은 그 어떠한 것에도 참여하지 않을 수가 있었던 것이다.

그러나 이 사람들 — 즉, 교황주의자들 — 은 어떠한가? 그들에게 비슷한 점이 있는가? 그들이 행하는 거의 모든 모임에서 우상숭배가 분명히 드러나 우리가 참여할 경우 우리 자신을 더럽히지 않을 수가 없도록 되어 있다. 그들을 하나로 묶어 주는 주요한 끈이 바로 미사에 있는데, 이것부터가 그야말로 극악한 신성모독이다. 이것이 과연 올바로 행하는 것인지 아니면 방자하게 행하는 것인지에 대해서는 다른 곳에서 다룰 것이다.[4]

여기서는 바로 이 사실 자체가, 우리의 경우가 선지자들의 경우와는 다르다는 것을 증명하기에 충분한 것이다. 선지자들의 경우는 비록 악인들의 의식에 참여하기는 했으나 하나님께서 세우신 의식들 이외에는 그 어떠한 의식을 바라보거나 참여하도록 강요당하지 않았던 것이다.

또한, 모든 점에서 비슷한 실례를 들어보기를 원한다면, 이스라엘 왕국의 경우를 예로 들어보자. 여로보암이 공포한 칙령에 의하면, 할례가 유지되었고, 제사가 드려졌고, 거룩한 율법이 지켜졌고, 조상들이 받아들였던 하나님의 이름을 부르며 빌었다. 그러나 예배가 거짓되고 금지된 형식을 취하였기 때문에 하나님께서 거기서 드리는 모든 행위들을 인정하지 않으시고 정죄하신 것이다(왕상 12:31). 벧엘에서 한때 예배를 드렸거나 제사를 드린 선지자나 아니면 경건한 사람을 내게 보여 주기를 바란다. 그들은 어느 정도의 참람함에 자신을 더럽히지 않고서는 도저히 거기서 드리는 예배에 참여할 수가 없다는 것을 알고 있었을 것이다.

그러므로 우리는 교회의 하나 된 교제의 범위를 지나치게 확대시키는 나머지, 하나님께 드리는 예배가 참람하고 부패한 의식으로 전락되어 있는 상태에서 경건한 자들이 그것을 따르도록 강요되는 경우까지 그 교제의 범위 내에 있는 것으로 보는 일이 있어서는 안 된다고 결론짓게 되는 것이다.

10. 로마 교회는 교회가 아님

그러나 두 번째 요구에 대해서는 이보다 더 강력하게 반대를 제기해야겠다. 만일 교회를 이런 식으로 생각한다면 — 곧, 교회의 판단을 존중하고, 그 권위에 복종하고, 그 경고를 받아들이고, 그 징계에 감동을 받고 모든 점에서 그 교회의 교제를 따라야 한다고 생각한다면 — 우리 스스로 거기에 억지로 굴복하고 순종하지 않는 한, 그들에게 교회가 있다는 것을 인정할 수가 없다. 그러나, 상태가 그들과 같거나 아니 오히려 더 나았던 과거 유다와 이스라엘의 시대에 선지자들이 그 세대를 향하여 어떻게 했는지를 말해 주고 싶다. 선지자들은 그들의 집회가 더러워져 있으며(사 1:14) 따라서 그들에게 동의하는 것이 하나님을 부인하는 것만큼 부당하다는 사실을 거듭거듭 선포하고 있는 것을 본다. 그러니 만일 그들의 집회를 교회라고 인정한다면, 엘리야와 미가 등 이스라엘의 선지자들과 이사야, 예레미야, 호세아 등 유다의 선지자들 ― 이들은 당시의 선지자들과 제사장들과 일반 백성들에게서 할례받지 않은 자들보다 더 심하게 미움을 받았고 저주를 받았다 ― 은 하나님의 교회 바깥에 있는 외인(外人)들이었다고 볼 수밖에 없다.

만일 그들이 교회였다면, 교회는 진리의 기둥이 아니요(딤전 3:15) 거짓의 버팀목일 뿐이며, 살아 계신 하나님의 장막이 아니라 우상들의 처소일 뿐이다. 그러므로 선지자들은 그 집회들에서 떠날 수밖에 없었다. 그것들은 하나님을 대적하는 악한 음모 이외에 아무것도 아니었기 때문이다.

이와 마찬가지로, 어느 누구든지 우상숭배와 미신과 온갖 불경한 교리들로 오염되어 있는 현재의 모임들을 교회로 인정하고, 그리스도인의 충만한 교제를 그 속에서 나누고 심지어 교리에 대해서까지도 동의한다면, 그것은 심각한 잘못이 될 것이다. 만일 그들이 교회라면, 열쇠의 권한이 그들의 손에 있는 것이 된다. 그러나 그 열쇠는 말씀과 불가분리의 관계 속에 있는 것인데, 그 말씀이 이미 그들 가운데서 무너져 버린 것이다. 또한, 만일 그들이 교회라면, "네가 땅에서 무엇이든지 매면 … 매일 것이요 네가 땅에서 무엇이든지 풀면 … 풀리리라"는 그리스도의 약속(마 16:19; 18:18; 요 20:23)이 그들에게 적용될 것이다. 그러나 그들은 스스로 순전한 그리스도의 종들임을 고백하는 모든 것을 그들의 교제에서 부인해 버린다. 그러니, 그리스도의 약속이 헛되든지, 그들이 ― 최소한 이 점에서는 ― 교회가 아니든지 둘 중의 하나일 수밖에 없는 것이다. 마지막으로, 말씀의 사역 대신, 그들에게는 불경건의 학교와 온갖 종류의 오류가 가득한 소굴이 있을 뿐이다. 그러므로, 이렇게 볼 때에 그들이 교회가 아니든지, 신자들의 적법한 회(會)와 이교도들의 회를 서로 구별하는 표지가 남아 있지 않든지 둘 중의 하나인 것이다.

11. 교황제도 아래 남아 있는 교회의 자취

옛날 유대인들 가운데에는 교회의 고유한 몇 가지 특권들이 남아 있었다. 이와 마찬가지로, 우리는 오늘날 주께서 파괴된 가운데서도 남아 있도록 만드신 교회의 흔적들이 교황주의자들에게도 있다는 것을 부인하지 않는다. 하나님께서는 유대인들과 영원히 언약을 맺으셨으나, 그들이 그 언약을 보존시키지 않았다. 오히려 그 언약이 자기 자신의 힘을 의지하여 그들의 불경건을 대적하여 싸우며 스스로 명맥을 유지하였다. 그리하여 ─ 여기서 하나님의 선하심의 확실함과 끊임없음을 보게 되지만 ─ 주의 언약이 거기에 그대로 거하고 있었던 것이다. 그들이 아무리 배반해도 여호와의 신실하심이 도말될 수는 없었고, 그들이 아무리 부정한 손으로 더럽혔어도 할례가 하나님의 언약의 참된 표증이요 성례라는 사실이 무효화될 수는 없었다.

그리하여 여호와께서는 그들에게서 난 자녀들을 그의 자녀들이라 부르셨다 (겔 16:20-21). 특별한 축복이 아니었다면 그 어떤 면에서도 여호와께 속한 자들이 아니었는데 말이다. 프랑스와 이탈리아, 독일, 스페인, 그리고 영국의 경우도 주께서 그곳에 그의 언약을 세우신 이후의 상황이 그러했다. 그 나라들이 적그리스도의 횡포로 말미암아 눌려 있을 때에, 주께서는 두 가지 수단을 사용하셔서 그의 언약이 유지되도록 하셨다.

첫째로, 그는 그 언약의 증거로서 거기에 세례가 유지되도록 하셨다. 주님 자신의 입으로 거룩하게 구별하여 세우신 것으로서 사람들의 불경건에도 불구하고 그 효력이 그대로 유지되도록 하신 것이다. 둘째로, 그의 섭리로써 다른 흔적들이 남아 있도록 하셔서 교회가 완전히 멸절되지는 않도록 하신 것이다. 건물이 무너질 때에 흔히 그 기초와 그 잔재가 남아 있듯이, 주님께서는 적그리스도로 말미암아 그의 교회가 기초까지 사라질 정도로 완전히 무너지게는 허용하지 않으셨다. 물론 감사할 줄 모르고 주의 말씀을 만홀히 여긴 사람들을 벌하시기 위하여 교회가 무섭게 흔들리고 무너져 내리도록 허용하기는 하셨으나, 그런 파괴 이후에도 그 건물의 무너진 잔재는 그대로 남아 있도록 하신 것이다.

12. 로마 교회와 남은 자들

그러나, 교황주의자들에게 교회라는 명칭을 붙이기를 결단코 반대하지만, 그렇다고 해서 그들 가운데 교회들이 있다는 것을 부정하지는 않는다. 우리는 다만 교회의 참되고 적법한 구성에 대해서 문제를 제기하는 것뿐이다. 교회가 참되고 적법하게 구성되려면 그 교제 가운데 성례가 있어야 함은 물론(이는 신앙고백의 증표이다) 특히 바른 교리가 있어야 하는 것이다. 다니엘(단 9:27)과 바울(살후 2:4)은 적그리스도가 하나님의 성전에 자리를 잡고 앉을 것을 미리 예언한 바 있다. 우리로서는, 로마의 교황이야말로 그 사악하고 가증된 왕국의 수괴(首魁)요 기수(旗手)라 여겨진다. 그가 하나님의 성전에 자리잡고 앉아 있다는 사실은 곧 그의 통치가 그리스도나 교회의 이름을 완전히 제거하지는 않는다는 것을 시사하는 것이다. 그러므로, 여기서 분명해지는 것은 우리가 그의 횡포 아래 있는 교회들이 교회들로 남아 있다는 것을 절대로 부정하지 않는다는 사실이다.

그러나 이 교회들을 그가 자기의 가증한 불경건으로 더럽혔고, 그의 비인간적인 군림으로 괴롭혔으며, 마치 독약과도 같은 그의 악하고 치명적인 교리들로 부패시켰고 거의 죽게 만든 것이다. 그들에게는 그리스도께서 절반은 파묻혀 있는 상태로 숨어 계시며, 복음은 전복되었고, 경건은 다 흩어졌고, 하나님을 예배하는 일은 거의 사라진 상태에 있는 것이다. 간단히 말해서 그들에게는 모든 것이 완전히 혼란 속에 있어서 하나님의 거룩한 성(城)의 모습이 아니라 바벨론의 모습이 거기에 나타나 있는 것이다.

정리하자면, 주께서 그들 속에 자기 백성의 남은 자들을 — 그들이 아무리 환난을 당하여 이리저리 흩어져 있을지라도 — 놀랍게 보존하고 계신다는 면에서는, 그리고 교회의 한두 가지 표지들이 — 특히 마귀의 간계로도 인간의 부패함으로도 파괴할 수 없는 그런 효과를 지닌 표지들이 — 남아 있다는 면에서는 그들을 교회라 부를 수 있을 것이다. 그러나 반면에, 이 논의에서 특별히 주의를 기울여야 할 그런 표지들이 그들에게서 지워져 버렸기 때문에, 그들의 회중 개별적으로나 전체적으로 교회의 적법한 형태가 없다고 단언하는 것이다.

주 _____

1. Auguatine, *Letters*, xciii. 9. 30f.

2. Augustine, *Questions on the Gospel according to Matthew*, xi. 1–2.

3. Cyprian, *On the unity of the Catholic Church*, v.

4. 참조. 2권 15장 6절; 4권 18장 15절.

제 3 장

～ⓒⓒ～

교회의 교사들과 사역자들:
그들의 선출과 직분

(하나님께서 주신 사역: 그 높고 절실한 기능들. 1-3)

1. 하나님께서 사람을 도구로 사용하시는 목적

이제는 주께서 그의 교회를 다스리시기를 원하시는 바 질서에 대해서 말해야 하겠다. 교회에서는 오직 주께서 다스리시고 통치하셔야 하고 권위와 최고의 자리를 차지하셔야 하며, 또한 이러한 권위는 오직 그의 말씀으로만 시행되고 운용되어야 한다. 그러나 주께서 우리 가운데 눈에 보이는 상태로 임재하여 거하시는 것이 아니기 때문에(마 26:11), 우리는 주님이 사람들의 사역을 사용하셔서 일종의 대리자로서 그의 뜻을 입으로 우리에게 공개적으로 선포하게 하신다고 말한 바 있다. 그러나 그들에게 주님의 권한과 존귀를 전수하여 주시는 것은 아니고 다만 그들의 입을 통해서 주께서 그 자신의 일을 행하시는 것뿐인 것이다. 마치 일꾼이 도구를 사용하여 일을 행하듯이 말이다.

이미 앞에서 설명한 내용이지만 여기서 다시 한 번 반복해서 말해야 할 것 같다. 주님은 아무런 도움이나 도구를 사용하지 않고 스스로, 아니면 천사들을 통해서라도 그 일을 행하실 수 있었다. 그러나 주께서 사람을 수단으로 사용하셔서 그 일을 하시는 데에는 여러 가지 이유가 있는 것이다.

우선 주께서는 사람들 중에서 몇을 취하셔서 세상에서 그의 사자로 섬기도록 하시고(참조. 고후 5:20) 그의 은밀하신 뜻을 해명하는 자로, 다시 말해서, 주님 자신을 대변하는 자로 세우시고, 이를 통해서 그가 우리를 돌아보신다는 것을 선언하신다. 그리고 주님은 이를 증거로 하여 주께서 우리를 자주 그의 성전이라 부르시는 것이(고전 3:16-17; 6:19; 고후 6:16) 빈 말이 아니라는 것을 입증해 주시는 것이다. 성소에서 응답하시는 것과 똑같이 사람들의 입술을 통해서 사람들에게 응답하시기 때문이다.

뿐만 아니라, 그것이 겸손을 실천하고 훈련하는 가장 유용한 방법이 된다. 우리와 똑같은 사람들을 통해서 — 때로는 우리보다 비천한 사람들을 통해서까지도 — 주의 말씀이 전해진다 할지라도, 우리로 하여금 그 말씀을 순종하는 일에 익숙하도록 만드시기 때문이다. 만일 하나님께서 하늘로부터 말씀하신다면, 그 거룩한 말씀들을 모든 사람들의 귀와 마음이 지체하지 않고 귀하게 받게 된다는 것이 놀랄 일은 아니다. 하나님의 권능을 두려워하지 않을 사람이 어디 있겠는가? 그처럼 크나큰 위엄을 몸소 대하고서 놀라서 쓰러지지 않을 사람이 어디 있겠는가? 그토록 한량없는 영광스러운 광채 앞에서 혼란스러워하지 않을 사람이 어디 있겠는가? 그러나 이름없는 연약한 사람이 티끌 중에서 일어나 하나님의 이름으로 말을 전할 때에, 그 사람이 우리보다 나을 것이 아무것도 없는데도 불구하고 우리가 그의 가르침을 순전하게 받는다면, 바로 여기서 하나님을 향한 우리의 경건과 순종이 가장 적나라하게 드러나는 것이다. 바로 그렇기 때문에, 주께서는 그의 하늘의 지혜의 보화를 연약한 질그릇 속에 감추어 두셨고(고후 4:7), 그리하여 그것을 얼마나 높이 기려야 하는지를 더욱 확실하게 보여 주고자 하신 것이다.

더 나아가서, 사람들이 이러한 끈으로 — 한 사람이 목사로 지정되어 나머지를 가르치고, 학생들이 되는 사람들은 한 사람의 입에서 나오는 가르침을 함께 받는 이러한 관계로 — 서로 묶여지는 것보다 서로 간의 사랑을 증진하게 하는 것으로 더 적절한 것이 없다. 만일 누가 자기 혼자로 족하며 다른 사람의 도움이 필요하지 않다면 — 인간 본성의 교만이 바로 그런 것이다 — 각 사람마다 나머지 사람들을 멸시할 것이고, 또 나머지 사람들에게서 멸시를 당하게 되지 않겠는가! 그러므로 주께서는 그가 친히 보시기에 연합을 유지할 수 있는 가장 강력한 수단이라 여겨지는 것을 끈으로 삼아 그것으로 그의 교회를 묶어 놓고자 하셨고, 그리하여 그는 구원과 영생에 대한 가르침을 사람들에게 위탁하셔서 그들의 손길을 통해서 그것이 나머지 사람들에게 전달되도록 하신 것이다.

바울도 이 사실을 염두에 두고서 에베소 교인들에게 이렇게 말했다: "몸이 하나요 성령도 한 분이시니 이와 같이 너희가 부르심의 한 소망 안에서 부르심을 받았느니라 주도 한 분이시요 믿음도 하나요 세례도 하나요 하나님도 한 분이시니 곧 만유의 아버지시라 만유 위에 계시고 만유를 통일하시고 만유 가운데 계시도다 우리 각 사람에게 그리스도의 선물의 분량대로 은혜를 주셨나니"(엡 4:4-7). 그렇기 때문에 그는 또한 이렇게 말하고 있다: "그가 위로 올라가실 때에 사로잡혔던 자들을 사로잡으시고 그 사람들에게 선물을 주셨다 하였도다. … 내리셨던 그가 곧 모든 하늘 위에 오르신 자니 이는 만물을 충만하게 하려 하심이라 그가 어떤 사람은 사도로, 어떤 사람은 선지자로, 어떤 사람은 복음 전하는 자로, 어떤 사람은 목사와 교사로 삼으셨으니 이는 성도를 온전하게 하며 봉사의 일을 하게 하며 그리스도의 몸을 세우려 하심이라. 우리가 다 하나님의 아들을 믿는 것과 아는 일에 하나가 되어 온전한 사람을 이루어 그리스도의 장성한 분량이 충만한 데까지 이르리니 이는 우리가 이제부터 어린아이가 되지 아니하여 … 온갖 교훈의 풍조에 밀려 요동하지 않게 하려 함이라. 오직 사랑 안에서 참된 것을 하여 범사에 그에게까지 자랄지라. 그는 머리니 곧 그리스도라 그에게서 온 몸이 각 마디를 통하여 도움을 받음으로 연결되고 결합되어 각 지체의 분량대로 역사하여 그 몸을 자라게 하며 사랑 안에서 스스로 세우느니라"(엡 4:8, 10-16).

2. 사람의 사역의 의의

이 말씀들을 통해서 바울은 하나님께서 교회를 다스리기 위하여 사용하시는 이러한 인간의 사역이야말로 신자들을 한 몸으로 함께 묶는 주요한 끈임을 보여 주고 있다. 그리고 그는 또한 주께서 교회를 안전히 지키기 위해 마련하신 보호 수단의 뒷받침을 받아야만 교회가 안전하게 지켜질 수 있다는 것을 보여 준다. 그는, "그리스도께서 하늘 위로 오르신 자니 이는 만물을 충만하게 하려 하심이라"(엡 4:10)고 말씀하는데, 그리스도께서는 다음과 같은 방식으로 충만하게 하신다. 곧, 주께서는 사역자들에게 이 임무를 맡기시고, 또한 그 임무를 행할 수 있도록 은혜를 베푸사 그들을 통해서 교회에게 그의 은혜들을 나누어 주시며, 또한 그가 세우신 그 일에 성령의 능력을 드러내셔서 자신의 임재를 보여 주시고, 그리하여 그 일이 헛되거나 쓸데없는 것이 되지 않도록 하시는 것이다.

이렇게 해서 성도들을 새롭게 하는 일이 이루어지고, 그리스도의 몸이 세워지며(엡 4:12), 그리하여 우리는 머리이신 그에게까지 범사에 자라나며(엡 4:15), 우리들 가운데서 함께 자라나며, 그리하여 우리 모두 그리스도의 연합 속으로 이끌림을 받아 들어가는 것이다. 우리들 가운데 예언이 흥왕하며, 우리가 사도들을 받아들이고 우리들에게 전해지는 교훈들을 거부하지 않고 받아들일 때에 그런 일이 충만히 이루어지는 것이다. 그러므로 누구든지 우리가 말하는 이 질서와 이런 유의 다스림을 깨뜨리려 하거나 필요 없는 것으로 무시해 버리는 사람이 있다면, 그 사람은 교회를 망치고 파괴시키기 위해서 애쓰고 있는 것이다. 현세의 생명을 유지하고 이어가는 데에 태양의 빛과 열기, 그리고 음식과 음료가 필수적인 요인이 되듯이, 이 땅의 교회를 보존하는 데에는 사도적 직분과 목회의 직분이 필수적인 것이다.

3. 사람의 사역의 위엄과 특권

그리하여 위에서 지적한 바와 같이, 하나님께서는 그의 인정하심을 나타내주는 가능한 모든 호칭들을 사역에 적용시키사 그 위엄을 높이심으로써 우리들 가운데서 그것이 최고의 존귀와 영광을 받고, 심지어 모든 것 가운데 최고의 것으로 높임을 받기까지 하셨다. 하나님은 그 백성들을 위하여 교사들을 일으키시는 것이야말로 그들에게 특별한 은혜를 베푸시는 것임을 증거하신다. 그는 선지자를 명하여 이렇게 외치게 하신다: "평화를 공포하며 복된 좋은 소식을 가져오는 자의 발이 어찌 그리 아름다운가"(사 52:7). 또한 주님은 사도들을 가리켜 "세상의 빛"이요 "세상의 소금"이라고 하신다(마 5:13-14). 주께서는 "너희 말을 듣는 자는 곧 내 말을 듣는 것이요 너희를 저버리는 자는 곧 나를 저버리는 것이라"(눅 10:16)고 말씀하셨는데, 교회의 사역자의 직분이 이보다 찬란하게 높임을 받을 수는 없을 것이다.

그러나 고린도후서에 나타나는 바울의 말보다 더 분명한 것은 없다. 거기서 그는 마치 의도적인 것처럼 이 문제를 논의하면서, 복음의 사역보다 교회에 더 뛰어나고 영광스러운 것이 없으니 이는 그것이야말로 영의 직분이요, 의와 영생의 직분이기 때문이라고 주장하고 있다(고후 4:6; 3:9). 이와 같은 구절들의 취지는 사역자를 통하여 교회를 다스리고 지키는 방식이 ― 이는 주께서 영원토록 세우신 방식인데 ― 우리들 가운데서 존귀히 여김을 받지 않고 멸시를 받아

소멸되는 일이 있어서는 안 된다는 것이다.

그러한 사역이 얼마나 절실한가를 주님은 말씀으로만이 아니라 실례로도 선언하셨다. 하나님께서는 그의 진리의 빛이 고넬료에게 더욱 충만히 비치도록 하기 위하여 하늘로부터 천사를 보내사 베드로를 그에게로 이끄셨다(행 10:3-6). 또한 바울을 부르사 주님 자신을 알게 하여 그를 교회에 접붙이고자 하셨을 때에도, 그에게 자기 자신의 음성으로 가르치지 않으시고 한 사람에게 그를 보내사 그에게서 구원의 도리를 전해 듣고 세례를 받게 하셨다(행 9:6-18). 하나님의 해석자인 천사로 하여금 하나님의 뜻을 선포하게 하지 않고 사람을 가라고 명하셔서 그의 뜻을 선언하게 하신 일은 결코 우연이 아닌 것이다. 신자들의 유일한 교사이신 그리스도께서 바울을 사람의 교육에 맡기시는 것도 그만한 이유가 있는 것이다. 친히 세 번째 하늘로 불러올리셔서 말할 수 없는 일들에 대한 놀라운 계시를 받기에 합당하도록 하신 그 바울에게(고후 12:2-4) 말이다. 하나님께서 이처럼 사람의 사역을 그런 증거들을 통해서 확증하셨으니, 누가 감히 그 사역을 무시하거나 쓸데없는 것으로 여기겠는가?

(성경에 나타난 교회의 각종 직분들. 4-9)

4. 에베소서 4장에 나타난 교회의 직분들

바울은 그리스도께서 제정하신 바 교회를 다스리는 자들을 다음과 같이 열거한다. 곧, 첫째로는 사도요, 그 다음으로는 선지자요, 셋째로는 복음 전하는 자요, 넷째로는 목사요, 마지막으로 교사다(엡 4:11). 이들 가운데 마지막 두 가지만이 교회에 항상 있는 일상적인 직분이며, 앞의 세 가지 직분은 주께서 그의 나라의 시작 때에 일으키셨고, 시대의 요청에 따라서 이따금씩 다시 일으키시는 것이다.

사도의 직분의 본질은 "가서 만민에게 복음을 전파하라"(막 16:15)라는 주님의 명령에서 분명히 나타난다. 그들에게는 어떤 경계가 할당되어 있지 않고, 온 땅이 그들에게 맡겨져 있다. 그들은 열방 가운데 어디서든지 복음을 전파하여 그리스도께 순종하도록 사람들을 인도하며, 그리스도의 나라를 일으키는 사명을 받은 자들이다. 그러므로 바울은 자신이 사도임을 입증하고자, 자신이 그리스도를 위하여 어느 한 도시에 머무르지 않고 복음을 멀리, 그리고 널리 전하였으며, 다른 사람이 세운 터 위에 손길을 대지 않았고, 주의 이름이 전해지지 않은 곳에서 교회들을 세웠다고 회고하고 있는 것이다(롬 15:19-20). 그렇다면, 사도들이란 세상을 반역의 상태로부터 하나님을 향한 참된 순종의 상태로 돌이켜 이끌며, 복음을 전파함으로써 곳곳마다 그리스도의 나라를 세우도록 보내심을 받은 자들이었고, 혹은 처음 교회를 세우는 자들로서 그 기초를 온 세상에 세운 자들이라 하겠다(고전 3:10).

바울은 "선지자"라는 명칭을 하나님의 뜻을 해석하는 모든 자들에게 적용시키지 않고, 특별한 계시에 뛰어난 자들을 지칭한다(엡 4:11). 여기에 해당하는 자들은 오늘날 존재하지 않거나, 흔히 볼 수가 없다.

"복음 전하는 자"란 사도들보다는 지위가 낮으나 직분상 그들의 다음에 오는 자들로서 그들을 대리하여 기능을 발휘한 자들이라 여겨진다. 누가, 디모데, 디도 등이 여기에 속하였고, 어쩌면 그리스도께서 사도들 다음으로 지명하여 세우신 칠십 인의 제자들도 여기에 속할 것이다(눅 10:1).

이 해석에 의하면 ─ 내가 보기에 이 해석이 바울의 말과 견해에 일치하는 것 같다 ─ 이 세 가지 직분은 교회에 영구히 존재하는 것으로 세워진 것이 아니었고, 다만 과거에 교회가 전혀 존재하지 않던 곳이나 혹은 모세로부터 그리스도께로 사람들을 인도해야 할 곳에 교회가 세워지는 시기 동안만을 위하여 세워진 것이다. 그러나, 오늘날 이 시대의 경우처럼 주께서는 그 후의 시대에도 사도들을, 아니면 그들을 대신하는 복음 전하는 자들을 때때로 일으키셨다는 것을 부인하지 않는다. 적그리스도의 반역으로부터 교회를 돌이키도록 인도할 그런 사람들이 필요했기 때문이다. 그럼에도 불구하고 나는 이 직분을 "특별하다"고 본다. 왜냐하면 정상적으로 구성되어 있는 교회들에는 그 직분이 취할 자리가 없기 때문이다.

그 다음으로 목사들과 교사들이 오는데, 이들이 없으면 교회가 절대로 나아갈 수가 없다. 내가 믿기로 "목사"와 "교사"는 다음과 같은 점에서 서로 차이가 있다. 곧, 교사들은 권징이나 성례를 집행하거나 경고나 권면의 책임을 지지 않고 다만 성경 해석에 대해서만 책임을 지며, 신자들 가운데 교리를 온전하고도 순결하게 지킬 책임을 지지만, 목사의 직분에는 이 모든 기능들이 다 포함된다는 것이다.

5. 일시적인 직분들과 영구적인 직분들

이제 우리는 교회를 다스리는 사역들 가운데 어떤 것들이 일시적이었고 또한 어떤 것들이 영구히 있도록 제정되었는지를 보았다. 그런데 복음 전하는 자와 사도를 하나로 묶어서 보면, 서로 일치하는 두 가지 쌍을 상정할 수가 있다. 오늘날 교사들이 그 옛날의 선지자들과 일치하듯이, 오늘날의 목사들이 사도들과 일치한다는 것이다. 선지자 직분은 그들이 뛰어나게 보여 주었던 그 독특한 계시의 은사 때문에 더 두드러졌다. 그러나 교사의 직분도 그 성격상 그와 매우 유사하며, 그 목적 또한 그와 정확히 일치한다. 이와 마찬가지로, 주께서 세상에 복음을 새로이 전파하도록 택함을 받은 열두 사람들도 그 지위에 있어서 나머지 사람들을 능가하였다(눅 6:13; 갈 1:1). 그런데, "사도"라는 단어의 뜻과 그 파생적인 의미로 볼 때에 교회의 모든 직분자들을 "사도들"이라 불러도 무방할 것이다. 왜냐하면 그 모든 이들이 주님으로부터 보내심을 받은 자들이요 또한 그의 사자들(messengers)이기 때문이다. 그러나 그럼에도 불구하고, 전혀 듣지 못하던 새로운 사실을 전파할 임무를 받은 자들의 사명을 확실하게 아는 것이 사람들에게 매우 중요한 일이었기 때문에, 그 열두 사람에게 — 후에 바울이 여기에 추가되지만 — 특별한 호칭을 부여하여 나머지 사람들보다 뛰어나도록 할 필요가 있었던 것이다.

바울은 사실 다른 곳에서 안드로니고와 유니아에게 이 호칭을 적용하여 그들을 가리켜 "사도들 중에 존중히 여겨지는 자들"이라 부르기도 한다(롬 16:7).[1] 그러나 엄밀하게 구별하여 말하고자 할 때에는 오직 그 첫째 지위에 해당되는 자들에게만 그 호칭을 사용하는 것이다. 그리고 이것이 성경의 통상적인 용례다(마 10:1). 그런데 목사들도 — 자기들에게 맡겨진 몇몇 교회들을 다스린다는 점을 제외하고는 — 사도들과 동일한 책임을 지는 것이다. 그러면 그 성격에 대해서 좀 더 분명하게 살펴보기로 하자.

6. 사도와 목사

주께서는 사도들을 보내시면서, 그들에게 복음을 전파하고 또한 믿는 자들에게 죄 사함을 얻게 하는 세례를 베풀라는 명령을 주셨다(마 28:19). 그러나 그보다 먼저 주님은 자신의 모범을 따라서 그의 몸과 피의 신성한 상징물들을 나누어 줄 것을 명령하셨었다(눅 22:19, 20). 그러므로 사도들의 위치를 차지하는 자들에게 거룩하고도 영구한 법칙이 부과되었으니, 곧 복음을 전파하고 성례를 시행하라는 명령을 받았다는 사실이 바로 그것이다. 그러므로 이 두 가지를 소홀히 하는 자들은 거짓으로 사도인 체하는 자들인 것이다.

그러나 목사들은 어떠한가? "사람이 마땅히 우리를 그리스도의 일꾼이요 하나님의 비밀을 맡은 자로 여길지어다"(고전 4:1)라는 바울의 말씀은 자기 자신만이 아니라 목사들 모두에 관한 말씀이다. 이와 비슷하게 다른 곳에서도 이렇게 말씀한다: "[감독은] 미쁜 말씀의 가르침을 그대로 지켜야 하리니 이는 능히 바른 교훈으로 권면하고 거슬러 말하는 자들을 책망하게 하려 함이다"(딛 1:9). 이 구절들과 또한 자주 볼 수 있는 비슷한 구절들을 근거로 볼 때에, 목사의 직분에도 역시 복음을 선포하며 성례를 시행하는 이 두 가지 주요 기능이 있다고 볼 수 있다. 가르치는 방식에 있어서도 공적인 강론은 물론 사적인 훈계를 통해서도 할 수 있다.

그리하여 바울은 에베소 교인들에게 자신이 그들의 유익을 위하여 아무것도 마다하지 않았고 오직 공적으로 그들을 경계하고 가르쳤으며, 집집마다 다니면서 유대인들에게나 헬라인들에게나 회개와 그리스도를 믿는 믿음을 전하였음을 증언하고 있고(행 20:20-21), 조금 뒤에 가서는 그가 그들 각 사람을 눈물로 훈계하기를 쉬지 아니하였음을 말하고 있는 것이다(행 20:31).

그러나 여기서 내가 의도하는 바는 좋은 목사의 자질에 대해서 상세히 다루려는 것이 아니고, 다만 스스로 목사라고 칭하는 자들이 무슨 일을 담당하는지를 잠시 말하려는 것뿐이다. 즉, 그들은 그저 하는 일 없이 교회에 세움을 받은 것이 아니라, 그리스도의 가르침으로 사람들을 교훈하여 참된 경건으로 향하게 하며, 성례를 시행하며, 올바른 질서를 유지하고 권징을 시행하기 위하여 세움을 받은 것이다. 교회의 파수꾼으로 지명받은 자들 모두에게 주님은 이렇게 공언하신다. 곧, 그들의 소홀함으로 아무라도 무지로 말미암아 멸망하게 되면, 그 사람의 피를 그들에게서 찾을 것이라는 것이다(겔 3:17-18).

그리고 바울이 자기 자신에 대해서 한 말이 그들 모두에게 그대로 적용된다: "만일 복음을 전하지 아니하면 내게 화가 있을 것이로다 … 나는 사명을 받았노라"(고전 9:16-17). 요컨대, 사도들이 온 세상을 위하여 수행한 그 일을, 각 목사마다 그에게 맡겨진 자기의 양 떼들에게 수행해야 하는 것이다.

7. 목사와 개교회

물론 목사가 자기 교회를 담당하기는 하지만, 동시에 한 교회를 담당한 목사가 다른 교회들을 도울 수 있다는 것을 — 혹, 어떤 소요가 발생하여 그가 있어야 할 경우나 또는 어떤 모호한 문제에 대해서 자문을 받는 경우에 — 우리는 부인하지 않는다. 그러나 교회 내에 평화를 유지하기 위해서는 다음과 같은 질서가 필요하다: 각 사람마다 자기 임무를 부여받음으로써, 혼란 가운데 있거나, 또한 부여받은 임무도 없이 무모하게 좌충우돌하거나, 교회를 세우는 일보다는 자기들의 개인적인 이익에 더 관심을 갖고서 자기들의 교회를 마음대로 저버리고 경솔하게 한곳에 모이거나 하지 못하도록 방지하는 것이다. 결국, 다음과 같은 원칙을 가능한 한 일반적으로 준수해야 할 것이다. 곧, 각 사람마다 자기 자신의 한계에 만족하고 다른 사람의 경내로 침범하지 않아야 한다는 것이다.

이 원칙은 사람이 만들어 낸 것이 아니라 하나님께서 친히 제정하신 것이다. 바울과 바나바는 루스드라와 안디옥과 이고니온에서 각 교회들마다 장로들을 세웠으며(행 14:22-23), 바울은 친히 디도에게 각 성(城)마다 장로들을 세우라고 명하는 것을 보게 된다(딛 1:5). 그리하여 어느 구절에서는 바울이 빌립보의 감독들에 대해서 말하고(빌 1:1), 또 어느 구절에서는 골로새의 감독인 아킵보를 언급하는 것이다(골 4:17). 그리고 누가의 저작에는 바울이 에베소의 장로들에게 한 유명한 설교가 있기도 하다(행 20:18-19).

그러므로, 누구든지 한 교회를 다스리고 보살피는 임무를 맡는 자들은 자신이 이 하나님의 부르심의 법칙에 매여 있다는 것을 알아야 할 것이다. 그러나 그렇다고 해서, 법률가들의 용어로 말해서, 그가 교회의 영지(領地)에 묶여 있어서, 공공의 유익을 위하여 필요한 경우에 정당하게 질서를 지켜서 요구하는데도 불구하고 거기서 한 발자국도 바깥으로 나갈 수가 없다는 뜻은 아니다. 다만 어떤 곳으로 부르심을 받은 자는 자기에게 유리하다고 해서 그곳을 떠나기를 생각하거나 거기서 벗어나기를 구해서는 안 된다는 것이다. 그리고 다른 곳으로 임지를 바꾸는 것이 합당할 경우에도, 그 사람 스스로 자기의 사사로운 결단으로 그 일을 시행해서는 안 되고 반드시 공적인 권위를 기다려야 하는 것이다.

8. 장로

그러나 교회를 다스리는 자들을 서로 구별하지 않고, "감독", "장로", "목사", "목회자"라고 부르는 것은 성경의 용례를 따르는 것이다. 성경이 그 용어들을 서로 구별 없이 혼용하고 있기 때문이다. 말씀의 사역을 수행하는 모든 자들을 가리켜 성경은 "감독"이라는 칭호를 붙인다. 그리하여 바울은 디도에게 각 성마다 장로들을 세우라고 명한 다음(딛 1:5), 곧바로 이어서 "감독은 … 책망할 것이 없 … 어야 하리니"(딛 1:7; 참조. 딤전 3:1)라고 말한다. 그리고 다른 곳에서는 한 교회 안에 있는 여러 명의 감독들에게 인사하기도 한다(빌 1:1). 그리고 사도행전에서는 에베소의 장로들을 불러모아 놓고서(행 20:17), 그들에게 말할 때에는 그들을 "감독"이라고 부르는 것이다(행 20:28).

여기서 주목할 점은 지금까지 우리는 말씀 사역을 담당하는 직분들만을 살펴보았다는 것이다. 이미 인용한 대로 바울은 에베소서 4장에서 다른 직분들에 대해서는 언급하지 않는다(행 4:11). 그러나 로마서(롬 12:7-8)와 고린도전서(고전 12:28)에서는 다른 직분들을 언급하고 있다. 곧, 능력을 행하는 자, 병고치는 은사, 통역하는 자, 다스리는 자, 구제하는 자 등이다. 이것들 가운데 두 가지는 일시적인 것이어서 길게 다룰 필요가 없으므로 생략하기로 한다. 그러나 이것들 가운데 두 가지는 영구적인 것이다. 곧, 다스리는 자와 구제하는 자가 그것이다.

다스리는 자들(고전 12:28)은 사람들 중에서 선택하여 세운 장로들로서 감독들과 더불어 도덕적인 과실들을 책벌하고 권징을 시행하는 책임을 맡은 자들이었던 것으로 믿어진다. "다스리는 자는 부지런함으로 … 할 것이니라"(롬 12:8)는 바울의 진술을 달리 해석할 수가 없기 때문이다. 그러므로 각 교회마다 처음부터 경건하며 진지하며 거룩한 사람들 중에서 택한 자들로 구성된 하나의 장로회(a senate)가 있어서 과오(過誤)들을 교정하는 일을 책임 맡았던 것이다. 이제 경험으로 볼 때에, 이런 식의 질서가 어느 한 시대에만 한정되는 것이 아니었다는 것이 분명해진다. 그러므로 이 다스리는 직분은 모든 시대마다 필요한 것이다.

9. 집사

가난한 자들을 돌보는 자들은 집사들에게 맡겨졌다. 그러나 로마서에는 두 가지 종류가 언급되어 있다: "구제하는 자는 성실함으로 … 긍휼을 베푸는 자는 즐거움으로 할 것이니라"(롬 12:8). 바울이 교회의 공적인 직분에 대해서 말하고 있는 것이 분명하므로, 거기에는 서로 구별되는 두 가지 등급이 있었을 것이다. 내 판단이 틀리지 않는다면, 전자는 구제품을 나누어 주는 집사들을 지칭할 것이고, 후자는 가난한 자들과 병든 자들을 돌보는 일에 헌신한 자들을 지칭할 것이다. 바울이 디모데에게 언급한 과부들이 여기에 해당된다 하겠다(딤전 5:9-10).

여자는 가난한 자들을 돌보는 일 이외에는 다른 공적인 직분을 지닐 수가 없었다. 만일 이것을 받아들인다면 — 물론 이를 받아들여야 할 테지만 — 집사에 두 종류가 있는 것이 될 것이다. 하나는 가난한 자들의 일을 주관하고 시행함으로써 교회를 섬기는 자들이요, 또 다른 하나는 가난한 자들을 스스로 돌봄으로서 교회를 섬기는 자들이다.

물론 디아코니아(διακονία)라는 용어 자체는 좀 더 넓은 방면에 적용되지만, 성경은 구제품들을 나누어주고 가난한 자들을 돌보며, 가난한 자들을 위한 공공의 자금을 책임 맡은 청지기들로서 섬기도록 교회가 지명한 자들을 특별히 집사로 지칭하는 것이다. 이들의 기원과 제정, 그리고 직분이 누가에 의해서 사도행전에 묘사되어 있다(행 6:3). 헬라파 사람들이 자기들의 과부들이 가난한 자들에게 베푸는 구제에서 소홀함을 당한다는 풍문이 생겨나자, 사도들은 자기들이 두 가지 기능들을 — 말씀 전하는 일과 식탁에서 공궤하는 일을 — 다 수행할 수가 없다고 하며, 무리들에게 의로운 사람 일곱 명을 택하여 그 일을 맡기도록 요구한 것이다(행 6:1 이하). 그러므로, 사도의 교회에도 집사들이 있었고, 따라서 우리도 그들의 모범을 따라서 집사의 직분을 유지해야 하는 것이다.

(사역자를 세우는 정당한 질서. 10-16)

10. 정당한 질서의 필요성

그러나 신성한 회(會)에서 "모든 것을 품위 있게 하고 질서 있게" 하여야 하지만(고전 14:40), 다스림을 세우는 일에 있어서는 무엇보다 부지런히 질서를 지켜야 할 것이다. 무슨 일이든 무질서하게 행하는 것보다 더 큰 위험을 초래하는 것이 없기 때문이다. 그러므로 시끄럽고 문제를 일으키는 사람들이 경솔하게 스스로 나서서 가르치거나 다스리지 못하도록 막기 위해서는, 부르심을 받지 않은 상태에서 교회에서 공적인 직분을 차지하는 일이 없도록 특별히 조심해야 할 것이다. 어떤 사람이 교회의 참된 사역자로 여겨질 때에는 먼저 정당하게 소명을 받은 상태여야 하며(히 5:4), 그 다음에 그의 소명에 응답하여야 한다. 즉, 주어진 임무를 수행하여야 한다는 뜻이다.

우리는 바울에게서 이 점을 자주 볼 수 있다. 그는 자기의 사도직을 밝힐 때에, 거의 언제나 자기의 소명을 말하며 또한 그와 더불어 그가 자기의 직분을 신실하게 수행하였음을 밝히는 것이다(롬 1:1; 고전 1:1). 그렇게 위대한 그리스도의 사역자인 바울도 감히 스스로 교회 안에서 자기의 권위를 주장하지 않는다면 — 또한 권위를 주장할 때에도 오직 주의 명령으로 자기가 그 직분을 받았으며, 또한 자기에게 맡겨진 사명을 신실하게 수행하고 있다는 근거 위에서만 그렇게 한다면 — 그런 것도 없는 죽을 인생이 자기 마음대로 이런 존귀한 권위를 주장한다면 얼마나 파렴치한 짓이겠는가? 그런데 이 직분을 수행할 필요성에 대해서는 위에서 이미 다루었으므로, 이제는 부르심에 대해서만 살펴보기로 하자.

11. 외적인 부르심과 내적인 부르심

이 문제를 다루기 위해서는 네 가지를 생각해야 한다. 첫째, 사역자들이 어떤 사람들이어야 하느냐 하는 것과, 둘째, 어떻게 그 사역자들을 세우며, 셋째, 누구에 의해서 그들을 세우며, 넷째 어떤 의식을 통해서 그들을 세우느냐 하는 것이다.

여기서는 교회의 공적인 질서와 관계 되는 외적인 엄숙한 부르심에 대해서 말하고, 사역자 개개인이 하나님 앞에서 의식하는 은밀한 부르심(소명)에 대해서는 그냥 넘어가기로 하자. 이 은밀한 부르심에 대해서는 교회가 증인이 될 수가 없다. 그러나 우리가 우리에게 베풀어지는 직분을 개인의 야망이나 탐욕이나 기타 이기적인 정욕에 의해서가 아니라 하나님을 향한 진지한 경외와 교회를 세우고자 하는 열심에 의해서 받아들인다는 것을 우리 마음이 선하게 증거해 주는 것이다. 이미 말한 바와 같이, 우리의 사역이 하나님께로부터 인정 받으려면 우리들 각자에게 이것이 정말로 필요한 것이다.

그러나, 사람이 악한 양심을 갖고 직분을 받을지라도, 그의 악함이 드러나지 않는 이상, 교회 앞에서 정당한 절차를 거쳐서 부르심을 받게 된다. 사람들은 또한 평신도들이 사역을 감당하기에 적절하고 유능한 것을 보면, 보통 그들을 가리켜 사역에 부르심을 받았다고 말한다. 분명히 말해서, 학식에 경건을 비롯하여 선한 목사의 자질들을 겸비하고 있다면, 그것은 그 직분을 위하여 일종의 준비를 갖추고 있다고 할 것이다. 주께서는 그런 높은 직분을 위하여 정하시는 자들에게 먼저 그 직분을 수행하는 데 필요한 무기를 공급하셔서, 그들이 아무런 준비도 없이 빈 손으로 그 직분을 감당하도록 하시지 않는 것이다. 그러므로 바울은 고린도 교인들에게 보내는 편지에서 이 직분들에 대해서 논의하면서, 그 직분들을 수행하는 자들이 탁월해야만 하는 그런 직분들을 먼저 열거하고 있다

(고전 12:7-11). 이것은 네 가지 문제 가운데 첫 번째 문제이니, 계속 그 다음 문제로 넘어가기로 하자.

12. 사역자의 자격과 세울 때의 자세

두 구절(딛 1:7; 딤전 3:1-7)에서 바울은 어떤 사람들을 감독으로 택하여야 할지를 충실하게 제시하고 있다. 정리해서 말하자면, 오직 건전한 교리와 거룩한 삶이 있는 자들을 택하여야 하며, 어떤 현저한 과실이 있어서 그 때문에 권위를 빼앗기고 사역을 더럽힐 소지가 있는 자들은 제외하여야 한다는 것이다(딤전 3:2-3; 딛 1:7-8). 이와 동일한 요건이 집사와 장로들에게 적용된다(딤전 3:8-13). 이들이 자기들에게 부과되는 임무를 감당하기에 합당하고 적합해야 한다는 것을, 즉 그 직분을 수행하는 데 필요한 자질을 습득한 상태여야 한다는 것을 언제나 명심해야 하는 것이다. 그리스도께서도 사도들을 파송하실 때에 그들에게 필요한 무기와 도구들을 구비해 주셨다(눅 21:15; 24:49; 막 16:15-18; 행 1:8). 그리고 바울도 선하고 참된 감독의 모습을 그린 다음, 디모데에게 그런 모습과 다른 사람을 택하여 세워서 자신을 더럽히지 말라고 권면하는 것을 본다(딤전 5:22).

앞에서 "어떻게"라는 부사를 써서 말씀했으나, 이는 택하여 세우는 의식을 일컫는 것이 아니라, 택하는 행위에서 반드시 있어야 할 신앙적인 두려움 (religious awe)을 일컫는 것이다. 그리하여 누가는 신자들이 장로들을 세울 때에 금식과 기도로 임했다고 전하고 있다(행 14:23 등). 그들은 자신들이 가장 심각한 일을 하고 있다는 것을 깨달았으므로, 최고의 두려움과 신중을 기하지 않고는 감히 그 어떠한 일도 시도하려 하지를 않았다. 그리고 그들은 특히 기도를 통하여 하나님께로부터 성령의 지혜와 분별을 구하였다(참조. 사 11:2).

13. 누가 사역자들을 택하는가?

세 번째 문제는, 누가 사역자들을 택하는가 하는 것이다. 주께서 사도들을 택하신 일은 이 문제에 대해서 확실한 규범을 제공해주지 못한다. 왜냐하면 그 문제는 나머지 사역자들을 부르는 문제와 다소 차이가 있기 때문이다. 그들의 사역은 독특한 것이었고 더욱 뚜렷한 증표들로 인해서 뛰어난 것이었으므로, 그 직분을 수행할 자들은 주님 자신의 입으로 부르심을 받고 세움을 받아야 했던 것이다. 그러므로 그들은 사람의 선택이 아니라 오직 하나님과 그리스도의 명령으로 말미암아 세움을 받아 그 사명을 위하여 스스로 준비하였던 것이다. 그러므로 사도들이 유다를 대신하여 다른 한 사람을 세우고자 했을 때에, 그들은 감히 한 사람을 분명히 거명하지 못하고 두 사람을 천거하여, 그 둘 중에 누가 유다를 이어서 사도가 되어야 할지를 주께서 제비를 통해서 선언하시도록 했던 것이다(행 1:23-26).

바울은 자신이 "사람들에게서 난 것도 아니요 사람으로 말미암은 것도 아니요 오직 예수 그리스도와 … 하나님 아버지로 말미암아 사도"가 되었다고 진술하는데(갈 1:1) 이 진술 역시 이런 의미에서 이해해야 하는 것이다. 그는 "사람들에게서 난 것도 아니요"라고 말하는데, 이는 모든 경건한 말씀 사역자들과 공통된 점이다. 왜냐하면 하나님께로 말미암아 부르심을 받지 않고서는 그 어느 누구도 이 사역을 정당하게 수행할 수가 없기 때문이다. 그러나 오직 예수 그리스도와 하나님 아버지로 말미암아 사도가 되었다는 점은 그에게만 독특한 점이다. 그러므로, 이 사실을 천명할 때에 그는 참되고 적법한 목사에 속하는 것이 자기에게 있을 뿐 아니라 자신이 사도의 표지를 가졌음을 자랑하고 있는 것이다. 갈라디아 교인들 가운데 그의 권위를 약화시켜서 그를 원 사도들에 못미치는 그저 평범한 제자로 만들려고 애쓰는 자들이 있었으므로, 바울은 그의 전하는 복음의 내용이 은밀하게 공격 받고 있음을 알고서 그 위엄을 보호하기 위하여 자기가 모든 면에서 조금도 다른 사도들에 못지 않다는 사실을 불가피하게 입증해 보일 수밖에 없었던 것이다. 그러므로 그는 보통 여느 감독처럼 사람들의 결정에 의해서가 아니라 주님 자신의 입으로, 그의 분명한 지시로 사도로 택함을 받았음을 선포하는 것이다.

14. 하나님의 택하심과 교회의 질서

건전한 생각을 지닌 사람이라면 감독들이 사람들로 말미암아 임명받는 일이 모든 면에서 적법한 부르심과 일치한다는 것을 부인하지 않을 것이다. 성경의 여러 구절들이 이를 확증하고 있기 때문이다. 또한 바로 앞에서 인용한 바와 같이 자신의 사도직이 "사람들에게서 난 것도 아니요 사람으로 말미암은 것도 아니"라는 바울의 진술이(갈 1:1) 이것과 모순되는 것도 아니다. 그는 사역자들을 택하는 일상적인 일에 대해서 말하고 있는 것이 아니라 사도들에게만 독특하게 있는 일을 자기 자신에게 주장하고 있는 것이기 때문이다. 그러나 주께서는 친히 바울을 이렇게 특별한 방식으로 택하셨으면서도 또한 교회의 부름의 질서를 사용하여 그를 세우시는 것을 보게 된다.

누가는 이렇게 기록하고 있다: "주를 섬겨 금식할 때에 성령이 이르시되 내가 불러 시키는 일을 위하여 바나바와 사울을 따로 세우라 하시니"(행 13:2). 사람들을 통해서 사역자들을 지명하여 세우는 교회의 질서를 보존하기 위한 것이 아니라면, 성령께서 그를 택하셨음이 입증된 후에 무엇 때문에 다시 그를 구별하여 안수했겠는가? 하나님께서 바울을 이방인의 사도로 지명하셨음을 선포하신 후에 다시 교회가 그를 지명하여 세우도록 하셨다는 이 실례만큼, 이런 유의 질서를 하나님께서 승인하신다는 사실을 분명히 보여 주는 것이 없는 것이다. 맛디아를 택한 예에서도 동일한 점을 볼 수 있다(행 1:23). 사도의 직분이 너무나 중요한 것이어서 그들은 감히 그 직분에 합당한 한 사람을 택하지 못했고, 두 사람을 천거하여 제비를 통해서 결정되도록 한 것이다. 그리하여 그 결정이 하늘로부터 온 것임이 공개적으로 입증되었으면서도, 동시에 교회의 질서도 전혀 무시되지 않은 것이다.

15. 회중의 선출

여기서 어떤 사람은 사역자를 과연 전 교회가 택하여야 할지, 아니면 동료 사역자들과 교회를 치리하는 장로들이 택하여야 할지, 아니면 한 사람의 권위로 지명하여야 할지에 대해서 의문을 가질 것이다.

이 권위가 한 사람에게 있다고 보는 사람들은 바울이 디도에게 한 말을 인용할 것이다: "내가 너를 그레데에 남겨 둔 이유는 … 내가 명한 대로 각 성에 장로들을 세우게 하려 함이니"(딛 1:5). 그리고 디모데에게 한 말도 함께 인용할 것이다: "아무에게나 경솔히 안수하지 말고"(딤전 5:22). 그러나 디모데가 에베소의 교회를, 혹은 디도가 그레데의 교회를 각각 자기의 결정대로 모든 일을 처리하도록 그렇게 다스렸다고 생각한다면, 그것은 잘못이다. 그들이 다른 사람들 위에 있는 것은 나머지 모든 사람들을 무시해 버리고 자기들이 원하는 대로 하려는 것이 아니라, 그들을 존중하며 선하게 조언을 해 주려는 것이었다.

이것이 내가 꾸며낸 이야기인 것처럼 보일지도 모르므로, 여기서 이와 비슷한 한 가지 예를 들어서 나의 주장이 사실임을 보여 주고자 한다. 누가는 바울과 바나바에 의하여 교회들을 통하여 장로들이 세움 받았다고 기록하고 있으나,

그는 동시에 그것이 투표를 통해서 이루어졌다고 진술함으로써 그 일이 어떤 방식으로 진행되었는지를 주목하게 해주고 있다. 그는, "각 교회에서 장로들을 거수(擧手)로 택하여"(행 14:23)라고 기록하고 있다.[2] 그러므로, 이 사도들이 장로들을 택하였으나, 헬라의 선출의 관습과 마찬가지로 무리들 전체가 손을 들어서 누구를 원하는지를 표명하였던 것이다. 이와 비슷하게, 로마의 역사가들은 원로원을 주관한 집정관이 신임 장관들을 택하였으나, 그는 원로원 회원들의 투표 결과를 받아서 그저 회의 진행자로서의 역할을 담당하였다는 사실을 흔히 언급하고 있는 것이다.

바울이 자기 자신에 대해서 주장한 것 이상의 권한을 디모데와 디도에게 부여했다고 보기는 어려울 것이다. 그런데 우리는 일반 성도들의 투표를 통해서 감독을 택하는 것이 그의 관례였다는 것을 보게 된다. 그러므로 위의 구절들은 교회의 공통적인 권한과 자유를 침해하는 의미로 이해해서는 안 될 것이다. 키프리아누스는 사람들이 임석한 가운데 모든 이들이 보는 앞에서 감독을 택하기를 주장하면서, 그렇게 해서 그 사람의 자질과 적절함이 공적인 결정과 증언을 통해서 입증되면 그것이 곧 하나님의 권위에서 비롯되는 것이라고 주장하였는데, 이는 매우 적절하다 하겠다. 사실 우리는 레위인 제사장들의 경우에 여호와의 명령에 의하여 이런 절차를 따른 것을 볼 수 있다. 제사장으로 위임되기 전에 그 당사자들이 회중 앞에 나아갔던 것이다(레 8:4-6; 민 20:26-27). 이와 마찬가지 방식으로, 맛디아도 사도들의 무리에게 지명되며, 일곱 집사를 선출한 것도 동일한 방식을 통해서였다. 사람들이 보고 인정한 것이었다(행 1:15 이하; 6:2-7). 키프리아누스는 이렇게 말하고 있다: "이런 예들은 사제를 세우는 일이 사람들이 임석한 가운데 그들이 아는 상태에서만 이루어졌다는 것을 보여 주는데, 이는 모든 사람들이 증인으로 참관함으로써 그 일을 공정하고도 적법하게 진행하기 위함이었다."[3]

그러므로 우리는 이런 방식으로 — 즉, 적절하다고 여겨지는 자들을 사람들의 동의와 승인을 받아 세우는 그런 방식으로 — 사역자를 부르는 일이 하나님의 말씀을 따르는 적법한 것이라고 본다. 그러나, 이때에 다른 목사들이 이 선출 과정을 주재해야 한다. 혹 무리들이 변덕스러움으로나, 악한 의도로나, 아니면 무질서함으로 과오를 범하는 일이 없도록 하기 위함이다.

16 임직의 예식

이제 임직의 예식이 남아 있는데, 우리는 이를 부르심에서 가장 마지막 자리에 두었다. 사도들의 경우 어떤 사람을 사역을 위하여 세울 때 다른 예식을 사용하지 않고 다만 안수(按手)만을 행한 것이 분명하다. 나의 판단으로는 이 예식은 히브리인들의 관습에서 유래한 것이다. 그들은 말하자면, 자기들이 복되게 하고 거룩하게 구별하기를 원하는 것을 손을 얹어서 하나님께 드렸던 것이다. 그러므로 야곱은 에브라임과 므낫세를 축복하면서 그들의 머리에 손을 얹었다(창 48:14). 우리 주님도 어린아이들을 위하여 기도하실 때에 이를 그대로 따르셨다(마 19:15). 유대인들이 율법이 지시하는 대로 희생 제물에게 손을 얹은 것도 같은 의미라 여겨진다(민 8:12; 27:23; 레 1:4; 3:2, 8, 13; 4:4, 15, 24, 29, 33 등).

따라서 사도들도 사역을 위하여 세우고자 하는 자들을 하나님께 드린다는 의미로 그들 위에 손을 얹었던 것이다. 그러나 사도들은 성령의 가시적인 은혜가 임하기를 바라는 자들에게도 손을 얹었다(행 8:17; 19:6). 어쨌든, 그들은 교회의 사역을 위하여 어떤 사람을 불러 세울 때마다 이런 엄숙한 예식을 행하였다. 그들은 이렇게 해서 목사와 교사, 그리고 집사들을 거룩히 구별하여 세웠던 것이다.

물론 손을 얹는 일에 대한 명확한 명령은 존재하지 않는다. 그러나 사도들이 이를 계속해서 사용했으므로, 매우 조심스럽게 이를 지키는 것을 명령에 준하는 것으로 보아야 할 것이다. 그리고 사역의 위엄을 이런 식의 표징을 통해서 사람들에게 높이 드러내는 것이 유익하며, 뿐만 아니라 안수를 받는 사람에게도 이제는 자기가 자기의 것이 아니요 하나님과 교회를 섬기는 일에 매인 자가 되었음을 경고하는 것이 유익할 것이다. 더욱이, 안수의 진정한 원래의 의미를 회복한다면, 그것이 허망한 표징이 되지도 않을 것이다. 하나님의 성령께서 아무런 이유 없이 어떤 일을 교회에 세우시는 분이 아니시라면, 이 예식 역시 성령에게서 나온 것이므로, 미신적으로 잘못 악용되지만 않는다면 이 예식도 무용한 것이 아니라는 것을 느껴야 할 것이다.

마지막으로, 온 무리가 다 그 사역자들 위에 손을 얹은 것이 아니라 목사들만 그렇게 했다는 점을 이해해야 할 것이다. 그러나 여러 사람들이 항상 동시에 손을 얹었는지 아닌지는 분명하지 않다. 그러나 분명한 것은 집사들의 경우와 바울과 바나바의 경우와 기타 몇 사람의 경우에는 그렇게 행했다는 것이다

(행 6:6; 13:3). 그러나 바울은 다른 곳에서 회고하기를, 다른 여러 사람들이 아니라, 자기 자신이 친히 디모데에게 안수하였다고 한다. 그는 이렇게 말씀하고 있다: "내가 나의 안수함으로 네 속에 있는 하나님의 은사를 다시 불일듯 하게 하기 위하여 너로 생각하게 하노니"(딤후 1:6). 그러나 디모데전서에서는 장로의 회에서 안수 받은 일에 대하여 언급하는데(딤전 4:14), 나는 이것이 장로들의 무리를 지칭하는 것이라고 이해하지 않는다. 이 표현은 오히려 임명 그 자체를 의미하는 것으로 이해해야 할 것이다. 바울의 말씀은 마치 이런 의미와도 같다: "안수를 통하여 내가 너를 장로로 세울 때에 네가 받은 은혜가 지금 헛되지 않도록 주의하라."

주

1. 한글 개역개정판 성경에는 "사도들에게 존중히 여겨지는 자"로 되어 있다.
2. 한글 개역개정판 성경은 "각 교회에서 장로들을 택하여"로 번역하고 있으나, 여기 "택하여"로 번역된 헬라어 케이로토네오는 "거수로 선출하다"의 의미로도 쓰이는데, 칼빈은 이 의미를 취하고 있다.
3. Cyprian, *Letters*, lxvii. 4.

제 4 장

고대 교회의 상태와 교황제 확립 이전의
교회 정치의 형태

(교회의 사역의 제도적 발전. 1-4)

1. 고대 교회는 성경의 전례를 충실히 따랐음

지금까지 우리는 하나님의 순결한 말씀에서부터 우리에게까지 전수되어 내려온 교회 정치의 질서와 또한 그리스도께서 세우신 사역들에 대해서 논의하였다. 이제 이 문제들을 더 분명하게 인식하고 친숙하게 깨닫게 하기 위하여는, 또한 그 문제들을 우리 마음에 더 확실하게 심어 놓기 위하여는, 고대 교회의 형태에 대해서 살펴보는 것이 유익할 것이다. 그것이 우리에게 하나님께서 세우신 제도를 우리의 눈 앞에 재현시켜 줄 것이기 때문이다. 당시의 감독들은 여러 가지 법령들을 공포했고, 그것들을 통해서 성경에 나타나 있는 것보다 더한 것들을 표현한 것처럼 보이기도 한다. 그러나 그들은 교회의 체제를 하나님의 말씀의 독특한 패턴에 맞도록 세우는 데에 세심한 주의를 기울였으므로, 이런 점에서 하나님의 말씀과 이질적인 요소가 거의 없었다는 것이 금방 드러나는 것이다. 물론 그들이 제정해 놓은 것들에 부족한 부분도 있었겠지만, 그럼에도 불구하고 그들은 하나님이 제정하신 것을 보존하고자 신실하게 노력하였고, 거기서 멀리 벗어나지 않았으므로, 여기서 간략하게나마 그들이 어떻게 했는지를 살펴보는 것이 매우 유익할 것이다.

우리는 성경이 우리 앞에 세 가지 종류의 사역자들을 제시해 놓고 있다고 진술한 바 있는데, 고대 교회도 이와 유사하게 사역자들을 세 가지 직분들로 구분하였다. 장로직 가운데서 (1) 일부는 목사와 교사들로 택함을 받았고, (2) 그 나머지는 도덕적인 문제들을 치리하고 교정하는 책임을 맡았으며, (3) 가난한 자들을 돌보고 구제품을 분배하는 일은 집사들이 맡았다.

그러나 "독경자"(讀經者: readers)와 "조사"(助士: acolytes) 등은 분명한 직분의 명칭들이 아니었고, 이들을 가리켜 "성직자"(clerics)라 불렀다. 이들은 어릴 때부터 구체적인 활동을 통해서 교회를 섬기는 일에 익숙해지도록 훈련을 받음으로써 장차 맡게 될 직무를 더 잘 이해할 수 있도록 했고, 그리하여 후에 그 임무를 잘 수행하도록 미리부터 준비를 갖추고 있도록 하였다. 이에 대해서는 곧 다시 충분히 설명하기로 하겠다.

그러므로 히에로니무스(제롬)는 교회의 직분들로서 다섯 가지를 설정하면서, 감독(bishops), 장로(presbyters), 집사(deacons), 신자(believers), 예비 신자(catechumens)[1] 등을 열거한다. 그는 그 나머지 성직자(clergy)와 수도사들(monks)에 대해서는 적절한 위치를 남겨두지 않고 있다.[2]

2. 감독과 장로

가르치는 직분을 맡은 모든 자들을 그들은 "장로"라 불렀다. 각 도시에서 이 장로들이 그들 중 한 사람을 택하여 특별히 "감독"이라는 칭호를 주었다. 계급 서열이 동등하기 때문에 분쟁이 일어나는 예가 흔히 있었는데, 이를 방지하고자 함이었다. 그러나 감독이 다른 동료 장로들 위에 군림할 정도로 그 영예나 위엄에 있어서 높은 위치에 있는 것은 아니었다. 마치 로마의 원로원에서 집정관이 행한 것과 동일한 기능들 ― 회무를 보고하고, 의견을 청취하며, 권면하고, 자문하고, 훈계하는 일에서 다른 사람들을 통제하고, 모든 행동을 그의 권위로 다스리며, 함께 결의한 사항을 공포하여 수행하게 하는 일 등 ― 을 감독이 장로회에서 수행했던 것이다.

그리고 고대 교회의 교인들 스스로도 이것이 그 당시의 필요에 의하여 인간적인 합의에 의해서 도입된 것임을 인정하고 있다. 그리하여 히에로니무스는 디도서를 주석하는 중에 이렇게 말하고 있다: "감독과 장로는 동일한 것이다. 그리고 마귀가 격동시켜서 신앙에 분쟁이 일어나고 '나는 바울에게, 나는 게바에게 속한 자라'(고전 1:12; 참조. 3:4)는 식의 이야기가 사람들 사이에서 나오기 전에는, 교회들이 장로들의 전체 회의에 의해서 다스림을 받았다." 그런데 그 후에는 분쟁의 씨앗을 제거하기 위하여 모든 감독권이 한 사람에게 맡겨졌다. 그러므로 장로들도 자기들이 교회의 관례를 따라서 회의를 주재하는 감독에게 복속되어 있다는 것을 잘 알고 있었을 뿐더러, 감독들도 자기들이 장로들 위에 있는 것은 주님의 실질적인 지침에 의한 것이 아니고 교회의 관례를 따르는 것이며 따라서 그들과 협력하여 교회를 다스려야 한다는 것을 잘 인식하고 있었다.[3] 그러나 또 다른 곳에서 히에로니무스는 고대 교회의 관례가 어떠했는지를 이야기해 준다. 마가복음의 저술가인 마가의 때로부터 헤라클라스(Heraclas)와 디오니시우스(Dionysius)의 때까지 알렉산드리아에서는 장로들이 언제나 동료들 가운데 한 사람을 선출하여 그를 더 높은 직위에 세우고 그를 "감독"이라 불렀다는 것이다.[4]

그러므로 각 도시마다 목사들과 교사들로 구성된 장로 회의(a college of presbyters)가 있었다. 그들은 모두 바울이 감독들에 대해서 말하는 대로(딛 1:9) 사람들 가운데서 가르침과 권면과 교정의 직무를 수행하였고, 자기들 이후에도 계승자들이 계속 이어지도록 하기 위하여 거룩한 싸움에 헌신한 젊은 사람들을 가르치는 일에도 힘써 수고하였다.

각 도시마다 특정한 한 구역이 배당되어 거기서 장로들이 선출되고, 그 지역은 그 교회의 몸에 속하는 것으로 여겼다. 그 조직과 평화를 보존하기 위하여 각 장로 회의마다 한 감독의 치리를 받았다. 감독은 그 위엄에 있어서 다른 장로들보다 높았지만, 그럼에도 불구하고 그 형제들의 회의에 복속되어 있었다. 그러나 혹 감독의 관구(episcopate)가 지역이 너무 커서 그 혼자서는 감독의 모든 임무를 충실히 감당할 수 없는 경우에는, 장로들이 그 지역 내의 특정 구역을 책임 맡아서 사소한 문제들을 처리하도록 했는데, 이들을 가리켜 "지방 감독"(Chorepiscopi)이라 불렀다. 그들이 그 구역 전체에서 감독을 대리하였기 때문이다.

3. 감독과 장로의 주요 임무

지금 우리가 다루고 있는 직분에 관한 한, 감독과 장로들 모두 말씀 전파와 성례의 집행에 헌신하는 것이 마땅했다. 소크라테스(Socrates)가 「삼부 역사」(*Tripartite History*) 제9권에서 진술하는 대로, 오직 알렉산드리아에서만 — 아리우스(Arius)가 그곳의 교회를 어지럽힌 이래로 — 장로들은 사람들에게 설교를 하지 못하도록 법이 제정되어 있었다.[5] 히에로니무스는 이러한 사실에 대한 자

신의 불만족스런 심정을 숨기지 않는다.[6]

누구든 스스로 감독이라 주장하면서 사실상 스스로 참된 감독임을 보여 주지 않는 사람이 있었다면 그야말로 어처구니없는 일로 여겨졌을 것이다. 그러므로 그 당시만 해도, 모든 사역자들이 주께서 요구하신 바 직무를 반드시 수행하는 일이 철저히 지켜졌던 것이다. 그저 한 시대의 관례가 그러했다는 말이 아니다. 심지어 교회가 거의 붕괴된 상태에 있던 대 그레고리우스(Gregory)의 시대에도 ― 그 당시 교회는 초기의 순결했던 상태에서 매우 쇠락해 있었다 ― 감독이 설교를 하지 않는 예는 용납되지 않았다. 그레고리우스는 어느 곳에선가 말하기를, "감독에게서 소리가 들리지 않으면 감독은 죽은 것이오. 설교의 소리를 내지 않는 채로 이리저리 배회하면, 그 스스로 숨어 계신 재판장의 진노를 불러일으키는 것이니 말이오."[7]라고 하였다.

그리고 또 다른 곳에서는 이렇게 말하고 있다: "바울은 자기가 모든 사람의 피에 대하여 깨끗하다고 증언하고 있는데(행 20:26), 이 진술이 우리를 정죄하며, 우리를 가두어두고, 우리의 죄악을 드러내고 있습니다. 감독들이라 하는 우리가 우리 스스로 악을 소유하고 있을 뿐 아니라 게다가 다른 사람들을 죽이는 일까지 가중시키고 있으니 말입니다. 날마다 그들이 죽어가는 것을 보면서도 우리가 미지근하여 잠잠히 있으니 그 수많은 사람들을 우리가 죽이고 있는 것입니다."[8]

그는 자기 자신을 비롯하여 다른 감독들이 "잠잠히 있다"고 말하는데, 이는 그들이 마땅히 감당해야 하는 만큼 충실히 그들의 임무를 다하지 않고 있었기 때문이다. 그는 직무를 절반 정도 이행한 자들도 그냥 남겨두지 않았으니, 만일 전혀 직무를 하지 않은 자가 있었다면 그가 어떻게 했으리라고 생각하는가? 그러므로, 감독의 주요 임무가 사람들을 하나님의 말씀으로 먹이고, 건전한 교리로 공적으로 사적으로 교회를 세우는 데에 있다는 것이 오랫동안 교회에 내려온 하나의 원리였던 것이다.

4. 대감독과 총대감독

각 지방마다 감독들 가운데서 한 명의 대감독(혹은, 대주교)이 있었던 것과 또한 니케아 공의회(Council of Nicea)에서 직위나 위엄에 있어서 대감독보다도 높은 위치에 있는 총대감독(patriarchs, 혹은 총대주교)을 세운 것은 교회의 질서를 보존하기 위한 것이었다. 그러나, 이 문제를 논의할 때에 간과할 수 없는 것은 이런 예가 극히 희귀했다는 사실이다. 이런 직분을 세운 주된 목적은 어느 교회에서든 몇 사람이 해결하지 못하는 어떤 일이 일어날 때에 그 일을 지방 대회(大會: synod)에서 처리하도록 하기 위함이었다. 그러나 그 사안이 중대하거나 어려워서 좀 더 광범위한 논의가 필요할 경우에는 총대감독들이 대회와 함께 소집되어 처리하였고, 그 결정 사항에 대한 항소는 공의회(a general council)에게밖에는 할 수가 없었다. 이렇게 구성된 정치의 체제를 가리켜 어떤 이들은 "성직계급제"(hierarchy)라 부르기도 하지만, 이 용어는 성경에서도 사용되지 않는 부적절한 것인 것 같다.

오히려 성령께서는 교회의 정치에 관한 한 사람들이 주도권 장악이나 군림(君臨)을 꿈꾸는 일을 경계하기 원하신 것이다. 그러나 그 용어는 뒤로 제쳐두고 그러한 정치 체제 그 자체를 보면, 그 옛날의 감독들은 교회 정치의 형식을 세우는 일에 있어서 하나님께서 그의 말씀 속에 제시해 놓으신 것과 다른 것은 그 어떠한 것도 세울 의도가 없었다는 것을 알 수가 있다.

(집사직과 교회 재산의 운용. 5-9)

5. 집사직

그 당시 집사직의 성격은 사도들의 시대와 동일하여, 집사들은 신자들이 날마다 드리는 헌금을 접수하였고 교회의 연간 수입을 관장하였다. 이 수입을 그들은 적절한 용도에 사용하였다. 즉, 일부는 사역자들의 생활비에, 일부는 가난한 자들을 돕는 일에 분배하였다. 그러나 감독의 결정에 따라서 그 일을 진행하였고, 매년 그 분배한 내역을 감독에게 보고하였다. 교회의 법령들마다 감독이 교회의 모든 소유를 책임 맡은 청지기로 언급하고 있으나, 그것을 마치 그가 개인적으로 그 임무를 관장한 것처럼 이해해서는 안 된다. 오히려, 그의 임무는 교회의 공적인 지원을 받을 사람들을 집사에게 지명해 주며, 또한 그 남는 재원으로는 누구에게 얼마씩 주는지를 명시하는 일이었고, 또한 집사가 그의 책무를 신실하게 수행하는지를 감찰하는 일이었다.

그러므로 사도들이 작성한 것으로 알려져 있는 법령들에서 우리는 이런 대목을 접하게 된다: "우리는 감독이 교회의 일들에 대하여 권한이 있음을 명하노라. 더욱 귀한 사람의 영혼이 그에게 맡겨져 있을진대, 교회의 재정 문제도 그가 맡아서 그의 권위로써 장로들과 집사들을 통하여 가난한 자들에게 모든 것들을 분배하도록 하여, 그 일이 두려움과 신중을 기하여 처리되도록 하는 것이 무엇보다 합당한 일일 것이다."[9] 그리고 안디옥 공의회(the Council of Antioch, 341년)에서는 감독이 장로들과 집사들 모르게 홀로 교회의 일들을 처리하지 못하도록 금하는 법령을 공포하였다.[10] 그러나 이 문제에 대해서는 더 이상 논의를 계속할 필요가 없을 것이다. 그레고리우스의 수많은 서신들에서 그 당시 교회의 여러 가지 다른 규례들은 많이 더럽혀져 있는 상태였으나, 그래도 감독 밑에서 집사들이 가난한 자들을 돕는 일을 관장하는 청지기들로 있는 예는 그대로 남아 있었음이 분명히 드러나기 때문이다.

처음에는 부집사(副執事: subdeacons)가 집사들 밑에 배속되어 가난한 자들을 돕는 일을 도운 것으로 보이나, 이러한 구분이 점차로 사라졌다.

그리고, 교회의 수입이 증가하여 그것을 운용하는 새롭고도 정확한 행정 체제가 요구됨에 따라서 수석 집사(archdeacons: 혹은, 대부제)가 선임되기 시작했고, 히에로니무스는 그의 시대에 이미 그 직분이 존재하고 있었음을 언급하고 있다.[11] 그들은 교회의 수입과 자산과 장비와 일일 헌금의 접수를 총괄하였다. 그리하여 그레고리우스는 살로나의 수석 집사에게 선언하기를, 어느 누구의 실수나 횡령으로 인하여 교회의 재산이 손실될 경우 그에게 죄를 물을 것이라고 하였다.[12] 그러나 그들은 또한 사람들에게 말씀을 읽어 주는 일과 기도하도록 권면하는 일을 부여받았고, 또한 성찬에서 잔을 베푸는 직무도 부여받았다. 이런 임무를 그들에게 부여한 것은 그들의 직분을 높임으로써 그들이 더욱 양심적으로 그 본연의 임무를 수행할 수 있도록 하기 위함이었다. 자기들이 수행하는 일이 세속적인 일이 아니요 하나님께 드리는 신령한 임무임을 그런 상징들을 통해서 교훈을 받게 되기 때문이었다.

6. 교회 재산의 용도

이로써 우리는 교회의 소유물들을 어디에 사용했으며 또한 어떻게 분배했는지를 판단할 수가 있다. 대회들의 법령과 고대의 저술가들의 글에서 우리는, 땅이든 돈이든 교회가 소유하는 모든 것은 가난한 자들의 재산이라는 언급을 흔히 볼 수가 있다. 그리고, 자기들의 재물을 다루는 것이 아니라 가난한 자들의 필요를 위하여 지정된 재물을 다루는 것이므로 악한 믿음을 갖고서 그것들을 제대로 분배하지 않거나 낭비하게 되면 피를 범한 죄를 짓는 것임을 기억하라는 감독과 집사들에게 주는 말들이 고대의 저술가들의 글에 자주 나타나는 것을 본다. 이렇게 해서, 그들은 자기들이 책임 맡고 있는 이 재물들을 마치 하나님의 임재 앞에서 행하듯이 공평하게 경건함과 지극한 근신함으로 분배하도록 교훈을 받고 있는 것이다. 그리하여, 크리소스톰, 암브로시우스, 아우구스티누스 등의 감독들에게서 자기들이 사람들 가운데서 올바로 직무를 시행했음을 공언하는 진지한 항의서들이 나오는 것이다.

교회를 위하여 일하는 자들이 공적 재원을 통해서 삶을 유지하는 일이 합당하며, 또한 주의 법으로도 확증되므로(고전 9:14; 갈 6:6), 그 당시 장로들 중에는 모든 재산을 하나님께 구별하여 바치고 자발적으로 가난한 자들이 되는 이들도 있었다. 그리하여 사역자들에게 음식이 부족하지 않고, 가난한 자들도 소홀함을 받지 않도록 그렇게 분배가 이루어졌던 것이다. 그러나 한편, 다른 사람들에게 검소한 생활의 모범을 보여야 할 사역자들이, 화려함과 사치스런 생활로 재물을 허비할 정도로 많은 것을 소유하지 않고, 필요한 것을 채우기에 충족할 정도로만 소유하도록 그들을 적절히 지원하였다. 히에로니무스는 이렇게 말하고 있다: "부모로부터 물려받은 재산으로 생활을 유지할 수 있는 성직자가 만일 가난한 자들에게 속한 재물을 조금이라도 받는다면, 그것은 신성모독의 죄를 범하는 것이요, 그런 악행을 통해서 그들은 자기들에게 임할 심판을 스스로 먹고 마시는 것이다"(고전 11:29).

7. 교회 수입의 네 가지 용도

처음에는 이러한 일들을 처리하는 과정이 자유롭고도 자발적으로 진행되었다. 왜냐하면 감독들과 집사들이 자기들의 자의로 신실히 행하였고, 순전한 양심과 순결한 삶이 법령을 대신했기 때문이다. 그런데, 특정한 사람들이 탐욕을 부리며 악한 노력을 일삼는 데에서 악한 예들이 나타나면서, 이런 악행들을 교정하기 위하여 법령들이 제정되었고, 이로 인하여 교회의 수입이 네 가지 부분으로 구분되었다. 한 부분은 성직자를 위하여, 한 부분은 가난한 자들을 위하여, 세 번째 부분은 교회의 여러 건물들의 수리를 위하여, 그리고 네 번째 부분은 해외와 국내의 가난한 자들을 위하여 사용하도록 되었다.

다른 법령들의 경우 이 마지막 부분을 감독에게 할당시킨 예도 있으나 이는 내가 말한 구분과 다를 것이 없다. 왜냐하면 그것이 감독들이 마음대로 삼켜버리거나 원하는 대로 쏟아부을 수 있는 사사로운 수입으로 할당된 것이 아니고, 바울이 그 직분에 있는 자들에게 요구하는 바 나그네를 대접하는 일을(딤전 3:2) 위해서 필요한 만큼 그들에게 할당되는 것이었기 때문이다. 젤라시우스(Gelasius)와 그레고리우스는 그것을 그런 의미로 이해하고 있다. 젤라시우스는 옥에 갇힌 자들과 나그네들에게 베풀어 주려는 것이 아니라면 감독이 자신을 위해서 무엇을 요구할 이유가 전혀 없다고 진술하고 있다.

그레고리우스는 이보다 더 분명하게 말하고 있다: "감독이 임직하면 그에게 명하여 교회에 들어오는 모든 수입을 네 부분으로 나누어, 그중 하나는 감독과 그의 가족들의 유지와 나그네 접대를 위하여, 또 하나는 성직자를 위하여, 세 번째는 가난한 자들을 위하여, 네 번째는 교회의 수리를 위하여 각각 사용하도록 하는 것이 사도적 관구(the apostolic see)의 관례다."[13]

그러므로, 감독은 검소하고 절제 있는 음식과 의복을 위하여 필요한 것 이외에는 아무것도 자신을 위하여 쓰도록 되어 있지 않았다. 만일 그 어느 감독이라도 사치나, 겉치레나, 과소비로 지나치기 시작하면, 그 즉시 동료들에게 책벌을 받았고, 만일 거기에 순종하지 않으면, 그 직분을 빼앗겼던 것이다.

8. 교회의 재물은 가난한 자들을 위한 것임

처음에는 성물(聖物)들을 치장하는 데에는 거의 돈을 소비하지 않았고, 후에 교회가 점차 부유해졌을 때에도 여전히 이 문제에 대해서는 적절한 한도를 지켰다. 교회에 헌납되는 돈은 아무리 필요한 데가 있어도 여전히 가난한 자들을 위한 것으로 사용되었다. 그리하여 키릴루스(Cyril)는 예루살렘 지방에 기근이 들어서 다른 방도로는 그 어려움을 해결할 수가 없자, 교회의 그릇들과 예복들을 팔아서 그 돈으로 가난한 자들을 구제하는 데 사용하였다. 이와 비슷하게, 아미다(Amida)의 감독 아카시우스(Acacius)는 무수한 페르시아인들이 기근으로 거의 죽어가고 있을 때에 성직자들을 모아놓고 "우리 하나님은 잡수시거나 마시는 분이 아니시니 쟁반이나 잔이 필요 없습니다"라는 유명한 말을 하고는, 교회의 그릇들을 녹여 그 비참한 처지에 있는 자들에게 음식을 공급하고, 그들의 어려움을 덜어 주었다.[14]

히에로니무스도 교회들의 지나친 화려한 치장에 대하여 책망하면서, 그 당시 툴루즈(Toulouse)의 감독인 엑수페리우스(Exuperius)의 예를 언급하며 칭찬하였다. 그는 주님의 살을 초라한 바구니에 담고 그의 피를 유리 잔에 담아 성찬을 거행할지언정 가난한 사람들이 굶주림 가운데서 고통당하도록 버려두지 않았다는 것이다.[15]

바로 앞에서 아카시우스에 대해서 말씀한 내용을, 암브로시우스는 자기 자신에 대해서 진술하고 있다. 그가 성물들을 깨뜨려 옥에 갇힌 자들을 구하는 보석금으로 썼다고 아리우스주의자들이 그를 비난하자, 그는 다음과 같은 놀라운 변명을 하는 것이다: "금(金)이 없이 사도들을 파송하신 주님께서는 또한 금이 없이 교회들을 모으신다. 교회가 금을 가진 것은 쌓아두기 위함이 아니라 쓰고, 어려움을 덜어주기 위함이다. 도움을 주지 않는다면 쌓아둘 필요가 어디 있는가? 앗수르 사람들이 여호와의 성전에서 금과 은을 얼마나 많이 약탈해 갔는지를 모른단 말인가(왕하 18:15-16)? 그러니 달리 도움을 줄 방도가 없을 경우 사제가 그것을 녹여서 가난한 자들을 도와주는 것이 저 망령된 원수가 약탈해 가도록 그냥 쌓아두는 것보다 훨씬 낫지 않겠는가? 주께서는 이렇게 말씀하시지 않겠는가? '너희는 어찌하여 수많은 핍절한 사람들이 굶주림으로 죽어가도록 내버려 두었느냐? 네게 그들을 살릴 만한 금이 있지 않았더냐? 어째서 그렇게 수많은 갇힌 자들을 해방시키도록 하지 않고 그냥 버려 두었느냐? 어째서 그렇게 많은 사람들이 원수에게서 죽임을 당하도록 내버려 두었느냐? 금속(金屬)으로 된 그릇이 아니라 산 사람을 그릇들로 보존해 두는 편이 너희에게 훨씬 더 나았을 것이로다.' 이에 대해서는 '하나님의 성전에 장식물이 없이 초라하게 될까 두려웠사옵니다'라는 말 이외에는 달리 대답할 말이 없을 것이다. 그러나 이에 대해서 주님은 이렇게 대답하실 것이다: '성례에는 금이 필요 없고, 금으로 사지 않은 것들이니 금을 기뻐할 까닭이 없느니라. 갇힌 자들을 해방시키는 석방금이 바로 성전의 장식물이니라.' "[16]

정리해서 말하자면, 다른 곳에서 암브로시우스가 한 다음의 말씀이 과연 사실이라 하겠다: "그러므로 교회가 가진 것은 무엇이든 다 불쌍한 자들을 지원하기 위한 것입니다." 그는 또한 이렇게도 말씀한다: "감독이 가진 것 가운데 가난한 자들에게 속하지 않은 것이 없었습니다."[17]

9. 사역자들을 위한 예비적인 훈련

앞에서 열거한 것들이 초기 교회의 사역들이었다. 그런데 교회의 저술가들이 언급하는 바에 의하면, 명확한 직분이라기보다는 훈련과 예비 과정의 성격이 짙은 다른 직분들도 있었다. 그 거룩한 사람들은 그들 이후의 교회를 위하여 모판을 남겨 놓고자, 젊은 후세들을 그 부모들의 동의와 허락을 받아 신령한 군대에 배속시켜서 그들을 보호하고 교육하며 훈련하였다. 아주 어린 나이 때부터 이들을 그렇게 다듬어서, 후에 그 직분을 감당할 때에 훈련이 되어 있지 않다든가 어설픈 상태에 있지 않도록 한 것이다. 이처럼 예비적인 훈련을 받는 모든 사람들을 가리켜 일괄적으로 "훈련생"(clerics)이라 불렀다.

내 생각에는 이들을 좀 더 적절한 명칭으로 불렀더라면 더 좋았을 것이다. 왜냐하면 이 호칭은 오류에서 ― 아니면 최소한 한 가지 그릇된 자세에서 ― 비롯된 것이기 때문이다. 베드로는 온 교회를 가리켜 주의 기업이라는 뜻에서 "양 무리"(the clergy)라 부르고 있는 것이다(벧전 5:3). 그러나 그런 제도 자체는 거룩하고 매우 유익한 것이었다. 교회를 섬기는 일에 스스로 헌신하기를 원하는 자들이 그 제도를 통해서 감독의 보살핌 아래에서 자라날 수 있었기 때문이다. 그 제도는 또한 잘 준비된 사람만이 교회를 섬길 수 있도록 보장해 주는 역할도 했다. 어린 시절부터 거룩한 교훈과 엄격한 훈련을 받음으로써 진지하고 거룩한 삶의 모범을 취할 수 있었고, 또한 세상의 근심거리에서 벗어나서 신령한 문제들에 대해 관심을 갖고 공부하는 습관을 가지게 되었기 때문이다. 마치 군대의 신병(新兵)들이 모의 전투를 통해서 진짜 전투에 임하는 훈련을 받듯이, 그들도 그 합당한 직분을 정식으로 받기 전에 훈련생들로서 받아야 할 기초적인 과정들이 있었던 것이다.

우선, 그들은 교회의 문을 열고 닫는 일이 맡겨졌고, 그리하여 "문지기"로 불리었다. 그 다음에는 "조사"(助士: acolytes)로 불리면서, 집안의 사소한 일들을 맡아서 감독을 보좌하며 항상 그를 수행하도록 했는데, 이는 첫째로는 존경의 표시였고, 둘째는 혹시라도 그들에 대해서 의혹이 생기지 않도록 하기 위함이었다. 그리고 이들을 점점 사람들에게 알리고, 사람들에게 그들의 됨됨이가 드러나도록 하며, 또한 동시에 모든 사람들 앞에 서서 이야기하기를 배워서 후에 장로들이 되었을 때에 부끄러워하지 않고 사람들 앞에 나아가서 가르칠 수 있는 능력을 배양하도록 하기 위하여 이들에게 강단에서 읽을 기회를 주었다. 이렇게 해서, 이들을 단계 별로 승급시켜서 훈련에 대한 그들의 열심을 증명하게 했고, 맨 나중에는 그들을 부집사로 임명하였다. 내가 말하고자 하는 바는 다만 이런 예들이 교회의 참된 사역으로 여겨질 수 있는 기능들이라기보다는 오히려 훈련생들이 담당했던 초보적인 과정의 성격이 짙었다는 것이다.

(사역자들의 선출과 임직의 역사적 발전. 10-15)

10. 사역자들의 임직 절차

사역자들을 부르는 문제에 있어서 첫 번째와 두 번째로 고려할 사항이 어떤 사람들을 택하며, 얼마나 신중하게 그 일을 처리하여야 하는가 하는 것이라는 점을 앞에서 진술한 바 있다. 이 문제에 있어서 고대의 교회는 바울의 지침과 사도들의 모범을 따랐다. 그들은 목사들을 택하기 위하여 모일 때에 항상 지극히 엄숙한 자세와 진지한 기도로써 임하였다. 더 나아가서, 이들은 구체적인 시험의 형식을 통하여 목사로서 택함받을 당사자들의 삶과 가르침을 바울이 제시한 표준에 따라서 시험하였다. 그러나 그들은 여기서 다소 지나치게 엄격히 처리하는 죄를 범했다. 그들은 바울이 요구하는 것(딤전 3:2-7) 이상을 감독에게 요구하고 싶어했고, 특히 시간이 경과함에 따라서 독신 생활을 덧붙여서 요구했던 것이다. 그러나 그 외의 다른 점에 있어서는, 바울이 제시한 것을 그대로 따라서 준수하였다.

세 번째로 고려할 사항 ─ 곧, 누가 사역자들을 임직시키는가 하는 문제 ─ 에 대해서는 언제나 동일한 절차를 따르지는 않았다. 고대에는 모든 사람들의 동의를 받지 않고는 어느 누구도 성직자 회의에 받아들이지 않았다. 그러므로 키프리아누스는 아우렐리우스(Aurelius)라는 한 사람을 독경자로 임명하면서 교회와 협의하지 않은 사실에 대하여 애써 변명하는 것을 볼 수 있다. 그럴 만한 사유가 그에게 있었겠지만, 그렇게 하는 것은 관례상 어긋나는 것이었기 때문이다. 그는 그 문제를 다음과 같이 소개한다: "사랑하는 형제 여러분, 성직자를 임명할 때에 여러분과 협의하고 각 개개인의 도덕성과 공적 등에 대하여 모든 이들에게 자문을 받는 것이 우리의 관례입니다."[18] 그러나 이 하위의 직분들은 위험성이 훨씬 덜했고, 또한 사람들이 오랫동안 시험 기간을 거쳤고, 또한 큰 책임을 지는 것도 아니었기 때문에, 사람들에게 동의를 받는 일이 중지되었다.

후에는 감독직을 제외한 나머지 직분들에 있어서는 대개의 경우 누가 그 직분에 적절하며 합당한지를 파악하여 선임하는 일을 감독과 장로들에게 일임하였다. 다만, 새로운 장로들이 해당 교구에 배속될 시에는 그곳의 주민의 명확한 동의 의사를 받도록 되어 있었다. 사람들이 이 문제에 있어서 자기들의 권리를 유지하는 데에 관심이 덜했던 것도 무리가 아니었다. 당시에 시행되던 엄격한 훈련을 받으며 훈련생으로 오랜 경험을 쌓지 않고는 부집사가 될 수 없었다. 그리고 그 직분에서 자신을 증명해 보인 다음에는 집사가 되었고, 집사로서 신실하게 행하였을 경우에는 그 다음에 장로의 직분으로 승격되었다. 이렇게 해서 실제로 사람들이 보는 가운데서 수년 동안 시험을 받지 않고서는 어느 누구도 상위의 직분으로 올라갈 수가 없었던 것이다.

게다가 그들의 부족한 잘못들을 책벌할 여러 가지 법령들이 있었으므로, 그런 치유책들을 무시하지만 않는다면 교회가 악한 장로들이나 집사들로 인해서 어려움을 겪을 필요가 없었다. 그러나, 장로들의 경우는 언제나 일반 시민들의 동의가 있어야 했다. 이는 아나클레투스(Anacletus)가 작성한 것으로 되어 있는 교회 법령 1편 67항에서도 이러한 사실이 입증된다.[19] 그리고 마지막으로, 모든 안수례는 연중 정해진 시기에 행하도록 함으로써, 아무도 신자들의 동의가 없이 은밀하게 끼어들거나 아니면 증인들이 없이 너무 쉽게 그 일을 진행하지 못하도록 하였다.

11. 감독 선출과 교인들의 동의

사람들이 자기들의 감독들을 택할 수 있는 자유는 오랫동안 보존되었다. 모든 사람들에게 합당하지 않으면 어느 누구도 그 직분을 받아서는 안 되었던 것이다. 그러므로, 안디옥 공의회에서는 그 누구도 사람들의 의지에 반(反)하여 강제로 임직하지 못하도록 금지하였다. 레오 1세(Leo I)는 다음의 진술을 통해서 이 사실을 진지하게 확증하고 있다: "성직자와 교인들이, 혹은 그들의 다수가 요구하는 자를 택할 것이다." 또한, "모든 사람 위에 세움을 받을 자를 모든 사람이 택할 것이다. 검증되지도 않은 전혀 모르는 후보자는 강제로라도 제외시켜야 한다." 또한, "성직자에 의해서 선출되고 교인들이 바라는 자를 택할 것이다. 그리고 그 지방의 감독(주교)들이 대감독(대주교)의 결정을 얻어 그 사람을 거룩히 임직시킬 것이다."[20]

더욱이 거룩한 교부들은 이러한 교인들의 자유가 어떤 식으로든 침해받지 않도록 매우 신중을 기하였다. 그리하여, 로마의 대회(the Roman synod)에 보낸 서신에서 입증되는 바와 같이, 콘스탄티노플(Constantinople)에서 열린 교회회의는 넥타리우스(Nectarius)를 임직시키고자 할 때에 모든 성직자와 교인들의 허락이 없다는 이유로 안수를 거부하였다. 그러므로, 감독이 자기의 후계자를 지명할 때에도 모든 사람들이 이를 승인하여야만 비로소 그 지명이 효력이 있었다. 이러한 사실뿐만 아니라 그 형식까지도 아우구스티누스가 에라클리우스(Eraclius)를 후계자로 지명한 사례에서 잘 볼 수 있다. 테오도레투스(Theodoret)는 아타나시우스(Athanasius)가 페트로스(Peter)를 후계자로 거명하였음을 언급하면서, 곧바로 사제들이 그 일을 정당한 것으로 인정하고, 그 지역의 행정관들과 주요 유지들과 모든 사람들이 박수갈채로 이를 승인하였다는 사실을 덧붙이고 있는 것이다.[21]

12. 라오디게아 공의회의 법령

　라오디게아 공의회(the Council of Laodicea, 약 363년경)가 무리들에게 선택권을 주지 않기로 결정한 데에는 매우 타당한 이유가 있었던 것으로 보인다. 어떤 문제든 많은 무리들이 한 가지 의견에 동의하여 결론을 짓는다는 것이 거의 어렵기도 하고, 또한 "이해가 상반되는 경우에는 확실한 의견이 없는 무리들 가운데 분열이 일어난다"는 것이 대개 사실이기 때문이다. 그리하여 이러한 위험을 방지하는 탁월한 방책이 마련되었다. 우선, 성직자들이 홀로 사람을 선택하고, 그 다음 그들이 선택한 사람을 행정관들이나 원로원, 그리고 주요 유지들에게 제시하였다. 그러면 이들이 의견을 교환한 다음 합당하다고 여길 경우 이 선출을 인준하였고, 그렇지 못할 경우는 자기들이 선호하는 다른 사람을 택하였다. 그리고 그 다음, 그 문제를 사람들 앞에 제출하였고, 이들은 그 이전의 결정 사항에 매이지는 않았으나 그렇다고 해서 소요를 일으킬 수는 없도록 되었다. 그리고 혹 신자들에게서부터 일을 시작할 경우는, 그들이 특별히 원하는 사람이 누구인지에 대해서 우선 의견을 수렴하였다. 그리고 그들의 의견을 청취한 다음, 성직자들이 선택을 결정하였다.

　이렇게 해서, 성직자들이 자기들이 원하는 사람을 마음대로 세울 권한을 가지지도 않았고, 그렇다고 해서 일반 사람들의 어리석은 의견에 따라야 할 필요도 없어졌던 것이다. 레오는 다른 곳에서 다음과 같은 진술을 통해서 이러한 질서를 확증하고 있다: "시민들의 바람과, 신자들의 증언들과, 존귀한 자들의 결정과, 성직자의 선택을 반드시 추구해야 합니다." 그는 또 말하기를, "존귀한 자들의 증언과 성직자들의 일치된 의견과 관리와 교인들의 동의를 구해야 합니다"

고 하였다. 그리고 말하기를, "이렇게 하지 않는다는 것은 이성적으로도 용납되지 않습니다"라고 하였다.[22] 라오디게아 공의회의 법령은 단순히 성직자들과 지도자들이 생각 없는 무리들에 의해서 끌려가지 않고, 그들의 분별과 진지함으로 필요할 경우 무리들의 어리석은 소원을 억제할 수 있도록 하고자 하는 의도에서 제정된 것이다.

13. 성직자의 선출과 정치적 통치자의 인준

이러한 선출 방식은 그레고리우스의 시대까지 시행되었고, 아마 그 이후로도 상당 기간 동안 지속되었던 것 같다. 그의 현존하는 수많은 서신들이 이 사실을 분명히 입증해 주고 있다. 어느 곳에서 신임 주교를 세우는 문제가 발생할 때마다, 그는 늘 성직자들과 관리들, 교인들에게 서신을 보냈고, 때로 시민 정부의 형태에 따라서 통치자에게 서신을 보내기도 했다. 그리고 교회의 혼란스러운 처지 때문에 그레고리우스가 인근 지역의 주교에게 선출 과정의 조사를 맡기는 경우에도 그는 언제나 모든 사람들이 서명하여 지지를 표명한 엄숙한 칙령을 통해서 시행하였다. 그리고, 콘스탄티우스(Constantius)라는 사람을 밀라노의 주교로 세울 때에 야만족들의 침입을 받아 밀라노의 많은 주민들이 제노아(Genoa)로 도피하는 사태가 발생했을 때에도, 그레고리우스는 그 사람들이 한 자리에 모여 그 일에 대해서 동의를 표하기 전에는 그 선출이 법적인 효력이 없을 것이라고 생각하였다.[23]

사실 교황 니콜라스(Pope Nicholas)가 로마 교황의 선출을 다음과 같은 방식으로 하도록 제정한지는 아직 오백 년이 채 되지 않았다. 곧, 추기경들이 먼저 선출하고, 그 다음 나머지 성직자들이 거기에 동의하고, 마지막으로 일반 사람들의 동의를 얻어 선출을 확정짓는 방식이 그것이었다. 니콜라스는 마지막으로 바로 앞에서 인용한 레오의 칙령을 인용하면서 그런 방식을 후대에도 계속 지킬 것을 명령하고 있다. 그러나 악인들의 계략에 의하여 성직자가 임지를 강제로 떠나게 될 때에도 정직한 선거를 위하여, 그는 그 신자들 중의 일부가 악인들과 함께 있도록 명령하고 있는 것이다.

우리가 아는 한, 황제의 동의를 요한 것은 오직 로마와 콘스탄티노플의 두 교회들의 경우뿐이었다. 왜냐하면 그 두 곳은 제국의 수도들이었기 때문이다. 발렌티니아누스(Valentinian)은 암브로시우스에게 신임 주교의 선출을 감독할 권한을 위임하여 밀라노로 보내었는데, 이는 매우 이례적인 일로서, 시민들 사이에 심각한 갈등이 일어나고 있었기 때문에 그렇게 한 것이었다. 그러나 옛날 로마에서는 황제의 권위가 주교를 지명하는 일을 완전히 장악하고 있었다. 그레고리우스는 자신이 이미 엄숙한 절차를 따라서 사람들의 부름을 받았음에도 불구하고 자신이 황제의 명령에 따라서 교회를 다스리는 직위에 올랐다고 말할 정도였다. 그러나 당시의 관례는, 관리들과 성직자들과 백성들이 누군가를 지명하고 나면, 그 지명받은 사람은 즉시 황제에게 이를 보고했고, 황제는 그 선출을 인준하든지, 아니면 자기의 직권으로 철회시키는 것이었다.

그라티아누스(Gratian)가 수집한 교령(敎令)도 이런 관례와 어긋나지 않는다. 거기에 명시된 내용은 다만 왕이 자기 마음대로 교회의 선출을 무시하고 주교를 임명하는 일이 절대로 없도록 하는 것이며, 또한 혹시 통치자가 강제로 그런 일을 행하였을 경우 대주교들이 그 당사자를 세워서는 안 된다는 것이다. 교회의 자체 권한을 빼앗음으로써 모든 것이 한 사람의 변덕스런 뜻에 따라 좌우되는 것과, 이러한 영예를 왕이나 황제에게 줌으로써 이미 정당하게 선출된 자를 그가 자신의 권위로 인준하는 것과는 서로 전연 다른 문제인 것이다.

14. 임직의 절차

이제는 고대 교회에서 사역자들이 선출된 다음 그 직분을 위하여 세움 받는 예식에 대해서 논의할 차례가 되었다. 라틴계 사람들은 이 예식을 "서품"(ordination), 혹은 "축성"(consecration)이라 불렀고, 그리스 사람들은 "거수"(擧手)라 불렀고, 때로는 "안수"(按手)라 불렀다 ─ 사실 "거수"라는 용어는 본래 손을 들어서 투표하는 일종의 선출 방식을 지칭하는 것이었다. 니케아 공의회에서 공포한 법령이 현재까지 남아 있는데 이를 보면, 수도대주교(the metropolitan)가 그 지역의 모든 주교들과 더불어 모여서 선출된 해당자를 직분에 세우는 예를 행하도록 했고, 다만 건강이 나쁘다거나 거리가 멀다거나 혹 기타 사유로 인하여 불참자가 있을 경우에는 최소한 세 사람 이상 모여야 했고, 이때 불참자는 서면으로 동의를 확증하도록 했다. 이 법령은 사용되지 않음으로써 사실상 폐기된 상태에 있었으나, 후에 여러 대회들에 의해서 갱신되었다. 그러나 모두 ─ 혹은 최소한 불참 의사를 밝히지 않은 사람은 모두 ─ 참석하여 직분에 세움을 받을 해당자의 교리와 도덕성에 대해서 더 깊이 심사하도록 하였다. 심사가 없이는 직분에 세우는 예식을 행하지 않았기 때문이다.

　또한 예전에는 선출한 다음에 그들을 부르는 것이 아니라 선출하는 자리에 그들을 참석하도록 하는 것이 관례였다는 사실이 키프리아누스의 진술을 통해서 분명히 드러난다. 그들을 부른 목적은 그들로 하여금 회의를 주관하도록 하여 혹시 일어날지도 모를 군중들의 소요를 사전에 막고자 함이었다. 그는 신자들이 합당한 사제들을 선택할 권한도 있고, 부적당한 자들을 거부할 권한도 있다고 말한 다음, 조금 뒤에 가서 다음과 같이 덧붙이고 있다: "이 때문에 우리는 우리 중에서와 거의 모든 지방에서 지키고 있는 바 사도들의 전통을 부지런히 지키고 붙들어야 합니다. 곧, 정상적인 성직 수여를 위하여서는 같은 지방에 속한 인근의 모든 감독(주교)들이 지도자의 임직이 있을 그 신자들 앞에서 모여야 하고, 그리하여 사람들 앞에서 감독이 선출되도록 해야 합니다."[24] 그러나 때로는 그들이 모이는 일이 지체되고 그리고 이를 선거 운동을 하는 기회로 악용할 위험이 있었으므로, 선거가 이루어진 후에 도착한 감독들도 모여서 정당한 심사를 거쳐 해당자를 승인한 후에 그를 임직시키도록 한 것 같다.

15. 수도대주교가 임직을 거행함

　어느 곳에서도 예외가 없이 다 이렇게 행했다. 그러나 후에 한 가지 다른 관례가 점차 생겨나게 되었는데, 선출된 자들이 수도대주교에게로 가서 성직을 수여받는 것이 그것이었다. 이런 예가 생겨난 것은 선한 사유 때문이라기보다는 사람들의 야망 때문이요 또한 옛 질서가 부패한 때문이었다. 얼마 지나지 않아서, 로마 관구의 권위가 크게 부상한 이후, 더 나쁜 관례가 횡행했으니, 곧 이탈리아의 거의 모든 주교들이 로마로부터 성직 수여를 구하게 된 것이 그것이었다. 그레고리우스의 서신들에서 이 사실을 볼 수 있다.[25]

　고대의 권한은 몇몇 도시에서만 지켜졌는데, 이 도시들은 그 권한을 쉽게 양보하지 않았다. 밀라노가 그 한 예라 하겠다. 어쩌면 수도대주교가 있는 도시들만 이런 특권을 유지했을 수도 있다. 그 지방의 모든 주교들이 그 수도에 회집하여 대주교를 세웠기 때문이다.

　성직을 수여하는 예식은 안수례였다. 그 집회에 참석하여 있는 주교들이 나머지 장로들과 구별하기 위해서 별도로 예복들을 착용했다는 점 이외에는 다른 예식을 거행했다는 기록은 읽어보지 못했다. 장로들과 집사들의 경우도 안수로

만 임직시켰는데, 각 주교는 장로회의와 더불어 자기 지역에 속한 장로들을 임직시켰다. 모든 사람들이 그 일에 공동으로 참여했지만, 주교가 그 일을 주관하였고 또한 모든 일이 그의 후원 아래 이루어졌기 때문에 그 일이 "그의" 일이라 불리었다. 그리하여, 고대의 저술가들은 흔히 말하기를, 장로에게는 임직시키는 권한이 없다는 점 이외에는 장로가 주교와 차이가 없다고 하고 있는 것이다.

주

1. 프랑스어판에는 이 "예비 신자"에 대하여 다음과 같이 좀 더 상세한 설명이 붙어 있다: "아직 세례는 받지 않았으나 기독교 신앙에 대하여 교육을 받는 중에 있고 후에 세례를 받게 될 사람들".

2. Jerome, *Commentary on Isaiah*, IV (사 19:18).

3. Jerome, *Commentary on Titus*, ch. 1.

4. Jerome, *Letters*, cxlvi. 1.

5. Cassiodorus, *Tripartite History*, IX. 38; 참조. Socrates, *Ecclesiastical History*, v. 21.

6. Jerome, *Letters*, lii. 7.

7. Gregory the Great, *Letters*, I. 24.

8. Gregory the Great, *Homilies on Ezekiel*, I. hom. xi. 10.

9. Apostolic *Canons*, xI.

10. Council of Antioch, canon xxv.

11. Jerome, *Letters*, cxlvi. 1.

12. Gregory, *Letters*, iv. xx.

13. Gregory, *Decretum*, II. xvi. 3. 2; xii. 2. 50.

14. Cassiodorus, *Tripartite History*, V. 37; XI. 16.

15. Jerome, *Letters*, cxxv. 20.

16. Ambrose, *On the Duties of the Clergy*, II. xxviii. 137 이하.

17. Ambrose, *Letters*, xviii. 16; xx. 16.

18. Cyprian, *Letters*, xxxviii.

19. *Apostolic Canons*, xlii–xliv; Gratian, *Decretum*, I. lxvii. 1; lxxv. 7.

20. Leo I, *Letters*, x. 6; clxvii.

21. Theodoret, *Ecclesiastical History*, iv. 20.

22. Leo, *Letters*, ix. 1; x. 4, 6; clxvii.

23. Gregory the Great, *Letters*, III. 30.

24. Cyprian, *Letters*, lxvii. 3, 5.

25. Gregory I, *Letters*, III. 14; IV. 39; IX. 81, 185; XII. 17.

제 5 장

❧❧❧

고대 교회의 정치 형태가 교황제의
횡포로 인하여 완전히 붕괴됨

(사람들의 선택이 없이 무자격자들을 임직시킴, 1-3)

1. 주교 선출에서 나타나는 부패함

자, 이제는 오늘날 로마 관구(the Roman see)와 그 휘하의 모든 세력들이 지키는 교회 정치 제도와 그들이 항상 이야기하고 있는 그 성직계급제(hierarchy)의 전모를 살펴보고, 그것을 앞에서 제시한 초기의 고대 교회의 모습과 비교하는 것이 합당할 것이다. 그렇게 비교해 보면, 교회라는 이름만으로 우리를 억누르려고 — 아니 완전히 멸절시키려고 — 날뛰고 있는 이 사람들이 지닌 교회의 본질이 어떤 것인가 하는 것이 잘 드러날 것이다.

먼저 부름에서부터 시작하여 어떤 사람들이 교회의 사역에 부름을 받고 또한 어떤 방식으로 부름을 받는지를 살펴보는 것이 가장 좋을 것이다. 그리고 나서 그들이 자기들의 직분을 얼마나 성실하게 수행하는지를 살펴보기로 하자.

가장 먼저 주교(감독)의 경우부터 살펴보기로 한다. 이런 논의에서 그들을 가장 먼저 다루는 것이 그들을 제대로 예우하는 것이 될 테니 말이다! 그러나 그들에게 큰 부끄러움을 주지 않고는 도저히 이 문제를 다룰 수가 없는 것이 현실이다. 나는 내가 지금 쓰고 있는 내용이 어떠한 성격인지를 잘 기억하고 있으므로, 이 부분의 논의가 그 한계를 넘지 않고 단순한 가르침의 성격을 유지하도록 할 것이다.

그래도 아직 부끄러움을 조금이라도 느끼는 사람이 그들 중에 있다면, 과연 오늘날 대개 어떤 사람들이 주교들로 선출되는지를 내게 답변해보기를 바란다!

학식에 대해 심사하는 일도, 분명히 말하면 너무 케케묵은 것이 되어 버렸다. 그리고 혹시 학식에 대해서 문제를 삼는 경우가 있다 할지라도, 이들은 교회에서 어떻게 설교하는가를 아는 사람보다는 법정에서 어떻게 변론하는지를 아는 변호사 같은 사람을 선출하는 것이다. 분명한 사실은 지난 백 년 동안 신앙과 경건에 대해서 학식이 조금이라도 있는 사람이 선출된 경우가 백 명 중에 한 명도 채 되지 않는다는 것이다.

지나간 세기들에 대해서는 언급하지 않겠다. 그 당시의 교회의 형편이 더 나았기 때문이 아니라, 오늘날의 교회에 대해서만 다루고자 하기 때문이다. 만일 그들의 도덕성을 평가한다면, 고대의 교회 법령에 의하여 부적격자들로 판단되지 않았을 사람이 거의 없을 것이다. 술주정뱅이가 아니면 음행하는 자였고, 이런 범죄가 없는 자는 도박꾼이든가 사냥꾼이든가 아니면 생활의 어떤 부분에 방종이 있는 자였다. 고대의 교회 법령에 따르면, 감독의 직분에 오를 수 없는 덜 심각한 과실들이 있다. 그런데 그야말로 어처구니없는 일은 아직 열 살도 채 되지 않은 소년들이 교황의 배려로 주교의 직분을 받는다는 사실이다. 그리고 이처럼 뻔뻔스러움과 어리석음이 극치에 달하여, 이들은 지극히 상식적으로도 거리낌이 있을 수밖에 없는 이런 극도의 기괴한 범죄를 저지르면서도 전혀 두려움이 없다. 그토록 생각 없이 소홀히 했으니, 과연 그런 선출의 양상이 어떠했을 것인지가 분명히 드러나는 것이다.

2. 주교 선출의 권한을 빼앗김

이제, 주교를 선출하는 사람들의 권한은 완전히 빼앗기고 말았다. 투표, 동의, 찬성 등이 사라져 버렸고, 모든 권한이 교회의 참사회원들(canons)에게로 넘어간 것이다. 그들은 자기들이 원하는 대로 아무에게나 주교의 직분을 주었다. 그들은 그 해당자를 사람들 앞에 직접 소개하였으나, 심사받도록 하기 위해서가 아니라 존경받도록 하기 위해서였다.

그러나 레오는 그 어떠한 이유로도 이런 행위가 허용되어서는 안 된다고 외치며, 그런 행위가 굉장한 기만(欺瞞)임을 선언하고 있다.[1] 키프리아누스는 사람들의 동의에 의한 선출만이 신적인 권위에서 나오는 것임을 증거하면서, 그렇지 못한 관례는 하나님의 말씀에 위배되는 것임을 보여 주고 있다.[2] 많은 대회의 법령들이 달리 행하지 못하도록 엄중히 금하고 있고, 또한 달리 행할 경우 그 선출이 무효임을 선언하고 있다. 만일 이런 것들이 사실이라면, 오늘날 교황 제도 전체에서 행해지고 있는 선출 가운데 신적인 권위로나 교회의 권한으로나 적법성을 유지할 것이 하나도 없는 것이다.

그들의 악행이 설사 이것뿐이라 해도, 그들이 교회의 권리를 강탈해갔다는 사실을 과연 누가 변명할 수 있겠는가? 그러나 그들은 말하기를, 시대의 부패상 때문에 그럴 수밖에 없었다고 한다. 사람들과 행정 관리들 가운데 올바르고 건전한 판단보다는 반목과 파당심이 만연되어 있어서, 주교를 선출하는 문제에 대한 결정권이 소수의 몇 사람에게 위임될 수밖에 없었다는 것이다. 그런 안타까운 상황에서 악행을 치유하는 방법치고는 그야말로 극단적인 치유책이 아닐 수 없었다! 그러나, 병을 치료하기 위해서 투입한 약(藥)이 질병 그 자체보다 오히려 더 치명적이라는 것이 드러나는데, 어째서 이런 새로운 악에 대해서는 치료하려 하지 않는가? 그들은 말하기를, 교회의 법령들이 선출에 있어서 반드시 지켜야 할 절차를 정확히 규정하였다고 한다.

그러나 옛 사람들은 감독(주교)을 택하는 규칙이 하나님의 말씀에 의거하여 세워진 것임을 알고 있었으니, 과연 그들이 감독을 택하기 위하여 모였을 때에 자기들이 지극히 거룩한 법에 매여 있음을 이해했었다는 것을 의심할 수가 있겠는가? 사실 감독의 참 모습을 묘사한 하나님의 말씀 한 마디만으로도 수천수만의 교회 법령보다도 더 무게가 있는 것으로 받아들여야 마땅했을 것이다. 그러나, 그들은 지극히 비열한 정욕 때문에 부패하여서, 법이나 공평 따위에 대해서는 관심조차 없었다. 그리하여 오늘날 최고의 법들이 기록되어 있는데도 불구하고, 그것들이 문서들 속에 사장(死藏)된 채로 있는 것이다. 술주정뱅이나 음행하는 자들이나, 가장 흔하게는 도박꾼들이 주교의 직위에 오르는 일이 대부분 묵인되었고, 심지어 마치 계획적으로 그렇게 한 것처럼 버젓이 승인받는 예도 있었다!

주교직에 오르는 것이 간음과 뚜쟁이 짓에 대한 상급이라는 말은 절대로 과장이 아니다. 차라리 주교직이 사냥꾼이나 매 부리는 자들에게 주는 경우는 차라리 잘하는 일이라고 생각해야 할 정도였으니 말이다! 어떤 식으로든 그런 몰염치한 처사를 변명하고 두둔한다는 것은 그야말로 부끄러운 일이 아닐 수 없다. 한때 신자들은 탁월한 법령을 갖고 있었다. 감독은 책망할 것이 없어야 하며 가르치기를 잘하고 공손함으로 복종하여야 한다는 등등의 조건을 제시한 하나님의 말씀이 있었던 것이다(딤전 3:1-7; 참조. 딛 1:7-9). 그런데 어째서 선택의 책임이 신자들에게서 사라지고 그런 형편 없는 자들이 감독직에 오르게 되었단 말인가? 분명한 사실은 신자들의 분쟁과 내분의 와중에서 하나님의 말씀을 귀담아 듣지 않았기 때문이라는 것이다. 그런데 현재 악한 자들이 모든 법을 깨뜨릴 뿐 아니라 부끄러움도 모르고 방종하며 이기적으로 야망을 품고서 어울리고, 하나님의 일을 사람의 일과 혼동하고 있는 상태인데도, 어째서 오늘날 그런 자들에게서 다시 본래의 위치로 되돌아가지를 않는단 말인가?

3. 주교 선출권에 대한 군주들의 개입

그들은 이런 것이 하나의 치유책으로 고안된 것이라고 말하지만, 그것은 거짓말이다. 우리가 읽은 바로는, 옛 시대에 주교 선출 문제를 둘러싸고 도시들이 혼란에 빠지는 일이 자주 있었지만, 어느 누구도 감히 그 권한을 시민들에게서 빼앗아갈 생각은 하지 않았었던 것이다. 그들에게는 이런 혼란을 방지하는 다른 방법들이 있었기도 했거니와, 그런 혼란이 발생했을 경우에 대처하는 적절한 방법들도 있었던 것이다. 사실 있는 그대로 말해야 옳을 것이다.

사람들이 선출권을 행사하는 데에 더 소홀해지기 시작하여 그 책임을 자기들 스스로 지지 않고 장로들에게 떠넘기게 되자, 장로들은 이 기회를 악용하여 스스로 횡포를 일삼게 되었고, 후에는 새로운 법령들을 공포함으로써 그런 횡포들을 확증하기에 이르렀다.

더욱이 성직 수여는 순전히 조롱에 지나지 않게 되었다. 그들이 시행하는 심사라는 것이 어찌나 알맹이가 없고 얄팍한지 심지어 외형적인 예복을 갖추는 일조차 없었던 것이다.

그러므로, 몇몇 지역에서 군주(君主)들이 로마 교황과의 합의를 통해서 주교를 임명하는 권한을 확보했는데 그렇다고 해서 교회에 새삼 무슨 새로운 손실이 생긴 것은 아니었다. 왜냐하면 기왕에 참사회원들이 아무런 자격도 없이 선출권을 훔쳐다가 자기들이 전용해오던 것을 군주가 그들에게서 빼앗은 것뿐이기 때문이다. 그러나 한 가지 매우 추잡하기 그지없는 예를 들어보자. 궁전에서 주교들을 파견하여 교회를 차지하게 하는 것이다. 경건한 군주라면 그런 부패한 행위는 삼가는 것이 마땅할 텐데 말이다! 사람들이 바라지도 않았고, 최소한 자유로운 목소리로 인정하지도 않은 사람을 억지로 교회에 보내어 주교로 삼는다는 것은 그야말로 교회를 약탈하는 사악한 짓이 아닌가! 그런 어처구니없는 관행이 오랜 세월 동안 교회 내에 존재하게 되어, 군주들로서는 자기들 스스로 주교를 세우는 합당한 기회로 삼게 된 것이다. 그들은 주교직 선출권이 자기들과 마찬가지로 권리가 없고 또한 자기들과 똑같이 그 권한을 악용하는 사람들에게 돌아가는 것보다는 자기들이 그 권리를 갖기를 바랐던 것이다.

(성직 수여 및 성직록과 관련한 악행들. 4-7)

4. 사제와 부제의 서품과 관련한 부패상

교회의 부름이 그렇게도 고상한 것이므로, 그 때문에 주교들은 자기들이 사도들의 계승자들이라는 것을 자랑하고 있다. 그러나 그들은 사제들을 세우는 권한이 오직 자기들에게만 있다고 주장한다. 이 점에서 그들은 고대의 제도를 매우 사악하게 부패시키고 있다. 그들은 장로들을 세워서 사람들을 인도하고 양육하고자 하는 것이 아니라 사제(장로)들을 세워서 희생 제사를 수행하게 하는 것이기 때문이다. 이와 유사하게 부제(집사)들을 세울 때에도 집사의 참되고도 합당한 임무와는 아무런 관계가 없고 그저 잔과 접시와 관련한 특정한 예식들을 위해서만 그들을 세우는 것이다(사제는 헬라어의 장로, 부제는 집사에서 왔다:역주).

그러나 칼케돈 공의회에서는 이와 반대로, 목회적 의무가 없이 임직이 있어서는 안 된다는 것을 결의하여 공포하였다. 즉, 임직된 사람을 어느 자리에 배치시키면 반드시 그 자리에서 그 직분을 수행하여야 한다는 것이다. 이 법령은 두 가지 이유에서 매우 귀중한 것이다. 첫째로, 교회가 불필요한 비용 때문에 짐을 지지 않아도 되고, 가난한 자들에게 베풀어야 할 비용을 게으른 사람들에게 소비하지 않아도 되었다는 점이다. 둘째로, 임직한 자들은 그들 스스로 더 높은 직위로 승진할 것을 생각하지 않고, 자신들이 수행할 것을 엄숙한 예식으로 확증하여 맡은 그 임무를 충실히 감당하도록 되었다는 점이다.

그러나 신앙에 대해서는 아무것도 관심을 두지 않고 오직 자기들의 배만을 생각하는 로마의 당국자들은 우선, 직분을 ― 세습으로 물려받은 직분이든, 자기들이 받은 사제의 직분이든 간에 ― 자기들의 생계를 유지하는 데 충족한 수입을 의미하는 것으로 해석한다. 그러므로, 사제나 부제를 임직시킬 때에, 그들은 그 사람들이 어디에서 사역을 감당하여야 하는지에 대해서는 관심이 없고, 오로지 그들이 스스로 생계를 유지할 만큼 부유한지의 여부만을 따져서 거룩한 직분을 그들에게 마구 수여하는 것이다. 그러니 공의회의 법령에 요구하는 직분이 생계를 유지하는 연간 수입이라는 것을 어떤 사람이 받아들일 수 있겠는가?

좀 더 최근의 법령들은 무분별한 임직을 막기 위하여, 임직되었으나 적절한 임지를 부여받지 못한 자들에 대해 주교들이 생계를 지원하는 것을 금지하였다. 그러나 이런 규정을 피해가기 위해서 그들은 새로운 교묘한 방법을 고안해 내었다. 곧, 임직을 받는 사람이 어떤 직분을 받든 그 이름으로만 만족하겠다고 약속을 하는 것이다. 임직을 받는 사람은 이런 합의로 인해서 생계에 대한 지원을 청원할 권리를 박탈당하는 것이다. 여기서 일어나고 있는 온갖 사기와 기만 행위들에 대해서는 말하지 않겠다. 어떤 사람들은 성직록(benefice)이 없는 이름뿐인 직분에 대해서 거짓말을 하여 한 해에 5아스(asses)도 벌 수가 없는 것을 받을 자격이 있다고 하고, 또 어떤 사람들은 즉시 돌려주겠다고 약속하며 녹(祿)을 받는 직분을 빌리기로 은밀하게 합의하고는, 그 직분을 받은 다음 다시 돌려주지 않는 경우도 있다. 그 외에도 이와 유사한 희한한 다른 사건들이 많다.

5. 성직 수여의 부패상

그러나 이런 어처구니없는 악행들이 제거된다 할지라도, 자리를 배정해 주지 않으면서 사제(장로)를 임직시킨다면 그것은 언제나 모순이 아니겠는가? 그들은 제사를 드리는 일 이외에는 아무도 임직시키지 않는다. 그러나 원래 장로를 임직시키는 것은 바로 교회를 다스리기 위함이고, 집사를 임직시키는 것은 구제물을 거두기 위함이다. 그들은 자기들의 행위를 굉장히 화려하게 꾸며서 위장하여 단순한 일반 백성들을 속여 그들로 하여금 존경하고 따르게 만든다. 그러나 아무것도 견고하고 진실한 내용이 속에 담겨 있지 않은데 과연 자기들끼리는 그런 가면(假面)이 무슨 가치가 있겠는가? 그들은 유대교에서 의식들을 빌려오거나 아니면 자기들끼리 고안하여 만들어내지만, 이는 삼가는 편이 더 나은 것이다.

그러나 일반 사람들이 과연 동의하는지에 대한 진정한 심사(審査)에 대해서나 ― 그들이 지속하고 있는 그림자 같은 것들에 대해서는 길게 다룰 필요가 없다 ― 기타 필수적인 사안들에 대해서는 전혀 언급이 없다. 여기서 "그림자"란 고대의 예를 무기력하게 생명이 없이 그저 모방하는 그런 우스꽝스러운 몸짓을 뜻한다. 주교들은 주교 대리(vicars)를 통해서 후보자의 지식을 서품하기 전에 심사하도록 한다. 그러나 그들이 질문하는 내용은 무엇인가? 미사를 집전할 수 있는지, 미사 중 성경 봉독시 흔히 사용되는 명사를 격변화시킬 줄 아는지, 동사를 활용할 줄 아는지, 한 단어의 의미를 아는지 등등이 질문의 내용이다. 심지어 단 한 구절의 성경 본문의 의미를 아는 것조차도 필수적인 요건이 아니다.

그런데, 이런 유치한 내용에서조차 결점이 발견되어도 그 때문에 사제직에 임직될 수 없는 것이 아니다. 돈이 있다거나 아니면 누군가의 호의를 받는 경우라면 서품이 얼마든지 가능한 것이다. 또한 그들이 성직 수여를 받기 위해 제단에 나아갈 때에도 동일한 조작이 행해진다. 누군가가 그들이 알지 못하는 언어로 과연 그 존귀한 직분을 받기에 합당한지를 세 차례 묻는다. 그러면 누군가가 — 전혀 보지도 못한 사람이지만, 그 사람이 자기의 역할을 맡아서 연기를 하기 때문에 형식적으로는 전혀 모자란 것이 없다 — "합당합니다"라고 대답하는 것이다. 그렇게 공공연히 신성모독을 일삼고 하나님과 사람들을 뻔뻔하게 비웃는 그런 행위가 아니라면, 그런 존귀한 성직자들을 비난할 것이 무엇이 있겠는가? 그런데 그런 일을 오랫동안 계속해오다 보니, 이제 그들 스스로는 그 일이 지극히 적법하다고 생각하는 것이다. 누구든지 이런 분명하고도 추악스러운 악행들에 대해서 감히 입을 벌려 비판하는 자는 붙잡혀서 사형을 언도받게 되어 있다. 마치 그 옛날 케레스(Ceres: 로마의 여신)의 은밀한 의식(儀式)을 폭로한 사람들이 그렇게 처형되었듯이 말이다. 그런데 과연 하나님이 계시다고 생각한다면 그들이 그렇게 행하겠는가?

6. 성직록의 비리

그러니 녹을 받는 직분에 사람을 임직시키는 문제에 있어서는 그들이 얼마나 더 처신을 올바로 하겠는가? 과거에는 성직록(聖職祿)이 임직과 자동으로 연결되는 것이었으나 이제는 그 두 가지가 완전히 별개의 문제가 되어 버렸으니 말이다. 그들은 일들을 아주 다양하게 처리하고 있다. 주교들만 사제직을 수여하는 것이 아니다. 그들이 물론 "성직 수여자"(collators)라고 불리기는 하지만, 직분들을 수여하는 일에 그들이 항상 완전한 권한을 갖고 있는 것이 아니고, 다른 사람들이 추천권을 갖고, 주교들은 성직 수여자라는 명예만을 갖기도 하는 것이다. 학교들의 지명도 있었고, 양도 — 단순한 양도이든, 아니면 교환을 위한 양도이든 간에 — 추천, 우선권 같은 것들도 있었다. 그러나 모두가 그렇게 행하기 때문에 그들 중 어느 누구도 다른 사람의 처신에 대해서 책망할 수가 없었다. 오늘날 교황제도에서 일어나는 일백 회의 성직록 수여 중, 고대의 교회들이 성직 매매(simony)로 규정하는 대로 판단할 때에 성직 매매에 해당하지 않는 경우가 하나 정도 있을까 말까 하는 정도라고 나는 분명히 단언한다.

모든 사람들이 값을 주고 성직을 사고 판다는 말은 아니다. 그러나 녹을 받는 직분을 받은 사람들 스무 명 중에 간접적인 추천이 없는 경우가 하나라도 있다면 내게 보여 주기를 바란다. 어떤 이들은 혈연이나 인척 관계로 직분을 받고, 또 어떤 이들은 부모의 영향력에 의해서 받고, 또 어떤 이들은 스스로 아첨하고 아양을 떨어서 직분을 받아내기도 한다. 요컨대 사제의 생활비가 교회들의 유익을 위해서가 아니라 그 직분을 받는 개인들을 위해서 지급되는 것이다. 이를 "성직록"(benefices: 은혜)이라 부르는 것은 이 때문이다. 이런 명칭부터가 그들이 그 직분들을 군주들에게서 하사받는 선물 이외에 아무것도 아닌 것으로 여긴다는 것을 여실히 드러내주고 있는 것이다. 군주들은 그런 직분들을 하사함으로써 기사(騎士)들의 충성을 받아내거나 그들의 수고에 대해 상(賞)을 내리는 것이다. 그런 상들이 이발사나 요리사나 마부 등의 하찮은 자들에게 수여된다는 사실에 대해서는 그냥 지나가기로 한다.

오늘날의 법정은 다른 문제들보다도 사제의 직분을 둘러싼 소송 사건들로 넘쳐나고 있다. 그러니 그것들이 사냥을 잘 하라고 개에게 던져주는 먹이보다 나을 것이 무엇이란 말인가? 소송을 통해서 사제의 직분을 얻은 자나, 값을 주고 산 사람이나, 아양을 떨어서 수여받은 사람이나, 아직 말도 채 하지 못하는데도 그 직분을 삼촌이나 인척들에게서 유업으로 물려 받은 어린아이들의 경우처럼 — 심지어 아버지에게서 직분을 물려받은 사생아도 있었다 — 마치 적에게서 거둔 전리품에 덤벼들듯 그렇게 교회의 재산을 향하여 달려드는 그런 사람들을 가리켜 심지어 "목회자"(pastor)라는 이름으로 부르기까지 하고 있으니, 이것이 과연 용납할 수 있는 일인가?

7. 엄청난 악행들

평신도들의 방종함이 — 그들도 부패하고 무법한 상태였다 — 과연 이 정도까지 심한 적이 있었던가? 그런데 더욱더 엄청난 일은 한 사람 — 이 사람이 어떤 사람이냐 하는 것은 말하지 않겠다. 다만 자기 자신도 다스리지 못하는 사람이라는 것은 분명하다 — 이 다섯 개 혹은 여섯 개의 교회에 임직된다는 사실이다! 오늘날 군주들의 궁정에서는 어린아이들이 수도원장직 세 개, 주교직 두 개, 대주교직 한 개를 보유하고 있는 경우도 볼 수가 있다. 사실 참사회원들(canons)이 다섯 개, 여섯 개, 혹은 일곱 개의 성직록을 차지하고 있는 경우를 아주 흔하게 볼 수가 있는데, 그들은 그 직분에서 나오는 수입 이외에는 아무런 관심도 없다.

하나님의 말씀이 모든 곳에서 이런 실태에 대해서 그 잘못을 외치고 있다는 말을 하나의 반론으로 제기하고 싶지 않다. 왜냐하면 이미 그들은 오래 전부터 그 말씀에 대해서는 조금도 관심이 없는 상태가 되고 말았기 때문이다. 수많은 공의회에서 이러한 무질서를 방지하도록 엄격한 법령들을 통과시켰다는 식의 반론도 제기하지 않을 것이다. 그들은 원하면 어느 때라도 기꺼이 이런 법령들까지도 완강하게 거부하기 때문이다. 그러나 이것은 이야기하지 않을 수 없다. 곧, 이런 것들은 — 곧, 한 사람이 여러 개의 교회들을 동시에 강탈하여 차지한다는 것과 또한 양 떼들과 함께 있을 능력이 없는 자들을 목회자라고 부른다는 것은 — 정말 엄청난 악행들로서 하나님과 본성과 교회 정치에 철저히 반하는 것이라는 사실 말이다. 그러면서도 그들은 어찌나 뻔뻔스러운지 온갖 망령되고 추잡한 것들을 교회라는 이름으로 포장하고는 모든 책망을 면하려 하는 것이다. 또한 그들은 이러한 악행 속에 그 지극히 거룩한 "계승"이 들어 있다고 자랑하며, 그 공로 덕분에 교회가 망하지 않는다고 장담하고 있는 것이다.

(성직을 가진 수도사, 참사회원, 기타 성직자들의 부패상. 8-10)

8. 수도사들의 성직 임명

그러면 이제, 적법한 목사인지의 여부를 판단하는 두 번째 증표로서 그들이 그 직무를 얼마나 신실하게 수행하는지를 살펴보기로 하자.

로마 교회에서 세운 사제들 중에, 어떤 사람들은 수도사들(monks)이고, 다른 사람들은 "세속 사제"(seculars)라 부른다.

이 둘 가운데 먼저 언급한 자들은 고대 교회에는 없었다. 또한 그런 직분이 교회에 있다는 것은 수도원의 제도와 너무나 어울리지 않기 때문에, 옛날에는 수도원에서 나와서 성직자로 받아들여지는 경우에는 수도사를 그만두는 법이었다. 그리하여 심지어 그레고리우스도 — 그 당시는 이미 매우 부패해 있었다 — 이런 혼란이 생기는 것을 허용하지 않았다. 그는 한 사람이 수도사요 동시에 성직자라는 것은 합당치 않다는 근거로 수도원장이 된 자들은 교회의 직분을 떠나기를 바랐다. 그 두 직분이 서로 상충되어 사역이 방해를 받기 때문이었다.[3] 만일 내가, 교회법에 의해서 부적합하다는 선언을 받은 자가 어떻게 그 직분을 수행할 수 있느냐고 묻는다면, 그들은 이에 대해 뭐라고 대답하겠는가? 그들은 물론, 수도원에 그대로 남아 있는 수도사들에게 사제의 명예와 권한을 줄 수 있도록 한 인노켄티우스(Innocent)와 보니파키우스(Boniface)의 실패한 법령들을 인용하여 답변할 것이다. 무식한 바보라도 일단 로마 관구를 차지하게 되면 즉시 고대의 모든 법령들을 단 한 마디로 뒤집을 수가 있다니, 이런 어처구니없는 논리가 어디 있단 말인가?

그러나 이 문제는 나중에 다루기로 하자. 지금은 교회가 좀 더 순결했을 당시에는 수도사가 사제직을 받아 임무를 수행한다는 것을 큰 모순으로 여겼다는 사실을 지적하는 것으로 족할 것이다. 히에로니무스는 수도사들과 함께 지내는 동안 자신이 사제의 직분을 행하지 않는다고 선언하면서, 자신을 사제들의 치리를 받는 일반 교인의 한 사람으로 여겼던 것이다.[4] 그러나 수도사들에게 사제직을 주는 것을 인정한다 해도, 과연 그들이 무슨 임무를 수행한단 말인가? 수도사들 중 몇몇은 설교하고, 나머지 수도사들은 자기들의 굴 속에서 미사의 예문들을 외우고 중얼거리는 것이다. 마치 사제들을 그런 목적으로 세우도록 허용하는 것이 그리스도의 뜻이거나, 사제의 직분의 본질이 그렇기라도 한 것처럼 말이다.

사제(장로)의 임무가 자기의 교회를 다스리는 것이라는 사실을 성경이 분명히 증거하고 있으니(행 20:28), 그 직분을 다른 사람에게 넘기고, 그리하여 하나님의 그 신성한 제도를 바꾸어 놓는다는 것은 그야말로 불경한 모독 행위가 아닌가? 수도사들에게 직분을 줄 때에 그들은 하나님께서 모든 사제(장로)들에게 명하신 일들을 행하지 않도록 분명히 금지되었기 때문이다. 그들을 빗대어 이런 노래가 불려지고 있다: "수도사는 수도원으로 만족하고, 성례를 주관하거나 공적인 직분에 관한 그 어떤 일도 행할 생각을 하지 말라."[5] 사제에게 합당한 참되고 순전한 직분의 수행을 하지 않을 목적을 갖고서 사제가 되고, 또한 사제라는 이름은 있으나 실상은 그렇지 못하니, 할 수 있거든 과연 이런 일이 하나님을 노골적으로 조롱하는 것이라는 사실을 부인해 보라.

9. 세속 사제들의 부패상

이제는 "세속 사제들"에 대해서 살펴보기로 하자. 그들 중의 일부는 그들의 말대로 성직록을 받는 자들이다. 즉, 사제의 직분을 통해서 생계를 유지한다는 뜻이다. 그리고 나머지는 날마다 미사를 집례하거나 성가를 부르는 등의 수고를 해 주고 그 수고비를 받아서 생계를 유지하는 자들이다.

성직록을 받는 직분은 주교 관구와 교구를 담당하여 영혼을 돌보는 목회의 직분이거나, 성가를 불러서 생활을 유지하는 고상한 사람들도 성직록을 받았는데, 참사회원, 교구사제, 고위 성직자, 지도신부 등이 이에 속한다. 그러나 이미 모든 체계가 뒤죽박죽이 되어 있으므로, 수도원장직과 부원장직을 세속 사제들에게만이 아니라 소년들에게까지도 수여하고 있다. "특권에 의하여", 즉 일상적인 관례를 따라서 그렇게 하고 있는 것이다.

하루하루 생계를 이어가는 고용 사제들(mercenary priests)에 대해서는 그들이 지금 하고 있는 일 이외에 무엇을 더 할 수 있겠는가? 이기적이고도 수치스러운 자세로 날마다 자기 자신들을 팔아먹는 것 이외에 무엇을 더 하겠는가? 특히 그렇게 무수한 무리들이 세상을 뒤집어 엎고 있는 현실이니 오죽하겠는가? 그러므로, 감히 노골적으로 구걸하지는 못하니, 아니면 그렇게 해도 얻을 것이 별로 없다고 생각하여, 마치 굶주린 개들처럼 다니며 원하지도 않는 사람들에게 끈덕지게 매어달려서 먹을 것을 억지로 강탈하여 배를 채우고 있는 것이다. 장로의 명예와 직분이 이렇게 타락해버렸으니 교회에 얼마나 큰 수치인지 모른다. 이런 일을 말로 표현하려면 끝이 없을 것이다. 그러므로 독자들은 그런 극악스러운 파렴치한 짓들에 대한 강론을 내게서 기대하지 말아야 할 것이다.

그저 간단하게만 이야기하고 지나가겠다. 곧, 만일 사제(장로)의 직분이 ― 하나님의 말씀이 제시하고(고전 4:1; 참조. 요 10:1 이하) 또한 고대의 교회법들이 요구하는 대로 ― 교회를 양육하고 그리스도의 신령한 나라를 섬기는 것이라면, 하는 일이라곤 오로지 무리들을 등쳐먹는 것밖에 없고 또한 그것으로 녹을 받는 그런 사제들은 그 직분을 망치는 것일 뿐 아니라 수행할 정당한 직분이 없다는 것이다. 그들에게는 가르칠 곳이 없고, 또한 다스릴 사람들이 없는 것이다. 간단히 말해서, 그들에게는 제단밖에는 남은 것이 없는데, 거기서 그리스도를 희생 제물로 드리지만 그것은, 다른 곳에서 살펴보겠거니와,[6] 하나님께 드리는 것이 아니라 귀신에게 드리는 것이다(참조. 고전 10:20).

10. 성직의 남발과 부패상

여기서 나는 겉으로 드러나는 악행들은 다루지 않고, 다만 그들의 제도 속에 뿌리박혀 있는 내적인 악에 대해서만 다루고자 한다. 그리고 한 가지 진술을 덧붙이고자 하는데, 그들이 듣기에는 매우 곤란할 것이다. 그러나 그것이 사실이기 때문에 나로서는 이야기하지 않을 수가 없다. 곧, 참사회원이나 지구장, 부속 예배당 사제, 참사회장 등 하는 일도 없이 성직록을 받고 있는 모든 자들도 똑같은 부류에 속하는 것으로 생각할 수밖에 없는 것이다. 교회를 위해서 그들이 행하는 사역이 대체 무엇인가? 말씀을 전하는 일이나 권징을 시행하는 일이나 성례를 시행하는 일은 너무나 골치아픈 부담으로 여겨서 이미 던져버렸다. 그러니 그들 스스로 진정한 장로들이라고 자랑할 만한 것이 대체 무엇이 남아 있단 말인가? 글쎄, 노래하는 일이나 의식적인 화려한 허세는 남아 있을 것이다. 그러나 이것이 참된 장로의 직분과 무슨 상관이 있는가? 그들은 관례나 현실적 용도나 아니면 오랫동안 내려온 교회의 인허를 주장할 테지만, 나는 어떤 사람이 참된 장로들이며, 또한 참된 장로로 여김을 받고자 하는 자들이 지니고 있어야 할 것이 무엇인지에 대하여 분명히 규정하신 그리스도의 정의(定義)로 그들과 맞서고자 한다.

그러나 혹 그리스도의 규례에 굴복하라는 이 힘든 요건을 도저히 견디지 못한다면, 최소한 초기 교회의 권위로라도 이 문제를 해결하도록 해야 할 것이다. 고대 교회의 법령에 따라 판단하더라도 그들의 현 상태는 조금도 나을 것이 없을 것이다. 참사회원들(canons)로 전락해버린 자들은 옛날처럼 장로들로 남아 있어서 주교와 함께 교회를 다스리고 주교의 동료로서 목회자의 임무를 다하여 교회를 섬겼어야 마땅하다. 그들이 "참사회"의 고위 성직자라고 부르는 것도 참된 교회 정치와는 전혀 무관한 것이요, 부속 예배당 사제직(chaplaincies)이나 그 비슷한 따위의 쓰레기 같은 직함들도 마찬가지다. 그렇다면 도대체 이 모든 직함들을 어떻게 보아야 할까?

확신하건대, 그리스도의 말씀과 고대 교회의 예를 근거로 판단한다면 이들은 장로의 직분에서 제외되어야 마땅할 것이다. 그들은 자기들이 장로들이라고 주장하지만, 이런 가면은 벗겨서 던져버려야 한다. 그러면 그들의 모든 직분들이 사도들이 말하고, 또한 초대 교회가 요구하는 장로의 직분과는 거리가 멀고 전연 별개의 것이라는 것을 알게 될 것이다. 그런 온갖 직분들은 어떠한 호칭들을 붙여서 부르든 간에 모두가 후에 만들어낸 것으로서 하나님의 제정하심에 속하는 것도 아니요, 고대 교회의 예로도 지지받을 수 없는 것이다. 그러므로, 주께서 친히 말씀으로 거룩히 구별하셔서 교회가 받은 그 신령한 다스림에는 그런 것들이 차지할 자리가 없어야 마땅한 것이다. 아니면, 좀 더 단순하고도 대담하게 말한다면, 부속 예배당 사제나 참사회원이나 지구장이나 참사회장 등 거드름을 피우며 배만 채우는 이런 사람들은 장로들의 가장 중요한 직무에 대해서는 털끝만큼도 건드리기조차 하지 않으니, 그들이 자기들 스스로 명예를 거짓으로 찬탈하고, 그리하여 그리스도의 거룩한 제도를 더럽히는 것을 도저히 견딜 수가 없는 것이다.

(주교들, 사제들, 부제들과 관련한 부패상. 11-19)

11. 교회와 상관 없는 주교와 교구 사제들

이제 주교들과, 교구를 담임한 사제들이 남아 있다. 그들이 그 직분을 보존하기 위해서 애를 쓴다면 얼마나 좋겠는가! 그들이 제대로 수행하기만 한다면, 그들이 과연 경건하고도 탁월한 직분을 가졌다는 것을 기꺼이 인정하겠다. 그러나, 그들은 자기들에게 맡겨진 교회들을 버리고 그들을 돌보는 일을 다른 사람들에게 떠넘기면서도 여전히 목자들로 인정받기를 원하며, 또한 마치 아무 일도 하지 않는 것이 목자의 임무인 것처럼 행동하고 있는 것이다. 만일 도성 바깥에 한 번도 발을 들여 놓아 본 적이 없는 고리대금업자가 스스로 농부나 포도원 주인이라고 주장한다면, 또 계속 전장에서나 진중에서 세월을 보낸 군인이 법정이라든가 서적들은 본 일도 없으면서도 스스로 법률가라고 주장한다면, 도대체 그런 어처구니없는 억지 주장을 믿고 받아들일 사람이 어디 있겠는가? 그런데 교회의 정당한 목자인 것처럼 보이고 또 그렇게 불리고 싶어하는 사람들이 실제로 목자가 되기는 원하지 않고 있으니 이는 더 어처구니가 없는 일이 아닌가? 소위 목자라 하는 자들 중에 자기 교회를 목양하는 일을 겉모양으로라도 보여 주는 사람이 과연 몇 명이나 되는가?

평생토록 교회의 수입으로 배를 채우면서도 교인들을 쳐다보러 교회에 나오는 일조차 하지 않는 사람들이 얼마나 많은지 모른다. 또 어떤 이들은 자기들의 수입을 잃어버리지 않도록 일 년에 한 차례 오든지, 아니면 대리인을 보내기도 한다. 처음에 이러한 부패가 교회에 스며들었을 때에는, 이런 식의 한가한 생활을 즐기고 싶은 사람들은 특권을 주장하여 스스로 교회의 임무에서 빠졌었다. 그러나 지금에 와서는 자기의 담당 교회 내에 거주하는 사람을 거의 보기가 드문 형편이 되어 버린 것이다. 그들은 교회를 마치 농장처럼 여겨서 대목(代牧)을 자기의 대리인 혹은 소작농으로 삼아 대신 책임을 맡기고 있는 것이다. 자기 양 떼들을 한 번도 본 일이 없는 사람이 그 양 떼의 목자라는 것은 보통의 상식으로도 도저히 납득할 수 없는 일인 것이다.

12. 그레고리우스와 베르나르의 시대의 형편

일찍이 그레고리우스의 시대에도 이런 악행의 씨앗이 존재하였다. 교회의 담임 사제들이 가르침에 소홀히 하기 시작하였고, 어느 곳에서 그레고리우스는 이에 대해 매우 강하게 책망하고 있음을 보게 된다. 그는 이렇게 말하고 있다: "세상에 사제들이 가득한데도, 추수 때에 일꾼을 찾아보기가 힘듭니다. 이는 우리가 사제의 직분을 취하고 있으면서도 그 직무를 이행하지 않기 때문입니다." 또한 비슷하게 이렇게 말한다: "사랑의 마음이 없기 때문에, 이들은 주인이 되고 싶어할지언정 스스로 아버지라는 것은 인정하지를 않습니다. 겸손히 수행해야 할 직분을 오히려 주인의 교만으로 군림할 직분으로 바꾸고 있는 것입니다." 그리고 또 이렇게도 말하고 있다: "그러나 오 목자들이여, 우리가 대가를 받으면서도 수고하지 않는다면 대체 우리는 무슨 일을 한단 말입니까?" "우리는 바깥 일로 분주하고, 이런 일을 하고, 저런 일을 수행하고 있습니다. 우리는 말씀의 사역을 저버렸고, 그러면서도 우리가 '주교들'이라 불리면서 그 직분의 명예는 갖고 그 능력은 저버리고 있으니, 이는 우리의 형벌을 더욱 가중시키는 일이 아닐 수 없습니다."[7]

그 직무를 이행하기는 하지만 거기에 최선을 다하지 않는 자들을 향하여 그레고리우스가 이토록 극한 표현들을 써서 책망했다면, 주교들이나 기타 성직자 가운데 평생토록 강단에 올라본 일이 한 번이라도 있는 사람들이 백 명 가운데 하나도 될까 말까한 오늘날의 현실을 보았다면, 그는 과연 뭐라고 말했겠는가? 그런데 오늘날의 사람들은 오히려 주교가 교인들에게 설교한다는 것은 주교의 위엄을 깎아 내리는 일이라는 식으로 생각할 정도로 정신 나간 상태가 되어 버렸다.

그런데 베르나르의 시대에 와서는 형편이 조금 더 악화되어서, 그 역시 교회의 직분자 전체를 향하여 신랄한 책망을 퍼붓는 것을 본다.[8] 그러나 그래도 그 당시의 형편은 오늘날보다도 상당히 순전했던 것으로 보인다.

13. 교황 제도 하의 교회의 실상

누구든지 오늘날 교황 제도 하에서 존재하는 교회 정치의 외형적인 모습을 정당하게 살펴본다면, 그만큼 도둑들이 무법하게 무제한으로 뻔뻔스럽게 날뛰며 약탈하는 강도들의 소굴이 없다는 것을 알게 될 것이다. 거기에 있는 모든 것이 그리스도의 제도와는 너무나 다르며 이질적이고, 고대 교회의 질서와 관례에서 너무나 타락하여 있고, 또한 사람의 상식과 이성과 너무나 모순되기 때문에, 그들이 그리스도의 이름을 빙자하여 그런 무질서한 체제를 변호하고 있는 것보다 그리스도께 더 큰 악행이 없는 것이다. 그들은 말하기를, "우리가 교회의 기둥이요 신앙의 지도자요 그리스도의 대리자요 신자들의 머리다"라고 한다. 사도의 권세가 자기들에게 계승되었기 때문이라는 것이다. 그들은 마치 가축들에게 말하기라도 하는 것처럼 끊임없이 이런 어처구니없는 것들을 자랑하고 있다.

그러나 그들이 이것을 자랑할 때마다 나는 그들에게 과연 그들이 사도들과 공통된 점이 무엇이냐고 물을 것이다. 우리는 사람이 잠자고 있는 동안에도 얼마든지 받을 수 있는 세습적인 명예를 문제삼고 있는 것이 아니라, 그들이 그렇게도 열심히 회피하고 있는 그 말씀 전파의 직무를 문제삼고 있는 것이다. 우리가 그들의 다스림이 그야말로 적그리스도의 횡포라고 선포하면, 그들은 어김없이 바로 그 존귀한 성직계급제를 위대하고 거룩한 성인들이 자주 칭송했다는 사실을 언급한다.

그러나 거룩한 교부(敎父)들이 사도들로부터 전수되어 내려온 대로 교회의 성직계급제 혹은 신령한 다스림을 칭송할 때에, 주교들 대다수가 신앙의 가장 초보조차도 깨닫지 못하는 무례한 당나귀 같은 자들이거나 아니면 유모에게서 갓 벗어난 소년인 경우가 태반이고, 좀 더 학식이 있는 자들이 있다 해도 — 이런 경우는 거의 드물지만 — 주교의 직분을 그저 찬란하고 위엄 있는 직함 외에 아무것도 아닌 것으로 생각하고, 교회의 담임 사제들도 구두 수선공이 밭갈이를 생각하는 것만큼도 양 떼들을 먹이는 일을 생각하지 않고, 모든 것이 그 옛날 바벨탑의 혼잡(창 11:9)보다도 더한 혼란 가운데 있어서 교부들의 치리의 순전한 흔적이 단 하나도 보이지 않는 이런 황폐가 가득하고 형체가 없는 혼돈의 상황이 생기리라고 과연 꿈이라도 꾸었겠는가!

14. 사제들의 부패한 행실

그들의 도덕성은 어떠한가? 그리스도께서 요구하시는 "세상의 빛"은 어디 있으며, "땅의 소금"은 어디 있는가(마 5:14, 13)? 삶의 영구한 표준이 되는 그 거룩함은 어디 있는가? 오늘날에는 그처럼 사치하고, 나약하고, 쾌락적이고, 요컨대 온갖 종류의 정욕으로 악명높은 사람들의 집단이 없고, 이들만큼 온갖 사기와 협잡과 반역과 배신에 능수능란한 대가(大家)들도 없고, 해를 끼치는 일에 그렇게 교묘하고 대담한 자들도 없다. 그들의 뻔뻔함이나 교만, 탐욕, 잔인함에 대해서는 아무것도 말하지 않겠다. 그들의 삶 전체에서 나타나는 무절제한 방종에 대해서도 말하지 않겠다. 이러한 악행들을 견디느라 온 세상이 온통 지쳐 있는 형편이니 사실을 부당하게 과장할 수 있다는 우려는 할 필요가 없다. 다만 그들 스스로도 부인할 수 없는 한 가지만 말하겠다.

주교들 중에나 교구의 사제들 가운데서 고대 교회법에 따라서 그 행실을 판단할 경우 출교(혹은, 파문: excommunication)나 최소한 파면을 당하지 않을 자들이 백 명 중에 하나도 되지 않을 것이다. 지금 이 말이 도저히 믿기지 않는 말처럼 들리기도 하겠지만 ─ 성직자의 행실을 좀 더 정확히 규정하는 그 과거의 권징이 완전히 무용지물이 되고 말았으니 ─ 그러나 이것은 전적으로 사실이다. 자, 로마 관구의 깃발 아래 그 보호를 받으며 행세하고 있는 자들은 이제 자기들 스스로 사제직에 속한 자들이라고 자랑해 보라! 그들이 지니고 있는 직분은 그리스도께로부터 온 것도 아니요, 사도들에게서 온 것도 아니요, 교부들에게서 온 것도 아니요, 고대 교회로부터 온 것도 아닌 것이다.

15. 부제직의 부패함

자, 이제 부제(집사)들은 나아와서 교회의 재물들을 분배하는 그 거룩한 직무를 드러내 보여라. 그러나 교황주의자들은 오늘날 그런 목적을 위하여 부제(집사)들을 세우는 것이 아니다. 그들은 그저 제단을 섬기고, 복음서를 읽거나 노래하는 등 알 수 없는 온갖 잡다한 일들을 맡고 있을 뿐이다. 구제하는 일이나, 가난한 자들을 돌보는 일이나, 과거 한때 담당했던 그런 기능은 지금의 부제들과는 전연 상관이 없다. 제도 자체가 그렇다는 말이다. 그들이 하고 있는 일을 바라보면, 그들에게 있어서 그것은 사실상 직분이 아니고 사제의 직분을 향하여 나아가는 하나의 계단에 불과하다. 단 한 가지, 부제(집사)의 직분을 차지하고 있는 자들은 미사 중에 고대에 하던 것과 비슷한 행위를 하기는 하지만 이것도 헛된 것에 불과하다. 곧, 헌물들을 봉헌하기 전에 거두어들이는 일이 그것이다. 그러나 고대 교회의 관습은 신자들이 성찬을 받기 전에 서로 입을 맞추고 제단에 구제물들을 내어놓는 것이었고, 그렇게 함으로써 그들의 사랑을 — 먼저는 상징적으로, 그 다음에는 자비의 행위를 통해서 — 선포하는 것이었다. 그리고 가난한 자들의 대리인이었던 집사가 신자들이 내어놓은 것을 접수하여 나누어 주었던 것이다.

그런데 오늘날 가난한 자들은 그들이 바다에 던져져 있을 때처럼 아무것도 구제물을 받지 못하고 있다. 그러므로 그들은 거짓된 집사직으로 교회를 조롱하고 있는 것이다. 거기에는 사도들이 제정한 것이나 고대 교회에서 행해지던 것 같은 것은 전혀 없다. 사실 그들은 재물들을 분배하는 일을 다른 곳으로 옮겨버렸고, 또한 그 이상 무질서한 처신을 생각할 수 없을 만큼 아무렇게나 시행하고 있는 것이다. 강도들이 사람의 목을 찌르고 그 약탈한 것들을 자기들끼리 나누듯이, 이 사람들도 하나님의 말씀의 빛을 꺼뜨린 다음 마치 교회의 목을 찌르고 거룩한 용도를 위하여 드려진 모든 것을 전리품을 나누어 갖듯이 그렇게 자기들끼리 처리해 버리는 것이다. 그렇게 자기들끼리 분배하고, 각자 할 수 있는 만큼 자기의 몫을 챙기는 것이다.

16. 교회 수입의 운용의 부패함

앞에서 제시한 이 고대 교회의 모든 관습들이 손상된 것은 물론 완전히 지워지고 감추어져버렸다. 도시의 주교들과 사제들은 참사회원으로 둔갑하여 이런 전리품으로 부귀를 누렸다. 그들이 가장 큰 몫을 챙겼던 것이다. 교회 수입의 분배가 무질서했다는 사실은 오늘날까지도 그 비율에 대해서 싸움이 있다는 사실에서 분명히 드러난다. 그 비율이 어떻든 간에, 교회의 수입 가운데서 가난한 자들에게 돌아가는 것은 한 푼도 없다. 최소한 절반은 그들에게 나누어져야 마땅한 데도 말이다. 참사회원들은 드러내 놓고 교회 수입의 사분의 일을 가져간다. 그리고 사분의 일을 주교들에게 주어 자비를 베푸는 일을 위하여 쓰도록 한다.

성직자가 자기들의 몫을 어떻게 사용하며 어떠한 용도에 사용해야 하는지에 대해서는 굳이 말하지 않겠다. 그 나머지 부분은 — 이는 교회 건물 유지와 기타 용도를 위하여 할당되었다 — 당연히 어려운 처지에 있는 가난한 자들을 위해서 쓰여져야 마땅하다는 것이 충분히 입증되었기 때문이다. 그들의 마음에 하나님을 두려워하는 것이 조금이라도 있다면, 과연 그들이 먹고 입는 모든 것이 도둑질로 얻은 것이라는 — 아니, 신성모독으로 얻은 것이라는 — 생각이 들어야 마땅한 것이 아니냐고 묻고 싶다.

그러나 혹 하나님의 심판 같은 것으로는 별로 마음이 찔리지 않는다 할지라도, 최소한 그들이 늘 자랑하는 대로 교회의 모든 질서가 아름답고도 정당하게 이루어져 있다는 그들의 이야기를 듣는 자들이 지각과 이성이 있는 사람들이라는 것은 생각해야 옳지 않겠는가? 부제의 직분이 과연 공공연히 도둑질하고 강도질하도록 해주는 면허장이냐는 나의 물음에 간단하게 대답해 보라. 이것을 부인한다 해도, 그들에게 정당한 부제직이 남아 있지 않다는 것은 인정하지 않을 수 없을 것이다. 교회 재산을 운용하는 체계 전체가 하나님을 모독하는 추잡스러운 약탈로 둔갑해 버린 것이 분명하기 때문이다.

17. 교회의 화려한 치장

그러나 여기서 그들은 지극히 멋진 속임수를 사용한다. 곧, 교회의 위엄은 이러한 장엄함을 통해서 올바로 유지되는 것이라고 말하는 것이다. 그들에게 속한 특정한 사람들은 참으로 뻔뻔스럽게도, 그렇게 해야만 옛날의 선지자들이 그리스도의 나라의 찬란한 광채를 묘사하며 사제의 직분에서 왕의 위엄을 바라볼 것을 말씀한 그 예언들이 성취될 수가 있다고 공공연히 떠벌리고 있다. 그들은 말하기를, 하나님께서는 다음의 약속들을 교회에게 헛되이 하셨을리가 없다고 한다: "왕들이 조공을 바치며 … 왕들이 예물을 드리리로다. 모든 왕이 그의 앞에 부복하며 모든 민족이 다 그를 섬기리로다"(시 72:10-11). "시온이여 깰지어다 깰지어다 네 힘을 낼지어다 거룩한 성 예루살렘이여 네 아름다운 옷을 입을지어다"(사 52:1). "스바 사람들은 다 금과 유향을 가지고 와서 여호와의 찬송을 전파할 것이며 게달의 양 무리는 다 네게로 모일 것이요"(사 60:6-7).

이런 뻔뻔스러움을 일일이 다 반박하려면, 나도 어리석게 보이지 않을까 두렵다. 그러므로, 말을 헛되게 낭비하지 않는 편이 나을 것이다. 그러나 이것은 묻고 싶다. 만일 어느 유대인이 이 증언들을 잘못 오해한다면, 그들은 과연 뭐라고 대답하겠는가? 그들은 분명 그 유대인의 어리석음을 책망할 것이다. 그리스도의 신령한 나라에 대해서 영적으로 말씀한 것을 육체와 세상에다 적용시켰기 때문이다. 선지자들은 교회에서 비쳐야 마땅한 하나님의 하늘의 영광을 이 땅의 것들의 이미지로 묘사하였다는 것을 우리가 잘 알고 있으니 말이다. 문자 그대로 볼 때에 사도들의 시대만큼 이 선지자들의 말씀들이 표현하고 있는 이런 축복들이 적었던 적이 없었으나, 그리스도의 나라의 힘이 그때에 가장 왕성하게 역사하였다는 것을 모두가 인정하고 있는 것이다.

그렇다면 이 진술들 그 자체는 과연 무슨 의미인가? 고귀하고, 숭고하며, 찬란한 것은 무엇이든 다 주님께 속하는 것으로 보아야 한다. 그러나 왕들에 대해 분명하게 말씀하는 내용 ― 곧, 그들이 그리스도께 홀을 내어놓고, 그들의 면류관을 벗어 그의 발 앞에 놓으며, 그들의 재물을 교회에게 바칠 것이라는 내용 ― 에 대해서는, 테오도시우스(Theodosius) 황제[9]가 그의 자줏빛 예복을 벗어 던지고, 그의 통치를 상징하는 기장(記章)을 내려 놓고서 일반 평민처럼 하나님과 교회 앞에 스스로 굴복하고 엄숙히 회개한 때 이상 그 말씀이 더 진실되고 더 충만하게 성취된 때가 있었던가? 그를 비롯하여 다른 경건한 군주들이 그와 마찬가지로 자기들의 노력과 보호를 발휘하여 교회에 순전한 교리를 지키고 건전한 교사들을 장려하고 보호하기로 헌신하였을 때만큼 그 말씀이 진정으로 성취된 때가 있었던가?

그렇지만, 그 당시의 사제들은 결코 사치스러운 소유로 풍족함을 누리지 않았다는 사실이 암브로시우스가 주재한 아퀼레이아 교회회의(the Synod of Aquileia)의 한 문서에서 잘 드러나고 있다: "주의 사제들에게 있는 빈곤이 참으로 영광스럽도다."[10] 그 당시의 주교들도 교회를 아름답게 치장하는 것이 교회의 존귀함을 드러내는 것이라고 생각했다면, 얼마든지 그렇게 할 수 있었다. 그러나 그들은 탁상을 화려하게 꾸미고, 광채나는 의복을 입고, 수많은 시종들과, 장엄한 궁전들로 교만을 드러내는 것만큼 목자의 직분과 상반되는 것이 없다는 것을 알고 있었기 때문에, 그들은 기꺼이 겸손과 검소함을 따르고 그것을 배양하였으며, 과연 그리스도께서 그의 사역자들 가운데 세우신 그 빈곤함을 스스로 실천하였던 것이다.

18. 교회 수입의 부당한 사용

이 문제에 대해서 장황하게 다루지는 않겠다. 다만 교회의 현재의 실태가 ― 아니 교회의 낭비가 ― 하나님의 말씀이 우리에게 제시하였고 또한 고대 교회가 지켰던 그 참된 집사직과 얼마나 거리가 먼가를 간단히 다시 정리하기로 하자. 교회를 장식하는 문제와 관련하여, 거룩한 성물들의 본질이 규정해주고 또한 사도들과 기타 교부들이 가르침과 모범을 통해서 제시한 대로 검소한 정도를 지키지 않는다면, 그것은 잘못된 것이다. 그러나 오늘날의 교회에서 과연 그런 검소한 것을 어디서 볼 수 있단 말인가? 초대 교회의 검소함은 차치하고서라도, 적절히 검소한 정도에 합당한 것은 모조리 거부당하고 있다. 온갖 사치와 시대의 부패함을 보여 주지 않는 것은 그 어떠한 것도 만족을 주지 못하는 것이다.

그러나 반면에, 이들은 살아 있는 성전들에 대해서는 정당한 보살핌을 베풀기는커녕 전혀 무관심하여 수천 명의 가난한 자들이 굶주림으로 죽게 내버려둘지언정, 교회의 조그마한 잔이나 작은 병을 팔아서 그들의 어려움을 덜어주려하지를 않는다. 내가 내 입장에서 너무 가혹하게 판단하고 있다고 생각하지 않도록 하기 위해서, 경건한 독자들에게 다음과 같은 사실 하나만 생각해보라고 권하고 싶다: 혹시 앞에서 언급한 바 있는 툴루즈(Toulouse)의 주교 엑수페리우스(Exuperius)나, 아카시우스(Acacius)나 암브로시우스 등이 죽은 자 가운데서 다시 살아나는 일이 일어난다면, 그들이 과연 뭐라고 말하겠는가? 분명히 말하지만, 그들은 분명 가난한 자들의 처참한 형편을 보고서 교회의 재물을 그들에게서 취하여 가는 일을 허용하지 않을 것이다. 혹 가난한 자들이 없다 할지라도 그 재물들을 사용하는 목적이 유익은 조금도 없고 오히려 여러 가지로 해를 끼치고 있으니 무슨 말을 더 하겠는가?

그러나 사람들에 관한 이야기는 그냥 넘어간다 할지라도, 이 재물들은 그리스도께 드려진 것들이다. 그러므로, 그리스도의 뜻에 합당하게 분배되어야 마땅할 것이다. 그러나 그리스도의 명령에 반하여 낭비한 부분을 그리스도를 위한 비용으로 계산한 것은 헛된 일이다. 물론 사실을 이야기하자면, 교회의 일상적인 수입 가운데 그런 경비로 나가는 부분이 그렇게 많지는 않지만 말이다. 주교들이 아무리 부유하고, 수도원장들이 아무리 부자들이고, 성직록이 아무리 크고 풍부하다 할지라도, 사제들의 탐욕을 다 채울 수는 없다. 그러나 그들은 자기들의 몫은 남겨두고서, 미신으로 사람들을 속여서 가난한 자들에게 분배해야 했을 부분을, 교회들을 세우고, 조각상들을 세우고, 성기구(聖器具)들을 사고, 성직자들의 예복들을 마련하는 데 사용하고 있다. 이렇게 해서 구제물들이 날마다 이런 깊고 깊은 심연(深淵) 속으로 삼켜지고 있는 것이다.

19. 성직자들의 보유 재산

그들이 교회에 속한 전답(田畓)과 재산에서 얻는 수입에 대해서는 이미 말한 것 외에, 그리고 모든 사람이 눈으로 보는 것 외에 무엇을 더 말하겠는가? 주교와 수도원장들로 불리는 자들이 그 대부분을 과연 얼마나 신실하게 운용하는지를 잘 보고 있다. 여기서 교회의 질서를 찾는다는 것은 그야말로 어리석은 짓이다. 검소하고 분수에 맞고 절제하며 겸손하게 사는 분명한 모범을 보여야 할 이 사람들이 마치 군주들처럼 하인들을 많이 부리고, 건물을 화려하게 꾸미고, 찬란하고 우아한 의복으로 치장하며, 연회를 즐긴다는 것이 과연 온당한 일인가? 하나님께서는 그의 영원하고도 어길 수 없는 명령으로 감독의 직분을 받는 자들에게 더러운 이득을 탐하지 않도록 금하고 검소한 생활을 하라고 하셨는데(딛 1:7), 이들은 마을과 가축에게 손을 댈 뿐 아니라 광대한 지역을 먹어치우고, 급기야 나라 전체를 손아귀에 쥐고 있으니, 과연 이보다 더 모순된 일이 어디 있겠는가!

하나님의 말씀을 멸시한다 치더라도, 감독이 교회에서 멀지 않은 곳에 작은 집을 소유하고, 비싸지 않은 음식과 가구들로 생활할 것을 규정한 고대의 교회 회의들의 법령들에 대해서는 과연 어떻게 대응할 것인가? 주의 사제들에게 있는 빈곤을 가리켜 영광스럽다고 선포한 아퀼레이아 교회회의의 진술에 대해서는 뭐라고 답할 것인가?[11] 히에로니무스는 네포티아누스(Nepotianus)에게 가난한 자들과 낯선 이들을 그리스도와 함께 손님으로 맞아들여서 자주 식탁을 함께 나누라고 명했는데, 이들은 이 명령이 너무 가혹하다고 하며 무시해 버릴 것이다. 그러나 히에로니무스가 바로 그 다음에 덧붙이는 말씀을 거부한다면 그것이야말로 그들에게 수치가 아닐 수 없을 것이다: "주교의 영광은 가난한 자들을 위해서 베푸는 데 있고, 모든 사제들의 치욕은 바로 자기들의 부귀를 추구하는 데 있습니다."[12]

그러나 이들은 자기들 스스로 정죄를 받고 치욕을 당하지 않고서는 이 말을 받아들일 수가 없다. 그러나 이들을 여기서 지나치게 가혹하게 몰아세울 필요는 없다. 왜냐하면 나의 의도는 오로지 집사직의 정당한 질서가 오래 전에 그들 가운데서 이미 사라져 버렸으므로, 그들로서는 자기들의 교회를 추켜세우면서 이 집사직(부제직)을 자랑할 수가 없다는 것을 보여 주고자 하는 것뿐이기 때문이다. 그리고 그 의도는 충분히 이루어졌다고 믿는다.

주

1. Leo I, *Letters*, clxvii.

2. Cyprian, *Letters*, lxvii. 4; lv. 8; lix. 6; xxxviii.

3. Gregory I, *Letters*, IV. 11.

4. Jerome, *Letters*, li. 1.

5. Pseudo-Basil, *Monastic Constitutions*, ix.

6. 참조. 4권 18장 3절과 7절.

7. Gregory I, *Homilies on the Gospels*, I. hom. xvii. 3, 4, 8, 14.

8. Bernard, *On the Morals and Duties of Bishops*, ii. 4-iii. 8; vii. 25, 27-29.

9. 동로마 제국의 황제였던 테오도시우스 1세(346?-395)를 지칭함.

10. Ambrose, *Letters*, ix. 2.

11. 참조. 17절.

12. Jerome, *Letters*, lii. 5, 6.

제 6 장

∿⌒∿

로마 관구의 수위권(首位權)

(베드로의 수위권 가설 반박. 1-7)

1. 로마 관구에 굴복해야 한다는 주장

지금까지 우리는 교회의 질서를 살펴보았는데, 고대 교회의 제도 안에 존재했던 질서가 점점 왜곡되어갔고 이제는 교황제 교회 안에 그 이름만 유지하고 있고 남은 것은 가면뿐인 것을 보았다. 그렇게 살펴본 것은 경건한 독자로 하여금 로마주의자들의 교회가 과연 어떤 모습인지 비교를 통해서 판단할 수 있도록 해주고자 함이었다. 그들은 교회의 모습이 그런데도 불구하고 우리가 거기서 분리하였다고 하여 분열의 죄책을 우리에게 돌리고 있는 것이다.

그러나 교회의 모든 구조 전체의 가장 정점(頂點)이라 할 수 있는 로마 관구의 수위권에 대해서는 아직 논의하지 못했다. 교황주의자들은 공교회가 오직자기들만의 소유라는 것을 바로 그 수위권을 근거로 입증하려 하는 것이다. 지금까지 이 수위권을 논의하지 않은 이유는 그것이 그리스도의 제정하심에서 비롯된 것도 아니요, 고대 교회의 관례에서 비롯된 것도 아니기 때문이다. 그러나 앞에서 다룬 직분들은, 이미 보았듯이, 고대 교회에서 일어난 것으로서 세월이 흐르는 동안 부패하여 완전히 일그러져 버렸고, 전혀 새로운 모습을 갖게 된 것들이었다.

그런데 그들은 교회의 통일성을 유지하는 가장 주요하고 거의 유일한 끈은 로마 관구를 붙들고 거기에 복종하는 상태로 남아 있는 것이라고 세상을 설득하려 하고 있다. 그들이 교회를 우리에게서 취하여 가서 자기들의 것만이 교회라고 주장하고자 할 때에 그들은 특히 이런 버팀목에 의지한다. 곧, 교회의 통일성을 좌우하고 또한 그것이 없이는 교회가 넘어져 완전히 산산조각날 수밖에 없는 머리를 자기들이 유지하고 있다는 것이 바로 그것이다. 그들은 이런 식으로 논리를 전개한다.

곧, 로마 관구를 그 머리로 알아 거기에 굴복하지 않고서는 교회가 머리가 잘려 나간 불구의 몸일 수밖에 없다는 것이다. 그러므로 그들은 자기들의 성직계급제를 논의할 때에 항상 이런 원리에서부터 출발한다. 곧, 로마의 교황이 ─ 교회의 머리이신 그리스도의 대리자로서 ─ 그리스도를 대신하여 온 교회를 관장하므로, 그의 관구가 다른 모든 관구들에 대해 수위권을 유지하지 않는 한 교회가 잘 구성되어 있는 것일 수가 없다는 것이다. 그렇기 때문에 우리는 이 수위권의 본질을 점검함으로써 교회의 올바른 다스림과 관계되는 것 중에 그냥 지나치고 넘어가는 것이 없도록 해야 하는 것이다.

2. 구약의 대제사장직은 그리스도의 모형임

그러므로 문제를 이렇게 진술할 수 있을 것이다: 누구든 한 사람이 나머지 모든 사람들 위에 군림하여 위엄과 권세를 누리며 온 몸의 머리가 되는 그런 식의 성직계급제 ─ 그들이 부르듯이 ─ 의 진정한 형태 혹은 교회 질서의 형태가 과연 필요한가 하는 것이다. 그러나 만일 하나님의 말씀을 떠나서 이런 필연성을 억지로 부과한다면, 그것은 교회를 너무 불공정한 법에 예속시키는 결과가 되고 말 것이다. 그러므로 우리의 대적들이 자기들의 주장을 입증하려면, 우선 이러한 제도가 과연 그리스도께서 세우신 것임을 증명해 보여야 할 것이다.

이에 대해서 그들은 율법의 대제사장직과 또한 하나님께서 예루살렘에 세우신 대제사장의 통치를 거론한다. 그러나 이에 대한 답변은 매우 쉽고, 그들이 한 가지 답변으로 만족하지 못한다면 여러 가지 답변을 제시할 수 있다. 첫째로, 어떤 것이 한 나라에서 유용했다고 해서 그것이 온 땅에까지 확대되어야 할 이유는 없다. 사실 한 나라의 구성과 온 세상의 구성은 전혀 다른 것이다. 유대인들이 사방으로 우상숭배자들에게 둘러싸여 있었으므로 그들이 온갖 다양한 종교들로 말미암아 흐트러지지 않도록 막기 위해서, 하나님께서는 그 땅의 중심부에 그를 예배하는 좌소를 지정하셨고, 거기서 한 사람의 대제사장을 지명하여 모든 백성이 그를 바라보고, 그리하여 그들 사이의 연합이 더 잘 보존되도록 하신 것이다. 자, 지금에 와서는 참된 종교가 온 땅에 퍼져 있으니, 동방과 서방의 치리를 한 사람에게 맡긴다는 것이 철저하게 모순이라는 것을 그 누가 보지 못하겠는가?

그것은, 마치 한 지역에는 한 군주밖에 없는 것이므로 온 세상을 한 군주가 다스려야 한다고 주장하는 것과도 같다. 그러나, 유대인의 예를 모방해서는 안 되는 또 다른 이유가 있다. 대제사장이 그리스도의 모형(模型)이었다는 사실을 모르는 사람은 아무도 없다. 제사장직이 전해졌으므로, 그 권세도 역시 전해져야 마땅한 것이다(히 7:12). 그러나 그것이 누구에게 전해졌는가? 교황이 스스로 그 칭호를 자기에게 갖다 붙이지만 교황은 아니다. 오직 그리스도이시다. 그가 대리자나 계승자가 없이 홀로 그 직분을 유지하고 계시므로, 그 존귀와 권세를 다른 어느 누구에게도 전해주시는 일이 없는 것이다. 이 제사장직은 가르침에만 있는 것이 아니라, 그리스도께서 그의 죽으심으로 이루신 바 하나님과의 화목에 있으며, 또한 그가 그 아버지의 존전에서 지금도 행하고 계시는 간구에 있는 것이다.

3. 예수께서 베드로에게 하신 말씀도 교황의 수위권과는 관계 없음

그 대제사장직이 한시적이었다는 것을 우리가 알고 있으므로, 그들이 그것을 영구한 법의 실례로 제시하여 우리를 거기에 묶어놓을 이유가 없는 것이다. 신약 성경에서는 그들의 견해를 뒷받침해 주는 증거가 아무것도 없고, 다만 한 사람에게 다음과 같은 말씀을 했다는 것뿐이다: "너는 베드로라 내가 이 반석 위에 내 교회를 세우리라"(마 16:18), "시몬아 네가 나를 더 사랑하느냐 … 내 양을 먹이라"(요 21:15-17).

그러나 이 증거들이 근거가 확실한 것이 되려면, 그들은 우선 그리스도의 양 떼를 먹이라는 명령을 받는 그 사람에게 온 교회를 다스리는 권세가 맡겨졌다는 것을 입증해야 하며, 또한 매고 푸는 것이 다름이 아니라 온 세상을 다스리는 일이라는 것도 입증해야 할 것이다.

그러나 베드로는 자신이 그 명령을 주님께로부터 받은 후에, 다른 모든 장로들에게 교회를 먹이라고 권면하고 있다(벧전 5:2). 이로써 알 수 있는 것은 그리스도의 그 말씀들이 베드로를 나머지 사람들 위에 군림하도록 해 주는 것이 아무것도 없다는 것이요, 또한 베드로는 자기가 받은 바 권세를 다른 사람들과 동등하게 나누었다는 것이다. 그러나, 아무런 목적도 없이 논쟁을 벌이지 않도록 하기 위해서, 또 다른 구절은 우리에게 매고 푼다는 것이 무슨 의미인지를 그리스도의 입으로 직접 분명하게 설명해 주고 있다. 그것은 곧 죄를 그대로 두고 사하는 것을 뜻하는 것이다(요 20:23). 매고 푸는 방식에 대해서는 성경 전체에서 거듭거듭 나타나고 있을 뿐 아니라, 특히 복음의 사역자들이 사람들을 하나님께로 화목시키며 동시에 이러한 은혜의 초청을 거부할 자들에게 보응을 시행하라는 명령을 받고 있다는 바울의 말에서 가장 잘 드러나고 있다(고후 5:18; 10:6).

4. 열쇠에 대한 왜곡된 주장

이들이 매고 푸는 일 — 이에 대해서는 다른 곳에서 약간 언급한 바 있다[1] — 에 관한 구절들을 얼마나 뻔뻔스럽게 왜곡시키고 있는지에 대해서는 잠시 후에[2] 좀 더 상세하게 설명할 것이다. 그러므로 여기서는 그리스도께서 베드로에게 대답하신 그 유명한 말씀을 그들이 어떻게 추리하느냐 하는 것에 대해서만 살펴보기로 하자. 그리스도께서는 베드로에게 천국의 열쇠를 약속하셨다. 그는 말씀하시기를, "네가 땅에서 무엇이든지 매면 하늘에서도 매일 것이라"고 하셨다(마 16:19). 여기서 우리가 "열쇠"라는 단어와 매는 방식에 대해서 의견이 일치한다면, 모든 논란이 즉시 사라질 것이다. 그렇게 된다면 교황은 사도들에게 맡겨진 임무를 기꺼이 간과해버릴 것이다. 왜냐하면 사도들에게 맡겨진 임무는 온갖 수고와 괴로움이 가득한 것으로서 그에게 아무것도 이득 되는 것도 없고 그나마 있는 기쁨도 다 빼앗아 가 버릴 것이기 때문이다.

복음의 가르침으로 말미암아 하늘이 우리에게 열려 있으므로, "열쇠"라는 단어가 아주 적절한 은유법이 될 것이다. 매고 푸는 방식이란, 어떤 사람들의 경우는 믿음에 의해 하나님과 화목하게 되어 풀리며, 또 어떤 이들의 경우는 그들의 불신앙에 의해 오히려 더 강하게 매여 있는 것 외에 다른 뜻이 없다. 만일 교황이 오로지 이런 의미만을 취하여 자기 자신에게 적용시켰다면, 그를 부러워할 사람도 없고 그와 논쟁을 벌이려 할 사람도 없을 것이라 생각된다.

그러나, 그토록 수고를 요하며 이익도 별로 없는 그 명령을 계승한다는 것이 교황으로서는 유쾌하지 않기 때문에, 그리스도께서 과연 베드로에게 무엇을 약속하셨는가에 대한 논란이 바로 거기서 시작되는 것이다. 그 약속 자체에는 사도의 직분의 위엄밖에는 아무것도 없는데, 그 위엄을 지니려면 반드시 거기에 따르는 부담도 함께 져야 하는 것이다. 그 약속을 내가 제시한 대로 이해한다면 ― 이를 거부한다는 것은 그야말로 뻔뻔스러운 일일 것이다 ― 여기서 베드로에게 주어진 것 가운데 그의 동료들에게 함께 주어지지 않은 것은 아무것도 없는 것이다. 그렇지 않다면, 그들의 인격에 해를 끼치게 될 뿐 아니라 그 가르침의 위엄 자체도 손상될 것이다.

그들은 소리를 높여 이를 반대한다! 그러나 이런 반석과도 같은 사실을 향하여 달려든다 한들 그들에게 무슨 유익이 된단 말인가? 그들이 입증할 수 있는 사실은 오로지, 같은 복음을 전하는 일이 모든 사도들에게 맡겨졌으므로 그 사도들 역시 매고 푸는 같은 권세를 부여받았다는 것뿐일 것이기 때문이다. 그들은 말하기를, 그리스도께서는 베드로에게 열쇠를 주시겠다고 약속하셨을 때 그를 온 교회를 다스리는 군주로 지명한 것이라고 한다. 그러나 주님은 그때에 베드로 한 사람에게 약속하신 내용을 다른 곳에서는 그와 동시에 나머지 모든 이들에게도 약속하시고, 이를테면 그들의 손에 쥐어 주시는 것이다(마 18:18; 요 20:23). 한 사람에게 약속하신 것과 동일한 권세를 모든 사람들에게 부여하셨다면, 과연 어떤 점에서 베드로가 다른 동료들보다 우위에 있다고 말할 수 있겠는가? 그들은 말하기를, 다른 이들은 오직 공통적인 것만을 받는데 반해서 베드로는 공통적인 것도 받고 그만 별도로 다른 것을 받기 때문에 그가 다른 이들보다 탁월하다고 한다.

그러나 키프리아누스와 아우구스티누스가 말하듯이, 그리스도께서 그렇게 하신 것은 한 사람을 다른 사람보다 선호하시기 위함이 아니라 교회의 하나 됨을 증진시키기 위하여 그렇게 하신 것이라고 말한다면 뭐라 대답하겠는가? 키프리아누스는 이렇게 말하고 있다: "주께서는 한 사람을 통해서 열쇠를 모든 이들에게 주셔서, 모든 이들이 하나라는 사실을 드러내게 하셨다. 그 나머지 사도들도 베드로와 똑같이 동일한 존귀와 권세를 동등하게 받은 것이다. 하나 됨에서부터 시작함으로써 그리스도의 교회가 하나임이 드러나도록 하신 것이다."[3]

아우구스티누스는 이렇게 말하고 있다: "만일 교회라는 비밀이 베드로 안에 없었더라면, 주께서는 그에게 '네게 열쇠를 주리라'(마 16:19)고 말씀하지 않으셨을 것이다. 만일 그 말씀이 오직 베드로에게만 하신 말씀이라면 교회가 그 열쇠를 갖고 있는 것이 아니다. 그러나 교회가 열쇠를 갖고 있다면, 그 열쇠를 받은 베드로는 온 교회 전체를 상징하는 것이었다." 또한 다른 곳에서는 이렇게 말한다: "모든 사람들이 질문을 받았는데, 오직 베드로만 '주는 그리스도시니이다'(마 16:16)라고 대답하였고, 그리하여 주께서 베드로에게 '내가 네게 열쇠를 주리라'고 말씀하셨으며, 그렇기 때문에 마치 베드로 홀로 매고 푸는 권세를 받은 것처럼 된 것이다. 그가 모든 사도를 대표하여 말하였으므로 다른 모든 사도들과 함께 약속을 받은 것이요, 그리하여 그는 하나 됨의 대표였던 셈이다. 한 사람이 모든 사람을 위하여 했으니, 이는 모든 사람들이 하나였기 때문이다."[4]

5. 베드로의 특권

그러나 우리는 "너는 베드로라 내가 이 반석 위에 내 교회를 세우리라"(마 16:18)는 말씀이 또 다른 사람에게 주어지는 것을 어디서도 읽을 수 없다. 마치 그리스도께서는 바울이나 베드로 자신이 모든 그리스도인들에 대해서 말하는 것 외에 다른 말씀을 베드로에 대해서 하시는 것처럼 보인다. 바울은 "그리스도 예수께서 친히 모퉁잇돌이 되셨느니라 그의 안에서 건물마다 서로 연결하여 주 안에서 성전이 되어가느니라"고 말하며(엡 2:20-21), 베드로는 또한 우리에게 보배로운 돌 위에 기초를 둔 산 돌들로서(벧전 2:5-6) 마디마다 서로 연결되어 우리 하나님과 하나가 되고, 또한 우리들끼리 서로 하나가 되라고 말한다(참조. 엡 4:16; 골 2:19). 그런데 그들은 말하기를 베드로의 이름이 특별히 거명되었으니 그가 다른 사람 위에 있는 것이라고 한다. 물론, 베드로가 교회를 세우는 첫 사람들 가운데 속하고 또한 모든 신자들 가운데 첫 신자에 속하는 영광을 얻었다는 사실은 나도 기꺼이 인정한다. 그러나 그렇다고 해서 베드로가 다른 사람들 위에서 수위권을 행사한다는 논지는 도저히 용납할 수가 없다. 그가 열심에 있어서, 교리에 있어서, 용기에 있어서 다른 사람들보다 탁월하였으므로 그가 그들 위에서 권세를 행사한다니, 도대체 그것이 무슨 논리인가? 마치 안드레가 베드로보다 먼저 그리스도께 나아갔으니(요 1:40, 42) 안드레가 베드로보다 더 위에 있다는 식의 논리와도 같은 것이 아닌가! 그러나 이 문제는 그냥 넘어가기로 하자.

자, 베드로가 다른 사람들을 능가한다고 하자. 그렇지만 서열의 영광은 권세와는 전혀 다른 것이다. 사도들이 일반적으로 베드로로 하여금 모임에서 발언하고, 말하자면 토의나 권면이나 훈계에 있어서 다른 사람들보다 우선하도록 그에게 모든 것을 양보하는 것을 보게 된다(행 2:14 이하; 4:8 이하; 15:7 이하). 그러나 권세에 대한 내용은 전혀 찾아볼 수 없는 것이다.

6. 교회의 터

아직 본격적인 논쟁에 들어간 것은 아니지만, 여기서 한 가지 점을 말하고 싶다. 곧, 온 교회를 다스리는 치리권을 베드로라는 이름 위에 세우고자 하는 그들의 논지는 전혀 설득력이 없다는 것이다. 그들은 애초에 속이고자 하는 의도로, "이 반석 위에 내 교회를 세우리니"(마 16:18)라고 말씀했으니 교회가 베드로 위에 세워져 있는 것이라는 식의 어처구니없는 논지를 오래 전부터 제시하고 있으나 이는 언급할 가치도 없고, 물론 반박할 가치는 더더욱 없는 것이다. 그러나 그들은 옛 교부들 가운데서 몇 사람들이 그렇게 해석했다고 말한다. 그러나 모든 성경이 이를 대적하여 외치고 있는데, 하나님을 대적하여 그런 교부들의 권위를 주장하는 것은 무슨 이유인가? 그런데, 이렇게 분명하고 확실한 말씀이 없는데도, 마치 이 말씀의 의미가 희미하거나 애매하기라도 한 것처럼 이 말씀의 의미에 대해서 논란을 벌일 이유가 어디 있는가?

베드로는 자기의 이름과 형제들의 이름으로 그리스도께서 하나님의 아들이심을 고백하였다(마 16:16). 그리고 바로 이 반석 위에 그리스도께서 그의 교회를 세우신다. 교회의 터는 오직 하나밖에 없고, 바울이 말하듯이, 그 터 외에는 "능히 다른 터를 닦아 둘 자가 없는" 것이다(고전 3:11). 내가 여기서 교부들의 권위를 부인하는 것이 아니다. 내가 말하고자 하는 내용을 입증하기 위해서 교부들의 증언들을 인용하고 싶을 때에는 나도 기꺼이 그들을 인정하고 인용할 것이기 때문이다. 그러나 이미 말한 바와 같이, 그렇게도 분명한 문제에 대해서 논쟁을 벌이느라 독자들을 불필요하게 성가시게 하고 싶지는 않다. 특히 이 문제는 이미 오래 전에 충분히 다루어졌고, 우리 쪽의 대표적인 저술가들에 의해서도 부지런히 해명된 것이니 더욱 그러하다.

7. 베드로와 사도들의 관계에 대한 성경의 증거

그러나 그렇다 할지라도, 실제로 성경 자체보다도 이 문제를 더 잘 해결해 줄수 있는 사람은 아무도 없다. 베드로가 사도들 가운데서 어떠한 직분과 권세를 가졌으며, 그가 어떻게 처신했으며, 또한 나머지 사도들이 그를 어떻게 대했는지를 가르쳐 주는 모든 구절들을 다 모아서 살펴보면, 문제가 곧바로 해결될 것이다. 그 모든 구절들을 일일이 다 살펴보면, 베드로가 그저 열두 사도들 가운데 한 사람이었고, 나머지 사도들과 동등한 위치에 있었고, 그들의 주인이나 스승이 아니라 그들의 동료였다는 것 외에 아무것도 찾을 수가 없다. 그는 무엇이든 해야 할 일이 있을 때에는 사도들의 공의회에 상정하여 필요한 일을 자문하며 동시에 다른 사도들의 의견에 귀를 기울이며, 또한 그들에게 결정을 맡기며, 그들이 결정 사항을 공포했을 때에는 그것을 따르고 순종하였던 것이다(행 15:5-12).

뿐만 아니라 목회자들에게 편지할 때에도 위에 있는 사람의 권위로 명령하는 것이 아니라 그들을 자기의 동료들로 삼아 동등한 사람들을 대하듯 그렇게 부드럽게 권면하는 것이다(벧전 5:1 이하). 그는 자신이 이방인들에게 휩쓸렸다는 비난을 받을 때에도, 그것이 사실무근이었지만 그는 그것에 대해 답변하여 자신의 입장을 분명히 밝히고 있다(행 11:3-18). 동료들에게서 요한과 함께 사마리아로 가라는 명을 받고서 그는 거부하지 않고 그대로 따랐다(행 8:14). 사도들은 베드로를 보냄으로써 그들이 그를 자기들의 윗사람으로 인정하지 않고 있음을 선포하는 것이며, 또한 베드로는 자기에게 주어진 임무를 그대로 순종하여 이행함으로써 자기가 그들에 대해서 권위로 군림하는 자가 아니라 그들과 함께 동등하게 교제하는 위치에 있음을 인정하고 있는 것이다.

그러나 혹시 이 구절들이 존재하지 않는다 할지라도, 갈라디아서만으로도 모든 의심을 곧바로 제거할 수가 있다. 거기서 거의 두 장에 걸쳐서 바울은 자신이 사도의 직분에 있어서 베드로와 동등하다는 사실을 주장하는 데에만 할애하고 있다. 그는 자기가 베드로에게 나아간 것이 그에게 복종한다는 것을 나타내기 위함이 아니라 오로지 교리에 있어서 그들이 서로 일치한다는 사실을 모든 사람들 앞에 증언하기 위함이었으며, 베드로 역시 복종할 것을 요구하지 않았고 그에게 교제의 악수를 청하여 주의 포도원에서 함께 수고할 수 있도록 하였으며, 또한 이방인들 중에서 사역하는 바울에게도 유대인들 중에서 사역하는 베드로에게 못지않게 은혜가 임하였음을 회상하고 있다(갈 1:18; 2:8). 그리고 마지막으로 그는 베드로가 신실하게 행하지 않았을 때에 자신이 그의 잘못을 지적하였고 그때에 베드로가 자신의 책망을 받아들여 순종하였음을 회상하고 있다(갈 2:11-14).

이 모든 사실들은 바울과 베드로가 서로 동등한 위치에 있었거나, 아니면 최소한 베드로가 나머지 사도들에 대해서 권위를 행사하지 않았다는 사실을 드러 내 준다. 자, 이미 말한 바와 같이, 바울은 어느 누구도 베드로나 요한을 바울 자 신보다 사도직에 있어서 앞세워서는 안 된다는 것을 분명히 공언하고 있다. 베 드로와 요한은 바울을 다스리는 주인들이 아니요 그의 동료들이었던 것이다.

(교회의 통치권은 오직 그리스도께 있음. 8-10)

8. 교회의 통치권

그러나, 설사 베드로에 대한 그들의 주장 ― 그가 사도들의 으뜸이었고 그 의 위엄이 나머지 사도들을 능가했다는 것 ― 을 인정한다 할지라도, 한 개인의 예를 가지고 보편적인 원칙으로 삼거나 과거에 한 번 있었던 일을 영속적인 것 으로 확대시켜야 할 근거는 전혀 없다. 이것은 전혀 다른 문제인 것이다! 한 사 람이 사도들 가운데서 으뜸의 자리에 있었다고 해도, 그것은 그들의 숫자가 적 었기 때문이다. 한 사람이 열두 사람 중에 으뜸이었다고 해서, 그 사람이 수십만 명의 사람들 중에서도 으뜸이어야 한다는 논리가 성립될 수 있는가? 열두 사람 중에 한 사람이 나머지 사람들을 다스렸다는 것은 전혀 이상할 것이 없다! 사람 의 본성적인 구조상 그렇게 될 수밖에 없다. 모두가 모인 회의에서도 설사 모든 사람이 동등하다 할지라도 그 중에 한 사람이 의장이 되어야 하고, 이를테면 나 머지 사람들이 그를 바라보아야 한다는 것은 당연한 일이다. 집정관이 없는 원 로원이 없고, 주임 판사가 없는 재판관 회의가 없으며, 의장이 없는 위원회가 없 고, 회장이 없는 협회가 없는 법이다. 그러므로 사도들이 베드로에게 이런 식의 권위를 부여하여 인정했다고 고백한다고 해도 거기에 이상할 것이 전혀 없는 것이다.

그러나 그 몇 사람들 사이에서 통용된 일을 온 땅에 직접적으로 적용할 수는 없다. 어느 누구도 온 땅을 다스릴 능력을 지닌 사람은 없는 것이다. 그러나 그 들은 말하기를, 자연의 구석구석을 보나 그 전체를 보나 거기에는 반드시 모든 것들 위에 으뜸이 되는 머리가 있다고 한다. 그리고 그들은 두루미와 벌의 경우 를 통해서 이를 입증하기를 좋아한다. 그것들을 보면 언제나 여럿이 아니라 하 나가 그 중에 대장이 된다는 것이다. 그들이 제시하는 그 예들 자체는 나도 받아 들인다. 그러나 그 벌들이 온 세계로부터 함께 모여 들어서 한 통치자를 선출한 단 말인가? 통치자격인 벌은 어느 것이든 자기 자신의 영역에만 만족하는 것이다. 두루미의 경우도 각 무리마다 자기들의 우두머리가 있는 법이다. 각 교회들마다 자기들의 감독이 있어야 한다는 것 외에 이 사실에서 더 입증할 수 있는 것이 무엇이겠는가? 그들은 또한 정치의 실례들을 제시한다. 그들은 "통치자가 많은 것은 좋지 않다"는 호메로스(Homer)의 말과 또한 군주제(monarchy)를 칭송하는 세속 작가들의 진술도 같은 의미로 인용하는 것이다. 그러나 이에 대해서는 아주 쉽게 답변할 수가 있다. 물론 호메로스의 「오디세이아」나 다른 저작들에서 군주제를 칭송하지만, 한 사람이 온 땅을 완전히 장악하고 다스려야 한다는 것을 주장하고자 하는 것이 아니다. 그들의 의도는 다만 한 나라에 두 사람의 왕이 있을 수가 없으며 권력이 동료를 그냥 버려두지 않는다는 것을 말하고자 하는 것일 뿐이다.

9. 그리스도께서 교회의 머리이심

그러나 로마교회주의자들이 바라는 대로, 온 세상이 한 군주에 의해서 다스림을 받는 것이 좋고 유익하다고 생각해 보자. 물론 그야말로 어처구니없는 생각이지만, 아무튼 그렇게 가정해 보자. 그러나 그렇다 할지라도 그 때문에 교회를 다스리는 데 있어서도 같은 방식이 적용되어야 한다는 논리는 여전히 납득할 수가 없다. 교회에는 그 유일하신 머리로 그리스도가 계시며, 그의 다스림 아래에서, 또한 그가 세우신 질서와 제도의 형식에 따라서, 우리 모두가 서로서로 하나로 연결되어 있는 것이다. 그러므로 교회에 머리가 없다는 구실로 한 사람을 보편 교회 위에 세우려는 그들의 처사는 그리스도께 큰 해를 끼치는 것이다. 그리스도께서 교회의 머리가 되셔서 "그에게서 온 몸이 각 마디를 통하여 도움을 받음으로 연결되고 결합되어 각 지체의 분량대로 역사하여 그 몸을 자라게 하는" 것이기 때문이다(엡 4:16). 여기서 바울이 한 사람의 예외도 없이 모든 사람들을 몸에 포함시키면서도 그 머리의 존귀와 이름은 오직 그리스도께만 드리는 것을 보는가? 그가 각 지체에게 특정한 분량과 구체적이고도 제한된 기능을 부여함으로써 은혜의 완전함과 다스림의 지고한 권세가 오직 그리스도께만 있도록 하고 있는 것을 보는가?

오직 그리스도께서 그 자신의 권위와 그 자신의 이름으로 다스리시기 때문에 그리스도께서 유일한 머리로 불림을 받아 마땅한 분이시라는 반론을 제시할 때에, 그들이 대개 뭐라고 둘러대는지를 나는 잘 알고 있다. 그들은 말하기를, 그리스도께서 머리이실지라도 그 아래에 또 다른 머리가 있어 이 땅에서 그의 대리자 역할을 감당하는 일이 전혀 방해를 받지 않는다고 한다. 그러나 먼저 그러한 대리자의 사역이 그리스도께서 제정하신 것임을 증명하지 않는 한, 이런 논리는 그들에게 전혀 도움이 되지 않는다. 사도께서 온 몸이 각 지체에까지 연결되며 그 능력이 한 분 하늘에 계신 머리에게서 나온다고 가르치기 때문이다(엡 4:16).

좀 더 알아듣기 쉽게 이야기하기를 바란다면, 그리스도께서 머리이심을 성경이 증거하며 또한 이 영광을 오직 그에게만 돌리고 있으므로, 그리스도께서 친히 자기의 대리자로 지명하신 사람 외에는 어느 누구에게도 그것이 전가되지를 않는다. 그런데 성경 어디에도 그리스도께서 그런 사람을 지명하셨다는 기록이 없으며, 오히려 여러 구절들에서 사실상 그런 논리를 반박하고 있는 것이다(엡 1:22; 4:15; 5:23; 골 1:18; 2:10).

10. 교회의 하나 됨

바울은 우리에게 살아 있는 교회의 모습을 여러 차례 묘사하고 있지만, 한 사람이 우두머리가 된다는 것에 대해서는 전혀 언급이 없다. 오히려 그가 묘사하는 것을 볼 때에, 그것이 그리스도의 제도와 이반(離反)되는 것이라고 생각할 수 있을 것이다. 그리스도께서는 승천하심으로 말미암아 눈에 보이는 그의 임재를 우리에게서 취하여 가셨다(행 1:9). 그러나 동시에 그는 만물을 충만하게 하시기 위하여 승천하신 것이다(엡 4:10). 자, 그러므로 교회에는 아직도 그리스도께서 임재하여 계시며, 또한 앞으로도 언제나 임재하여 계실 것이다. 바울은 그리스도께서 자신을 드러내시는 방법을 말하면서, 그리스도께서 사용하시는 사역자들을 주목시키고 있다. 그는 말하기를, 그리스도께서 우리 모두 안에 계시사 각 사람에게 그가 베푸시는 선물의 분량대로 은혜를 주셨다고 한다(엡 4:7). 그렇기 때문에 "그가 어떤 사람은 사도로 … 어떤 사람은 목사와 교사로 삼으셨다"는 것이다(엡 4:11).

어째서 바울은 여기서 그리스도께서 모든 사람들 위에 한 사람을 정하사 그의 대리자로 행하게 하셨다는 말을 하지 않는가? 이 본문의 정황으로 볼 때에 그런 언급이 반드시 필요하며, 또한 만일 그것이 사실이었더라면 여기에서야말로 그런 언급이 절대로 빠져서는 안 되는 것이다. 그는 말하기를, 그리스도께서 우리와 함께 임재하여 계신다고 한다. 어떻게? 그가 교회를 다스리도록 세우신 사람들의 사역으로 말미암아 임재하신다는 것이다. 어째서 그리스도께서 그의 대리자에게 그의 기능을 맡기셔서 그로 말미암아 임재하신다고 말씀하지 않는가?

바울은 하나 됨을 언급하고 있다. 그러나 그 하나 됨이란 하나님 안에서와 그리스도를 믿는 믿음 안에서의 하나 됨인 것이다. 그는 사람들에게 다만 공통의 사역밖에는 아무것도 맡기지 않는다. 그리고 각 사람마다 그 사역 가운데 특수한 면을 맡는다고 한다. 하나 됨을 말하는 가운데 먼저 "몸이 하나요 성령도 한 분이시니 … 부르심의 한 소망 … 주도 한 분이시요 믿음도 하나요 세례도 하나요"(엡 4:4-5)라고 말한 직후에, 교회의 하나 됨을 지켜주는 최고의 교황도 하나라는 말을 언급했을 법도 한데, 어째서 그렇게 하지 않는가? 만일 그것이 과연 실제적인 사실이었다면, 그것을 언급하는 것 이상 적절한 것이 없었을 것이다. 그 구절을 부지런히 생각해 보라.

여기서 바울이 가졌던 깊은 의도는 신성하고도 신령한 교회의 다스림을 제시하고자 하는 것이었음이 분명하다. 그런데 그의 후계자들은 그것을 "성직계급제"라고 불렀다. 그러나 바울은 사역자들 가운데 일인통치(一人統治)를 제시하지 않을 뿐 아니라 그런 것이 없다는 것을 지적하기까지 한다. 바울은 분명 신자들이 그 머리이신 그리스도께 연합하는 그 연결의 방식을 표현하고자 했다. 그런데 거기서 그는 사역자들의 머리를 언급하지 않을 뿐 아니라 각 사람에게 베풀어진 은혜의 분량에 따라서(엡 4:7) 각 지체들마다 고유한 기능을 담당한다는 것을 말하는 것이다(엡 4:16).

또한 우리의 반대자들이 여기서 천상의 통치와 지상의 성직계급제를 비교하는 따위의 교묘한 철학적인 궤변을 늘어놓는 것도 전혀 근거가 없는 것이다. 왜냐하면 천상의 통치에 대해서는 정도를 넘어서 지나치게 지혜로운 체하는 것은 안전하지 못한 일이며, 또한 지상의 성직계급제를 제시함에 있어서는 주께서 친히 그의 말씀 속에서 그려 놓으신 형태 이외에는 그 어떠한 것도 따라서는 안 되는 것이기 때문이다.

(베드로의 수위권을 인정해도 그것은 로마의 영구한 수위권과 무관함. 11-13)

11. 베드로의 수위권과 로마의 수위권

그들의 주장이 올바른 정신을 가진 사람들로서는 절대로 납득할 수 없는 것이지만, 가령 그 주장을 받아들인다고 생각해 보자. 곧, 교회의 수위권이 베드로에게 가 있었고 또한 그것이 끊어지지 않고 계속해서 언제나 유지되어야 한다는 주장 말이다. 이 주장을 인정한다 하더라도, 로마의 관구가 — 누가 그 도시의 감독이 되든 간에 — 온 세상을 주관하도록 되어 있다는 논리는 과연 어떻게 입증할 것인가? 장소에 대해서는 전혀 언급이 없이 주어진 베드로의 위엄을 과연 무슨 권리로 한 장소에 묶어둔단 말인가? 그들은 말하기를, 베드로가 로마에 거주했고 거기서 죽었다고 한다. 그렇다면 그리스도께서는 어떻게 하셨는가? 그는 예루살렘에 거하시면서 감독의 직분을 시행하셨고 거기서 죽으심으로써 사제의 직분을 이루지 않으셨던가? 목자장이시며, 최고의 감독이시요, 교회의 머리이신 그리스도께서 한 장소에 영광을 주실 수 없었다면, 하물며 그보다 천하기 그지없는 베드로가 어떻게 그럴 수 있었단 말인가? 그리스도께서 수위권의 영광을 베드로에게 주셨는데, 베드로는 로마에 있었고, 그렇기 때문에 그가 그곳을 수위권의 좌소(座所)로 지정한 것이라니, 어린아이들의 유치한 이야기보다도 더 우스꽝스러운 이야기가 아닌가? 이런 논리대로라면, 구약의 이스라엘 사람들은 수위권의 좌소를 광야 한가운데다 설정했어야 옳을 것이다. 거기서 최고의 교사요 선지자 중의 선지자인 모세가 거기서 그의 사역을 이행하였고 거기서 죽었으니 말이다(신 34:5).

12. 수위권이 안디옥으로부터 로마로 옮겨졌다는 주장

사실이 이와 같은데도 그들이 얼마나 즐겁게 추리를 계속하는지를 보자. 그들은 말하기를, 베드로는 사도들 중에 수위권을 갖고 있었고, 따라서 그가 다스린 관구가 특권을 갖는 것이 마땅하다고 한다. 그러나 베드로의 최초의 관구가 어디에 있었는가? 안디옥이었다고 그들은 말한다. 안디옥이 한때 베드로가 다스린 관구였다는 것을 인정하면서도, 베드로가 그곳으로부터 로마로 옮겨가면서 수위권의 존귀까지도 함께 그리로 옮겨갔다고 주장하는 것이다. 안디옥의 장로들에게 보내는 교황 마르켈루스(Pope Marcellus)의 이름으로 된 편지 한 통이 지금도 남아 있는데, 거기서 그는 다음과 같이 말하고 있다: "베드로의 관구가 처음에는 여러분들에게 있었으나, 후에 주님의 명령에 따라서 그가 이리로 관구를 옮겼습니다. 그러므로 안디옥 교회는 그의 첫 관구였으나 로마 관구에 양보하게 된 것입니다."

그러나 그 선한 사람에게 주께서 어떤 말씀을 계시하셔서 그렇게 명령하셨단 말인가? 만일 법적으로 이 문제를 결정하여야 한다면, 이 특권이 사람에 관한 것인가, 실질에 관한 것인가, 아니면 두 가지 모두 복합적인 것인가를 결정해야 할 것이다. 이 세 가지 중 어느 하나여야 하기 때문이다. 만일 그들이 사람에 관한 것이라고 말한다면, 그 특권은 장소와는 관계가 없는 것이 되고, 그것이 실질에 관한 것이라면 그 특권이 한 장소에 완전히 주어진 것이 되므로, 사람이 죽었다거나 떠나갔다고 해서 그것을 거기에서 취해갈 수가 없는 것이 된다. 그러므로 그것이 복합적인 것이라고 말하는 경우가 남아 있는데, 그럴 경우에는 그 사람이 함께 있지 않는 한, 장소만을 별도로 고려할 수가 없는 것이다. 그러니 하고픈 대로 무엇이든 선택하여도, 나는 즉시 로마가 수위권을 주장할 수 있는 근거가 아무것도 없다는 것을 쉽게 입증해 줄 것이다.

13. 교회들의 서열

자, 그들이 꾸며대는 대로 수위권이 안디옥으로부터 로마로 옮겨갔다고 가정하자. 그렇다면, 안디옥이 제2위의 위치는 유지했어야 옳았을 텐데 어째서 그렇지 못했는가? 베드로가 생애의 마지막까지 로마에 거주했기 때문에 로마가 수위권을 소유하고 있다면, 그의 최초의 관구가 있던 곳이 아니면 그 어떤 도시가 제2위의 위치를 차지할 수 있겠는가? 그런데 알렉산드리아가 안디옥보다 우위를 차지하였으니 이런 일이 어떻게 일어날 수 있었는가? 일개 제자에 불과한 사람의 교회가 베드로의 관구보다 우위에 있다니 이것이 과연 합당한 일인가? 각 교회의 존귀가 그 교회를 세운 사람의 위엄에 따라서 정해진다면, 그 나머지 교회들에 대해서는 뭐라고 말하겠는가?

바울은 기둥처럼 여김을 받는 세 사람의 제자들을 거명하고 있다. 곧, 야고보와 베드로와 요한이 그들이다(갈 2:9). 그러니 만일 베드로의 존귀를 따라서 로마의 관구가 첫째 자리를 차지한다면, 요한과 야고보가 치리했던 에베소 교회와 예루살렘 교회가 둘째와 셋째 자리를 차지했어야 옳지 않은가? 그러나 총대주교 관구들 가운데 과거의 예루살렘은 가장 마지막 자리에 있고, 에베소는 마지막 모퉁이도 차지하지 못하였다. 그리고 바울이 세운 교회들이나 다른 사도들이 세운 교회들도 그냥 무시되고 말았다. 그 대신 그저 제자에 불과했던 마가의 관구가 오히려 대접을 받았다. 그러므로 그들은 그 순서가 전혀 터무니없었다는 것을 고백하든가, 아니면 각 교회가 그 교회를 세운 사람의 존귀를 따라서 존귀를 받는 것이 영구한 원칙이 아니라는 우리의 주장을 인정하든지 둘 중의 한 가지를 택하여야 할 것이다.

(베드로의 로마 거주는 근거가 없고, 바울의 거주가 분명히 드러남. 14-15)

14. 베드로의 로마 거주에 대하여

그러나 베드로가 로마의 교회를 다스렸다는 그들의 논리 역시 그 신빙성을 찾을 길이 없다. 유세비우스(Eusebius)는 베드로가 그곳에서 25년을 다스렸다고 말하지만, 이것은 쉽게 반박할 수 있다. 갈라디아서 1장과 2장에서 분명히 드러나지만, 베드로는 그리스도께서 죽으신 후 이십 년 가까이 예루살렘에 있었고(갈 1:18; 2:1이하), 그 후 안디옥으로 왔으며(갈 2:11), 그곳에서 얼마나 오래 머물렀는지 분명하지 않다. 그레고리우스는 7년이라고 보고, 유세비우스는 25년이라고 본다. 그러나 그리스도의 죽으신 때부터 네로의 통치의 종말 — 네로의 통치 때에 베드로가 살해당했다고들 주장하므로 — 까지의 기간은 모두 37년에 지나지 않는다. 주께서는 티베리우스 황제의 재위 제18년에 고난을 당하셨기 때문이다. 바울의 증언에 의하여 베드로가 예루살렘에 거하고 있던 것으로 나타나는 20년을 제하고 남은 기간을 다시 두 관구 — 안디옥과 로마 — 에 거주했던 기간들로 다시 나누어야 한다. 만일 베드로가 안디옥에 오래 거주했다면, 그가 로마의 감독(주교)이 될 수 있었던 기간은 매우 짧았을 것으로 볼 수밖에 없다.

이 점은 다른 증거를 통해서 더 분명하게 입증된다. 바울은 예루살렘에서 붙잡혀서 로마로 압송당하기 전 예루살렘으로 향하는 중에 로마 사람들에게 편지를 썼다(롬 15:25). 그러므로 이 편지는 그가 로마로 오기 4년 전에 기록되었을 개연성이 높다. 그런데 이 편지에는 베드로에 대한 언급이 전혀 없다. 그가 그 당시에 로마의 교회를 다스리고 있었더라면 그의 이름이 절대로 언급되지 않을 리가 없었을 것이 아닌가! 그리고 바울은 편지의 마지막 부분에서 그가 아는 모든 경건한 자들의 이름을 길게 열거하면서 그들에게 인사를 하고 있는데(롬 16:3-16), 여기서도 베드로에 대해서는 완전히 침묵하고 있다. 그러므로, 건전한 판단을 가진 사람들에게는 더 길고 복잡한 증거가 필요 없다. 베드로가 로마에 있었다면 베드로가 언급되지 않고 그냥 지나쳐지는 일은 절대로 없었을 것이라는 것이, 그 사실 자체에서는 물론 그 편지 전체의 논지에서도 분명히 드러나기 때문이다.

15. 베드로의 로마 감독직은 그 근거가 희박함

바울은 후에 죄수가 되어 로마로 끌려갔다(행 28:16). 누가는 바울이 형제들의 영접을 받았다고 진술하고 있다(행 28:15). 그러나 베드로에 대해서는 아무 말이 없다. 로마에서 바울은 여러 교회들에게 편지를 썼다. 그리고 몇몇 편지들에서 그는 특정한 사람들을 거명하며 인사를 하고 있으나, 거기에도 베드로가 거기에 있다는 암시는 전혀 나타나지 않는다. 베드로가 그곳에 있었다면 과연 그가 그에 대해서 침묵을 지킬 수 있었겠느냐고 묻고 싶다. 게다가 빌립보서에서 바울은 디모데처럼 주의 일을 신실하게 행하는 자가 없다고 말하면서 모든 사람이 자기 일을 구한다고 불평하고 있다(빌 2:20-21). 그리고 같은 디모데에게 더 심한 불평을 하면서 이르기를, 처음 그가 법정에 섰을 때에 함께 있었던 자들이 모두 그를 버렸다고 한다(딤후 4:16).

그렇다면 베드로는 그때에 어디에 있었던 말인가? 그들의 주장대로 만일 베드로가 당시에 로마에 있었다면 바울은 지금 그를 복음을 저버린 사람이라고 책망하고 있는 셈인데, 이런 수치스러운 일이 어디 있겠는가? 바울이 "그들에게 허물을 돌리지 않기를 원하노라"(딤후 4:16)고 덧붙이고 있는 것을 보면, 그는 신자들에 대해서 그렇게 말하고 있는 것이다. 그렇다면, 베드로는 과연 얼마나 오랫동안, 또한 어느 때에 그 관구를 다스렸는가? 이에 대해서, 그가 죽을 때까지 그 교회를 다스렸다는 것이 저술가들의 일관된 견해라고 주장할 사람이 있을 것이다. 그러나 나는 누가 베드로를 계승했는지에 대해서 저술가들이 서로 다른 주장들을 하고 있다고 대답하고자 한다. 어떤 이들은 리누스(Linus)를 계승자로 지목하고, 다른 이들은 클레멘트(Clement)라고 하기도 한다. 그리고 그들은 베드로와 마술사 시몬 사이에 있었던 논쟁에 대해서 온갖 어리석은 이야기들을 전하고 있다. 그리하여 아우구스티누스는 미신에 대해서 논의하면서, 베드로가 마술사 시몬에게 승리를 거둔 날에 금식을 하지 않는 로마의 관습은 무분별하게 만들어낸 이야기에서 유래된 것임을 인정하고 있다.

요컨대, 그 당시의 사건들에는 온갖 생각들이 끼어 있기 때문에 우리로서는 믿을 것이 없고 읽는 것마다 의문을 품지 않을 수가 없는 것이다. 그렇지만, 저술가들이 한결같이 동의하고 있기 때문에 베드로가 로마에서 죽었다는 것에 대해서는 이의를 제기하지 않겠다. 그러나 그가 로마의 감독이었고 그것도 오랜 기간 동안 그러했다는 것에 대해서는 도저히 납득할 수 없다. 이 문제에 대해서 길게 논란을 벌이지 않겠다. 베드로의 사도직은 특별히 유대인들을 위한 것이요 바울의 사도직은 이방인들을 위한 것이었음을 바울이 증거해 주기 때문이다 (갈 2:7-8).

그러므로 베드로와 바울이 서로 간에 맺은 교제가(갈 2:9) 우리 사이에서 유효하도록, 또한 성령께서 제정하신 것이 우리들 가운데서 든든하게 세워지도록 하려면, 베드로의 사도직보다는 오히려 바울의 사도직에 더 많은 관심을 집중시키는 것이 합당할 것이다. 성령께서 두 사람의 책임을 나누셔서 베드로는 유대인들에게로, 바울은 우리들에게로 보내셨으니 말이다. 자, 그러므로, 로마교회주의자들이 하나님의 말씀 이외에 다른 곳에서 자기들의 수위권의 근거를 찾도록 내버려 두라. 어차피 그런 데에서는 최소한의 근거도 찾을 수가 없을 테니 말이다!

(로마 교회가 칭송을 받았으나 전 교회에 대한 수위권은 없음. 16-17)

16. 초기 로마 교회의 위상

이제는 고대 교회를 살펴봄으로써, 우리의 반대자들이 ― 하나님 말씀의 증거에 대해서 하는 것 못지않게 ― 고대 교회에 대해서도 그것이 자기들의 주장을 뒷받침해주고 있다고 무분별하게 거짓 자랑을 늘어놓는다는 것을 분명히 해야 하겠다. 그들은 교회의 모든 지체들이 이 땅에 있는 한 사람의 최고의 우두머리에게 복종하여야만 교회의 하나 됨이 유지될 수 있으며, 또한 주께서는 그 수위권을 베드로에게 주셨고, 그 이후로는 그 권리가 계승되어 그 수위권이 마지막까지 로마 관구에 머물게 되었다는 논리를 기정 사실로 자랑하면서, 이런 일이 처음부터 항상 지켜져왔다고 선언한다. 그러나 그들이 여러 가지 증언들을 악의로 왜곡시키고 있기 때문에, 나는 먼저 이 말부터 하고 싶다. 곧, 고대의 저술가들이 어디서든 로마 교회에게 큰 존귀를 돌리며, 존경하는 자세로 말한다는 것은 내가 부인하지 않는다는 것이다. 그들이 그렇게 하는 데에는 구체적으로 세 가지 이유가 있다.

첫째로, 로마 관구가 베드로의 사역으로 세워졌다는 사고가 ― 그런 사고가 어찌어찌해서 널리 유포되어 있었다 ― 로마 관구가 호의와 권위를 얻는데 큰 역할을 했다. 그리하여 서방 교회에서는 그 관구를 높여서 "사도의 관구"라고 불렀다.

둘째로, 로마는 제국의 수도였기 때문에, 그곳의 사람들이 다른 어떠한 곳의 사람들보다도 교리나 분별력이나 기술이나 폭넓은 경험에 있어서 월등하였을 것이다. 로마의 명성과 로마에게 주어진 기타 월등한 하나님의 선물들을 멸시하는 것처럼 보이지 않기 위해서는 이 사실을 정당하게 고려해야 했을 것이다.

셋째로, 동방 교회들과 그리스와 심지어 아프리카의 교회들은 견해의 차이로 말미암아 항상 혼란이 끊이지 않았는데, 로마는 그들보다 상대적으로 조용했고 문제도 적었다는 사실이다. 그리하여 경건하고 거룩한 감독들이 자기들의 관구에서 쫓겨날 경우에는 로마를 피난처와 안식처로 삼아 의지하는 경우가 잦았다. 서방 사람들은 아시아나 아프리카 사람들보다도 덜 민감하고 변덕도 덜하기 때문에, 새로운 사상에 매혹되는 예도 덜하다. 그런 의혹들이 일어나는 시기에 다른 교회보다도 로마 교회가 훨씬 괴로움이 덜했고, 또한 과거에 전해진 교리를 지키는 면에 있어서도 나머지 모든 교회들보다 훨씬 더 강했다는 사실이 로마 교회의 권위를 높이 세우는 데에 크게 기여했다. 분명히 말해서 이러한 세 가지 이유들로 인해서 로마가 고대 저술가들의 여러 두드러진 증언들에서 상당한 존귀와 칭송을 받게 된 것이다.

17. 교부들은 로마 관구의 수위권에 대해서 몰랐다

그러나 그렇다고 해서 다른 교회들 위에 군림하는 수위권을 로마에 부여하는 우리의 반대자들의 처사는, 이미 말한 대로, 매우 그릇된 것이다. 이를 더욱 분명히 하기 위해서, 나는 우선 그들이 그렇게 강하게 주장하는 이 교회의 통일성에 대해서 고대의 저술가들이 어떻게 생각했는지를 간단하게 살펴보기로 하겠다. 히에로니무스는 네포티아누스에게 보낸 편지 중에서, 교회의 통일성의 여러 가지 실례들을 상세히 기술한 다음 마지막으로 교회의 성직계급제에 대해서 언급한다. 그는 말하기를, 각 교회마다 그 교회의 감독이 있고, 수석 장로 (archpresbyter)가 있고, 수석 집사가 있으며, 각 교회의 질서가 다스리는 자들에 따라 좌우된다고 하였다.[5] 이것은 로마의 한 장로가 한 발언이다. 그는 교회 질서의 통일성을 칭송하고 있는 것이다. 그런데 어째서 그는 한 사람의 머리가 이를테면 모든 교회들을 하나로 연합시키는 끈이라는 말을 언급하지 않는가? 그가 말하고자 하는 논지를 그것 이상 잘 드러내 줄 것이 없었을 텐데도 말이다. 그가 이 점을 잊어버리고 그냥 지나쳤다고 말할 수도 없다. 왜냐하면 그것이 사실이었더라면 그것 이상 기꺼이 사용할 만한 것이 없었을 것이기 때문이다.

그러므로 진정한 연합의 근거는 키프리아누스가 다음과 같은 진술로 지극히 멋지게 묘사한 바로 거기에 있다는 사실을 그가 알고 있었던 것이 분명한 것이다: "감독직은 하나요, 이 전체의 한 부분을 각 감독이 차지한다. 그리고 교회도 하나로서, 결실이 증가함에 따라서 널리 무수한 무리에게로 퍼져간다. 태양에 수많은 광채가 있으나 빛은 하나인 것처럼, 한 나무에 많은 가지들이 있으나 강력한 줄기는 하나인데 그것이 든든한 뿌리와 연결되어 있는 것처럼, 그리고 한 샘에서 많은 시내들이 흘러나오는 것처럼, 경건한 자의 숫자도 풍성하게 넘쳐나는 것 같으나 그 근원에서는 하나 된 연합이 나뉘어지지 않은 상태로 존재하는 것이다.… 그리하여 교회도 주님의 빛을 담뿍 받아서 그 광채를 온 땅에 비추지만, 그러나 어느 곳이든 한 빛이 비쳐지는 것이다. 또한 그 몸의 하나 됨은 잘려지지도 않는다. 그 가지들을 온 땅에 퍼지게 하며, 그 넘쳐 흐르는 시내들을 부어 내리지만, 그 머리와 그 근원은 하나일 뿐이다." 또한 "그리스도의 신부는 창녀일 수가 없다. 그녀는 한 집밖에는 모른다. 순결한 정성으로 그녀는 한 혼인의 침상의 신성함을 지키는 것이다."

자, 그는 전세계적인 감독직은 오직 그리스도께만 속하는 것으로 말하며, 그리스도께서 온 교회를 자기 밑에 두고 다스리신다는 것을 말하고 있는 것이다. 키프리아누스는 말하기를, 이 머리 밑에서 감독의 직분을 수행하는 모든 사람들은 이 전체의 부분들을 차지한다고 한다.[6] 끊어지지 않고 계속되는 감독의 관구가 오직 그리스도의 손 안에 있고 각 감독이 자기의 맡은 일부분을 담당한다면, 로마 관구의 수위권은 대체 어디에 있는가? 여기서 내가 키프리아누스의 진술을 인용한 목적은, 로마교회주의자들이 일반적으로 인정하고 또한 의심의 여지가 없는 것으로 받아들이는 그 원리 — 곧 한 사람의 머리 밑에서 교회가 하나로 연합되어 있다는 것 — 를 고대의 교부들은 전혀 모르고 있었다는 사실을 독자들에게 알려주고자 함이다.

주 _____

1. 참조. 3권 4장 20절.

2. 참조. 4권 11장 1-2절.

3. Cyprian, *On the Unity of the Catholic Church*, iv.

4. Augustine, *John's Gospel*, I. 12; xi. 5; cxxiv. 5.

5. Jerome, *Letters*, cxxv. 15.

6. Cyprian, *On the Unity of the Catholic Church* iii, v, vi.

제 7 장

∽⊙∽

로마 교황제의 기원과 성장:

스스로 최고의 자리로 부상(浮上)하여
결국 교회의 자유를 억압하고 모든 제어 장치를 무너뜨리기에 이름

(고대의 로마 관구의 위상. 1-4)

1. 니케아와 에베소 공의회에서의 로마 관구의 위상

로마 관구의 수위권이 세워진 시기에 대해서는 니케아 공의회(the Council of Nicaea, 325년)의 법령 이전에는 아무런 증거가 나타나지 않는다. 니케아 공의회는 총대주교들(the patriarchs) 가운데 로마의 주교에게 최고의 상석(上席)을 부여하면서, 도시의 교회들을 보살필 책임을 그에게 일임하였다. 니케아 공의회가 로마의 주교와 다른 총대주교들을 그렇게 구분하여 각각에게 경계를 할당하였으나, 그를 모든 교회의 머리로 세운 것은 분명 아니었고, 다만 그를 교회의 주요 지도자들 가운데 한 사람으로 세웠을 뿐이다. 비투스(Vitus)와 빈켄티우스(Vincentius)가 당시 로마 교회를 다스리고 있었던 율리우스(Julius)의 이름으로 그 회의에 참석하여 있었는데, 그들에게 네 번째의 자리가 주어졌다. 나는 묻고 싶다. 율리우스가 교회의 머리로 인정받고 있었다면, 그의 대리자들이 어째서 네 번째 자리를 부여받았는가? 아타나시우스(Athanasius)가 이 전교회적인 회의를 주재했었으니, 특히 그런 상하 서열의 질서가 두드러지게 나타났어야 당연하지 않았겠는가? 에베소 공의회(the Council of Ephesus, 431년)에서는 당시 로마의 교황이었던 켈레스티누스(Celestine)가 술수를 써서 로마 관구의 위엄을 보장받은 것으로 나타난다. 그는 그 회의에 대표자들을 보내면서, 동시에 알렉산드리아 주교 키릴루스(Cyril of Alexandria) — 여하간 그는 그 회의를 주재할 사람이었다 — 를 자기의 대리(proxy)로 지명한 것이다. 자기의 이름을 최고의 상석(上席)에 올려 놓고자 하는 의도가 없었다면, 그를 지명한 목적이 무엇이었겠는가? 그의 대표자들은 낮은 자리에 앉아서 다른 대표들과 동등한 입장에서 자기들의 의견을 개진하고 표명할 것이지만, 켈레스티누스 자신의 이름은 알렉산드리아의 총대주교와 어깨를 나란히 하게 될 것이었기 때문이다.

제2차 에베소 공의회(449년)에 대해서는 무엇을 말하겠는가? 그 회의에서는 당시 레오(Leo)의 사절들이 참석하고 있었음에도 불구하고 알렉산드리아의 총대주교인 디오스코루스(Dioscorus)가 마치 자기의 직권으로 하듯 그렇게 회의를 주재하였다. 로마교회주의자들은 이 회의가 정통성 있는 공의회가 아니었다고 하며 반론을 제기할 것이다. 왜냐하면 경건한 플라비아누스(Flavian)를 정죄하고, 유티케스(Eutyches)를 사면하고 그의 불경함을 묵인했기 때문이다. 그러나 회의가 개시되고 주교들이 자기들의 좌석을 할당받아 앉아 있을 때에, 로마교회의 대표자들도 다른 대표들과 함께 마치 거룩하고 합법적인 공의회에 참석해 있는 듯이 자기의 좌석에 앉아 있었던 것이다. 다만 그들은 최고의 상석을 주장하지 않고, 그 자리를 다른 사람에게 양보하였다. 그러나 자기들이 최고의 상석에 앉을 권리가 있다고 믿었더라면 그렇게 하지 않았을 것이다. 로마의 주교들은 자기들의 명예를 위해서라면 아무런 부끄러움도 없이 크나큰 물의를 일으키고 위험천만한 갈등을 일으켜 교회를 어지럽히기를 주저하지 않는 사람들이었다. 그러나 레오는 자기의 대표자들을 최고의 상석에 앉히도록 요구한다는 것이 너무 지나친 처사라고 생각하여 그 일을 그냥 지나친 것이다.

2. 칼케돈, 콘스탄티노플, 카르타고, 아퀼레이아 공의회에서의 로마 관구의 위상

그 다음 칼케돈 공의회(the Council of Chalcedon, 451년)가 이어지는데, 이 회의에서는 황제의 양보로 로마교회의 사절이 최고의 상석을 차지했다. 그러나 레오 자신은 이것이 범상치 않은 특별한 예우였음을 인정하고 있다. 그는 마르키아누스 황제와 풀케리아 황후에게 그 자리를 구하면서 그 자리가 자기의 것이라고 주장하지 않고, 다만 에베소 공의회를 주재했던 동방교회의 주교들이 그 회의에서 온갖 물의를 일으켰고 자기들의 권한을 악의로 남용한 것처럼 이야기하였다. 그러므로 이 회의에서는 무겁고 신중한 의장이 필요한데, 한 번 그렇게 무질서하게 물의를 일으킨 자들은 그 임무를 맡기에 적합하지 않다고 하면서, 그는 다른 사람들의 무능력과 결점을 구실로 하여 회의를 주재하는 기능을 자기 자신이 맡도록 한 것이다.

그 자리를 통상적인 절차와는 관계 없는 특별한 특권으로 알고 구했다면 그것은 곧 그런 일이 관례적인 법에 속하는 것이 아니었다는 뜻이 된다. 과거에 회의를 주재한 자들이 악을 행하였기 때문에 새로운 의장이 필요한 것처럼 이야기한 것에 지나지 않는다면, 그 전에는 그런 일이 없었고, 또한 그 일이 영구히 계속될 것도 아니며 다만 당시의 위험스러운 상황에 대한 임시 조치일 뿐이었다는 것이 분명해지는 것이다. 그리하여 칼케돈 공의회에서는 로마의 교황이 최고의 상석에 앉았다. 그것은 그 자리가 로마 관구의 것이기 때문이 아니라, 대회에 무게가 있고 유능한 의장이 필요했기 때문이었고, 그 자리에서 회의를 주재했어야 할 사람들은 자기들의 방종함과 무절제함으로 인하여 그 자리에서 스스로 물러나게 된 것이다.

내가 이야기하고 있는 이 사실을 레오의 후계자가 인정하는 조치를 취하였다. 그 후 오랜 세월이 흐른 뒤에 열린 제5차 콘스탄티노플 공의회(the Fifth Council at Constantinople, 553년)에 사절들을 보내면서, 그는 최고의 상석을 고집하지 않고 콘스탄티노플의 총대주교인 메나스(Mennas)로 하여금 회의를 주재하도록 기꺼이 허락하였다. 그러므로 아우구스티누스가 참석했던 카르타고 공의회(the Council of Carthage)에서는 로마 관구의 대표자들이 아닌 카르타고의 대주교 아우렐리우스(Aurelius)가 회의를 주재했고, 그때에는 심지어 로마 교황의 권위에 대해서 논란이 있기까지 했다. 사실 전교회적인 공의회였던 아퀼레이아 공의회(the Council of Aquileia, 381년)의 경우 이탈리아에서 열렸는데도, 로마의 주교는 그 자리에 참석하지도 않았다. 암브로시우스가 그 회의를 주재했는데, 그는 황제와 더불어 막강한 영향력을 행사하였다. 그러나 그 회의에서 로마의 교황에 대한 언급은 전혀 없었다. 그러므로 암브로시우스의 특권으로 인하여 당시에는 밀라노 관구가 로마 관구보다 훨씬 더 유명해지는 일이 일어난 것이다.

3. 초기에는 로마 주교의 교만한 칭호들이 없었음

로마교회주의자들이 스스로 굉장히 자랑하는 "수석 주교"(primate) 등의 자랑스런 칭호에 대해서도, 그것들이 언제 어떻게 슬며시 끼어들어왔는지를 어렵지 않게 알 수 있다. 키프리아누스는 코르넬리우스(Cornelius)를 자주 언급하는데, 그를 "형제"나 "동료 주교", 혹은 "동료" 이외에 다른 이름으로 부르지 않는다. 그러나 코르넬리우스의 후계자인 스테파누스(Stephen)에게 편지를 쓸 때에 키프리아누스는 그를 자기와 및 나머지 주교들과 동등한 것으로 대할 뿐 아니라 심지어 그의 교만함과 그의 무지에 대해서 책망하면서 다소 가혹하게 말하기까지 한다.[1] 키프리아누스 이후에 우리는 아프리카의 온 교회가 이 문제를 어떻게 바라보는지를 알게 된다. 카르타고 공의회는 어느 누구도 "사제의 왕"(prince of priests)이나 "수석 주교"(first bishop)의 칭호를 사용하지 못하도록 금지하였고, 오로지 "수석 관구의 주교"(bishop of the prime see)라는 칭호만을 사용하도록 했다.

그러나 그보다 더 오래된 기록들을 살펴보면, 로마의 주교가 "형제"라는 호칭으로 불리는 것으로 만족하였다는 것을 알게 된다. 교회의 참되고 순결한 모습이 남아 있을 때까지는, 후에 로마 관구가 교만해져서 사용하게 되는 이런 모든 교만한 이름들은 전혀 들어보지도 못했고, "최고의 교황"이나 "지상 교회의 유일한 머리" 등의 칭호들도 전혀 몰랐었다. 만일 로마의 주교가 감히 그런 칭호를 스스로 사용했더라면, 즉시 담대한 사람들이 그 어리석음을 제거하였을 것이다. 로마의 장로 중의 한 사람이었던 히에로니무스는 당연히 자기 교회의 위엄을 이야기하였으나, 당시의 사실들과 사정이 허락하는 한도 내에서 그렇게 했다. 그러나 그는 동시에 그 교회의 위엄을 제자리로 돌려놓는 것을 보게 된다.

그는 이렇게 말하고 있다: "권위를 찾으려면, 한 도시보다는 세계가 훨씬 더 큽니다. 그런데 어째서 일개 도시의 관례를 거론하십니까? 어째서 교회의 법을 반대하여 오만하게 행한 몇 명 되지 않는 사람들의 주장을 관철시키려 하십니까? 주교가 어느 곳에 있든, 로마에 있든, 구비오(Gubbio)에 있든, 콘스탄티노플에 있든, 레기오(Reggio)에 있든 간에, 공로도 동일하고 사제직도 동일합니다. 풍부한 자들의 권력이나 가난한 자들의 비천함 같은 것이 주교를 높게 만들거나 낮게 만드는 것이 아닙니다."[2]

4. '전세계적 주교'란 칭호에 대한 그레고리우스 1세의 태도

그러던 것이 그레고리우스의 시대에 가서는 "전세계적 주교"(universal

bishop)라는 칭호를 둘러싼 분쟁이 일어나게 된다. 콘스탄티노플의 주교인 요한 (John)의 야망이 그런 분쟁을 불러일으키는 계기를 만든 것이다. 그는 자기 자신을 전세계적인 존재로 만들고 싶어했는데, 이는 그 전에는 그 누구도 꿈꾸지 않았던 일이었다. 그레고리우스는 그 분쟁에서 자기의 권한을 빼앗겼다는 것을 문제삼은 것이 아니라, 그런 칭호 자체가 불경스럽고 신성모독에 속하며 적그리스도의 하수인 노릇을 하는 것이라고 하며 강력하게 반론을 제기하였다. 그는 말하기를, "누구든지 '전세계적 주교'라 칭함을 받으면 그것은 타락이요, 그렇게 되면 온 교회가 본래의 상태에서 타락하는 것이라"고 하였다. 그리고 또 다른 곳에서는 이렇게 말한다: "우리의 형제인 동료 주교가 스스로 유일한 주교의 이름을 취하여 다른 모든 주교들을 경멸한다는 것은 참으로 견디기 어려운 가슴 아픈 일입니다. 그 사람의 이러한 오만함이라니, 이것이 적그리스도의 때가 이미 코 앞에 닥쳐왔다는 것을 보여 주는 것이 아니고 무엇이겠습니까? 그 사람은 지금 분명히, 천사들과의 교제를 끊어버리고 유아독존(唯我獨尊)의 정상(頂上)에까지 올라가려 한 적그리스도를 본받고 있는 것입니다!"

또 다른 편지에서 그레고리우스는 알렉산드리아의 율로기우스(Eulogius)와 안디옥의 아나스타시우스(Anastasius)에게 이렇게 말하고 있다: "나의 선임자들 중에도 이런 망령된 칭호를 사용하고 싶어한 사람은 한 사람도 없습니다. 왜냐하면 한 총대주교가 '전세계적 총대주교'라 칭함을 받게 되면 나머지 모든 총대주교들이 '총대주교'라는 칭호를 빼앗기게 되는 것이기 때문입니다. 그런데, 어느 누구든지 자기를 주장하면서 조금이라도 형제의 명예를 위협하려 한다면, 그것은 결코 그리스도인의 자세라 할 수가 없습니다." "이 악한 칭호에 동의한다면 그것은 진리를 파괴하는 것과 다를 바가 없습니다."

그는 또한 이렇게 말하기도 한다: "믿음의 하나 됨을 보존하여야 한다는 것과, 자기를 높이는 행위를 막아야 한다는 것은 서로 전연 별개의 문제입니다. 그러나 분명히 말하거니와, 누구든 자기 자신을 가리켜 '전세계적 주교'라고 부르거나 혹은 그렇게 칭함을 받고 싶은 사람이 있다면, 그 사람은 자기를 높이려 하는 그 교만함에서 적그리스도의 하수인임을 드러내는 것입니다. 자기 자신을 높이고 뽐냄으로써 자기를 나머지 사람들 앞에 세우고자 하기 때문입니다."

그는 다시 알렉산드리아의 아나스타시우스(Anastasius)에게도 이렇게 말하고 있다: "그가 첫 배도자(背道者)가 만들어 낸 그 미신적인 교만한 칭호에 대한 자기의 교만을 고치지 않는 한, 내가 분명히 말한 바와 같이, 그는 우리와 평화를 누릴 수가 없습니다. 그리고 — 물론 당신의 명예를 손상시키려는 의도로 하는 말은 아닙니다만 — 한 주교가 '전세계적 주교'라 칭함을 받게 되면, 그 전세계적인 주교가 타락하면 전세계의 교회 전체가 함께 타락하게 되고 마는 것입니다."

그러나 칼케돈 공의회에서 레오에게 그러한 명예가 주어졌었다는 그의 진술은 사실이 아니다. 그 회의의 법령에서는 그런 내용을 읽을 수가 없기 때문이다. 레오 자신은 여러 서신들에서 콘스탄티노플 관구를 위하여 그 회의에서 통과된 법령을 반대하였으므로, 그가 만일 자기에게 주어진 칭호를 거부한 것이 사실이었다면 그 사실을 입증해 줄 수 있는 가장 좋은 증거를 그냥 지나쳤을 리가 없다. 더욱이 그는 명예를 매우 귀하게 여긴 사람이었으므로, 스스로 칭송을 받을 수 있는 소재를 그냥 간과해버리지는 않았을 것이다. 그러므로 칼케돈 공의회에서 로마 관구가 이 칭호를 받았다는 그레고리우스의 생각은 잘못된 것이다. 그가 그 칭호가 거룩한 공의회에서 나왔다고 증언하면서도, 동시에 그 칭호를 악하고, 망령되며, 가증스럽고, 교만하며, 신성모독에 속하며, 마귀가 만들어낸 것이요 적그리스도의 하수인이 퍼뜨린 것이라고 부른다는 것이 얼마나 모순인가 하는 것은 구태여 언급하지 않겠다.

그러나 그레고리우스는 덧붙이기를, 그의 전임자는 그 칭호를 거절했는데, 이는 한 사람에게만 특별한 칭호를 주게 되면 모든 주교들이 그들의 정당한 위엄을 빼앗기는 것이기 때문이었다고 한다. 다른 곳에서 그는 또 이렇게 말하고 있다: "어느 누구도 그런 이름으로 불리기를 원치 않았다. 스스로 교황의 서열에 올라 유아독존의 영광을 취하여 그의 모든 형제들을 부인하게 될까 두려워서 그 누구도 이런 건방진 칭호를 붙잡으려 하지 않은 것이다."[3]

(로마 교황의 권위의 제한성: 황제 및 다른 주교들과의 관계. 5-10)

5. 로마의 막강한 재판권의 기원

이제는 로마 교황이 자신이 논란의 여지 없이 모든 교회들에 대하여 분명히 행사하고 있다고 주장하는 재판권(jurisdiction)에 대해서 살펴보기로 하자. 이 문제를 둘러싸고 한때 얼마나 많은 분쟁이 있었는지를 나는 알고 있다. 로마 관구가 다른 교회들에 대해서 통제권을 얻으려고 하지 않은 때가 없었다. 그러므로 여기서 로마 관구가 무슨 수단을 통해서 점차 부상하여 세력을 얻게 되었는지를 검토해보는 것이 어긋나는 일은 아닐 것이다. 물론 로마 관구가 얼마 전에야 비로소 확고하게 얻은 절대 권력에 대해서는 아직 말하지 않겠다. 이에 대해서는 적절한 곳에서 다루게 될 것이다. 여기서는 초기에 로마 관구가 어떤 방법으로 급부상하여 다른 교회들에 대한 권리를 찬탈하게까지 되었는지를 간단하게 살펴보고자 하는 것이다.

콘스탄티누스 황제의 아들들인 콘스탄티우스(Constantius)와 콘스탄스(Constans) 황제들의 치세에 동방 교회들이 아리우스주의의 이단들로 인하여 갈라지고 어려움을 당할 때에, 정통 신앙의 수호자인 아타나시우스(Athanasius)가 그의 관구에서 쫓겨났다. 이런 재난으로 인하여 그는 하는 수 없이 로마로 가게 되었다. 로마 관구의 권위로 그의 대적들의 맹렬한 위세를 억누르고, 또한 괴로움 중에 있는 경건한 자들을 강건하게 하기 위함이었다. 그는 당시 주교였던 율리우스의 환대를 받았고, 서방의 주교들을 함께 일으켜 자신의 대의(大義)를 수호하는 데 성공을 거두었다. 경건한 자들에게는 이렇듯 외부의 도움이 절실히 필요했기 때문에, 그들은 로마 교회가 가장 큰 도움이 될 것을 알고서 로마 교회에게 할 수 있는 만큼 최고의 권위를 기꺼이 인정해 주었다. 그들로서는 로마 교회와 하나 된 교제를 높이 기렸고, 그 교제에서 끊어지는 일을 수치로까지 생각했던 것이다.

그 이후, 악한 사람들이 로마 교회의 위엄에 큰 힘을 실어 주었다. 그들은 정당한 재판을 피하여 도망하여 로마를 피난처로 삼았던 것이다. 장로가 자기의 감독(주교)에게 정죄를 받거나, 감독이 그 지역의 교회회의에서 정죄를 받으면, 그들은 즉시 로마 관구에 탄원하였다. 그리고 로마의 감독(주교)들은 이런 탄원을 정도 이상으로 탐욕스러운 자세로 받아들였다. 사방의 교회들의 문젯거리에 끼어드는 일을 일종의 특별한 권세로 여겼던 것이다. 그리하여, 유티케스가 콘스탄티노플의 주교 플라비아누스에게 정죄를 받고서, 레오에게 탄원하여 자기가 부당한 일을 당했다고 항변하였다. 그러자 레오는 경솔하게도 지체하지 않고 즉시 이 악한 대의를 지원하였다. 그는 플라비아누스가 마치 심문도 하지 않고 무죄한 사람을 정죄하기라도 한 것처럼 그를 극심하게 비난하였고, 이러한 그의 야망으로 인하여 유티케스의 불경이 잠시나마 정당한 것으로 인정을 받았던 것이다.

아프리카의 경우 이런 일이 자주 있었던 것이 분명하다. 누구든 악인이 정상적인 재판을 받게 되면 그 즉시 로마로 도망하여 동족들에 대해서 온갖 비방을 늘어놓는 것이었다. 더욱이 로마 관구는 언제나 개입할 자세를 갖추고 있었다. 이러한 뻔뻔스러움 때문에 하는 수 없이 아프리카의 감독들은 파문의 형벌을 받은 자는 누구도 바다를 넘어서 탄원하지 못하도록 법령을 공포하였던 것이다.

6. 고대의 로마 관구의 권세의 특징

그것은 그렇다 치고, 당시에 로마 관구가 누렸던 권리와 권세를 살펴보도록 하자. 교회의 권세는 다음과 같이 네 가지로 나누어진다. 곧, 주교를 임직시키는 권한, 각종 공의회를 소집하는 권한, 상소를 청취하거나 재판하는 권한, 징계나 견책을 명하는 권한 등이 그것이다.

모든 고대의 공의회들은 해당 시민들이 주교를 임직시키도록 명령하고 있다. 어느 회의에서도 로마의 주교가 이 일을 행하도록 명령하지 않았다. 로마의 주교는 자기의 관구에서만 그 일을 주관하면 그만이었던 것이다. 그런데 세월이 흐르면서, 이탈리아의 모든 주교들은 로마로 가서 거기에 인허를 받아야 하는 관례가 점점 굳어져갔다. 다만 수도대주교 관구에서만은 이런 일을 굴욕으로 여겨서 허락하지 않았다. 그러나 수도대주교 관구에서 임직이 있을 때에는 로마 주교가 휘하의 장로 한 사람을 그리로 보내어 그 예식에 참석하게 하였다. 예식을 주관한 것은 아니고 그저 참석만 한 것이다. 그레고리우스의 편지들 가운데서 우리는, 라우렌티우스(Laurentius)의 사망 후 콘스탄티우스(Constantius)를 밀라노의 주교로 임직시킬 때에 그와 같은 한 가지 실례를 보게 된다. 그러나 이런 일이 고대로부터 있었던 규례는 아니라고 본다. 처음에는 존귀와 예의의 표시로 대리인들을 여기저기 보내어 임직 예식을 참관하게 함으로써 서로 간의 교제를 증거하였으나, 자발적으로 그렇게 하던 것이 세월이 흘러가면서 의무적인 규례가 되기 시작한 것이다. 여하튼 분명한 것은, 니케아 공의회의 법령이 진술하고 있듯이, 예전에는 로마 주교의 임직권이 그 총대주교구에 속하는 인근 교회들 내에서만 시행되었던 것이 분명한 것이다.

임직의 권한에 대회의 공식 서한(a synodical epistle)을 보내는 권한이 덧붙여져 있었는데, 이 점에 있어서는 로마의 주교가 다른 주교들보다 조금도 우월한 점이 없었다. 총대주교들은 임직하자마자 자기들의 신앙을 엄숙한 문서로 공포하는 것이 관례였는데, 그 문서에서 그들은 거룩한 정통 공의회들을 따를 것을 공식으로 표명하였다. 이렇게 하여 그들은 자기들의 신앙을 드러냄으로써 서로에게 승인을 받았던 것이다. 만일 로마의 주교가 이런 고백 문서를 다른 주교들에게 보내지는 않고 그것을 받기만 했다면, 그가 상급자임을 모두가 인정한다는 것이 그 일을 통해서 입증되었을 것이다. 그러나 그가 다른 주교들과 그런 문서를 주고 받음으로써 공통의 법에 굴복하였으니, 이는 그가 우두머리가 아니라 다른 주교들과 동등한 교제를 나누고 있다는 증표인 것이다. 이러한 예는 그레고리우스가 아나스타시우스와, 콘스탄티노플의 시리아쿠스(Cyriacus)와, 기타 모든 총대주교들에게 보낸 편지들에서 잘 나타나고 있다.

7. 주교들 상호 간의 훈계와 견책

그 다음에는 훈계 혹은 견책이 이어진다. 과거에는 로마의 주교들이 다른 사람들에게 이를 행하기도 했고 받기도 했다. 이레나이우스(Irenaeus)는 빅토르(Victor)가 분별 없이 사소한 문제를 갖고 위험스러운 분쟁을 일으켜 교회를 어지럽히므로 그를 심하게 책망하였는데, 빅토르는 저항하지 않고 그 책망을 그대로 듣고 복종하였다. 그 당시에는 거룩한 주교들이 혹시 로마의 주교가 죄를 지을 때면 언제나 그를 향하여 형제로서 훈계하고 견책하는 일이 관례적으로 이루어졌었다. 뿐만 아니라 로마의 주교 자신도 필요시에는 다른 주교들의 의무를 주지시키고 잘못이 있을 경우 이를 책망하였다.

키프리아누스는 스테파누스(Stephen)에게 갈리아(Gaul)의 주교들을 경계시키도록 권면한 일이 있는데, 이때 그는 자기가 더 높은 권위가 있다는 것을 근거로 그렇게 하지 않고 주교들 모두가 그럴 권위를 공통으로 지니고 있다는 것을 근거로 그렇게 하는 것이다. 스테파누스가 당시 갈리아 지방을 책임맡고 있었다면, 키프리아누스로서는 "그들이 당신의 수하에 있으니 그들을 막으시오"라고 말하지 않았겠는가? 그러나 그는 전혀 달리 말하였다: "우리가 함께 형제의 교제 가운데 속하여 있으니, 우리는 서로에게 권면할 책임이 있습니다."[4] 그리고 스테파누스가 지나치게 교만해졌다고 생각되자, 이 점잖고 부드러운 사람 키프리아누스가 스테파누스에게 매우 혹독한 말로 비난하는 것을 보게 된다. 그러므로 이런 점을 볼 때에도 당시 로마의 주교가 자기 지역 바깥에 있는 자들에 대해서 재판권을 갖고 있지 않았던 것 같다.

8. 공의회 소집의 권한

교회회의를 소집하는 문제에 대해서는, 지역에 국한된 교회회의를 정해진 시기에 소집하는 것은 각 수도대주교의 임무였고, 로마의 주교는 이 문제에 있어서 특별한 권한이 없었다. 더욱이, 세계적인 공의회는 황제만이 소집할 수 있었다. 만일 주교들 중에 누구든 공의회를 소집하려 했다면, 그의 지역 바깥의 사람들은 그런 소집 명령을 듣지 않았을 뿐 아니라 즉시 큰 소요가 일어났을 것이다. 그러므로 황제가 공평한 위치에서 공의회를 소집하여 모든 주교들을 참석시켰던 것이다. 소크라테스(교회사가)는, 로마 교황이 모르는 법령은 공포할 수 없도록 교회법으로 금지되어 있는데도 불구하고 동방의 주교들이 당시 로마 교황이었던 율리우스를 안디옥 교회회의에 초청하지 않았으므로, 율리우스가 그들을 훈계하였다는 사실을 전하고 있다.[5]

그러나 이것이 교회 전체에 보편적으로 적용되는 법령들에 대한 것임을 생각하지 못할 사람이 어디 있겠는가? 로마의 오랜 역사와 위대함, 그리고 로마 관구의 위엄을 존중하여, 로마 주교의 결석 시에는 ― 그가 참석하기를 거부한 경우는 제외하고 ― 신앙에 관한 전교회적인 법령은 통과시킬 수 없도록 한 것도 이상할 것이 없다. 그러나 이것이 전 교회 위에 우두머리로서 군림하는 것과 무슨 관계가 있단 말인가? 우리는 로마의 주교가 주요 주교들 가운데 하나였다는 것은 부인하지 않는다. 그러나 로마 주교가 모든 주교들에 대해 통치권을 행사했다는 로마교회주의자들의 주장은 인정할 수가 없다.

9. 상소와 관련한 부패상

네 번째 권한이 남아 있는데, 상소를 받는 권한이 그것이다. 이때 문제를 결정짓는 최고의 권위는 상소를 제기하는 교회 법정을 책임맡은 사람에게 있는 것이 분명하다. 많은 사람들이 로마 교황에게 상소하였고, 또한 그 스스로 사건의 청취를 자임하기도 했다. 그러나 그가 혹 자기의 한계를 넘어서게 되면 그때마다 언제나 웃음거리가 되었다. 동방 교회나 그리스 교회에 대해서는 아무것도 말하지 않을 것이다. 그러나 분명한 사실은 갈리아 주교들은 로마의 주교가 자기들의 권위를 빼앗으려 할 때에 그런 처사에 대하여 맹렬하게 저항하였다는 것이다.

아프리카에서는 그 문제에 대하여 오랫동안 논란이 있었다. 바다 건너 로마에 상소한 자들이 아우구스티누스가 참석한 밀레비스 공의회(the Council of Milevis)에서 파문을 당하자, 로마의 교황은 법령을 재고(再考)하게 만들려는 시도를 했다. 니케아 공의회에서 자기에게 그럴 특권을 부여한 것처럼 보이기 위해서 대리인들을 파견한 것이다. 교황의 대리인들은 자기 교회의 서고(書庫)에서 니케아 공의회의 법령을 가지고 와서 제시하였다. 아프리카인들은 이에 항의하면서, 로마의 주교가 자신의 문제를 자기 스스로 변호하므로 그것을 믿을 수 없다고 하였다. 그리하여 그들은 의심의 여지가 덜한 공의회의 법령 문서가 보관되어 있는 콘스탄티노플과 그리스의 다른 도시들에 사람들을 보내겠다고 대답하였다. 결국 로마 사람들이 제시한 문서에 기록되어 있는 내용이 다른 도시들의 문서에는 없다는 것이 발견되었다. 그리하여 로마 교황이 최고의 재판권을 갖고 있다는 것을 부인하는 법령이 확인된 것이다. 이런 파렴치한 사건의 와중에 로마 교황의 뻔뻔함이 드러났다. 그는 사르디카 교회회의의 문서를 니케아 공의회의 문서처럼 속임수로 바꾸어 조작한 사실이 백일하에 드러나고 만 것이다.

그러나 이보다 더 파렴치한 것은 카르타고의 어느 주교의 이름으로 된 위조 서신을 그 공의회에 보내어 그 전임자인 아우렐리우스(Aurelius)의 오만함을 정죄한 사건이었다. 그 서신은 아우렐리우스가 감히 사도의 관구에 대하여 복종하기를 거부하였다고 하며 그의 오만함을 정죄하면서, 자기 자신과 자기의 교회가 다시 복종하겠다고 하며 탄원하고 있다. 이런 것들이 로마 관구의 위엄을 떠받쳐주는 역할을 한 고대의 놀라운 기록들이다. 그런 기록들이 옛날의 것들인 것처럼 꾸며져 있으나 그것은 너무나 유치하여 심지어 맹인들조차도 구별할 수 있을 정도다. 그 위조 서신은 이렇게 기록하고 있다: "아우렐리우스가 마귀의 교만과 오만함으로 우쭐하여 그리스도와 성 베드로를 대적하여 반역을 일으켰사오니, 그는 파문으로 정죄받아 마땅합니다."

아우구스티누스에 대해서는 어떠했는가? 밀레비스 공의회에 참석한 여러 교부들에 대해서는 어떠했는가? 그 어리석은 글에 대해서는 심지어 로마교회 주의자들도 조금이라도 양심이 남아 있는 사람이라면 부끄러워 마지않는데, 구태여 여러 말로 반박할 필요가 어디 있겠는가? 그리하여 그라티아누스(Gratian)는 — 악의로 그랬는지, 우직해서 그랬는지 모르지만 — "바다 건너 탄원하는 자들과는 교제를 끊을지니라"라는 (아프리카의) 법령을 언급하면서, 한 가지 예외를 붙이고 있다: "어쩌다가 로마 관구에 탄원한 경우는 제외하고." 그 법령이 바로 로마 관구 때문에 제정되었다는 것을 모든 사람이 알고 있는데, 로마 관구를 제외시키고 있으니, 이 짐승 같은 사람들의 상식 없는 처사를 도대체 어찌하겠는가? 그 공의회는 바다 건너 탄원하는 일을 정죄하면서, 로마에 대한 탄원을 명확하게 금지하고 있는데, 이 지체 높은 해석자는 로마를 그 공통의 법의 예외로 치부하고 있는 것이다!

10. 로마 교황의 위상에 대한 결정적인 역사적 증거

그러나 초기에 로마의 주교의 재판권이 어떠했는지를 한 가지 역사적 사건이 분명히 보여 주는데, 이로써 이 문제는 완전히 종결지을 수 있을 것이다. 카사이 니그라이(Casae Nigrae)의 도나투스(Donatus)가 카르타고의 주교 카이킬리아누스(Caecilian)를 비난했었다. 그리하여 카이킬리아누스는 심문을 받지도 않고 정죄를 받았다. 그는 주교들이 자기를 대적하여 음모를 꾸몄다는 것을 알고서 심문에 나오지 않았기 때문이었다. 그 후 그 사건이 콘스탄티누스 황제에게로 넘어갔다. 황제는 교회의 재판에 의해서 사건을 해결하기를 원하여, 그 사건의 심문을 당시 로마의 주교이던 멜키아데스(Melchiades)에게 위임하였고, 콘스탄티누스는 이탈리아, 갈리아, 그리고 스페인에서 몇몇 동료들을 그에게 붙여서 함께 그 문제를 처리하도록 했다. 만일 교회의 소송 사건에 대한 상소를 심문하는 일이 로마 관구의 일상적인 재판권에 속했다면, 어째서 멜키아데스는 자기의 직권으로 그 일을 처리하지 않고 황제의 명령을 받아서 다른 사람들이 함께 그를 보좌하도록 허용했단 말인가? 그가 자기 자신의 공식적인 임무로서 그 사건을 재판하지 않고 어째서 황제의 명령을 받아서 그 일을 했단 말인가? 그러나 그 일 이후에 일어난 결과를 살펴보도록 하자. 로마의 재판에서는 카이킬리아누스가 이겼다. 카사이 니그라이의 도나투스의 중상 모략이 드러난 것이다.

그러자 도나투스는 다시 탄원하였고, 콘스탄티누스는 이번에는 그에 대한 재판을 아를의 주교(bishop of Arles)에게 위임하였고, 그는 재판장의 자리에 앉아서 로마 교황이 내린 판정을 자기 나름대로 재고하였다. 로마 관구가 수위권을 갖고 있다면, 어째서 멜키아데스는 자기 자신보다 아를의 주교가 존중을 받는 그런 엄청난 치욕을 스스로 허용한단 말인가? 그리고 일을 그렇게 만든 황제가 누구였는가? 바로 자기 제국의 거의 모든 자원을 동원하여 로마 관구의 위엄을 높이는 데 모든 노력을 기울였다고 그들이 자랑하는 바로 그 콘스탄티누스 황제가 아니었던가? 그러므로 로마 교황이 그리스도에게서 모든 교회들을 다스릴 최고의 통치권을 받았다고 스스로 선포하며, 또한 온 세계가 그것을 인정하여 시대 시대마다 그가 그 통치권을 행사해왔다고 거짓으로 주장하고 있지만, 사실 그 당시 로마 교황은 그런 최고의 통치권과는 전혀 거리가 먼 상태에 있었던 사실을 보게 되는 것이다.

(로마 관구의 보상. 11-16)

11. 거짓 조작과 월권 행위

로마 교황들이 모든 것을 자기들의 관구의 소관으로 돌리며 확신 있게 그것을 주장하는 공식 서한들이 얼마나 많으며, 또한 교황의 칙서와 칙령들이 얼마나 많은지를 나도 잘 알고 있다. 그러나 조금이라도 분별과 학식이 있는 사람이라면 누구나, 이 문서들 대부분이 너무나 유치하여 조금만 읽어보아도 그것들이 어디서 나온 것들인지를 쉽게 알아낼 수가 있을 것이다. 온전한 정신을 가진 진지한 사람이라면 과연 그라티아누스의 문서에서 아나클레투스(Anacletus)라는 이름으로 언급되고 있는 그 유명한 해석 — 즉, 게바가 "머리"라는 뜻이라는 — 을 과연 아나클레투스의 해석이라고 믿을 수가 있겠는가? 로마교회주의자들은 자기들의 관구를 수호하기 위하여 그라티아누스가 분별 없이 이리저리 끼워 맞춘 이런 식의 온갖 하찮은 논리들을 오용하고 있다. 과거 암흑기에 생각 없는 사람들을 속이는 데 사용했던 그런 연기처럼 희미한 것들을 환한 대낮과도 같은 오늘날에도 여전히 써먹으려 하고 있는 것이다. 그러나 나는 이런 것들을 일일이 반박하는 데 많은 수고를 기울이고 싶지 않다. 너무나 어리석고 유치하여 그것들 스스로 허구임을 분명히 드러내고 있기 때문이다.

물론 초기의 교황들의 진짜 서한들 중에도 자기들의 관구의 위대함을 굉장한 칭호들을 써서 주장하는 내용들이 있다는 것은 나도 인정한다. 레오의 편지들 가운데 그런 것들이 있다. 그 사람은 학식 있고 달변(達辯)이었지만 또한 지나치게 영화와 권력을 좋아하였다. 그러나 문제는 그가 그렇게 자기 자신을 높였을 때 그 당시의 교회들이 그의 그런 증언을 과연 그대로 믿었느냐 하는 것이다. 많은 사람들이 그의 그런 야망에 대해 거부감을 가졌고, 권력을 향한 그의 탐욕에 저항하기도 한 것 같다. 언젠가 그는 데살로니가의 주교를 그리스와 인근 지역 담당 대리(vicegerent)로 삼으며, 또한 어느 때에는 아를의 주교 등을 갈리아 지역 담당 대리로 삼기도 하였다. 그리고 세빌리아(Seville)의 주교인 호르미스다스(Hormisdas)를 자기의 스페인 지역 담당 대리로 지명하기도 했다.

그러나 어느 곳에서든 그는 한 가지 조건을 두었다. 곧, 고대로부터 내려온 로마의 총대주교의 고유한 권한들은 순전히 보존한다는 조건이 그것이었다. 그런데 레오는 스스로 선언하기를, 그 권한 중의 하나는 어떤 문제에 대해서든 의혹이 일어나면 최우선으로 로마의 총대주교에게 문의한다는 것이라고 하였다. 결국 이 대리의 직함은 어느 주교도 자기의 일상적인 재판권에서 방해를 받지 않으며, 어느 수도대주교도 상소를 심문하는 권한에 방해를 받지 않으며, 어느 지방의 교회회의도 교회들의 문제를 처리하는 일에 방해를 받지 않는다는 조건으로 주어진 것이다. 그러니 이것이 교회의 교제의 법과 성격이 허용하는 한도 내에서 불화를 해결하는 일에만 관여할 뿐 그 외의 모든 재판권은 포기하는 것이 아니었다면 무엇이란 말인가?

12. 그레고리우스 1세 때의 로마 관구의 위상

그레고리우스의 시대에 와서는 고대의 방식이 이미 매우 바뀌어 있었다. 제국이 흔들려 나뉘어지고, 갈리아와 스페인 지방이 거듭되는 재난들로 고통을 당하였고, 일리리쿰(Illyricum)이 황폐해졌고, 이탈리아는 약탈을 당했고, 아프리카도 계속되는 재난들로 거의 파괴된 지경이었다. 그런 혼란스런 정치적 상황 가운데서 모든 주교들은 사방에서 로마 교황과의 결속을 더욱 공고히하여 최소한 신앙만이라도 온전하게 지켜지도록 애를 썼다. 이런 현상을 통해서 로마 관구의 위엄에 괄목할 만한 신장을 가져왔을 뿐 아니라 관구의 세력 또한 막강하게 커졌다. 그렇게 된 이유가 무엇인지에 대해서는 나는 별 관심이 없다. 로마 관구의 세력이 그 이전 시대보다는 훨씬 더 커졌다는 것만은 분명하다. 그러나 자기 마음대로 다른 사람들에게 명령을 내릴 수 있는 그런 무제한의 절대 권력과는 성격이 매우 달랐다. 그러나 로마 관구는 다른 지역의 주교들로서는 처리하지 못하는 악인들과 완악한 자들을 자기의 권위로 제압하고 억제할 수 있을 정도로 존경을 받는 위치에 있었다.

그리하여 그레고리우스는 자기의 권리를 다른 사람에게 요구하는 것 못지 않게 자기도 다른 사람들의 권리를 신실하게 보장해 준다고 자주 진지하게 주장하기도 했다. 그는 말하기를, "나는 야망에 사로잡혀서 다른 사람의 권리를 빼앗는 일이 없으며, 모든 일에 있어서 내 형제들을 존귀하게 여기기를 바랄 뿐이다"라고 하였다. 그의 기록 가운데 다음의 진술보다 자기 자신의 위대한 권위를 더 크게 자랑하는 것은 없다: "어느 주교이든 과오를 범하고서 사도의 관구에 굴복하지 않을 자는 없는 것으로 안다." 그러나 그는 즉시 덧붙이기를, "과오가 없을 때에는 겸손의 질서에 따라서 모든 주교들이 다 함께 동등하다"고 한다. 그는 죄를 범한 자들을 교정시키는 권한을 스스로 취하고 있는 것이다. 그러나 모두가 자기들의 의무를 다하고 있을 때에는 그는 나머지 주교들과 스스로 동등한 위치에 있는 것이다. 그가 이를 자기의 권한으로 스스로 취하고 있는데, 이에 대해서 동의하는 이들도 있었고, 또한 항의하는 자도 책벌이 없이 이에 대해 반대 의사를 표하였다. 또한 그들 대부분이 항의하였다는 것은 잘 알려져 있다. 게다가 그는 거기서, 지역의 교회회의에 의하여 정죄를 받은 다음 그 교회회의의 결정 사항을 거부한 비잔티움(Byzantium)의 수석 주교에 대해서도 언급하고 있다. 그의 동료들이 그의 이러한 강퍅함을 황제에게 보고하였고, 황제는 그레고리우스를 재판장으로 명하여 그 문제를 처리하도록 하였다. 그때 그레고리우스는 정상적 재판권을 침해하는 일은 전혀 행하지 않고, 다른 형제들을 돕는 일을 할 때에도 오직 황제의 명령에 따라서만 그 일을 시행한 것을 보게 되는 것이다.

13. 그레고리우스 1세의 주교의 직무

그 당시 로마 주교가 행사했던 권한은 곧 완악하고 경거망동하는 주교들로 인하여 특별한 조치가 필요할 경우에 이를 막는 것이었고, 그것도 다른 주교들을 방해하기 위함이 아니라 돕기 위하여 그렇게 한 것이었다. 그러므로 그는 모든 주교들에게서 교정을 받고 책망을 받을 준비가 되어 있다는 것을 인정함으로써 다른 모든 주교들을 자기 자신 위에다 놓고 있으므로 사실상 특별한 권세를 누린 것이 아니었다. 아퀼레이아의 주교와 다른 주교들 사이에 교리적 논쟁이 일어나자, 그는 그에게 편지를 보내어 로마로 와서 자신의 입장을 변론하라고 명령하지만, 자기 자신의 권위로 그렇게 한 것이 아니라 황제의 명령을 받아서 그렇게 한 것이다. 그리고 그는 자신을 유일한 재판장으로 선언하는 것이 아니라, 교회회의를 소집하여 그 문제 전체에 대해서 결정을 내리겠다고 약속하고 있는 것이다. 그 당시의 로마 관구의 권세는 아직 막강한 상태가 아니었고 거기에는 넘어설 수 없는 명확한 한계가 있었다. 그리고 로마의 주교 역시 다른 주교들보다 우위에 서 있지도 않았다.

　그런데, 그레고리우스는 그런 현실에 대해서 매우 불편하게 생각한 것이 분명하다. 그는 거듭거듭 불평하여 말하기를, 자기가 주교의 직분을 갖고서 세상으로 이끌려가며, 자신이 평신도로서 대했던 것보다 훨씬 더 심하게 세상적인 문제들에 휘말려 있고, 그 고위의 직분에 있으면서도 세속적인 온갖 시끄러운 문제들에게 눌려 있다고 하였던 것이다. 다른 곳에서는 이렇게 말하고 있다: "행정적인 일들에 대한 부담이 너무나 나를 억눌러서 내 마음이 하늘의 일들에게로 도무지 올라갈 수가 없다. 온갖 대의들의 파도에 이리저리 휩쓸리며, 잠시 고요히 쉬고 나면 다시 괴로운 인생의 폭풍우에 휘말리게 된다. 그러니 나는 '깊은 바다 한가운데 있고 폭풍우가 나를 에워싸고 있도다'라고 말해야 할 정도다."[6]

　만일 당시의 처지가 오늘날과 같았다면 그가 뭐라고 말했을지 짐작하고도 남을 것이다. 그는 목회자의 임무를 충실히는 이행하지 못하고 있었지만, 그래도 그 임무를 행하고 있기는 했다! 그는 민간 행정에 관한 일은 삼갔고, 스스로 다른 사람들처럼 황제에게 복종한다고 고백하였다. 어쩔 수 없이 그래야 할 필요성이 제기되지 않는 한, 그는 다른 교회들의 문제에 관여하지 않았다. 그러면서도 주교의 직무에 자기 자신을 전적으로 헌신할 수가 없어서, 스스로 미궁 속에 있는 것처럼 느끼고 있는 것이다.

14. 로마와 콘스탄티노플의 수위권 다툼

　그와 동시에, 이미 말한 바와 같이, 콘스탄티노플의 주교가 로마의 주교와 서로 우위를 다투고 있었다. 콘스탄티노플에 황제의 보좌가 세워진 이후, 제국의 위엄으로 볼 때에 그곳의 교회 역시 로마의 교회 다음으로 영광의 지위를 지녀야 한다는 요구가 생겨났다. 사실, 로마에게 수위권(首位權)이 주어지는 데에 가장 크게 기여한 것이 바로 제국의 수도가 그곳에 있다는 사실이었던 것이다. 그라티아누스의 글에는 교황 루키우스의 이름으로 된 칙서가 있는데, 거기서 그는 총대주교들이 있어야 마땅한 도시들을 가늠하는 유일한 방법은 그곳에 시민 정부가 과거에 있었느냐 하는 것으로 따지는 것이라고 진술하고 있다. 또한 교황 클레멘트(Clement)의 이름으로 된 그와 비슷한 다른 칙서가 있는데, 거기서 그는 옛날에 대제관(flamens)이 있었던 도시들에 총대주교들이 세워졌다고 진술하고 있다.[7]

이 내용은 매우 어리석지만, 그럼에도 불구하고 이는 역사적 사실에서 취한 것이었다. 가능한 한 변화를 최소한으로 줄이기 위하여, 기존에 내려오던 현실적인 처지에 따라서 지역들을 조직하였고, 대주교와 수도대주교들은 위엄과 세력에 있어서 다른 도시들보다 월등한 도시들에 할당되었던 것이 분명하기 때문이다. 그러므로 토리노 공의회에서는 각 지방의 행정 중심지에 먼저 주교좌를 둔다고 공포하였다. 그러나 행정 중심지가 한 도시에서 다른 도시로 넘어갔을 경우는 수도대주교를 보유하는 권한도 함께 그리로 넘어가도록 되었다. 그리하여 로마의 교황 인노켄티우스는 제국의 중심이 콘스탄티노플로 옮겨간 이후로 로마의 찬란했던 고대의 위엄이 쇠락해 가는 것을 보았고, 자기 관구의 앞날에 대하여 우려한 나머지, 제국의 수도가 바뀔 때마다 교회의 수도대주교의 관구도 따라서 바꿀 필요가 없다는 전혀 반대되는 법을 공포하였다. 그러나 한 사람의 견해보다는 교회회의의 권위가 앞서는 것이 정당하므로, 인노켄티우스의 법은 그 정당성이 의심을 받아 마땅한 것이다. 어쨌든 그는 자기 자신이 한 조치를 통해서, 본래의 관례는 제국의 질서에 따라서 수도대주교도 배치되도록 하는 것이었음을 입증해 주고 있는 것이다.

15. 콘스탄티노플에 관한 공의회의 결정에 대한 레오의 반발

이런 고대의 규정을 따라서, 제1차 콘스탄티노플 공의회에서는 콘스탄티노플의 주교가 로마 교황 다음의 위엄을 갖는다고 공포하였다. 콘스탄티노플이 이제 새로운 로마가 되었기 때문이었다. 그러나 오랜 세월이 흐른 후에, 칼케돈에서 그와 비슷한 법령이 통과되었을 때에, 레오는 격렬하게 항의하였다. 그는 육백 명 이상의 주교들이 결정한 사항을 스스로 무가치한 것으로 여겼을 뿐 아니라, 그들이 다른 관구들에게서 위엄을 빼앗고 감히 콘스탄티노플 교회에게 그것을 주었다고 하며 그들을 통렬하게 질책하였다. 그런 하찮은 문제로 온 세상을 그렇게 시끄럽게 했다니, 순전히 자기의 야망 때문이 아니고 무엇이었겠는가? 그는 과거 니케아 공의회가 공포한 것을 침범해서는 안 된다고 말한다. 마치 한 교회보다 다른 교회를 우위에 두면 기독교 신앙이 위협을 받기라도 하는 것처럼, 아니면 총대주교구를 그곳에 두는 것이 교회의 조직 이외에 다른 무슨 목적이 있기라도 한 것처럼 주장한 것이다.

그러나 우리가 아다시피, 교회의 조직이란 여러 시대의 형편과 변화에 따라서 사정이 변하는 것이다. 그러므로, 니케아 공의회의 권위로 알렉산드리아 관구에게 주었던 위엄을 콘스탄티노플 관구에게 수여해서는 안 된다는 레오의 주장은 헛된 것이다. 그런 법령은 시대의 상황에 따라서 얼마든지 폐기될 수 있는 성격의 것이라는 것을 상식으로도 생각할 수가 있는 것이다. 그런데 어째서 동방의 주교들은 그것이 주로 자기들에게 관계되는 문제였는데도 한 사람도 반대하지 않았는가? 디오스코루스 대신 알렉산드리아에서 총대주교가 된 프로테리우스(Proterius)도 분명 그 자리에 있었고, 그와 함께 위엄이 손상받게 될 다른 총대주교들도 그 자리에 있었다.

정작 그 일에 반대했어야 할 당사자는 레오가 아니라 그들이었다. 레오의 지위는 결정에 관계 없이 변동이 없을 것이었기 때문이다. 그러나 그들 모두가 침묵을 지켜서 사실상 동의를 표시했으니, 로마의 주교 레오만이 홀로 반대를 표명한 셈이다. 그가 무슨 동기로 그렇게 했는지는 쉽게 판단할 수가 있다. 그는 얼마 지나지 않아서 일어날 일을 미리 예견하고 있었다. 곧, 옛 로마의 영화가 쇠락하고 있으니, 결국 콘스탄티노플은 제2위의 지위에 만족하지 않고 로마와 수위권을 경쟁하게 되는 일이 일어날 것이라는 것이었다. 레오의 강력한 항의는 목적을 이루지 못했고, 공의회의 법령이 확정되었다. 그리하여 그의 후계자들은 자기들이 패한 것으로 보고서 반발의 행위를 조용히 단념하였고, 콘스탄티노플의 주교를 제2위의 총대주교로 인정한 것이다.

16. 콘스탄티노플 주교의 교만과 그레고리우스의 태도

그러나 조금 세월이 지나 그레고리우스의 시대에는 콘스탄티노플 교회를 다스리는 요한이 자기가 "전세계적 총대주교"(the universal patriarch)라는 주장을 터뜨리게 된다. 이에 대하여 그레고리우스는 자기 관구의 정당한 대의명분을 변호하면서 그의 주장을 단호하게 반대하였다. 요한의 그런 교만하고도 광적인 주장은 진정 용납할 수 없는 것이었다. 그는 자기의 주교 관구의 경계를 제국의 경계와 같게 하기를 바라고 있었던 것이다. 그러나 이때 그레고리우스는 요한이 주장한 것 같은 주장은 하지 않았다. 오히려 그는 누구든 그런 칭호를 붙이는 사람은 사악하고 불경하며 혐오스럽기 그지없는 것으로 간주하였다. 다른 곳에서 그는 심지어 알렉산드리아의 주교 율로기우스(Eulogius)가 그 비슷한 칭호로 자기를 부른 것을 보고서 그에 대해 격분하기까지 했다.

그는 이렇게 말하고 있다: "여기 귀하께서 나에게 보낸 편지의 서두에서 본인을 가리켜 '전세계적 교황'이라고 칭하는데, 이는 내가 금지한 교만한 칭호를 사용하신 것입니다. 차후로는 그렇게 하지 마시기를 부탁드립니다. 이성적으로 합당한 것에 지나치는 것을 다른 사람에게 베풀게 되면 귀하의 명예를 실추시키는 일입니다. 내 형제의 명예가 실추되는 것을 보는 것을 내 영예로 생각할 수는 없습니다. 나의 명예는 곧 온 세상의 교회의 명예요, 형제들의 생명과 활력이 나의 명예입니다. 그런데도 귀하께서 나를 '전세계적 교황'이라 부르신다면, 귀하께서 나에게 돌리시는 그것을 귀하 스스로 전적으로 부인하는 처사입니다."[8]

그레고리우스의 그런 자세는 과연 올바르고도 존귀한 것이었다. 그러나 요한은 마우리키우스(Maurice) 황제의 비호를 받고 있었으므로, 그의 목적을 절대로 돌이킬 수가 없었다. 그리고 그의 후계자인 키리아쿠스도 이 문제에 대하여 절대로 눌리려 하지 않았다.

(왕위 찬탈자들과의 협력에 의한 로마 관구의 수위권의 확립과 강화. 17-18)

17. 로마 관구의 수위권의 확립

결국, 마우리키우스 황제가 살해당한 후 그를 계승한 포카스(Phocas) 황제는 보니파키우스 3세(Boniface III)에게 로마가 모든 교회들의 우두머리가 되는 특권을 하사하였다. 이것은 그레고리우스로서는 추호도 구하지 않던 것이었다. 포카스 황제가 어째서 로마 사람들에게 더 호의를 베풀었는지는 알 길이 없으나, 아마 자신이 그곳에서 아무런 충돌 없이 황제의 지위를 얻었기 때문이었을 것이다. 이렇게 해서 그 문제에 대한 논쟁은 완전히 종식되었다.

그러나 황제가 로마 관구에게 베푼 이러한 호의는 그 직후 일어난 일 이외에는 별다른 유익이 없었다. 왜냐하면 그리스와 모든 아시아가 얼마 후 로마와의 교제에서 분리되기 때문이다. 갈리아가 로마의 주교를 받들기는 했으나, 자기들이 하고 싶은 만큼만 복종하였다. 그러나 페팽(Pepin)이 그 왕국을 점령한 이후 갈리아는 처음으로 로마 관구에 완전히 굴복하였다. 로마 교황 자카리아스(Zacharias)는 페팽이 적법한 왕을 몰아내고 왕위를 찬탈하도록 그의 배반과 약탈을 도와주었기 때문에, 그는 그 일에 대한 보상으로 갈리아의 교회들에 대한 로마 관구의 재판권을 보장받은 것이다. 강도들이 물건을 약탈한 후 자기들끼리 그것을 서로 나누어 가지듯이, 이들도 자기들의 이권을 서로 나누어 가졌다.

적법한 왕이 폐위된 이후 페팽은 지상의 군주로 인정을 받았고, 자카리아스는 모든 주교들의 우두머리로서 영적 권세를 쥐게 된 것이다.

처음에는 이렇게 얻은 교황의 권세가 약했지만 — 새로운 권력이 들어서면 대개 그렇듯이 — 후에는 샤를마뉴 대제(Charlemagne)의 권위에 의해서 크게 강화되었다. 그 이유도 거의 동일하다. 곧, 그 역시 로마 교황의 노력에 의해서 제국의 황제의 자리에 올랐기 때문에 그를 받들지 않을 수 없었던 것이다.

이미 그 당시에는 어느 곳에서든 교회들이 부패해 있었던 것으로 보이지만, 당시 갈리아와 독일 지방에서는 교회의 옛 모습이 완전히 자취를 감추었다는 것이 분명하다. 파리 궁정 공문서 보관소에는 그 당시의 간결한 기록들이 아직 남아 있는데, 그 기록들에서는 교회 문제를 다루면서 페팽과 샤를마뉴 대제가 로마 교황과 맺은 여러 가지 협정들이 나타나고 있다. 그러므로 기존의 협정들이 이 당시에 변경되었을 것으로 추정할 수 있다.

18. 베르나르 시대의 교회의 부패상

그때 이후로 모든 일들이 날마다 악화되어 갔고, 로마 관구의 횡포가 계속해서 강화되고 증가되었다. 이는 부분적으로는 주교들의 무지 때문이기도 했고, 또한 그들의 게으름 때문이기도 했다. 한 주교가 모든 것을 자기 손아귀에 쥐고서 더욱 급속하게 법과 권리를 무시하고 나아가는 동안, 다른 주교들이 마땅히 그것을 저지했어야 옳은 데도 불구하고 그의 야망을 힘을 다하여 저지하지 않았던 것이다. 비록 용기는 있다 할지라도 참된 지식과 학식이 없었으므로, 그들은 그런 중차대한 일을 시도하기에는 너무도 무기력한 상태였다. 그리하여 우리는 베르나르의 시대에 로마 교황이 모든 신성한 것들을 속되게 하여 온 교회의 질서가 와해되는 상황의 성격과 그 엄청난 폐해를 잘 보게 되는 것이다. 베르나르는 야망이 있는 자들, 탐욕이 가득한 자들, 성직매매를 일삼는 자들, 불경한 자들, 축첩자들, 근친상간을 일삼는 자들 등 온갖 죄악된 자들이 각지로부터 로마로 몰려들어서 교황의 권위로 교회의 명예로운 직분을 얻고자 애쓰며, 그리하여 온갖 협잡과 속임수와 폭력이 난무하고 있다고 하며 탄식하고 있다. 그는 당시에 사용되고 있는 판단의 방법이 망령된 것이요, 교회에게나 법정에게나 절대로 어울리지 않는 것이라고 선포하고 있다. 그는 교회 안에 야심가들이 가득하다고 외치며, 강도들이 여행객들에게서 탈취한 재물들을 서로 나누는 것보다 더 끔찍한 범죄들을 아무런 거리낌도 없이 태연하게 범하고 있다고 탄식하고 있다.

그는 이렇게 말한다: "입법자의 입에 주목하는 사람은 거의 없고 모두들 그의 손에만 주의를 기울이는데, 일리가 없지는 않다! 그 손에 교황의 사업이 가득하기 때문이다. 교회에서 약탈한 것들로 값을 주고 산 사람들이 그대에게, '잘 하였도다, 잘 하였도다'라고 말하고 있으니 이것이 대체 무슨 일인가? 가난한 자들의 목숨이 부자들의 거리에 뿌려져 있고, 진흙더미 속에서 은(銀)이 반짝이고 있고, 사방에서 사람들이 몰려와 그것을 잡으려 하고 있다. 가난한 자들이 아니라 강한 자들이, 아니 어쩌면 먼저 속히 달려가는 자들이 그것을 잡는다. 이런 도덕성이 ― 아니 이런 죽어 마땅한 형편이 ― 그대에게서 나온 것은 아니지만, 결국 그대에게 닥치게 되리라! 이런 일들의 와중에 그대는 온갖 값비싼 치장으로 화려하게 장식하고서 목회의 임무를 수행하고 있다. 내가 감히 말하거니와, 이는 양 떼들의 초장이 아니라 마귀의 초장이로다. 과연, 이것이 베드로가 가꾸었고, 바울이 뛰놀던 초장이란 말인가! 그대의 법정은 사람들을 선하게 하기보다는 물건들을 받는 데에 익숙하다. 악인도 별로 유익을 얻지 못하거니와 의인들은 거기서 망하고 있다."

자, 경건한 사람이라면 베르나르가 탄식하고 있는 그 악행들을 읽을 때에 크나큰 두려움이 일어나지 않을 수가 없을 것이다. 마지막으로 베르나르는 재판권을 찬탈하는 데서 나타나는 로마 교구의 무절제한 탐욕에 대해서 다음과 같이 결론을 짓고 있다: "교회들의 공통적인 불평을 이야기하겠다. 그들은 자기들이 갈가리 찢겨지고 온 몸이 잘려나가고 있다고 외치고 있다. 이런 잔인한 치명타를 애통해하고 두려워하지 않는 교회들이 거의 혹은 하나도 없다. 무슨 치명타냐고 물을 것이다. 수도원장들이 관할 주교들에 의해서 쫓겨나고, 주교들이 그 위의 대주교들에 의해서 쫓겨나는 등의 비리가 일어나고 있다. 이런 일이 그냥 묵과되다니 이 얼마나 이상스런 일인가! 이런 식으로 처신함으로써 그대들은 스스로 충만한 권력이 있다는 것을 입증하고 있지만, 그러나 의(義)는 하나도 없는 것이다. 그대들이 할 수 있으니 이런 일을 하겠지만, 문제는 과연 그대가 그렇게 해야 마땅하냐 하는 것이다. 그대가 그 자리에 있는 것은 각 사람의 존귀함과 명예를 보존해 주기 위함이지 그것들을 탐하기 위함이 아닌 것이다."[9]

이런 예들이 많지만, 독자들로 하여금 교회가 얼마나 심각하게 망가졌는가를 보게 하고, 또한 이런 재난으로 말미암아 모든 경건한 자들이 버림을 당한 상태에서 얼마나 슬퍼하고 고뇌했는가를 알게 하고자 하여, 그 가운데서 몇 가지만을 골라서 언급한 것이다.

(후대의 교황주의의 주장은 그레고리우스와 베르나르의 원리들과 모순임. 19-22)

19. 오늘날의 교황들의 주장

우리는 오늘날 과거 중세기 — 레오와 그레고리우스의 시대 — 에 로마 교황이 지녔던 우월한 지위와 이 관구가 광범위한 재판권을 지녔다는 것을 인정한다. 그러나 이것은 오늘날의 교황권에 비하면 아무것도 아니다. 여기서 나는 지상의 영토나 세속적 통치권을 말하고자 하는 것이 아니다. 이에 대해서는 후에 적절할 곳에서 다루게 될 것이다.[10] 다만 그들이 자랑하는 그 영적 통치가 오늘날 이 시대의 상황과 어떠한 유사점이 있는가를 말하고자 하는 것이다. 그들은 교황을 한 마디로 지상 교회의 최고의 우두머리요, 온 세계 전체의 주교로 정의하고 있다. 그러나 교황들 자신은 자기들의 권위에 대해서 말할 때 참으로 교만하게도, 명령을 내릴 권한이 자기들의 손에 있고, 나머지 사람들은 그것에 복종해야 하며, 그들이 공포한 모든 내용들은 베드로의 신적인 음성으로 확증된 것으로 받아들여야 하며, 지역 교회회의들은 교황이 참석하지 않으므로 효력이 없으며, 어느 교회든 성직자를 임명할 권한이 자기들에게 있으며, 다른 곳에서 임명한 자들을 로마 관구로 소환할 권한이 자기들에게 있다고 주장하고 있다. 이런 유의 온갖 주장들이 그라티아누스의 잡동사니 문서들(교령집) 속에서 무수하게 나타나고 있지만, 독자들을 불필요하게 지루하게 만드는 것이므로 일일이 열거하지 않겠다. 그러나 모든 것을 종합해 볼 때에, 교리에 관하여 판결하고 결정하는 문제든, 법을 제정하는 문제든, 질서를 세우는 일이든, 재판을 하는 일이든, 모든 사안들을 결정하는 최고의 결정권이 오직 로마 교황의 단독 소유였다는 사실이 드러나는 것이다.

그들 스스로 "보류권"(reservations)이라 부르면서 마음대로 취하는 특권들을 일일이 열거하려면 그것도 길고 장황스러운 일이 될 것이다. 그러나 무엇보다도 도저히 참을 수 없는 것은, 그들이 그런 무한정의 권력을 남용할 때에 그들의 탐욕을 다스리거나 제어할 수 있는 재판권을 전혀 남겨두지 않는다는 점이다. 로마 교회가 수위권을 소유하고 있기 때문에, 그 관구의 결정 사항에 대해서는 어느 누구도 이의를 제기할 권한이 없다고 말한다. 이와 유사하게, 로마 교황은 심판자로서 황제에게나 왕에게나 모든 성직자들에게나 백성들에게나 절대로 판단을 받지 않는다고도 말한다. 한 사람이 자기 자신을 만인의 심판자로 세우고 자기 스스로는 어느 누구의 판단도 받지 않는다는 것은 그야말로 오만방자함의 극치가 아닐 수 없다. 그러면 그가 하나님의 백성들 위에 군림하여 횡포를 부린다면 어떻게 되는가? 그리스도의 나라를 흐트러뜨리고 망친다면, 온 교회 전체를 혼란 속에 던져 넣는다면, 목회자의 직분을 강도짓으로 바꾸어 놓는다면 과연 어떻게 되는가? 그는 그야말로 사악하기 그지없지만, 자신은 그 누구도 자기의 책임을 물을 수 없다고 주장하는 것이다. 다음과 같은 것들이 교황들의 말이다: "하나님께서는 다른 사람들의 문제는 사람들에 의해서 처리되기를 바라셨으나, 이 관구의 주교의 경우는 의심의 여지도 없이 그 자신의 판단에 맡기신 것이다." 또한 "신민들의 행위는 우리가 판단하나 우리의 행위는 오직 하나님만이 판단하신다."

20. 교황권 확립을 위하여 거짓 문서들을 사용함

그들은 이런 유의 칙령들에 더 무게를 실어주기 위하여, 거짓으로 고대의 교황들의 이름들을 사용함으로써 마치 그런 일이 시초부터 확고하게 시행되어온 것처럼 가장하고 있다. 그러므로 고대의 공의회들이 로마 교황에게 부여한 것으로 우리가 말한 것보다도 교황에게 더 많은 것을 부여하는 내용이 있다면 그 모든 것이 최근에 새롭게 만들어 낸 것들이라는 것은 너무도 확실한 것이다. 아니, 그들은 콘스탄티노플의 총대주교인 아나스타시우스의 이름으로 칙서를 공포하여, 아무리 먼 변방 지역이라 할지라도 로마 관구에게 사전에 허락을 받지 않은 상태에서는 아무 일도 시행해서는 안 된다는 것이 고대로부터 인정받아온 규례임을 그가 증언하는 것처럼 만들기까지 할 정도로 그들의 오만방자함이 극에 달하였다. 이것이 전혀 근거가 없는 허위 사실이라는 것은 차치하고라도, 존귀나 위엄에 있어서 로마의 대적이요 경쟁 상대인 사람이 로마 관구를 그렇게 높였다는 것을 과연 누가 믿겠는가?

그런데도 이 적그리스도들은 그토록 정신 나간 우매함에 휩쓸려 나아가서, 건전한 정신을 가진 사람이 눈을 뜨기만 하면 자기들의 사악함이 그들의 눈 앞에 환히 드러날 지경에까지 이르러 버린 것이다. 그레고리우스 9세가 수집한 교령집과 클레멘트 교령집, 그리고 마르티누스의 문서들(Extravagants of Martin)은 마치 야만족의 왕들처럼 무분별한 진노와 횡포들을 여기저기서 더욱 노골적으로 거칠게 뿜어내고 있다. 그런데 로마교회주의자들은 이런 것들을 자기들의 교황주의를 높여주는 권위 있는 근거들로 제시하고 있으니 얼마나 한심한 일인가!

그리하여 오늘날 교황주의가 횡행하는 모든 곳에서 마치 신탁의 권위를 지니는 것으로 인정받는 유명한 말들이 생겨났다. 곧, "교황은 오류를 범할 수 없다", "교황은 공의회보다 높다", "교황은 모든 교회들의 전세계적인 주교요, 지상 교회의 최고의 머리이다"라는 것들이 그것이다. 그 외에도 어리석은 교회법학자들이 학교에서 지껄이고, 로마교회의 신학자들이 그들의 우상에 대해 아첨하여 동의하고 심지어 찬사를 늘어놓기까지 하는 어처구니없는 어리석고 우매한 짓들이 많이 있으나, 그것들은 굳이 언급하지 않겠다.

21. 그레고리우스 교황의 정죄

그들을 극심한 말로 몰아치고 싶지는 않다. 이런 엄청난 오만방자함을 대적하고자 하여, 어떤 이는 키프리아누스가 자기가 주재한 공의회 석상에서 주교들 앞에 한 진술을 인용하고 싶어할 것이다: "우리들 중에 누구도 자기를 가리켜 주교 중의 주교라고 말하거나 동료들에게 횡포를 부려서 강제로 자기에게 복종하도록 할 사람은 없다." 그리고 얼마 후 카르타고에서 결정한 다음과 같은 법령을 근거로 하여 이의를 제기하고 싶기도 할 것이다: "어느 누구도 사제 중의 사제라거나 혹은 수석 주교라 칭함을 받아서는 안 될 것이다."[11] 이런 역사적 사건들에서 수많은 증언들을 모으고, 여러 교회회의들의 여러 가지 법령들과 고대의 책들에서 갖가지 견해들을 수집하여, 로마의 교황을 제자리에 돌려놓고 싶을 것이다!

그러나 그런 일은 그냥 지나가기로 한다. 너무나 극심하게 그들을 몰아치는 것처럼 보이고 싶지 않기 때문이다. 다만 한 가지, 이 로마 관구의 훌륭한 후견인들은 내게 대답을 해보라. 그레고리우스 교황이 자주 정죄하여 엄금했다는 것을 알고 있으면서도 그들이 "전세계적인 주교"라는 칭호를 감히 변호하고 있는 것이 얼마나 뻔뻔스러운 일인가? 만일 그레고리우스의 증언을 인정해야 한다면, 교황을 전세계적인 주교로 만드는 그들의 행위는 결국 그를 적그리스도로 선포하는 것이 아니고 무엇이란 말인가?

또한 "머리"라는 호칭도 인정받지 못했다. 그레고리우스는 다른 곳에서 다음과 같이 말하고 있다: "베드로는 몸의 주요 지체였다. 요한과 안드레와 야고보는 특정한 그룹들의 머리들이었다. 그러나 교회의 모든 지체들은 한 머리 아래 있다. 율법 이전의 성도들과, 율법 아래의 성도들과, 은혜 안에 있는 성도들이 모두 주의 몸을 온전케 하며, 그 지체들을 구성해온 것이다. 그러므로 어느 누구도 스스로 '전세계적'이라 불리기를 원한 적이 없다."

교황은 스스로 명령할 권한이 있음을 주장하지만, 이것도 그레고리우스가 다른 곳에서 하는 말과 거의 부합되지 않는다. 알렉산드리아의 주교 율로기우스가 자신이 "그분께 명령을 받는다"고 말했을 때에 그레고리우스는 다음과 같이 대답하였기 때문이다: "청컨대, 이 '명령'이라는 단어를 제거해 주십시오. 나는 나 자신이 누구이며, 귀하가 어떤 분인지를 잘 알고 있습니다. 직분으로 말하면 귀하는 나의 형제요, 도덕성으로 말하자면 귀하는 나의 아버지가 됩니다. 그러므로 나는 명령한 적이 없고, 유용할 것 같은 일들을 제안한 것에 지나지 않습니다."[12]

교황이 그의 재판권을 무제한으로 확대시키면, 그것은 다른 주교들 뿐 아니라 각 교회들에게도 심각하고도 엄청난 해를 끼치는 것이 된다. 그렇게 그들을 갈가리 찢고 채찍을 때려서, 다른 사람들의 폐허 위에 자기의 관구를 세우려 하는 것이기 때문이다. 그는 자기 자신은 모든 판단에서 면제시키고, 자기 자신의 변덕스런 생각을 법으로 여길 정도로 포악스럽게 통치하고 싶어한다. 그러나 이러한 처신은 교회의 질서와는 너무도 어울리지 않고 너무나도 이질적인 것이어서 일고의 가치도 없다. 그것은 경건의 차원에서나 일반 상식의 차원에서도 그야말로 철저하게 혐오스러운 것이기 때문이다.

22. 부패한 교황제의 현실

그러나 개별적인 문제들을 억지로 일일이 따지고 살피고 싶지는 않고, 다만 오늘날 스스로 로마 관구를 수호하는 최고의 신실한 후견인들이라 여김을 받고 싶어하는 자들에게 호소하고 싶다. 과연 교황제의 현 상태를 변호하는 일에 대하여 그들이 조금도 부끄러움이 없단 말인가? 과거 그레고리우스와 베르나르의 시대에도 부패해 있어서 그 거룩한 사람들이 탄식하였거니와, 지금의 형편은 그때보다 백 배나 더 부패해 있으니 말이다. 그레고리우스는 자신이 본연의 직무와는 관계 없는 쓸데없는 일들로 지나치게 괴로움을 당한다고 거듭거듭 안타까워하고 있다. 주교의 직무를 구실로 세상에 빠져 들어가고 있고, 평신도로 섬길 때보다도 오히려 더 세상적인 걱정거리에 종노릇하고 있으며, 세속적인 사건들의 시끄러움에 짓눌려 있어서, 도무지 하늘의 것들을 향하여 마음이 올라갈 수가 없다는 것이다. 온갖 대의명분의 파도에 이리저리 휩쓸리며 괴로운 인생의 폭풍우에 시달린 나머지 그는 "나는 깊은 바다 속에 빠져 있도다"라고 토로하였던 것이다.

이러한 세속적인 일들 가운데서도, 물론 그는 여전히 설교와 사적인 훈계를 통해서 사람들을 가르칠 수 있었고, 필요한 사람들을 교정해 줄 수 있었고, 교회를 다스리며 동료들에게 권면을 하고 그들의 임무에 대해 격려해 줄 수가 있었다. 게다가 글을 쓸 시간도 있었다. 그런데도 그는 자신의 한심한 현실에 대해서 슬퍼하면서 자신이 깊은 바다 속에 빠져 있다고 하며 가슴 아파한 것이다. 그 당시의 여러 가지 업무들이 "바다"였다면, 과연 오늘날의 교황 제도에 대해서는 무어라 해야 좋겠는가? 그 둘 사이에 도대체 비슷한 점이 하나라도 있는가? 오늘날에는 설교도, 교회의 권징에 대한 관심도, 교회들을 향한 열심도, 영적인 활동도 없다. 요컨대, 오로지 세상 외에는 아무것도 없다. 그런데도 이러한 미궁과도 같은 현실에 대해서, 마치 그 이상 질서 있고 운영이 잘되고 있는 것이 도무지 없는 것처럼 찬양하고 있는 것이다.

베르나르는 그의 시대에 횡행하는 악행들을 바라보면서 과연 뭐라고 불평하며, 어떠한 탄식을 토로하고 있는가? 만일 그가 오늘날 우리 시대의 철(鐵)과도 같은 — 아니, 철보다 더한 — 현실을 바라본다면 뭐라고 하겠는가? 모든 성도들이 이구동성으로 정죄했던 것들을 신성하고도 거룩한 것으로 우러러 보며, 그들이 전혀 알지도 못한 교황 제도를 변호하는 것으로 그들의 증언을 오용하고 있으니, 이런 부패가 어디 있단 말인가? 그러나 베르나르의 시대에도 모든 것들이 오늘날과 크게 다르지 않을 정도로 부패해 있었다. 그러나 어떤 것이든 그 중세기 — 레오와 그레고리우스 등의 시대 — 로부터 구실을 찾으려 하는 사람들은 부끄러움도 모르는 뻔뻔스러운 자들이다. 이들은 카이사르의 전제 정권을 변호하기 위하여 로마의 공화정의 상태를 찬양하려 하는 자들처럼 행동하는 것이요, 다시 말해서 자기들의 전제정치를 치장하기 위해서 자유에 대한 찬양들을 빌려오는 것과도 마찬가지이기 때문이다.

23. 로마에 과연 교회와 주교의 직분이 존재하는가?

마지막으로, 이 모든 일들을 그대로 받아들인다 할지라도, 전혀 새로운 모순이 나타나므로, 우리는 로마에 이런 은혜가 거할 수 있는 교회가 없다고 보며, 또한 그 직분에 합당한 그런 특권이 유지되는 주교가 존재하지 않는다고 본다. 그리스도의 말씀으로 베드로가 온 교회의 머리로 지명받았다는 것이나, 그가 자기에게 주어진 영광을 로마 관구에 두었다는 것이나, 그것이 고대 교회의 권위에 의해서 인정을 받았고 오랜 세월 동안 그것을 사용하도록 인준받았다는 것이나, 로마 교황이 최고의 권세를 소유하는 일을 어느 시대에나 모든 사람들이 다 인정했다는 것이나, 그가 모든 소송과 모든 사람들을 판단하는 심판자라는 것이나, 그가 사람의 판단을 받지 아니한다는 것 등, 그들의 주장들은 모두가 거짓이라는 것이 이미 분명히 드러났으나, 가령 그런 주장들이 모두 사실이라고 가정해 보자. 그리고 원한다면 그보다 더한 것들도 주장하라고 하자.

나는 한 마디로 이에 대해 대답하고자 한다. 곧, 로마에 교회와 주교가 존재하지 않는다면 이 모든 주장들은 그 어느 것도 가치가 없어지고 만다는 것이다. 그들은 최소한 다음과 같은 사실은 인정해야 할 것이다. 곧, 교회가 아닌 것은 교회들의 어머니일 수도 없고, 주교가 아닌 자는 주교 중의 으뜸일 수가 없다는 사실 말이다. 그런데도 그들이 로마에 사도적 관구를 갖기를 바라고 있는가? 그렇다면, 참되고 적법한 사도의 관구를 내게 보여 주기 바란다. 그들이 최고의 교황을 갖기를 바라고 있는가? 그렇다면, 주교를 내게 보여 주기 바란다. 그렇다면 무엇인가? 참 교회의 모습과 닮은 점을 과연 어디에서 보여 주겠는가? 그들은 늘상 교회를 외치고 입술로 교회를 되뇌이고 있다. 그러나 교회는 그 분명한 표지로써 분별하는 것이요, 또한 "주교직"이란 일개의 직분의 이름일 뿐이다. 나는 여기서 사람들이 아니라, 교회 안에서 영원토록 환하게 빛나야 마땅할 교회의 다스림 그 자체를 논하고 있는 것이다.

그들의 교회 안에 과연 그리스도의 제도가 요구하는 그런 사역이 어디에 있는가? 장로들과 감독의 직분에 대해서 이미 말한 내용을 기억해 보자.[13] 추기경의 직분을 그런 원칙을 적용하여 시험해 보면, 그것이 장로들의 직분보다 낮지 않다는 것은 인정할 것이다. 그렇다면 교황 자신이 과연 주교의 자질 중에 어떤 것을 갖고 있는지를 알고 싶다. 주교의 직분에게 주어진 첫째 임무는 하나님의 말씀으로 사람들을 가르치는 것이다. 그 다음 둘째 임무는 성례를 시행하는 것이다. 셋째 임무는 훈계하고 권면하며, 죄 짓는 자들을 교정시키고 사람들을 거룩한 권징 아래 유지시키는 것이다. 이런 직무들 가운데 그는 과연 어떤 것을 시행하고 있는가? 아니, 그가 어떤 것을 시행하는 척이라도 하는가? 그러므로, 주교의 직무의 어떠한 부분에 대해서도 손가락 하나도 대지 않고, 심지어 대는 척도 하지 않는 이런 사람을 도대체 어떻게 해서 감독으로 인정하고 있는지, 대답을 해 보기 바란다.

24. 로마의 배교(背敎)

감독은 왕의 경우와는 다르다. 왕은 왕으로서의 책무를 다하지 못한다 할지라도 여전히 그 존귀와 칭호를 유지한다. 그러나 감독을 판단하는 데 있어서는 그리스도의 명령을 고려하지 않을 수가 없다. 그리스도의 명령이 교회 안에서 언제나 효력을 발휘하여야 마땅하기 때문이다. 그러니 로마교회주의자들은 이 얽혀 있는 매듭을 풀어주기 바란다. 나는 교황이 감독들의 으뜸이라는 그들의 주장을 부인한다. 그는 감독이 아니기 때문이다. 그들의 주장을 사실로 확증하고 싶으면, 나의 주장이 ─ 교황이 감독이 아니라는 ─ 거짓이라는 것을 증명해 보여야 할 것이다. 감독의 특징이 그에게 하나도 없고 오히려 감독에 반대되는 것들만 가득하다는 사실에 대해서는 어떻게 하겠는가? 그런데, 여기서 도대체 어떤 점부터 시작할까? 그의 교리부터 시작할까, 아니면 그의 도덕성부터 시작할까? 무엇을 언급하고, 무엇을 언급하지 않고 내버려 둘 것인가? 그리고 무엇으로 종결을 지을까?

나는 이 사실을 말하고자 한다. 곧, 오늘날의 세상에 온갖 왜곡되고 불경한 교리들이 홍수를 이루고 있고, 온갖 종류의 미신들이 가득하며, 온갖 오류들이 눈을 가리며 엄청난 우상숭배 속에 빠져 있는데, 이런 악행들 가운데 로마 관구에서 나오지 않은 것이, 혹은 최소한 로마 관구에게서 힘을 빌려오지 않은 것이 하나도 없다는 사실이다. 복음의 교리가 흥왕하는 것에 대해서 교황들이 그렇게 미친듯이 격노하고 그것을 억누르는 데에 온 신경을 곤두세우는 이유는, 또 그들이 모든 왕들과 군주들을 부추겨 그것을 박해하는 이유는 다른 것이 아니라, 오직 그리스도의 복음이 지배하게 되면 곧바로 자기들의 모든 왕국이 무너지고 산산조각날 것이라는 것을 그들이 알기 때문인 것이다. 레오는 잔인했고,

클레멘트는 피를 흘렸으며, 파울루스[14]는 포악스럽기 그지없다. 그러나 이 사람들이 그렇게 진리를 대적하여 싸우게 된 것은 그들의 본성이 그렇기 때문이 아니라, 자기들의 권세를 지키기 위해서는 그 길밖에는 없었기 때문이다. 그러므로 그리스도가 도망하도록 만들기 전에는 자기들이 안전할 수가 없기 때문에, 그들은 마치 제단을 위하여, 가정을 위하여, 자기들의 목숨을 위하여 싸우는 것처럼 그렇게 그리스도를 대적하여 싸우는 것이다.

그러니 이것이 무엇인가? 무서운 배교(背敎: apostasy) 이외에는 아무것도 보이지 않는 곳에 어떻게 사도의 관구가 있을 수 있단 말인가? 맹렬한 힘으로 복음을 핍박함으로써 스스로 적그리스도임을 노골적으로 드러내는 사람이 어떻게 그리스도의 대리자일 수가 있겠는가? 베드로가 세운 모든 것을 불(火)과 칼로 무너뜨리려 온 힘을 다하고 있는 사람을 어떻게 베드로의 후계자라 할 수 있겠는가? 교회의 참된 머리이신 그리스도에게서 교회를 잘라내고 끊어내어 스스로 찢고 난도질하는 사람이 어떻게 교회의 머리일 수 있겠는가? 옛날에는 로마는 과연 모든 교회들의 어머니였다. 그러나 적그리스도의 관구가 되기 시작한 이후부터는 과거의 본질은 완전히 사라지고 만 것이다.

25. 로마 교황은 적그리스도임

우리가 로마 교황을 "적그리스도"라고 부르는 것을 보고, 어떤 이들은 우리가 중상 모략과 비방을 늘어놓는다고 생각할 것이다. 그러나 그렇게 생각한다면 그것은 사실상 사도 바울의 말을 무절제한 폭언이라고 비난하는 것과도 같은 것이다. 왜냐하면 우리는 그가 친히 한 말씀을 그대로 받아서 말하는 것이기 때문이다. 우리가 로마 교황을 대적하여 바울의 말을 고의로 왜곡시킨다고 반박하지 못하도록 하기 위해서, 나는 그의 말이 다름 아닌 교황제를 지칭하는 것으로 이해할 수밖에 없다는 사실을 간단히 입증하고자 한다. 바울은 적그리스도가 하나님의 성전에 앉아 있을 것이라고 기록하고 있다(살후 2:4). 또한 성경의 다른 곳에서는 성령께서 그 적그리스도의 모습을 안티오쿠스(Antiochus)를 통해서 묘사하면서 그의 나라에 하나님을 모독하고 과장하는 것이 가득할 것임을 말씀하고 있다(단 7:25; 계 3:10; 13:5). 그러므로 우리는 이것이 육체보다는 영혼에 대한 폭정(暴政)이요, 신령한 그리스도의 나라를 대적하여 일어나는 것이라고 생각하게 되는 것이다. 둘째로, 이 폭정은 그리스도의 이름과 교회의 이름을 완전히 제거해버리는 것이 아니라, 그리스도를 닮은 것을 악용하며, 교회라는 이름으로 가면을 삼아 그 밑에서 은밀하게 온갖 악행을 저지르는 것이다. 처음부터 일어난 모든 이단들과 분파들이 적그리스도의 왕국에 속하는 것이다.

그러나 바울은 장차 배교(背敎, 혹은 배도)하는 일이 일어날 것임을 말하는데(살후 2:3), 이 표현을 통해서 그는 배교가 교회 전체에 다 퍼질 때에 가증스러운 보좌가 부상할 것이며 그때에 수많은 교회의 지체들이 흩어져 참된 신앙 가운데서 인내하게 될 것임을 의미하는 것이다. 그러나 바울은 덧붙이기를, 그의 시대에 이미 안티오쿠스가 불법의 비밀 속에서 일을 행하기 시작하였는데(살후 2:7) 그 일을 후에 공개적으로 완성할 것이라고 한다. 이로써 우리는 이러한 재난이 한 사람에 의해서 일어나는 것도 아니고, 한 사람에게서 끝나는 것도 아니라는 사실을 알 수 있다. 그런데 그는 하나님의 영광을 빼앗아 자기 스스로 그것을 높이는 것을 적그리스도의 특징으로 명시하고 있다(살후 2:4). 따라서 우리는 적그리스도를 추적하는 데 있어서 이 말을 주요한 특징으로 삼아야 할 것이다. 특히 그런 교만함이 교회를 공적으로 흐트러뜨리는 데에까지 이를 정도로 극심하게 드러나는 경우를 예의 주시하여야 할 것이다. 그러므로 로마 교황이, 오직 하나님께만 속하며 특히 그리스도께 속하는 것을 뻔뻔스럽게도 자기 스스로 취하고 있는 것이 분명하므로, 우리는 그가 불경하고 가증스러운 왕국의 지도자요 기수(旗手)라는 것을 의심해서는 안 될 것이다.

26. 교황제는 교회의 질서와 정반대 됨

자, 이제 로마교회주의자들은 가서 옛 사람들과 함께 우리를 대적해 보라. 모든 것이 그렇게 완전히 뒤집혀져버린 상태이니, 과연 로마 관구의 영광이 어떻게 서 있겠는가? 관구 자체가 없는데 말이다! 유세비우스는 말하기를, 하나님께서는 그의 벌 주심을 실행하시기 위하여 예루살렘에 있던 교회를 펠라(Pella)로 옮기셨다고 한다.[15] 과거에 한 번 일어난 일은 얼마든지 더 자주 일어날 수 있는 것이다. 그러므로 수위권의 영광을 한 장소에 고정시키고서, 그리스도의 철천지 원수요, 복음의 최고의 대적이요, 교회를 훼방하고 흐트러뜨린 장본인이요, 모든 성도들을 살육한 잔인한 수괴인 자가 오로지 과거에 수석 관구였던 관구를 점령하고 있다는 한 가지 이유만으로 그 사람을 그리스도의 대리자요, 베드로의 후계자요, 교회의 감독이라고 여기고 있으니, 이것이야말로 처절한 어리석음이요 우매가 아니고 무엇이겠는가?

교황의 사업과 교회를 올바로 유지하는 것이 서로 얼마나 많은 차이가 있는지에 대해서는 굳이 논하지 않겠다. 한 가지만으로도 이 문제에 대해서 모든 의심이 완전히 사라질 수 있을 것이다. 건전한 정신이 있는 사람이라면 누구도 감독의 직분이 인장(印章) 속에 들어 있는 것으로 보지 않으며, 더구나 모든 협잡과 사기의 소굴 안에 있는 것으로는 더더욱 보지 않을 것이다. 그런데 교황의 소위 영적인 통치라는 것이 그런 것들로 되어 있지 않은가! 그러므로 사람들이 자랑하는 로마 교회는 이미 오래 전에 세속의 법정으로 변해버렸고, 지금 로마에서 보이는 것은 그것밖에 없다는 누군가의 말은 아주 적절한 것이다. 나는 여기서 사람들의 악행을 비난하고 있는 것이 아니고, 교황 제도 그 자체가 교회의 질서와 완전히 반대되는 것임을 보여 주고 있는 것이다.

27. 교황들의 사악한 행위와 이단적인 신앙

그런데, 현실의 사람들에게로 넘어가면, 그들이 과연 어떤 유의 그리스도의 대리인들인지 곧바로 알게 된다. 물론, 율리우스, 레오, 클레멘트, 파울루스는 믿음의 기둥들이요, 신앙의 최고의 해석자일 것이다. 그러나 루키아노스(Lucian: 2세기 이교도 풍자작가)의 문하에서 배운 것 이외에는 그리스도에 관하여 그 어떠한 것이라도 절대로 받아들이지 않을 것이다. 그런데, 어째서 내가 서너 명의 교황들을 열거하고 있는가? 마치 교황들이 추기경단 전체와 더불어 오래 전에도 고백했고, 또한 오늘날도 고백하는 신앙이 과연 어떠한지에 대해서 의심의 여지가 있기라도 한 것처럼 말이다. 그들 사이에 지배하는 은밀한 신학의 첫째 강령은 바로 이것이니, 곧 하나님이 없다는 것이다. 그리고 둘째 강령은 그리스도에 관하여 기록되고 가르쳐진 모든 것은 거짓이요 사기라는 것이다. 셋째 강령은 내세와 최후의 부활의 교리들은 그저 지어낸 이야기일 뿐이라는 것이다. 모든 사람이 그렇게 생각하는 것도 아니고, 그렇게 말하는 사람도 별로 없다는 것을 나는 인정한다. 그러나 이것은 오래 전부터 교황의 관례적인 신앙이 되기 시작한 것이다. 로마를 아는 모든 사람들이 이 사실을 익히 잘 알고 있는데도 불구하고, 로마의 교황주의 신학자들은 그리스도의 특권에 의해서 교황이 오류를 범할 수 없다는 식으로 자랑하기를 그치지 않는다. 그리스도께서 베드로에게 말씀하기를, "내가 너를 위하여 네 믿음이 떨어지지 않기를 기도하였노니"(눅

22:32)라고 말씀했기 때문이라는 것이다. 그렇게도 뻔뻔스럽게 조롱한다고 해서 그들에게 무슨 유익이 있는가? 그들이 사악의 극치에까지 이르러 하나님도 두려워하지 않고 사람들도 존경하지 않는 정도가 되었음을 온 세상에게 알리는 것이 아니고 무엇이겠는가?

28. 교황 요한 22세의 오류

그러나 설교에서나 글에서나 교황들이 그런 말을 발설하지도 않았고, 오로지 식탁이나 침실에서나, 최소한 벽 속에서만 그런 것을 드러냈기 때문에, 내가 언급한 교황들의 그런 불경함이 완전히 감추어져 있다고 상상해 보자. 그렇더라도, 만일 그들이 주장하는 그런 특권이 유효하기를 바란다면, 요한 22세를 교황의 명단에서 삭제해야 할 것이다. 그는 사람의 영혼이 유한하며 부활의 날까지 육체와 함께 죽어 있다고 공공연히 주장하였으니 말이다. 그리고 관구를 지지하는 최고의 버팀목이 완전히 타락해 버렸는데도, 추기경 중에 어느 한 사람도 이 엄청난 미친 현실에 대해서 이의를 제기하지 않았고, 다만 파리의 교수단이 프랑스 왕에게 압력을 넣어 그가 교황으로 하여금 자신의 입장을 철회하도록 만들고자 했다. 프랑스 왕은 요한이 즉각 회개하고 그 사실을 통상적인 방법으로 공포하지 않는 한, 그와 교제하지 못하도록 신하들에게 엄명을 내렸다. 사태가 이렇게 발전하자 그는 어쩔 수 없이 자기의 오류를 인정하고 종전의 입장을 철회하였다. 이 사실을 당시에 살았던 장 제르송(Jean Gerson)이 증언하고 있다.[16]

이러한 실례가 엄연히 존재하니, 주께서 베드로에게 "내가 너를 위하여 네 믿음이 떨어지지 않기를 기도하였노니"(눅 22:32)라고 말씀했기 때문에 로마 관구와 교황은 신앙의 문제에서 오류를 범할 수 없다는 진술에 대하여 나의 반대자들과 굳이 더 이상 논란을 벌일 필요가 없을 것이다. 요한 22세가 참된 믿음에서 그렇게 극심하게 타락한 사실은, 베드로를 계승하여 감독의 직분에 오른 모든 사람들이 다 베드로가 아니라는 분명한 증거를 후손들에게 남겨 주고 있는 것이다. 그리고 그들의 논리 자체도 너무나 유치하여 답변할 필요조차 없다. 만일 베드로에게 하신 주님의 말씀 모두가 베드로의 계승자들에게 적용된다고 하면, 그들은 모두 사탄들이 되고 말 것이다. 주께서는 베드로에게 이렇게도 말씀하셨기 때문이다: "사탄아 내 뒤로 물러가라 너는 나를 넘어지게 하는 자로다"(마 16:23). 사실, 그들이 전자의 말씀을 쉽게 우리에게 들이대지만, 우리로서도 아주 쉽게 이 후자의 말씀을 거꾸로 그들에게 들이댈 수 있는 것이다.

29. 교황들의 부패한 도덕성

이런 식의 어리석은 논쟁을 계속하여 그들과 겨루고 싶은 마음은 없으므로, 처음 말하고자 한 문제로 다시 돌아가기로 한다. 그리스도와 성령과 교회를 한 장소에 매어 두고서, 그곳이 한때 베드로가 치리하던 관구였다는 것만으로 누구든 그곳을 다스리는 자를 — 심지어 그가 마귀일지라도 — 그리스도의 대리자요 교회의 머리로 여기고 있는데, 이것은 단언하건대 그리스도께 불경이요 모욕일 뿐 아니라 지극히 우매한 것이요, 보통의 상식으로도 납득할 수 없는 것이다. 로마의 교황들은 오랜 세월 동안 신앙이 없는 상태였거나 아니면 신앙에 대하여 크나큰 원수들이었다. 그러므로 관구를 차지하고 있다는 것 때문에 그들이 그리스도의 대리자들인 것이 아니다. 그들은 오히려 하나님의 성전에 앉아 스스로 하나님이라고 내세우는 우상들인 것이다(살후 2:4).

자, 그들의 도덕성을 판단해 본다면, 교황들은 과연 감독(주교)의 직분에 합당한 특징을 하나라도 분명히 갖고 있는지를 대답해 보기 바란다. 첫째로, 로마의 사람들이 그런 식으로 생활하고 있는데도 교황들이 그것을 눈감아 주고 아무 말도 하지 않을 뿐 아니라 무언으로 고개를 끄덕여서 사실상 그런 생활을 인정하고 있으니, 이것은 정말 감독으로서 자격이 없는 처사다. 감독의 임무는 사람들의 방종한 생활을 엄격한 권징으로 억제하는 것이니 말이다. 그러나 다른 사람들의 과실들을 그들에게 떠맡기는 식으로 그들을 가혹하게 대할 생각은 없다. 그러나 그들 스스로 자기들의 가솔들과, 추기경단의 거의 전부와, 휘하의 모든 성직자들과 더불어 온갖 사악과 더러움과 부정함과 온갖 종류의 범죄와 악행에 팔려왔으니, 그들은 사람보다는 괴물들을 닮았다. 그리고 그런 점에서 자기들이 절대로 감독들이 아니라는 사실을 스스로 드러내고 있는 것이 아닌가!

그러나 내가 그들의 사악함을 더 폭로할까 두려워할 필요는 없다. 그렇게 더러운 진흙탕을 건너 지나간다는 것은 그야말로 불쾌한 일이므로, 귀를 깨끗한 상태로 남겨 두어야 할 것이 아니겠는가? 내가 증명하고자 한 것은, 로마가 한때 교회들의 머리였다 할지라도, 오늘날에는 교회의 새끼 발가락에도 낄 만한 가치가 없다는 사실이었는데, 이 정도면 그 의도는 충분히 이룬 것 같다.

30. 추기경직의 문제성

추기경들(cardinals) — 그들이 부르는 칭호를 그대로 쓰기로 하자 — 에 대해서는, 그들이 어떻게 해서 갑자기 그렇게 비대해졌는지 나는 모른다. 그레고리우스의 시대에는 이 칭호는 오로지 감독들에게 속한 것이었다. 그레고리우스는 추기경들을 언급할 때마다, 로마 교회만이 아니라 다른 교회들의 감독들을 함께 통칭하고 있기 때문이다. 그러니, 간단히 말해서 추기경 사제란 다름 아닌 감독을 말한다. 그 이전의 시대의 저술가들에게서는 이런 칭호를 찾아볼 수가 없다. 그리고, 지금은 추기경이 감독보다 훨씬 고위직이지만 그때에는 감독들보다 지위가 낮았던 사실을 보게 된다. 아우구스티누스의 저작 중에 유명한 진술이 있다: "교회에서 이미 사용되고 있는 직분들의 이름들에 따르면, 감독의 직분이 장로의 직분보다 높지만, 그러나 여러 가지 점에서 아우구스티누스는 히에로니무스보다 낮습니다."[17] 이 진술은 로마 교회의 장로를 다른 장로들과 구별하지 않고, 모든 장로들을 동등하게 감독 밑에 두고 있다. 카르타고 공의회에 로마 관구를 대표하여 감독 한 사람과 장로 한 사람이 참석했는데, 그 장로에게 말석(末席)이 주어졌을 정도로, 그 관례가 철저히 지켜졌다.

그러나 굳이 먼 과거의 일을 지나치게 들추어내지 않더라도, 그레고리우스 시대에 로마에서 공의회가 열렸을 때를 보더라도 장로들이 말석을 차지했고 그들 스스로 서명했고, 집사들은 서명할 자리도 주어지지 않았다. 사실상, 그 당시 집사들의 임무는 그저 회의에 참석하며 감독 밑에서 교리와 성례를 수종드는 것이 전부였다. 그런데 그들의 지위가 완전히 뒤바뀌어 이제는 왕들과 황제들과 어깨를 나란히 하게 된 것이다. 그들의 머리인 교황과 더불어 점점 지위가 상승하여 급기야 이러한 위엄의 정상에까지 오르게 되었다는 것이 의심의 여지가 없는 것이다.

자, 이에 대해서 그저 간단하게 언급하고 지나가는 것은, 오늘날 존재하는 로마의 관구가 고대의 관구의 특권을 빙자하여 자신을 보호하고 방어하고 있지만, 사실상 고대의 관구와는 매우 차이가 있다는 점을 독자들이 더 잘 이해할 수 있도록 해주기 위함이다. 한때 그들의 모습이 어떠했든지 간에, 지금 그들에게는 참되고 적법한 교회의 직분이 없고 그저 색깔과 텅빈 껍데기만 남아 있을 뿐이다. 아니, 그들이 모든 면에서 참된 교회의 사역을 대적하고 있기 때문에, 그레고리우스가 자주 쓰던 말이 그들에게 일어나지 않을 수가 없을 것이다: "나는 울며 말하고, 탄식으로 선포하노라. 사제직이 속에서 무너졌으니 바깥에서도 오래 버티지 못할 것이로다."[18]

아니, 말라기 선지자가 그런 제사장들에 대해서 하는 말씀이 그들에게 이루어질 것이다: "너희는 옳은 길에서 떠나 많은 사람을 율법에 거스르게 하는도다 나 만군의 여호와가 이르노니 너희가 레위의 언약을 깨뜨렸느니라 너희가 내 길을 지키지 아니하고 율법을 행할 때에 사람에게 치우치게 하였으므로 나도 너희로 하여금 모든 백성 앞에서 멸시와 천대를 당하게 하였느니라"(말 2:8-9).

자, 모든 경건한 사람들은 생각해 보기를 바란다. 로마의 성직계급제의 정상(頂上)이 과연 얼마나 높고 고귀하길래, 교황주의자들이 그 사악한 뻔뻔스러움으로, 심지어 하늘과 땅에서 사람들과 천사들에게 존귀하고 거룩한 것이어야 마땅한 하나님의 말씀까지도 그 밑에 복속시키기를 주저하지 않느냐 하는 것을 말이다.

주

1. Cyprian, *Letters*, lxviii. 1; xliv. 1; xlv. 1; xlviii. 1; lxxii. 3; lxxv. 3, 17. 25.

2. Jerome, *Letters*, cxlvi. 1, 2.

3. Gregory I, *Letters*, V. 37, 39, 41, 44, 45; VII. 24, 30; IX. 156.

4. Cyprian, *Letters*, lxxiv. 1, 3, 4, 7, 8.

5. Socrates, *Ecclesiastical History*, ii. 8.

6. Gregory I, *Letters*, II. 1; I. 16, 5, 7, 25.

7. Gratian, *Decretum*, I. lxxx. 1, 2.

8. Gregory, *Letters*, VIII. xxix.

9. Bernard, *De consideratione*, I. iv. 5; I. x: 13; IV. ii. 4, 5; IV. iv. 77; III. ii. 6-12; III. iv. 14.

10. 참조. 4권 11장 8-14절.

11. Council of Carthage, canon xxvi.

12. Gregory, *Letters*, V. 54; VIII. 29.

13. 참조. 4권 3장 6-8절.

14. 1534-1549년에 재위한 교황 바오로 3세(Paul III)를 지칭한다.

15. Eusebius, *Ecclesiastical History*, III. v. 3.

16. John Gerson, *Sermon on the Feast of Easter*.

17. Augustine, *Letters*, lxxxii. 4. 33.

18. Gregory, *Letters*, V. 57, 58, 62, 63; VI. 7.

제 8 장

∿◌∿

신조에 대한 교회의 권세:
교황제의 무절제한 방종으로 인한 순결한 교리의 부패

(하나님의 말씀이 제시하는 교회의 권세. 1-9)

1. 교회의 권세의 목적과 제한성

이제는 세 번째 부분인 교회의 권세(the power of the church)에 대해 논의할 차례가 되었다. 교회의 권세는 부분적으로는 개개인의 감독(주교)들에게 있고, 부분적으로는 공의회에 ― 국지적이든 전교회적이든 ― 에 있다. 나는 교회에 합당한 영적인 권세에 대해서만 말하고자 한다. 이 권세는 교리권, 재판권, 입법권이다. 교리권에는 두 부분이 있는데, 신조들을 제정할 권세와, 그것들을 해명할 권세가 그것이다.

이것들을 하나씩 구체적으로 다루기 전에, 경건한 독자들에게 경계하고 싶은 것이 있다. 곧, 교회의 권세에 대하여 무엇을 배우든지 간에, 그 권세가 주어진 목적이 사도 바울의 말씀처럼 교회를 세우기 위함이고 파괴시키기 위함이 아니라는 점을 항상 생각해야 한다는 것이다(고후 10:8; 13:10). 그 권세를 사용하는 자들은 자기들이 그리스도의 종들에 지나지 않으며 동시에 그리스도 안에서 사람들의 종들이라는 사실을 정당하게 생각해야 하는 것이다(고전 4:1). 교회를 세우는 유일한 길은 사역자들 자신이 그리스도의 권위를 유지하도록 최선을 다하는 데에 있는데, 그 권위는 그리스도께서 아버지로부터 받으신 것이 그에게 남아 있도록 해야만 유지될 수 있는 것이다. 즉, 그리스도께서 홀로 교회의 스승이시라는 사실을 확고히 지키는 것이다. 다른 어느 누구에게도 말고 오직 그리스도께만 "말을 들으라"(마 17:5)고 말씀하고 있는 것이다.

그러므로 교회의 권세는 이렇게 저렇게 장식하고 꾸며서 드러낼 것이 아니다. 또한 그 명확한 한계를 지키도록 함으로써 사람의 변덕에 따라서 이리저리 끌려다니지 않도록 해야 하는 것이다. 그렇기 때문에 선지자들과 사도들이 이 권세에 대해서 어떻게 묘사하는지를 살펴보는 것이 특별한 유익이 될 것이다. 그저 사람의 생각에 따라서 사람에게 그런 권세를 주게 되면, 곧바로 그것이 폭정(暴政)으로 전락하여 그리스도의 교회와는 전연 거리가 멀어지고 만다는 것이 너무나도 분명한 것이다.

2. 모세와 제사장들의 권위

따라서, 여기서 우리는 성경에서 성령께서 제사장이나 선지자나 사도들이나 사도들의 후계자들에게 어떠한 권위와 위엄을 줄 때가 있는데 그때마다 그것을 사람들 개개인에게 주는 것이 아니라, 그들이 세움을 받은 바 그 사역에게 주는 것이라는 사실을 — 아니면 좀 더 간단히 말하면, 그 권위와 위엄이 그들이 맡아서 섬기는 바 하나님의 말씀에 있다는 사실을 — 기억해야 할 것이다. 그들 모두를 제대로 살펴보면, 여호와의 이름과 그의 말씀으로가 아니고서는 그들에게 가르치거나 답변할 권위가 주어져 있지 않았다는 것을 알게 될 것이다. 그들이 부르심을 받아 직분을 받게 되면, 동시에 그 어떠한 것이라도 그들 자신의 것을 가져와서는 안 되고 오직 여호와의 입에서 나오는 말씀만을 말하라는 명령이 그들에게 주어진다. 주께서도 그들을 내어보내셔서 백성들을 가르치게 하시기 전에 그 백성들에게 무엇을 말할 것인지를 먼저 그들에게 가르치신다. 곧, 하나님의 말씀 이외에는 아무것도 말해서는 안 된다는 것이다.

모든 선지자들의 대표자라 할 수 있는 모세의 말씀을 다른 누구보다 더 경청하여야 했다. 그러나 그도 먼저 하나님의 명령으로 교훈을 받았었고, 그리하여 오직 여호와께서 주시는 말씀 이외에는 아무것도 선포할 수가 없었던 것이다(출 3:4 이하). 그러므로 백성들이 그의 가르침을 받아들이고 "여호와와 그의 종 모세를 믿었더라"고 기록되어 있는 것이다(출 14:31).

제사장들의 권위 역시 멸시를 당하지 않도록 하기 위해서 아주 무서운 벌칙과 함께 인준되었다(신 17:9-13). 그러나 여호와께서는 동시에 어떠한 조건 하에서 그들의 말을 들을 것인지를 말씀하고 계신다. 여호와께서 레위와 언약을 맺으셔서 진리의 법을 그의 입술에 두셨다고 말씀하시는 것이다(말 2:4, 6). 그리고 조금 뒤에 가서는 이렇게 덧붙이신다: "제사장의 입술은 지식을 지켜야 하겠고 사람들은 그의 입에서 율법을 구하게 되어야 할 것이니 제사장은 만군의 여호와의 사자가 됨이거늘"(말 2:7).

그러므로 제사장이 자신이 하는 말이 백성들에게 받아들여지기를 바라면, 그는 스스로 하나님의 사자라는 것을 드러내 보여야 할 것이다. 곧, 그가 주인 되시는 하나님께로부터 받은 바 말씀을 신실하게 전달하여야 한다는 것이다. 그리고 말씀을 듣는 일에 대해서는, "그들이 네게 가르치는 율법의 뜻대로" 듣고 행하라고 명확하게 제시하고 있는 것이다(신 17:10-11).

3. 선지자들의 권위

에스겔 선지자는 선지자의 권세의 일반적인 성격을 다음과 같이 멋지게 묘사하고 있다: "여호와의 말씀이 내게 임하여 이르시되 '인자야 내가 너를 이스라엘 족속의 파수꾼으로 세웠으니 너는 내 입의 말을 듣고 나를 대신하여 그들을 깨우치라'"(겔 3:16-17). 여호와의 입에서 나오는 말씀을 들으라고 명령을 받은 자는 자기 스스로는 아무것도 만들어 내지 못하도록 되어 있는 것이 아닌가? 여호와께로부터 소식을 가져온다는 것은, 자기가 전하는 말씀이 자기의 것이 아니라 여호와의 것이라는 확신을 갖고서 담대히 전한다는 것이 아니고 무엇이겠는가?

예레미야는 이러한 사상을 다른 말로 표현하고 있다: "꿈을 꾼 선지자는 꿈을 말할 것이요 내 말을 받은 자는 성실함으로 내 말을 말할 것이라"(렘 23:28). 과연 선지자는 그들 모두에게 하나의 법을 진술하고 있는 것이다. 더욱이, 하나님께서는 어느 누구라도 자신이 명령하신 것보다 더한 것을 가르치도록 허용하지 않으신다. 그는 자신에게서 나오는 것이 아닌 모든 것을 가리켜 "겨"라고 부르신다(렘 23:28). 그러므로 여호와께서 그의 말씀을 미리 주신 경우가 아니면 그 어떠한 선지자라도 입을 열지 않았던 것이다. 그렇기 때문에 선지자들 가운데서 다음과 같은 표현들이 그렇게 자주 나타나는 것이다: "여호와의 말씀," "여호와의 경고," "여호와께서 말씀하시되," "여호와의 입이 말씀하셨느니라."

과연 옳은 말씀이다! 이사야 선지자는 스스로 자기 입술이 부정하다고 외쳤고(사 6:5), 예레미야는 자기는 아이라서 말을 할 줄 모른다고 했다(렘 1:6). 그러니 이사야와 예레미야가 자기 자신의 말을 한다면, 그들의 부정한 입술과 어리석은 입에서 더럽고 어리석은 것밖에 나올 것이 무엇이 있겠는가? 그러나 성령의 거룩한 도구들이 되면서 그들의 입술이 거룩하고 순결하게 되었다. 선지자들이 자기들이 받은 것 외에는 아무것도 전하지 않아야 한다는 원칙을 경건함으로 준수할 때에, 그들에게는 놀라운 능력과 귀한 칭호들이 주어진다. 여호와께서는 "내가 오늘 너를 여러 나라와 여러 왕국 위에 세워 네가 그것들을 뽑고 파괴하며 파멸하고 넘어뜨리며 건설하고 심게 하였느니라"(렘 1:0)라고 선언하시면서, 즉시 그 이유를 덧붙이고 계시는 것이다: "내가 내 말을 네 입에 두었노라"(렘 1:9).

4. 사도들의 권위

이제 사도들을 바라보면, 그들은 여러 가지 두드러진 칭호들로 높임을 받고 있다. 그들은 "세상의 빛"이요 "세상의 소금"이다(마 5:13-14). 그들의 말을 듣는 것이 곧 그리스도의 말씀을 듣는 것이다(눅 10:16). 무엇이든지 그들이 땅에서 매거나 풀면 하늘에서도 매이거나 풀릴 것이다(마 16:19; 18:18; 참조. 요 20:23). 그러나 그들이 직분을 수행할 때에 어느 정도나 그들 자신의 재량에 맡겨지는가 하는 것이 그들의 이름에서부터 드러난다. 곧, 그들이 "사도"(使徒)라면 자기들이 좋아하는 대로 마음껏 이야기해서는 안 되며, 마땅히 그들을 보내신 그분의 계명들을 신실하게 전달해야 하는 것이다. 그들에게 사명을 규정하여 주신 그리스도의 말씀도 너무나 분명하다: "너희는 가서 … 내가 너희에게 분부한 모든 것을 가르쳐 지키게 하라"(마 28:19-10).

그러나 주님께서도 친히 이 법을 받으셔서 자기 자신에게 이를 적용시키심으로써 누구든지 그것을 거부하지 못하도록 하셨다. "내 교훈은 내 것이 아니요 나를 보내신 이의 것이니라"(요 7:16). 그는 아버지의 유일하시고 영원하신 모사셨고, 또한 아버지에게서 만유의 주(Lord)요 주인(Master)으로 지명되셨다. 그러나 그는 몸소 가르치시는 사역을 수행하심으로써, 모든 사역자들이 과연 어떠한 법칙을 따라서 가르쳐야 할지를 스스로 모범으로써 제시하시는 것이다. 그러므로 교회의 권세는 무한정한 것이 아니라 주님의 말씀에 종속되는 것이요, 말하자면 그 말씀 속에 들어 있는 것이다.

5. 하나님의 계시의 다양한 방법

하나님의 종들이 하나님께로부터 배운 것 외에는 아무것도 가르치지 말아야 한다는 이러한 원리가 처음부터 교회 안에서 그대로 시행되었었고, 또한 오늘날에도 그대로 시행되어야 마땅하지만, 시대의 형편이 다양하므로 그 배움의 방법들도 매우 다양했다. 그러나 현재의 질서는 옛날에 있던 질서와는 매우 다른 것이다.

첫째로, "아들과 또 아들의 소원대로 계시를 받은 자 외에는 아버지를 아는 자가 없느니라"(마 11:27)라는 그리스도의 말씀이 사실이라면, 하나님을 아는 지식을 가진 사람은 반드시 그 영원한 지혜이신 그리스도께로부터 지시를 받아야 할 것이다. 하나님의 비밀한 것들을 어떻게 정신으로 파악할 수 있었겠으며, 아버지의 은밀한 것들을 계시받으신 그리스도의 가르침을 받지 않고서 어떻게 그것들을 말로 전할 수가 있었겠는가? 그러므로 옛날의 거룩한 사람들은 마치 거울을 바라보듯이 그리스도 안에서 하나님을 바라봄으로써만 하나님을 알았던 것이다(참조. 고후 3:18). 이 말은 곧, 하나님께서는 아들을 통하는 방법 외에는, 즉 그의 유일한 지혜와 빛과 진리를 통하는 방법 외에는 절대로 다른 방법으로 자기 자신을 사람들에게 계시하지 않으셨다는 뜻이다. 아담, 노아, 아브라함, 이삭, 야곱 등이 하늘의 도리에 대하여 그들이 얻었던 모든 것을 바로 이 샘에서 마신 것이다. 그리고 모든 선지자들도 그들이 선포한 모든 하늘의 말씀을 바로 그 샘에서 퍼올린 것이다.

이 지혜는 언제나 한 가지 방식으로 자신을 드러낸 것이 아니다. 족장들 가운데서는 하나님께서 비밀한 계시들을 사용하셨으나, 동시에 하나님께서 그들에게 말씀하고 계신다는 사실을 의심할 수 없도록 표적들을 덧붙여 주심으로써 그 계시들을 확증해 주셨다. 그리고 족장들은 그들이 받은 바를 후손들에게 전수하였다. 여호와께서는 그들에게 그 계시들을 주실 때 한 가지 조건과 더불어 주셨는데, 곧 그 계시를 자손 대대로 전파해야 한다는 것이 그것이었다. 그리하여 그들의 후손들은 그들이 들은 바가 땅이 아니라 하늘에서 온 것이라는 것을 하나님의 내적인 가르치심을 통해서 알았던 것이다.

6. 구약 시대의 하나님의 말씀

그러나 하나님께서는 좀 더 가시적인 형태의 교회를 일으키기로 작정하시고서, 그의 말씀을 글로 적어서 인치기를 원하셨고, 그리하여 그의 제사장들이 백성들에게 가르칠 바를 그것에서 찾도록 하고, 또한 가르치는 모든 교리 하나하나마다 그 규범과 일치하도록 하셨다. 그러므로 율법이 공포된 후에, 제사장들은 여호와의 입에서 가르치도록 명령을 받았다(참조. 말 2:7). 이는 곧, 하나님께서 그 율법에 포함시켜 놓으신 가르침에 맞지 않거나 이질적인 것은 아무것도 가르쳐서는 안 된다는 뜻이다. 그 율법에 가감하는 일은 절대로 할 수 없는 일이었다(신 4:2; 13:1).

그 후 선지자들이 이어지는데, 하나님께서는 이들을 통하여 새로운 말씀들을 공포하셔서 율법에 덧붙이셨다. 그러나 그들의 말씀들이 새로운 말씀이지만 결국 율법에서 비롯된 것이요 또한 율법으로 돌아가게 하는 것이었다. 교리와 관련해서 말하자면, 그들은 그저 율법의 해석자들일 뿐이었고, 장차 일어날 일들에 대해 미리 예언(predictions)하는 것 외에는 아무것도 새로운 것을 덧붙인 것이 없었다. 그런 미래에 대한 예언들 외에는 아무것도 제시하지 않았고, 오로지 순전히 율법을 해명하기만 한 것이다. 그러나 여호와께서는 연약한 양심들을 더 안위하시기 위하여 더 분명하고 더 충만한 가르침을 계시하시기를 기뻐하셨고, 그리하여 그 예언들도 글로써 기록되도록 하시사 그의 말씀의 일부를 이루도록 하신 것이다. 또한 동시에 상세한 역사적 사실들이 여기에 첨가되었으니, 이 또한 선지자들의 수고로 이루어졌으나, 성령의 지시(the Holy Spirit's dictation) 아래에서 씌어진 것이다. 나는 시편도 예언서에 포함시키는데, 우리가 예언서에 돌리는 것이 시편에도 있기 때문이다.

그러므로 율법과 예언들과 시편들과 역사들이 하나로 묶여진 것이 고대 사람들을 위한 여호와의 말씀이었다. 그리고 제사장들과 교사들은 그리스도께서 강림하실 때까지 그들의 가르침을 이 표준과 일치시켜야 했다. 그리고 거기에서 좌로나 우로나 치우쳐서는 안 되었다(신 5:32). 하나님의 입을 근거로 하여 백성들에게 답하는 것이 그들의 임무의 전부였기 때문이다. 이러한 사실은 말라기서의 유명한 한 구절에서도 드러나고 있다. 거기서 여호와께서는 그 백성들에게 ― 복음이 전파될 때까지 ― 율법을 기억하고 그것을 준수하라고 하시는 것이다(말 4:4). 이렇게 해서 여호와께서는 온갖 새로운 잘못된 가르침들로부터 그들을 보호하시고, 모세가 그들에게 신실하게 보여 준 길에서 털끝만큼이라도 돌아서지 않도록 하시는 것이다. 또한 다윗이 율법의 탁월함을 그렇게 웅변적으로 선포하며, 그렇게 여러 가지로 찬양하고 있는(시 19:7 이하) 이유는 바로, 그 율법에 모든 완전한 것이 포함되어 있기 때문에 유대인들로 하여금 다른 것을 동경하고 사모하지 않도록 하기 위함이었던 것이다.

7. 아들을 통한 완전하고 영원한 계시

그런데 드디어 하나님의 지혜가 육체로 계시되었을 때에, 그 지혜는 인간의 정신으로 하늘에 계신 아버지에 관하여 파악할 수 있는 것과 또한 생각해야 마땅한 모든 내용을 우리에게 기꺼이 선포하셨다. 그러므로, 의의 태양이신 그리스도께서 오신 이후로 — 그 전에는 그저 희미한 빛밖에는 없었는데 — 우리는 마치 대낮의 찬란한 햇빛처럼 신적 진리의 완전한 광채를 받아 누리게 되었다. 사도께서 "옛적에 선지자들을 통하여 여러 부분과 여러 모양으로 우리 조상들에게 말씀하신 하나님이 이 모든 날 마지막에는 아들을 통하여 우리에게 말씀하셨으니"(히 1:1-2)라고 기록한 것은 과연 결코 평범한 것을 선포하기 위한 것이 아니었다. 바울이 의도하는 바는, 아니 공개적으로 선포하는 바는, 곧 하나님께서는 과거에 행하신 것처럼 이 사람 저 사람을 통하여 간헐적으로 말씀하지도 않으실 것이요, 이 예언 저 예언을, 혹은 이 계시 저 계시를 계속 덧붙이지도 않으실 것이라는 것이다. 오히려 하나님께서는 그의 아들 안에서 가르침의 모든 기능들을 성취해 놓으셨으므로 우리는 이것을 하나님께로부터 오는 최종적이며 영원한 증언으로 인정해야 한다는 것이다.

그리하여 이 새 언약의 시대 전체를, 그리스도께서 우리에게 나타나셔서 그의 복음을 선포하신 시점부터 마지막 심판의 날까지의 시기를, "마지막 때"(요일 2:18), "말세"(딤전 4:1; 벧전 1:20), "마지막 날들"(행 2:17; 딤후 3:1; 벧후 3:3) 등으로 부르고 있다. 이렇게 하는 것은, 우리가 그리스도의 완전하신 가르침으로 만족하여, 우리들 스스로 이것을 넘어서는 어떤 새로운 가르침을 만들어 내거나, 혹은 다른 사람들이 고안해 낸 다른 어떤 가르침들을 받아들이지 않는 법을 배우도록 하기 위함인 것이다.

그러므로 아버지께서 유일무이(唯一無二)한 특권으로 아들을 우리의 교사로 정하시고서 오직 그의 말씀만을 들으라고 명하시는 데에는 그만한 이유가 있었던 것이다. 하나님께서는 과연 "그의 말을 들으라"는 한 마디 말씀으로(마 17:5) 그리스도께서 우리의 교사이심을 가르쳐 주신 것이다. 그러나 이 말씀에는 보통 생각하는 것보다 더한 무게와 힘이 있다. 왜냐하면 하나님께서는 이 말씀을 통하여, 온갖 사람들의 가르침에서 우리를 떠나게 하사 우리를 오직 그의 아들에게로 이끄시며, 구원에 관한 모든 가르침을 오직 그에게서 찾고 그를 의지하고 그를 붙들라고 명하시며, 한 마디로 말해서 ─ 그 말씀 그대로 ─ 오직 그의 음성만을 들으라고 명하시는 것이기 때문이다. 생명의 말씀이신 그분께서 친히 자기 자신을 우리에게 친밀하게 공개적으로 드러내셨는데, 어째서 사람에게 기대를 걸고 소망을 걸어야 한단 말인가? 하늘 아버지께서 지식과 지혜의 모든 보화를 감추어 두신(골 2:3) 바로 그분께서 이미 말씀하셨고, 그것도 하나님의 지혜(이는 모든 면에서 흠과 티가 없다)와 메시야의 지혜(만물에 대한 계시를 알려주시는 그분의 지혜)에 합당하도록 말씀하셨으니, 모든 사람의 입이 막히고 마는 것이다(참조. 요 19:23; 요 4:25). 즉, 그는 그 자신 이후로는 다른 사람이 말할 것을 아무것도 남겨두지 않으신 것이다.

8. 사도들의 사명

자, 이것을 확고한 원리로 삼아야 하겠다. 곧, 먼저 율법과 선지자 속에, 그리고 사도들의 글 속에 포함된 것 외에는 그 어떠한 말씀도 하나님의 말씀으로 받아들여서도 안 되며, 교회에서 하나님의 말씀으로서 인정을 받아서도 안 되고, 교회 안에서 이루어지는 가르침의 정당한 방법은 오로지 하나님의 말씀의 명령과 표준에 따라서 가르치는 것뿐이라는 것 말이다.

여기서 생각할 수 있는 것은 과거에 선지자들에게 허용되었던 계시 이외의 것은 사도들에게 허용되지 않았다는 사실이다. 사도들로서 할 일은 옛날에 주어진 성경을 해명하고, 거기서 말씀하는 것이 그리스도 안에서 성취되었다는 것을 보여 주는 것이다. 그러나 주님으로부터가 아니고서는, 즉 그리스도의 영이 앞서 나아가시며 말씀들을 지시하시지 않는 한, 그들로서는 그 일도 할 수 없는 것이었다. 그리스도께서는 사도들에게, 가서 가르치되 자기들이 생각 없이 꾸며낸 것을 가르치지 말고 그가 그들에게 분부한 모든 것들을 가르치라고 명하셨는데(마 28:19-20), 이때에 그는 그들의 사명의 한계를 이렇게 명확히 제한하신 것이다.

그가 다른 곳에서 하신 다음의 말씀보다 이에 대해 더 분명한 것은 없을 것이다: "그러나 너희는 랍비라 칭함을 받지 말라 너희 선생은 하나요 … 곧 그리스도시니라"(마 23:8, 10). 그리고는 이 점을 그들의 마음속에 더욱 깊이 새기도록 하기 위하여 그는 이 말씀을 같은 장소에서 두 번 반복하시는 것이다(마 23:9-10). 그리고 그들이 무지(無知) 때문에 주님의 입술로 듣고 배운 바를 깨달을 수가 없었으므로, 주께서는 진리의 성령께서 그들을 인도하사 모든 일들을 바르게 깨닫게 하시겠다고 약속하시는 것이다(요 16:13). 또한 여기에도 제한 조건이 있음을 유념하여야 할 것이다. 곧, 주께서 성령께 부여하신 임무는 바로 자신이 과거에 친히 입으로 가르치신 모든 것을 생각나게 하는 일이었다는 것이다(요 14:26).

9. 사도들과 그 후계자들의 한계

그리하여 베드로는 자신이 지켜야 할 한계에 대하여 주님으로부터 교훈을 잘 받고서, 하나님께로부터 전수받은 대로 교리를 전하는 것 외에 자기 자신에게나 다른 사람에게 아무런 여지도 남겨두지 않는다. 그는 말하기를, "누가 말하려면 하나님의 말씀을 하는 것 같이 하라"(벧전 4:11)고 한다. 곧, 악한 양심이 말할 때에 흔히 하듯이 주저하고 안절부절하며 말하지 말고, 하나님의 확실한 명령을 받은 하나님의 종답게 높은 확신과 신뢰를 갖고서 말하라는 것이다. 이것이 인간의 마음에서 만들어 낸 모든 것들을 거부하고 하나님의 순전한 말씀을 신자들의 교회에서 가르치고 배우라는 뜻이 아니고 무엇이겠는가? 모든 사람들의(계급의 고하를 막론하고) 규례들을 제거하고 오직 하나님의 명령만이 효력을 갖도록 하라는 뜻이 아니고 무엇이란 말인가?

이것들이 바로 "어떤 견고한 진도 무너뜨리는 하나님의 능력"인 신령한 "무기"요, 하나님의 신실한 군사들은 이 무기들로써 "모든 이론을 무너뜨리며 하나님 아는 것을 대적하여 높아진 것을 다 무너뜨리고 모든 생각을 사로잡아 그리스도에게 복종하게" 하는 것이다(고후 10:4-5). 바로 이것이야말로 교회의 목회자들이 — 어떤 이름으로 불리든 간에 — 부여받아야 할 지고한 능력이다. 이 능력으로 그들은 하나님의 말씀에 의하여 모든 일을 담대히 행하며, 모든 세상의 권세와 영광과 지혜와 교만을 꺾어서 하나님의 위엄에 복종시키는 것이다. 그리고 하나님의 능력을 힘입어 고하를 막론하고 모든 사람들을 명하며, 그리스도의 집을 세우고 사탄의 집을 무너뜨리며, 양 떼를 먹이고 늑대들을 몰아내며, 가르침을 받기에 합당한 자들을 가르치고 양육하며, 배반하고 완악한 자들을 책망하고 억제시키며, 매고 풀며, 그리고 필요시에는 불을 발하고 번개치듯 호령하는 것이다. 그러나 이 모든 일들을 하나님의 말씀 안에서 하는 것이다.

그러나 이미 말했듯이, 사도들과 그들의 후계자들 사이에는 다음과 같은 차이가 있다. 사도들은 확실하고도 순전한 성령의 필사자(筆寫者)들이었고 따라서 그들의 글들을 하나님의 말씀으로 받아들인다. 그러나 그 외의 사람들의 유일한 임무는, 성경 안에 들어 있고 인쳐져 있는 것을 가르치는 일이다. 그러므로 우리는, 신실한 사역자들로서는 새로운 어떤 교리를 만들어내어서는 안 되고 하나님께서 한 사람의 예외도 없이 모든 사람들로 하여금 복종하게 하신 그 가르침을 철저히 지켜야 한다고 가르치는 것이다. 이러한 사실은 개개인에게만 해당되는 것이 아니고 온 교회 전체에도 해당되는 것이다. 바울은 그 개인의 자격으로 말하면 주께로부터 고린도의 교인들에게 보내심을 받은 사도였으나, 자신이 그들의 믿음을 주관하지 않는다고 말하고 있다(고후 1:24). 바울조차도 믿음을 주관하지 않는다고 증언하고 있는데, 과연 누가 감히 믿음을 주관한다고 주장할 수 있단 말인가?

만일 바울이, 목자가 무슨 말을 전하든지 무조건 믿음으로 받아들이라고 사람들에게 요구할 수 있는 그런 식의 절대적인 가르침의 특권을 인정하였다면, 그는 같은 고린도 교인들에게 두세 사람의 예언하는 자들이 말할 때에 "다른 이들은 분별할 것이요 만일 곁에 앉아 있는 다른 이에게 계시가 있으면 먼저 하던 자는 잠잠할지니라"(고전 14:29-30)는 규정을 절대로 제시하지 않았을 것이다. 그러나 그는 이렇게 함으로써 한 사람의 예외도 없이 모두 그 권위를 하나님의 말씀의 판단에 복종시킨 것이다.

그러나 보편 교회는 경우가 다르다고 말할 사람도 있을 것이다. 그러나 이에 대한 나의 답변은 바울도 다른 구절에서 믿음은 들음에서 나며 들음은 하나님의 말씀으로 말미암는다고 말함으로써(롬 10:17) 이러한 의심을 미리 예상하고 있다는 것이다. 자, 믿음이 오직 하나님의 말씀에 근거하며 오직 하나님의 말씀에 적용되며 오직 그 안에서만 안식을 누린다면, 온 세상의 말에 대해서는 과연 무슨 여지가 남아 있겠는가? 믿음이 무엇인지를 잘 아는 사람이라면 여기서 의심이 있을 수 없을 것이다. 왜냐하면 사탄과 지옥과 온 세상의 모든 궤계들을 이기고 견디고 든든히 서 있도록 그렇게 믿음을 견고하게 세워야 하기 때문이다. 이러한 견고함은 오직 하나님의 말씀에서만 찾을 수가 있다. 그러므로 우리가 반드시 유념해야 할 보편적인 규범은 바로 이것이다. 곧, 하나님께서 새로운 가르침을 제시할 수 있는 자격을 사람들에게서 박탈하시고, 그리하여 그 홀로 신령한 교리를 가르치시는 우리의 스승이 되시도록 하신다는 것이다. 오직 그만이 참되시고(롬 3:4), 거짓말을 하거나 속이지 못하는 분이시기 때문이다. 이 규범은 개개인의 신자에게는 물론 교회 전체에게도 똑같이 적용되는 것이다.

(말씀에 근거하지 않은 교리적 무오성의 거부. 10-16)

10. 교회의 권세에 대한 로마 교회의 입장

그런데, 우리가 말한 이 교회의 권세를 스스로 감독이요 신앙의 수호자들이라 거짓으로 불러온 저 영적 폭군들이 지나간 수 세기 동안 하나님의 백성들 가운데서 행사해온 권세와 비교한다고 가정해 보자. 그리스도와 벨리알이 서로 일치점이 없는 것처럼(고후 6:15), 이 둘 사이에도 전혀 일치점이 없다는 것을 알 수 있을 것이다. 여기서 내가 갖고 있는 의도는 그들이 어떻게 해서, 그리고 어떠한 무자비한 방법으로 자기들의 폭정을 시행해왔는지를 해명하는 것이 아니다. 다만 그들이 오늘날 글로써, 그리고 다음으로는 칼과 불로써, 변호하고 있는 그들의 가르침에 대해서만 말하고자 한다.

그들은 전세계적인 공의회가 교회의 참된 모습이라는 것을 당연시하고 있다. 그리고 이 원리를 받아들인 다음, 그들은 전혀 주저함 없이 그런 공의회들이 성령의 직접적인 지시를 받고 있으므로 오류를 범할 수가 없다고 결론을 내리는 것이다. 그러나 이 사람들이 그 공의회들을 다스리고 심지어 구성하기까지 하기 때문에, 공의회에 속한다고 주장하는 모든 것을 실제로는 자기들에게 속하는 것으로 주장하는 것이다. 그러므로 그들은 자기들의 결정 여하에 따라서 우리의 믿음을 세우기도 하고 무너뜨리게도 하며, 그리하여 어느 쪽이든 자기들이 결정한 바를 우리 마음속에 확고히 새기도록 하며, 또 자기들이 승인한 바를 우리도 의심 없이 그대로 승인하고, 자기들이 정죄한 바를 우리도 정죄하도록 만들려 하는 것이다.

한편, 그들은 하나님의 말씀을 경멸하여 자기들의 변덕에 따라서 교리를 새로이 만들어 내어, 그것을 신조들로 받아들이도록 요구하며, 긍정적인 것이든 부정적인 것이든 간에 자기들이 만들어 낸 모든 교리들에 대하여 — 적극적이든 소극적이든 — 확고히 동의하지 않는 사람은 그리스도인으로 간주하지도 않는 것이다. 왜냐하면 새로운 신조를 작성할 권세가 교회에게 있기 때문이다.

11. 교회와 신자들 개개인에게 주어진 약속들

우선, 이런 권세가 교회에 주어졌다는 것을 그들이 무슨 논리로 증명하는지를 들어보고, 이어서 교회에 대한 그들의 주장으로 그들이 어느 정도나 도움을 받는지를 살펴보기로 하자.

그들은 말하기를, 교회는 그리스도의 신부로서 그에게서 절대로 버림을 받지 않으며 그의 성령으로 말미암아 모든 진리 가운데로 인도함을 받는다는(참조. 요 16:13) 놀라운 약속들이 주어져 있다고 한다. 그러나 그들이 습관적으로 주장하는 그 약속들 중에는 교회 전체에게만이 아니라 개개인의 신자들에게도 해당되는 것들이 많다. 물론 주님은 "볼지어다 내가 세상 끝날까지 너희와 항상 함께 있으리라"(마 28:20)는 말씀과 "내가 아버지께 구하겠으니 그가 또 다른 보혜사를 너희에게 주사 영원토록 너희와 함께 있게 하리니 그는 진리의 영이라"(요 14:16-17)는 말씀을 열두 사도들에게 하셨지만, 이 약속은 열두 사도들 전체에게만이 아니라 그들 한 사람 한 사람에게 개별적으로 하신 것이며, 또한 다른 제자들 — 주께서 이미 받아들이신 제자들은 물론 장차 받아들이실 제자들까지도 — 에게도 하신 것이다.

그런데 그들은 놀라운 위로가 가득한 그런 약속들을 마치 개개인의 그리스도인이 아니라 교회 전체에게만 주어진 것으로 해석하고 있으니, 그것이 이 약속들을 통해서 마음에 확신과 용기를 얻을 특권을 모든 그리스도인들에게서 빼앗아 가는 것이 아니고 무엇이겠는가? 이렇게 말한다고 해서, 개개인의 신자들에게보다 여러 가지 다양한 은사들이 주어지는 신자들 전체의 공동체에 더 충만하고 더 풍성한 하늘의 지혜의 보고(寶庫)가 베풀어져 있다는 것을 부인하는 것이 아니다. 또한 이 약속들이 신자들에게 공통적으로 주어졌으니 모든 사람이 지혜와 총명의 영을(참조. 사 11:2) 똑같이 받는다는 뜻도 아니다. 다만, 그리스도의 원수들이 성경을 왜곡시켜서 자기들의 악한 목적을 변호해주는 전혀 이질적인 의미로 만들어 버리도록 내버려 두어서는 안 된다는 것이다.

그러나 이에 대해서는 그냥 넘어가고, 그저 사실만을 인정하고자 한다. 곧, 주께서 항상 그의 백성과 함께 계셔서 그의 성령으로 그들을 다스리신다는 사실이다. 이 성령은 오류와 무지와 거짓과 흑암의 영이 아니시며 확실한 계시와 지혜와 진리와 빛의 영이시므로, 하나님의 백성들이 하나님께로부터 받은 바를 — 즉, "그의 부르심의 소망이 무엇이며 성도 안에서 그 기업의 영광의 풍성함이 무엇인가를"(엡 1:18) — 그에게서 속임이 없이 배울 수가 있다는 것을(고전 2:12) 나는 고백한다. 그러나 신자들은, 심지어 다른 사람들보다 훨씬 더 탁월한 은사들을 받은 사람들까지도, 이 육체 가운데 있는 동안에는 그리스도의 영의 첫 열매만을 어느 정도 맛볼 수 있을 뿐이다(롬 8:23). 결국, 신자들은 자기들의 연약함을 항상 의식하고서 조심스럽게 하나님의 말씀의 한계 안에 있도록 스스로를 지키는 것 이상 좋은 일이 없는 것이다.

그렇게 하지 않고 자기들이 선호하는 대로 멀리 나아가게 되면, 올바른 길에서 실족하게 되고 만다. 오직 성령의 가르침으로써만 진리와 거짓을 구별할 수 있는데, 그 성령께서 그들에게 계시지 않으니 그렇게 될 수밖에 없는 것이다. 모두가 바울의 고백처럼 아직 목표에 완전히 도달한 것이 아니라고 고백하는 것이다(빌 3:12). 그렇기 때문에, 하나님의 백성들은 완전에 이르렀다고 자랑하는 것이 아니라 날마다 목표를 향하여 최선을 다하여 전진하는 것이다.

12. 교회는 무오하지 않음

그러나 그들은 성도 개개인에게 부분적으로 주어진 것은 무엇이든 철저하고도 완전하게 교회 자체에 속한 것이라고 반론을 제기할 것이다. 여기에 사실을 닮은 면이 있기는 하지만 사실은 아니다. 하나님께서는 각 지체들에게 자기의 분량에 따라서 성령의 은사들을 나누어 주셔서(엡 4:7) 온 몸에 필수적인 것에 부족함이 없게 하시는 것이다. 은사들이란 온 몸의 유익을 위하여 주어지는 것이기 때문이다. 그러나 교회의 그런 풍성한 모습들은 우리의 반대자들이 자랑하는 그런 최고의 완전한 모습과는 항상 거리가 먼 것이다. 물론 교회가 어느 면에서든 핍절하여 충족함을 누리지 못한다는 말은 아니다. 주께서는 교회에 무엇이 필요한지를 아시기 때문이다. 그러나 교회의 겸손과 경건한 소박함을 지키시기 위하여, 주께서는 그가 보시기에 정말로 필요한 정도만 교회에 베푸신 것이다.

여기서 그들이 대개 무어라고 반박하는지도 잘 알고 있다. 곧, 주께서 교회를 "물로 씻어 말씀으로 깨끗하게 하사 거룩하게 하시고 … 티나 주름잡힌 것이 … 없이 거룩하고 흠이 없게" 하셨고(엡 5:26-27) 그렇기 때문에 다른 곳에서는 교회를 가리켜 "진리의 기둥과 터"(딤전 3:15)라고 부른다는 것이다.

그러나 앞의 구절은 그리스도께서 이미 이루신 것을 말하는 것이 아니라 교회 안에서 그가 날마다 행하시는 일을 가르치는 것이다. 그리스도께서 그의 모든 백성들을 날마다 거룩하게 하시고 그들을 씻으시고 깨끗하게 하시고 그들의 흠과 티를 제거하신다면, 아직 그들에게 흠과 티가 어느 정도 남아 있고 무언가 모자라는 부분이 그들의 거룩함에 있다는 것이 분명하다. 그러니 교회의 모든 지체들에게 흠이 있고 불결한 부분이 있는데도 교회가 이미 완전하여 모든 면에서 거룩하고 흠이 없다고 생각한다면, 이것은 얼마나 어리석고 모순된 생각이겠는가!

그러므로 교회가 그리스도로 말미암아 거룩하게 되었다는 것은 사실이지만, 이 땅에서 볼 수 있는 것은 그 거룩함의 시초밖에 없고, 그 최종적인 완전한 완성은 지성소이신(참조. 히 9, 10장) 그리스도께서 그 교회를 그의 거룩하심으로 완전하게 채우실 때에 가서야 비로소 나타나게 되는 것이다. 교회의 티와 주름 잡힌 것들이 씻겨졌다는 것은 사실이다. 그러나 이것은 그리스도께서 강림하셔서 남아 있는 모든 것을 완전하게 제거하시기까지 날마다 계속되는 과정인 것이다. 이러한 사실을 인정하지 않는다면, 우리는 펠라기우스주의자들(Pelagians)과 함께 신자들의 의가 이생에서 완전해진다는 것을 인정할 수밖에 없으며, 또한 비슷하게 카타리파(Cathari)와 도나투스파(Donatists)와 함께 교회 안에서 그 어떠한 약점도 허용하지 않게 될 수밖에 없을 것이다.

그리고 뒤의 구절도, 다른 곳에서 지적한 바와 같이[1] 그들이 주장하는 것과는 전혀 다른 의미이다. 바울이 디모데를 교훈하여 참된 감독의 직분을 위하여 그를 훈련시킬 때에, 그는 자신이 그렇게 한 것이 디모데로 하여금 교회에서 처신하는 법을 알게 하기 위함이었다고 말씀하고 있다. 그리고 그가 그 임무를 더욱더 경건하게 열심히 수행하도록 하기 위하여, 바울은 교회 그 자체가 "진리의 기둥과 터"라고 덧붙이는 것이다(딤전 3:15). 그러니 이 말씀이 하나님의 진리가 — 곧, 복음을 선포하는 사역을 통하여 — 교회 안에 보존되어 있다는 의미가 아니고 무엇이란 말인가? 혹은, 다른 구절에 나타난 그의 가르침대로, 그리스도께서 "사도로 … 목사와 교사로 삼으셨으니 … 우리가 이제부터 … 사람의 속임수와 간사한 유혹에 빠져 온갖 교훈의 풍조에 밀려 요동하지 않고"(엡 4:11, 14) 오히려 "우리가 다 하나님의 아들을 믿는 것과 아는 일에 하나가 되어 온전한 사람을 이루어야"(엡 4:13) 하는 것이다.

그러므로 진리가 세상에서 사라진 것이 아니고 안전하게 남아 있는 것이다.

왜냐하면 교회가 진리의 신실한 관리자가 되며, 교회의 일과 사역으로 말미암아 진리가 유지되기 때문이다. 그리고 이러한 관리가 선지자와 사도의 사역에 있다면, 진리가 과연 안전하게 보존되고 있느냐 하는 것은 하나님의 말씀이 신실하게 지켜지며 또한 그 순전한 모습 그대로 보존되는지의 여부에 달려 있게 되는 것이다.

13. 말씀과 성령은 반드시 함께 역사함

이 문제와 관련한 핵심적인 내용을 독자들이 더 잘 이해할 수 있도록 하기 위하여, 우리의 반대자들이 무엇을 요구하며 또한 우리가 무엇을 반대하는지를 간단하게 설명하고자 한다. 그들이 교회가 오류를 범할 수 없다고 말하는 그 진술의 목적과 의미는 이런 것이다. 곧, 교회는 하나님의 성령으로 말미암아 다스림을 받기 때문에 그 말씀이 없이도 안전하게 나아갈 수가 있으며, 따라서 어디를 가든지 교회는 오직 진리인 것만을 생각하거나 말할 수가 있으며, 따라서 교회가 하나님의 말씀의 범위를 넘어서거나 혹 그 말씀과는 관계 없이 무언가를 정해도, 그것을 다름 아닌 하나님의 확고한 말씀(a sure oracle of God)으로 받아들여야 한다는 것이다.

교회가 구원에 필요한 문제에 있어서 오류를 범할 수 없다는 첫 번째 주장을 우리가 받아들인다면, 우리는 다음과 같은 조건 하에서 받아들일 수 있을 것이다. 곧, 교회가 자기 자신의 모든 지혜를 버리고 스스로 하나님의 말씀을 통하여 성령께 가르침을 받도록 허용하는 한에는 그 진술이 사실이라는 것이다. 그러므로 다음과 같은 차이가 있다. 곧, 우리의 반대자들은 교회의 권위를 하나님의 말씀 바깥에 두는 데 반하여, 우리는 그 권위가 말씀에 밀착되어 있다고 주장하며, 그 권위를 말씀과 분리해서는 안 된다고 보는 것이다.

그리스도의 신부요 제자가 그 남편과 스승에게 굴복하여 항상 그의 말씀에 주의를 기울이는 것이 무엇이 이상하단 말인가? 이런 모습은 아내가 남편의 권위에 복종하는 질서가 잘 잡혀 있는 집안의 모습이요, 오직 스승의 가르침만 받아들이는 제대로 운영되는 학교의 모습이 아닌가? 그렇기 때문에, 교회는 자기 스스로 지혜로워서도 안 되며, 자기 스스로 무언가를 만들어내서도 안 되며, 오직 그리스도께서 말씀을 그치신 곳에서 자기 자신의 지혜도 멈추도록 그 한계점을 인식하여야 하는 것이다.

이렇게 함으로써 교회는 자신의 이성이 만들어내는 모든 것들을 불신하게 되며, 또한 하나님의 말씀에 근거하는 일에 있어서는 불신이나 의심으로 흔들림이 없고 큰 확신과 견고한 절개를 유지해 갈 것이다. 그리하여 자신이 소유한 충만한 약속들을 신뢰하며, 그러한 신뢰를 그 믿음을 유지하는 탁월한 수단으로 삼을 것이다. 그리하여 성령께서 언제나 함께 계셔서 올바른 길로 인도하는 최고의 인도자가 되신다는 것을 절대로 의심하지 않으며, 동시에 하나님께서 그의 성령에게서 어떤 유익을 얻게 하실지를 생각하게 될 것이다. 주께서는 말씀하시기를, 아버지께로부터 보내심을 받을 성령께서(요 16:7) "너희를 모든 진리 가운데로 인도하시리라"고 하신다(요 16:13). 그러나 어떻게 인도하신다는 말인가? 곧, 성령께서 "내가 너희에게 말한 모든 것을 생각나게 하"심으로써 인도하신다는 것이다(요 14:26).

그러므로, 주께서는 성령께서 우리의 마음을 조명하셔서 그리스도의 가르침의 진리를 깨닫게 하시는 것 이상으로 우리에게 다른 무엇을 행하시는 것으로 기대해서는 안 된다는 것을 말씀하시는 것이다. 따라서, 크리소스톰은 그야말로 예리하게 다음과 같이 지적하고 있다: "많은 사람들이 성령에 대해서 자랑하지만, 자기 자신의 생각을 말하는 자들은 거짓으로 성령을 이야기하는 것입니다. 그리스도께서 자기 스스로 말씀하지 않고(요 12:49; 14:10) 율법과 선지자에 근거하여 말씀한다고(요 12:50) 증언하셨으니, 성령의 이름을 빙자하여 전해지는 것 가운데 복음에서 떠나 있는 것은 그 어떠한 것도 믿지 말도록 합시다. 그리스도께서 율법과 선지자의 마침이 되시듯이(참조. 롬 10:4), 성령께서는 복음의 마침이신 것입니다."[2] 이것이 그가 한 말씀인 것이다.

그러니, 성령께서는 하나님의 말씀과 불가분리의 끈으로 연합되기를 뜻하시며, 또한 그리스도께서도 성령을 교회에게 약속하실 때에 그에 대해서 이러한 사실을 말씀하시는데도, 우리의 반대자들은 성령을 자랑하면서 하나님의 말씀과는 전혀 이질적인 이상한 교리들을 그의 이름으로 떠벌이고 있으니 이런 그들의 행동이 얼마나 그릇된 것인지를 쉽게 알 수 있는 것이다. 확신하건대, 과연 그렇다. 주께서는 그가 그의 교회에 대해 말씀하신 근신의 자세가(참조. 벧전 1:13; 4:7; 5:8 등) 영원토록 보존되기를 원하시며, 동시에 그러나 주님은 그의 말씀에 가감하는 것을 일체 금하셨다(신 4:2; 참조. 계 22:18-19). 바로 이것이 하나님과 성령의 불변한 명령인데도, 우리의 대적들은 교회가 말씀과는 상관 없이 성령에 의하여 다스림을 받는 것처럼 떠벌이면서 이 명령을 무시하려고 애를 쓰고 있는 것이다.

14. 사도들의 글과 교회의 전통

여기서 그들은 다시 투덜거리면서, 교회로서는 사도들의 글 외에 무언가를 덧붙이는 것이 필요하다거나, 또는 사도들 자신도 기왕에 충분히 분명하게 가르치지 못한 것들에 대해서 나중에 살아 있는 음성을 통해서 적절하게 채워 주었다는 식으로 떠벌인다. 물론 그리스도께서 사도들에게 "내가 아직도 너희에게 이를 것이 많으나 지금은 너희가 감당하지 못하리라"(요 16:12)고도 말씀하신 것은 사실이다. 그런데 그들은 주님이 말씀하신 그 부분이 성경과는 관계 없이 그저 사용과 관습을 통해서만 받아들여졌다고 설명하는 것이다. 그러나 이런 뻔뻔스러움이 어디 있단 말인가? 주께로부터 이 말씀을 들을 당시 제자들은 아직 무지하였고 가르침을 받을 자세가 거의 되어 있지 않는 상태에 있었던 것으로 보인다. 그러나 그들이 가르침을 글로 남길 당시에도, 그들이 무지 때문에 기록하지 못하고 빠뜨린 것들을 후에 살아 있는 음성을 채워야 할 만큼 그렇게 무딘 상태에 있었던 말인가? 만일 가르침을 글로 남길 때에 그들이 이미 진리의 영으로 말미암아 모든 진리 가운데 인도하심을 받은 상태에 있었다면(참조. 요 16:13), 복음에 대한 충만한 지식을 소유하고 또한 그 지식을 글로 남기지 못할 것이 무엇이었겠는가?

그렇지만, 그들의 말을 그대로 인정하기로 하자. 그러나 단, 글로 남겨진 것 이외에 더 무엇을 계시했어야 했는지를 구체적으로 지적해 보라고 하자. 그들이 감히 그렇게 하고자 한다면, 나는 다음과 같은 아우구스티누스의 말로 반박할 것이다: "주께서 아무것도 말씀하지 않으셨는데, 우리 중에 누가 감히 '이것이다 저것이다'라고 말하겠는가? 감히 그렇게 말한다고 하면, 과연 그것을 어떻게 증명하겠는가?"[3] 그렇지만 쓸데없는 일로 논쟁을 벌일 필요가 무엇인가? 이 사람들이 이를테면 온전치 못하고 부족하다고 말하고 있는 그 사도들의 글 속에, 주께서 사도들에게 약속하신 그 계시의 열매들이 가득 들어 있다는 것은 어린아이도 알 수 있는 사실인 것이다.

15. 교회는 오직 하나님의 말씀을 가르쳐야 함

그들은 말하기를, 그리스도께서는 교회가 가르치고 정하는 모든 것에 대해서 논쟁을 하지 못하도록 하셨고, 또한 그것을 감히 반대하는 자는 누구든지 이방인과 세리와 같이 여기라고 명령하지 않으셨느냐고 한다(마 18:17). 그러나 우선, 그리스도께서는 거기서 교리에 대해서는 전혀 언급하시지 않고, 다만 교훈이나 책망을 받은 자들이 그 판단에 대해서 반대하지 못하도록 하기 위하여, 악행을 교정하고 책벌할 수 있는 권위가 교회에게 있다는 사실을 인정하시는 것일 뿐이다. 그러나 이 문제는 그냥 넘어가기로 하자.

그런데 놀라운 것은 이 불한당들이 너무도 뻔뻔스럽게도 이 문제에 대하여 자기들 마음대로 아무렇게나 처리하고 있다는 것이다. 그들의 최종적인 결론이 무엇이겠는가? 곧, 교회의 통일된 결정이 오직 하나님의 말씀의 진리에 근거를 두고 있으므로 그것을 멸시해서는 안 된다는 것이 아닌가? 그들은 말하기를, 사람은 마땅히 교회의 말씀을 들어야 한다고 한다. 과연 이것을 부인할 사람이 어디 있겠는가? 교회가 주님의 말씀에 근거한 것이 아니면 절대로 아무것도 선언하지 않는다면 말이다. 그런데 이것 외에 더한 것을 요구한다면, 그들로서는 그리스도의 말씀이 그들을 뒷받침해 주지 않는다는 사실을 알아야 할 것이다.

교회가 절대로 새로운 가르침을 만들어내서는 안 된다는 것을 ― 즉, 주께서 그의 말씀 속에서 계시하신 것 이상의 어떤 것을 하나님의 말씀이라고 가르쳐서는 안 된다는 것을 ― 내가 강하게 주장한다고 해서 나를 지나치게 논쟁적이라고 보아서는 안 된다. 그런 것들을 가르칠 수 있는 권위가 일단 사람에게 주어지게 되면 그것이 얼마나 위험천만한 일인가를 지각 있는 사람이라면 누구나 잘 알 수가 있기 때문이다. 사람들이 결정한 것을 그리스도인들이 하나님의 말씀으로 받아들여야 한다고 말한다는 것은 불경한 자들의 핑계와 트집이 활개치도록 큰 창문을 열어 놓는 것과도 같다는 것도 누구나 알 수 있는 일인 것이다.

게다가, 그리스도께서는 그 당시의 관례에 따라서 말씀하시는 가운데 산헤드린 공회의 탁월성을 명시하심으로써(마 5:22) 그의 제자들이 후에 교회의 거룩한 회의를 존중하기를 배우도록 하셨다. 그럴 경우 교리를 만들어내는 데 있어서 각 도시와 마을이 모두 동등한 자유를 갖게 될 것이다.

16. 교황주의자들이 제시하는 실례에 대한 반론

우리의 반대자들이 실례를 들어서 반박하지만 그것들도 전혀 도움이 못된다. 그들은 유아 세례를 예로 들면서, 그것은 성경의 분명한 명령에 근거한 것이 아니라 교회의 결정에 의하여 생겨난 것이라고 한다. 그러나 유아 세례를 변호하면서 오로지 교회의 권위에만 호소할 수밖에 없다면 그것은 그야말로 초라하기 그지없는 논리에 지나지 않을 것이다! 그러나 다른 곳에서 충분히 입증하게 되겠지만,[4] 사실은 그런 것과는 전혀 다르다. 이와 비슷하게 그들은 또한 니케아 공의회에서 선포한 내용 — 곧, 성자가 성부와 본질이 동일하다는 것 — 도 성경에 없는 것이라고 반박한다.

그러나 이런 발언은 교부들의 명예를 매우 심각하게 실추시키는 것이다. 마치 아리우스(Arius)가 선지자와 사도들의 글 속에 담겨 있는 모든 가르침을 고백하는데도 불구하고 단지 그들(교부들)의 말에 동의하지 않는다는 것 때문에 그들이 아무런 근거도 없이 그를 정죄한 것처럼 만드는 것이기 때문이다. "본질이 동일하다"(consubstantial)는 단어가 성경에 존재하지 않는다는 것은 물론 나도 인정한다. 그러나 성경이 한 분 하나님이 계시다고 증거하며, 또한 동시에 그렇게도 자주 그리스도를 가리켜 참되시고 영원하신 하나님이시요 성부와 하나이신 분으로 부르고 있으니, 니케아 공의회의 교부들이 성부와 성자가 서로 본질이 동일하다고 선포한 것이 성경의 진정한 의미를 그저 해명한 결과가 아니고 무엇이란 말인가?

테오도레투스(Theodoret)는 콘스탄티누스 황제가 그 공의회의 개최에 즈음하여 다음과 같이 진술하였음을 전해 주고 있다: "신적인 문제들에 대한 논의에 있어서는 성령의 기록된 명확한 가르침이 있으니, 곧 복음서 기자들과 사도들의 책들이 선지자들의 말씀들과 더불어 하나님의 뜻을 우리에게 충족히 보여 줍니다. 따라서, 의견의 불일치는 뒤로 접어두고서 성령의 말씀에서 문제들의 설명을 취하도록 합시다."[5] 그 당시 거기에는 이러한 거룩한 권면을 반대하는 사람이 아무도 없었다. 교회가 자기 나름대로 무언가 덧붙일 수 있다거나, 성령께서 사도들에게 모든 것을 다 계시하신 것이 아니라거나, 사도들이 후대에게 전부 다 전수한 것이 아니라는 식의 반론을 제기하는 사람도 없었다.

만일 우리의 반대자들이 주장하는 것이 사실이라면, 첫째로, 콘스탄티누스 황제는 교회의 권세를 빼앗아가는 악행을 저지른 것이 되며, 둘째로, 감독들 가운데 일어나 교회의 권세를 변호한 사람이 아무도 없으니 그들의 침묵은 믿음을 저버리는 행위가 되며 따라서 그들은 교회의 법을 배반한 자들이 되어 버릴 것이다. 그런데 테오도레투스의 보고에 따르면, 그들이 기꺼이 황제의 말을 받아들였으니, 이런 새로운 교리는 그 당시에 전연 알려져 있지 않던 것이라는 것이 분명해지는 것이다.

주 _____

1. 참조. 4권 1장 10절; 4권 2장 1절.

2. Pseudo-Chrysostom, *Sermo de sancto Spiritu*, x.

3. Augustine, *John's Gospel*, xcvi. 2.

4. 참조. 4권 16장.

5. Theodoret, *Ecclesiastical History*, i. 7.

제 9 장

공의회들과 그 권위

(공의회들의 진정한 권위. 1-2)

1. 두 가지 예비적 발언

자, 그들이 교회에 대해서 주장하는 모든 것을 인정한다고 가정해도, 그들의 주요 전제를 입증하는 데에는 별 도움이 되지 않을 것이다. 그들은 교회에 대해서 말하는 모든 것을 곧바로 공의회들에게 전가시키기 때문이다. 그들의 생각에는 공의회가 교회를 대표한다고 보는 것이다. 사실, 그들이 교회의 권세에 대해서 그렇게 집착하는 것은 다른 목적을 위해서가 아니라, 할 수 있는 만큼 최대한 긁어 모아서 로마 교황과 그의 측근들에게 바치기 위함인 것이다. 그러나 이 문제를 논의하기 전에 먼저 두 가지를 간단히 지적하고자 한다.

첫째로, 여기서 내가 다소 가혹하게 대하게 될 텐데, 이는 내가 옛날의 공의회들을 합당한 만큼 존중하지 않기 때문이 아니다. 나는 마음으로부터 그 공의회들을 기리고 있고, 또한 모든 사람들이 존중하기를 바라고 있다. 그러나 여기서 기준이 되는 것은 그리스도로부터 빛나가는 것이 있어서는 안 된다는 것이다. 모든 공의회를 주관하는 것은 그리스도의 권리요, 이러한 그의 위엄은 사람이 공유할 것이 아니다. 그러나 내 말은, 공의회 전체가 그리스도의 말씀과 성령에 의하여 지배를 받을 때에 비로소 그리스도께서 그 회의를 주관하신다는 것이다.

둘째로, 나의 반대자들이 요구하는 것보다 내가 공의회들을 근거로 삼는 예가 덜하겠지만, 이는 공의회들이 그들의 주장을 지지해 주고 우리의 주장을 반대할까 두려워 내가 공의회들을 꺼리기 때문이 아니라는 것이다. 우리는 우리의 가르침에 대한 충만한 증거를 갖고 있고, 또한 교황주의의 모든 주장들을 무너뜨릴 만큼 주의 말씀의 확실한 뒷받침을 받고 있기 때문에, 그 외에 추가적인 증거가 별 필요가 없다. 그리고 그런 증거가 필요한 경우에는, 옛날의 공의회들이 우리의 논지의 확실함과 교황주의의 허구를 입증할 만큼 충분한 증거를 대량으로 제공해 줄 것이다.

2. 참된 공의회와 거짓된 공의회

이제 문제 자체로 넘어가기로 하자. 공의회들의 권위가 무엇인지를 성경에서 찾는다면, 그리스도의 다음과 같은 진술보다 더 분명한 약속은 없다: "두세 사람이 내 이름으로 모인 곳에는 나도 그들 중에 있느니라"(마 18:20). 그러나 이 약속은 세계적 공의회에는 물론 아주 작은 모임에까지도 적용되는 것이다. 그런데 문제는 이것이 아니라, 오직 그의 이름으로 모일 때에만 그리스도께서 공의회 중에 계실 것이라는 한 가지 조건이 붙어 있다는 사실이다. 결국 감독들의 공의회들을 수천 번 언급해도 우리의 반대자들에게는 거의 유익이 없으며, 공의회들이 과연 그리스도의 이름으로 모였다는 사실을 납득시키기 전에는 그 공의회들이 성령의 지배를 받았다는 그들의 주장들을 받아들일 수도 없는 것이다. 의롭고 정직한 감독들이 그리스도의 이름으로 모일 수도 있지만, 불경스럽고 악한 감독들도 얼마든지 함께 모여서 그리스도를 대적하여 음모를 꾸밀 수도 있는 것이다. 그런 공의회들에서 나온 그 무수한 법령들 속에서 이에 대한 분명한 증거를 볼 수 있다.

그러나 이에 대해서는 뒤에 가서 논의하기로 하고, 여기서는 그저 한 마디로 대답하고자 한다. 곧, 그리스도께서는 그의 이름으로 모이는 자들 외에는 아무에게도 아무런 약속을 하지 않으신다는 사실이다. 이 말이 무슨 의미인지를 분명히 정리하기로 하자. 단언하건대, 하나님께서는 그의 말씀에서 어떤 것이라도 가감하지 말도록 금하셨는데(신 4:2; 참조. 신 12:32; 잠 30:6; 계 22:18-19) 이런 하나님의 명령을 무시하고 자기들의 결정에 따라서 모든 것을 제정하는 자들은, 또한 완전한 지혜의 유일한 규범인 성경의 말씀에 만족하지 않고 자기들의 머리로 희한한 것들을 꾸며내는 자들은 결코 그리스도의 이름으로 모인 자들이 아니다. 그리스도께서는 모든 공의회에 다 함께 계시겠다고 약속하신 것이 아니고, 참되고 정당한 공의회를 나머지와 분별하도록 한 가지 특별한 표지를 제시하셨으므로, 우리로서는 이러한 구분을 절대로 무시해서는 안 되는 것이다. 과거에 하나님께서 레위 제사장들과 맺으신 언약에서도 그들이 하나님의 입에서 나오는 바를 가르치도록 되어 있었다(말 2:7). 그는 선지자들에게도 언제나 이것을 요구하셨고, 또한 사도들에게도 똑같은 것을 요구하신 것을 본다. 이 언약을 깨뜨리는 자들을 하나님께서는 제사장의 존귀에나 그 어떠한 권위에도 합당치 않은 자들로 여기시는 것이다. 그러니, 나를 회유하여 하나님의 말씀을 떠나서 사람의 법령을 믿고 거기에 매이도록 만들고 싶다면, 나의 반대자들이 먼저 이러한 난제를 해결해야 할 것이다.

(목자들의 타락과 공의회의 부패. 3-7)

3. 교회의 존재와 목회자

그들은 목자들 사이에 일치가 없으면 교회 안에 진리가 거하지 않는다고 생각하며, 또한 오직 교회의 모습이 공의회들 속에서 눈에 보이도록 드러나야만 비로소 교회 자체가 존재하는 것이라고 생각한다. 그러나 선지자들이 그들의 시대에 대하여 남긴 증언들이 과연 사실이라면, 이러한 그들의 생각은 사실과는 거리가 멀다. 이사야의 시대에는 예루살렘에 교회가 있었고, 하나님께서는 그 교회를 아직 버리지 않으셨다. 그러나 그 목자들을 향해서 하나님은 이렇게 말씀하신다: "이스라엘의 파수꾼들은 맹인이요 다 무지하며 벙어리 개들이라 짖지 못하며 다 꿈꾸는 자들이요 누워 있는 자들이요 잠자기를 좋아하는 자들이니 … 그들은 몰지각한 목자들이라 다 제길로 돌아가며 사람마다 자기 이익만 추구하 … 느니라"(사 56:10-11).

이와 마찬가지로 호세아서에서도 말씀하기를, "에브라임은 나의 하나님과 함께 한 파수꾼이며 선지자는 모든 길에 친 새 잡는 자의 그물과 같고 그의 하나님의 전에는 원한이 있도다"(호 9:8)라고 한다. 호세아는 그들을 비꼬는 투로 하나님과 연관시키면서 그들이 제사장직을 지닌 체하지만 그것이 헛된 것일 뿐임을 가르치고 있는 것이다.

예레미야의 시대에도 마찬가지로 교회가 있었는데, 그 목회자들에 대해서 그가 무엇이라고 말하는지를 들어보자: "선지자로부터 제사장까지 다 거짓을 행함이라"(렘 6:13); "선지자들이 내 이름으로 거짓 예언을 하도다 나는 그들을 보내지 아니하였고 그들에게 명령하거나 이르지 아니하였거늘 … 자기 마음의 거짓으로 너희에게 예언하는도다"(렘 14:14). 그의 말씀을 인용하는 것이 너무 장황스러울까 싶으니, 독자들은 예레미야 23장과 40장 전체를 읽어보기 바란다.

그 당시, 다른 곳에서 있던 에스겔 선지자도 동일한 부류의 사람들에 대해서 그에 못지않게 독설을 퍼부었다. 그는 이렇게 말씀한다: "그 가운데에서 선지자들의 반역함이 우는 사자가 음식물을 움킴 같았도다 … 그 제사장들은 내 율법을 범하였으며 나의 성물을 더럽혔으며 거룩한 것과 속된 것을 구별하지 아니하였으며"(겔 22:25-26). 그리고 계속해서 그런 의미로 말씀하고 있다. 이와 유사한 책망과 독설들이 선지자들에게서 계속해서 나오고 있다. 사실 선지서에서 이보다 더 자주 나타나는 주제는 없다(사 9:14; 28:7; 29:10; 렘 2:8, 26; 5:13, 31; 6:13; 8:10; 13:13; 14:14; 23:1; 27:9 등).

4. 목회자들의 타락에 대한 성경의 예언

그런데, 과거 유대인들에게는 사정이 그러했을지 몰라도 우리의 시대에는 그런 악이 없다는 식으로 이야기할 사람도 있을 것이다. 과연 그렇다면 얼마나 좋을까! 그러나 성령께서는 사정이 그렇지 않을 것이라고 선언하셨다. 이와 관련하여 베드로의 말씀은 너무도 분명하다: "그러나 백성 가운데 또한 거짓 선지자들이 일어났었나니 이와 같이 너희 중에도 거짓 선생들이 있으리라 그들은 멸망하게 할 이단을 가만히 끌어들여 자기들을 사신 주를 부인하고 임박한 멸망을 스스로 취하는 자들이라"(벧후 2:1). 베드로는 일반 사람들에게서가 아니라 선생이라 혹은 목자라는 칭호를 자랑하는 자들에게서 위험이 닥칠 것을 예언하고 있는 것이다. 더욱이, 그리스도와 그의 사도들은 목자들이 교회에 가장 큰 위험 요인이 될 것임을 얼마나 자주 예언하셨던가(마 24:11, 24; 행 20:29-30; 딤전 4:1; 딤후 3:1이하; 4:3)?

바울은 적그리스도가 다른 곳이 아닌 하나님의 성전에 앉을 것을 분명히 말씀하고 있는 것이다(살후 2:4). 이런 표현을 쓴 의도는 바로 처절한 재난이 다른 데에서가 아니라, 목자들로서 교회 안에 자리를 잡고 앉아 있게 될 사람들에게서 임할 것임을 말씀하고자 한 것이다. 그리고 또 다른 구절에서는 그 큰 악의 시작이 이미 바로 앞에 다가와 있다고도 말한다. 그는 에베소의 장로들에게 이렇

게 말하고 있다: "내가 떠난 후에 사나운 이리가 여러분에게 들어와서 그 양 떼를 아끼지 아니하며 또한 여러분 중에서도 제자들을 끌어 자기를 따르게 하려고 어그러진 말을 하는 사람들이 일어날 줄을 내가 아노라"(행 20:29-30). 목자들이 그렇게 짧은 기간에도 그렇게 타락할 수가 있었다면, 과연 오랜 세월 동안 계속해서 내려오는 동안에야 오죽 하겠는가? 목자들에게 큰 부패가 있을 가능성이 얼마든지 있지 않겠는가? 구태여 그 사례들을 상세히 들 필요도 없이, 우리는 목자들의 가슴속에서 언제나 진리가 배양되는 것이 아니며 또한 목자들의 형편에 따라서 교회의 안전이 항상 보장되는 것이 아니라는 사실을 보여 주는 실례들을 거의 매 시대마다 접하고 있고, 이로써 경계를 받고 있는 것이다. 그들이 교회의 평화와 안전을 실행하는 자들이 되는 일은 합당한 일이었다. 그들이 그것을 보존하기 위하여 직분을 받은 자들이었기 때문이다. 그러나 해야 할 일을 행하는 것과, 또한 행하지 못하는 것을 핑계하는 것은 서로 전연 다른 문제인 것이다.

5. 목자들을 분별해야 함

그러나 이런 말을 한다고 해서, 내가 무작정 무차별하게 목자들의 권위를 깎아내리려는 의도를 갖고서 그렇게 하는 것처럼 생각해서는 안 될 것이다. 나는 그저 어떤 사람들이 목자로 불린다고 해서 그들이 모두 실제로 목자들이라는 식으로 생각해서는 안 되고, 그들을 살펴서 구별해야 한다는 것을 말하고자 하는 것뿐이다. 교황은 그 휘하의 주교들과 함께 하나님의 말씀을 순종하지 않고 자기들이 좋아하는 대로 온갖 것들을 무너뜨리고 멋대로 행하는데, 다른 이유가 아니라 오로지 자기들이 목자로 불린다는 이유로 이런 일들을 행하는 것이다.

그리고 이러한 와중에서도 그들은 자기들에게 진리의 빛이 꺼질 수가 없으며, 하나님의 영이 자기들 속에 계속적으로 거하시며, 교회가 자기들 속에서 존속하며 자기들과 함께 죽는다고 우리들을 설득하느라 안간힘을 쓰고 있다. 마치 과거에 완악한 그 옛날 사람들에게 여호와께서 발하신 심판이 ─ 주께서는 목자들을 쳐서 팔이 마르고 눈이 멀게 하셨었다(슥 11:17) ─ 오늘날의 세상에는 임하지 않기라도 하는 것처럼 여기는 것이다. 이 철저하게 어리석은 사람들은 과거에 하나님의 말씀을 대적하여 싸우던 자들이 부른 노래를 자기들이 지금 부르고 있다는 것을 깨닫지 못하고 있다. 예레미야를 대적하던 원수들은 진리를 거슬려 이렇게 소리쳤었다: "오라 우리가 꾀를 내어 예레미야를 치자 제사장에게서 율법이, 지혜로운 자에게서 책략이, 선지자에게서 말씀이 끊어지지 아니할 것이니오라 우리가 혀로 그를 치고 그의 어떤 말에도 주의하지 말자"(렘 18:18).

6. 거짓된 공의회는 진리를 거스름

그러므로 세계적 공의회들을 비호하는 그들의 반론에 대해서도 쉽게 답변할 수가 있다. 선지자들의 시대에 유대인들에게 참 교회가 있었다는 것은 부인할 수가 없다. 그러나 만일 그 당시에 전교회적인 제사장들의 공의회가 열렸다면, 교회의 모습이 어떻게 드러났겠는가? 우리는 하나님께서 제사장들 가운데한두 명에게가 아니라 제사장들 전체를 향하여 이렇게 선언하시는 것을 듣는다: "제사장들은 놀랄 것이며 선지자들은 깜짝 놀라리라"(렘 4:9); "제사장에게는 율법이 없어질 것이요 장로에게는 책략이 없어질 것이며"(겔 7:26); "너희가 밤을만나리니 이상을 보지 못할 것이요 어둠을 만나리니 점 치지 못하리라 … 이 선지자 위에는 해가 져서 낮이 캄캄할 것이라"(미 3:6).

자, 나와서 대답해 보라. 만일 이 사람들이 모두 함께 모였었다면, 어떤 자세가 그 모임을 주도했겠는가? 우리는 아합 왕이 소집한 선지자들의 회의에서 이에 대한 두드러진 실례를 볼 수 있다(왕상 22:6, 22). 사백 명의 선지자들이 거기에 참석하였다. 그러나 그들이 모인 목적은 오로지 그 악한 왕에게 아첨하고자하는 것뿐이었기 때문에, 사탄이 여호와께로부터 보냄을 받아 그들의 입 속에거짓말하는 영이 된 것이다. 모든 사람들의 선택에 의하여 진리가 거기서 정죄를 받았다. 미가야는 이단으로 정죄를 받고, 매질을 당하고 옥에 갇히고 말았다(왕상 22:26-27). 예레미야도 같은 일을 당했고(렘 20:2; 32:2; 37:15 이하), 다른 선지자들도 그러했다(참조. 마 21:35; 23:29 이하).

7. 요 11:47의 공회의 실례

그러나, 다른 예보다도 더 기억에 남는 한 가지 예를 드는 것으로 족할 것이다. 대제사장들과 바리새인들이 예루살렘에서 모인 공회의 경우(요 11:47), 겉모양으로 볼 때에 부족한 점이 어디 있었는가? 당시 예루살렘에 교회가 존재하지않았다면, 그리스도께서는 성전의 제사와 기타 의식들에 절대로 참여하지 않으셨을 것이다. 엄숙한 소집이 행해지고, 대제사장이 주재하며, 모든 제사장들이참석해 있다. 그런데 거기서 그리스도께서 정죄를 받으시고, 그의 가르침이 제거된다(마 26:57 이하). 이러한 악행은 그 공회 내에 절대로 교회가 없었음을 입증해 주는 것이다.

그런데도 우리의 반대자들은 주장하기를 우리에게는 그런 일이 일어날 염려가 없다고 한다. 그러나 과연 누가 그것을 보장하겠는가? 이처럼 중요한 문제에 대해서 무관심하다는 것은 그야말로 괘씸한 방조가 아닐 수 없다. 성령께서 바울의 입술을 통하여 배교(背敎: 혹은 '배도')가 다가오고 있음을 분명히 예언하셨으니(살후 2:3) ─ 이때에 반드시 목자들이 앞장서서 하나님을 저버리게 될 것이다 ─ 우리가 사악한 의도로 이를 무시해 버리고서 우리의 멸망을 자초할 이유가 어디에 있단 말인가? 그러므로, 교회가 목자들의 회의에 있다는 논리를 우리는 절대로 인정할 수가 없다. 주께서는 어디에서도 그들의 회의가 영원토록 선하다고 간주하지 않으셨고, 오히려 때로는 그 모임들이 악할 수도 있다고 선언하신 것이다. 그가 위험에 대해서 그렇게 경계하시니, 우리로서는 더 크게 조심해야 마땅할 것이다.

(공의회도 성경의 표준에서 벗어나 타락할 수 있으며, 또한 모든 공의회에는 인간적인 연약함이 상존함. 8-11)

8. 공의회의 권위의 근거

그렇다면 무엇인가? 공의회들에게는 결정권이 없다는 말인가? 아마 이렇게 반문할 사람들이 있을 것이다. 그러나 아니다. 공의회에게 결정권이 있다. 나는 지금 모든 공의회들을 정죄해야 하며, 그 모든 결정 사항과 법령도 완전히 단번에 철회하고 폐기하여야 한다는 것을 주장하는 것이 아니다. 그러나 여러분은, 모든 것을 무시해 버리고 공의회들이 결정한 바를 받아들이거나 거부할 권한이 각 사람에게 있도록 만드는 것이 아니냐고 물을 것이다. 그러나 절대로 그렇지 않다! 어떤 공의회의 법령이든 나는 우선 그 공의회가 어느 시기에, 어떤 문제로, 어떤 의도를 갖고 개최되었으며, 또한 어떤 유의 사람들이 참석했는가를 면밀히 살피며, 그리고 나서 성경의 표준에 의거하여 그 공의회가 다룬 사안들을 점검한다. 이때에 나는 공의회의 결정 사항들을 무게 있는 것들로, 마치 잠정적인 판단의 가치를 지닌 것으로 인정하되, 단 아무런 방해도 받지 않고 바로 앞에서 언급한 그러한 점검을 시행하는 것이다.

모두가 아우구스티누스가 「막시미누스 논박 제3권」(*The Third Book against*

Maximinus)에서 제시하고 있는 그런 관용의 자세를 취한다면 얼마나 좋겠는가! 그는 공의회들의 법령들에 대하여 논쟁을 일으킨 그 이단자를 몇 마디로 잠잠하게 하고자 하여 이렇게 말하고 있다: "내가 그대를 대적하여 니케아 공의회를 들이대어서도 안 될 것이고, 그대도 나를 대적하여 아리미눔 공의회를 들이대어서도 안 될 것이오. 나는 아리미눔 공의회의 권위에 복종하지 않고, 그대는 니케아 공의회의 권위에 복종하지 않기 때문이오. 문제와 문제를, 대의와 대의를, 이유와 이유를 성경의 권위에 근거하여 서로 따져보고, 어느 한 사람에게만 고유한 권위로가 아니라, 우리 둘 다 공통으로 복종하는 권위에 따라서 따져봅시다."[1)]

그렇게 하면 공의회들이 그 정당한 위엄을 갖게 되면서, 동시에 성경이 그보다 높은 자리에 서 있어서 모든 것이 그 표준 아래 복종하는 상태에 있게 될 것이다. 이렇게 함으로써 우리는 니케아, 콘스탄티노플, 제1차 에베소, 칼케돈 등의 초기의 공의회들을 거룩한 것으로 기꺼이 받아들이고 높이 기리게 된다. 이 공의회들은 믿음의 가르침에 관하여 오류들을 제거하는 것이 그 목적이었다. 이 공의회들의 결정 사항에는 오로지 성경에 대한 순결하고 온전한 해명밖에는 없었다. 거룩한 교부들은 영적 분별력으로 그러한 성경의 가르침을 적용하여 그 당시 일어난 신앙의 원수들을 무너뜨린 것이다. 후대의 몇몇 공의회들에서도 경건을 향한 참된 열심이 비쳐나오며, 통찰력과 교리와 분별의 확실한 증표들이 드러나는 것을 볼 수 있다. 그러나 갈수록 사정이 점점 나빠지는 것이 통례인데, 최근의 공의회들에서는 교회가 그 황금기의 순결함에서 얼마나 부패하였는가 하는 것이 잘 드러나고 있다.

이처럼 부패한 시대에도 공의회에 좀 더 나은 부류의 감독들이 있었다는 사실을 나는 의심하지 않는다. 그러나 과거 로마의 원로원 의원들은 원로원의 법령이 악법이라고 불평했었는데, 이와 똑같은 일이 그들에게도 일어난 것이다. 의견들이 개진되기는 하지만 중요하게 처리되지 않고, 더 나은 의견들이 다수의 의견에 패배해 버리는 것이다. 다수의 감독들이 수많은 불경한 의견들을 제시하기 때문이다. 그러나 여기서는 그런 사례들을 열거할 필요는 없다. 너무나 지루해지기 때문이기도 하거니와 다른 사람들이 그런 일을 이미 해놓았으므로 거기에 덧붙일 것이 그리 많지 않기 때문이기도 하다.

9. 공의회들 사이의 모순

그러니, 공의회들이 서로 일치하지 않는 것을 구태여 이야기할 필요가 있겠는가? 여기서 서로 두 공의회가 서로 일치하지 않을 경우 그 중 어느 하나는 적법한 공의회가 아니라는 식으로 투덜거릴 근거는 없다. 무엇을 근거로 그렇게 판단할 수가 있겠는가? 그러므로 내가 속고 있는 것이 아니라면, 우리는 어느 쪽 공의회의 법령이 정통성이 있는지를 성경을 근거로 판단해야 할 것이다. 왜냐하면 성경이야말로 유일한 확실한 판단의 근거가 되기 때문이다.

레오 황제가 소집하여 열린 콘스탄티노플 공의회가 교회당 내에 세워진 성상(聖像)들을 끌어내리고 부수도록 결정한지 약 구백 년이 지났다. 그리고 얼마 후 이레네 황후(the Empress Irene)가 소집한 니케아 공의회는 콘스탄티노플 공의회를 혐오하여 성상들을 회복할 것을 결정하였다. 이 두 공의회들의 결정 가운데 어떤 것을 적법한 것으로 인정해야 할까? 대개 사람들은 후자의 결정을 취하였고, 그리하여 교회당 경내에 성상들이 들어서게 되었다. 그러나 아우구스티누스는 이런 행위에는 우상숭배의 위험이 상존하고 있음을 경고하였다.[2] 그 이전 시대의 에피파니우스는 이보다 훨씬 더 강경하여, 기독교 교회당 경내에 성상들이 보인다는 것은 부당하며 가증스러운 일이라고까지 말했다.[3]

이렇게 말한 사람들이 만일 오늘날 생존해 있다면 이 공의회의 결정을 용인하겠는가? 그러나 역사가들의 보도가 진실이라면, 성상들을 세우는 것뿐 아니라 그것들을 예배하는 행동까지도 허용되었다고 한다. 그런 법령이라면 정말 사탄에게서 나온 것이 분명하다. 이렇듯 성경 전체를 왜곡시키고 난도질하고 있으니 그들에게는 성경의 가르침이 웃음거리밖에 아니라는 것을 스스로 드러내 보이고 있는 것이 아니고 무엇이겠는가? 이에 대해서는 앞에서 이미 충분하게 해명한 바 있다.[4]

그것은 그렇다 치고, 서로 모순을 일으키는 수많은 공의회들의 결정들은 다른 방법으로는 도저히 가늠할 수가 없고, 이미 말했듯이 그 모든 것들을 오직 모든 사람들과 천사들의 표준이 되는 하나님의 말씀을 근거로 따져보는 수밖에는 없는 것이다. 이렇게 해서 우리는 칼케돈 공의회의 결정을 받아들이고, 제2차 에베소 공의회의 결정을 거부하는 것이다. 왜냐하면 칼케돈이 정죄한 유티케스(Eutyches)의 이단을 제2차 에베소 공의회가 인정했기 때문이다. 거룩한 사람들은 이 문제를 오직 성경으로만 판단하였으니, 우리도 그들을 따라서 과거 그들에게 빛을 비추어 준 하나님의 말씀이 오늘날 우리 앞에도 역시 빛을 비추어 주리라고 판단하는 것이다. 그러니, 로마교회주의자들은 가서 늘 하던 대로 성령께서 자기들의 공의회들에 매여 계시다고 자랑을 해보라.

10. 공의회에서 범한 인간적인 과오들

그러나 좀 더 순결한 고대의 공의회들에도 부족한 점들이 있는 것을 볼 수가 있다. 학식 있고 지혜로운 사람들이 모여서 현안 문제를 처리하느라 여러 가지 다른 문제들을 예견하지 못하기도 했고, 혹은 심각하고 중요한 문제들에 매어 있느라 덜 중요한 문제들에 신경을 쓰지 못하기도 했으며, 때로는 기술이 부족하여 속아넘어갈 소지도 있었고, 때로는 지나치게 감정적으로 대립하기도 했다. 이 가운데 마지막의 경우에 해당하는 두드러진 한 가지 실례를 — 이것이 가장 힘들었던 것 같아 보인다 — 우리는 니케아 공의회에서 볼 수 있다. 니케아 공의회는 모든 사람들이 최고의 경의로 인정하는 탁월한 공의회였다. 그 회의에서는 우리의 믿음의 주요 강령이 큰 위협을 받고 있었다. 대적 아리우스(Arius)가 싸울 준비를 갖추고 있었고, 그들은 그와 직접 부딪혀 싸워야 했다. 그러므로 아리우스의 오류에 맞서서 싸울 준비를 갖춘 사람들 사이에 의견이 일치되는 일이 무엇보다도 가장 중요한 일이었다.

그런데, 그런 위험에 대해서는 생각도 하지 않고, 그 심각성과 관용과 모든 예의를 다 잊어버리고서 그들은 자기들의 손 안에 있는 싸움을 그르치고 말았다. 마치 그들이 아리우스에게 의도적으로 호의를 베풀기 위해서 그곳에 와 있는 것처럼 말이다. 그들은 내분을 일으켜 서로 비방하기 시작했고, 아리우스를 대적하여 사용했어야 할 펜을 서로를 대적하여 사용하였다. 추잡한 맞비방이 오가고, 상대방을 탄핵하는 팜플렛들이 오가며, 분쟁이 가라앉을 줄을 몰랐다. 만일 콘스탄티누스 황제가 중재하지 않았다면 그들은 서로 상대방을 찌르고 상처를 내고 말았을 것이다. 콘스탄티누스 황제는 그들의 삶 속까지 조사한다는 것은 그의 능력을 벗어난 문제라고 고백하면서, 그들을 비난하기보다는 무절제를 질책하였다. 그러니 그 이후에 열린 다른 공의회들에서는 과연 얼마나 많은 점에서 오류와 실수들이 있었겠는가? 이 문제는 긴 증거가 필요 없다. 그들의 행적들을 읽어보면 누구나 거기에 많은 결점들이 있는 것을 보게 될 것이다. 물론 심각한 문제점들도 많이 드러날 것이다.

11. 공의회들의 인간적인 연약함에 대한 바른 자세

로마의 교황 레오는 주저하지 않고 칼케돈 공의회를 — 물론 교리에 있어서는 정통성을 인정하였으나 — 야망과 무분별한 경솔함이 난무한 회의라고 비난하고 있다. 그는 그 회의의 적법성을 부인하지는 않으나, 그 회의가 오류를 범했을 수도 있음을 공개적으로 선언하고 있다. 어떤 사람은 내가 그런 오류들을 지적하느라 애쓴다고 하며 나를 어리석다고 생각할지도 모르겠다. 왜냐하면 우리의 반대자들은 구원에 필수적이 아닌 문제들에 있어서는 공의회들이 오류를 범할 수 있다는 것을 인정하기 때문이다. 그러나 그런 오류를 살피는 것은 절대로 쓸데 없는 수고가 아니다. 그들이 어쩔 수 없이 그 사실을 입으로 고백하기는 하지만, 그들은 어떠한 문제에 대해서든 모든 공의회의 결정 사항들을 전부 다 성령의 말씀이라고 주장하면서, 본래 요구하던 것보다 훨씬 더한 것을 요구하는 것이다.

이렇게 한다는 것은 곧 공의회들이 오류를 범할 수 없다는 것을 주장하는 것이 아니고 무엇인가? 혹 만일 공의회들이 오류를 범한다면, 우리가 진실을 가려서 그들의 오류를 인정하지 않는 것이 합당하지 않겠는가? 여기서 나의 의도는 이러한 현상들을 통해서 생각할 수 있는 사실이 무엇인가를 보여 주고자 하는 것뿐인데, 곧 성령께서는 경건하고 거룩한 공의회들에게 무언가 인간적인 일들이 일어나도록 허용하심으로써 우리로 하여금 사람들에게 지나친 신뢰를 두지 않도록 그렇게 공의회들을 주관하셨다는 사실이 바로 그것이다. 이렇게 보는 것이, 그 어떠한 공의회에서도 선한 결과를 보지 못했다고 말한 나지안주스의 그레고리우스(Gregory of Nazianzus)의 견해보다 훨씬 낫다. 그는 하나의 예외도 없이 모든 공의회들이 결과가 나빴다고 주장함으로써 공의회들의 권위를 거의 인정하지 않고 있기 때문이다.[5]

지역적인 공의회들에 대해서는 별도로 언급할 필요가 없다. 신조들을 제정하는 문제나 교리를 받아들이는 문제에 있어서 공의회들이 얼마만큼의 권위를 지녀야 하는 것인지를 세계적 공의회들의 경우를 통해서 쉽게 가늠할 수가 있기 때문이다.

(공의회의 권위는 절대적이 아님. 12-14)

12. 맹종은 있을 수 없음

그러나 로마교회주의자들은 자기들의 논지를 변호하는 중에 이성적으로 도저히 도움을 받을 수 없을 경우가 생기면, 마지막 비참한 회피 방법을 사용한다. 곧, 그 사람들 자신은 정신이나 계획이 어리석기 그지없고, 마음과 의지가 악하기 그지없지만, 그럼에도 불구하고 인도하는 자들에게 복종하라고 명령하는 주의 말씀은 그대로 존속한다고 주장하는 것이다(히 13:17). 그러나 과연 그런가? 이런 유의 사람들이 진정 인도하는 자들이 아니라고 내가 주장한다면 어떻게 하겠는가? 그들은 여호와의 선지자요 탁월한 목자였던 여호수아 이상으로 자기 자신들을 내세우고 주장해서는 안 될 것이다. 여호와께서 어떠한 말씀으로 그를 그 직분에 세우셨는지를 들어보자: "오직 강하고 극히 담대하여 … 우로나 좌로나 치우치지 말라 그리하면 어디로 가든지 형통하리니 이 율법책을 네 입에서 떠나지 말게 하며 주야로 그것을 묵상하여 그 안에 기록된 대로 다 지켜 행하라"(수 1:7, 8).

그러므로, 여호와의 율법에서 이 쪽으로나 저 쪽으로나 치우치지 않는 자들이 바로 우리의 영적 인도자들일 것이다. 만일 우리가 모든 목자들의 가르침을 무엇이든 전혀 의심하지 말고 무조건 받아들여야 한다면, 거짓 선지자들의 말을 듣지 말라고 거듭거듭 말씀하시는 주님의 명령은 도대체 어떻게 되는가? 그는 예레미야 선지자를 통해서 이렇게 말씀하신다: "너희에게 예언하는 선지자들의 말을 듣지 말라 그들은 너희에게 헛된 것을 가르치나니 그들이 말한 묵시는 자기 마음으로 말미암은 것이요 여호와의 입에서 나온 것이 아니니라"(렘 23:16). 이와 비슷하게 주님은 말씀하시기를, "거짓 선지자들을 삼가라 양의 옷을 입고 너희에게 나아오나 속에는 노략질하는 이리라"(마 7:15). 사도 요한은 이렇게 권면한다: "영을 다 믿지 말고 오직 영들이 하나님께 속하였나 분별하라"(요일 4:1). 심지어 천사들도 이런 판단에서 면제되지 않고, 사탄의 거짓말은 더더욱 그러하다(갈 1:8). 그러나 이 말씀은 대체 무엇인가: "만일 맹인이 맹인을 인도하면 둘이 다 구덩이에 빠지리라"(마 15:14)?

어떤 유의 목자들의 말씀을 듣느냐 하는 것이 매우 중요하다는 사실과 또한 모든 목자들의 말들을 무조건 다 들을 것이 아니라는 사실을 이런 말씀들이 충분히 선언해 주고 있지 않은가? 그러므로 그들이 자기들의 칭호들로 우리를 겁주어 자기들의 맹인된 상태 속으로 우리를 끌고 들어갈 이유가 전혀 없는 것이다. 오히려 그 반대로, 주께서 특별히 주의를 기울이사 우리를 경고하고 계시므로, 우리는 다른 사람들의 오류에 ─ 그들이 어떠한 칭호로 자기의 참 모습을 가리고 있다 할지라도 — 끌려 들어가서는 안 된다는 것을 분명히 보고 있기 때문이다.

만일 그리스도의 답변이 사실이라면, 눈이 어두운 모든 지도자들은 — 그들이 대제사장이라 불리든, 대주교라 불리든, 교황이라 불리든 간에 — 함께하는 자들을 자기들과 더불어 똑같은 낭떠러지에서 떨어뜨리는 일밖에는 아무것도 할 수 없는 것이다. 그러므로 그 어떠한 칭호도, 그 어떠한 공의회나, 목자나, 주교들이라 할지라도 — 이런 이름들은 거짓으로도 사용될 수 있고 진정한 의미로도 사용될 수 있다 — 우리가 하나님의 말씀의 표준으로 모든 사람들의 모든 영을 시험하고 말과 행위의 증거들을 살펴서, 그들이 하나님께로부터 왔는지의 여부를 밝히지 못하도록 막을 수가 없는 것이다.

13. 공의회의 성경 해석의 의의

새로운 교리를 세우는 권세가 교회에게 주어진 적이 없다는 사실은 앞에서 이미 입증했으니, 성경을 해석하는 문제에 대하여 그들이 주장하는 권세에 대해서 논의하여야 하겠다.

교리에 관하여 어떤 논란이 일어날 경우에 가장 좋고 분명한 치유책은 참된 감독들의 회의를 소집하여 거기서 그 문제 되는 교리를 점검하는 것일 것이다. 이 점은 우리도 기꺼이 받아들인다. 교회의 목자들이 그리스도의 영께 간구하고서 그런 문제에 대해서 의견의 일치를 보아서 결정을 내리면, 개개인이 집에서 혼자 생각해서 사람들에게 가르치는 것보다, 혹은 몇몇 사람들이 사사로이 모여서 결정을 내리는 것보다도 훨씬 더 무게를 지니게 될 것이다. 둘째로, 감독들이 모이면, 과연 무엇을 어떤 형식으로 가르쳐야 할지에 대하여 공통적인 견해를 도출하기가 더욱 편리할 것이며, 그리하여 다양한 의견으로 인하여 혼란이 일어나지 않도록 방지할 수가 있을 것이다. 셋째로, 사도 바울이 교리를 결정하는 데에 이 방법을 사용할 것을 제시하고 있다. 교리들을 분별하는 문제를 개개의 교회들에게 맡기면서(참조. 고전 14:29) 그는 좀 더 심각한 경우들에 대해서는 어떤 절차를 따라야 할지를 보여 준다. 곧, 교회들이 함께 공통적인 인식을 취하여야 한다는 것이다. 경건의 자세 자체로 볼 때에도, 누구든지 이상한 교리를 갖고서 교회를 어지럽힐 때에 더 큰 분열의 위험에 다다를 정도로 문제가 커지면, 교회들이 먼저 모여서 그 문제를 살피며, 그리고 정당한 토의 과정을 거친

후 성경을 근거로 하여 최종적으로 결정을 내림으로써 사람들에게서 모든 의심을 제거시키고, 사악하고 욕심 있는 사람들의 입을 막아서 감히 더 이상 나아가지 못하도록 막아야 하는 것이다.

그리하여 아리우스가 일어났을 때에 니케아 공의회가 소집되었고 그 권위로 그 불경한 사람의 사악한 노력을 저지하여 그로 말미암아 어려움을 당한 교회들에게 평화를 회복시켰으며, 그의 망령된 가르침을 대적하여 그리스도의 영원한 신성을 확인하였던 것이다. 그리고 그 후, 유노미우스(Eunomius)와 마케도니우스(Macedonius)가 새로운 혼란을 일으켰을 때(동일본질을 부인)에도 콘스탄티노플 공의회가 그들의 그 미친 행위들에 대해서 그 비슷한 처방을 제시하였다. 그리고 에베소 공의회에서는 네스토리우스(Nestorius)의 불경한 사상을 저지하였다. 그러므로 처음부터 사탄이 충동질하여 혼란을 일으키기 시작할 때마다 언제나 교회는 이러한 방법을 통상적으로 사용하여 교회의 통일성을 유지해온 것이다.

그러나 우리가 기억해야 할 것은 어느 시대나 어느 장소에나 아타나시우스, 바실리우스(Basil), 키릴루스(Cyril) 등 하나님께서 그 시대에 일으키신 참된 교리의 수호자들이 항상 있었던 것은 아니라는 점이다. 사실, 제2차 에베소 공의회에서 일어난 일을 생각해 보라. 거기서는 유티케스(Eutyches)의 이단 사상이 승리를 거두었고, 거룩한 사람 플라비아누스(Flavian)가 몇몇 다른 경건한 사람들과 함께 유배를 당하는 등 여러 가지 악행들이 저질러지지 않았던가? 그런 일이 벌어진 것은 주의 영에 속한 사람이 아니라 매우 악한 성격을 지닌 문제성 있는 사람 디오스코루스(Dioscorus)가 그 회의를 주도했기 때문이었다. 그러나 여러분은 그때 거기에 교회가 없었다고 말하지만 — 나도 그렇다고 본다 — 그러나 확신하건대, 어느 한 공의회에 의해서 진리가 억눌림을 당한다 할지라도 진리가 교회 안에서 죽는 것이 아니고, 주의 놀라운 보존하심으로 말미암아 다시 일어나고 주의 정하신 때가 되면 다시 승리하게 되는 것이다. 그러나 공의회의 투표로 취한 성경 해석이 언제나 반드시 진리요 확실하다는 논리는 나는 받아들일 수 없다.

14. 공의회의 성경해석권에 대한 그릇된 주장

그러나 로마교회주의자들은 성경을 해석하는 권세가 공의회에 있으며 또한 공의회의 해석에 대해서 이의를 제기할 수 없다고 가르치는데, 거기에는 다른 속셈이 있다. 그들은 공의회가 결정하여 공포한 모든 내용을 "성경 해석"이라 부르면서 이를 하나의 구실로 삼아 악용하고 있는 것이다. 연옥이나 성인들의 간구나 고해 성사 같은 것에 대해서는 성경에 단 한 마디도 나타나지 않는다. 그러나 교회의 권위로 이런 것들이 인준을 받았기 때문에 ─ 좀 더 정확히 말하자면, 교회가 그 견해를 받아들여 실행하고 있으므로 ─ 누구나 이것들을 성경 해석으로 받아들이도록 된 것이다. 그리고 그 뿐이 아니다. 공의회가 어떠한 결정을 내리든 ─ 심지어 성경이 이를 분명히 대적하는 경우에도 ─ 그 결정이 "성경 해석"이라는 명칭으로 통하게 되는 것이다.

그리스도께서는 모든 사람들에게 성찬 시에 그가 베푸시는 잔을 마시라고 명하신다(마 26:27-28). 그런데 콘스탄스 공의회(the Council of Constance)는 잔을 평신도들에게 주지 못하도록 금하고, 오로지 사제들만 마시도록 하였다. 그러니 그들은 그리스도께서 제정하신 것과 완전히 반대되는 것을 소위 "해석"으로 결정해 놓고 사람들로 하여금 그것을 받아들이게 만들고 있는 것이다. 바울은 혼인을 금하는 일을 마귀들의 외식이라고 말하며(딤전 4:1-3), 또 다른 구절에서는 성령께서 혼인을 모든 것 중에서도 거룩하고 귀한 것으로 선포하고 있다(히 13:4). 그런데 그들은 후에 사제들의 혼인을 금지하도록 결정하고서 그것을 참되고 순전한 성경 해석으로 간주하라고 요구하고 있다. 그것만큼 성경과 어긋나는 것이 없는데도 말이다. 누구든 입을 열어 반대 의사를 표명하면, 그는 곧 이단자로 규정되어 버린다. 교회의 결정에 대해서는 이의가 있을 수 없기 때문이며 교회의 해석이 참된지의 여부에 대해서 의문을 갖는 것 자체가 불법이기 때문이다. 그런 파렴치한 짓들에 대해서 내가 구태여 비난을 퍼부을 필요가 무엇인가? 그 사실을 확연히 드러냈으니 이제 그것을 정복한 것이 아니겠는가?

성경을 승인하는 권세에 대한 그들의 가르침에 대해서는 의도적으로 언급하지 않고 지나가기로 한다. 하나님의 말씀을 그런 식으로 사람의 판단에 복속시키고 그 말씀의 타당성이 인간의 변덕스러운 판단에 따라 좌우되도록 한다는 것은 그야말로 언급하기조차 합당치 않은 신성모독이기 때문이다. 그 문제에 대해서는 이미 앞에서 언급한 바 있기도 하다.[6] 그러나 여기서 한 가지 질문을 하고자 한다. 혹시 성경의 권위가 교회의 승인에 근거한다 할지라도, 어떤 공의회의 법령을 그 근거로 인용하겠는가? 내가 믿기로는 인용할 법령이 하나도 없다. 그렇다면, 아리우스는 어째서 니케아 공의회에서 요한복음에서 이끌어낸 증거에 의해서 자신이 패배하도록 가만히 있었는가? 이 사람들의 논리에 따르자면, 그는 얼마든지 요한복음의 증거들을 거부할 수가 있었다. 그 증거들이 그 이전의 세계적 공의회에서 인준을 받은 바가 없었으니 말이다. 그들은 교회의 판단에서 나온 것이라고 하며 소위 "정경"(正經: canon)이라 부르는 옛부터 내려오는 [성경의] 목록을 증거로 제시한다.

그러나 다시 한 번 묻겠다. 어느 공의회에서 그 정경이 공포되었는가? 이 질문에 그들은 묵묵부답일 수밖에 없을 것이다. 그러나, 더 나아가서 그들이 그것이 어떤 종류의 정경이라고 생각하는지를 알고 싶다. 왜냐하면 이에 대해서 고대의 저술가들 가운데서 거의 의견의 일치를 찾아볼 수가 없기 때문이다. 그리고 만일 히에로니무스가 말한 바가 무게를 지닌다면, 마카베오상하(*the books of Maccabees*)와 토비트(*Tobit*), 집회서(*Ecclesiasticus*) 등은 외경(外經: Apocrypha)에 속하는 것으로 인정되어야 마땅할 것인데, 이는 로마교회주의자들로서는 도저히 견딜 수 없는 일일 것이다.[7]

주 _____

1. Augustine, *Against Maximin the Arian*, II. xiv. 3.

2. Augustine, *Psalms*, Ps. 113. ii. 5.

3. Epiphanius, *Letters to John of Jerusalem*.

4. 참조. 1권 11장 14-16절.

5. Gregory of Nazianzus, *Letters*, cxxx.

6. 참조. 1권 7장; 1권 8장 9절.

7. Jerome, *Preface to the Books of Samuel and Malachi*.

제 10 장

~~~

법을 제정하는 권세, 그 권세를 빌미로
영혼들에게 저질러진 교황과 그 신복들의 극히 야만적인 횡포와 살육

(교회법과 전통, 그리고 하나님 앞에서 신자의 양심. 1-4)

1. 인간의 전통

이제 교회의 권세의 두 번째 부분이 이어진다. 로마교회주의자들은 이 권세
가 법을 제정하는 데 있다고 보는데, 바로 이 근원에서 무수한 인간의 전통들이
생겨나 비참한 영혼들에게 올가미를 씌우게 된 것이다. 서기관들과 바리새인들
이 과거에 다른 사람의 어깨에 무거운 짐을 지워놓고 자기들은 손가락 하나도
대지 않는 악행을 범했으나(눅 11:46; 참조. 마 23:4) 이들 역시 그들에 못지않게 뻔
뻔스럽게 그렇게 행하고 있다. 그리고 다른 곳에서 이미 가르친 바 있거니와, 고
해 성사에 대한 그들의 가르침은 얼마나 잔인한 살육 행위인지 모른다.[1] 그들
이 만들어낸 다른 법에서는 그 정도의 횡포는 드러나지 않는다. 그러나 그들의
모든 횡포 가운데서 가장 견딜 만하게 보이는 것들일지라도 양심을 억누르기는
마찬가지다. 하나님께 드리는 예배를 부패시키고, 유일한 법 제정자이신 하나님
의 권한을 빼앗아서 자기들이 유용하는 짓에 대해서는 굳이 말하지 않겠다.

우리가 권세에 대해서 논의할 문제는 이것이다. 곧, 교회가 자기가 제정한
법으로 양심들을 묶어놓는 일이 과연 적법한 일이냐 하는 것이다. 여기서 우리
는 정치 질서를 다루는 것이 아니고, 다만 하나님께서 친히 세우신 법에 따라서
어떻게 그에게 정당하게 예배하느냐 하는 것과, 또한 어떻게 하나님을 바라보

는 영적 자유가 손상받지 않고 우리에게 그대로 남아 있느냐 하는 것을 논의하고자 하는 것뿐이다.

하나님을 예배하는 문제에 관하여 하나님의 말씀과는 관계 없이 사람들이 만들어 놓은 모든 법령들을 가리켜 "인간의 전통"이라 부르는 것이 이미 관행이 되어 버렸다. 우리는 교회의 질서나 정직함이나 평화를 보존하도록 해 주는 거룩하고도 유용한 교회의 제도들을 반대하는 것이 아니라, 바로 이 전통들을 반대하는 것이다. 우리가 이렇게 수고하는 목적은 스스로 교회의 목자들로 인정받고 싶어하나 실제로는 가장 야만적인 살육자들인 그 사람들이 영혼들을 상대로 이처럼 무제한적이며 야만적인 지배권을 빼앗아 행사하지 못하도록 저지하고자 함이다. 그들은 말하기를, 자기들이 만들어 내는 법들은 "신령하며", 영혼에 관계되는 것이라고 말하며, 그것들이 영생을 얻는 데에 필수적이라고 선언한다.

그러나 이렇게 하여 결국 그리스도의 나라가 침입을 당하는 것이요, 그리스도께서 신자들의 양심들에게 주신 자유가 이렇게 해서 철저히 짓밟히고 말살되는 것이다. 그들은 자기들이 만들어 놓은 법을 준수하도록 결정하고 공포해 놓고서, 이를 준수함으로써 죄 용서와 의와 구원을 구하라고 가르치며, 그리하여 신앙의 총체와 경건의 대요(大要)를 바로 그 속에다 세우는데, 이러한 엄청난 불경에 대해서는 여기서 논의하지 않겠다. 다만 그리스도로 말미암아 자유함을 받은 문제들에 대해서는 양심들에게 아무것도 의무로 부과해서는 안 된다는 사실을 지적하고 싶다. 이미 앞에서 가르친 바와 같이, 자유를 얻지 못하면 신자들의 양심이 하나님과 더불어 평안을 누릴 수가 없는 것이다.[2]

신자들이 그리스도 안에서 얻은 바 은혜를 유지하려면, 그들의 구원자 되시는 그리스도를 유일한 왕으로 인정해야 하며, 유일한 자유의 법인 복음의 거룩한 말씀에 의해서 다스림을 받아야 하는 것이다. 굴레에 매여 있어서도 안 되고, 사슬에 매여 있어서도 안 되는 것이다.

2. 양심을 얽어매는 로마 교회의 법들

이 입법자들은 자기들이 제정한 법은 자유의 법이요, 쉬운 멍에요, 가벼운 짐(마 11:30)이라고까지 생각한다. 그러나 이것이 순전히 거짓이라는 것을 보지 못할 사람이 어디 있겠는가? 이들은 하나님 경외하기를 저버리고서 자기들의 법과 하나님의 법을 생각 없이 적극적으로 무시하므로, 자기들이 만들어 놓은 법들의 혹독한 압박을 느끼지 못한다. 그러나 자기 자신의 구원에 대해 관심을 갖는 사람들은 이 올무에 얽매여 있는 한 자기들 스스로 자유하다고 여길 수 없는 것이다. 바울은 이 문제를 얼마나 조심스럽게 다루는지 모른다. 그는 사람들에게 단 한 가지 일에 대해서도 억지로 올무를 놓지 않는 것이다(고전 7:35). 거기에는 그럴만한 이유가 있다. 주께서 자유에 맡기신 문제들에 대해서 억지로 의무를 부과하면 양심이 얼마나 큰 상처를 받게 되는지를 분명하게 예견하였던 것이다.

그런데 이와 반대로, 이 사람들은 자기들이 법을 만들고는 영원한 죽음의 고통의 형벌로 그것을 억지로 부과하며, 그것을 구원을 얻는 데 필수적인 조건으로 극심하게 요구하고 있으니, 그런 법을 과연 어떻게 인정할 수 있겠는가? 그리고 그 법 가운데는 지키기가 지극히 어려운 것들도 너무 많고, 법의 가짓수도 너무나 많아서 그 모든 것을 다 지킨다는 것은 도저히 불가능할 지경인 것이다. 그러니, 이러한 극심한 어려움의 부담을 잔뜩 지고 있는 사람들이 과연 혼란스러움과 극심한 고뇌와 공포를 어떻게 피할 수 있겠는가?

그러므로 여기서 내가 갖는 목적은, 마치 구원에 필수적인 일들을 명령하기라도 하는 것처럼 하나님 앞에서 내적으로 영혼들을 얽어매고 양심에 거리낌을 갖게 하기 위하여 만들어 놓은 그러한 법들을 공격하고자 하는 것이다.

3. 양심의 본질

대부분의 사람들이 이 문제로 굉장히 혼란을 겪는다. 이는 그들이 소위 외부적인 심판과 양심의 심판의 교묘한 차이를 분명하게 구별하지 않기 때문이다. 게다가 바울이 통치자들에게 복종하라 — 형벌에 대한 두려움 때문만이 아니라 양심 때문에라도 — 고 가르친다는 사실 때문에(롬 13:1이하) 어려움이 더 가중된다. 이로써 양심이 시민법에도 매이는 것이 되기 때문이다. 그러나 만일 그렇다면, 앞 장에서 말한 모든 내용과 또한 영적 다스림에 관하여 앞으로 다룰 모든 내용이 무너지고 말 것이다.

이러한 어려움을 해결하기 위해서는 우선 양심이 무엇인지를 이해해야 한다. 그 단어의 어원에서 정의를 취하여야 할 것이다. 사람들이 정신과 이해력으로 사물의 개념을 파악할 때에 그들이 그것을 "안다"(to know)고 말하며, 거기서 "앎"(knowledge, 혹은, 지식)이라는 단어가 파생된다. 이와 마찬가지로, 사람들이 하나님의 심판을, 자기들의 죄들을 감추어 주는 것이 아니라 심판대 앞에 그것들을 내어 놓고 그것들에 대하여 책임을 묻는 증인으로 의식하게 되면 그 의식을 가리켜 양심이라고 부른다. 그것은 하나님과 사람 사이의 일종의 중간적인 위치에 있어서 사람으로 하여금 자기가 아는 바 자기 속에 있는 것을 억누르도록 허용하지 않을 뿐더러, 그 사람을 계속 추궁하여 자기의 죄책을 시인하는 데까지 이르도록 만드는 것이다. 이것이 바로 "양심이 증거가 되어 그 생각들이 서로 혹은 고발하며 혹은 변명한다"(롬 2:15)는 바울의 가르침의 의미인 것이다.

이를테면 단순한 한 가지 지각이 사람 속에 있어서, 그것에 대한 느낌이 사람을 하나님의 심판대 앞으로 이끌어가고, 마치 사람에게 붙여진 감시인처럼 그 은밀한 모든 비밀들을 다 살피고 관찰하여 하나도 어둠 속에 묻혀버리지 않도록 하는 것이다. 그러므로, 옛 잠언에 이르기를, 양심이 천(千)의 증인들이라고 하였다. 이와 유사하게 베드로도 "하나님을 향한 선한 양심의 간구"(벧전 3:21)를 우리가 그리스도의 은혜를 확신하고서 두려움 없이 우리 자신을 하나님 앞에 내어 놓을 때에 우리에게 생기는 마음의 평안과 동일한 것으로 말씀하고 있다. 그리고 히브리서 기자는 우리가 "다시 죄를 깨닫는 일이 없으리라"고 진술하는데(히 10:2), 이는 우리가 자유함을 받았고, 혹은 용서함을 받았으므로 죄가 더 이상 우리를 정죄할 수 없다는 의미이다.

4. 양심의 속박과 자유

행위가 사람들에게 관계되는 것처럼 양심은 하나님과 관계하는 것이다. 그러므로 선한 양심은 다름 아닌 내적인 마음의 순전함인 것이다. 이런 의미에서 바울은 이렇게 쓰고 있다: "교훈의 목적은 청결한 마음과 선한 양심과 거짓이 없는 믿음에서 나오는 사랑이거늘"(딤전 1:5). 그리고 같은 장 뒷 부분에서는 양심이 지식과 얼마나 다른가를 보여 주기 위하여 어떤 사람들이 "이 양심을 버렸고" 그리하여 "믿음에 관하여 파선하였다"고 말하고 있다(딤전 1:19). 이런 말씀들을 통해서 그는 양심이란 하나님께 예배하고자 하는 살아 있는 사모함이요, 경건하고 거룩한 삶을 살고자 하는 신실한 의도임을 시사하는 것이다.

때로는 이 양심이 사람들과 관계하기도 한다. 누가의 보도에 따르면, 바울은 자기가 하나님과 사람에 대하여 항상 양심에 거리낌이 없기를 힘쓰고 있음을 증언하고 있다(행 24:16). 이런 말을 한 것은 선한 양심의 축복들이 흘러나와서 심지어 사람들에게까지 미치기 때문이다. 그러나 엄밀히 말하자면, 양심은 이미 말했듯이 오로지 하나님께만 관계하는 것이다.

그러므로 다른 사람들과는 전혀 관계 없이, 혹은 그들에 대하여 전혀 고려하지 않는 상태에서 그저 사람을 얽어맬 경우에, 법이 양심을 얽어맨다고 말할 수도 있는 것이다. 예를 들어서, 하나님께서는 우리의 마음을 순결하게 지키고 모든 정욕에서 깨끗하게 지킬 것을 가르치실 뿐 아니라, 동시에 음란한 언어와 겉으로 드러나는 방종함을 금하기도 하신다. 그러므로, 심지어 세상에 자기 외에 아무도 살아 있지 않다 할지라도, 나의 양심은 이 법을 준수하는 데에 매여 있는 것이다. 따라서 스스로 무절제하게 행동하는 자는 죄를 범하는 것인데, 이는 그의 형제들에게 나쁜 모범을 보이기 때문이 아니라 자기의 양심이 하나님 앞에서 죄책에 매여 있기 때문인 것이다.

본질적으로 선하지도 악하지도 않은 중립적인 일들의 경우는 또 한 가지 고려할 것이 있다. 그것들이 문제가 된다면 당연히 그것들을 삼가야 한다. 그러나 자유로운 양심으로 그렇게 하는 것이다. 그리하여 바울은 우상에게 바쳐진 고기(肉)에 대해서 말하기를, "누가 너희에게 이것이 제물이라 말하거든 알게 한 자와 그 양심을 위하여 먹지 말라 내가 말한 양심은 너희의 것이 아니요 남의 것이니"(고전 10:28-29)라고 한다. 사전에 경고했는데도 불구하고 그런 고기를 먹으면 신실한 사람이라도 죄를 범하는 것이었다. 물론 형제와 관련하여서는 절제하는 것이 필요하고, 또한 그렇게 하라고 하나님께서 말씀하셨으나, 그러나 그에게는 여전히 양심의 자유가 있는 것이다. 이 법은 오직 외형적인 행위에만 적용되는 것으로서 양심을 자유로운 상태로 남겨둔다는 것을 여기서 볼 수 있는 것이다.

(인간의 법과 양심의 문제: 오직 하나님만이 입법자이심. 5-8)

5. 인간의 법과 양심

이제, 다시 인간이 만들어 놓은 법으로 돌아가 보자. 만일 그 법들이 우리에게 어떤 신앙적 의무감을 갖게 하기 위하여 — 마치 이 법들을 준수하는 것 자체가 필수적인 것처럼 — 만들어진 것이라면, 그것은 양심에 불법한 어떤 부담을 지우는 것이라고 할 수밖에 없다. 우리의 양심은 사람들에 관한 것이 아니라 오직 하나님과만 관계하는 것이기 때문이다. 그렇기 때문에 이 땅의 심판과 양심의 심판을 서로 구별하는 것이다. 온 세상이 깊은 무지의 암흑 속에 휩싸여 있지만, 아주 희미한 불빛은 남아 있다. 곧, 사람의 양심이 모든 인간의 판단보다도 높다는 것을 사람이 인식하고 있다는 사실이 그것이다. 이렇게 한 마디로 고백한 것을 사람들이 곧바로 저버릴지라도, 하나님께서는 그 때에라도 그리스도인의 자유의 증거가 어느 정도 드러나서 양심을 사람들의 횡포에서 구하시기를 원하신 것이다.

그러나 바울의 말에서 나타나는 어려움은 아직 그대로 남아 있다. 형벌 때문만이 아니라 양심을 위해서도 통치자들에게 복종해야 한다면(롬 13:5), 통치자들의 법이 또한 양심을 지배한다는 논리가 성립되는 것 같아 보이기 때문이다. 그리고 이것이 사실이라면, 교회법 역시 똑같이 양심을 지배하는 것이 될 것이다.

그러나 나는 이렇게 답하고자 한다. 곧, 우리는 우선 여기서 종(種)과 속(屬)을 구별해야 한다는 것이다. 개개의 법들이 양심에 적용되지 않는다 할지라도, 우리는 여전히 통치자들의 권위에 복종하라는 하나님의 전반적인 명령에 매여 있는 것이다. 바울의 논의는 바로 이 점을 말씀하고 있다. 곧, 통치자들은 하나님께서 세우셨으므로 존귀를 받아야 마땅하다는 것이다(롬 13:1). 그러나 그렇다 할지라도, 그들이 제정한 법들이 영혼을 내적으로 다스리는 데에 적용된다는 것을 바울이 가르치는 것은 아니다. 그는 어느 곳에서나 사람의 그 어떠한 법령보다도 하나님을 예배하는 것과 올바른 삶을 위한 영적 규범을 더 높여서 찬양하고 있는 것이다.

또 한 가지 주목하여야 할 것은 ― 이는 앞의 사실에 따라 좌우되는 것인데 ― 통치자들이 만든 것이든 교회가 만든 것이든 인간의 법들은, 그것들을 준수하여야 할 의무가 있기는 하지만 ― 선하고 공정한 법의 경우에 그렇다는 말이다 ― 그러나 그 법들 자체가 양심을 얽어매는 것이 아니라는 사실이다. 법을 준수하여야 할 모든 의무는 그 법이 명하는 개개의 내용에 있는 것이 아니라 그 전체의 목적에 있는 것이기 때문이다.

그러나 하나님을 예배하는 형식을 새로이 규정하고, 신자가 자유를 누려야 할 문제에 대해서조차 의무를 부과하는 그런 법들은 이런 법과는 경우가 전혀 다르다.

6. 교황주의가 제정한 교회법의 부당함

오늘날 교황주의자들이 소위 "교회법"(ecclesiastical constitutions)이라 부르는 것이 바로 그런 법에 속한다. 이 교회법이 하나님께 드리는 참되고 필수적인 예배의 일부로 제시되고 있는 것이다. 이 법이 무수한 만큼, 영혼들을 잡아서 매어놓는 올무도 무수하다. 앞에서 율법에 대하여 설명하면서 이에 대해서 살짝 언급한 바 있다.[3] 그러나, 지금이야말로 그 문제를 적절히 다룰 수 있는 알맞는 시점이므로, 나는 할 수 있는 대로 가장 좋은 순서를 택하여 이 문제 전체를 정리하고자 한다. 거짓된 감독들이 스스로 자기들이 원하는 대로 무엇이든 가르칠 권한이 있다고 주장하며 사람들에게 저지르는 횡포에 대해서는 앞에서 충분히 논의했으므로, 그 문제에 대해서는 생략하기로 하고, 다만 그들이 스스로 가지고 있다고 말하는 바 법을 제정하는 권세에 대해서만 설명하고 지나갈 것이다.

그러므로 우리의 거짓 감독들은 자기들이 주께로부터 신령한 입법자(立法者)로 지명을 받았으며, 따라서 교회를 다스리는 일이 자기들에게 맡겨졌다는 것을 구실 삼아서 새로운 법들을 만들어 우리의 양심에 짐을 지우고 있다. 그리하여 그들은 자기들이 명령하고 제정하는 것은 무엇이든지 그리스도인들이 반드시 준수하여야 한다고 주장한다. 그리고 그것을 어기는 자는 누구든지 이중적인 불순종의 죄를 범하는 것이라고 한다. 왜냐하면 그런 사람은 하나님과 교회를 동시에 대적하는 자이기 때문이라는 것이다.

그들이 만일 참된 감독들이라면, 나는 이 점과 관련하여 그들의 권위를 ― 그들이 주장하는 만큼이 아니라, 교회를 다스리는 데에 정당하게 필요한 만큼의 권위를 ― 인정할 것이다. 그러나 그들 스스로 참된 감독들이라고 추켜세우지만 그들의 실상은 전혀 그렇지 않기 때문에, 그들 스스로 조금이라도 권위를 갖게 되면 곧바로 한계를 넘어서서 월권을 행사하고 마는 것이다.

그러나 이 문제 역시 다른 곳에서 살펴본 바 있으므로,[4] 참된 감독들이 지닌 모든 권세들을 이 사람들도 지니고 있다는 것을 당분간 인정하기로 하자. 그러나 그들이 신자들 위에 입법자로 지명을 받아서 그들 스스로 삶의 규범을 제정할 수 있게 되었다거나, 혹은 자기들에게 맡겨진 사람들에게 자기들이 만든 규례들을 강요할 수 있는 위치에 있게 되었다는 것은 받아들일 수 없다. 나의 이러한 발언의 뜻은, 하나님의 말씀을 떠나서 자기들 스스로 생각해낸 것을 의무로 받아들여서 준수하도록 교회에게 명령할 권세가 그들에게 없다는 것이다.

사도들도 이런 권세에 대해서 전혀 알지 못했고 또한 주께서도 친히 교회의 목사들에게 여러 차례 이에 대해서 말씀하셨으므로, 오늘날 사도들의 모범과 하나님의 분명한 금지의 명령을 거슬러 감히 그 권세를 스스로 취하고 또한 그 권세를 변호하는 자들이 있다는 것이 참으로 놀랍기 그지없다!

7. 다스림은 오직 하나님의 대권임

주께서는 그의 율법 속에 선한 삶을 위한 완전한 규범에 적용될 만한 모든 내용을 다 포함시켜 놓으셨으므로, 사람이 거기에 덧붙일 것이 아무것도 남아 있지 않다. 주께서 그렇게 하신 데에는 두 가지 이유가 있다. 그 첫째 이유는 우리가 주님을 우리 삶의 주인이요 인도자로 인정하기를 원하고 계신다는 것이다. 우리의 모든 행동들이 하나님의 뜻의 표준에 합하면 이를 이루는 것이다. 왜냐하면 모든 의로운 삶이 거기에 있기 때문이다. 둘째 이유는 우리가 하나님께서 우리에게 순종 이상의 것을 아무것도 요구하지 않으신다는 사실을 깨닫기 원하신다는 것이다. 그렇기 때문에 야고보는 이렇게 말하고 있다: "형제를 판단하는 자는 곧 … 율법을 판단하는 것이라 네가 만일 율법을 판단하면 율법의 준행자가 아니요 재판관이로다 입법자와 재판관은 오직 한 분이시니 능히 구원하기도 하시며 멸하기도 하시느니라"(약 4:11-12). 하나님께서는 이 한 가지 대권을 — 그의 말씀의 권위와 법으로 우리를 다스리는 권한을 — 자기의 것으로 주장하시는 것이다. 또한 하나님께서는, 분명하지는 않지만, 전에 이사야를 통해서도 이 점을 말씀하셨었다: "대저 여호와는 우리 재판장이시요 여호와는 우리에게 율법을 세우신 이요 여호와는 우리의 왕이시니 그가 우리를 구원하실 것임이라"(사 33:22).

이 두 구절들은 삶과 죽음을 좌우하는 권세가 바로 영혼을 다스리시는 그분의 것이라는 사실을 보여 준다. 사실 야고보서의 말씀은 이 점을 분명히 선언하고 있다. 어느 누구도 이런 권세를 스스로 취할 수가 없다. 그러므로 우리는 하나님께서 홀로 구원하시고 멸하시는 권세를 지니신 유일한 영혼의 통치자이심을 인정하여야 하는 것이다. 이사야서의 말씀이 선포하듯이 하나님께서 동시에 통치자시요 재판장이시요 입법자시요 구주이신 것이다(사 33:22). 그러므로 베드로는 목자들에게 그들의 직분에 대하여 권면하는 중에 양무리를 치되 "맡은 자들"에게 주장하는 자세를 하지 말라고 말씀하고 있다(벧전 5:2-3). 여기서 "맡은 자들"이란 곧 하나님의 기업을 뜻하는 것으로 믿은 사람들을 가리킨다. 하나님께서 친히 소유하고 계시는 권세를 사람에게 돌리는 것이 합당치 않다는 이러한 사실을 진지하게 받아들인다면, 자기들 스스로를 높여서 하나님의 말씀과는 관계 없이 교회를 자기들 마음대로 주장하기를 바라는 자들의 모든 권세가 이로써 완전히 폐기된다는 것을 깨닫게 되는 것이다.

8. 사람의 법의 타당성을 판별하기 위한 지침

모든 것이 이 한 가지 사실에 달려 있다. 곧, 하나님께서 유일한 입법자이시라면 그러한 하나님의 존귀를 사람들이 가로채서는 안 된다는 사실이다. 그렇다면 우리는 동시에 주께서 그 존귀를 오직 자신에게만 주장하시는 두 가지 이유를 염두에 두어야 할 것이다. 첫째 이유는, 하나님의 뜻이 우리에게 모든 의와 거룩함의 완전한 규범이며, 따라서 선한 삶을 위한 완전한 규범은 그 뜻을 아는 데에 있다는 것이다. 둘째 이유는, 그를 예배할 올바르고도 합당한 길을 찾는 문제에 있어서 오직 그만이 우리의 영혼에 대하여 권위를 지니고 계시며, 오직 그에게만 복종해야 하며, 오직 그의 뜻을 의지해야 한다는 것이다.

이러한 두 가지 이유를 주지하게 되면, 인간이 제정한 법 가운데 어떤 것들이 주의 말씀에 반(反)하는가를 쉽게 구별할 수 있게 된다. 그런 법들은 하나님께 참되이 예배하는 일에 관계되며 따라서 양심들이 의무적으로 반드시 반드시 지켜야 하는 것인 체하는 그런 유에 속하는 것이다. 그러므로 우리가 어떤 문제에 있어서도 곁길로 빠지지 않는 확실한 시험 방법을 갖기를 원한다면, 모든 인간의 법들을 이러한 저울 위에 놓고서 달아보아야 한다는 것을 기억해야 할 것이다.

바울은 골로새서에서 새로운 의무 사항들을 갖고 교회들을 억누르려 하는 거짓 사도들을 공박하면서 이 첫째 이유를 사용한다(골 2:8). 그리고 갈라디아서에서는 비슷한 상황에서 둘째 이유를 더 많이 사용하고 있다(갈 5:1-12). 골로새서에서 그는 주님을 예배하는 방법에 대해서 주께서 우리에게 신실하고도 충실하게 가르치셨기 때문에, 우리는 하나님께 참되이 예배하는 문제에 대하여 사람들에게서 가르침을 구해서는 안 된다고 말한다. 이 점을 입증하기 위하여 그는 1장에서 하나님의 사람을 그리스도 안에서 완전한 자로 세워주는 모든 지혜가 복음에 담겨 있다고 말하고(골 1:28), 계속해서 2장 첫 머리에서는 지혜와 지식의 모든 보화가 그리스도 안에 감추어져 있다고 진술한다(골 2:3). 그리고 이를 근거로 삼아서 결론짓기를, 신자들은 사람들의 법에 따라 헛된 철학을 따르다가 미혹되어 그리스도의 무리에서 떨어져 나가는 일이 없도록 조심해야 한다고 한다(골 2:8).

그리고 2장 마지막 부분에서는 사람이 스스로 만들어낸 모든 신앙[5] — 즉, 사람들이 스스로 혹은 다른 사람들에게서 받아서 고안해 낸 모든 거짓된 예배와, 하나님을 예배하는 일에 관하여 그들이 스스로 감히 퍼뜨린 모든 규례들(골 2:16-23) — 을 더 큰 확신을 갖고서 정죄하고 있다. 그러므로 사람들이 온갖 법들을 만들어내고서 그것을 지키는 것이 곧 하나님을 예배하는 일이라는 거짓된 사상을 퍼뜨리고 있으나 우리는 이러한 모든 인간의 법들을 불경한 것으로 여기는 것이다.

갈라디아서의 구절들도 의미가 분명하다. 특히 5장에서 바울은 양심들은 오직 하나님께만 다스림을 받아야 하며, 그 외에 어떠한 것에도 올무에 빠져서는 안 된다는 사실을 강력히 주장하고 있다(갈 5:1-12). 여기서는 이런 증거들을 제시한 것으로 족할 것이다.

(예배 의식에 관한 교회법들의 부당함과 어리석음. 9-18)

9. 양심을 얽어매는 교회법의 부당함

그러나 실례를 들어서 설명하면 문제 전체가 더욱 분명해질 것이므로, 논의를 계속 진행하기에 앞서서 먼저 이 가르침을 우리의 시대에 적용시켜 보는 일이 적절할 것이다. 교황과 그 신복들이 만들어서 교회에 짐을 지우고 있는 그 법들이 — 그들은 이를 "교회법"이라 부른다 — 악하고도 불경한 것들이다. 물론 우리의 반대자들은 그 법들을 거룩하고 칭송할 만한 것들이라고 하며 변호하고 있다. 그러나 그 법들에는 두 종류가 있다. 그 하나는 의식과 의례에 적용되는 것들이고, 다른 하나는 교회의 권징과 관련이 더 깊은 것들이다. 그렇다면, 이 두 종류 모두를 공격할 만한 공정한 근거가 과연 우리에게 있는가? 우리가 바라는 것 이상으로 공정한 근거가 있다.

첫째로, 이를테면 하나님께 드리는 예배의 본질과 정수(精髓)가 그 법들 속에 포함되어 있다고, 그 법들을 만든 장본인들이 분명하게 선언하고 있지 않은가? 하나님께 예배를 드릴 목적이 아니라면 무슨 목적으로 그들이 그 의식들을 제시하겠는가? 그리고 순전히 무식한 대중의 잘못으로만 이런 일이 행해지는 것이 아니라, 가르칠 임무를 맡은 자들의 승인 아래 이런 일이 행해지는 것이다. 그들이 모든 경건을 뒤집어엎기 위하여 수고하며 저지른 심각한 모독 행위들에 대해서는 아직 다루지 않겠다. 그러나 만일 그들이 하나님께 예배하는 일을 자기들이 꾸며낸 의식에 복속시키지 않았다면, 지극히 사소한 전통을 준수하지 못하는 것을 그렇게 극악한 범죄로 여기지는 않았을 것이다.

바울이 도저히 견딜 수 없는 것으로 가르친 바를 — 곧, 하나님께 드리는 예배의 정당한 질서가 사람의 결정 사안으로 전락해버리는 것을 — 우리가 견딜 수 없다면, 그것이 어떻게 죄를 짓는 것이 되겠는가? 특히, 그들이 바울이 그리스도를 거스르는 것으로 증거하고 있는 이 세상의 초등 학문을 따라서 예배하라고 명령하고 있고(골 2:20), 또한 양심들을 얽어매어 자기들이 명령하는 대로 무조건 복종하도록 만드는 일에 지극한 힘을 쏟고 있다는 것이 익히 잘 알려져 있는 상황이니 말이다. 그들의 이러한 처사에 우리가 항거하면, 곧 그것이 바울과 동일한 대의를 따르는 것이 된다. 그는 절대로 신자의 양심들이 인간적인 멍에에 얽매이기를 허용하지 않는 것이다(갈 5:1).

10. 하나님의 법을 저버리는 교회법

더욱이, 신앙이 그런 헛된 인간의 가공물들에 의해서 규정되면, 그런 사악함에 이어서 또 다른 끔찍한 부패가 뒤따르기 마련이다. 그리스도께서 바리새인들을 책망하신 것도 바로 그들이 사람의 전통을 위하여 하나님의 계명을 무효화시켰다는 것 때문이었다(마 15:3). 현대의 입법자들을 상대로 나 자신의 말로 싸우고 싶지는 않다. 그들이 어떻게 하든 과연 그리스도의 책망에서 스스로 깨끗하게 할 수 있다면, 나는 그들이 이겼다는 것을 기꺼이 인정할 것이다. 그러나 그들 중에서는 일 년 내내 지극히 악한 삶을 산 것보다도 해가 바뀔 때에 고해 성사를 빠뜨리는 것이 더욱 큰 악행이 되며, 날마다 음행으로 온 몸을 더럽히는 것보다도 금요일에 고기를 조금 맛보는 것이 더 큰 악행이며, 온 육체로 극악한 범죄들을 끊임없이 저지르는 것보다 성인(聖人)들에게 드려진 날에 정직한 일에 수고하는 것이 더욱 악한 일이 되며, 사제의 경우 수천 번의 간음에 얽히는 것보다도 한 번의 합법적인 혼인으로 맺어지는 것이 더욱 큰 악행이며, 모든 약속들을 깨뜨린 것보다도 순례를 서원하고서 시행하지 않는 것이 더욱 심각한 악행이 되며, 인류 전체를 상대로 악을 저지르는 것보다도 (자기들의) 우상에게 예의를 표하지 않고서 지나치는 것이 더욱 큰 악행이며, 마음속에 정당한 기도를 한 번도 하지 않은 것보다도 특정한 시간에 무의미한 말들을 길게 반복하지 않은 것이 훨씬 더 큰 악행으로 인정되고 있으니, 과연 무슨 변명이 있을 수 있겠는가?

자기들이 만든 전통들을 위해서 하나님의 계명을 무효화시키는 이유가 무엇인가?(마 15:3) 이들은 하나님의 율법을 범할 경우에는 지극히 가벼운 형벌만을 요구하면서도, 자기들의 법령을 조금이라도 범하면 옥에 가두고, 유배를 보내고, 불이나 칼로 죽이는 등 무거운 형벌로 다스리는 것이다. 하나님을 멸시하는 자들에 대해서는 별로 거칠고 가혹하게 다루지 않으면서도, 자기들을 반대하는 자들은 인정사정없이 극심하게 핍박한다. 그리고 이들은 자기들이 사로잡아 두고 있는 무지한 사람들로 하여금 교회법들을 조금이라도 어기게 되면 평정을 잃고 날뛰게 만들면서도, 오히려 하나님의 율법 전체가 무너져 내리는 광경을 그저 냉정하게 바라보고 있도록 그렇게 가르치고 있는 것이다.

우선, 한 사람이 하나님이 보시기에 문제성이 없는 사소한 사안 때문에 다른 사람을 멸시하고 판단하고 내어쫓는다는 것이야말로 심각한 범죄가 아닐 수 없다. 그런데도 이것이 마치 아주 작은 악인 것처럼 여겨서, 바울이 갈라디아서에서 언급하는 바 천박한 이 세상의 초등학문들이(갈 4:9) 하늘의 하나님의 말씀보다도 더 높임을 받고 있는 것이다. 간음은 무죄 방면 받으면서도 고기에 대해서는 형벌을 받고, 간음 행위는 허용되면서도 정상적인 혼인은 허용되지 않고 있다. 자, 하나님에게서 떠나 인간에게로 기울어지는 이 거짓된 복종의 결과가 이런 것이다.

11. 교회법의 무용성과 어리석음

이 동일한 법에는 우리로서는 도저히 인정할 수 없는 다른 두 가지 심각한 악행들이 있다. 첫째는 대부분 무용지물이며 때로는 어리석기까지 한 것들을 제정해 놓고 순종을 강요한다는 것이요, 둘째는 그 법령들의 수효가 너무나 많아서 경건한 양심들이 그로 인하여 억눌림을 당하며, 또한 그림자들을 집착하는 나머지 그리스도께로 이를 수 없도록 만들어 일종의 유대교에 빠지게 한다는 것이다.

그 교회법들을 내가 무용지물이고 어리석은 것이라고 말했는데, 육체의 지혜로는 이를 납득하지 못할 것이라는 것을 나는 알고 있다. 왜냐하면 육체의 지혜는 스스로 교회법들을 즐거워하는 나머지 그것들이 제거되면 교회의 모습이 완전히 일그러지는 것처럼 생각하기 때문이다. 그러나 바울은 이렇게 쓰고 있다: "이런 것들은 자의적 숭배와 겸손과 몸을 괴롭게 하는 데는 지혜 있는 모양이냐"(골 2:23) 그래서 엄격함으로 육체를 길들일 수 있는 것처럼 보인다. 이 얼마나 유익한 권면인가! 우리로서는 절대로 이 권면을 회피해서는 안 될 것이다! 그는 말하기를, 인간의 전통들이 지혜의 모습을 갖고서 사람을 속인다고 한다. 이러한 속임수가 어디서 나타나는가? 그것들이 사람들이 만들어낸 것들이라는 사실에서 나타난다. 인간의 지혜는 자기에게 속한 것을 알아보며, 그리고 나면 진정으로 고귀한 것보다도 그것들을 더 선호하는 것이다. 그 고귀한 것들이 자기의 허망한 기준으로 볼 때에는 별 가치가 없어 보이기 때문이다.

뿐만 아니라, 이 법들은 사람들에게 자기를 비하(卑下)하는 면에서 적절한 훈련을 제공해 주는 것 같다. 사람의 마음에 멍에를 지워서 땅바닥으로 기도록 만들고는 그것을 칭송하는 것이다. 그리고 마지막으로, 이 법들은 강한 금욕(禁慾)의 열심으로 육체의 의지를 억제시키고자 애쓰는 것처럼 보이기 때문에, 그것들이 아주 지혜롭게 만들어진 것인 듯 보인다. 그러나 바울은 이런 법들에 대해서 뭐라고 말하는가? 이 가면들을 찢어내어서 무지한 사람들로 하여금 이 거짓된 겉모양에 속아넘어가지 않도록 해 주지 않는가? 바울은 그것들이 사람들이 만들어낸 것들이라는 것만 지적해도 그것들을 충분히 물리치고도 남으며, 또한 구태여 반박할 만한 가치가 전혀 없다고 여겨서, 그 모든 것들에 대해서 반박을 하지 않고 그냥 지나치고 있다(골 2:22).

사실, 바울은 모든 거짓 예배가 교회 안에서 정죄를 받으며 그것이 인간의 본성을 즐겁게 할수록 신자들에게서 더욱더 의심 받는다는 것을 잘 알고 있었다. 겉모양으로 나타나는 거짓된 겸손은 참된 겸손과는 너무도 거리가 멀기 때문에 쉽게 서로 구별된다는 것도 그는 잘 알고 있었다. 그리고 마지막으로 초등학문은 육체적인 운동보다 나을 것이 없다는 것도 잘 알고 있었다. 그는 그리하여 바로 이러한 사실들이 무지한 자들 가운데서 높이 칭찬을 받는 인간의 전통들을 물리치도록 만드는 근거가 되기를 바랐던 것이다.

12. 로마교회의 의식들은 웃음거리에 지나지 않음

그리하여 오늘날 교육을 받지 못한 일반 대중뿐 아니라 세상의 지혜를 지녀서 크게 우쭐해져 있는 사람은 누구나 화려한 의식에 그야말로 완전히 빠져버린다. 사실 외식자들과 경솔한 여인들은 그 이상 아름답고 좋은 것을 상상할 수조차 없다는 식으로 생각하고 있다. 그러나 경건의 규범에 따라서 좀 더 깊이 살피는 사람들과, 그렇게 많은 온갖 의식들의 가치를 좀 더 진지하게 재어보는 사람들은, 첫째로, 그것들은 사실상 전혀 소용이 없으므로 하찮은 것들에 불과하다는 것을 깨달으며, 둘째로, 보는 사람들의 눈을 허망한 화려함으로 속이므로 그것들은 속임수라는 것을 깨닫는 것이다. 내가 여기서 말하고 있는 의식들이란 로마교회의 대가(大家)들이 거기에 크나큰 신비가 존재하는 것처럼 보이도록 만들어 놓은 그런 것들인데, 우리는 그것들이 순전히 웃음거리에 지나지 않는다는 것을 경험으로 알고 있다. 그러니 그것들을 만들어낸 자들이 그 하찮은 웃음거리로 자기 자신들과 다른 사람들을 속이는 데에까지 빠져들었다는 것도 이상한 일이 아니다. 그들은 그런 의식들을 일부는 이방인들의 광란에서 본을 따왔고, 일부는 모세 율법에 속한 고대의 의식을 원숭이처럼 무분별하게 모방하였다. 모세 율법의 의식들은 짐승을 드리는 제사 같은 것들과 마찬가지로 우리에게는 전혀 적용되는 것이 아닌데 말이다.

혹시 다른 증거가 없다 할지라도, 올바른 정신을 가진 사람이라면 그처럼 엉터리로 꾸며 놓은 뒤죽박죽인 것에서 선한 것이 나올 것을 바라지 않을 것이다. 그리고 대부분의 의식들이 사람들을 가르치기보다는 오히려 사람들을 무감각하게 만드는 효과밖에는 없다는 것을 그 자체가 분명하게 드러내 보여 준다. 그렇기 때문에 그 외식자들은 교회의 권징을 보존하기는커녕 오히려 뒤집어엎어 버리는 이 새로운 법령들을 매우 중요시하는 것이다. 그러나 그것들을 더욱 철저히 조사해 보면, 그것들이 권징의 덧없는 그림자와 같은 환영(幻影)들에 불과하다는 것을 알게 될 것이다.

13. 로마 교회는 무수한 전통들로 신자의 양심을 억압함

이제 두 번째 악행으로 넘어가 보자. 이런 전통들이 계속 쌓여서 기독교 교회가 도저히 감당할 수 없을 정도로 그 수효가 늘어났다는 것을 모르는 사람이 어디 있는가? 그리하여 의식들 속에서는 일종의 유대교가 드러나고, 한편 다른 준수 사항들 때문에 경건한 심령들이 잔인하게 고통을 받는 일이 생겨난 것이다. 아우구스티누스는 그의 시대에 하나님의 계명이 무시당하고 모든 일에 편견이 가득하여 심지어 축일(祝日)부터 8일 동안 맨발로 땅을 밟은 사람이 그 기간 내내 술에 취하여 있는 사람보다도 훨씬 더 가혹한 책벌을 받을 정도라고 탄식하였다. 또한 그는 하나님께서 그의 긍휼하심으로 자유하게 하신 교회가 너

무나 억압을 받아서 차라리 유대인들의 형편이 더욱 견디기 쉬울 정도라고도 탄식하였다.[6]

만일 그 거룩한 사람이 우리 시대에 살았다면, 지금 현존하고 있는 이러한 속박의 처지를 접하고 얼마나 탄식했겠는가! 그 시대보다 지켜야 할 전통의 수효도 열 배나 더 많고, 또한 하찮은 전통 하나하나마다 그때보다 백 배는 더 엄하게 시행하고 있으니 말이다. 대개 이 사악한 입법자들이 일단 권세를 취하고 나면, 가혹함의 극한에 이르기까지 명령과 금지법을 만들어 내기를 절대로 중지하지 않는 것이다.

바울은 이 점에 대해서 다음과 같은 말로 웅변적으로 선언하고 있다: "너희가 세상의 초등학문에서 … 죽었거든 어찌하여 세상에 사는 것과 같이 규례에 순종하느냐? 곧 붙잡지도 말고 맛보지도 말고 만지지도 말라 하는 것이니"(골 2:20-21). 아프테스타이(ἅπτεσθαι)라는 단어는 먹는다는 뜻과 만진다는 뜻을 함께 지니고 있지만, 여기서는 쓸데없는 반복을 피하기 위하여 전자의 의미로 쓰이고 있음이 분명하다. 그러므로 여기서 바울은 거짓 사도들이 행하는 짓들을 멋지게 묘사하고 있는 것이다. 그들은 미신과 함께 시작하여 먹는 것은 물론 살짝 씹는 것조차 금지하고, 이것에 성공을 거두면 심지어 맛도 보지 못하도록 금한다. 그리고 사람들이 이것을 받아들이면 이제는 더 나아가서 손가락으로 접촉하는 것까지도 불법한 것으로 만들어 버리는 것이다.

14. 의식은 그리스도를 감추지 말고 그를 드러내어야 함

오늘 우리는 이 인간이 만든 법들의 횡포를 정당하게 정죄한다. 이것들에 근거하여 무수한 법령들이 잔혹하게 강제적으로 시행됨으로 말미암아 가련한 양심들이 엄청난 고통을 받고 있으니 말이다. 권징과 관련한 법령들에 대해서는 다른 곳에서 언급한 바 있다. 그러면 그리스도를 절반은 파묻어 버리고 유대교의 형상으로 돌아가게 만드는 그 의식들에 대해서는 과연 뭐라 말할 것인가? 아우구스티누스는 이렇게 말한다: "우리 주 그리스도께서는 새로운 백성들의 모임을 성례들로써 하나로 묶어 주셨는데, 그 성례들은 숫자도 매우 적을 뿐 아니라 그 의미도 탁월하고 지키기도 매우 쉽다."[7] 오늘날 교회를 온통 얽어매고 있는 그 무수하고 잡다한 의식들과 이러한 단순함이 얼마나 거리가 먼가 하는 것은 이루 다 말할 수가 없다.

그 교활한 사람들이 얼마나 교묘한 술수를 써서 이처럼 그릇된 사실을 은폐하는지 나는 잘 알고 있다. 그들의 논지는 이런 것이다. 곧, 우리들 가운데 과거 이스라엘 백성들의 경우만큼 무식한 사람들이 많은데 이들을 위하여 이런 식의 초보적인 절차가 마련된 것이며, 또한 믿음이 강한 자들의 경우는 구태여 이런 절차가 필요 없겠지만 그래도 이것이 연약한 형제들에게 도움을 주기 때문에 이것을 소홀히 해서는 안 된다는 것이다. 그러나 이에 대해서 나는 이렇게 답변하고자 한다. 곧, 우리가 연약한 형제들에게 합당한 바를 생각하지 않는 것은 아니지만, 그러나 무수하게 많은 의식들로 완전히 압도시키는 이런 방법은 연약한 자들을 보살피는 방법으로서 합당치 않다는 것이다. 하나님께서는 우리와 옛날 사람들을 서로 구별하셔서 그들에게는 어린아이들처럼 표적과 그림자로 가르치셨고, 우리에게는 그런 외형적인 장식물들이 없이 더욱 단순한 방식으로 가르치시는데, 이것은 결코 헛된 것이 아니다.

바울이 말하듯이, 유대인들은 마치 어린아이가 그의 나이에 걸맞게 후견인의 인도함을 받고 그의 지도를 받는 것처럼 율법의 보호 아래 있었다(갈 4:1-3). 그러나 우리는 후견인과 청지기에게서 자유로운 성인(成人)들과 같아서 어린아이들 같은 초보적인 것은 필요가 없는 것이다. 주께서는 그의 교회 안에 어떤 유의 사람들이 있을 것이며, 또한 그들을 어떤 식으로 다스려야 할지를 미리 예견하셨던 것이다. 그러므로, 배우지 못한 사람들에게 유익을 주고 싶다고 해서 그리스도로 말미암아 이미 폐기된 유대교를 다시 그들 중에 일으켜 세운다는 것은 그야말로 어리석은 방법일 것이다. 그리스도께서도 사마리아의 한 여인에게 "아버지께 참되게 예배하는 자들은 영과 진리로 예배할 때가 오나니 곧 이 때라"(요 4:23)고 말씀하셨는데, 이 말씀 속에서 옛적의 백성들과 새로운 백성들이 이처럼 차이가 있다는 점을 친히 밝히신 것이다. 사실 이러한 차이가 계속해서 시행되었었다. 옛날 모세의 시대에는 하나님께 드리는 신령한 예배가 그림자로 형상화되어서 이를테면 갖가지 의식들 속에 싸여 있었으나, 지금은 그것들이 폐기되었고, 하나님께서 단순한 방식으로 예배를 받으시는 것이다. 그러므로 이런 점에서 새로운 예배자들은 옛날의 예배자들과 차이가 있는 것이다. 따라서 이러한 차이를 혼동하는 사람들은 곧 그리스도께서 제정하시고 인준하신 질서를 뒤집어엎고 있는 셈인 것이다.

그렇다면 무식한 자들의 그 경험 없는 상태를 돕기 위해서 아무런 의식도 그들에게 제시해서는 안 된단 말인가? 여러분은 아마 이렇게 물을 것이다. 그러나 나는 그것을 말하는 것이 아니다. 이런 유의 도움이 그들에게 상당히 유익하다고 나도 느끼기 때문이다. 내가 주장하는 것은 다만, 사용하는 수단이 그리스도를 감추어서는 안 되고 그를 드러내 보여 주는 것이어야 한다는 말이다. 그러므로 하나님께서는 절대로 번잡스럽지 않고, 임재하여 계신 그리스도를 보여 주는 몇 가지 의식들을 우리에게 주셨다. 유대인들의 경우에는 임재해 계시지 않는 그리스도를 보여 주는 형상들로서 더 많은 의식들이 주어졌었다. 그가 임재해 계시지 않았다는 말은 권능에 있어서 그러했다는 것이 아니라 그를 알게 하는 수단에서 그러했다는 뜻이다. 그러므로 그 수단들을 유지하기 위해서는, 그 숫자를 적게 지켜야 하고, 쉽게 지킬 수 있도록 되어야 하고, 그 행사에 위엄이 있어야 하며, 또한 의미가 분명해야 할 필요가 있는 것이다. 이런 의식이 지금껏 시행되지 않고 있었다고 구태여 말할 필요가 무엇인가? 사실이 눈 앞에 분명히 드러나 있으니 말이다.

15. 의식들의 부패성

의식들은 곧 하나님의 진노를 적절히 누그러뜨리고 죄가 깨끗이 씻김을 받으며 의와 구원을 얻는 수단이 되는 희생 제사라는 식의 그릇된 생각에 사람들이 깊이 젖어 있는데, 이에 대해서는 그냥 지나가기로 한다. 그들은 이런 유의 오류들이 선한 것들을 부패시킨다는 것을 부인할 것이다. 왜냐하면 하나님께서 명하신 일들의 경우와 꼭 마찬가지로 바로 이런 일에서도 죄를 범할 수가 있기 때문이다. 그러나 사람의 뜻에 따라서 경솔하게 고안된 행위들을 그렇게 존귀하게 여기는 일은 오히려 그 행위들이 영생을 얻는 공로가 된다고 믿는 것보다도 더 무가치한 일이다. 하나님께서 명하신 행위들에는 상급이 있다. 왜냐하면 입법자께서 친히 그 행위들을 순종의 증거로 받아들이시기 때문이다. 그러므로 그런 행위들 그 자체가 가치가 있거나 공로가 있는 것이 아니고, 하나님께서 우리가 그에게 드리는 순종을 그렇게 높이 받으시기 때문에 그 행위들이 가치가 있는 것이다. 지금 여기서 내가 말하는 것은 하나님께서 명하시는 행위의 완전함이요, 사람들이 행하는 행위가 아니다. 우리가 행하는 바 율법의 행위들은 오직 하나님의 값없는 자비하심에서만 은혜를 얻는데, 이는 그 행위들 자체에 나타나는 우리의 순종은 연약하고 결점이 있기 때문이다.

그러나 여기서는 그리스도와 관계 없는 행위의 가치는 논의의 대상이 아니므로, 이 문제에 대해서는 그냥 넘어가기로 하고, 현재의 논지에 속한 사실을 다시 반복하여 말하겠다. 곧, 행위 자체에 무언가 귀하게 여길 만한 점이 있다면 그것은 거기에 담겨 있는 순종과 관련된 것이다. 왜냐하면 하나님께서는 선지자를 통해서 다음과 같이 증거하셨듯이 오직 순종만을 받으시기 때문이다: "내가 너희 조상들을 애굽 땅에서 인도하여 낸 날에 번제나 희생에 대하여 말하지 아니하며 명령하지 아니하고 오직 내가 이것을 그들에게 명령하여 이르기를 너희는 내 목소리를 들으라 … 하였으나"(렘 7:22-23). 거짓으로 드리는 행위에 대해서는 다른 곳에서 말씀하시기를, "너희가 어찌하여 양식이 아닌 것을 위하여 은을 달아 주며 배부르게 하지 못할 것을 위하여 수고하느냐?"(사 55:2)라고 하셨고, 또한 "이 백성이 … 사람의 계명으로 교훈을 삼아 가르치니 나를 헛되이 경배하는도다"(마 15:9; 참조. 사 29:13)라고도 하셨다. 그러므로 우리의 대적들은 그들이 불쌍한 백성들로 하여금 쓸데없는 외형적인 형식 가운데서 하나님께 드릴 의를 구하게 하고, 그 의를 의지하여 하늘의 심판대 앞에서 그들 자신을 세우도록 만든다는 혐의를 벗을 방법이 없는 것이다.

더욱이, 그들은 마치 무대 위의 연극처럼 혹은 마술 행위처럼 이해할 수도 없는 의식들을 마구 행하는데, 이것은 과연 책망을 받아야 마땅한 오류가 아닌가? 의식들을 통해서 사람들이 그리스도께로 인도함을 받지 않는 한, 그 의식들은 모두 부패하고 해로운 것이라는 것이 분명한 것이다. 그러나 교황제도 아래에서 행해지고 있는 의식들은 가르침과 완전히 분리되어 시행되어 사람들을 아무런 의미가 없는 몸짓에 붙들어 두는 것이다.

마지막으로, 의식들 가운데 탐욕스런 사제들이 돈을 긁어내기 위하여 만들어낸 것들이 많은 것으로 드러나고 있다. 배[腹]가 그야말로 간교한 장인(匠人)이니 이런 현상이 새삼스러울 것은 없다. 그러나 처음 시작이 어떠했든지 간에, 모든 의식들이 더러운 이득에 팔려버린 상태에 있기 때문에 교회에서 이러한 부패하고 가증스러운 거래를 없애기 위해서는 그 의식들의 대부분을 없애버려야 할 지경인 것이다.

16. 인간의 법을 분별하는 영구한 원리

내가 지금 인간의 법에 관하여 영구한 교리를 가르치지 않는 것처럼 보이기는 하지만 ─ 전적으로 우리 시대에 적용되는 내용을 다루고 있기 때문에 ─ 그러나 말한 내용 중에 모든 시대에 유익이 되지 않는 것은 하나도 없다. 언제든 미신이 끼어들어서 사람들이 자기들이 꾸며낸 것들로 하나님을 예배하고픈 마음을 갖게 되면, 이런 목적으로 제정된 모든 법들이 즉시 극심한 악행들로 전락하고 마는 법이다. 하나님께서는 이 시대나 저 시대만이 아니라 모든 시대에 이러한 저주를 선언하신다. 곧, 사람들의 가르침에 의지하여 하나님을 예배하는 자들에게 몽매함과 아연실색함으로 치실 것이라는 것이다(사 29:13-14). 하나님의 수많은 경고들을 무시하고 고의적으로 이 치명적인 올무에 자기 자신을 얽어매는 자들이 계속해서 몽매함 가운데 빠져서, 온갖 어리석은 것들을 다 받아들이게 되는 것이다.

그러나 가령, 현재의 형편과는 관계 없이 여러분이 교회와 모든 경건한 자들이 폐기하여야 마땅한 모든 시대의 인간의 전통들이 과연 어떤 것들인지 이해하기를 바란다고 하자. 앞에서 제시해 놓은 사실이 이에 대한 확고하고도 분명한 정의가 될 것이다. 곧, 하나님의 말씀과는 관계 없는 모든 법들, 곧 사람들이 만들어낸 법들 가운데 하나님을 예배하는 방법을 제정하는 것이나 또는 구원을 얻는 데 필수적인 것들에 관한 규범인양 양심을 얽어매는 것들이 거기에 속한다는 것이다. 그리고 이 법들에 다른 오류들이 덧붙여져 있는 경우에는 ─ 그 무수한 숫자로 복음의 명료함을 흐리게 만든다거나, 그것들이 어떤 의미에서도 건설적이지 못하고 참된 경건의 실천이라기보다는 오히려 쓸데없고 하찮은 것들이거나, 그것들이 탐욕스럽고 추잡한 이득을 위하여 계산된 것들이거나, 그것들이 지키기가 너무 어렵거나, 수치스러운 미신으로 더럽혀져 있는 경우에는 ─ 바로 그 오류들이 이 법들 속에 얼마나 많은 악이 들어 있는지를 깨닫도록 도와줄 것이다.

17. 로마 교회법은 하나님의 말씀에 가감하지 말라는 금령을 무시한 것들임

그들이 스스로 답변을 제시하는 것을 듣는다. 곧, 그들의 전통들은 자기들 자신으로부터가 아니라 하나님께로부터 온 것이라는 것이다. 그들은 말하기를, 교회는 성령으로 말미암아 다스림을 받아서, 오류로부터 보호를 받는다고 하며, 그 성령의 권위가 자기들에게 있다고 한다. 그리고 이런 말을 인정하면, 그들은 곧바로 자기들의 전통들은 곧 성령의 계시들이요, 따라서 불경하게 하나님을 경멸하지 않는 한 결코 그것들을 멸시할 수 없다고 주장한다. 그리고 자기들이 시행하는 일에 큰 권위를 부여하기 위하여, 그들은 그 전통들의 대부분이 사도들로부터 지켜온 것들이라는 것을 우리로 하여금 믿도록 만들려고 한다. 그리고 사도들이 다른 처지들에서 어떻게 행했는지를 한 가지 실례로 충분히 알 수 있다고 주장한다. 곧, 공회로 함께 모였을 때에 그들은 공회의 법령으로 모든 이방인들에게 명하여 우상에게 바쳐진 물건들을 삼가고, 피를 삼가며 목매어 죽인 것을 삼가도록 하였다는 것이다(행 15:20, 29).

그들이 자기들을 높이기 위해서 어떻게 거짓으로 교회라는 이름을 도용하는지에 대해서는 이미 다른 곳에서 설명한 바 있다.[8] 현재의 경우에 대해서는, 가령 모든 가면과 거짓으로 꾸며 놓은 모든 것을 다 찢어 버리고서 우리의 첫 번째 관심사가 되어야 하며 또한 우리에게 가장 중요한 것, 곧 그리스도께서 우리가 이루기를 바라시고 또한 그 표준에 우리 자신을 맞추기를 원하시는 그런 종류의 교회를 우리가 진정으로 바라보고 있다고 해 보자. 그렇다면, 하나님의 말씀의 한계를 지나쳐서 스스로 새로운 법들을 만들어 내어 스스로 만용을 부리고 장난을 치고 있는 것은 참 교회가 아니라는 것을 쉽게 알게 될 것이다.

한 번 교회에 선포되어진 다음과 같은 법이 영원토록 효력을 발생하는 것이 아닌가? "내가 너희에게 명령하는 이 모든 말을 너희는 지켜 행하고 그것에 가감하지 말지니라"(신 12:32). 그리고 다른 구절에서도 이렇게 말씀한다: "너는 그의 말씀에 더하지 말라 그가 너를 책망하시겠고 너는 거짓말하는 자가 될까 두려우니라"(잠 30:6). 이 말씀이 교회를 향하여 선포되었다는 사실은 부인할 수가 없다. 그런데 그들은 그런 금지의 명령을 받고서도 감히 하나님의 가르침에다 자기 마음대로 아무것이나 덧붙이고 뒤섞고 하는 것을 자랑하고 있으니, 이들이 하나님의 명령에 반항하는 것이 아니고 무엇이란 말인가? 그들의 거짓에 동의해서는 절대로 안 된다. 그들은 그런 거짓으로 교회를 엄청나게 모욕하고 있으니 말이다. 오히려 우리는 어디서든 사람들이 이러한 무절제한 인간의 방종에 ― 이러한 인간의 방종은 하나님의 말씀이 정하는 테두리 속에 갇혀 있을 수가 없고, 안달을 부리며 갖가지를 스스로 만들어 낸다 ― 그들이 "교회"라는 이름을 붙이고 있다는 사실을 이해하도록 하자. 주께 예배하는 일과 구원에 관한 말씀들에 관하여 하나님의 말씀에 절대로 가감하지 말라는 이 말씀에는 복잡한 것이나, 희미한 것이나, 애매한 것이 하나도 없는 것이다.

그러나 그들은 주장하기를, 이 말씀은 오직 율법에 관한 것일 뿐이고, 그 다음에 예언들과 복음의 모든 경륜이 뒤이어 나타난다고 한다. 이것이 사실이라는 것은 나도 시인한다. 그러나 여기에 한 가지 덧붙일 것은, 그것들은 첨가 사항(additions)이나 혹은 축약된 내용(abridgments)이 아니고 율법에 보충되어진 것들(supplements)이라는 점이다. 자, 주께서는 그가 그의 종들인 선지자들을 통해서, 그리고 그의 사랑하시는 아들을 통해서 최종적으로 더 분명한 가르침을 주시기까지는 모세의 사역에 ― 물론 희미한 면들이 겹겹이 싸여 있기는 하지만 ― 아무것도 가감되지 못하도록 하신다. 그렇다면 우리로서는 율법과 선지자와 시편과 복음에 어떠한 것도 가감할 수 없다는 금령을 더욱 철저하게 준수해야 하지 않겠는가? 오래 전에 인간이 만들어낸 의식들로 예배를 받는 것처럼 거슬리는 것이 없다고 선언하신 주님께서는 그 동안 변함이 없으신 것이다.

우리 귀에 계속해서 울려 퍼져야 할 선지자들의 놀라운 말씀들의 근원이 여기에 있다: "내가 너희 조상들을 애굽 땅에서 인도하여 낸 날에 번제나 희생에 대하여 말하지 아니하며 명령하지 아니하고 오직 내가 이것을 그들에게 명령하여 이르기를 너희는 내 목소리를 들으라 그리하면 나는 너희 하나님이 되겠고 너희는 내 백성이 되리라 너희는 내가 명령한 모든 길로 걸어가라 그리하면 복을 받으리라 하였도다"(렘 7:22-23). 또한: "내가 … 간절히 경계하며 끊임없이 경계하기를 '너희는 내 목소리를 순종하라' 하였도다"(렘 11:7). 이러한 종류의 구절들이 많으나 그 중에서 다음의 말씀이 가장 분명하다 하겠다: "여호와께서 번제와 다른 제사를 그의 목소리 청종하는 것을 좋아하심 같이 좋아하시겠나이까? 순종이 제사보다 낫고 듣는 것이 숫양의 기름보다 나으니 이는 거역하는 것은 점치는 죄와 같고 완고한 것은 사신 우상에게 절하는 죄와 같음이라"(삼상 15:22-23). 그러므로, 이런 부문에서 인간이 만들어낸 것들이 교회의 권위에 의해서 유지되는 경우에는 불경의 죄를 면할 수가 없는 것이고, 따라서 그것들이 거짓으로 교회에 전가되었다는 것이 쉽게 입증되는 것이다.

18. 로마교회의 전통들은 사도들에게서 비롯된 것이 아님

그렇기 때문에 우리는 오만하게도 교회라는 이름 하에서 우리에게 강요되는 이 인간 전통의 횡포에 대하여 거리낌 없이 맹렬히 비난하는 것이다. 우리의 반대자들은 우리에게 오명을 씌우기 위하여 우리가 교회를 욕하고 있다고 하며 부당하고도 거짓된 주장을 늘어 놓으나, 우리는 교회를 욕하는 것이 아니다. 오히려 그 이상 지극할 수가 없는 그런 순종의 찬양을 교회에 돌리고 있는 것이다. 교회로 하여금 그 주님을 향하여 완악하게 행하도록 만드는 그들이 교회가 하나님의 말씀이 허용하는 범위를 넘어선 것처럼 말함으로써 오히려 교회에게 심각한 해를 끼치고 있는 것이다. 그들이 교회의 권세에 대해서 계속해서 떠벌이면서도 동시에 주께서 교회에게 주신 명령과 또한 그 명령에 대하여 교회가 순종해야 한다는 사실은 숨기고 있는 그 지독한 뻔뻔스러움과 악의에 대해서는 구태여 설명하지 않겠다. 그러나 우리가 교회와 동일한 마음을 갖기를 바란다면 — 이것이 합당한 일이겠지만 — 주께서 우리와 교회에게 명하신 바를 생각하고 기억하여 한 마음으로 그것에 순종하는 것이 더욱 더 합당한 일일 것이다. 우리 스스로 모든 일에서 주님께 순종한다면, 우리가 교회와 하나가 될 것이라는 것이 너무도 분명하기 때문이다.

지금까지 교회를 억압해온 이 전통들의 기원을 사도들에게까지 거꾸로 추적한다는 것은 순전히 속임수일 뿐이다. 왜냐하면 사도들의 가르침 전체는 바로 다음과 같은 의도를 갖고 있기 때문이다. 곧, 온갖 지킬 것들을 새로이 만들어 내어 양심들에 짐을 지워서도 안 되며, 하나님을 예배하는 일을 인간이 만들어 낸 수단들로 오염시켜도 안 된다는 것이다. 그리고 역사와 고대의 기록들이 신빙성이 있다면, 사도들은 로마교회주의자들이 사도들의 것으로 돌리고 있는 그것들에 대해서 전혀 무관할 뿐 아니라 그런 것을 들어본 일도 없었다.

그리고 기록되지 않은 사도들의 법령들 대부분이 — 곧, 그리스도께서 아직 이 땅에 계실 때에는 그들이 이해하지 못했으나 그가 승천하신 후 성령의 계시를 통하여 깨닫게 된 가르침들(요 16:12-13) — 관습과 관례로 전달되었다는 식으로 떠벌여서도 안될 것이다. 이 구절의 해석에 대해서는 이미 다른 곳에서 살펴본 바 있다.[9) 현재의 논지를 위해서는 다음과 같은 사실을 지적하는 것으로 족할 것이다. 곧, 그들은 유대인들과 이방인들 사이에서 오랫동안 행해져 내려온 행태를 부분적으로 모방하고, 또한 지각 없고 학식도 없는 어리석은 사제들이 잘 시행하도록 만든 우스꽝스러운 몸짓들과 헛된 사소한 의식들에 불과한 그런 것들을 마치 엄청나게 신비한 것인양 꾸며내고 있는데, 이러한 사실 자체가 그들을 어리석은 자들로 만드는 것이다. 사실, 어린아이들과 광대들이 이런 것들의 흉내를 너무 잘 내므로, 그들 이상으로 그런 거룩한 예식들을 멋지게 행할 수 있는 사람들이 없는 것처럼 보이는 것이다.

과거의 역사 기록들이 없다 할지라도, 건전한 생각을 지닌 사람들은 여러 가지 사실들을 종합하여 그렇게 온갖 의식과 관습들을 무수히 쌓아두는 일이 갑자기 하루 아침에 생겨난 것이 아니라 조금씩 점차적으로 스며들어왔다고 결론지을 수 있을 것이다. 사도 시대 직후의 그 거룩한 감독들이 교회의 질서와 권징에 관하여 몇 가지를 제정한 이후, 사려 깊지 못하고 호기심과 탐욕이 지나치게 많은 사람들이 하나씩 나타났다. 그리고 후 세대에 속한 사람일수록 희한한 것들을 만들어내는 일에서 선배들에게 뒤지지 않으려고 어리석은 경쟁을 벌이는 일에 열심을 더 기울였다. 그리고 자기들이 만들어 낸 것들이 — 그들은 이것들로 후임자들에게서 칭찬을 받고 싶어했는데 — 사용되지 않고 그냥 무너질 위험이 있는 것을 우려하여 그것들을 지키도록 하는 데에 더 큰 열심을 기울였다. 그들은 현재의 의식들이 사도 시대에 시작되었다고 헛소리를 하며 우리를 현혹시키려 하지만, 그 의식들이 바로 이러한 그릇된 열심으로 인하여 생겨난 것들이며, 역사의 기록들도 이 사실을 입증해 주고 있는 것이다.

(로마교회의 무용한 온갖 의식들은 사도들과 관계 없음. 19-22)

19. 사도 시대 이후부터 무용한 의식들이 생겨났음

이러한 "전통들"을 모두 다 완전무결하게 열거하는 일은 너무나 장황하기 때문에, 여기서는 한 가지 실례를 드는 것으로 만족하는 것이 좋겠다. 사도 시대에는 주의 성찬이 매우 단순한 방식으로 시행되었다. 그런데 사도 시대 직후의 사람들이 그 신비의 위엄을 높이기 위하여 무언가를 거기에 덧붙였는데, 이는 정죄할 만한 것은 아니었다. 그러나 그 후, 어리석은 모방꾼들이 등장하여 때마다 잡동사니들을 이어 맞추어서, 미사(the Mass)에서 볼 수 있는 이 사제들의 예복들과 제단의 장식들과 몸짓 등 온갖 쓸데없는 것들을 만들어 낸 것이다.

그러나 그들은 옛 시대에는 사람들이 보편 교회의 전체적인 동의에 따라서 행해지는 일들을 모두 사도들로부터 내려온 것들로 믿었다고 하며 반론을 제기한다. 그들은 이 점에 대하여 아우구스티누스를 권위로 삼는다. 그러나 나는 다른 근거가 아니라 아우구스티누스가 친히 한 말에 근거하여 이에 답변하고자 한다: "온 세계가 지키고 있는 그 의식들을, 교회 내에서 지극히 건전한 권위를 지닌 사도들이 친히 세웠든지 아니면 세계적 공의회들이 세운 것으로 이해할 수 있을 것입니다. 예를 들자면, 주님의 고난과 부활, 그의 승천, 그리고 성령의 강림을 기념하는 연례 행사 등이 거기에 해당되겠지요. 이런 의식들은 온 교회가 어느 곳으로 퍼져나가든지 항상 기념하여 지켜오고 있습니다."[10]

아우구스티누스가 열거한 실례들이 불과 몇 가지밖에 되지 않으므로, 그가 그 당시에 행해지던 의식들 중에 신뢰하고 기리기에 합당한 것들을 — 즉, 교회의 질서를 보존하는 데에 유용한 단순하고 건전하며 이따금씩만 행해지는 그런 의식들만을 — 지적하고자 했다는 것이 분명하지 않은가? 이것은 로마교회의 대가들이 강요하는 것들과는 전혀 다른 것이다! 그들은 자기들이 만들어낸 사소한 모든 의식 하나하나를 전부 사도적인 것들로 인식하여 시행하라고 하며 사람들에게 강요하고 있으니 말이다.

20. 한 가지 실례: 성수(聖水)

여러분을 지루하게 하지 않기 위해서, 한 가지 실례만을 제시하고자 한다. 누구든지 그들에게 그들이 사용하는 성수(聖水)가 어디서 온 것이냐고 물으면 그들은 즉시 "사도들에게서 왔지요"라고 대답할 것이다. 이것이 로마의 어느 감독이 만들어낸 것임을 역사의 기록이 입증하고 있는데도 말이다. 만일 그 감독이 사도들의 가르침을 진지하게 살펴보았다면, 절대로 그런 이상스럽고 부적절한 상징물로 세례를 더럽히지는 않았을 것이다! 그리고 내가 보기에는 이렇게 물을 거룩하게 구별하는 의식의 기원이 역사의 기록에 남아 있는 것처럼 그렇게 오래된 것이 아닌 듯하다. 아우구스티누스의 진술을 보면, 그 당시의 특정한 교회들이 발을 씻겨 주신 그리스도의 모범을 엄숙하게 모방하는 일이 혹 세례와 관계되는 것처럼 보일까 우려하여 그 일을 행하지 않았다고 하는데,[11] 이는 세례와 조금이라도 유사점이 있는 씻는 예식이 일체 없었다는 것을 시사하는 것이다. 이것은 그렇다 치고, 날마다 어떤 표적을 통해서 다시 회상하는 방식으로 세례를 계속 반복하는 행위는 결코 사도들의 정신에서 전수되어 내려온 것이 아닌 것으로, 나로서는 절대로 용인할 수가 없다.

아우구스티누스는 다른 곳에서 다른 일들을 사도들에게서 비롯된 것으로 말씀하는데, 그 사실에 대해서도 길게 거론하고 싶지 않다. 그는 그저 그렇게 추측하는 것뿐이므로, 그렇게 중대한 문제에 대하여 판단하면서 그런 발언을 근거로 삼아서는 안 되는 것이다. 마지막으로, 가령 아우구스티누스가 사도들에게서 전수받았다고 언급하는 그것들을 그대로 인정한다고 가정해보자. 그렇다 해도 경건을 위해 어떤 실천할 의식들을 만들어 놓아서 신자들이 자유로운 양심으로 그것들을 행하거나 혹 그것이 유익하지 않을 경우에는 행하지 않을 수 있도록 하는 것과, 법을 만들어서 강제로 양심을 속박하는 것은 엄청난 차이가 있는 것이다. 그런데 지금 — 그것들을 누가 만들어 냈든 간에 — 그것들이 크나큰 악행을 조장시키고 있는 것을 보고 있으니, 그것들을 폐기한다 할지라도 아무런 거리낌이 없고, 또한 그것들을 만들어 낸 사람에게도 무례를 범하는 것이 아닐 것이다. 왜냐하면 그 사람은 절대로 그 의식들이 변경되지 않고 그대로 계속 지켜지도록 하려는 의도로 그것들을 제시한 것이 아니기 때문이다.

21. 행 15:20의 사도들의 법령

그들은 자기들의 횡포를 변명하느라 사도들의 예를 거론하지만 이것도 그들에게는 별로 도움이 안 된다. 그들은 말하기를, 초대 교회의 사도들과 장로들은 그리스도의 명령에 없는 법령을 작성하여 그것을 근거로 모든 이방인들에게 명령하기를 우상에게 드려진 고기[치]와 목 졸라 죽인 짐승의 고기와 피를 금하라고 하였다고 한다(행 15:20). 이렇게 하는 것이 그들에게 허용되었다면, 그 후의 사람들이 형편에 따라서 그와 동일한 관례를 따르지 못할 이유가 어디 있는가? 이런 문제나 다른 문제에서나 그들의 관례를 항상 따르는 것이 도리가 아니냐는 것이다.

그러나 분명히 말하지만, 나는 강력한 근거에 의지하여, 사도들이 그때 새로운 법령을 제정한 것이 아니라는 사실을 쉽게 입증할 수가 있다. 그 당시의 공회에서 베드로는 제자들의 목에 멍에를 두는 행위를 하나님을 시험하는 것이라고 선포하였는데(행 15:10), 그러고도 나중에 가서 그가 제자들에게 멍에를 두는 일에 동의했다면 그것은 자기의 의견을 스스로 뒤집는 것이다. 그러나 만일 사도들이 이방인들이 우상에게 드려진 고기와 피와 목매어 죽인 짐승을 금할 것을 자기들의 권위로 결의하였다면, 그것은 멍에를 두는 행위일 것이다. 그런데도 그들이 그런 것을 금하였으니, 거리낌이 아직 남는 것은 사실이다. 그러나 그 법령 자체의 실질적인 의미를 주의 깊게 살펴보면, 이러한 거리낌이 쉽게 제거될 것이다.

그 법령의 첫째가는 가장 중요한 요점은 바로 이방인들에게 자유를 남겨두며 혼란하게 하지 않으며 또한 그 법을 준수하도록 괴롭게 하지 않는다는 것이었다(행 15:19, 24, 28). 여기까지의 내용은 우리들의 입장과 일치한다. 그러나 한 가지 예외의 사실이 이어진다(행 15:20, 29). 그러나 이것은 사도들이 세운 새로운 법이 아니고, 사랑을 침해하지 말라는 하나님의 영원한 명령이다. 그것은 신자들의 자유를 한 치도 침해하는 것이 아니고, 다만 자유를 잘못 사용함으로써 형제들을 거스르게 되는 일이 없도록 스스로 절제하도록 경고를 하는 것뿐인 것이다.

두 번째 요점은 이방인들이 형제들을 넘어뜨리지 않도록 무해하게 자유를 사용해야 한다는 것이다. 그러나 사도들은 여기서 한 가지 구체적인 지침을 제시하고 있다. 곧, 그 당시의 형편에 맞는 범위 내에서, 형제들을 넘어뜨릴 수 있는 것들이 무엇인지를 가르치고 지정하여 그것들을 피하도록 하는 것이다. 그러나 이것은 형제를 넘어뜨리는 일을 금하는 하나님의 영원한 법을 제시하는 것일 뿐, 자기들 스스로 새로운 법을 제시하는 것이 아닌 것이다.

22. 사도들의 법령의 의의

이는 마치 신실한 목회자들이 아직 제대로 세워지지 않은 교회들을 책임 맡고 있을 경우에, 모든 사람들을 명하여 — 함께 사는 연약한 자들이 자라나 강하게 되기까지 — 금요일에 공개적으로 고기를 먹거나, 거룩한 성일(聖日)에 공개적으로 일을 하는 등의 행위를 하지 못하도록 하는 것과도 같다. 물론 그런 일들이 미신과 관련이 없고 그 자체로서는 선하지도 않고 악하지도 않은 중립적인 일에 속하지만 그런 일을 행함으로써 형제를 실족하게 한다면 그것은 죄일 수밖에 없는 것이다. 신자들이 연약한 형제들 앞에서 그런 일들을 행함으로써 그들의 양심에 크게 상처를 주는 때가 있는 것이다. 주께서 형제를 실족하게 하지 말라고 충분히 분명하게 금하셨으므로 그 명령을 따라서 그런 일을 미연에 방지하고 있는 것뿐인데도 이들이 새로운 법을 제정하고 있다고 말한다는 것은 중상모략을 일삼는 자들이나 할 수 있는 짓이 아니겠는가?

사도들에 대해서도 마찬가지다. 그들은 오로지 실족을 피하는 일에 관한 하나님의 법을 장려하고 그런 범죄의 소지를 제거하고자 하는 의도밖에는 없었던 것이다. 사도들은 마치 이렇게 말한 것과도 같다: "주께서 연약한 형제에게 상처를 주지 말라고 명하셨다. 그런데, 우상에게 바쳐진 고기나 목매어 죽인 것이나 피를 먹게 되면 연약한 형제들이 상처를 받지 않을 수가 없다. 그러므로 주의 말씀 안에서 명하노니 실족하게 하는 그런 것들은 먹지 말라."

바울이야말로 사도들이 동일한 생각을 갖고 있었음을 보여 주는 가장 탁월한 증인이다. 그의 다음과 같은 진술은 공회의 결정과 확실히 일치하는 것이다: "우상의 제물을 먹는 일에 대하여는 우리가 우상은 세상에 아무것도 아니며 또한 하나님은 한 분밖에 없는 줄 아노라 … 그러나 … 어떤 이들은 지금까지 우상에 대한 습관이 있어 우상의 제물을 알고 먹는 고로 그들의 양심이 약하여지고 더러워지느니라 … 그런즉 너희의 자유가 믿음이 약한 자들에게 걸려 넘어지게 하는 것이 되지 않도록 조심하라"(고전 8:4, 7, 9). 이런 문제들을 잘 따져보는 사람은, 사도들이 마치 법령을 공포하여 교회의 자유를 침해하기 시작한 것처럼 여겨서 그것을 핑계로 자기들의 횡포를 정당화시키려는 자들의 교묘한 속임수에 다시는 속지 않을 것이다.

그러나, 이러한 답변의 정확함을 그들 스스로 고백하여 인정하지 않고서는 피할 수 없을 것이므로, 그들은 자기들이 무슨 권리로 이러한 사도의 법령을 감히 폐기하였는지 내게 답변하기를 바란다. 그들은 말하기를, 사도들이 예방하고자 했던 그런 거리낌과 마찰의 위험이 이제는 없어졌기 때문이며, 또한 그들의 법령을 그 목적에 따라서 판단해야 한다는 것을 그들도 알고 있었기 때문이라고 한다. 이 법을 제정한 것은 사랑을 위함이었으므로, 거기에는 사랑에 관련된 것 외에 다른 내용은 없는 것이다. 그러므로 이 법을 범한다는 것은 사랑을 저버리는 것 외에 아무것도 아니라는 것을 그들 스스로 고백하는 셈이니, 그렇다면 이 법이 하나님의 율법에 새로운 것을 첨가시킨 것이 아니고, 다만 시대의 형편과 관습에 맞도록 그 법을 적용시키려는 순전하고도 단순한 의도에 의해서 제정된 것임을 그들도 시인하고 있는 것이 아닌가?

(인간이 만든 예배의 전통과 의식과 하나님의 말씀과 그리스도의 정죄를 받음. 23-26)

23. 인간이 만들어낸 예배는 말씀에서 떠난 것으로 하나님께 가증한 것임

그러나 — 그런 법령들이 백 배나 불의하며 우리에게 해를 끼치는데도 불구하고 — 그들은 여전히 하나의 예외도 없이 그것들을 다 준수해야 한다고 주장하고 있다. 왜냐하면 이것은 오류에 동조하는 문제가 아니고 다만 우리가 신복들로서 위에서 다스리는 자들의 엄한 명령들에 복종하는 것일 뿐이며, 그 명령에 대해서 거부할 권한이 우리에게는 없기 때문이라는 것이다.

그러나 주께서는 여기서도 그의 말씀의 진리로써 이들을 상대하고 계시며, 우리를 그런 굴레에서 구하셔서 그가 우리를 위하여 그의 거룩한 피로 값주고 사신 — 그리고 그 유익에 대해서 여러 차례 그의 말씀으로 확증하신 바 있는 — 그 자유 속으로 우리를 이끄신다(고전 7:23). 이 문제는, 그들이 악의를 갖고서 거짓으로 꾸며대는 대로, 우리 몸이 극심한 억압을 당하는 것을 참는 것일 뿐 아니라, 양심이 자유를 잃고 억압을 당하며 마치 노예처럼 고통을 당하는 것이요, 그리스도의 피의 은택을 완전히 강탈당하는 것이기 때문이다.

그러나 이 문제도 현재의 논의와 별 상관이 없는 것으로 여겨서 그냥 지나가기로 하자. 그러나 주께서 온전히 소유권을 지니신 그의 나라를 빼앗기신다면 그것이 얼마나 중대한 문제이겠는가? 그런데, 인간이 만들어낸 법들에 의해서 그를 예배할 때마다 그의 나라가 빼앗기는 것이다. 그 자신이 그를 향한 예배를 위한 유일한 입법자이시기를 그가 친히 바라시기 때문이다. 어느 누구도 이 일을 무시해도 괜찮은 것으로 생각해서는 안 되므로, 주께서 그 문제를 얼마나 높이 여기고 계시는지를 직접 들어보기로 하자: "주께서 이르시되 이 백성이 … 나를 경외함은 사람의 계명으로 가르침을 받았을 뿐이라 그러므로 내가 이 백성 중에 기이한 일 곧 기이하고 가장 기이한 일을 다시 행하리니 그들 중에서 지혜자의 지혜가 없어지고 명철자의 명철이 가려지리라"(사 29:13-14). 또 다른 구절에서는 이렇게 말씀하신다: "사람의 계명으로 교훈을 삼아 가르치니 나를 헛되이 경배하는도다"(마 15:9).

이스라엘 자손이 온갖 우상숭배로 자기들을 더럽혔는데, 그런 모든 악행의 원인은 바로 이와 같은 불순한 혼합에 있었다. 곧, 하나님의 계명들을 범하고 자기들 스스로 새로운 의식들을 만들어 낸 데 그 원인이 있었던 것이다. 그리하여 성경의 거룩한 역사는 바벨론 왕이 보내어 사마리아에 거주하게 한 새로운 정착민들이 그 땅의 하나님의 법령들과 심판에 대해서 무지하였기 때문에 그들이 맹수들에게 찢기고 먹힌 바 되었다고 보도하고 있다. 그들이 의식에 있어서는 죄를 범하지 않았지만, 그들의 헛된 겉치레를 하나님께서 인정하지 않으신 것이다. 그러나 한편 사람들이 그의 말씀과는 상관 없는 온갖 방책들을 도입했었기 때문에 하나님께서는 그에게 드리는 예배를 범한 행위에 대해서 단호히 벌을 주신 것이다. 그리고 이어서 그들은 이러한 형벌에 겁이 나서 율법에 제정된 의식들을 행하였다고 말하고 있다. 그러나 그들이 아직 참되신 하나님을 순전하게 예배하는 것이 아니었기 때문에, 그들이 하나님을 경외하고 또 경외하지 않고 하는 일이 두 번 반복되고 있는 것이다(왕하 17:24-25, 32-33, 41).

이로부터 우리는 하나님께 드려지는 경외의 일부는 우리 자신이 만들어 낸 것과 뒤섞지 않고 오직 하나님께서 명령하시는 대로 그에게 예배하는 데 있다는 사실을 깨닫게 된다. 그리고 경건한 왕들의 행적에 대해서 칭송을 하면서, 그들이 모든 율례를 따라서 행하였고 좌로나 우로나 치우치지 않았다는 사실을 그 이유로 지적하는 경우를 자주 보게 되는 것이다(왕하 22:1-2; 참조. 왕상 15:11; 22:43; 왕하 12:2; 14:3; 15:3; 15:34; 18:3). 더 나아가서, 사람이 만들어낸 방식의 예배에서 불경한 것이 노골적으로 드러나지 않는다 할지라도, 성령께서는 그것을 극심하게 정죄하신다는 것이다. 왜냐하면 그런 예배는 하나님의 율례에서 벗어난 행위이기 때문이다.

다메섹에서 본을 따서 세운 아하스의 제단이(왕하 16:10) 성전의 장식을 더욱 화려하게 해 주는 것처럼 보였을 수도 있었을 것이다. 아하스의 의도는 유일하신 하나님께 제사를 드리고자 함이었고, 그 제사를 옛적에 본래 있던 제단에서 드리는 것보다 훨씬 더 화려한 방식으로 드리려 했기 때문이다. 그러나 성령께서는 이를 엄청나게 가증스러운 행위로 보신 것을 보게 되는데, 그 이유는 단 한 가지, 사람이 만들어 낸 것으로 하나님을 예배하는 것은 곧 불순한 부패이기 때문인 것이다(왕하 16:10-18). 그리고 하나님의 뜻이 우리에게 분명하게 드러날수록, 우리 마음대로 무언가를 시도하는 우리의 방자함에 대해서 변명할 거리가 더 없어지는 것이다. 그러므로 예루살렘에 새로운 제단을 세운 정황 때문에 므낫세의 범죄는 더욱 무거워졌다. 왜냐하면 하나님께서는 전에 "내 이름을 예루살렘에 두리라"고 말씀하셨는데도(왕하 21:3-4) 그가 거기에 새로운 제단을 세움으로써 하나님의 권위를 공공연하게 거부했기 때문이다.

24. 하나님께서 인간이 만들어낸 예배를 가증스럽게 여기시는 이유

여호와께서 사람의 계명으로 그를 예배하는 사람들에게 기이하고 기이한 일을 행하시겠다고 그렇게도 날카롭게 위협하시며(사 29:13-14) 또한 사람의 계명으로 경배하는 것이 헛되다고 선언하시는(마 15:9) 이유가 어디에 있는지 많은 사람들이 의아해 한다. 그러나 하늘의 지혜에 속하는 신앙의 문제들에 있어서 오직 하나님의 명령만을 의지한다는 것이 무엇인지를 진지하게 생각해 보면,

여호와께서 인간 본성의 사악함을 따라서 그에게 드려지는 그 사악한 의식들을 가증스럽게 여기실 만한 강력한 이유가 있음을 곧바로 깨닫게 될 것이다. 하나님을 예배하면서 그런 인간의 법들을 순종하는 사람들은 자기들 나름대로 순종하는 것이니 거기에 겸손과 비슷한 모습이 보이겠지만, 그러나 하나님 보시기에 그들은 전혀 겸손한 것이 아니다. 왜냐하면 그들은 자기들이 하나님을 위하여 법들을 만들고서 그 법들을 지키고 있는 것이기 때문이다.

자, 그렇기 때문에 바울이 그렇게도 시급하게 인간의 전통에 속지 말라고 경고하기도 하고(골 2:4 이하), 또한 에텔로트레스케이아(ἐθελοθρησκεία), 즉 하나님의 가르침과는 관계 없이 사람들이 고안해 낸 "자의적 숭배"에 속지 말라고 경고하는 것이다(골 2:22-23). 우리 자신의 지혜와 모든 사람들의 지혜는 어리석은 것이 되어야 하고 오직 하나님께서 홀로 지혜로우시도록 해야 하는 것이다. 사람의 뜻에 따라서 고안해 낸 자기들의 보잘것없는 행위들을 하나님께서 인정하시리라고 기대하면서 타의에 의해서 억지로 거짓된 순종을 하나님께 ─ 이는 실제로 사람에게 드리는 것이다 ─ 드리는 자들은 결코 그러한 바른 길에 서지 않는 것이다. 우리의 기억 속에 남아 있는 과거 여러 세기 전에도 그러했고, 오늘날에도 창조주의 권위보다 피조물의 권위가 더욱 높임을 받는 곳에서 그러한 일이 행해지고 있는 것이다(참조. 롬 1:25). 이교도들의 종교보다도 오히려 그런 곳에서 신앙이 ─ 그것을 신앙이라 부를 만한 가치가 있는지 모르겠으나 ─ 더욱더 무분별한 미신으로 더럽혀지는 것이다. 사람의 정신이 만들어낼 수 있는 것이 육욕적이요 어리석은 자기들의 모습을 그대로 닮은 것들 외에 무엇이 더 있겠는가?

25. 사무엘과 마노아의 예

미신들을 지지하는 자들은 또한 사무엘이 율법을 벗어나서 라마에서 제사를 드렸으나 하나님께서는 그 제사를 기뻐 받으셨다고 주장한다(삼상 7:17). 그러나 이러한 주장도 쉽게 반박할 수 있다. 사무엘이 유일한 제단을 거부하고 두 번째 제단을 세운 것이 아니고, 그 당시는 언약궤를 위한 장소가 아직 정해지지 않았으므로 자신이 살고 있던 그 마을을 제사 드리기에 가장 편리한 곳으로 지정한 것이었다. 그 거룩한 선지자의 의도는 신성한 의식에 무언가 새로운 것을 만들어 첨가시키고자 하는 것이 절대로 아니었다. 하나님께서 그 어떠한 것이라도 가감하지 말라고 그렇게도 철저하게 명령하셨기 때문이다(신 4:2).

마노아의 경우에 대해서는, 나는 그것이 이례적이며 매우 특수한 사례였다고 본다(삿 13:19). 그가 하나님께 제사를 드린 것은 사사로운 개인으로서 그렇게한 것이며, 또한 그 제사에 대해서 하나님의 승인이 없지 않았다. 즉, 그가 자기마음에서 일어나는 순간적인 충동에 의해서 그 일을 행한 것이 아니라 하늘의감동을 받아서 한 일이었기 때문이다. 그러나 마노아보다 못하지 않은 인물인기드온의 경우에서 우리는 죽을 인생들이 자기들 스스로 생각하여 마음대로 그에게 예배하는 일을 하나님께서 얼마나 혐오하시는지를 똑똑히 보게 된다. 기드온의 에봇이 그 자신과 그의 가문뿐 아니라 그 백성 전체를 망하게 만들었던것이다(삿 8:27). 간단히 말해서, 사람의 마음대로 우발적으로 새로운 것을 만들어 내어 그것으로 하나님께 예배하려 하는 행위는 참된 거룩함을 더럽히는 것외에 아무것도 아닌 것이다.

26. 바리새인의 누룩에 대한 주님의 경계

그들은 묻기를, 그러면 그리스도께서는 어째서 서기관들과 바리새인들이사람들에게 지우는 그 견디기 힘든 짐을 그대로 견디라고 하셨으며(마 23:3), 또다른 곳에서는 바리새인들의 누룩을 주의하라고 말씀하셨느냐고 한다(마 16:6). 마태복음 기자가 설명하는 대로, "누룩"이란 무엇이든 하나님의 순결한 말씀에사람들이 자기들 자신의 가르침을 뒤섞어 놓은 것을 의미한다(마 16:12). 그러니이 말씀이, 그들의 모든 가르침을 피하고 멀리하라는 명령이라는 것이 얼마나분명히 드러나는지 모른다. 이러한 사실은 또한 다른 구절 역시, 바리새인들의전통들로 인해서 주님이 우리의 양심이 괴로움 당하는 것을 원치 않았을 것이라는 것을 매우 분명히 해 준다.

그 말씀을 왜곡시키지 않고 나타나 있는 그대로 보아도, 결코 다른 의미를시사하는 것이 아니다. 주께서는 바리새인들의 행위를 격렬하게 책망하고자 하는 의도를 갖고 계셨고, 그리하여 먼저 그의 말씀을 듣는 자들에게 교훈하시기를, 비록 바리새인들의 삶에는 본받을 만한 것이 아무것도 없으나 그럼에도 불구하고 바리새인들이 말로 가르치는 일들은 그대로 행하여야 한다고 하신 것이다. 왜냐하면 바리새인들이 율법의 해석자들로서 모세의 자리에 앉아 있었기때문이다. 그러므로 주님은 그저 사람들에게 교리를 멸시하는 그 선생들의 악한 모범을 본받지 말라고 미리 경계하고자 하신 것뿐이다.

그러나, 이러한 합리적인 설명에 전혀 수긍하지 않고 언제나 권위를 요구하는 자들이 있으므로, 결국 이와 동일한 것을 말하는 아우구스티누스의 진술을 인용하고자 한다: "주님의 양우리에는 감독자들이 있는데 아들들도 있고 삯군들도 있다. 아들인 감독자들은 참된 목자들이다. 그러나 삯군들도 또한 필요하다는 것을 배우기 바란다. 교회 안에 있는 많은 이들이 이 땅의 이득을 추구하느라 그리스도를 전하는데, 그들을 통해서도 그리스도의 음성이 사람들에게 들린다. 그리고 양이 삯군을 따르는 것이 아니라 오히려 삯군을 통하여 목자를 따르는 것이다(참조. 요 10:11-13). 주께서 친히 그 삯군들이 누구인지를 지적하시는 말씀을 들으라. 그는 말씀하시기를, 서기관들과 바리새인들이 모세의 자리에 앉아 있으니, 그들이 말하는 바를 행하되 그들이 행하는 바를 본받지 말라고 하신다(마 23:2-3). 그의 말씀은 곧, '삯군들을 통해서 목자의 음성을 들으라'는 뜻이 아니고 무엇이겠는가? 그들이 그 자리에 앉아서 하나님의 율법을 가르치고 있으니, 하나님께서 사람들을 통하여 가르치시는 것이다. 그러나 만일 그들이 자기들의 법을 가르치면, 듣지도 말고 행하지도 말라."[12] 이것은 아우구스티누스의 말이다.

(정당한 교회법의 필요성과 그 올바른 시행을 위한 지침. 27-32)

27. 교회 질서 유지를 위한 법의 필요성

그러나 많은 무식한 사람들은 사람의 양심이 인간의 전통들에 의해 불경하게 매여 있고 하나님께 헛된 예배를 드리고 있다는 말을 듣고서, 교회의 질서를 세우는 정당한 법들까지도 모두 다 제거하려 한다. 여기서 그들의 오류를 함께 다루는 것이 편리할 것이다. 이와 관련해서 속임을 당하기가 매우 쉽다. 왜냐하면 전자에 속하는 법들과 후자에 속하는 법들의 차이를 얼른 가늠하기가 어렵기 때문이다. 여기서 간단하나마 이 문제 전체를 분명히 설명하여 아무도 서로 비슷하다는 것에 속지 않도록 하고자 한다.

우선, 다음과 같은 사실을 생각해 보자. 곧, 모든 인간 사회에서 전체적인 평화를 이루고 화합을 유지하기 위해서는 모종의 조직의 형태가 필요하다는 것이다. 더 나아가서 인간사(人間事)에 있어서는 언제나 어떤 절차가 있는데, 공공의 예의를 위해서도 또한 인간성 자체를 위해서도 이것은 반드시 존중되어야 한다. 특히 교회에서도 이것을 준수하여야 한다. 교회는 질서가 잘 잡힌 체제 하에서 모든 일들이 가장 잘 유지되며, 또한 화합이 없이는 교회가 결코 교회일 수가 없는 것이다. 그러므로 교회의 안전을 보장하기 위해서는, "모든 것을 품위 있게 하고 질서 있게 하라"(고전 14:40)는 사도 바울의 명령을 부지런히 따라야 하는 것이다.

그러나 사람들의 관습이 그렇게도 다양하고, 그들의 마음이 그렇게 각양각색이며, 그들의 판단과 기질이 그렇게 서로 이질적이기 때문에, 명확한 법들로 체계가 잡혀 있지 않는 한 어떠한 조직체도 든든히 견딜 수가 없고, 또한 어떤 형식이 세워지지 않고서는 어떠한 절차도 유지될 수가 없다. 그러므로, 우리는 이를 위하여 도움이 되는 법들에 대해서는 결코 정죄하지 않고, 오히려 교회들에게서 그 법들이 제거되어 버리면 그 근육이 와해되어 완전히 형체가 사라져 버리고 만다고 주장하는 것이다. 또한 연합의 끈을 이루는 그 법들을 준수함으로써 질서와 예의가 확립되지 않으면, "모든 것을 품위 있게 하고 질서 있게 하라"는 사도의 당부의 말씀도 이룰 수가 없는 것이다.

그러나 이러한 법들을 준수하는 데 있어서 한 가지 경계해야 할 것이 있다. 그것은 곧, 그 법들을 구원에 필수적인 것으로 간주하여 그것으로 양심을 얽어매고 구속하는 일이 있어서도 안 되며, 또한 하나님께 예배드리는 일과 연계시켜서 마치 경건이 그 법들을 준수하는 데 있는 것처럼 해서도 안 된다는 사실이다.

28. 정당한 교회의 법들을 구별하는 표지

그러므로, 그 불경한 법들 — 이미 말한 바와 같이 참된 신앙을 흐리게 하고 양심을 억누르는 그런 법들 — 과 교회의 정당한 법들을 구분시켜 주는 한 가지 탁월하고도 확실한 표지(標識)가 우리에게 있다. 그것은 그 법들의 목적이 언제나 다음 두 가지 중 하나거나 아니면 두 가지 모두라는 사실을 기억하는 것이다. 곧, 신자들의 거룩한 모임에서는 모든 일을 품위 있고도 위엄에 어울리게 행한다는 것과 또한 인간 사회 자체도 인간성과 예의의 특정한 끈을 통해서 유지된다는 사실이다. 법이 만들어진 것이 공공의 품위를 위한 것이라는 사실을 이해하면, 하나님께 예배하는 일을 인간이 만들어낸 것들로 판단하는 자들이 빠지는 그런 미신이 제거되는 것이다.

또한 법이 일상적인 용도에 합당해야 한다는 것을 인식하게 되면, 의무와 필연에 대한 그릇된 생각을 가져서 마치 전통이 구원에 필수적인 것처럼 여겨서 양심이 크나큰 공포에 짓눌리는 일이 사라질 것이다. 왜냐하면 이 법에서는 다만 우리들 가운데서 사랑을 장려하는 데에 모두 함께 노력을 기울이는 것 외에는 아무것도 요구하는 것이 없기 때문이다.

그러나 바울이 권장하며 또한 명령하는(고전 14:40) 그 품위에 무엇이 해당되는지에 대해서 좀 더 분명하게 밝히는 것이 좋겠다.

품위의 목적은 부분적으로, 거룩한 것들을 향한 존경심을 장려시켜 주는 의식들이 시행될 때에 그런 보조 수단들을 통해서 경건을 증진시키는 데 있고, 또한 부분적으로는 모든 존귀한 행위에서 드러나야 마땅한 품위와 진지함이 거기서 밝히 드러나도록 하는 데 있다. 전자의 목적은 교회를 다스리는 자들로서는 선한 다스림의 규범과 법을 알도록 하고, 또한 다스림을 받는 자들로서는 하나님께 순종하고 또한 올바른 권징에 순종하는 일에 익숙해지도록 하기 위함이다. 그리고 후자의 목적은 교회를 선한 질서 가운데 세움으로써 교회에 평화와 정숙함을 유지시키기 위함이다.

29. 정당한 교회법들의 실례

그러므로 우리는 허황된 쾌락 이외에 아무것도 아닌 것을 품위로 간주해서는 안 된다. 그런 실례를 우리는 교황주의자들이 자기들의 신성한 의식들에서 사용하는 극적(劇的)인 화려한 치장들 속에서 볼 수 있다. 그런 것들은 쓸데없는 세련미와 열매 없는 사치의 가면 외에 아무것도 아닌 것이다. 우리에게 품위란, 신성한 신비를 높이 기리는 데에 매우 적절하여 경건을 위한 행위로서 지극히 적합하거나, 최소한 예배 행위에 합당한 장식을 의미한다. 그러므로 이것은 열매가 없어서는 안 되며, 신자들로 하여금 얼마나 큰 진지함과 경건함과 높이 기리는 자세로 거룩한 일을 행하여야 하는지를 반드시 생각하게 해 주는 것이어야 한다. 더 나아가서, 의식들이 경건의 실천이 되기 위해서는 그것들이 우리를 곧바로 그리스도께로 인도하여야 하는 것이다.

마찬가지로, 우리는 그저 한순간 있다가 덧없이 사라지는 광채에 지나지 않는 그 하찮은 화려한 치장들에서 질서를 세우지 말고, 모든 혼동과 야만성과 완고함과 소요와 불화를 제거하는 그런 일들에서 질서를 세워야 할 것이다.

첫 번째의 경우 ― 즉, 혼동을 제거하는 일 ― 에 해당하는 실례들이 바울에게서 나타난다. 곧, 주의 성찬을 속된 주연(酒宴)과 혼동해서는 안 된다는 것과 (고전 11:21-22), 또한 여자가 머리에 쓴 것을 벗고 공적인 자리에 나가서는 안 된다는 것이 그것이다(고전 11:5). 그리고 일상적으로 행하는 여러 가지 다른 실례들도 있다. 예를 들면, 기도할 때에 머리에 쓴 것을 벗고 무릎을 꿇는 것, 주의 성례들을 소홀히 시행하지 않고 위엄을 유지하며 시행하는 것, 죽은 사람을 장사하는 일을 품위 있게 시행하는 것 등 이런 유에 해당하는 여러 가지 행위들을 들 수 있을 것이다.

그리고 두 번째 경우에 속하는 사항들로는, 기도 시간과 설교 시간, 그리고 성례의 시간들을 정해 놓는 일, 설교 시에 조용하고 침묵을 지키며 정해진 장소에서 행하는 일, 함께 찬송을 부르는 일, 주의 성찬을 정해진 날짜에 시행하는 일, 여자가 교회에서 가르치지 못하도록 바울이 금지한 사실(고전 14:34) 등을 들 수 있다. 그리고 특히 권징을 유지하는 데 도움이 되는 것들이 있는데, 요리문답을 가르치는 일, 교회의 책벌, 출교(혹은 파문), 금식 등과 이런 부류에 속할 수 있는 모든 행위들이다.

이렇게 볼 때, 우리가 거룩하고 유익한 것들로 받아들이는 모든 교회법들은 다음 두 종류 중 하나에 속하는 것으로 간주하게 된다. 그 첫째는 의식에 관계된 것들이요, 둘째는 권징과 교회의 평화에 관계된 것들이다.

30. 정당한 교회법들과 관련한 위험 요소

그러나 여기에 위험 요소가 있다. 곧, 한편으로는 거짓된 감독들이 이를 구실로 삼아서 자기들의 불경하고도 포악한 법들을 변명할 위험이 있고, 또 한편으로는 지나치게 가책을 받고, 또한 위에서 말한 여러 가지 악행에 대하여 경계하는 나머지 거룩한 법들에 대하여 전혀 여지를 남겨두지 않을 위험도 있는 것이다. 그러므로 나로서는 인간이 만든 법들 가운데 오직 하나님의 권위에 기초를 두고 성경에서 근거하며 따라서 전적으로 신적(神的)인 그런 법들만을 인정한다는 것을 선언하는 것이 적절할 것이라 여겨진다.

엄숙히 기도하는 동안 무릎을 꿇는 행위를 예로 들어보자. 문제는 과연 이것이 인간의 전통에 속하여 누구든지 정당하게 폐기하거나 무시할 수 있는 것이냐 하는 것이다. 나는 이것이 인간적인 것이며 또한 동시에 신적인 것이라고 본다. 그것이 사도께서 우리에게 지키라고 명한 품위와 질서(고전 14:40)의 일부라는 점에서 그것은 하나님께 속한 것이다. 그러나 사도께서 구체적으로 명시하지 않고 그저 전체적인 테두리만을 시사한 것을 구체적으로 지정한다는 점에서는 사람의 것이라 할 수 있는 것이다.

이 한 가지 실례를 통해서 우리는 이 부류에 속하는 사안 모두에 대해서 과연 어떤 생각을 가져야 할지를 판단할 수 있을 것이다. 주께서는 그의 거룩한 말씀 속에 참된 의의 총체와 높으신 하나님께 드리는 예배의 모든 면들, 그리고 구원에 필요한 모든 사실들을 신실하게 포괄하여 제시하셨고 또한 분명하게 표명하셨으므로, 그런 문제들에 있어서는 오직 주님의 말씀만을 청종해야 한다. 그러나 주께서는 외형적인 권징과 의식에 있어서 우리가 행할 바를 일일이 구체적으로 제시하기를 뜻하지 않으셨으므로 — 그 일이 시대의 상황에 따라 좌우되는 것임을 미리 예견하셨고, 그리하여 어느 한 가지 형식이 온 시대에 다 합당하게 적용되지 않을 것을 아셨으므로 — 여기서 우리는 주께서 주신 전체적인 규범들을 근거로 삼아야 하며, 교회의 질서와 품위를 유지하기 위해서 필수적으로 요구되는 사항들은 모두 그 규범들에 비추어 시험해야 하는 것이다.

마지막으로, 주께서는 아무것도 구체적으로 가르치지 않으셨으므로, 또한 이런 일들은 구원에 필수적인 것들이 아니므로, 또한 교회를 세우는 일이 각 나라와 시대의 관습들에 다양하게 맞추어서 이루어져야 하므로, 교회의 유익을 위하여 필요에 따라서 전통적인 행위들을 바꾸고 폐기하며 새로운 것들을 세우는 일이 합당할 것이다. 고백하거니와, 우리는 이유가 불충분한 상태에서 경솔하게 무작정 새로운 전통들을 마구 만들어 내서는 안 된다. 상처를 주는 것인지, 혹은 믿음을 세우는 것인지는 사랑이 가장 잘 판단해 줄 것이다. 그리고 사랑을 우리의 안내자로 삼게 되면, 모든 것이 안전할 것이다.

31. 정당한 교회법들의 시행 지침

자, 그리스도인으로서는 이러한 원칙에 따라서 세워진 규례들을 자유로운 양심으로 미신이 없이 경건하고도 기꺼운 순종의 자세로 지켜야 할 의무가 있으며, 그것들을 멸시하거나 부주의하고 소홀히 여겨서 그냥 지나쳐서도 안 된다. 그리고 교만과 완고한 고집으로 그것들을 공공연히 침해하는 일이 있어서는 더욱 안 될 것이다!

그러나 그렇게 지나치게 세심하고 경계를 기울여야 한다면, 거기에 어떻게 양심의 자유가 있을 수 있겠는가? 그러나 이 규례들이 완전히 고정된 영구한 법령들이 아니고, 인간의 연약함을 위한 외형적인 기본 법칙들이라는 점을 생각하면 모든 것이 매우 분명해질 것이다. 우리들 모두가 다 그것들이 필요한 것은 아니지만, 우리 모두가 그 규례들을 시행하는 것이다. 왜냐하면 우리가 서로 하나로 묶여져 있어서 상호 간의 사랑을 배양하도록 되어 있기 때문이다. 이 점은 앞에서 제시한 실례들에서도 깨달을 수 있을 것이다. 그렇다면 무엇인가? 신앙이 여자의 머리 위에 덮는 천에 달려 있기 때문에, 여자가 머리에 아무것도 쓰지 않고 바깥에 나가는 것이 불법이라는 것인가? 여자는 교회 안에서 잠잠하라는 바울의 명령이 그야말로 거룩한 것이기 때문에 그것을 범하면 엄청난 과실이 되는 것인가? 아니, 절대로 그렇지 않다. 만일 어떤 여자가 이웃을 돕느라고 너무 황급한 나머지 도저히 머리에 천을 쓸 여유가 없을 경우를 당했다면, 그때에 머리에 아무것도 쓰지 않고 뛰어간다 해도 그 명령을 거스르는 것이 아니다.

잠잠히 침묵을 지키는 것이 적절한 곳이 있는가 하면, 여자가 말을 하는 것이 그에 못지않게 적절한 장소도 있는 법이다. 또한 질병 때문에 무릎을 굽히지 못하는 사람의 경우에 그가 서서 기도하는 것을 막을 것이 아무것도 없는 것이다. 마지막으로, 죽은 사람을 장사지내는 경우에도, 수의가 없다거나 아니면 관을 메고 갈 사람이 없다고 해서 시체가 썩을 때까지 무작정 기다리는 것보다는 적절한 시기에 묻어 주는 것이 더 나은 것이다. 그러나 이럴 경우에도, 이미 확고히 세워져 있는 지방의 관습이나 인정이나 중용의 원칙이, 이런 경우들에 행해야 할 것과 피해야 할 것을 가늠해 주는 규범이 된다. 이런 일에서 만일 사람이 무지하거나 잊어버리고 그런 것들에서 벗어난다면, 그것은 죄를 범하는 것이 아니다. 그러나 혹 그런 것들을 멸시하여서 그렇게 한다면, 그런 저의(底意)는 용인할 수 없는 것이다.

또한 마찬가지로, 예배를 드리는 날짜나 시간이나 순서, 그리고 어느 날에 어느 시편을 노래하는가 하는 따위의 문제들은 전혀 중요한 것이 아니다. 그러나 평화를 유지하고자 하는 관심이 있다면, 정확한 날짜와 시간과 장소를 모든 사람에게 적당한 대로 정하는 것이 편리할 것이다. 만일 공공의 질서에 영향을 주는 문제들에 대해서 누구나 다 자기가 좋아하는 대로 바꿀 수 있게 된다면, 그런 세부적인 사항에 대한 혼동이 큰 분쟁의 씨앗이 될 것이다. 그런 문제들이 어떻게 되든 전혀 상관이 없고 개인이 나름대로 선택할 수 있는 것으로 여겨지게 되면, 그 문제에 대해서 모든 사람들이 다 기꺼이 동의하여 참여하는 일이 절대로 일어나지 않을 것이다. 그러나 만일 누구든지 이런 문제에 대해서 목소리를 높여서 불평하고 자기의 분수에 넘게 지나치게 지혜로워지기를 바란다면, 그 사람은 과연 자기가 무슨 이유로 자기의 지나친 신경과민대로 관철시키려 하는지를 주님 앞에서 돌아보아야 할 것이다. 우리는 바울의 다음과 같은 말씀으로 만족해야 할 것이다: "논쟁하려는 생각을 가진 자가 있을지라도 우리에게나 하나님의 모든 교회에는 이런 관례가 없느니라"(고전 11:16).

32. 오류를 방지하여야 함

더 나아가서, 우리는 여기에 오류가 슬며시 끼어들어서 이러한 순결한 사용을 부패시키거나 흐리게 하지 못하도록 막는 일에 최고의 부지런함으로 힘써야 할 것이다. 그 규례들이 어떤 것들이든 그 유익함이 분명히 드러나며, 또한 매우 적은 숫자만이 허용된다면, 그리고 특히 신실한 목회자의 가르침이 거기에 덧붙여져서 생각들을 왜곡시키지 못하도록 막아 준다면, 이러한 목적이 이루어질 것이다.

이러한 사실을 깨닫게 되면, 첫째로, 우리들 각자 이 모든 일에 있어서 자기의 자유를 지키게 될 것이요, 또한 그러면서도 각자 자발적으로 자기의 자유를 제한시키고, 우리가 말한 품위나 사랑이 요구하는 만큼 자기 자신에게 의무를 부과하게 될 것이다.

또한 둘째로, 이런 일들을 준수하면서도 미신에 빠지는 일이 없게 되며 또한 다른 사람들에게서 지나치게 까다롭게 많은 것을 요구하지 않게 될 것이며, 의식들의 숫자가 많아야 하나님께 드리는 예배가 더 나아진다고 느끼지도 않게 되며, 또한 외형적인 권징의 다양성 때문에 한 교회가 다른 교회를 멸시하는 일도 없을 것이다.

그리고 마지막으로, 우리 스스로 영구한 법을 제정하는 것이 아니므로, 교회의 규례들의 용도와 목적 전체가 바로 교회를 세우는 데 있음을 주지하여야 할 것이다. 교회가 필요로 할 경우에는 아무런 거리낌이 없이 어떤 규례들을 변경할 수도 있고, 과거에 시행하던 규례들은 폐기할 수도 있는 것이다. 다른 상황에서는 불경하거나 부적절한 것이 아닌 어떤 특정한 의식들을 상황에 따라서 적절한 대로 폐기하는 일이 합당한 일일 수도 있다는 사실을 오늘날 이 시대가 증거해 주고 있다. 과거 시대의 우매 무지함이 얼마나 심했던지, 지금까지도 교회들이 부패한 생각과 완악한 의도를 갖고서 의식들을 고집해오고 있어서, 비록 과거에 선한 이유로 제정되었고 또한 그 자체로서는 불경한 점이 드러나지 않는 의식들이라 할지라도 그것들을 제거하지 않고서는 그 끔찍한 미신들을 깨끗이 척결할 수 없게 되어 버린 것이다.

주 _____

1. 참조. 3권 4장 17절 이하.

2. 참조. 3권 19장 7-9절.

3. 참조. 2권 8장 5절.

4. 참조. 4권 5장 5-11절.

5. 헬라어로 "ἐθελοθρησκεία"인데, 한글 개역 개정판 성경은 이를 "자의적 숭배"로 번역하고 있다(골 2:23).

6. Augustine, *Letters*, lv. 19. 35.

7. Augustine, *Letters*, liv. 1. 1.

8. 참조. 4권 2장 4절.

9. 참조. 4권 8장 13, 14절.

10. Augustine, *Letters*, liv. 1. 1.

11. Augustine, *Letters*, lv. 18. 33.

12. Augustine, *John's Gospel*, xlvi. 5, 6.

제 11 장

~⊙⌒

교회의 재판권과 교황제에서 저지른 남용

(재판권과 권징: 열쇠의 권세와 국가의 관원들. 1-5)

1. 교회의 재판권의 기초인 열쇠의 권세

교회의 권세의 세 번째 부분이 남아 있는데, 이는 교회가 질서가 잘 잡혀 있는 상태에서는 가장 중요한 부분이다. 이미 말한 바와 같이, 이것은 바로 교회의 재판권(jurisdiction)이다. 그런데 교회의 재판권은 그 전체가 품행에 대한 권징과 관련이 있는데, 이에 대해서는 곧 논의할 것이다. 행정관과 정치 체제가 없이는 아무 도시나 마을이 기능을 발휘할 수 없는 것과 마찬가지로, 하나님의 교회에도 ― 이미 가르친 바 있으나 여기서 다시 반복하지 않을 수 없다 ― 신령한 다스림의 체제가 필요한 것이다. 그러나 이러한 교회의 정치 체제는 세속의 정치 체제와는 전적으로 구별된 것이지만, 그것을 방해하거나 위협하지 않고 오히려 크게 돕고 장려한다. 그러므로 이러한 재판권은, 요컨대 그 신령한 다스림의 체제를 보존하기 위하여 마련된 하나의 질서 이외에 아무것도 아닌 것이다.

이 목적을 위하여 시초부터 교회에 법정이 세워져서 도덕적인 문제들을 책벌하고, 악행들을 조사하며, 열쇠의 임무를 시행하도록 하여온 것이다. 바울이 고린도서에서 언급하는 바 "다스리는 것"이 바로 이러한 질서를 지칭하는 것이다(고전 12:28). 이와 비슷하게 로마서에서는 "다스리는 자는 부지런함으로 … 할 것이니라"고도 말한다(롬 12:8). 이는 세속의 관원들을 지칭하는 것이 아니라 ―

당시에는 그들 중 아무도 그리스도인이 아니었다 ― 목회자들과 함께 교회를 영적으로 다스리는 일에 연루된 자들을 지칭하는 것이다. 또한 디모데서에서도 그는 장로들을 두 종류로 ― 말씀에 수고하는 자들과, 또한 말씀 전하는 일은 하지 않으나 잘 다스리는 자들로 ― 구분하여 말하고 있다(딤전 5:17). 이 후자에 속한 장로들이 바로 도덕적인 문제들을 감독하고 열쇠의 모든 권세를 사용하도록 지명을 받은 자들을 지칭하는 것이다.

우리가 거론하고 있는 이 권세는 전적으로 마태복음 18장에서 그리스도께서 교회에게 주신 열쇠에 근거하는 것이다. 거기서 그리스도께서는 사사로운 경계를 멸시하고 받지 않는 자들에 대하여 온 회중의 이름으로 엄중히 경계를 하라고 명하신다. 그러나 그들이 완악하여 계속 고집을 부릴 경우에는 신자들의 교제에서 끊어내라고 가르치시는 것이다(마 18:15-18). 그런데 이러한 권면과 경계는 그 원인에 대한 조사가 없이는 행해질 수가 없다. 그렇기 때문에 그런 문제를 다루는 법정과 질서 있는 절차가 필요한 것이다. 그러므로 열쇠에 대한 약속을 무효로 만들고 출교나 엄숙한 경고 등을 폐기할 마음이 없다면, 교회에게 어떤 식으로든 재판권을 주어야 하는 것이다.

여기서 독자들은 그 구절(마 18:15-18)이 마 16:19과 요 20:23의 경우처럼 전반적인 교리적 권위를 다루는 것이 아니고, 다만 산헤드린의 재판 방식이 장차 그리스도의 무리들에게 적용될 것임을 말씀하는 것임을 유념해야 할 것이다. 그 당시까지 유대인들이 그러한 재판의 질서를 유지했었는데, 그리스도께서 그의 교회에도 하나의 제도로서 그러한 질서를 세우시며, 또한 거기에 무거운 구속력이 있도록 하시는 것이다. 이것은 지극히 합당한 일이다. 그렇게 하지 않으면 경솔하고 어리석은 사람들이 교회의 판단을 하찮게 여기고 멸시해 버릴 수도 있기 때문이다.

그리스도께서 똑같은 표현을 통해서 서로 이질적으로 보이는 두 가지 사실을 말씀하신다는 것 때문에 혹시 독자들이 곤란해 할 수도 있으므로, 여기서 먼저 이런 난제를 해결하는 것이 도움이 될 것이다. 두 구절이 매고 푸는 문제에 대해서 말씀하고 있다. 그 하나는 마태복음 16장에 나타나는데, 거기서 그리스도께서는 베드로에게 천국의 열쇠를 주겠다고 약속하신 다음 곧바로 "네가 땅에서 무엇이든지 매면 하늘에서도 매일 것이요 네가 땅에서 무엇이든지 풀면 하늘에서도 풀리리라"고 하신다(마 16:19).

이 말씀은 요한복음에서 예수께서 제자들을 전도를 위하여 파송하시면서 그들에게 숨을 내쉬고 난 후에(요 20:22) 그들에게 하신 다음의 말씀과 동일한 의미이다: "너희가 누구의 죄든지 사하면 사하여질 것이요 누구의 죄든지 그대로 두면 그대로 있으리라"(요 20:23). 이 말씀의 의미에 대해서 나는 교묘하거나, 억지로 맞추거나, 본문을 왜곡시키지 않고, 순전하고도 자연스럽고 명백한 해석을 제시할 것이다.

죄를 사하고 그대로 두는 문제에 관한 이러한 명령과 매고 푸는 일에 대하여 베드로에게 주신 그 약속은 오직 말씀 사역을 지칭하는 것으로 보아야 한다. 주께서 자신의 사역을 사도들에게 맡기셨을 때에는 그들에게 매고 푸는 의무도 그들에게 함께 부여하신 것이기 때문이다. 죄와 사망의 종들인 우리 모두가 그리스도 예수 안에 있는 구속으로 말미암아 해방되고 자유를 얻는다는 것이 아니면(참조. 롬 3:24), 그리고 그리스도를 구속자요 구원자로 인정하고 영접하지 않는 자들은 정죄를 받고 영원한 결박에 가둠을 당한다는 것이 아니면(참조. 유 6), 복음의 총체가 과연 무엇이겠는가(참조. 롬 3:24)?

주께서는 이러한 메시지를 사도들에게 맡기셔서 모든 민족에게로 나아가게 하시면서(참조. 마 28:19) 그것이 주님 자신의 것이요 주님 자신에게서 오는 것임을 드러내 보이기 위하여, 이러한 고귀한 증언으로 그것을 높이셨고, 또한 그리하여 사도들 자신들에게는 물론 그 메시지를 받게 되는 모든 사람들에게도 놀라운 확증을 갖도록 하신 것이다.

사도들로서는 복음을 전하는 일에 대하여 한결같은 완전한 확신을 갖는 일이 매우 중요했다. 그들은 그 일을 위하여 무한한 수고와 괴로움과 걱정과 위험을 감수하여야 했고, 또한 최후에는 자기들의 피로써 인(印)을 쳐야 했기 때문이다. 이러한 확신이 헛되거나 허망한 것이 아니고 능력과 힘이 충만한 것임을 그들이 알기 위해서는, 그런 걱정과 어려움과 위험 속에서도 자기들이 하나님의 일을 하고 있다는 것을 신뢰하는 것이 중요했고, 또한 온 세상이 그들을 대적하고 공격한다 할지라도 하나님께서 곁에 계시다는 것을 인식하는 것이 중요했으며, 또한 그들이 전하는 가르침의 주인이신 그리스도께서 비록 그들의 눈 앞에 계시지 않으나 그가 하늘에 계셔서 그가 전에 그들에게 전하여 주신 그 가르침의 진실성을 확증하신다는 것을 아는 것이 중요했던 것이다.

그러나 한편으로 사도들의 말을 듣는 자들에게는 복음의 가르침이 사도들의 말이 아니라 하나님 자신의 말씀이며, 이 땅에서 비롯된 하나의 목소리가 아니라 하늘로부터 강림한 말씀이라는 사실을 확증해 주는 틀림없는 증거가 필요했다. 죄 용서나 영생에 대한 약속이나 구원의 복된 소식 같은 것들은 결코 사람의 권한에 속할 수가 없기 때문이다. 그러므로 그리스도께서는 복음을 전하는 일에 있어서 사도들은 그저 그 일을 위하여 수종드는 것으로만 그 일에 가담하는 것이라는 것과, 또한 사도들의 입술을 도구로 삼아서 모든 일을 말씀하시고 약속하시는 분이 바로 다름 아닌 그 자신이시라는 것을 증거하셨으며, 또한 사도들이 전하는 죄 용서가 참된 하나님의 약속이며 그들이 선포하는 정죄가 하나님의 확실한 심판이라는 사실을 증거하셨다.

더 나아가서 이러한 그리스도의 증거는 모든 시대에게 주어진 것으로서 언제나 확고히 서 있는 것이며, 누가 전하든 간에 복음의 말씀은 과연 하나님의 선언으로서 최고의 심판대에서 공포된 것이요 생명책에 기록된 것이며 하늘에서 든든하게 인준된 것임을 모든 사람들로 하여금 확실히 알도록 해 주는 것이다. 우리의 결론은 이 구절에서 말씀하는 열쇠의 권세는 바로 복음을 전하는 일을 뜻하는 것이며, 사람들에게 그것은 권세(power)가 아니라 섬김(ministry)이라는 것이다. 그리스도께서는 실제로 이 권세를 사람들에게 주신 것이 아니라 그의 말씀에게 주신 것이요, 사람들을 불러서 그 말씀을 섬기는 자들로 삼으신 것이기 때문이다.

2. 매고 푸는 권세

두 번째 구절은 마태복음 18장에 나타나는데, 이미 말한 바와 같이 여기서도 매고 푸는 권세를 다룬다. 그리스도께서는 이렇게 말씀하신다: "[네 형제가] 만일 그들의 말도 듣지 않거든 교회에 말하고 교회의 말도 듣지 않거든 이방인과 세리와 같이 여기라 진실로 너희에게 이르노니 무엇이든지 너희가 땅에서 매면 하늘에서도 매일 것이요 무엇이든지 땅에서 풀면 하늘에서도 풀리리라"(마 18:17-18). 이 구절은 앞의 구절(마 16:19)과 완전히 일치하지는 않는다. 그리고 그것과는 약간 달리 이해해야 한다. 그러나 그렇다고 해서 이 두 구절이 서로 완전히 달라서 전혀 연관점이 없다는 식으로 말하려는 것은 아니다. 이 두 구절은 모두 총괄적인 진술이며, 두 구절 모두에서 동일한 매고 푸는(즉, 하나님의 말씀을 통하여) 권세와 동일한 명령과 동일한 약속이 나타난다는 점에서 서로 유사하다.

그러나 서로 다른 점도 있다. 곧, 첫 번째 구절은 특히 말씀 사역자들이 시행하는 복음을 전하는 일에 관한 것이고, 두 번째 구절은 교회에 맡겨져 있는 출교의 권징에 적용되는 내용이다. 그러나 교회는 출교를 당하는 자를 매는 것이다. 그를 영원한 멸망과 절망에 던지기 때문이 아니라, 교회가 그의 삶과 도덕성을 정죄하며 또한 회개하지 않으면 정죄를 받는다는 것을 경계하기 때문이다. 그리고 교회가 사람을 하나된 교제 속에 받아들이면 그 사람을 푸는 것이다. 왜냐하면 그로 말미암아 그가 그리스도 예수 안에 있는 연합을 함께 나누는 자가 되기 때문이다.

그러므로 어느 누구도 교회의 그러한 판단을 완고하게 무시하거나 혹 자기가 신자들의 결정에 의하여 정죄 받은 사실을 하찮은 것으로 생각하지 못하도록 하기 위하여, 주께서는 신자들이 행하는 그런 판단이 다름 아닌 주님 자신의 선고의 선언이라는 것과 또한 그들이 이 땅에서 무엇을 행하든지 하늘에서 확증된다는 것을 친히 증거하시는 것이다. 그들에게 하나님의 말씀이 있어서 그것으로 그릇된 자들을 정죄하며, 그들에게 하나님의 말씀이 있어서 그것으로 회개하는 자들을 은혜 안으로 영접하기 때문이다. 그들은 오류를 범하거나 하나님의 판단에 어긋날 수 없다. 왜냐하면 그들은 오직 하나님의 법에 따라서 판단하며, 그 판단은 불확실한 이 땅의 생각이 아니요 하나님의 거룩한 뜻이요 또한 하늘의 말씀이기 때문이다.

그런데 이 미친 사람들은 이 두 구절을 근거로 하여 — 지금까지 이에 대해서 간결하고도 알기쉽게, 그리고 올바르게 해석했다고 믿는다 — 자기들 자신의 경박스러움에 휩쓸려서 고해, 출교, 재판권, 법 제정의 권리, 그리고 사면권을 아무 때나 닥치는 대로 만들어 세우려 한다. 사실 그들은 첫 번째 구절을 인용하여 로마 관구의 수위권을 뒷받침하려 한다. 그들이 자기들의 열쇠를 자기들 마음대로 아무 자물쇠나 문에 끼워 맞추는 방법을 그렇게 잘 알고 있으니, 그들은 평생토록 열쇠업자의 기술을 연마했다고 해야 옳을 것이다!

3. 교회의 재판권과 세속의 재판권

어떤 이들은(츠빙글리와 불링거:역자주) 이런 모든 것들이 잠정적인 것들로서 국가의 관원들이 아직 우리가 고백하는 신앙을 받아들이지 않던 동안에만 해당되었다고 상상한다. 그러나 이것은 그릇된 생각이다. 교회의 권세와 세속의 권세의 차이와 상이점이 얼마나 큰지를 생각하지 못하는 소치이기 때문이다. 국가의 관원들에게는 대개 칼로 벌하거나 강제력을 발휘하고 옥에 가두는 등 형벌을 가할 권한이 있지만, 교회에게는 그런 권한이 없기 때문이다. 우리가 염두에 두는 것은 죄인에게 그의 뜻에 반(反)하여 형벌을 가하는 문제가 아니라, 죄인이 자발적으로 징계를 받아 회개를 표명하는 문제인 것이다. 이 두 가지 개념들은 서로 매우 다르다. 교회로서는 국가의 관원에게 합당한 것은 취하지 않는다. 그리고 교회가 수행하는 일을 국가의 관원이 수행할 수도 없다.

한 가지 예를 들어보면 이 사실이 더욱 분명해질 것이다. 가령 어떤 사람이 술에 취했다고 하자. 질서가 잘 잡힌 도시에서는 이런 경우에 옥에 가두는 형벌이 가해질 것이다. 가령 그 사람이 음행을 하는 자라고 해보자. 그러면 그 사람은 그와 비슷한, 아니 그보다 더 큰 형벌을 받을 것이다. 그렇게 해서 법과 관원과 외형적인 정의가 만족을 하게 될 것이다. 그러나 정작 그 당사자는 전혀 회개의 기색이 없이 오히려 투덜거리고 불평하는 일이 있을 수 있는 것이다. 교회는 과연 이 정도에서 머무르겠는가? 그런 사람들이 주의 성찬을 받게 되면, 그리스도와 그의 거룩한 제도가 손상을 받지 않을 수가 없다. 어떤 나쁜 모범을 통해서 교회에 해를 끼친 자는 엄숙히 회개를 선언함으로써 자신이 일으킨 물의를 제거하는 것이 도리적으로도 합당할 것이다.

이와 다른 식으로 느끼는 자들이 제시하는 논지는 너무나 무익하다. 그들은 말하기를, 이런 기능들을 수행하는 관원이 없었기 때문에 그리스도께서는 그런 기능들을 교회에게 맡기셨다고 한다. 그러나 관원이 직무를 소홀히 하는 경우가 매우 많고, 테오도시우스 황제(the Emperor Theodosius)의 경우처럼 관원 자신부터 먼저 책벌을 받아야 마땅한 경우도 나타난다. 또한 말씀 사역 거의 전반에 대해서도 똑같은 일들이 일어난다.

따라서 우리의 반대자들에 따르면 오늘날 목회자들은 분명한 악행들을 책망하기를 그쳐야 하며, 꾸짖고 비난하고 질책하기를 중지해야 한다고 한다고 한다. 왜냐하면 그리스도인 관원들이 있으므로 그들이 마땅히 법과 칼로써 이런 일들을 교정해야 한다는 것이다. 형벌과 신체적인 제재로 교회 내의 죄악들을 깨끗이 씻는 일은 그 관원들에게 맡기고, 말씀의 사역자들은 많은 사람들이 죄를 범하지 않도록 관원을 도와야 한다는 것이다. 관원과 목회자의 기능들이 이렇게 하나로 연결되어 있어서 서로를 방해하지 않고 서로 돕도록 되어야 한다는 것이다.

4. 교회와 그리스도인 관원들의 관계

그러나 그리스도께서 하신 말씀들(마 18장)을 좀 더 면밀히 살펴보면, 거기서 묘사하는 교회의 질서가 일시적인 것이 아니라 영구히 정해진 것임을 쉽게 알게 된다. 우리로서는 우리의 권고를 따르지 않는 사람들을 관원에게 고발하는 것이 적절하지 않다. 그러나 만일 관원이 교회의 직무를 떠맡게 되면 그렇게 할 수밖에 없을 것이다. 주님의 약속은 어떤가? "진실로 너희에게 이르노니 무엇이든지 너희가 땅에서 매면 하늘에서도 매일 것이요"(마 18:18)라는 약속이 일 년, 혹은 몇 년 동안에만 해당된다는 말인가? 더욱이 그리스도께서는 여기서 새로운 제도를 세우신 것이 아니라 그의 백성들의 고대의 교회에서 언제나 지켜온 관습을 그대로 따르신 것이다. 이로써 주님은 교회에게 처음부터 영적 재판권이 있었거니와 그것이 없이는 교회가 나아갈 수가 없다는 것을 뜻하신 것이다. 그리고 이는 어느 시대나 다 그러했다는 사실을 통해서 확증되었다. 황제들과 관원들이 그리스도를 받아들이기 시작했을 때에도, 이러한 영적 재판권이 즉각적으로 무효화된 것이 아니라, 교회의 영적 재판권이 국가의 통치권과 상충되거나 그것과 혼합되지 않도록 그렇게 체제를 갖추었을 뿐이다. 그리고 그것은 과연 옳았다.

관원 자신도, 경건한 사람이라면, 하나님의 자녀들이 공통으로 복종하는 것에서 스스로 면제되기를 바라지 않을 것이다. 관원 스스로 교회에 복종하는 일이 결코 사소한 일이 아닌 것이다. 교회는 하나님의 말씀에 따라서 판단하는데, 그러한 판단을 절대로 무시해서는 안 되는 것이다. 암브로시우스는 이렇게 말하고 있다: "황제가 교회의 아들로 불린다는 것보다 더 존귀한 일이 어디 있는가? 선한 황제는 교회 안에 있는 것이요 교회 위에 있는 것이 아닌 것이다."[1] 그러므로 국가의 관원을 존귀하게 하기 위하여 교회에게서 이러한 재판권을 빼앗는 자들이 있다면, 그들은 그릇된 해석으로 그리스도의 말씀을 부패시키는 것일 뿐 아니라, 사도들의 시대로부터 있어온 모든 거룩한 감독들이 마치 그릇된 구실로 관원의 특권과 임무를 스스로 취하여 오기라도 한 것처럼 그들을 정죄하는 심각한 오류를 범하는 것이다.

5. 교회의 재판권은 영적인 성격을 띰

그러나 한편, 적그리스도의 왕국을 뒤집어엎고 참된 그리스도의 왕국을 다시 세우고 싶다면, 우리로서는 과거 교회들이 영적 재판권을 바르게 사용했던 것과 또한 그 재판권을 크게 악용한 것을 분별하는 것이 합당할 것이다. 그래야만 고대의 전례(前例)들에서 무엇을 폐지해야 하며, 무엇을 회복시켜야 할지를 알 수 있을 것이다.

첫째로, 교회의 재판의 목표는 바로 이것이니, 곧 죄악들을 제지하고, 이미 일어난 추문을 씻어내는 것이다. 재판권을 사용하는 데 있어서는 두 가지를 염두에 두어야 한다. 곧, 이러한 영적 권세는 칼을 사용할 권리와는 완전히 분리되어 있다는 것과, 재판권의 시행도 한 사람의 결정에 따라서가 아니라 합법적인 회의의 결정에 따라서 이루어져야 한다는 것이다. 교회가 좀 더 순결했던 시절에는 이 두 가지가 다 지켜졌다(고전 5:4-5).

거룩한 감독들은 벌금형이나 투옥이나 기타 세속의 형벌들을 통해서 그들의 권세를 시행하지 않았고, 오직 주의 말씀만을 사용하여 시행했는데, 이것이 과연 적절한 것이었다. 교회로서 행하는 가장 극심한 벌은 — 이를테면 그 최후의 벼락은 — 바로 출교(excommunication: 혹은, 파문)인데, 이것은 오직 불가피할 경우에만 사용되었다. 그런데 출교란 물리적인 강제력이 필요한 것이 아니다. 그저 하나님의 말씀의 능력으로 충분한 것이다.

요컨대, 고대 교회의 재판권은 다른 것이 아니라 바로 바울이 목회자들의 영적 권세에 대하여 가르치는 바를 실천적으로 선언하는 것이었던 것이다. "우리의 싸우는 무기는 육신에 속한 것이 아니요 오직 어떤 견고한 진도 무너뜨리는 하나님의 능력이라 모든 이론을 무너뜨리며 하나님 아는 것을 대적하여 높아진 것을 다 무너뜨리고 모든 생각을 사로잡아 그리스도에게 복종하게 하니 너희의 복종이 온전하게 될 때에 모든 복종하지 않는 것을 벌하려고 준비하는 중에 있노라"(고후 10:4-6).

이 일이 그리스도의 가르침을 전함으로써 행해지는 것처럼, 이 가르침이 웃음거리가 되지 않도록 하기 위해서는 스스로 믿음의 가족에 속해 있다고 고백하는 사람들은 그 가르침에 따라서 판단을 받아야 한다. 그러나 사사로이 훈계를 받을 사람들이나 혹은 좀 더 엄격하게 교정을 받아야 할 사람들을 불러서 그렇게 시행할 수 있는 권한이, 그리고 또한 주의 성찬을 더럽게 될 사람들을 성찬의 교제에서 제외시키는 권한이 가르치는 사역과 함께 연계되지 않으면 그 일이 이루어질 수가 없는 것이다. 그러므로 바울은 다른 곳에서는 밖에 있는 사람들을 판단하는 것이 우리에게 속한 일이 아니라는 것을 말하면서도(고전 5:12), 그는 교회의 자녀들을 그들의 악행을 책하는 제재에 복속시키며, 또한 어떠한 신자도 면제되지 않는 그런 법정의 존재를 시사하는 것이다.

(감독들이 부당하게 권세를 취함으로서 나타난 부패한 현실. 6-10)

6. 교회의 재판권은 개인에게 있는 것이 아님

이미 선언한 바 있듯이, 이러한 권세는 한 사람이 자기 마음대로 행사할 수 있는 그런 개인의 소유가 아니라, 장로회의에 주어진 것이다. 교회에 있어서 장로회는 마치 도시에서 의회와도 같다. 키프리아누스는 그 당시 그 권세를 시행하는 자들을 언급하면서 보통 성직자 전체를 감독과 연관시킨다. 그러나 다른 구절에서는, 성직자가 그 일을 주관하지만 동시에 사람들이 승인권을 시행하는 데에서 제외되지 않았음을 보여 주고 있다. 그는 다음과 같이 기록하고 있다: "나는 감독직 시초부터 성직자들의 조언과 신자들의 동의가 없이는 아무 일도 하지 않기로 결심하였다."[2]

그러나 통상적이고 관례적인 절차는 교회의 치리권이 장로회의를 통하여 시행되는 것이었다. 그리고 이미 말한 바와 같이, 장로에는 두 가지 종류가 있었다. 곧, 가르치는 직무를 부여받은 장로들이 있고, 또한 도덕성을 감독하고 제재하는 임무를 부여받은 장로들이 있었다. 그런데 점점 이러한 제도가 그 본래의 상태에서 부패하여, 암브로시우스의 시대에 이미 오직 성직자들만 교회의 재판을 담당하였다. 그는 다음과 같은 말로써 이 점에 대하여 통렬하게 비판하였다: "옛날의 회당과 그 이후의 교회에는 장로들이 있었고, 이들의 권고가 없이는 아무 일도 행해지지 않았다. 그런데 이런 전례가 이제는 사라지고 말았다. 어떤 소홀함 때문인지는 나도 모르나, 어쩌면 학식 있는 자들의 게으름, 아니 자기들만이 중요한 자들임을 나타내 보이고 싶어하는 교만 때문일 것이다."[3]

그 당시에는 그래도 질서가 최소한 용납할 만한 정도는 되었었는데, 이 거룩한 사람은 순결했던 교회의 상태가 부패한 사실에 대해서 그렇게도 분개하고 있는 것이다. 만일 그가 본래의 건물의 자취조차 찾을 길 없이 망가져 버린 오늘날의 형편없는 폐허를 본다면 얼마나 탄식하겠는가! 우선 교회에 주어졌던 법과 권한을 거슬러서 감독이 홀로 그것을 자기의 것으로 만들었다. 이것은 마치 의회가 모두 해체되고 의장 홀로 도시의 권력을 차지하는 것과도 같은 형국이다. 교회 전체에 주어진 권세를 한 사람이 자기의 것으로 만들어서 폭정의 만용으로 나아가는 길을 열었고, 또한 교회에 속한 것을 교회에게서 빼앗아 스스로 차지하고 그리스도의 영께서 친히 제정하신 장로회의를 억누르고 해체시켰으니, 이는 그야말로 지극히 사악한 처사가 아닐 수 없었다.

7. 재판권과 권징의 부패

악은 또 다른 악을 조장하는 것이 상례이듯이, 감독들은 이러한 재판권을 자기들이 행사하기에는 무가치한 것으로 여겨서 그 권한을 다른 사람들에게 대리로 맡기게 되었다. 그리하여 그 결과 그 기능을 시행하는 "관리들"이 생겨나게 되었다. 이 사람들이 과연 어떤 유의 사람들인지에 대해서는 뒤로 접어 두자. 여기서 말하고자 하는 바는 다만 그들이 세속의 재판관들과 다를 바가 없었다는 것이다. 그 소송이 오로지 세상적인 문제들에 관한 것들뿐인데도, 그들은 여전히 그것을 가리켜 "영적 재판"이라 부르고 있다. 다른 악행들이 없다 할지라도, 이 사람들이 그 시끄러운 법정을 가리켜서 감히 "교회의 법정"이라 부르고 있으니 얼마나 뻔뻔스러운 일이란 말인가?

그러나 권면도 있고 출교도 있다. 하지만 그것들은 하나님을 조롱하는 것들이 분명하다. 가난한 사람이 빚을 져도 하나님의 이름이 거론된다. 그리고 법정에 출두하면 그 사람은 정죄를 받는다. 그렇게 정죄를 받고서도 빚을 갚지 않으면 경고를 받는다. 그리고 두 번 경고를 받은 후에는 출교의 절차가 취해진다. 법정에 출두하지 않으면, 재판에 복종하라는 경고를 받는다. 그리고 연기하면 경고를 받고, 조금 후에 출교를 당한다. 여러분에게 묻고 싶다. 여기에 도대체 그리스도께서 제정하신 것이나, 고대의 관습이나, 혹은 교회적인 절차를 닮은 것이 과연 어디 있는가?

물론 악행들을 견책하는 일도 진행하기는 하지만, 음행이나 방종함, 술취함 같은 불법한 일들에 대해서는 관용을 베풀 뿐 아니라 묵인함으로써 오히려 그것들을 조장하고 인정하기까지 한다. 일반 백성들에 대해서 뿐 아니라 성직자들 자신들에 대해서도 그런 일이 비일비재한 것이다. 자기들이 너무 묵인하는 것 같은 인상을 주지 않기 위해서, 또는 돈을 뜯고자 하는 의도로, 많은 사람들 가운데 몇 명을 소환한다. 약탈이나 강도, 횡령, 신성모독 등에 대해서는 말하지 않겠다. 그리고 이런 임무를 위해서 임명된 자들이 어떤 유의 사람들인지에 대해서도 언급하지 않고 그냥 넘어갈 것이다. 로마교회주의자들이 자기들의 영적 재판권을 자랑하지만, 우리로서는 그것 이상 그리스도께서 제정하신 절차와 어긋나는 것이 없으며, 마치 빛과 어둠이 서로 정반대된 것만큼 이들의 실태 역시 고대 교회의 관례와 정반대된 것이라는 사실을 지적하는 것 만으로도 족하고도 남을 것이다.

8. 주교들이 세속의 권세를 갖는 것은 정도에 어긋나는 것임

여기서 모든 사실들을 제시할 수 있지만 그렇게 하지 않았고 또한 그나마 언급한 내용도 그저 몇 마디로만 간략하게 제시하고 그쳤지만, 나는 우리가 완전한 승리를 거두었고, 따라서 교황과 그의 모든 신복들이 그에게 돌리는 그 영적인 권세야말로 하나님의 말씀을 대적하며, 또한 그의 백성들에게 불의를 저지르는 불경한 횡포라는 것을 어느 누구도 의심할 이유가 없다고 믿는다. 사실 나는 그들이 가련한 백성들을 순결한 본래의 하나님의 말씀에서 돌이키게 하기 위하여 새로운 교리들을 만들어내는 그들의 대담성과, 그들이 백성들을 미혹시키는 데에 사용해온 그 악한 전통들과, 부주교들과 관리들을 통해서 그들이 시행해온 거짓된 교회의 재판권을 모두 "영적 권세"라는 용어에 포함시킨다. 만일 그리스도께서 우리들 가운데서 다스리신다는 사실을 인정하게 되면, 이러한 온갖 종류의 다스림과 권위는 즉시 던져지고 무너지고 말 수밖에 없을 것이다.

뿐만 아니라, 이들은 칼의 권세도 주장하지만 그 문제도 지금으로서는 관심이 없다. 왜냐하면 양심에 관한 문제를 칼로 다스릴 수 없기 때문이다. 그러나 여기서 주목할 만한 가치가 있는 사실은 그들이 언제나 자기들의 모습을 드러내 보인다는 점이다. 즉, 자기들은 교회의 목자들인 것처럼 보이고 싶어하지만, 그런 모습에서 너무나 거리가 멀다는 것이 훤히 드러나는 것이다.

사람들 개개인이 저지르는 과오에 대해서는 비난하지 않겠다. 다만 성직자 계급 전체의 공통적인 범죄에 대해서, 화려하고도 교만한 칭호들로 장식하지 않으면 스스로 온전치 못한 것으로 여기는 그 악한 폐해에 대해서만 말하고자 하는 것이다. 이 문제에 있어서 그리스도의 권위를 구하면, 그리스도께서는 그의 말씀을 맡은 자들이 세속적인 통치와 지상적인 권위에서 손을 떼기를 바라고 계신다는 것이 너무도 분명하다. 그는, "이방인의 집권자들이 그들을 임의로 주관하고 그 고관들이 그들에게 권세를 부리는 줄을 너희가 알거니와 너희 중에는 그렇지 않아야 하나니"(마 20:25-26; 눅 22:25-26)라고 말씀하신다. 주님의 말씀의 뜻은 목자의 임무가 세상 집권자의 임무와 분명히 구별된다는 것임은 물론 또한 그 둘이 서로 너무나 다르기 때문에 그 둘이 한 사람에게 함께 있을 수가 없다는 것이다.

모세가 그 두 가지 직분을 동시에 시행했다는 사실은 우선 희귀한 이적을 통해서 그렇게 한 것이요, 둘째로, 그것은 모든 일들이 잘 정리될 때까지만 해당되었던 임시적인 조치였다. 그러나 주께서 명확한 형태를 제시하실 때에는, 세속적인 통치는 모세의 임무로 남아 있게 되고, 제사장의 임무는 그의 형 아론에게 넘기도록 명령을 받게 되는 것이다(출 18:13-26). 이것은 매우 적절한 조치였다. 왜냐하면 한 사람이 그 두 가지 임무를 충실히 감당한다는 것은 도저히 인간의 능력의 한계를 벗어나는 일이기 때문이다.

이러한 예가 모든 시대마다 교회 안에서 조심스럽게 시행되어왔다. 그리고 교회가 그 참된 모습으로 남아 있는 동안에는 그 어떠한 감독도 칼의 권한을 빼앗겠다는 것은 생각조차 하지 않았다. 그리하여, 암브로시우스의 시대에는 "사제들이 제국을 탐하는 것보다 황제들이 사제직을 더 탐한다네"라는 일상적인 격언이 유행하였다. 암브로시우스의 다음과 같은 발언이 모든 사람들의 마음에 각인되어 있었던 것이다: "왕궁은 황제에게 속하며, 교회는 사제에게 속한다."

9. 주교들이 집권자들의 권세를 취함

주교들이 그들의 직분의 칭호와 존귀와 풍성한 것들은 그대로 지니면서도 그 의무나 부담은 지지 않도록 할 수 있는 방법이 마련되었다. 그러나 후에는 그들을 완전히 게으른 상태에 두지 않기 위해서 칼의 권한이 그들에게 주어졌다. 아니 그들 스스로 그 권한을 빼앗았다고 해야 옳을 것이다. 그러면, 그들은 도대체 이런 뻔뻔스러운 처사를 무엇을 핑계로 삼아 정당화시킬 것인가? 도시와 집권자들의 법적인 절차와 통치에 가담하여 자기들 본연의 임무와는 전혀 거리가 먼 그런 활동을 수행하는 것이 과연 감독의 임무였던가? 자기들의 본연의 임무도 온전히 계속적으로 수행하려면 다른 일로 방해를 받지 않고라도 할 일이 너무나 많아서 그 임무 하나만도 충실하게 수행할 수가 없을 텐데 말이다.

그러나, 그들은 참으로 뻔뻔스럽게도, 첫째로, 자기들이 그렇게 함으로써 그리스도의 나라의 영광이 아주 적절하게 드러나고 있으며, 그리하여 둘째로, 자기들이 부르심을 받은 본연의 임무에 그렇게 심하게 매어달릴 것이 없다는 식으로 자랑하기를 주저하지 않는다.

그들이 자랑하는 첫 번째 주장에 대해서 말하자면, 그들의 지위가 격상되어 높은 군주들조차도 두려워할 정도가 되었다는 것이 그 신성한 직분에 어울리는 장식이라 치더라도, 그들은 그리스도에게 간청할 이유가 있는 것이다. 왜냐하면 그리스도께서는 그들의 명예를 심각하게 손상시켰기 때문이다. 그들이 보기에 다음과 같은 주님의 말씀만큼 견딜 수 없는 것이 없는 것이다: "이방인의 집권자들이 그들을 임의로 주관하고 그 고관들이 그들에게 권세를 부리는 줄을 너희가 알거니와 너희 중에는 그렇지 않아야 하나니"(마 20:25-26; 막 10:42-44; 눅 22:25-26). 또한 주님은 스스로 지니셨던 것 이상으로 어려운 법을 그의 종들에게 지우지 않으신다. 그는, "이 사람아 누가 나를 너희의 재판장이나 물건 나누는 자로 세웠느냐?"(눅 12:14)라고 말씀하시는 것이다. 그리스도께서는 한 마디로 재판하는 직분을 거부하신 것이다. 그 재판하는 임무가 자신의 본연의 직분과 일치했다 할지라도 그는 그 직분을 받아들이지 않으셨을 것이다. 주께서 그렇게 복종하시는 위치에 들어가셨으니 그의 종들로서도 마땅히 이를 따라서 스스로 복종해야 하지 않겠는가?

그리고 두 번째 주장에 대해서도, 그들의 말하는 바를 경험으로도 그렇게 쉽게 입증할 수 있었으면 좋겠다. 사도들의 경우에도 성도들을 공궤하는 일 때문에 하나님의 말씀을 전하는 일을 포기하는 것이 좋아보이지 않았다(행 6:2). 그러나 그들이 이러한 사실에서도 배우기를 원치 않으니, 최소한 동시에 좋은 감독과 좋은 집권자가 된다는 것은 한 사람이 맡을 임무가 아니라는 사실만은 받아들일 수밖에 없을 것이다. 사도들이 ― 그들이 큰 은사들을 받았으므로 그들 이후의 그 어떤 사람들보다 더 많은 일들과 더 큰 일들을 감당할 수 있는 처지였음에도 불구하고 ― 말씀 사역과 공궤하는 사역을 동시에 감당하기가 부담이 된다고 고백하였다면, 사도들과 비교할 상대도 되지 않고, 그들의 근면함에 백 배나 모자라는 이 소인배들이 과연 어떻게 그 두 가지를 다 감당한단 말인가? 그런 일을 시도한다는 것 자체가 이미 지극히 뻔뻔스럽고도 부끄러움을 모르는 교만이 아닌가! 그런데도 그런 일이 행해지는 것을 우리가 보고 있다. 그러니 그 일이 얼마나 성공을 거둘지가 분명한 것이다. 자기들의 본연의 임무들을 저버리고 다른 일에 휩싸이는 것 이외에 다른 결과가 나올 수가 없기 때문이다.

10. 주교들이 세속의 권세를 차지하게 된 경위

의심의 여지 없이 로마교회주의자들은 처음에는 미약한 상태에서 시작하여 조금씩조금씩 그 권세를 아주 크게 늘려나갔다. 첫 걸음에 그렇게 높이까지 올라갈 수는 없었기 때문이다. 그러나 그들은 교묘하고도 비정상적인 기교를 써서 아주 은밀하게 전진해 나갔기 때문에, 그 일이 일어나기까지는 아무도 그렇게 될 것을 예상하지 못했던 것이다. 그리고 기회가 생기면 공포와 위협을 조성하여 집권자들을 압박하여 그들의 권력을 조금씩 빼앗아 챙겼다. 그리고 집권자들이 너그러이 친절을 베풀면, 그들의 어리석고도 우매한 친절을 악용하기도 했다.

과거에는 어떤 분쟁이 발생하면, 경건한 자들은 법적인 소송의 필연성을 회피하기 위하여 감독에게 재판을 위임하였다. 감독의 순전함에 대해서 전혀 의심하지 않았기 때문이다. 아우구스티누스가 어느 곳에선가 증언하고 있듯이,[5] 고대의 감독들은 그런 일에 연루되기를 굉장히 꺼리면서도 어쩔 수 없이 자주 그런 일에 관여하였다. 왜냐하면 양쪽 당사자들을 성급하게 말썽 많은 법정에 가지 못하도록 막기 위해서는 그렇게 하지 않을 수가 없었기 때문이다. 그런데 로마교회주의자들은 이런 자발적인 중재(仲裁)를 — 이는 소란스러운 법정의 소송과는 전연 다른 것이었다 — 기회로 삼아서 이를 일상적인 재판권으로 만들어 버린 것이다.

그리고 얼마 후, 도시들과 여러 지역들에서 이따금씩 갖가지 어려움을 당하는 일이 일어나자 사람들은 감독들에게 보호를 요청하고 그들의 신실함에 의하여 어려움을 막고자 하였다. 그러자 이 사람들은 정말 놀라운 간계를 부려서 자기 자신들을 보호자에서 군주의 위치로 자리를 바꾸어 놓은 것이다.

그러나 그들이 격렬한 분쟁을 통하여 그런 권세를 차지하였다는 것은 부인할 수 없는 사실이다. 통치권을 자발적으로 감독들에게 이양시킨 집권자들은 갖가지 동기들에서 그렇게 하였다. 그러나 그 집권자들의 그런 너그러움에 경건한 모습을 닮은 부분이 있다는 것을 인정한다 할지라도, 그들의 어리석은 너그러움으로 교회의 형편은 오히려 악화되었다. 왜냐하면 그렇게 함으로써 고대에 있었던 교회의 참된 권징이 부패해버렸기 때문이다. 사실, 진실을 말하자면, 그들은 그것을 완전히 무너뜨린 것이다! 집권자들의 이러한 큰 너그러운 호의를 받아서 자기들의 이익을 위하여 악용한 감독들은 이 한 가지 예만으로도 자기들이 감독이 아니라는 사실을 충분히 입증하고도 남는 것이다. 그들에게 눈곱만큼이라도 사도의 정신이 있었다면, 그들은 반드시 사도 바울처럼, 우리의 싸우는 무기는 육신에 속한 것이 아니요 신령한 것이라고 대답했을 것이 아닌가(고후 10:4)? 그러나 그들은 우매한 탐욕에 사로잡혀 있던 나머지, 자기 자신들과 그들의 후계자들과 교회를 망가뜨린 것이다.

(교황주의의 무분별한 주장과 세속의 권력을 찬탈한 사실들. 11-16)

11. 교황이 세속적인 권력을 소유하게 된 경위

드디어 로마 교황은 그저 보통의 귀족령(貴族領)으로 만족하지 않고, 처음에는 왕국들에게 손을 벌리더니, 후에는 제국에까지 손을 뻗쳤다. 그저 강탈하여 뺏은 소유를 이런저런 구실을 붙여 계속 유지하느라, 때로는 신적인 권한으로 그것을 소유하고 있다고 자랑하는가 하면 어떤 때에는 콘스탄티누스가 헌정한 것처럼 꾸미고, 때로는 다른 소유의 근거를 제시하였다. 우선 나는 베르나르의 발언으로 답변하고자 한다: "그가 다른 이유로 이것을 주장한다는 것은 우리도 인정한다. 그러나 사도의 권한은 아니다. 왜냐하면 베드로가 자기도 갖지 않았던 것을 물려 줄 수는 없었기 때문이다. 그는 후계자들에게 자기가 가진 것을, 즉 교회를 보살피는 임무를 주었을 뿐이다." "그러나 주께서는 자신이 두 사람 사이의 문제를 해결해 주는 재판장으로 세움을 받지 않으셨음을 말씀하셨으므로(눅 12:14) 종과 제자는 자기가 모든 사람들의 재판장이 되지 않는다 할지라도 그것을 무가치하게 생각해서는 안 되는 것이다."

그러나 베르나르는 시민법에 대해서도 다음과 같이 덧붙여 말하고 있다: "그대의 권세는 죄에 있는 것이고 재물에 있는 것이 아니다. 천국의 열쇠는 죄 때문에 받은 것이고, 재물 때문에 받은 것이 아니기 때문이다. 어떤 것이 그대에게 더 존귀한 것 같은가? 죄를 용서하는 일인가, 아니면 재물을 나누는 일인가? 여기에는 비교가 있을 수 없다. 이 미천한 땅의 것들에 대해서는 그것들의 재판장이 있고, 이 땅의 왕과 집권자들이 있다. 그런데 어째서 그대가 다른 사람의 경계를 침범한단 말인가?"

또한 교황 유게니우스(Eugenius)에게 이렇게 말하고 있다: "그대가 윗사람이 되었도다. 그러나 무엇을 위해서 그렇게 되었는가? 권세를 부리기 위함은 아니라 여겨진다. 그러므로, 우리 자신이 높은 지위에 있다고 생각할수록 우리에게 지배자의 권리가 아니라 섬김의 사명이 주어져 있다는 것을 기억해야 할 것이다. 선지자의 일을 행하기 위해서 필요한 것은 왕의 홀(笏)이 아니라 괭이라는 것을 배우도록 하라." 또한 말하기를, "지배자의 권리가 사도들에게 금지되어 있다는 것이 분명하다. 그러니 가서 감히 그대 스스로 지배자로서 사도의 직분을 취하든지 아니면 사도로서 지배자의 권리를 취하든지 하라"라고 하였다. 그리고 곧바로 덧붙이기를, "사도직의 모습은 이것이다. 곧, 지배권이 금지되어 있고, 섬기라는 명령만이 있다는 것이다."[6]

베르나르는 이렇게 말함으로써 자기가 진리 그 자체를 말하고 있다는 것을 분명히 하고 있고, 또한 아무 말도 하지 않아도 그 사실 자체가 너무나도 분명한데도 불구하고, 로마 교황은 뻔뻔스럽게도 아를르 공의회(the Council of Arles)에서 두 가지 칼에 대한 최고의 권한이 신적인 권리에 의하여 자기에게 속한다는 것을 공포하였다.

12. 콘스탄티누스의 헌정에 대한 어리석은 주장

콘스탄티누스의 헌정(the Donation of Constantine)에 대해서는, 역사에 대해서 어느 정도만 아는 사람이라도 그것이 얼마나 터무니없고 우스꽝스러운 것인지를 구태여 가르침 받을 필요가 없다. 역사에 대해서는 아무 말 하지 않더라도, 그레고리우스 자신이 이 문제에 대한 적절하고도 완전한 증인이다. 콘스탄티누스 황제에 대해서 말할 때마다 그는 그를 가리켜 "주(主) 폐하"라고 부르고, 자기 자신을 가리켜서는 "무익한 종"이라 부른다. 또한 다른 구절에서는 이렇게 말하고 있다: "우리 주께서 그의 지상의 권세로 인하여 사제들에게 너무 쉽게 진노하지 않으셨으면 하옵니다. 그리고 그들이 종 되어 섬기는 그분을 생각하시어 그들(사제)에게 합당한 존경을 베푸시면서 그렇게 그들을 다스리셨으면 하옵니다." 여기서 우리는 그가 일상적으로 자신을 굴복시키면서 스스로 백성 중의 한 사람으로 인정받기를 원하고 있는 것을 보게 된다. 그는 다른 사람의 대의가 아니라 자기 자신의 대의를 위하여 간청하고 있기 때문이다.

또 다른 구절에서는 이렇게 말하고 있다: "전능하신 하나님께서 우리의 경건한 군주들에게 장수(長壽)를 주시고 그의 긍휼하심을 따라 우리를 당신의 손 아래 두실 것임을 믿나이다."[7] 여기서 이런 진술들을 인용한 것은 콘스탄티누스의 헌정에 관한 문제를 완전히 다루기 위한 것이 아니다. 로마교회주의자들이 지상의 권세를 자기들의 교황의 것으로 주장하느라 얼마나 어리숙한 거짓말을 하는지를 그저 잠시 독자들에게 보여 주고자 하는 것뿐이다.

여기서 그보다 더 추잡한 것은 아우구스티누스 스테우쿠스(Augustinus Steuchus)의 뻔뻔스러움이다. 그는 이미 거짓이 드러난 그 명분에 근거하여 감히 자신의 수고와 혀(舌)를 그의 교황에게 파는 일을 감행한 것이다. 발라(Lorenzo Valla: 1407-1457)는 이러한 헛된 이야기를 완벽하게 반박하였다. 이는 학식 있는 사람으로서는 어려운 일이 아니었다. 그러나 그는 교회적인 문제들에 대해서는 학식이 부족하였으므로 그 문제에 관련되는 모든 사실을 다 말한 것은 아니었다. 그리하여 스테우쿠스가 끼어들어서 분명히 드러나는 빛을 가리기 위하여 온갖 쓸데없는 잡소리들을 늘어 놓은 것이다. 그는 자기의 주인을 위하여 변호했으나, 그것은 무가치한 것이었고, 발라의 주장을 지지하는 익살꾼보다 나을 것이 없었다. 그 만큼 논리가 빈약하기 그지없었다. 그러나 그 교황의 명분은, 돈을 들여서 그런 지지자를 고용할 만한 충분한 가치를 지닌 것이었다! 유구비누스(Eugubinus)의 경우와 같이 그 고용을 당한 논쟁꾼들이 이익을 얻을 희망에 속아 넘어가서 그런 일에 끼어들 만큼의 가치는 있는 것이었다!

13. 하인리히 4세 황제와 힐데브란트의 관계

과연 어느 시기에 이런 교황의 거짓된 제국이 형성되기 시작했는지를 묻는 사람이 있다면, 불과 오백 년 전만 하더라도 교황이 아직 군주들에게 복종하는 상태에 있었고 황제의 지원이 없이는 교황이 되지를 못했었다는 사실을 먼저 말해야 하겠다. 하인리히 4세 황제(1056-1106)는 불안정하고 성미가 급하고 분별력이 없었고 그저 대담한 용기와 무질서한 생활이 전부인 사람이었는데, 그가 교황 그레고리우스 7세(Gregory VII)에게 이러한 처지를 뒤바꿀 수 있는 계기를 제공해 주었다. 하인리히가 독일 전체의 감독직들을 자기 수중에 두고서 일부는 팔려고 하고, 일부는 약탈하도록 방치해두고 있을 때에, 힐데브란트(Hildebrand)는 하인리히의 처사로 인해서 화가 나서 그럴듯한 핑계를 대어 자기 주장을 내세웠다. 그가 내세운 핑계가 아주 선하고 경건한 것처럼 보였기 때문에, 많은 사람들이 그에게 호의를 베풀어 도왔다. 대부분의 집권자들은 하인리히의 다소 무례한 통치 방식으로 인하여 그를 미워하고 있었다.

결국 힐데브란트 — 그는 스스로 그레고리우스 7세라 칭했다 — 는 불결하고 사악한 사람으로서 자신의 악한 의도를 드러내었다. 그리하여 그와 함께 음모를 꾸몄던 많은 사람들이 그에게서 등을 돌렸다. 그러나 그럼에도 불구하고 그는 한 가지를 얻었다. 곧, 그의 후계자들이 스스럼 없이 멍에를 벗어버릴 수 있게 되었을 뿐 아니라, 황제들을 그들의 휘하에 두게 되었던 것이다. 그리고 그 후로도 많은 황제들을 별 어려움 없이 정복할 수 있었다. 그 황제들은 율리우스 카이사르(Julius Caesar)보다는 하인리히와 더 비슷한 자들로서, 특히 교황의 탐욕을 저지하기 위해서 강력하고도 합법적인 수단을 강구하여야 할 처지에서 모든 일에 무관심하고 비겁하게 대처했던 것이다. 교황이 그 유명한 콘스탄티누스의 헌정을 이용해서 서방 제국이 모두 자기의 소유가 된 것처럼 행세했는데, 그 거짓의 기미를 여기서 잘 볼 수 있는 것이다.

14. 교회 재산 탈취에 대한 그레고리우스 1세의 조치

그때 이후로 교황들은 때로는 사기(詐欺)로, 때로는 배신으로, 때로는 전쟁을 일으켜서 다른 사람들의 통치 영역을 침범하기를 그치지 않았다. 130여 년 전, 그들은 그때까지 자유로운 상태에 있던 로마 자체를 자기들의 통치 하에 두었다. 그리고 결국 오늘날 그들이 소유하고 있는 그런 권력을 얻게 되었으며, 그 권력을 유지하고 증가시키기 위하여 온갖 노력을 기울임으로써 지나간 200여 년 동안 — 그들은 로마를 장악하기 전부터 이미 그 일을 시작하였다 — 기독교 세계에 온갖 어려움을 일으켰고, 그리하여 기독교 세계가 거의 무너지다시피한 것이다.

오래 전 교황 그레고리우스의 시대에는 교회 재산을 관리하는 자들이 교회에 속한 토지들을 점유하고서, 그런 주장의 증거로서 관례에 따라서 그 토지들에 자기의 소유표지들을 설치했다. 그러자 그레고리우스 교황은 주교들의 회의를 소집하여 그런 악습을 강하게 비난하였고, 자기의 사욕을 위하여 재산을 점유하고 명의를 변경하려 한 성직자와 또한 그렇게 하도록 명령하였거나 그런 일을 묵인한 주교를 저주할 것인지 물었다. 이에 모든 주교들이 저주할 것을 선언하였다.

조그만 한 조각 땅을 명의를 변경시켜 자기 소유로 주장하는 것이 성직자를 저주할 만한 중대한 범죄 행위였다면, 이백여 년 동안 교황들이 행한 일이 오로지 다른 사람들의 통치 영역을 취하기 위하여 싸움과 피흘림과 군인들의 살육과 도시의 약탈과 민족 대학살과 왕국의 황폐화를 범한 것밖에 없으니, 그런 일들은 도대체 어떠한 저주로 벌해야 합당하겠는가? 그들이 전혀 그리스도의 영광을 위하지 않았다는 것이 너무나도 분명히 드러나는 것이다. 그들 전체가 자기들이 가진 모든 세속의 권력을 기꺼이 포기한다면, 하나님의 영광과 건전한 교리, 혹은 교회의 안전에 아무런 위엄이 생기지 않을 것이다. 그러나 그들은 우매하고 무분별하여 권력을 향한 한 가지 탐욕에 완전히 빠져 그 방향으로 계속 나아가고 있는 것이다. 그들은 선지자의 말씀처럼 포악과 무력으로 다스리지 않으면 아무것도 안전한 것이 없다고 생각하는 것이다(참조. 겔 34:4).

15. 로마의 성직자들의 면책 특권

로마의 성직자들은 재판권을 소유하고 게다가 면책 특권까지 누리고 있다. 그들은 자기들의 개인적인 문제들에 관해서 국가의 재판관 앞에서 답변하는 일이 자기들의 위엄에 걸맞지 않는 일이라 여긴다. 그리고 일반 법정과 법으로부터 면제를 받는 것이야말로 교회의 자유와 위엄이라고 여기고 있다.

그러나 고대의 감독들은 교회의 권리를 선포하는 데 매우 철저했으면서도 그들이 그렇게 복종하는 처지에 있는 것이 자기들과 성직자 직분을 해치는 것으로 여기지 않았다. 또한 경건한 황제들은 필요할 때마다 언제든지 정기적으로 성직자를 소환하여 재판정에 앉혔으나 항의를 받지 않았다. 콘스탄티누스 황제는 니코메디아 사람들에게 편지하면서 이렇게 말하고 있다: "감독들 중 누구라도 무분별하게 물의를 일으키면 그의 경솔한 행위는 하나님의 사역자의 공식적인 권위로, 곧 나의 권위로 제지를 받을 것이로다." 그리고 발렌티니아누스 황제는 이렇게 말한다: "선한 감독들은 황제의 권력에 대적하여 말하지 않고 위대한 왕이신 하나님의 계명들을 성실하게 지키고 우리의 법에 복종한다."[8] 그 당시는 전혀 논란이 없이 모두가 이에 대해서 납득하였던 것이다.

교회의 소송들은 감독이 재판을 담당하였다. 예를 들어서, 어느 성직자가 국가의 법은 어기지 않았고 다만 교회법만을 어겼을 경우는 국가의 법정에서 다루지 않았고 감독이 그 사건을 재판한 것이다. 이와 비슷하게, 신앙의 문제나 교회와 관련되는 문제에 대하여 논란이 일어나면, 그것에 대한 판단은 교회에게 맡겨졌다. 암브로시우스가 발렌티니아누스 황제에게 쓴 다음과 같은 말도 그런 의미로 이해해야 할 것이다: "선제(先帝)께서는 신앙에 관한 사안은, 직분으로도 무자격하지 않고 재판권에 있어서도 적법한 그런 사람이 판단해야 한다는 것을 말로써 대답하셨을 뿐 아니라 법으로 공포하기까지 하셨습니다." 또한: "성경이나 고대의 예들을 본다 해도, 믿음에 관한 사안에 있어서는 ─ 다시 반복해서 말씀드리거니와, 믿음에 관한 사안에 있어서는 ─ 그리스도인 황제들이 감독들을 판단하지 않고, 감독들이 황제들을 판단하는 것이 통례입니다." 이와 비슷하게: "오 황제시여, 감독들이나 백성들이 나를 가도록 허락했다면 나는 폐하의 법정에 나아갔을 것이옵니다. 그러나 그들은 믿음에 관한 문제는 교회 내에서 백성들 앞에서 심문해야 옳다고 말하고 있나이다."9) 그는 영적인 사안, 즉 신앙에 속한 문제는, 세속적인 문제들을 다루는 국가의 법정으로 가져가서는 안 된다고 주장하고 있는 것이다. 모든 사람들이 이 문제에 대한 그의 일관성 있는 태도를 칭송해 마땅하다.

그러나 그는 물론 좋은 대의를 갖고 있으나, 거기서 더 나아가서 물리적인 폭력에 대해서는 양보하겠다고까지 말한다. 그는 이렇게 말한다: "나는 내게 맡겨진 지위를 나 스스로 버리지는 않을 것입니다. 그러나 강제로 그런 일을 당한다면, 그것을 어떻게 저항해야 할지 모르겠습니다. 우리의 무기는 기도와 눈물뿐이니 말입니다." 이 거룩한 사람의 탁월한 관용과 분별, 그리고 부드러운 마음을 본받도록 하자. 발렌티니아누스 황제의 모친인 유스티나(Justina)가 이 사람을 아리우스주의자들의 편으로 이끌지 못하자 그를 교회의 치리자의 자리에서 내쫓으려 했기 때문이었다. 만일 그가 앞에서 언급한 그 법정의 소환을 받아 황제의 궁으로 갔더라면, 그런 일이 일어났을 것이다. 그러므로 그는 황제가 그런 큰 논쟁을 해결짓는 적절한 재판자가 될 수 없다고 주장하였다. 그 시대의 필연과 그 문제 자체의 영구한 성격으로 볼 때에 그렇게 하지 않으면 안 되는 것이었다. 그는 자신이 죽을지언정 하나의 전례가 자신의 동의와 함께 후대에까지 전달되게 해서는 안 된다고 판단한 것이다.

그러나 무력이 행사된다면, 그는 항거할 생각이 없었다. 그는 말하기를, 믿음과 교회의 권리를 수호하기 위하여 무력을 사용하는 것은 감독으로서 할 일이 아니라고 하는 것이다. 그러나 그 외의 사안에 있어서는 황제가 명령하는 바를 전부 기꺼이 행하겠다고 한다. 그는 말하기를, "황제가 조공을 바라면, 우리는 거부하지 않겠다. 교회의 토지들로 조공을 드릴 것이다. 그가 전답을 원하여 그 소유권을 주장해도 우리는 항거하지 않는다"라고 하였다.10)

그레고리우스도 이렇게 말하고 있다: "우리의 지극히 존귀하신 군주께서는 우리의 죄 때문에 자신이 짐을 지기를 원치 않으셔서 사제들이 관련된 소송에는 개입하지 않는 것을 관례로 하고 계시다는 것을 저도 모르는 바가 아닙니다."[11] 이는 물론 사제들에 관한 사건에 대해서는 황제가 무조건 개입하지 말아야 한다는 뜻이 아니다. 다만 황제가 교회의 판단에 맡겨야 할 특정한 사안들이 있다는 것을 말하는 것이다.

16. 그레고리우스 교황의 실례

그러므로 거룩한 사람들이 바로 이러한 예외 조건을 제시한 것은 신앙이 별로 없는 군주들이 마음대로 횡포를 부려서 교회의 직무 수행을 방해하는 일을 방지하기 위한 것뿐이었다. 그들은 교회의 질서를 침해하지 않고 보존하며, 교회의 권징을 깨뜨리지 않고 세우는 경우라면, 군주들이 교회의 문제에 개입하여 권위를 주장한다 해도 그것에 저항하지 않았다. 교회로서는 강제력 — 즉, 국가가 갖고 있는 것과 같은 강제력 — 을 갖고 있지 않고, 또한 그것을 구해서도 안 되므로, 법과 칙령과 재판들로써 신앙이 유지되도록 하는 것이 경건한 왕과 군주의 임무인 것이다. 마우리키우스 황제(Mauricius, 582~602)가 야만족들 때문에 쫓겨난 인근 지역의 감독들을 받아들이라고 특정한 감독들에게 명령했을 때에, 그레고리우스 교황은 그 명령을 확인하면서 그들에게 복종하라고 명하는 것을 보게 된다. 그레고리우스 자신이 같은 황제에게서 콘스탄티노플의 감독인 요한과 화해하라는 권고를 받을 때에도, 그는 자신이 비난 받아서는 안 될 이유들을 제시한다. 그러나 그는 국가의 법정에 대하여 면책 특권을 자랑하지 않고, 오히려 자기의 양심이 허락하는 범위 내에서 복종할 것임을 약속하고 있다. 그리고 동시에 말하기를, 마우리키우스 황제가 감독들에게 그런 명령을 한 것은 경건한 군주로서 매우 적절한 것이었다고 말하는 것이다.[12]

주 _____

1. Ambrose, *Sermon against Auxentuis ··· on Yielding the Milan Basilica*, xxxvi.

2. Cyprian, *Letters*, xvi. 2; xvii. 2; xiv. 4.

3. Ambrosiaster, *Commentary on I Timothy*, 5:1.

4. Ambrose, *Letters*, xx. 23, 19.

5. Augustine, *Psalms*, Ps. 118. xxiv.

6. Bernard, *On Consideration*, I. vi. 7; II. vi. 9-11.

7. Gregory I, *Letters*, I. 5; IV. 20; III. 61; V. 36, 39.

8. Theodoret, *Ecclesiastical History*, I. xx; IV. viii.

9. Ambrose, *Letters*, xxi. 2, 4, 17.

10. Ambrose, *Sermon against Auxentius on Surrendering the Basilicas*, i, ii, iii, xxxiii장.

11. Gregory I, *Letters*, IV. 20.

12. Gregory I, *Letters*, I. 43; V. 37, 39, 45.

제 12 장

〰🝳〰

교회의 권징:
징계와 출교로 나타남

(권징의 본질, 목적, 그리고 시행 절차. 1-7)

1. 교회의 권징의 필연성과 그 본질

남은 문제들로 넘어가기 위해서는 지금까지 논의를 미루어온 교회의 권징의 문제를 간단하게나마 다루지 않을 수가 없다. 권징은 그 대부분이 열쇠의 권세와 영적 재판권에 의존한다. 이를 더 잘 이해하기 위해서, 교회를 성직자와 백성들의 두 가지 주요 계층으로 나누어 보자. 교회에서 공적인 사역을 수행하는 자들을 가리켜서 "성직자"라는 통상적인 명칭으로 부르기로 한다. 우리는 먼저 모든 사람들이 다 복종해야 할 공통적인 권징에 대해서 말하고, 그 다음에 성직자에게로 넘어가서 공통적인 권징 외에도 그들에게만 해당되는 권징을 살펴보기로 하자.

그러나 혹 권징을 혐오하여 그 이름만 들어도 반발하는 사람들도 있는데, 그런 사람들은 이 점을 이해해야 할 것이다. 어떠한 사회도, 아무리 적은 가족이라도 권징이 없이는 적절한 상태를 유지할 수가 없으니, 가능한 한 질서를 잘 유지해야 할 교회로서는 더욱더 권징이 필요하다는 것이다. 따라서, 그리스도의 구원의 도리가 교회의 영혼이듯이, 권징은 몸의 지체들을 하나로 묶어서 제자리를 지키도록 해 주는 근육의 역할을 한다 할 수 있을 것이다.

그러므로, 권징을 제거하기를 바라거나 아니면 권징의 회복을 방해하고자 하는 모든 사람들은 — 알지 못하고 하든 고의적으로 하든 간에 — 궁극적으로 교회를 와해시키는 일에 일조하고 있는 셈이다. 각 사람이 자기가 하고 싶어하는 대로 행하도록 허용된다면 대체 교회가 어떻게 되겠는가? 그러나 교리를 전하는 일 외에 사사로운 훈계와 교정 등 교리를 유지시켜 줄 수 있는 일종의 보조 기능들을 덧붙여서, 그 가르쳐진 교리가 헛되이 되지 않도록 하지 않으면 결국 그런 일이 일어나고 마는 것이다. 그러므로 권징은 그리스도의 교리를 대적하여 일어나는 자들을 억제하고 누그러뜨리는 고삐와도 같으며, 또한 별로 관심이 없는 자들에게 마음을 불러일으키는 박차와도 같고, 때로는 좀 더 심각하게 타락해 있는 자들을 그리스도의 영으로 온유하고도 부드럽게 채찍질하는 아버지의 채찍과도 같은 것이다. 그러므로 사람들을 제어하는 데에 관심도 적절한 수단도 없기 때문에 끔찍한 황폐의 위험이 교회를 위협하기 시작하고 있다는 것을 깨닫는다면, 이를 치유하는 일이 필요하다는 것이 필연적으로 드러나는 것이다. 자, 이것이야말로 그리스도께서 명하신 유일한 치유책이요 또한 경건한 자들 사이에 항상 사용되어온 것이다.

2. 교회의 권징의 절차

권징의 첫 기반은 사사로운 훈계의 여지를 마련해 놓는 데 있다. 즉, 누군가가 그의 의무를 기꺼이 수행하지 않거나, 교만하게 행하거나, 경건하게 생활하지 않거나, 비난을 받아 마땅한 행동을 저질렀을 경우에, 그 사람은 스스로를 허용하여 훈계를 받아야 하며, 상황에 따라 필요한 경우에는 각 사람이 그 형제를 훈계하도록 노력하여야 한다. 그러나 목사와 장로들이 특히 주의를 기울여 이를 행하여야 한다. 말씀을 전하는 것만이 아니라, 전체적인 교훈으로 충분하지 않을 경우에는 언제나 집집마다 경계하고 권면하는 것이 그들의 임무이기 때문이다.

바울은 자신이 집집마다 다니며 사사로이 가르쳤다고 말하며(행 20:20), "밤낮 쉬지 않고 눈물로 각 사람을 훈계하"였으므로(행 20:31) 자신은 "모든 사람의 피에 대하여 깨끗하다"고 선언하고 있는데(행 20:26), 여기서도 그 사실을 잘 볼 수 있다. 목사가 모든 사람에게 그리스도께 은혜를 입은 것에 대해서 모두 설명해 줄 뿐 아니라, 동시에 그가 보기에 그의 가르침을 무례히 대하고 열의를 보이지 않는 자들에게서 그 가르침이 지켜지도록 요구할 수 있는 권한과 수단을 함께 지니고 있을 때에, 비로소 교리가 힘과 권위를 지니게 되는 것이다.

그리스도께서는 명하시기를, 만일 누군가가 그런 권면들을 완악하게 거부한다거나 악행을 계속 고집함으로써 자신이 그 권면들을 모욕한다는 것을 보여줄 경우에는, 증인들이 있는 자리에서 한 번 더 권면을 한 다음 교회의 법정 앞에 그를 소환하라고 하신다. 즉, 장로회의 앞에 그 사람을 소환하여 거기서 공적인 권위로 엄중히 권면함으로써, 혹 그 사람이 교회를 존중히 여기는 경우에는 굴복하고 순종하도록 하라는 것이다. 그리고 그리스도께서는 그 사람이 그렇게 해서도 굴복하지 않고 그 악을 계속 고집할 경우에는, 교회를 멸시하는 자로 여겨서 신자의 교제에서 제거시키라고 명하시는 것이다(마 18:15, 17).

3. 은밀한 죄와 공개적인 죄

그러나 그리스도께서는 여기서 은밀한 과실에 대해서만 말씀하고 계시므로, 우리는 다음과 같이 구분하여 생각해야 한다. 죄들 중에는 사사로운 것도 있고, 또한 공적이며 노골적으로 드러나는 것도 있다는 사실이다. 사사로운 죄에 대해서, 그리스도께서는 각 개개인에게 말씀하기를, "너와 그 사람과만 상대하여 권고하라"(마 18:15)고 하신다. 또한 바울은 디모데에게 노골적인 죄에 대하여 이렇게 말하고 있다: "범죄한 자들을 모든 사람 앞에서 꾸짖어 나머지 사람들로 두려워하게 하라"(딤전 5:20). 그리스도께서는 "네 형제가 네게 죄를 범하거든"(마 18:15)이라고 말씀하셨는데, 여기서 "네게"라는 문구는 ― 일부러 논쟁을 하고 싶어하지 않는 한 ― "다른 사람은 모르는 상태에서 오직 너만 알도록"이라는 의미로밖에는 이해할 수가 없다. 그러나 사도는 디모데에게 공개적으로 죄를 범하는 자를 공개적으로 책망하라고 디모데에게 명하였는데, 그는 베드로의 경우에서 친히 이를 그대로 따르고 있다. 베드로가 죄를 범하여 공적인 추문이 일어나는 상황이 되자, 바울은 베드로를 사사로이 권고하지 않고 교회 앞에서 그를 공개적으로 책망하였던 것이다(갈 2:14).

그러므로 권징을 시행하는 올바른 지침은 다음과 같을 것이다. 곧, 은밀한 죄를 교정하기 위해서는 그리스도께서 제시하신 단계를 따르되, 공개적인 죄에 있어서 그 과실이 공적인 것일 경우는 즉시 교회에 의해서 엄숙히 책망받도록 하는 것이다.

4. 가벼운 죄와 무거운 죄

뿐만 아니라, 죄를 가벼운 과실과 그리고 범죄 혹은 파렴치한 행위로도 구분할 수가 있다. 후자의 죄들을 교정하기 위해서는 훈계나 책망은 물론 좀 더 엄한 치유책을 사용해야 한다. 바울은 고린도 교회에 음행하는 자들에 대해서 듣자마자 그런 자들을 말로 질책하고 또한 출교로써 벌하는 것을 볼 수 있다(고전 5:3 이하). 그렇게 할 때에 우리는, 죄를 주의 말씀을 따라서 징계하는 교회의 영적 재판권이야말로 건전한 교리와 질서의 기틀과 하나된 연합을 최고로 지탱시켜 주는 것임을 더 잘 깨달을 수 있는 것이다. 겉으로 드러나는 음행자들, 간음자들, 도둑들, 강도들, 선동자들, 위증자들과 그런 부류에 속한 자들과, 또한 불손한 자들(그들의 가벼운 악행들에 대해서 정당하게 훈계할 때에 이를 받아들이지 않고 하나님과 그의 심판을 조롱하는 자들)을 교회의 교제에서 제외시키는 것은 교회로서 불합리한 처사가 아니라, 오히려 주께서 교회에게 부여하신 재판권을 정당하게 행사하는 것이다.

그런데, 교회의 그러한 판단을 멸시한다든가 혹은 신자들이 투표로 정죄하는 것을 하찮은 것으로 여기는 사람이 없도록 하기 위하여, 주께서는 그것은 주님 자신의 선고를 공포하는 것에 불과하다는 사실과 또한 이 땅에서 그들이 행한 바가 하늘에서 인정받을 것임을 증거하신 것이다. 사악한 자를 정죄하는 하나님의 말씀도 있고, 회개하는 자를 은혜 안으로 받아들이는 말씀도 있는 것이다(마 16:19; 18:18; 요 20:23). 이런 권징의 끈(묶는 것)이 없이도 교회가 오랫동안 설 수 있다고 믿는 사람이 있다면, 분명히 말하거니와 그것은 잘못된 생각이다. 주께서 우리에게 필요할 것을 미리 예견하셔서 그런 보조 장치를 베풀어 주셨는데, 그런 것이 없이도 무사히 잘 나아갈 수 있다는 식의 생각이기 때문이다. 이러한 권징의 갖가지 용도를 보면, 그것이 과연 얼마나 절실하게 요구되는지를 더 잘 알게 될 것이다.

5. 권징의 세 가지 목적

그러한 교정과 출교에 있어서, 교회는 세 가지 목적을 염두에 둔다. 첫째는 더럽고 수치스러운 삶을 사는 자들을 그리스도인으로 불러서 하나님의 존귀를 가리는 일이 없도록 하기 위함이다. 그렇게 하지 않으면 하나님의 거룩한 교회(참조. 엡 5:25-26)가 마치 사악하고 파렴치한 사람들의 집단인 것처럼 보이게 될 것이다. 교회 자체가 그리스도의 몸이므로(골 1:24) 그런 더럽고 추한 지체들로 인하여 부패하게 되면 그 머리에게 치욕이 돌아가지 않을 수가 없다. 그러므로 교회의 그 지극히 신성한 이름을 치욕으로 씌우는 일이 일어나지 않기 위해서는, 사악하여 그리스도인의 이름에 치욕을 돌리는 자들을 그 권속으로부터 제거시켜야 하는 것이다.

그리고 여기서 우리는 주의 성찬의 질서도 보존함으로써, 무차별하게 시행됨으로써 그것이 더럽혀지지 않도록 해야 하는 것이다. 성찬을 시행하는 사람이 만일 무가치한 사람을 정당하게 막을 수 있음에도 불구하고 알면서 고의로 그런 사람을 성찬에 참여시킨다면, 그것은 마치 주의 몸을 개(犬)에게 던지는 것과도 같은 신성모독의 죄를 범하는 것이 되는 것이다. 권력자들을 두려워하여 아무도 감히 성찬에서 제외시키지 못하는 사제들을 크리소스톰이 다음과 같이 엄중히 책망하는 것도 바로 이런 이유 때문이다: "그대들의 손에서 피를 요구할 것이다(겔 3:18; 33:8). 사람을 두려워하면 그 사람이 그대들을 비웃을 것이다. 그러나 하나님을 두려워하면 사람들이 그대들을 우러러 존경할 것이다. 집정관이나 고관이나 제왕 따위를 두려워하지 말자. 우리에게는 더 큰 권세가 있음이니라. 진정으로 말하거니와 나는 그런 부패에 참여하기보다는 차라리 내 몸을 죽음에 내어주고 내 피를 흘릴 것이로다."[1] 이 지극히 거룩한 신비가 치욕을 당하지 않으려면, 성찬을 분배하는 일을 매우 신중히 하여야 한다. 그리고 그런 일은 오직 교회의 재판권을 통해서만 될 수 있는 것이다.

권징의 두 번째 목적은, 선인(善人)들이 악인들과 늘상 어울림으로써 부패하는 일이 흔히 있거니와 그런 일이 발생하지 않도록 하는 데 있다. 우리에게는 바른 길에서 떠나 방황하는 성향이 있으므로, 악한 모범으로 인하여 올바른 삶에서부터 이탈하는 것처럼 쉬운 일이 없다. 사도는 고린도인들에게 음행하는 사람들과의 교제를 끊으라고 명하였는데, 이때에 그는 그러한 성향을 주목한 바 있다. 그는 말하기를, "적은 누룩이 온 덩어리에 퍼지는 것을 알지 못하느냐?"(고전 5:6)라고 하였다. 그 누룩이 그렇게 위험하다는 것을 예견하고서 그는 그런 사람과의 모든 교제를 금지시킨 것이다. 그는 이렇게 말한다: "만일 어떤 형제라 일컫는 자가 음행하거나 탐욕을 부리거나 우상 숭배를 하거나 모욕하거나 술 취하거나 속여 빼앗거든 사귀지도 말고 그런 자와는 함께 먹지도 말라"(고전 5:11).

권징의 세 번째 목적은 자기들의 부패한 모습에 대하여 부끄러움을 느끼고 거기에 압도되어 회개하도록 하기 위함이다. 부드러운 대접을 받을 때에 고집을 부리던 사람들이 자기들의 악행에 대하여 징계의 채찍을 맞으면 마음에 일깨움을 받는 유익을 얻는 것이다. 사도의 다음과 같은 말씀도 이러한 의미를 지닌다: "누가 … 우리 말을 순종하지 아니하거든 그 사람을 지목하여 사귀지 말고 그로 하여금 부끄럽게 하라"(살후 3:14). 또한 다른 구절에서는 고린도 사람을 사탄에게 내어주었다고 말씀하면서 이렇게 덧붙이고 있다: "이는 육신은 멸하고 영은 주 예수의 날에 구원을 받게 하려 함이라"(고전 5:5). 이 말씀은 내가 해석하건대, 바울이 그 사람을 일시적인 정죄의 상태에 내줌으로써 그로 하여금 영원한 구원을 얻도록 하였다는 의미이다. 그러나 그는 "사탄에게 내주었으니"라고 말하는데, 이는 그리스도께서 교회 안에 계시듯이 교회 바깥에는 마귀가 있기 때문이다. 어떤 권위 있는 저술가들은 이 문구를 육체를 괴롭게 하는 특정한 일을 지칭하는 것으로 보기도 하나, 내가 보기에 그것은 의심의 여지가 많다.

6. 권징의 실제적인 시행 방법

이렇게 목적을 열거하였으니, 이제는 교회가 그 재판권 내에서 권징의 이러한 부분을 어떻게 수행하는지를 살펴보아야 하겠다.

우선, 위에서 제시한 구분을 유념해야 한다. 곧, 공적인 죄도 있고, 사사롭고 은밀한 성격을 띤 죄도 있다는 사실 말이다. 공적인 죄는 한두 사람이 목격한 죄가 아니라, 공개적으로 행하여 교회 전체에 물의를 끼친 죄를 뜻한다. 그리고 은밀한 죄란 마치 외식의 죄의 경우처럼 사람들이 전혀 알지 못하는 사이에 범한 죄가 아니라 — 이 경우는 교회의 재판을 받을 수가 없다 — 완전히 감추어진 것도 아니고, 그렇다고 해서 공적인 것도 아닌 일종의 중간적인 성격을 띤 죄를 가리킨다.

전자에 해당하는 죄 — 곧, 공적인 죄 — 는 그리스도께서 제시하시는 절차를 따를 필요가 없다(마 18:15-17). 그런 죄가 드러나면, 교회는 죄인을 소환하여 그의 과실에 따라서 그를 교정함으로써 그 임무를 수행하여야 한다.

후자에 해당하는 죄 — 곧, 사사롭고 은밀한 죄 — 의 경우는 그리스도께서 제시하신 절차에 따라서, 죄인이 회개하지 않고 계속 고집을 부릴 때에 비로소 교회가 개입하여 문제를 처리한다. 그리고 교회 앞에서 문제를 처리하게 되면, 범죄의 경우와 단순한 과실의 경우를 구별하는 일이 이루어져야 한다. 경미한 죄에 대해서는 엄중한 방법을 사용하지 않고 말로 — 부드럽고 아버지의 사랑을 담은 말로 — 책망하는 것만으로 족하다. 그렇게 함으로써, 죄인을 완악하게 하거나 혼란을 주거나 하지 않고, 스스로 깨닫게 하여 자신이 교정을 받았다는 것을 불평하지 않고 오히려 기뻐하게 할 수 있을 것이다. 그러나 파렴치한 범죄의 경우는 좀 더 엄한 치유책으로 징계를 할 필요가 있다. 혹, 악행을 범하여 악한 모범을 세움으로써 교회에 심각한 해를 끼친 사람이 있다면, 그런 경우는 말로만 징계하는 것으로는 충분치 못하다. 그가 회개하였음을 확실히 보여 줄 때까지 잠정적으로 성찬에 참여할 자격을 박탈하여야 한다. 바울은 음행을 일삼는 고린도 사람을 말로만 꾸짖지 않고 교회에서 내쫓았고, 또한 그런 사람을 그렇게 오랫동안 그냥 내버려둔 데 대하여 고린도 교인들을 책망하였다(고전 5:1-7).

그 옛날 교회가 더 순결하여 적법한 치리가 왕성하게 이루어질 때에는 이러한 절차가 지켜졌었다. 누구든지 범죄를 행하여 교회에 물의를 일으키면, 먼저 성찬에 참여하지 못하도록 금하였고, 그리고 나서 하나님 앞에서 자신을 낮추고 교회 앞에서 자신이 회개하였음을 증언하도록 하였다. 더 나아가서, 그릇된 길에 빠졌던 자들로 하여금 회개했음을 표시하는 엄숙한 의식을 행하게 하는 것이 상례였다. 이런 의식이 행해져서 교회가 만족하게 되면, 회개하는 당사자를 안수하여 은혜 가운데로 영접하였는데, 이렇게 영접하는 것을 가리켜 키프리아누스는 흔히 "평화"라고 부른다. 그는 그런 의식에 대해서 간단하게 묘사하기도 한다: "그들은 일정 기간 동안 회개를 행하고 난 후, 대중 앞에서 고백을 하고, 감독과 성직자의 안수를 통해서 성찬에 참여할 자격을 받는다." 키프리아누스가 다른 곳에서 설명하고 있거니와, 감독과 그 휘하의 성직자들이 화해시킬 권세를 갖고 있었으나 동시에 교인들의 동의가 필요했던 것이다.[2]

7. 권징의 대상에는 예외가 없음

아무도 이 권징의 대상에서 제외된 사람이 없었으므로, 군주들과 평민들 모두가 거기에 복종하였다. 그리고 그것이야말로 과연 옳은 것이었다! 모든 왕권과 면류관이 그리스도께 굴복하는 것이 합당한데, 그가 친히 그렇게 세우셨기 때문이다. 그리하여 테오도시우스 황제(Theodosius: 401-450)는 데살로니가에서 저질러진 살육 사건으로 인하여 — 그는 다른 사람의 간계에 속아서 그 일을 저질렀었다 — 암브로시우스에 의하여 성찬 참여권을 박탈당하고서, 왕의 모든 장식물들을 던져버리고 교회당에서 자기의 죄에 대하여 공적으로 애곡하였고 탄식과 눈물로 용서를 간청하였다. 위대한 왕들이라 할지라도 만왕의 왕이신 그리스도 앞에 무릎을 꿇고 간청하는 것을 굴욕으로 여겨서도 안 되며, 교회에 의하여 판단을 받는 것을 불쾌하게 생각해서도 안 되는 것이다. 궁중에서는 그저 아첨밖에는 거의 듣는 말이 없으므로, 왕들로서는 사제들의 입을 통하여 주께로부터 책망을 받는 일이 더욱 절실한 것이다. 오히려 사제들이 자기들을 묵인해 주지 말기를 바라야 할 것이다. 그래야 하나님께서 그들을 용서하실 것이니 말이다.

여기서는 이러한 재판권을 시행하는 사람들에 대해서는 거론하지 않을 것이다. 이미 다른 곳에서 논의한 바가 있기 때문이다.[3] 다만 한 가지만 덧붙이고자 한다. 바울이 사람을 출교시키면서 취한 처리의 과정은 적법한 것이지만, 장로들이 자기들 스스로 그 일을 행하여서는 안 되고, 교회가 그 일을 알고 승인해야 한다. 이렇게 하여 일반 사람들은 그 처리 과정을 결정하지는 않지만 증인과 보호자로서 그 과정을 참관함으로써, 몇몇 사람들의 사사로운 생각에 따라서 그런 일이 행해지지 않도록 하는 것이다. 하나님의 이름을 부르는 일 이외에도 이런 처리 과정 하나하나가 그리스도의 임재를 드러내는 그런 진지함으로 진행되어서, 그리스도께서 친히 그의 법정에서 그 일을 주재하고 계신다는 사실에 한 치의 의심도 없도록 되어야 하는 것이다.

(권징은 정도에 알맞게 온유함으로 시행되어야 함. 8-13)

8. 권징의 시행은 가혹해서는 안 됨

그러나 권징을 그렇게 엄중히 시행하되, "온유한 심령"(갈 6:1)으로 하는 것이 교회에 합당하다는 사실을 간과해서는 안 될 것이다. 바울이 명하고 있듯이 우리는 징계를 받는 사람이 근심에 압도당하지 않도록 언제나 특별한 주의를 기울여야 하는 것이다(고후 2:7). 만일 그렇게 된다면 치유하려는 의도가 오히려 파멸시키는 것이 되고 말 것이기 때문이다. 권징의 목적으로 볼 때에도 알맞는 정도를 지키는 것이 더 나을 것이다. 출교의 경우 그 의도는, 죄인으로 하여금 회개하고 그 악한 사례들을 제거함으로써 그리스도의 이름이 더럽혀지거나 다른 사람들이 부추김을 받아 그들을 모방하게 되는 일이 없도록 하는 데 있다. 그러므로 이런 일들을 염두에 둔다면, 어느 정도나 엄중해야 하며, 어디에서 멈추어야 하는지를 판단하기가 쉬워질 것이다. 죄인이 교회 앞에 자기의 회개의 사실을 증언하고, 또한 그런 증언을 통해서 할 수 있는 만큼 최대한 해악을 제거하면, 그 이상 그 사람을 추궁해서는 안 될 것이다. 그 이상 그를 추궁하면, 정도에 지나치게 가혹한 처사일 것이다.

이런 점에서 우리는 고대 사람들의 지나친 가혹함을 절대로 용인할 수가 없다. 그런 처사는 주의 명령에서도 완전히 벗어난 것일 뿐 아니라 대단히 위험스러운 것이었다. 그들은 엄숙한 회개를 부과하고 성찬 참여권을 박탈하면서 때로는 7년, 때로는 4년, 때로는 3년, 때로는 평생토록 그런 형벌을 부과하였으니, 크나큰 외식이나 혹은 처절한 절망 이외에 무슨 결과가 있었겠는가? 또한, 그런 형벌을 당한 후 다시 범죄한 자는 다시는 회개할 기회를 주지 않고 평생토록 교회 밖으로 내쫓았는데, 이런 일은 유익도 없고 이성적으로도 합당치 못한 처사였다. 건전한 판단으로 이 문제를 생각한다면 누구든지 이런 처사가 무분별한 것이었음을 인정할 것이다.

그러나, 나는 여기서 공적인 관습 그 자체를 잘못된 것으로 지적하는 것이고, 그 관습을 시행해온 모든 사람들을 비난하는 것이 아니다. 그들 중에는 그런 관습을 혐오하면서도 자기들로서는 교정할 수가 없어서 어쩔 수 없이 감내해온 사람들도 있었던 것이 분명하다. 사실, 키프리아누스는 자신이 그렇게 가혹하게 행한 것이 자기 자신의 뜻이 아니었음을 선언하기도 한다: "교회로 나아오는 모든 자들에 대하여 우리는 기꺼이 인내하고 온유함과 인자함으로 대할 것입니다. 모두들 교회로 돌아오기를 바랍니다. 우리의 모든 형제된 군사들이 그리스도의 진(陣)과 하나님 아버지의 처소 안에 모이기를 나는 바랍니다. 모든 것들을 용서합니다. 많은 것을 간과할 것입니다. 형제를 함께 모으고자 하는 강한 열심으로, 하나님을 대항하여 저지른 모든 세세한 과오들을 법적으로 일일이 따지지 않습니다. 내가 이처럼 지나치게 과실들을 용서하는 것이 나의 잘못이라는 생각이 들기까지 합니다만, 회개하고 돌아와 겸손하고도 단순한 보속을 통해서 자기들의 죄를 고백하는 모든 사람들을 즉시 충만한 사랑으로 껴안을 것입니다."[4]

크리소스톰은 이보다 좀 더 강한 입장을 취하면서도 다음과 같이 말하고 있다: "하나님께서 그렇게 자비하신데, 어째서 그의 사제가 그렇게 가혹하게 보이고 싶어한단 말인가?"[5] 더 나아가서 우리는 아우구스티누스가 도나투스주의자들(Donatists)을 얼마나 온유하게 대하였는지를 알고 있다. 그는 도나투스 분파를 버리고 돌아온 자들에게 감독직들을 다시 회복시켜 주기를 주저하지 않았고, 그것도 그들이 회개한 직후에 그렇게 행한 것이다.[6] 그러나 그와 반대되는 관행이 만연되어 있었으므로, 그들은 하는 수 없이 자기들의 판단을 양보하고 관행을 따른 것이다.

9. 권징은 온유하게 시행되어야 함

이러한 온유함이 교회의 몸 전체에 요구된다. 범죄한 자들을 부드럽게 대하여야 하며, 지나친 가혹 행위로 그들을 처벌해서는 안 되고, 바울의 권면을 따라서 교회의 사랑을 그들에게 나타내도록 해야 하는 것이다(고후 2:8). 또한 마찬가지로, 각 평신도는 이러한 온유함과 부드러움에 자기 자신을 맞추어야 한다. 그러므로 교회에서 쫓겨난 자들을, 택한 백성의 숫자에서 지워버리거나, 그들이 이미 버림받은 자들인 것처럼 절망하는 것은 우리의 임무가 아니다. 그들을 교회에서 멀어진 자로 ─ 그리하여 그리스도에게서 멀어진 자로 ─ 인정하는 것은 적법한 일이다. 그러나 그들이 그렇게 분리되어 있는 동안만 그러한 것이다. 만일 그들이 온유함보다 완악함을 더 드러내 보인다 할지라도, 우리는 여전히 주의 판단에 그들을 내어 맡기고 지금 현재보다도 미래에 그들의 형편이 나아지기를 소망해야 하는 것이다. 또한 이런 경우에도 우리는 그들을 위하여 하나님께 부르짖기를 중단해서는 안 될 것이다.

한 마디로 정리하자면, 사람은 오직 하나님의 판단과 그의 손 안에 있는데 우리가 그 사람을 정죄하고 죽음에 내어주지 말고, 오히려 주의 법에 따라서 각 사람의 행위들의 성격만을 판단하도록 하자. 이러한 원칙을 따르는 동안, 우리는 우리 자신의 판단을 내세우는 것이 아니라 하나님의 판단을 우리의 근거로 삼도록 하자. 하나님의 권세를 제한시키고 그의 긍휼하심을 법으로 묶어두기를 바라지 않는다면, 범죄를 판단하는 데에서 더 많은 재량권을 주장해서는 안 될 것이다. 하나님께서는 언제든 그의 기뻐하시는 대로 극악한 사람들을 최고의 사람들로 변화시키시고, 이질적인 자들을 택한 백성에게 접붙이시며, 외인을 양자 삼으셔서 교회 안으로 들이시는 것이다. 그리고 주께서 이렇게 행하심으로써 사람의 생각을 좌절시키시고 그들의 경솔함을 제어하신다. 인간의 경솔함이란 억제하지 않고 그냥 버려두면 언제든 스스로 합당한 정도 이상으로 많은 재량권을 스스로 행사하려 하는 것이다.

10. 출교는 교정을 목적으로 하는 것임

그리스도께서는 그의 백성들이 "땅에서 매면 하늘에서도 매일 것이요"(마 18:18)라고 약속하시면서, 매는 권세를 교회적인 징계로 제한시키신다. 출교를 당하는 자들은 그러한 징계를 통해서 영원한 멸망과 저주에 빠지는 것이 아니라, 자기들의 삶과 도덕성이 정죄를 받는다는 것을 들음으로써, 그들이 회개하지 않으면 영원한 정죄가 그들 자신에게 있을 수밖에 없다는 것을 확실히 인식하게 되는 것이다. 출교(excommunication)는 저주(anthema)와는 다르다. 저주는 용서의 여지를 완전히 없애고 사람을 정죄하여 영원한 파멸에 집어넣는 것인데 반해서, 출교는 그 사람의 도덕적인 품행을 제지하고 책하는 것이다. 출교도 사람을 벌하는 것이긴 하나, 그것은 그 사람이 미래에 정죄를 받을 것을 미리 경고하는 성격을 띤 것으로 그를 돌이켜 다시 구원의 반열에 세우고자 하는 것이다. 더욱이 저주는 아주 희귀한 경우에 사용되거나, 아니면 전혀 사용되지 않는다. 그러므로 교회적인 권징으로 인하여 우리가 그 출교 당한 사람과 가까이 지내거나 친밀한 접촉을 하는 것이 허용되지 않는다 할지라도, 우리로서는 할 수 있는 한 모든 수단을 강구하여 그 사람을 돌이켜 덕스러운 삶을 회복하고 교회의 하나 된 교제로 돌아올 수 있도록 노력해야 하는 것이다. 사도도 또한 그렇게 가르치고 있다: "원수와 같이 생각하지 말고 형제와 같이 권면하라"(살후 3:15). 사사로운 죄와 공적인 죄들을 징계함에 있어서 이러한 온유함이 유지되지 않으면, 우리는 곧바로 권징으로부터 살육으로 전락하고 마는 위험에 처하게 될 것이다.

11. 권징 시행의 필수적인 지침

권징을 정도에 맞게 시행하는 데에 다음과 같은 요건이 특별히 요구된다. 곧, 아우구스티누스가 도나투스주의자들을 대적하여 주장하는 것처럼, 개개인의 평신도들은 장로회의에서 악행들을 성실하게 교정시키지 않는다고 해서 그 때문에 즉시 교회를 떠나는 일이 있어서는 안 되며, 목회자들도 마음에서 원하는 만큼 모든 악의 요소들을 깨끗이 교정시키지 못한다고 해서 그 이유로 목회 사역에서 물러나거나 이상한 엄격주의로 교회 전체에 물의를 일으켜서도 안 된다는 것이다.

아우구스티누스의 다음과 같은 발언은 정말로 진실이다: "자신이 교정할 수 있는 것은 책망을 통해서 교정하고, 또한 자기가 교정할 수 없는 것은 평화의 결속을 깨뜨리지 않고 교정 대상에서 제외시키며 공명정대하게 그것을 비판하고 단호함으로 그것을 견디는 사람은 누구든지 그 저주에서 벗어나 자유로운 상태에 있는 것이다." 다른 구절에서 그는 그 이유를 제시한다: "교회적인 권징에 속한 모든 경건한 방법과 수단은 반드시 '평안의 매는 줄로 성령이 하나 되게 하신 것'(엡 4:3)을 바라보는 것이어야 한다. 사도께서는 그것을 지키기 위하여 '서로 용납하라'(엡 4:2)고 명령하신다. 그러므로 이것이 지켜지지 않으면, 징계라는 약(藥)이 쓸데없는 것이 될 뿐 아니라 오히려 해를 끼치게 되어 약이 아닌 것이 되어 버리는 것이다."

아우구스티누스는 또한 이렇게 말하고 있다: "이런 사실들을 부지런히 생각하는 사람은 하나 된 연합을 유지한다는 명목으로 극심한 권징을 소홀히 하지도 않을 뿐더러, 무절제한 교정의 행위로 하나 된 교제의 끈을 끊지도 않는 법이다." 그는 교회 안에 과오가 남아 있지 않도록 목회자들이 끝까지 힘을 써야 한다는 것을 인정한다. 그러나 동시에 그는 각 사람이 자기의 능력에 따라서 동일한 목적을 위하여 힘써야 할 것을 말하는 것이다. 또한 아우구스티누스는, 악인들을 경계하고 책망하고 교정하기를 소홀히 하는 자는 — 그들이 그 악인들에게 호의를 베푼다거나 그들과 함께 죄를 짓지 않는다 할지라도 — 하나님 앞에서 죄를 범하는 것이라는 사실을 감추지 않는다. 악인들을 성례에 참여하지 못하도록 끊어낼 수 있는 그런 임무를 맡고 있으면서도 그렇게 하지 않는다면, 그 사람은 다른 사람의 악행이 아니라 자기 자신의 악행을 통해서 죄를 범하는 것이다.

다만 한 가지, 여기서 아우구스티누스는 주께서도 요구하시는 그런 신중함을 발휘하여야 할 것을 말한다: "가라지를 뽑다가 곡식까지 뽑을까 염려하노라"(마 13:29). 그리고 이를 근거로 그는 키프리아누스와 동일한 결론을 내리고 있다: "할 수 있는 것을 긍휼로 교정하라. 교정할 수 없는 것은 인내로 참으라. 그리고 그것에 대하여 사랑으로 탄식하며 안타까워 하라."[7)]

12. 도나투스주의자들과 재세례파의 오류

아우구스티누스가 이런 말을 한 것은 도나투스주의자들을 의식하였기 때문인데, 그들은 감독들이 말로만 책망하고 출교로 벌하지 않는 잘못을 교회 안에서 범하자 — 감독들은 출교가 여기서 효과 없다고 생각했기 때문에 — 그 감독들을 권징의 배반자들로 규정하여 맹렬하게 비난하고 그리스도의 양무리에서 자기들을 분리시켜 불경한 분파를 이루었던 것이다. 재세례파(再洗禮派: the Anabaptists)도 오늘날 똑같은 방식으로 처신하고 있다. 그들은 모든 면에서 천사와도 같은 완전함이 드러나는 곳 이외에는 그리스도의 집회가 없다고 주장하면서, 이런 열심을 가장하여 덕을 세우는 모든 것을 뒤집어엎어 버리는 것이다.

아우구스티누스는 이렇게 말한다: "그런 사람들은 다른 사람들의 악행을 미워해서가 아니라 자기들의 주장을 관철시키려는 열의 때문에, 자기들의 이름을 자랑하여 연약한 일반 대중들을 미혹시켜서 그들을 자기들 쪽으로 끌든가 아니면 최소한 그들을 분열시키려 애쓰는 것이다. 교만으로 우쭐해지고 완악함에 미쳐 있고, 중상 모략으로 속이며, 격렬한 폭동들을 조장하는 가운데, 그들은 그 가혹한 엄격함의 그림자 속에 진리의 빛이 없는 그들의 참 모습을 숨기는 것이다. 성경이 형제들의 악행들을 온유하게 치유하되 언제나 사랑을 지키고 평화의 하나 됨을 유지하라고 명령하는 데도, 그들은 이것을 취하여 망령된 분파주의를 지향하고 스스로 교제를 끊어버릴 기회로 삼는 것이다."

사탄이 이렇게 자기를 광명의 천사로 가장하여(고후 11:14) 사람들을 부추겨서 정당하게 엄중히 징계할 것을 무자비하게 잔혹히 처리하도록 만들고, 오로지 평화의 끈과 하나 된 연합을 부패시키고 끊어버리기만을 힘쓰도록 만드는 것이다. 이 끈이 그리스도인들 사이에 든든히 서 있는 한 그의 모든 권능들이 무력하여 해를 끼칠 수가 없고, 그의 교묘한 함정들이 깨어지며, 모든 것을 뒤집어엎으려는 그의 계획들이 무산되고 말기 때문이다.

13. 권징 시행에 대한 아우구스티누스의 권면

아우구스티누스는 특히 다음 한 가지를 권장한다. 곧, 수많은 무리들이 죄에 오염되었을 경우에는 자비를 베풀면서도 엄중하게 징계해야 한다는 것이다. 그는 이렇게 말한다: "분리하라는 권고는 헛되고 해를 끼치고 가증스럽다. 왜냐하면 그것은 불경스럽고 교만한 것으로서 담대한 악인들을 교정시키기보다는 오히려 연약한 선인들을 혼란스럽게 만들기 때문이다."[8] 아우구스티누스는 여기서 다른 사람들에게 가르치고 있는 바를 그 자신도 충실하게 따른다. 카르타고의 감독인 아우렐리우스에게 보내는 편지에서 그는 술 취하는 행위를 성경이 극심하게 정죄하고 있는 데도 불구하고 아프리카에서는 그 행위가 징계를 받지 않은 채로 난무하고 있다고 책망하면서, 감독 회의를 소집하여 치유책을 강구하라고 권고한다.

그리고 이어서 그는 이렇게 덧붙이고 있다: "내가 판단하기로는, 가혹하게나 혹은 거칠게 해서나, 아니면 강압적인 방식으로는 그런 것들이 제거되지 않는다. 명령하는 것보다 가르치는 것이, 위협하는 것보다는 권고하는 것이 더 효과가 있다. 수많은 죄인들은 그렇게 다루어야 하는 것이다. 그러나 몇몇 사람들의 죄에 대해서는 엄중한 방법을 사용하여야 할 것이다."[9]

그러나 그렇다고 해서, 감독들이 공적인 범죄 행위들을 묵인하라는 뜻도 아니요, 엄히 벌할 수가 없기 때문에 침묵을 지켜야 한다는 뜻도 아니다. 다만 교정을 위한 방법을 가능한 한 조심스럽게 사용함으로써 몸을 죽게 하는 일이 없게 하고 오히려 건강을 되찾게 해야 한다는 뜻이다.

그러므로 그는 다음과 같이 결론을 맺는다: "평화를 깨뜨릴 위험이 없이 적용할 수 있을 때에는 악인들과 분리하는 문제에 대한 사도의 말씀을 절대로 소홀히 해서는 안 될 것이다. 그는 그런 일이 달리 이루어지는 것을 원치 않았기 때문이다. 그러므로 다음과 같은 원리가 유지되어야 할 것이다. 곧, 서로 참고, '평안의 매는 줄로 성령이 하나 되게 하신 것'을 지키도록 힘써야 한다는 것이다(고전 5:3-7; 엡 4:2-3)."[10]

(금식의 용도와 목적과 본질, 그리고 금식과 관련한 오류들. 14-21)

14. 권징의 나머지 부분들

권징의 나머지 부분은 열쇠의 권세에는 속하지 않는 것으로서, 목회자들이 시대의 요구에 따라서 사람들을 권하여 금식, 엄숙한 간구, 아니면 회개나 믿음 등, 자신을 낮추는 기타 행위들을 행하도록 하는 것인데, 그 시기나 방법이나 형식은 하나님의 말씀에 제시되어 있지 않고 교회의 판단에 맡겨져 있다. 이 부분을 시행하는 일은 유익한 것으로 초대 교회에서는 ─ 심지어 사도들의 시대로부터 ─ 언제나 관례적으로 있었다. 그러나 사도들이 그런 일을 처음 창안해낸 것이 아니다. 그들 역시 "율법과 선지자"의 모범에서 취하여 온 것이다. 어떤 중대한 일이 발생할 때마다 사람들을 불러 한 곳에 모여서 간구와 금식을 행한 것이 나타나는 것이다(욜 2:15; 행 13:2-3). 그러므로 사도들은 하나님의 백성들에게 새삼스러울 것도 없고 또한 매우 유익할 것으로 예견되는 그런 모범들을 그대로 따른 것이다.

다른 행사들에 대한 설명도 이와 비슷하다. 그런 행사들을 통해서 사람들이 마음을 일깨워 의무를 행하게 될 수도 있고, 의무와 순종을 지속하게 될 수도 있었던 것이다. 이에 대한 실례들이 성경 역사 전체에서 드러나고 있으므로 굳이 그것들을 모아서 열거할 필요가 없다. 요컨대, 신앙에 관한 논쟁이 일어나 공의회나 교회의 법정을 통해서 문제를 해결해야 할 때마다, 목사를 택하는 문제가 일어날 때마다, 중대한 영향을 미치는 난제에 대한 논의가 있을 때마다, 또한 큰 전염병이나 전쟁, 기근 등 주의 진노하심의 심판이 나타날 때마다, 목회자들이 사람들을 권하여 공적인 금식과 특별 기도를 행하도록 하는데, 이것은 거룩한 규례요 또한 시대를 막론하고 유익한 것이다.

기독교 교회로서는 부적절하다고 생각하여 구약에 나타난 이에 대한 증언들을 받아들이기를 원치 않는다 할지라도, 사도들이 또한 그 실례들을 그대로 따랐다는 사실은 그대로 남아 있다. 그러나 기도에 관해서는 어느 누구도 이의를 제기할 사람이 거의 없다고 생각된다. 그러므로 금식에 대해서 몇 가지를 말하기로 한다. 수많은 사람들이 그것이 얼마나 유익한지를 이해하지 못하고 그것을 전연 불필요한 것으로 여기고 있고, 또 그것을 쓸데없는 것으로 여겨서 아예 거부해 버리는 사람도 있다. 그리고 금식의 용도를 잘 이해하지 못하여, 그것으로 인하여 미신에 빠지기도 쉽다.

15. 금식의 세 가지 목적

거룩하고 정당한 금식은 세 가지 목적을 지닌다. 육체를 약화시키고 제어하여 방종에 빠지지 않도록 하기 위하여, 혹은 기도와 거룩한 묵상들을 위한 준비를 잘 갖추기 위하여, 또는 하나님 앞에 우리의 허물을 고백하고자 할 때 그의 앞에서 우리가 자신을 낮춘다는 것을 증거하기 위하여 금식을 사용하는 것이다.

첫 번째 목적은 공적인 금식에는 일반적으로 적용되지 않는다. 모든 사람들이 다 똑같은 조건과 똑같은 건강 상태를 지니고 있지 않기 때문에, 그러한 목적은 ― 육체를 제어하여 방종에 빠지지 않도록 하는 목적 ― 사사로운 금식에 더 적합할 것이다.

두 번째 목적은 공적인 금식과 사사로운 금식 모두에게 적용된다. 온 교회와 각 개개인의 신자가 기도를 위하여 그러한 준비를 갖출 필요가 있기 때문이다.

세 번째 목적도 마찬가지로 두 가지 금식 모두에게 적용된다. 하나님께서 전쟁이나 전염병이나 어떤 재난으로 나라를 치시는 일이 간혹 있기 때문이다. 이처럼 모두에게 임하는 채찍을 받으면, 모든 백성이 자신을 책하고 죄를 고백해야 하는 것이다. 그러나 주의 손이 어느 한 개인을 치실 경우는, 그 사람이 홀로, 혹은 가족과 함께 그렇게 해야 할 것이다. 이 문제는 주로 마음의 동기에 달려 있다. 그러나 마음이 감동을 받으면 ― 그렇게 되어야 마땅하겠지만 ― 그것이 겉으로 터져나오지 않을 수가 없는 것이다. 그리고 그런 일이 전체에게 영향을 미쳐서 모든 사람들이 함께 자기들의 죄를 공개적으로 고백하며, 의의 하나님께 찬양을 돌리며 자기 자신의 모범을 통해서 서로를 강권하는 일이 있을 때에는 특히 더 그렇게 되는 것이다.

16. 금식과 기도

금식은 자기를 낮추는 표시이므로 ― 물론 앞에서 말했듯이 개개인들 사이에 사사로이 행해지기도 하고 공적으로 행해지기도 하지만 ― 공적인 행사로 더 자주 행해진다. 그러므로 우리가 지금 논의하고 있는 권징에 관계되는 면에서는, 어떤 중대한 문제에 관하여 하나님께 기도드릴 때마다 기도와 더불어 금식을 함께 정하여 시행하는 것이 적절할 것이다. 그리하여 안디옥의 교인들은 바울과 바나바에게 안수할 때에, 참으로 중요한 그들의 사역을 하나님께 온전히 의탁하기 위하여 함께 금식하며 기도하였다(행 13:3). 그리고 이 두 사람은 후에 교회들에 사역자들을 지명할 때마다 늘상 금식하며 기도하였다(행 14:23). 그런 식으로 금식한 유일한 목적은 바로 방해를 받지 않고 온전히 기도에 전심하도록 하고자 함이다. 위가 가득 차 있으면 우리의 마음이 하나님께 잘 올려지지 않고, 그리하여 진지하고도 간절한 자세로 기도에 이끌려들어가 끈기 있게 기도에 임하기가 매우 어렵다는 것은 경험을 통해서 잘 알 수 있는 것이다. 안나가 금식과 기도로 주를 섬겼다는 누가의 보도 역시 이런 의미로 이해해야 할 것이다(눅 2:37). 누가는 하나님을 향한 예배가 금식에 있다고 하는 것이 아니라, 그 거룩한 여인이 그렇게 함으로써 계속 기도를 지속하도록 자신을 훈련시켰다는 것을 말하는 것이다.

느헤미야의 금식도 마찬가지였다. 그는 자기 백성의 해방을 위하여 진지한 열심으로 금식하며 기도했던 것이다(느 1:4). 그렇기 때문에 바울은 신자들이 일시적으로 부부 관계를 삼가고 좀 더 자유로이 기도와 금식에 임하도록 하는 것이 올바른 처신이라고 말한다(고전 7:5). 그는 또한 금식을 기도와 연관지으면서 기도를 돕는 수단으로 말하는데, 이는 금식이 그런 목적으로 시행되지 않으면 그것이 아무런 쓸모가 없어진다는 것을 시사하는 것이다. 그리고 같은 구절에서 바울이 결혼한 부부들에게 서로에 대한 의무를 다하라고 교훈하고 있다는 사실을 볼 때에(고전 7:3), 그는 여기서 날마다 하는 일상적인 기도를 말하는 것이 아니라 좀 더 진지하게 주의를 기울일 필요가 있는 그런 특별한 기도에 대해서 말하는 것임이 분명하다.

17. 회개의 표시로서의 금식

또한 큰 질병이나 기근, 혹은 전쟁이 일어나려 하거나 재난이 일어나 어느 지방이나 어느 사람들을 위협할 때에는, 주의 진노를 피하도록 교회로 하여금 함께 금식을 하며 주께 간구하도록 하는 의무가 목회자들에게 있다. 주께서 위험이 나타나도록 하신다는 것은 곧 주께서 이를테면 징벌을 내릴 준비가 되어 있다는 것을 경고하시는 것이다. 그러므로, 그 옛날 정죄를 받은 자들이 흔히 수염을 기르고, 머리를 가다듬지 않은 채, 검은 복장을 하고 간청함으로써 자신을 낮추어 재판관의 자비에 호소하였듯이, 우리도 하나님의 심판대 앞에 설 때에 비천한 모습으로 하나님께 기도하며 그의 극심한 징계가 가시기를 간구하는 것이 하나님의 영광을 높이며 그의 백성들에게 덕을 세우며, 또한 우리에게도 유익이 되는 것이다.

또한 요엘서의 말씀을 근거로 볼 때에 이것이 이스라엘 백성들의 관습이었음을 곧바로 알 수가 있다. 요엘 선지자는 나팔을 불어 거룩한 금식일을 정하고 성회를 소집할 것을 명하고, 이어서 여러 가지 조치들을 명하는데(욜 2:15-16), 그는 그런 일들이 일상적인 관습으로 이미 행해지고 있는 것으로 말하는 것이다. 그보다 조금 앞서서 그는 백성들의 부끄러운 행위를 심판할 때가 정해졌고 그 날이 임박하였음을 선포하였고, 또한 정죄받은 백성들을 소환했었다(참조. 욜 2:1). 그리고 이어서 그들에게 속히 베옷을 입고 재를 무릅쓰며 울고 금식하라고 외치는데(욜 2:12), 이는 곧 여호와 앞에서 몸을 숙이고 그런 자세를 겉으로도 드러내라는 말씀이다. 사실 그 시대에는 베옷과 재가 더 적절했을 것이다.

그러나 모여서 슬피 울며 금식하는 등의 행위들은 의심의 여지 없이 우리의 시대에도 그런 상황이 생길 때마다 똑같이 시행할 수 있는 것이다. 이것은 사람들을 낮추고 또한 그들의 비천한 상태를 고백하기 위한 거룩한 행사이므로, 옛날 사람들이 자주 그렇게 했다면 우리도 그런 비슷한 요구가 있을 때에 그들보다 덜 해야 할 하등의 이유가 없는 것이다. 하나님의 말씀 위에 형성되고 세워진 이스라엘의 교회도 그렇게 했거니와(삼상 7:6; 31:13; 삼하 1:12) 가르침을 전혀 받지 못했고 오로지 요나의 선포밖에는 듣지 못했던 니느웨까지도(욘 3:5) 탄식의 증표로 금식을 했던 것을 본다. 그러므로 우리로서도 그렇게 해서는 안 될 이유가 전혀 없는 것이다.

그러나 이것은 외형적인 의식으로서 기타 다른 의식들과 함께 그리스도 안에서 종결된 것이라고 반론을 제기할 수도 있을 것이다. 그러나 그렇지 않다. 이것은 언제나 그랬던 것처럼 오늘날의 신자들에게도 해당되는 탁월한 보조 수단이며, 또한 하나님의 채찍을 맞을 때에 지나친 자신감과 소홀함으로 계속해서 하나님의 진노를 사지 않도록 신자들을 각성하게 해 주는 유익한 교훈이 되는 것이다. 따라서 그리스도께서는 그의 사도들이 금식하지 않는 일에 대하여 변론하시면서, 금식이 폐지되었다고 하지 않고, 금식이 재난의 때를 위하여 지정된 것임을 말씀하시고 슬피 우는 것을 금식과 연결지으시는 것이다: "신랑을 빼앗길 날이 이르리니 그때에는 금식할 것이니라"(마 9:15; 눅 5:34-35).

18. 금식의 본질

그러나 용어 때문에 오류를 범하는 일을 피하기 위해서, 과연 금식이란 무엇인지를 분명히 정의하기로 한다. 여기서 우리는 금식을 그저 음식을 삼가고 절제하는 것만이 아니라 그것과는 좀 더 다른 것으로 이해한다. 경건한 자는 평생을 통틀어서 반드시 검소함과 진지함으로 절제된 삶을 살아야 하고, 그리하여 가능한 만큼 금식과 유사한 면모를 갖추도록 되어야 한다.

그러나 거기에 덧붙여서 또 다른 종류의 금식이 있는데, 이는 일시적인 성격을 지니는 것으로 하루나 혹은 정해진 기간 동안 생활의 정상적인 섭생(攝生)에서 벗어나며 평상시보다 음식 섭취를 더욱 줄이고 극심하게 절제하도록 스스로를 매어 놓는 것이다. 이러한 금식은 세 가지로 이루어진다. 때와 음식물의 질(質)과 음식물의 적은 양이 그것이다. 때란 금식을 하기로 작정한 본래의 목적에 부합하는 때에 금식의 행위들을 시행하여야 한다는 것을 의미한다. 예를 들면, 엄숙히 기도하기 위하여 금식을 하기로 정하였다면, 그 금식을 깨뜨리지 않고서 기도에 임해야 한다는 것이다. 음식의 질이란 모든 호사스런 것을 피하고, 아주 평범하고 천한 음식으로 만족하며, 맛깔스러운 음식들로 식욕을 돋구지 않도록 하는 데 있다. 그리고 음식의 양에 대해서는, 우리가 늘상 하던 것보다 더 가볍게 섭취하고, 더 적은 양을 먹는 것이요, 즐거움을 위해서가 아니라 오로지 필요를 채우는 정도만 섭취하는 것이다.

19. 금식에 대한 그릇된 사고들

그러나 과거에 미신이 끼어들어 교회에 큰 해악을 끼친 사례들이 있는데, 그런 일이 다시 발생하지 않도록 언제나 특별한 방비를 취하여야 한다. 금식을 부지런히 행하면서 동시에 그릇되고 사악한 생각으로 부패되는 것보다는 차라리 금식을 전혀 시행하지 않는 편이 훨씬 더 나을 것이다. 목회자가 최상의 신실함과 분별로써 대처하지 않으면 세상은 계속해서 그런 데에 빠지기 마련인 것이다.

첫째로 말할 것은, 요엘 선지자가 가르치는 대로 "옷을 찢지 말고 마음을 찢어야" 한다는 것을 항상 가르쳐야 한다는 것이다(욜 2:13). 곧, 마음이 담겨 있지 않고, 자기의 죄에 대한 진정한 후회와 혐오와, 진정한 굴복과 하나님을 두려워하는 데에서 나오는 진정한 안타까움이 담겨 있지 않는 한 그런 금식은 하나님 앞에서 별 가치가 없다는 것을 사람들에게 가르쳐야 한다는 것이다. 사실 금식이 유익한 것은 다른 이유 때문이 아니라 오로지 그것이 마음의 그러한 상태에 덧붙여져 행해져서 그 마음을 돕는 하나의 부차적 보조 수단의 역할을 하기 때문인 것이다. 사람이 마음의 순전함은 없고 그것 대신 겉모양과 표시들만을 드러내 보임으로써 자기 자신들을 가리려 하는 것만큼 하나님 앞에 가증스러운 것이 없는 것이다. 그러므로 유대인들이 마음속으로는 무슨 불경하고 불순한 생각을 품든 금식을 했으니 하나님께서 만족해하실 것이라는 식으로 생각하는 것에 대하여, 이사야 선지자는 "이것이 어찌 내가 기뻐하는 금식이 되겠으며 … 여호와께 열납될 날이라 하겠느냐?"(사 58:5)라고 하며 그들의 외식을 통렬하게 꾸짖는다. 그러므로 외식적으로 행하는 금식은 전혀 소용이 없고 쓸데없이 몸만 괴롭게 하는 것일 뿐 아니라 크나큰 가증스러움인 것이다.

이것과 아주 유사한 두 번째 오류는 금식을 하나의 공로의 행위나 혹은 하나님께 드리는 예배의 한 형식으로 여기는 것인데, 이것 역시 철저히 제거해야 한다. 금식이란 그 자체로서는 선한 것도 악한 것도 아닌 중립적인 성격을 띠는 것이므로, 다른 목적들을 돕기 위해서 행하는 것이 아니면 그 자체로서는 아무런 가치도 없는 것이다. 그러므로 하나님께서 명령하신 일들과 또한 다른 것들과 전혀 연계되지 않고서도 그 자체만으로도 필수적인 그런 일들과 금식을 서로 혼동하게 되면 거기에 위험천만한 미신이 끼어들게 되는 것이다. 그 옛날 마니교도들(Manichees)이 가졌던 미혹된 생각들이 그런 것이었다. 아우구스티누스는 그들을 반박하는 가운데, 금식은 오로지 앞에서 언급한 그런 목적들로써만 판단해야 하며, 또한 그런 목적들과의 관계 속에서만 하나님께 인정 받는다는 것을 분명하게 가르치고 있다.[11]

금식과 관련하여 나타나는 세 번째 오류가 있는데, 이는 그렇게 불경스러운 것은 아니지만 여전히 위험스러운 것이다. 곧, 금식을 마치 신자의 주요 의무 가운데 하나인 것처럼 여겨서 그것을 지나치게 철저하고 엄격하게 시행하도록 요구하고, 또한 도에 지나치게 칭송하면서 금식을 요구함으로써, 사람들로 하여금 금식을 하고 난 후에 자기들이 무언가 고귀한 일을 행하였다고 생각하게끔 만드는 일이 그것이다. 이 점에 대해서 나는, 무언가 미신의 씨앗을 심어놓아서 그 이후에 온갖 횡포들이 나타나도록 기회를 제공해 준 잘못이 고대의 저술가들에게 전혀 없다고는 감히 말하지 않겠다. 그들에게서도 때로는 금식에 대하여 매우 건전하고 지혜로운 진술들을 접하게 된다. 그러나 금식을 주요 덕목의 하나로 치켜세우는 도에 지나친 찬양들을 그들의 저술들 속에서 거듭거듭 접하게 되는 것이다.

20. 금식과 관련한 사순절 행사의 폐해

동시에 어느 곳에서나 사순절(四旬節: Lent)을 지키는 미신적인 행위들이 만연되었었는데, 그것은 일반 백성들이 그 기간 동안에는 하나님께 무언가 특별한 섬김의 예를 행하는 것이라고 생각했고, 또한 목회자들도 그것을 그리스도를 닮는 거룩한 행위로 높이 장려했기 때문이었다. 그러나 분명한 것은 그리스도께서 다른 사람들에게 하나의 모범을 보이기 위하여 금식을 행하신 것이 아니고, 복음 선포 사역을 그렇게 금식으로 시작하심으로써 그 복음이 인간의 가르침이 아니요 실제로 하늘로부터 온 것임을 입증하고자 하신 것이다(마 4:2). 그렇게도 자주 반박하고 그것도 분명한 논증으로 반박하는데도 불구하고, 예리한 판단을 가진 사람들이 그런 크나큰 착각에 빠지다니 참으로 놀라운 일이 아닐 수 없다.

그리스도께서는 자주 금식을 하신 것이 아니고 — 만일 일 년에 한 차례씩 금식하는 일을 법으로 정하실 뜻이 계셨다면, 일 년에 한 차례씩 그렇게 행하셨을 것이다 — 복음의 선포를 위하여 스스로 채비를 갖추실 때에 단 한 차례 금식하셨을 뿐이다. 그리고 인간의 방식을 따라 금식하신 것도 아니다. 사람들로 하여금 자기의 모범을 따르도록 하시기 위해서 금식하셨다면, 아마도 인간의 방식을 좇아서 행하셨을 것이다. 그는 사람들로 하여금 그를 모방하려는 열심을 품게 하고자 하신 것이 아니라, 오히려 모든 사람들로 하여금 그를 우러러 높이도록 하고자 그렇게 하신 것이다.

마지막으로, 그리스도께서 금식을 행하신 이유는 모세가 여호와께로부터 율법을 받을 때 금식을 행한 이유와 다른 것이 아니다(출 24:18; 34:28). 모세에게서 그런 이적이 일어나서 율법의 권위를 세운 사실을 볼 때에, 그 일이 그리스도에게서도 없어서는 안 되는 것이었다. 그렇지 않으면 마치 복음이 율법에게 굴복하는 것같이 보이게 될 것이었기 때문이다. 그런데, 모세의 시대 이후로 모세의 모범을 따른다는 구실로 이스라엘 백성들 중에 그런 금식의 형식을 세우려는 시도가 전혀 없었다. 거룩한 선지자들과 족장들 가운데 어느 누구도 모세의 예를 따라서 행하지 않았고, 심지어 모든 경건한 일들을 행하고자 하는 열심과 열정이 넘치던 때에도 그런 일을 행한 예는 없었다. 엘리야가 사십 일을 먹지 않고 마시지 않았다는 진술(왕상 19:8)이 있는데, 이것은 다만 거의 온 이스라엘이 율법에서 떠나 있는 상황에서 그가 율법을 회복시키기 위하여 일으킴을 받았다는 사실을 백성들에게 알리는 역할을 하는 것뿐이었다. 그러므로 금식을 마치 그리스도를 따르는 행위로 정당화시키고 그렇게 꾸미는 것은 그야말로 미신으로 가득한 그릇된 열심에 지나지 않는 것이었다.

그러나 카시오도루스(Cassiodorus)가 소크라테스(Socrates)의 역사 제9권에서 진술하는 대로, 금식이 행해진 방식은 그야말로 다양하다. 그는 말하기를, 로마인들은 3주간 동안 금식을 행했는데, 그들은 일요일과 토요일을 제외하고는 그 기간 동안 계속해서 금식을 행했다고 한다. 일리리아인들(Illyrians)과 그리스인들은 6주간을 행했고, 또 7주간을 행한 사람들도 있다. 그러나 이들은 중간에 쉬면서 금식을 행하였다고 한다. 또한 음식을 택하는 데 있어서도 서로 다른 점들이 나타난다. 어떤 이들은 빵과 물만을 섭취했고, 또 어떤 이들은 거기에 채소들을 덧붙여서 섭취했으며, 또 다른 이들은 생선과 닭까지도 금하지 않았고, 또한 음식에 전혀 구별을 두지 않은 이들도 있었다고 한다.[12] 아우구스티누스도 야누아리우스(Januarius)에게 보내는 두 번째 편지에서 이러한 차이를 언급하고 있다.[13]

21. 금식을 구실로 호사를 누리는 부패한 실태

그 후에 더 악한 시대가 이어졌다. 감독들의 무능함과 훈련 부족, 그리고 권세에 대한 탐욕과 가혹한 횡포에 일반 사람들의 그릇된 열심이 합세한 것이다. 양심을 치명적인 사슬로 결박시켜 버리는 사악한 법들이 통과되었다. 고기를 먹는 것이 금지되었다. 마치 사람을 더럽히기라도 하는 것처럼 여긴 것이다. 온갖 망령된 생각들이 하나씩 쌓여서 결국 깊고 깊은 오류로 자리를 잡았다. 부패한 것을 하나도 남겨두지 않으려는듯 그들은 정말 어리석게도 금욕을 시행하는 척하면서 하나님을 조롱하기 시작했다. 절묘하고 세련된 방식으로 금식을 높이 추켜올리면서도, 온갖 산해진미로도 오히려 모자라게 여겼고, 그 때만큼 음식이 풍성하고 맛깔스럽고 다양한 때가 없었다. 그들은 이런 식의 아름답고 세련된 치장들을 통해서 하나님을 정당하게 섬기고 있다고 생각한다. 지극히 거룩한 사람으로 추앙받고 싶어하는 자들이 금식 기간에 다른 때보다도 그렇게 추악스럽게 실컷 먹는 때가 없다는 사실에 대해서는 굳이 언급하지 않겠다.

요컨대, 그들에게 있어서 하나님을 최고로 예배하는 길은 육류를 삼가는 것이었고, 그리하여 그들은 고기를 먹지 않는 대신 온갖 세련된 음식들을 풍성히 탐닉했던 것이다. 그러나 베이컨 기름이나 냄새나는 고기를 검은 빵과 함께 맛보기만 해도, 그것은 죽음으로도 갚을 수 없는 최고의 불경스러운 행위였다. 히에로니무스는 그의 시대에 그런 어리석은 짓으로 하나님을 조롱하는 자들이 있었다고 말하고 있다. 음식에 기름은 첨가하지 않으면서도 그들은 이곳저곳에서 극히 세련된 맛을 지닌 음식들을 다 가져다가 마음껏 즐겼다고 한다. 그리고 자연을 해친다고 하여 물을 그냥 마시기를 삼가고, 그 대신 달콤하고 값비싼 음료를 마셨으며, 그것도 컵으로 마시지 않고, 조개 껍질에 담아 마셨다는 것이다.[14]

그 당시에는 몇 사람의 악행이었던 것이 오늘날에는 모든 부자들의 공통적인 관례가 되었다. 그들은 오직 더욱 화려하고 더욱 호사스럽게 잔치를 벌이려는 목적으로 금식을 행하는 것이다. 그러나 너무도 분명한 이런 문제에 대해서 많은 말을 낭비하고 싶지 않다. 다만 한 가지 말하고자 하는 것은, 금식과 기타 권징의 모든 다른 부분들에서 교황주의자들에게는 올바른 것도, 진실한 것도, 질서 있는 것도 전혀 없다는 사실이다. 칭찬할 만한 것이 그들에게 아무것도 남아 있지 않으니, 그들이 자랑할 것이 전혀 없는 것이다.

(성직자의 결혼 금지 관행의 폐해. 22-28)

22. 성직자들의 권징과 그 부패의 실태

권징의 두 번째 부분이 이어지는데, 이는 특히 성직자에게 적용된다. 고대의 감독들이 자기들 자신과 자기들의 계급에 부과한 것이 교회법에 포함되게 된 것이다. 그것들은 곧, 성직자는 사냥, 도박, 또는 주연(酒宴)으로 시간을 보내서는 안 되며, 성직자는 고리 대금이나 상업 행위에 참여해서도 안 되며, 성직자는 음란한 무도회에 참석해서도 안 된다는 것 등이다. 교회법의 권위로 그런 것들을 금지하는 것은 물론 거기에 형벌까지 덧붙여서, 어느 누구도 마음대로 그런 일을 범하지 못하도록 하였다. 이런 목적을 위하여 각 감독마다 자기 휘하의 성직자들을 다스리는 의무를 지게 되었고, 그는 교회법에 따라서 그들을 다스리고, 의무를 다하도록 독려하였다. 또한 이러한 목적을 위하여 연례 시찰과 교회회의가 제정되어 의무에 소홀한 자들을 훈계하고, 혹 죄 지은 자가 있을 경우에는 그 과실에 따라서 징계하도록 하였다.

감독들도 해마다 지방 교회회의가 있어서 — 초기에는 일 년에 두 차례 열렸다 — 그들이 과연 자기들의 의무를 소홀히 행하였는지의 여부를 이 교회회의를 통해서 판단받았다. 혹 어느 감독이 그 휘하의 성직자들에게 지나치게 가혹하거나 심하게 대하면 성직자는 — 혹시 그런 성직자가 단 한 명이라 할지라도 — 교회회의에 상소할 수 있었다. 죄를 범하였을 경우 가장 극심한 형벌은 그 직분에서 해임되고, 일시적으로 성찬 참여권을 박탈당하는 것이었다. 이러한 교회회의가 하나의 영구적인 체제였으므로, 그들은 교회회의를 마치기 전에 반드시 그 다음 교회회의의 장소와 시간을 결정하여 놓는 것이 상례였다. 세계적인 공의회의 소집권은 고대의 모든 소집장(召集狀)에서 입증되는 것처럼 오직 황제에게만 속하는 것이었다.

이러한 엄격한 상태가 실제로 시행되는 동안은, 성직자들은 말로 사람들에게 무언가를 요구하기보다는 오히려 그들 스스로 솔선수범하여 모범을 보여 주었다. 사람들을 향해서보다도 그들 자신을 향해서 훨씬 더 엄격하였던 것이다. 보통 사람들은 이를테면 더 부드럽고 느슨한 권징으로 다스림을 받고, 성직자들이 자기 자신들에게 더 엄격한 권징을 시행하며, 다른 사람들보다도 자기 자신들을 덜 용납하는 것이 과연 적절한 일일 것이다.

그런데 이런 모든 것이 완전히 무용지물이 되어 버린 경위에 대해서는 새삼 말로 설명할 필요가 없다. 오늘날 이 질서는 도저히 상상할 수 없을 만큼 방종하고 무절제한 상태가 되어 버렸고, 온 세상이 울부짖을 만큼 되어 버렸기 때문이다. 그들은 자기들이 고대의 모든 모범들을 완전히 묻어버린 것이 드러나지 않도록 하기 위해서 어떤 그림자들로 어리석은 사람들의 눈을 속이려 하나, 그들의 이런 행위는 마치 사람이 이성(理性)으로 계획을 세워 행하는 일을 원숭이가 흉내내려 하는 것과 마찬가지로서, 고대 교회의 관습에 전혀 미치지 못하는 것이다.

크세노폰(Xenophon)의 글 중에는 기억해둘 만한 구절이 하나 있는데, 거기서 그는 페르시아인들이 얼마나 추하게 조상들의 규율에서 벗어나서 엄격한 생활 양식에서 느슨하고 사치스런 양식으로 전락하였는가를 말하며, 또한 그러면서도 그들이 그런 추한 모습을 가리기 위하여 고대의 의식들을 아주 주의를 기울여 지키고 있음을 말하고 있다. 고레스(Cyrus)의 시대에는 금주와 절제된 삶의 모습이 사람들에게 아직 왕성히 나타나고 있어서 코를 풀 필요가 없었고 또한 그렇게 하는 것을 수치로 여기기까지 했었다. 그러나 후대에 가서는 코를 푸는 행위를 금지하는 것이 종교적인 관습으로 남아 있기는 했으나, 그 대신 게걸스러운 식생활 때문에 생겨난 지저분한 콧물을 다시 삼키는 — 그래서 코가 곪기까지 하는 — 일은 허용되었던 것이다.

그리하여 고대의 규율에서는 식탁에 술잔을 가져다 놓는 일이 불법이었으나, 후대에 가서는 마음껏 술을 들이키고 취하는 일이 얼마든지 허용되었던 것이다. 고대의 관습은 하루에 한 끼의 식사를 하는 것이었다. 이 선한 후손들도 이 관습을 폐기하지는 않았다. 그러나 그들은 흥청망청한 술잔치를 정오부터 한밤중까지 계속하는 데에 익숙해져 버렸다. 하루 갈 길을 다 가기까지 아무것도 먹지 않는 것이 법으로 정해진 페르시아인들의 오랜 관습이었다. 그러나 지치는 것을 피하기 위해서 하루의 여정을 두 시간으로 줄이는 것이 허용되었고 또한 흔히 시행되었던 것이다.[15] 교황주의자들이 자기들의 부패한 규례들을 자랑삼아 내보이며 거룩한 교부들과 연관되어 있음을 주장할 때마다, 이러한 실례만으로도 그들의 어리석은 모방을 책망하고도 남음이 있을 것이다. 아무리 뛰어난 화가라도 실물보다 잘 그려낼 수는 없는 것이다.

23. 성직자의 결혼 금지는 성경과 모순됨

한 가지 면에서 그들은 극도로 경직되어 있고 가혹하기 이를 데 없다. 곧, 사제들에게 결혼을 허용하지 않는 것이 바로 그것이다. 그러나 두말 할 필요도 없는 사실이지만, 그러면서도 그들 가운데 만연되어 있는 음행에 대해서는 전혀 책벌이 없다. 그리고 그들은 거짓된 독신 생활을 빌미로 하여 온갖 범죄들에 완전히 무감각해져 있는 것이다. 결혼을 금한다는 사실이야말로 그들의 모든 전통들이 얼마나 큰 해악을 끼치는가를 분명히 보여 주는 것이다. 그 때문에 교회가 선하고 매우 유익한 목회자들을 빼앗겨왔을 뿐 아니라 온갖 불법의 소굴이 생겨나고, 밝고 쾌활한 수많은 영혼들이 절망의 나락에 떨어져 신음해온 것이다. 사제들에게 결혼을 금하는 일은 불경한 횡포 때문에 생겨난 것으로서 하나님의 말씀에도 거스를 뿐 아니라 모든 평등의 원리에도 거스르는 것이다.

우선, 주께서 자유에 맡겨 두신 것을 금한다는 것은 결코 사람에게 합당한 것이 아니었다. 또한 이 자유를 침해해서는 안 된다는 것을 주께서 친히 그의 말씀으로 분명히 표명하셨다는 사실도 너무나 확실하므로 길게 증명할 필요가 없다. 바울이 여러 구절에서 감독이 한 아내의 남편이기를 바란다는 사실은 그냥 넘어가기로 한다(딤전 3:2; 딛 1:6). 그러나 그는 성령으로 말미암아 선포하기를, 마지막 날에 결혼을 금하는 불경한 자들이 있을 것이라고 하며, 이들을 가리켜 불경한 자들이요 또한 귀신이라고까지 말하며(딤전 4:1, 3), 또한 결혼을 금하는 것이 귀신의 가르침이라는 말씀이 하나의 예언이요 성령의 거룩한 말씀이며, 성령께서는 그 말씀으로 처음부터 교회를 그런 위험에 대비하여 교회를 무장시키고자 하셨다는 것보다 더 강력한 진술이 과연 어디 있는가?

그러나 그들은 이 구절들의 의미를 왜곡시켜 몬타누스(Montanus), 타티아누스파(Tatianists), 엔크라테이아파(Encratites) 등 고대의 이단들에게 적용시킨 예를 들면서, 자기들이 오류를 아주 깨끗하게 피했다고들 생각한다. 교황주의자들은 말하기를, "오로지 그 이단들만이 결혼을 정죄하였을 뿐이며, 우리는 절대로 그것을 정죄하지 않는다. 다만 교회의 성직자에게는 결혼이 부적절하다고 여겨지므로 그들에게만 그것을 금지하는 것뿐이다"라고 한다. 그러나 이 예언은 그런 이단들에게서 먼저 성취되었지만, 교황주의자들에게서도 그대로 성취된 것이다. 자기들이 모든 사람들에게 결혼을 금한 것이 아니므로 결국 결혼을 금한 것이 아니라는 식의 어린아이 같은 핑계를 늘어 놓지만 그것은 일고의 가치도 없는 것이다! 그것은 마치 폭군이 어떤 불의한 법으로 어느 도시 일부를 압제하면서도 그 도시 전부가 압제를 받지 않으니 그 법은 불의한 것이 아니라고 주장하는 것과도 같은 것이기 때문이다!

24. 교황주의자들의 그릇된 성경 해석

이에 대해서 그들은 사제들에게는 일반 사람들과는 구별되는 무슨 표시가 있어야 마땅하다고 하며 반론을 제기한다. 마치 사제들이 어떠한 장식물들을 치장하여 뛰어나야 할지를 주께서 전혀 예견하시지 못하기라도 한 것처럼 말이다! 그리하여 그들은 사도가 선한 감독의 완전한 모습을 그리면서 감독에게 요구되는 여러 가지 조건들 가운데 감히 결혼을 포함시켜 놓음으로써 교회의 질서를 혼란하게 하고 교회의 균형을 깨뜨렸다고 하며 그를 비난하는 것이다. 나는 그들이 그 본문을(딤전 3:2; 딛 1:6) 어떻게 해석하는지를 알고 있다. 그들은 이를 두 번째 아내가 있는 자는 감독으로 택하지 말아야 한다는 뜻으로 해석한다. 이것은 전혀 새로운 해석이 아니다. 그리고 그 전후의 문맥으로 볼 때에 분명히 그릇된 해석이다.

바울은 감독들과 집사들에게 어떤 아내가 필요한가를 바로 그 다음에 제시하고 있기 때문이다(딤전 3:11). 바울은 결혼을 감독의 덕목들 가운데 열거하고 있다. 그런데 교황주의자들은 그것이야말로 교회의 성직자에게는 용납할 수 없는 과오라고 가르친다. 게다가 이런 전체적인 비난으로 만족하지 않고, 교회법을 통해서 결혼을 더러운 것이요 육체를 오염시키는 것이라 부르기까지 하는 것이다. 도대체 이런 것들이 어디에서 나왔는지를 각자 생각해야 할 것이다! 그리스도께서는 결혼을 자신과 교회의 신성한 연합을 상징하는 것으로 삼으실 정도로 그것을 귀하게 높이셨는데 말이다(엡 5:23-24, 32). 결혼의 신성함에 대해서 장려하는 것으로 이보다 더 놀랍고 귀한 것이 어디 있겠는가? 그리스도의 신령한 은혜의 모습 속에서 환히 비쳐나오는 그것을 가리켜 불결하고 더럽다고 하니 이 얼마나 뻔뻔스러운 짓이란 말인가!

25. 성경에 근거한 그릇된 논지에 대한 반론

결혼을 금지하는 그들의 행위가 하나님의 말씀과 그렇게도 분명하게 모순 되건만, 그들은 여전히 성경에서 자기들의 입장을 변호해 줄 만한 것을 찾으려 애쓴다. 레위 지파의 제사장들은 임무를 행할 순번이 돌아올 때마다 아내와 동 침을 피함으로써 순결하고 무흠한 상태를 유지하여 거룩한 성물들을 다룰 수 있는 조건을 갖추도록 되어 있었으므로(참조. 삼상 21:5 이하), 우리의 신성한 의식 들 ― 훨씬 더 고귀하고 또한 날마다 행해지는 ― 을 결혼한 사람들이 시행한다 는 것은 매우 부적절한 일이라는 것이다. 마치 복음 사역의 기능과 레위 지파의 제사장직이 똑같기라도 한 것처럼 말이다!

레위 지파의 제사장들은 모형(模型)으로서, 하나님과 사람들 사이의 중보자 로서(딤전 2:5) 자신의 완전한 순결하심으로 아버지를 우리와 화목시키실 그리 스도를 예표하는 존재들인 것이다. 그런데 죄인들로서는 모든 면에서 그리스도 의 거룩하심의 모습을 표현할 수가 없으므로, 최소한 그 모습을 윤곽만이라도 나타내기 위해서 제사장들을 명하여, 성소에 나아갈 때에는 일반 사람들의 관 례 이상으로 자신들을 정결하게 하도록 한 것이다. 그렇게 한 후에야 비로소 그 들이 그리스도를 적절히 드러내었던 것이다. 그들은 사람을 하나님과 화목시키 는 화평하게 하는 자들(peacemakers)로서 성막에 ― 이는 하늘의 심판대를 상징 하는 것이다 ― 나아갔기 때문이다.

그러나 오늘날 교회의 목회자들은 그런 역할을 하지 않으므로, 목회자들을 구약 시대의 제사장들과 비교한다는 것은 무의미한 것이다. 그러므로 사도는 아무런 예외도 제시하지 않고 담대하게 선포하기를, "모든 사람은 결혼을 귀히 여기고 침소를 더럽히지 않게 하라. 음행하는 자들과 간음하는 자들을 하나님 이 심판하시리라"(히 13:4)고 하는 것이다. 그리고 사도들도 스스로 모범을 보임 으로써 결혼이 아무리 고귀하고 탁월한 직분에도 무가치한 것이 아니라는 사실 을 입증해 주고 있다. 사도들이 아내를 두었을 뿐 아니라 그들을 데리고 다녔다 는 사실을 바울이 증언하고 있는 것이다(고전 9:5).

26. 고대 교회와 성직자의 독신

그러므로 이러한 독신이라는 장식품이 필수적 요건이라고 스스로 떠벌이는 것은 그야말로 어처구니없는 뻔뻔스러움이 아닐 수 없었다. 이는 또한 하나님에 대한 지식이 풍성하며, 또한 거룩함에 있어서도 훨씬 더 탁월했던 고대 교회에게 크나큰 치욕을 안겨주는 행위였다. 사도들의 말씀도 듣지 않는다면 — 그들은 때때로 사도들을 노골적으로 경멸하는 데에도 아주 익숙해져 있다 — 고대의 모든 교부들을 과연 어찌 대하겠는가? 교부들은 감독들에게 결혼을 용납했을 뿐 아니라 승인하기까지 했으니 말이다. 그렇다면 그들이 주의 성례들을 정당하게 시행하지 않은 것이니 과연 그 교부들이 신성한 것들을 욕되게 한 것이겠는가?

사실 니케아 공의회에서 독신을 요구하는 논의가 있었던 것은 사실이다. 언제나 스스로 칭찬을 받기 위해서 무언가 새로운 것을 꿈꾸는 미신적인 소인배들이 언제나 있기 마련이기 때문이다. 그러나 그 공의회는 어떻게 결의했던가? 남자가 자기 아내와 동거하는 것이 순결한 일이라고 선언한 파프누티우스(Paphnutius)의 의견이 받아들여졌다.[16] 그러므로 그들 가운데서도 결혼이 여전히 신성한 것으로 남게 되었고, 그것이 부끄러움을 일으키거나 그것이 목회 사역에 어떤 흠이 된다고는 생각하지 않았던 것이다.

27. 사제들의 독신에 대한 관행

그런데 그 이후 시대에 와서 독신을 지나치게 미신적으로 높이는 일이 만연되었다. 그리고 이어서 동정녀의 상태를 지나치게 광적으로 찬양하는 일들이 계속 일어나면서, 사람들이 처녀성이야말로 다른 덕목과 비교할 수 없이 고귀한 것으로 믿게 되었다. 물론 결혼을 부정한 것으로 정죄하지는 않았지만, 여전히 결혼의 위엄이 너무나 약화되고 그 거룩함이 너무나 희미하게 가려져서 결혼을 삼가지 않은 사람은 완전한 것을 사모하고 지향하는 데에 열심을 내지 않는 사람인 것처럼 여길 정도가 되었다. 그리하여 교회법들을 통해서, 우선 사제의 반열에 오른 사람에 대해서는 결혼을 금했고, 그 다음에는 독신 상태에 있는 자들이나, 아내가 있는 자라도 동침을 끊어버린 자들 이외에는 사제의 반열에 받아들이지 못하도록 금지하는 일이 이어졌다. 물론 이러한 규정들이 사제의 직분에 위엄을 가져다주는 것 같기 때문에, 고대 교회에서도 크게 환영을 받았다는 것은 나도 인정한다.

그러나 나의 반대자들이 이러한 고대의 예로 나를 반박하려 한다면, 나는 먼저 사도 시대나 그 후 몇 세기 동안 감독들에게 결혼할 수 있는 자유가 존재하였다는 것을(딤전 3:2) 답변으로 제시할 것이다. 사도들 자신은 물론 그들의 자리를 계승한 최고의 권위를 가진 목회자들도 아무런 어려움 없이 이 자유를 사용했었다. 초기의 교회에서 칭송하며 관례적으로 받아들여졌던 것을 불법하고 부적절한 것이라고 생각하기보다는 그 교회의 모범을 더 중요한 것으로 취해야 할 것이다.

그리고 두 번째 답변은, 극단적으로 처녀성을 높임으로써 결혼을 차별하던 시대에도 사제들의 독신을 필수적 요건으로 법으로 정한 것이 아니었고, 다만 기혼자보다는 독신자를 선호하는 경향을 보이는 정도였다는 것이다. 그리고 마지막 답변은, 그들이 독신을 요구했다 하더라도 그것을 필수적 요건으로 보지 않았고, 또한 금욕을 지키기에 합당치 못한 자들까지도 강제로 독신의 상태로 있도록 강요하지는 않았다는 것이다. 그들은 음행을 매우 엄한 법으로 징벌하면서도, 결혼한 사제들의 경우에는 사제의 직분만을 포기하도록 법으로 정하였던 것이다.

28. 고대 교회를 구실로 한 결혼 금지론에 대한 반박

그러므로 이 새로운 횡포를 변호하는 자들이 독신의 상태를 변호하기 위하여 고대의 예를 구실로 삼으려 할 때마다, 우리는 그들에게 그들의 사제들에게 고대의 순결성을 회복하라고 요구할 것이다. 그리고 간음하는 자들과 음행하는 자들을 제거하라고 요구할 것이며, 결혼한 부부들의 존귀하고도 분수에 맞는 부부 관계가 금지되어 있는 사제들이 온갖 종류의 정욕에 빠져도 징계받지 않고 그냥 용인되는 일을 시정하라고 요구할 것이며, 그렇게 오랫동안 교회를 더럽혀온 그 부끄러운 악행을 교회에서 완전히 제거하라고 요구할 것이다. 그들이 이것을 받아들이면, 우리는 독신의 여부는 개인의 자유이며, 교회의 유익 여부에 따라 판단해야 할 것이므로 그것을 필수적인 요건으로 주장하지 말도록 다시 한 번 권고해야 할 것이다.

그러나 이렇게 말하는 이유는 교회의 성직자 계급에 대하여 독신의 족쇄를 채우는 이 법들에 대하여 어떤 조치든 취해야 한다고 믿기 때문이 아니라, 우리의 대적들이 고대 교회의 이름을 들먹거리면서 사제들의 거룩한 결혼 생활을 얼마나 뻔뻔스럽게 손상시켜왔는가를 좀 더 지혜로운 자들에게 알려서 그들로 하여금 이해하도록 하고자 하는 것뿐이다.

저술이 현존하는 교부들의 경우, 자기들의 개인적 의견을 진술할 때에 히에로니무스를 제외하고는 어느 누구도 결혼의 존귀함에 대하여 그렇게 심하게 비난하지 않는다.[17] 우리는 크리소스톰의 찬사만으로 만족하고자 한다. 그는 특별히 처녀성을 흠모하는 사람이었으므로, 그가 결혼을 장려한다는 것이야말로 다른 누구의 경우보다도 이례적이기 때문이다. 그는 이렇게 말하고 있다: "일급의 순결은 순전한 처녀성이요, 이급의 순결은 충실한 결혼생활이다. 그러므로 순결한 결혼의 사랑이야말로 제2의 처녀성이다."[18]

주

1. Chrysostom, *Homilies on Matthew*, lxxxii. 6.

2. Cyprian, *Letters*, lvii; xvi. 2; xvii. 2; xiv. 4.

3. 참조. 4권 11장 6절.

4. Cyprian, *Letters*, lix. 16.

5. Chrysostom, homily *De non anathematizandis vivis atque defunctis*.

6. Augustine, *Letters*, lxi. 2; vxxviii. 2; clxxxv. 6. 23; clxxxv. 10. 44.

7. Augustine, *Against the Letter of Parmenianus*, II. i. 3; III. i. 1; III. ii. 15; III. i. 2; Cyprian, *Letters*, lix. 16.

8. Augustine, *Ibid.*, III. ii. 14.

9. Augustine, *Letters*, xxii. 1. 4. 5.

10. Augustine, *Against the Letter of Parmenianus*, III. ii. 15, 16.

11. Augustine, *On the Morals of the Manichees*, II. xiii. 27-28; *Against Faustus the Manichee*, xxx. 5.

12. Socrates, *Ecclesiastical History*, v. 22; Cassiodorus, *Tripartite History*, IX. 38.

13. Augustine, *Letters*, liv. 2. 2-4. 5.

14. Jerome, *Against Jovinian*, II. v-xvii.

15. Xenophon, *Cyropaedeia*, VIII. viii. 8.

16. Socrates, *Ecclesiastical History*, i. 11.파프누티우스는 금욕적인 유명한 감독이었으나, 독신 생활을 요구하는 제안은 반대하였다.

17. Jerome, *Against Jovinian*, I.

18. Pseudo-Chrysostom, *Homily on the Finding of the Cross*, II. 130.

제 13 장

~◌◌~

서원(誓願):
경솔한 서원은 자신을 비참하게 얽어매는 것임

(서원의 본질, 그리고 서원과 관련한 오류들. 1-7)

1. 사람들의 불신앙과 경솔한 서원

그리스도께서 그 측량할 수 없는 핏값을 치르시고 교회의 자유를 사셨는데, 교회가 이렇게 잔혹스러운 횡포에 억눌리고 산더미 같은 전통들에 거의 짓눌려 있다는 것은 그야말로 안타깝기 이를 데 없는 문제다. 그러나 한편 각 사람의 정신없는 상태를 보면, 하나님께서 사탄과 그의 수족들에게 그렇게 많은 것을 허용하신 것이 지극히 공의로운 목적이 없지 않다는 것을 깨닫게 된다. 그리고 사람들은 그리스도의 권위를 무시할 뿐 아니라, 거짓 교사들이 부과하는 온갖 짐들을 다 지는 것도 부족하여 각자가 자기 자신에게 짐을 지우며 자기 스스로 구덩이를 파고 더 깊이 자신을 집어넣었다. 곧, 모든 사람들이 똑같이 지는 사슬에다 서원(또는 맹세)을 행함으로써 자기 자신에게 더 크고 더 엄격한 의무를 지우는 것이었다.

소위 "목자들"이란 사람들이 자기들이 만들어낸 뻔뻔스러운 교회의 규칙들을 통해서 하나님께 드리는 예배를 부패시킨 사실에 대해서는 이미 살펴본 바 있다. 가련한 영혼들을 자기들의 사악한 법들로 미혹시킨 것이다. 그러므로 여기서 또 다른 악행을 이것과 연관지어서 살펴보며, 그리하여 세상을 하나님께로 인도하도록 돕기 위해서 제시된 수단들을, 세상이 자기의 부패한 성향을 따

라서 할 수 있는 만큼 장애물들로 가로막아왔다는 사실을 확인하는 것도 부적
절하다 할 수는 없을 것이다. 독자들께서는 이미 제시해 놓은 원리들을 되살리
기를 바란다. 그러면 서원으로 인하여 생겨나는 해악이 얼마나 심각한가를 더
잘 알게 될 것이다.

우리는 우선 사람들로 하여금 경건하고 거룩한 삶을 살도록 훈련하는 데 요
구될 수 있는 것은 무엇이든 전부 율법에 포함되어 있다는 것을 가르쳤었다.[1]
그리고 이어서, 주께서는 우리가 새로운 행위를 창안해내지 않도록 우리를 더
잘 경계하기 위하여 의(義) 전체를 그리스도의 뜻에 대한 단순한 순종에 포함시
키셨다는 것을 가르쳤었다.[2] 만일 이런 가르침들이 사실이라면, 하나님의 호의
를 획득하기 위하여 우리 스스로 창안해내는 온갖 거짓된 예배의 행위들이 ─
그것들이 아무리 우리를 즐겁게 해 준다 할지라도 ─ 절대로 하나님께서 받으
실 만한 것들이 아니라는 것을 쉽게 알 수가 있다. 주께서는 친히 여러 구절들에
서 그런 것들을 노골적으로 거절하실 뿐 아니라 그것들을 아주 가증스럽게 여
기시는 것이다.

그러므로 하나님의 명확한 말씀에서 벗어나서 행해지는 서원들에 대해서도
의심이 일어나게 된다. 그것들을 어떻게 보아야 할까? 그리스도인들이 정당하
게 행할 수 있는 것인가? 그것들이 어느 정도나 구속력이 있는가?

사람들 사이에서는 "약속"이라고 불리는 것이 하나님과 관련해서는 "서원"
이 된다. 더 나아가서, 우리는 우리 생각에 사람들을 기쁘게 해 줄 것이라고 여
겨지거나, 아니면 우리가 의무상 해야 한다고 여겨지는 일들을 사람들에게 약속
한다. 그러므로 하나님 자신에게 서원한 내용은 더욱더 면밀하게 지켜져야 옳을
것이다. 하나님을 향해서는 우리가 최고의 진실함으로 행동해야 하기 때문이다.

이런 점에서 이상스럽게도 시대마다 미신이 만연되어왔다. 그리하여 사람
들은 판단이나 분별을 할 겨를도 없이 머리에 생각되는 것이나 심지어 입에서
나오는 대로 무작정 즉시 하나님께 서원해온 것이다. 이방인들 가운데 나타나
는 저 끔찍한 어리석은 행동들 ─ 그들 역시 그런 행동들로 자기들의 신들을 모
욕하였다 ─ 도 이런 데서 기인하는 것이다. 그리스도인들이 이들의 뻔뻔스러
운 행동들을 본받지 않았더라면 얼마나 좋았겠는가! 정말 그래서는 안 되는 일
이었다. 그러나 우리가 보는 대로 몇 세기 동안 이런 악행만큼 흔하게 나타난 것
이 없다. 모든 사람들이 어디서나 하나님의 법을 멸시하고 미친 열정으로 불타

올라서 자기들에게 꿈에서 생각들이 일어나면 그 즉시 그것들을 서원해 버리는 것이었다. 이런 면에서 사람들이 얼마나 다양한 방식으로 얼마나 심각하게 죄를 지었느냐 하는 것에 대해서 나는 혐오스런 마음으로 과장하지도 않을 뿐더러 구체적인 사실들을 열거하지도 않을 것이다. 그러나 이 한 마디 말은 하고 지나가는 것이 옳을 것 같다. 곧, 서원에 대해서 논의하는 일이 쓸데없는 문제를 끄집어내어 트집을 잡는 것이 결코 아니라는 사실이다.

2. 서원은 하나님께 하는 것임

자, 어떤 서원이 정당하며 어떤 서원이 부당한가를 결정하는 데에서 오류를 피하고 싶다면, 다음 세 가지를 생각하는 것이 좋을 것이다: (1) 누구에게 서원을 하는가, (2) 서원을 하는 우리는 누구인가, (3) 무슨 의도로 서원을 하는가.

첫 번째 것을 생각하는 목적은 우리가 대하는 분이 바로 하나님이시라는 사실을 깨닫게 하고자 하는 것이다. 그는 오직 우리의 순종을 기뻐하시므로, 우리 스스로 만들어내는 신앙은 아무리 그것이 사람의 눈에 화려하고 아름답게 보인다 할지라도 저주받은 것이라고 선포하시는 것이다(골 2:23). 하나님의 명령에서 벗어나서 우리 자신이 고안해내는 모든 자의적인 예배가 그에게 혐오스런 것이라면, 하나님의 말씀으로 승인되는 예배를 제외하고는 그 어떠한 예배도 그가 받지 않으신다는 것이 된다. 그러므로 하나님께서 어떻게 받으실지에 대해서 아무런 증거도 없는 그런 서원을 감히 하나님께 드리는 그런 망동을 범해서는 안 되는 것이다. 믿음으로 행하지 않는 모든 것이 죄라는 바울의 가르침(롬 14:23)은 — 이 말씀이 모든 행위들에까지 확대되어 적용될 수 있으므로 — 사람이 자기의 생각을 직접 하나님께로 향할 때에도 특별히 적용되는 것이다.

그러나 우리가 믿음이 분명한 지침을 제시하지 않는 지극히 사소한 일들(바울은 거기서 다른 음식을 먹는 문제를 논하고 있다)에서도 실수하거나 오류를 범한다면, 지극히 중대한 일을 행할 때에는 얼마나 더 신중해야 하겠는가! 신앙의 의무들보다 우리에게 더 심각한 것은 없는 것이다. 그러므로 서원에 있어서 우리가 주의해야 할 첫 번째 경계 사항은, 우리가 경솔하게 행하는 것이 아니라는 양심의 확신이 없이는 어떤 것이라도 절대로 입으로 서원해서는 안 된다는 것이다. 그러나 하나님께서 앞서서 가시면서, 행하는 것이 좋은 것과 행하는 것이 무익한 것에 대해서 그의 말씀을 근거로 양심에 깨우쳐 주실 때에는 경솔히 행할 위험에서 안전할 수 있을 것이다.

3. 서원을 하는 우리는 누구인가?

두 번째로 생각해야 할 것으로 말한 사실에는 다음과 같은 내용이 포함된다. 우리 자신의 힘을 가늠하고 우리의 부르심을 염두에 둠으로써, 하나님께서 우리에게 주신 자유의 축복을 소홀히 하지 않도록 해야 한다는 것이다. 자기 능력의 한계를 넘거나 자기의 부르심과 모순되는 것을 서원하는 사람은 경솔한 사람일 수밖에 없기 때문이다. 하나님께서 만물의 주로서 베풀어 주시는 은택을 멸시하는 사람은 감사를 모르는 배은망덕한 자다. 이렇게 말을 하지만, 이는 무엇이든 우리의 손 안에 주어져 있으므로 우리 자신의 힘을 의지하여 무엇이든 우리가 하나님께 약속할 수 있다는 뜻이 아니다. 오랑주 공의회(the Council of Orange: 529년)에서 매우 진실되게 결의하여 공포한 대로 우리가 하나님의 손에서 받은 것 외에는 아무것도 하나님께 정당하게 서원할 수 있는 것이 없기 때문이다. 하나님께 드려지는 모든 것이 다 순전히 그의 선물들이기 때문이다. 그러나 하나님께서 자비하심으로 우리에게 주신 것들도 있고, 또한 그의 공평하심으로 우리에게 주지 않으신 것들도 있으므로, 각 사람은 바울이 명하는 것처럼(롬 12:3; 고전 12:11) 자기에게 주어진 은혜의 분량을 바라보아야 하는 것이다.

여기서 내가 말하고자 하는 것은 다름이 아니라, 서원을 하나님께서 은사를 통해서 정해 주신 여러분의 분량에 맞추어서 해야 한다는 것이다. 그렇지 않고 하나님께서 허락하신 분량 이상을 넘어서서 스스로 너무 많은 것을 주장하면, 여러분 스스로 곤두박질치는 것이나 다름이 없다. 예를 들어서, 누가가 언급하고 있는 암살자들의 경우, 바울을 죽이기 전에는 음식을 먹지 않겠다고 맹세하는데(행 23:12), 혹 그 계획 자체는 악한 것이 아니었다손 치더라도 사람의 생사의 문제를 자기들의 능력 속에다 두는 그런 경솔함은 범해서는 안 될 것이었다. 입다도 성급한 열정으로 경솔하게 서원했다가 그 자신의 어리석음에 대해서 징벌을 받았다(삿 11:30-31).

이런 부류에서는 독신의 서원이 불경스런 경솔함 가운데 첫 번째 자리를 차지한다. 사제들과 수도사들과 수녀들은 자기들 자신의 허약함을 잊어버리고 스스로 독신의 능력이 확실히 있다고 생각한다. 그러나 대체 무슨 하나님의 말씀이 그들더러 평생동안 순결을 지키고 그 일을 위해서 서원하라고 가르쳤단 말인가? 그들은 사람의 보편적인 처지에 대한 하나님의 말씀을 듣고 있다: "사람이 혼자 사는 것이 좋지 아니하니"(창 2:18). 우리 속에 남아 있는 죄가 매우 날카로운 가시로 무장하고 있다는 것도 — 느끼지는 못하지만 — 알고 있다. 그런데 어떻게 보편적인 인간의 부르심을 감히 평생토록 흔들어 놓을 생각을 한단 말인가? 금욕의 은사는 형편의 요구에 따라서 제한된 기간 동안만 주어지는 경우가 더 많은데 말이다.

그런 완악함 가운데 있는 사람들은 하나님을 자기들을 돕는 자로 여겨서는 안 된다. 오히려 다음과 같은 그의 말씀을 기억해야 할 것이다: "너희 하나님 여호와를 시험하지 말라"(신 6:16; 마 4:7). 그러나 독신의 서원은 하나님을 시험하는 것이다. 그가 부여하신 본성을 거스르는 처사요, 하나님께서 주신 현재의 은사가 마치 전혀 우리의 것이 아닌 것처럼 그것을 멸시하는 처사인 것이다. 그런데 그들은 감히 그런 일을 행할 뿐 아니라, 독신의 상태를 놀라운 찬양으로 추켜올리기 위하여 감히 결혼을 가리켜 "부정(不貞)"이라고 부르기까지 한다. 결혼을 제정하시는 것이 하나님 자신의 위엄과 어긋나는 것이 아니라고 하나님 스스로 여기셨고(참조. 창 2:22), 그가 결혼을 모든 사람들에게 존귀한 것으로 선포하셨으며(히 13:4), 우리의 주님 그리스도께서 함께 하심으로써 결혼을 거룩하게 하셨고 또한 그의 첫 이적을 일으키셔서 결혼을 존귀하게 여기셨다는 사실(요 2:2, 6-11)이 엄연히 드러나 있는데도 불구하고 그렇게 하는 것이다!

그들의 경우에 독신과 처녀성은 서로 전연 별개의 것이라는 것을 그들의 삶이 — 그들은 불경스럽게도 자기들의 삶을 "천사 같은 삶"이라 부른다 — 놀랍게 증거해 주고 있는데 말이다! 음행자들과 간음자 등 악하고 부끄럽기 이를 데 없는 자들과 하나님의 천사들을 이렇게 비교하고 있으니 그들은 정말 천사들을 엄청나게 모욕하고 있는 것이다. 그들 스스로 본질을 드러내 보임으로써 자기들의 주장이 거짓임을 공개적으로 드러내고 있으니, 이에 대해 무슨 논증이 더 필요하겠는가? 우리는 그런 오만방자함과, 교만하여 주께서 주신 은사들을 멸시하는 처사에 대해서 주께서 무섭게 벌하시는 것을 분명히 보기 때문이다. 좀 더 감추어진 죄악들이 있으나 이에 대해서는 생략하는 것이 좋겠다. 그런 죄에 대해서는 알려져 있는 것만도 너무 지나치기 때문이다.

우리의 부르심을 이루는 일을 방해할 수 있는 것은 절대로 서원해서는 안된다. 이것은 논란의 여지가 없는 사실이다. 이는 가장(家長)이 자기 아내와 자녀들을 버리고 다른 일들을 행할 것을 서원하는 것과도 같고, 공적인 직무를 맡기에 합당한 사람이 그 직무에 선출된 다음 자기가 사사로운 시민이 되겠다고 서원하는 것과도 같은 것이다.

그러나 우리의 자유를 멸시하지 않는 문제에 대해서는 지금까지 말한 내용을 이해하는데 어려움이 있을 것이다. 그러므로 그 점을 설명하는 것이 좋겠다. 자, 간단히 요점만 말하자면 다음과 같다. 하나님께서는 우리를 만물의 주관자들로 만드셨고, 그것들을 우리에게 복속시키셔서 우리가 우리 자신의 유익을 위하여 그 모든 것들을 사용할 수 있도록 하셨다. 그러므로 만일 우리가 우리 바깥의 것들에게 ― 이것들은 우리가 주관하는 것들로서 우리를 돕는 것에 불과한데 ― 우리 자신을 매어 놓는다면, 우리의 행사가 하나님께서 받으실 만한 것이 되기를 기대할 수가 없는 것이다. 이런 말을 하는 것은, 스스로 겸손하다는 칭찬을 듣고자 하는 마음에서 자기 자신을 여러 가지 것들에 얽어매는 자들이 있기 때문이다. 그러나 하나님은 그럴만한 이유로 오히려 우리가 그런 것들에서 자유를 누리기를 원하시는 것이다. 그러므로 이런 위험을 피하기를 바라면, 주께서 기독교 교회 안에 세우신 그 경륜에서 절대로 이탈해서는 안 된다는 것을 언제나 기억해야 할 것이다.

4. 감사의 서원과 회개의 서원

자, 이제 세 번째로 생각할 것에 대하여 말하기로 하자. 곧, 하나님께서 서원을 받으시고 인정하시는 데에는 서원을 행하는 의도가 중요하다는 것이다. 주께서는 외모를 보지 않으시고 마음을 보시는 분이시므로, 똑같은 일을 행한다 할지라도 그 마음의 목적이 달라짐에 따라서 때로는 하나님을 기쁘시게 하고 그리하여 그가 받으시는 것이 되지만, 때로는 그것이 하나님을 강하게 거스르는 것이 되기도 하는 것이다. 가령 포도주를 금하겠다고 서원한다 할 때에도 그런 행동 자체에 무언가 거룩한 것이 있다고 생각하고 그렇게 한다면 그것은 미신적인 것이다. 그러나 그릇되지 않은 다른 어떤 목적을 바라보면서 그렇게 서원한다면, 어느 누구도 그것을 인정하지 않을 자가 없는 것이다.

그러나 내가 판단하건대, 우리가 서원을 하고자 할 때에 정당하게 취해야 할 목적이 네 가지가 있다. 편의상 이것들을 구분하자면, 두 가지는 과거에 관한 것이며, 두 가지는 미래에 관한 것이라 하겠다.

과거에 속한 서원은 우리가 하나님께로부터 받는 바 은택들에 대하여 하나님께 드리는 감사의 마음을 확증하는 것일 수도 있고, 하나님의 진노를 피하기를 바라고 또한 우리가 저지른 과실들에 대하여 우리 스스로 징벌하기 위하여 행하는 서원일 수도 있다. 전자의 서원을 감사의 행위라 한다면, 후자의 서원은 회개의 행위라 부를 수 있을 것이다.

감사의 서원에 속하는 실례는 야곱이 행한 십일조의 서원을 들 수 있다. 야곱은 여호와께서 그를 보호하사 해를 받지 않고 고향으로 다시 돌아오게 하시면 모든 소유의 십분의 일을 드리겠다고 서원하였다(창 28:20-22). 또한 그 옛날 경건한 왕들과 지도자들이 의로운 전쟁을 수행하기 직전에 만일 승리를 거두면 화목 제물을 드리겠다고 서원하는 것이나, 아니면 어떤 큰 어려움에 짓눌려 있을 때에 주께서 구원해 주시면 화목 제물을 드리겠다고 서원하는 경우도 여기에 속한다. 서원에 대해 언급하는 시편의 모든 구절들은 바로 이런 의미로 해석해야 할 것이다(시 22:25; 61:8; 56:12; 116:14, 18). 이러한 서원은 오늘날 우리에게도 해당될 수 있다. 어떤 재난이나 극심한 질병, 또는 기타 위기의 상황에 있는 우리를 주께서 구해 주실 때마다 그러한 서원이 우리에게 유익을 줄 수 있는 것이다. 주께서 베푸신 자비하심에 대하여 감사하지 않는 자처럼 보이지 않으려고 그의 은혜에 감사하는 엄숙한 증표로서 서원의 예물을 하나님께 드리는 것은 경건한 사람의 의무와 어긋나는 것이 아니다.

회개의 서원에 대해서는 한 가지 친숙한 예만으로도 그 본질을 잘 볼 수 있을 것이다. 가령 어떤 사람이 폭식이나 과음의 악행을 통해서 어떤 잘못을 범했을 경우에, 자기의 무절제함을 징계하기 위하여 일시적으로 모든 맛있는 음식을 끊고 서원을 행함으로써 더 철저하게 자기를 매어 놓는다 해도 아무런 거리낌이 없을 것이다. 나는 여기서 이런 식으로 과오를 범한 사람들에게 모두 적용되는 하나의 보편적인 법을 제시하려는 것이 아니다. 다만 그런 서원이 자기들 자신에게 유용하리라 생각하는 자들에게 과연 어떤 것이 허용되는가를 보여 주고자 하는 것뿐이다. 그러므로, 선택의 자유가 당사자에게 주어져 있는 한 이런 종류의 서원은 허용되는 것이다.

5. 미래와 관련되는 서원들

미래와 관련된 서원들은 이미 말했듯이 우리를 좀 더 조심성 있게 만들기도

하고, 무언가 자극을 줌으로써 우리를 북돋아 의무를 다하게 하기도 한다.

가령 어떤 사람이 자신이 어떤 특정한 악습에 매우 약하여, 그 자체로서는 전혀 악하지 않은 일이지만 그 자신의 경우에는 그 일 때문에 번번이 곧바로 악에 빠지게 된다는 것을 깨닫는다 하자. 이때에 그 사람이 서원을 행하여 그 일을 일시적으로 삼간다고 해도 그것은 전혀 어리석은 일이 아닐 것이다. 예를 들어서, 어떤 사람이 몸을 치장하는 일이 자기에게는 위험한 일임을 스스로 깨닫고 있는데 그런 욕망이 격렬하게 속에서 일어난다면, 자기 자신에게 재갈을 먹이는 것보다 과연 더 나은 방법이 어디 있겠는가? 즉, 그런 일을 삼가도록 서원을 행함으로써 필연성을 자기 자신에게 부과하여 모든 불확실함에서 스스로 자유함을 얻는 것이 가장 합당한 방법이 아니겠는가?

이와 비슷하게, 가령 어떤 사람이 경건에 필수적인 의무들을 계속 잊어버린다거나 아니면 태만히 행하는 악습이 있을 경우에, 서원을 행함으로써 자기의 기억을 일깨우고 자기의 게으름을 내쫓지 못할 이유가 무엇이란 말인가?

두 가지 서원 모두에, 일종의 초보적인 훈련이 게재되어 있다는 것은 나도 인정한다. 하지만 그것들은 우리의 연약함을 돕는 도구들이므로 무지하고 불완전한 상태에 있는 자들이 사용함으로써 유익을 얻을 수 있는 것이다.

그러므로 이런 목적들 가운데 하나를 지향하는, 특히 외부적인 행위들과 관련되는 서원들은 적법한 것들이다. 단, 그 서원들이 하나님의 인정하심을 받는 것이어야 하며, 우리의 부르심과 일치해야 하며, 하나님께서 우리에게 주신 은혜의 분량에 맞는 것이어야 한다.

6. 정당한 서원들

이제는 서원들 전반에 대하여 과연 어떻게 바라보아야 하는지를 생각하기가 별로 어렵지 않을 것이다. 모든 신자들에게는 한 가지 공통적인 서원이 있다. 곧, 세례를 받을 때 행하는 서원이 그것인데, 요리문답과 성찬 참여로 그것을 시인하고 재확인한다. 성례는 마치 계약과도 같아서, 주께서는 그것을 통해서 그의 긍휼하심을 우리에게 베푸시고, 또한 그 긍휼하심으로 영생을 주시며, 우리는 또한 그에게 순종을 약속하는 것이다. 그 서원의 형식은, 혹은 최소한 요점은 다음과 같다. 곧, 사탄을 물리치고 우리 자신을 하나님을 섬기는 데에 드려서 그의 거룩하신 계명들에 순종하며, 또한 우리 육체의 악한 정욕들을 따르지 않겠다는 것이다

(참조. 롬 13:14). 이 서원은 성경이 증거하며, 또한 하나님의 모든 자녀들에게 요구되는 것으로서 거룩하고 유익한 것이라는 사실은 의심의 여지가 없다. 그리고 하나님께서 우리에게 요구하시는 법은 이 세상의 삶에서 완전히 순종할 수 있는 사람이 아무도 없다는 사실도 의심의 여지가 없다. 그런데 죄를 용서하시고 심령을 거룩케 하신다는 조건이 은혜의 언약 아래 포함되어 있으므로, 우리는 그 언약에 따라서 순종의 약속을 행함과 동시에 용서를 간구하며 도움을 구하는 것이다.

특정한 서원들을 판단할 때에는 위에서 제시한 세 가지 원칙을 반드시 유념해야 한다. 그 원칙들을 통해서 각 서원의 본질을 결정짓는 것이 안전한 것이다. 그러나 내가 그 서원들을 거룩하다고 선언하면서 그것들을 날마다 시행하라는 식으로 그 서원들을 장려한다고 생각해서는 안 된다. 감히 서원의 숫자나 시간에 대해서는 아무것도 지정하여 이야기할 수가 없지만, 나의 조언을 따르는 사람이라면 오로지 건전하고 일시적인 서원들만을 행할 것이다. 이따금씩 서원을 지나치게 행하는 경우도 있는데, 그렇게 되면 그렇게 반복하는 것 때문에 서원의 신앙적인 성격이 값싼 것이 되어 버릴 것이고, 그렇게 되면 결국 미신으로 전락해 버리고 말 것이다. 만일 영구적인 서원을 행하여 여러분 스스로를 매어 버리게 되면, 그것을 아주 힘들게 그리고 지루하게 이행하거나, 아니면 그 기나긴 세월에 지쳐서 어느 날 그 서원을 감히 깨뜨려 버릴 것이다.

7. 서원과 관련된 미신

그런데, 서원과 관련하여 엄청난 미신이 여러 세기 동안 온 세상을 괴롭혀 온 것이 분명히 드러난다. 어떤 사람이 마치 포도주를 금하는 것 그 자체가 하나님이 기뻐 받으시는 예배인 것처럼 생각하여 포도주를 금하겠다고 서원하였다. 그리고 또 다른 사람은 금식을 서원하여 자기를 얽어매었다. 세 번째 사람은 특정한 날들에는 고기를 금하겠다고 서원하였다. 그날은 다른 날들보다 특별히 거룩하다는 식의 헛된 망상을 가졌기 때문이다. 그리고 이보다 훨씬 더 어린아이 같은 온갖 서원들을 행하였다. 어린아이도 아니면서 말이다. 사람들은 소원을 갖고 성지(聖地)들을 순례하는 일을 큰 지혜로 알았고, 그리하여 때로는 도보로 순례한다든지, 아니면 절반 정도 벗은 채로 순례를 행하면 그렇게 쓰라리고 힘든 것 때문에 더욱 큰 공로를 얻는 것으로 생각하여 그렇게 하기도 한 것이다. 이런 따위의 일들에 대한 열정이 얼마 동안 도저히 믿을 수 없을 정도로 세상에 가득했는데, 이런 것들을 앞에서 제시한 그런 원칙들에 근거하여 점검해 보면, 그것들이 덧없고 헛된 것들일 뿐 아니라 노골적인 불경의 자세가 그 속에 가득하다는 것을 알게 될 것이다.

사람들이 그것들을 어떻게 판단하든 간에, 하나님께서는 거짓된 예배 행위보다 더 혐오하시는 것이 없는 것이다. 게다가, 다음과 같은 정죄받아 마땅한 그릇된 생각들도 있다. 곧, 외식하는 자들은 그런 어리석은 일들을 행하고 난 다음 자기들이 유례 없는 놀라운 의를 스스로 획득하였다고 믿는 것이다. 그들은 경건의 모든 것을 겉모양으로 지키는 데에다 두며, 그런 일들에 주의를 덜 기울이는 것 같이 보이는 다른 모든 사람들을 멸시하는 것이다.

(수도사의 종신 서원과 수도원의 실태. 8-10)

8. 고대 교회의 수도원의 실태

갖가지 서원의 형식들을 일일이 열거하는 것은 별 의미가 없다. 그러나 수도사의 종신 서원이 교회의 공적 판단에 따라서 인정받는 것처럼 보여서 크게 높임을 받으며 행해지고 있으므로, 간략하게나마 이것에 대해서 말을 해야 하겠다.

첫째로, 혹 수도원이 옛부터 존재했다는 것을 근거로 오늘날의 수도원들의 상태를 변호하려는 사람이 없도록, 옛날의 수도원들은 오늘날과는 생활 양식이 판이하게 달랐다는 점을 주지해야 할 것이다. 리쿠르구스(Lycurgus)의 법으로 살던 스파르타인들 가운데 존재하던 그런 엄격한 규율이, 아니 그보다 오히려 훨씬 더 엄격한 규율이 수도사들 사이에 있었다는 것을 역사가들이 보도하고 있다. 그들은 맨 땅에서 잠을 잤고, 음료는 물이 전부였고, 빵과 채소와 뿌리들을 먹었고, 그들의 가장 맛있는 식품은 기름과 콩이었다. 그들은 모든 사치스런 음식과 몸을 돌보는 일을 삼갔다. 이런 말이 과장인 것 같이 들리기도 하겠지만, 이는 나지안주스의 그레고리우스(Gregory of Nazianzus), 바실리우스(Basil), 그리고 크리소스톰 등 실제로 체험한 목격자들에게서 전수된 내용들이다.[3] 이러한 예비적인 규율들을 통해서 수도사들은 스스로 더 큰 임무들을 위하여 준비를 갖추었다. 수도원들이 이를테면 교회의 직분자들을 위한 신학교였다는 사실에 대해서는 바로 앞에서 언급한 사람들이 분명한 증거를 제시해 주며 ― 그들 모두 수도원에서 성장했고, 그리고 나서 감독의 직분을 받았기 때문에 ― 또한 그 당시의 다른 위대한 걸출한 많은 인물들도 증거해 주고 있다.

그리고 아우구스티누스는 그의 시대에 수도원들이 보통 교회의 성직자들을 배출시켰다는 사실을 보도해 준다. 그는 카프라리아 섬(the Island of Capraria)의 수도사들에게 이렇게 말씀하고 있다: "주 안에서 형제된 여러분께 권면하거니와, 여러분의 결심을 지켜 끝까지 인내하시기 바랍니다. 언제든 어머니인 교회가 여러분의 수고를 요구한다면 의기양양하여 우쭐대는 마음으로 그것을 받아들이거나, 나태함을 포장하며 거절하지 말고, 오직 겸손한 마음으로 하나님께 순종하여야 합니다. 그리고 교회의 필요에 부응하기보다 한가한 시간을 갖기를 더 좋아해서도 안 될 것입니다. 만일 선한 사람들이 교회를 위하여 해산하는 수고를 기꺼이 감당하지 않았다면, 여러분은 출생하지도 않았을 것입니다."[4]

아우구스티누스는 신자들을 영적으로 나게 하는 사역에 대해서 말하고 있는 것이다. 이와 비슷하게, 아우렐리우스(Aurelius)에게는 다음과 같이 쓰고 있다: "만일 수도원을 이탈한 자들이 선택을 받아 성직자의 반열에 들어간다면, 이는 그들을 망하게 하는 계기가 될 뿐 아니라 성직자들 전체에 지극히 부끄러운 해악을 끼치게 될 것입니다. 수도원에 남아 있는 자들 가운데 더 낮고 우수한 자들만을 성직자의 반열에 세우는 것이 우리의 관례입니다. 일반 사람들이 피리를 잘 못부는 사람도 좋은 악사가 된다고 말하지 않는 이상, 그들이 우리에 대해서, 좋지 않은 수도사가 좋은 성직자가 되는구나 라고 우스갯소리를 하면 어떻게 되겠습니까? 우리가 수도사들을 부추겨 그런 몹쓸 교만을 갖게 하고, 또한 성직자들이 그런 심각한 질책을 받을 만하다고 생각된다면 그것은 참으로 안타까운 일일 것입니다. 성직자에게 필수적인 절제의 자세가 있는 좋은 수도사들이라 할지라도 필요한 훈련이 없이는 좋은 성직자가 되기가 거의 힘들다는 것을 때때로 보게 되니 말입니다."[5]

경건한 사람들이 교회를 다스리는 크나큰 직무를 능히 감당할 수 있도록 수도원의 훈련을 통해서 준비를 갖추는 것이 관례였다는 것이 이 구절들에서 확실히 드러나는 것이다. 모든 수도사들이 다 이것을 목표로 둔 것도 아니고, 모두가 그 목표에 도달한 것도 아니다. 수도사들 가운데는 학문이 없는 사람들이 더 많았으므로, 그 가운데서 합당한 자들만 선택을 받은 것이다.

9. 고대 교회의 수도원의 실태에 대한 아우구스티누스의 진술

그러나 아우구스티누스는 특별히 두 곳에서 고대 교회의 수도원의 모습을 묘사하고 있다. 「공교회의 도덕성에 관하여」(*On the Morals of the Catholic Church*)라는 책에서 그는 마니교도들의 비방에 맞서서 수도사들의 거룩성을 변호하며, 또한 「수도사들의 사역에 대하여」(*On the Work of Monks*)라는 책에서는 수도원 제도를 부패시키기 시작하고 있던 특정한 변질된 수도사들을 향하여 맹렬한 비판을 가하고 있다. 나는 가능한 한 아우구스티누스가 가르치는 바를 그 자신의 말로 정리하고자 한다.

"이 세상의 유혹들을 멀리하고, 함께 모여 지극히 순결하고 거룩한 공동 생활을 하면서, 교만으로 우쭐해지거나, 완고한 고집으로 소란을 떨거나, 질투심으로 분을 내지 않고, 오직 기도와 독서와 토론 가운데 살며, 함께 시간을 보낸다. 어느 누구도 자기 개인의 것을 소유하지 않고, 어느 누구도 다른 사람에게 짐이 되지 않는다. 그들은 자기들의 손으로 몸을 유지할 수 있는 양식을 직접 조달하되, 마음을 하나님께로부터 떠나지 않게 한다. 그들은 그들이 '원감'(deans)이라고 부르는 사람들에게 자기들이 일한 것을 준다. 이 원감들은 모든 것을 지극히 조심스럽게 처리하여 그들이 '아버지'(father)라고 부르는 한 사람에게 보고한다. 이 아버지들은 도덕적인 면에서도 지극히 거룩할 뿐 아니라 신적 가르침에 있어서도 지극히 탁월하며 모든 방면에 뛰어난 사람들이다. 그들은 자기들이 '아들'(sons)이라 부르는 자들에게 권면하되 교만으로 하지 않는다. 그들은 아들들에게 큰 위엄으로 명령하고 아들들은 아주 기꺼운 마음으로 그 명령에 복종한다. 그들은 여러 개의 골방들에 흩어져서 금식하며 있다가 매일 일과의 마지막에 다 한자리에 모여서 아버지의 말씀을 듣는다. 최소한 삼천 명이 한 사람의 아버지에게 모인다"(이는 주로 이집트와 동방의 수도원들에 대한 진술이다).

"그리고 그들은 몸을 위하여 음식을 섭취하는데, 건강과 복지를 위하여 충분할 정도로 하며, 그렇게 검소하고 아주 빈약한 양식밖에는 없는 상태에서도 각자 자기의 욕심을 절제하여 너무 많이 취하지 않도록 주의를 기울인다. 그리하여 그들은 육체의 정욕을 길들이기에 충분할 정도로 고기와 포도주를 멀리할 뿐 아니라 위와 식도에서 지나치게 탐욕스런 식욕을 돋구는 음식들도 멀리한다. 그러나 어떤 지도자들은 어리석고도 부끄러운 태도로 이런 후자의 음식들을 '더 깨끗하다'고 변호하며, 그것들이 고기와는 전연 다르다는 것을 빙자하여 그것들을 향한 천한 정욕을 허용한다. 필요한 음식을 취하고 남는 것들은 ― 그들의 손으로 일한 것들과 또한 그들의 극히 절제된 식사를 통해서 굉장히 많은 양이 남는데 — 모두 가난한 자들에게 분배되는데, 분배하는 자가 착복하지 않도록 이 일에 세심한 주의를 기울인다. 남겨서 쌓아두는 것이 그들의 일이 절대로 아니고, 남는 것이 하나도 없도록 하는 것을 그들의 일로 삼는 것이다."[6]

그리고 이어서 그는 그들의 엄격한 생활을 기억하고서 — 그는 밀라노 등지에서 그런 예를 직접 보았었다 — 이렇게 말하고 있다: "이런 처지 가운데서도 어느 누구도 자기가 견딜 수 없을 정도로 힘든 일을 하라고 강요하지 않는다. 어느 누구도 자기가 거부하는 것을 짐으로 지지 않는다. 또한 자기가 연약하여 따라갈 수가 없다고 고백한다 해도 다른 사람들에게 정죄를 받지도 않는다. 이는 그들이 얼마나 크게 사랑이 강조되고 있는지를 기억하기 때문이다. 그들은 '깨끗한 자들에게는 모든 것이 깨끗하다'(딛 1:15)라는 말씀을 기억하고 있다. 그러므로 특정한 종류의 음식들을 부패한 것처럼 거부하지 않도록 늘 면밀하게 살피고, 정욕을 제어하고 형제에 대한 사랑을 유지하도록 세심하게 살피는 것이다. 그들은 '음식은 배를 위하여 있고 배는 음식을 위하여 있으나'(고전 6:13)라는 말씀을 기억한다. 그러나 수많은 강한 자들은 연약한 자들을 위하여 삼간다. 그 많은 사람들이 이런 일을 행하는 것은 더 검소하고 덜 사치스러운 음식으로 자신들의 몸을 유지하기를 좋아하는 것밖에 다른 이유가 없다. 그러므로 건강할 때에는 그렇게 스스로 절제하는 그들이, 건강상의 이유로 어쩔 수 없는 경우가 생기면, 전혀 거리낌 없이 음식을 섭취하는 것이다. 많은 사람들이 포도주를 마시지 않으나, 그것으로 자기 자신이 더러워진다고 생각하여 그렇게 하는 것은 아니다. 더 연약한 형제들이나 포도주가 없이는 육체가 건강해질 수 없는 사람들에게 지극한 자비함으로 포도주를 공급해 준다. 그리고 혹 헛된 미신에 휩싸여 어리석게 그것을 거부하는 자들이 있을 때에는, 포도주를 마시지 않는다고 해서 더 거룩해지는 것이 아니라 그저 더 약해질 뿐이라고 형제의 사랑으로 권면하는 것이다. 그리하여 그들은 부지런히 경건을 실천한다. 그러면서도 육체의 운동은 그저 잠시 동안만 적용된다는 것을 잘 알고 있다. 형제 간의 사랑을 특별히 지킨다. 식사, 말, 의복, 용모 등 모든 것이 그것에 따라 시행되는 것이다. 그들은 하나 된 사랑 안에서 모이며, 함께 그 사랑을 사모한다. 그것을 거스르는 것은 마치 하나님 자신을 거스르는 것만큼 사악한 것으로 간주한다. 누구든 그것을 대적하면, 그 사람은 내쫓고, 그 사람과의 교제를 끊는다. 누구든 그것을 비웃으면, 그는 단 하루도 거기에 머물 수가 없다."[7]

거룩한 사람 아우구스티누스는 옛날의 수도사들의 삶이 어떠했는지를 이런 말로 그려준 것 같다. 그의 진술이 다소 길기는 하지만 내가 굳이 그의 진술들을 여기서 인용하고자 한 이유는, 똑같은 진술들을 여러 가지 사료들에서 수집하여 열거하자면 아무리 간단하게 하려고 해도 굉장히 길어질 것이기 때문이다.

10. 고대의 수도원주의와 후대의 수도원주의의 비교

그러나 나의 의도는 여기서 이 문제를 완전히 다 다루고자 하는 것이 아니다. 그저 고대 교회의 수도사들의 모습이 어떠했고, 그 당시의 수도사의 직제가 어떠했는가를 잠깐 지적하고 지나감으로써, 생각 있는 독자들로 하여금 고대의 역사가 현재의 수도원의 모습을 뒷받침해 준다고 주장하는 자들의 그 뻔뻔스러움을 비교를 통해서 판단하도록 해 주고자 하는 것뿐이다. 아우구스티누스는 거룩하고 합당한 수도원의 모습에 대한 스케치에서 나타나는 대로, 주의 말씀으로 말미암아 우리의 자유에 맡겨진 것들을 의무 조건으로 만드는 그런 오늘날의 온갖 경직된 처사에서 벗어나라고 할 것이다.

그런데 오늘날 그만큼 가혹하게 요구되는 것이 없을 지경이다! 의복의 색깔이나 모양새, 음식의 종류 등 온갖 사소하고 냉랭한 의식들에서 한 치라도 벗어나면, 그것을 용서받을 수 없는 극악한 범죄로 간주하고 있으니 말이다. 아우구스티누스는 수도사들이 나태하게 다른 사람들에게 얹혀 사는 것이 합당하지 않다는 것을 강하게 말씀하고 있다. 질서가 잘 잡혀진 그 당시의 수도원에는 그런 예가 존재하지 않았다고 한다.[8] 그런데 오늘날의 수도사들은 게으름을 피우는 것을 자기들의 거룩성의 주요 부분으로 알고 있다. 그들에게서 게으름을 제거해 버리면, 그들이 다른 모든 사람들보다 뛰어나며 천사들에게까지 가깝다고 자랑하는 그들의 명상의 삶이 대체 어떻게 있을 수 있겠는가?

마지막으로, 아우구스티누스는 모든 그리스도인들에게서 요구되는 그런 경건의 의무들을 그저 실천하고 돕는 그런 유의 수도원주의를 요구하고 있는 것이다. 그렇다면 무엇인가? 형제 간의 사랑을 수도원주의의 주요 원칙으로, 아니 거의 유일한 원칙으로 말씀하고 있는데도, 몇몇 사람들이 자기들끼리만 뭉쳐서 교회의 온 몸과 완전히 분리되어 있도록 음모를 꾸미는 것을 그가 칭찬한다고 생각해야 하겠는가?[9] 오히려 아우구스티누스의 의도는 그들의 모범을 실례로 제시하여 그들이 교회의 하나 된 교제를 보존하는 데에 빛을 비추어 주도록 하고자 하는 것이다. 이 두 가지 점에서 오늘날의 수도원주의의 성격은 옛날과 너무도 다르기 때문에, 서로 정반대된다고 말하지는 않더라도 그처럼 서로 다른 것들을 거의 찾을 수가 없을 정도이다. 오늘날의 수도사들은 그리스도께서 그를 따르는 자들에게 끊임없이 열심으로 행하라고 명하시는 그 경건으로 만족하지 않는다. 오히려 그들은 다른 모든 사람들보다 더 완전해지기 위하여, 어떤 새로운 종류의 경건을 조작하여 그것을 명상하는 것이다.

(수도사 생활의 완전함에 대한 그릇된 주장들. 11-16)

11. 수도원 지상주의의 허구성

만일 그들이 이런 사실을 부인한다면, 그들이 어째서 수도사에 대해서만 완전하다는 칭호로 크게 높이면서 하나님께서 부르신 모든 소명들에 대해서는 똑같은 칭호를 빼앗아가는지를 물어보아야 하겠다. 그들이 이 문제를 궤변으로 푼다는 것을 나는 모르지 않는다. 곧, 수도사의 생활 그 자체가 완전하기 때문에 그것을 완전하다고 부르는 것이 아니라, 완전에 도달하는 최고의 길이기 때문에 그렇게 부른다는 것이다. 평민들 가운데서 자기들 스스로 떠벌이고 다닐 때에는, 배우지 못하여 무식한 청년들에게 덫을 놓을 때에는, 자기들 자신의 특권들을 주장할 때에는, 그리고 사람들이 불평하지 못하도록 자기들의 위엄을 높이고자 할 때에는, 자기들이 완전의 상태에 있다고 자랑한다. 그리고 자기들의 허망한 오만을 도저히 유지할 수가 없을 정도로 압박을 받게 되면, 그들은 한 걸음 물러서서 이런 식으로 얼버무린다. 곧, 자기들이 아직 완전에 도달한 것이 아니고 다만 그런 상태에 도달하기를 다른 모든 사람들보다 훨씬 더 강렬하게 사모하는 상태에 있는 것뿐이라는 것이다.

그런데도 사람들은 수도사의 생활을 동경하는 나머지 오직 수도사의 생활만이 천사의 생활이요 완전하고 오류가 없다고 생각하고 있고, 그들은 이런 사정을 이용하여 크나큰 이윤이 남는 장사를 벌이고 있고, 자기들의 절제된 생활은 몇 권의 책 속에 파묻혀 있도록 내버려두고 있다. 이것이 정말 용납할 수 없는 조롱이라는 것을 보지 못할 사람이 누구이겠는가? 그러나 그들이 수도사의 생활에 기여하는 것이라곤 고작해야 그것을 완전을 얻는 상태라고 부르는 것밖에는 아무것도 없다는 것을 전제로 하여 그들을 대하도록 하자. 수도사라는 직분에 그런 이름을 붙임으로써 그들은 다른 삶의 방식과 그것을 특별한 표시로 구별하고 있는 것이다. 그 어느 곳에서도 일언반구 언급도 없는 그런 제도에 대해서 그렇게 큰 존귀를 부여하며, 하나님께서 친히 그의 입으로 명하셨을 뿐 아니라 거기에 고귀한 칭호를 붙여 주시기까지 한 다른 모든 소명의 분야들을 그것과 비교하여 무가치한 것으로 여기고 있으니, 과연 누가 이를 견딜 수 있단 말인가? 하나님께서 정하시고 그의 증거로 몸소 인정하시는 모든 종류의 삶보다도 그런 날조된 거짓 삶을 선호하고 있으니, 이것이야말로 하나님께 얼마나 큰 누를 끼치는 것이겠는가?

12. 그리스도의 삶의 규범은 모든 그리스도인들에게 적용됨

나는 그들이 하나님께서 제시해 주신 법칙으로 만족하지 않는다고 앞에서 진술했는데, 자 어디 한 번 그것이 그들을 중상모략하는 것이라고 이야기해 보라. 내가 아무 말도 하지 않는다 해도, 그들은 자기들 스스로 자기들의 오류를 드러내고도 남는다. 그들은 자기들이 그리스도께서 그의 백성들에게 지우시는 것보다 더 큰 짐을 어깨에 지고 있다고 노골적으로 가르친다. 자기들은 대개의 그리스도인들에게는 해당되지 않는, 원수를 사랑하라, 복수하지 말라, 맹세하지 말라는 등등의 복음서에 나타난 권고들(참조. 마 5:33 이하)을 지키겠다고 약속한다는 것이다. 여기서 그들은 과연 고대 교회의 어떤 점을 주장하여 우리를 대항할지 모르겠다. 고대의 교인들은 절대로 이런 생각을 하지 않았었다. 그들 모두가 한 목소리로 선언하기를, 사람들은 반드시 그리스도께서 말씀하신 모든 말씀들을 하나도 빠짐없이 다 순종해야 한다고 한다. 또한 이 잘난 해석자들은 그리스도께서 그저 "권고하셨을 뿐"이라고 상상하지만, 고대의 교인들은 전혀 주저하지 않고 그것들이 그리스도께서 구체적으로 명령하시는 것이라고 일관성 있게 가르치고 있는 것이다. 그러나 이것이야말로 가장 해악을 끼치는 오류라는 것을 위에서 이미 가르친 바 있으므로,[10] 여기서는 오늘날의 수도원주의는 경건한 모든 사람들이 혐오하여야 마땅할 그런 생각 — 곧, 하나님께서 온 교회에 공통적으로 명하신 것보다도 더 완전한 삶의 규범을 만들어낼 수 있다는 식의 생각 — 을 기반으로 하여 세워져 있다는 것을 간단히 주지시킨 것으로 족할 것이다. 그런 것을 기반으로 하여 세워지는 것은 어떠한 것이라도 가증스럽지 않을 수가 없는 것이다.

13. 마태복음 19:21의 의미

그러나 그들은 자기들의 완전함에 대하여 또 다른 근거를 제시하면서, 그것이야말로 자기들의 주장에 대한 가장 강력한 근거라고 여긴다. 주께서는 완전한 의(義)에 대하여 질문한 젊은 사람에게, "네가 온전하고자 할진대 가서 네 소유를 팔아 가난한 자들에게 주라"(마 19:21)고 말씀하셨기 때문이다.

그들이 과연 그 말씀대로 행하는가 행하지 않는가는 아직 논의할 단계가 아니다. 그러니 당분간 그들이 그렇게 행한다는 것을 인정하기로 하자. 그들은 자기들이 모든 소유를 다 버렸으므로 자기들이 완전해졌다고 자랑한다. 그러나 만일 완전함의 핵심이 여기에 있다면, "내가 내게 있는 모든 것으로 구제하고 … 줄지라도 사랑이 없으면 내게 아무 유익이 없느니라"(고전 13:3)라는 바울의 가르침은 대체 무슨 의미란 말인가? 사랑이 없으면 그 당사자에게 아무 유익도 없다니 그것이 대체 무슨 종류의 완전이란 말인가? 이런 의문에 대해서 그들은 그것이 유일한 완전한 일이 아니고, 최고의 완전한 일이라고 답변할 수밖에 없다.

그러나 이에 대해서도 바울은 주저하지 않고 사랑이 완전의 띠라고 말함으로써(골 3:14) 그들의 주장을 확실히 반박하고 있다. 주님과 그 제자 사이에 불일치가 없는 것이 확실하며, 그들 중 한 분이 사람의 완전함이 모든 소유를 버리는 데 있는 것이라는 것을 부인하고, 완전함이란 그것들을 버리지 않고서도 이루어진다고 선언하고 있다면, 우리는 "네가 온전하고자 할진대 가서 네 소유를 팔아 가난한 자들에게 주라"(마 19:21)라는 그리스도의 말씀을 어떻게 이해해야 할지를 주의해야 할 것이다.

자, 그리스도의 모든 말씀을 대할 때에 언제나 반드시 유념해야 할 일이지만, 이 말씀이 누구에게 주어졌는가를 생각해 보면 그 의미가 확실해질 것이다. 한 젊은 청년이 어떠한 행위를 해야 영생에 들어가겠느냐고 물었다(마 19:16; 참조. 눅 10:25). 그리스도께서는 그 질문이 행위에 관한 것이었기 때문에 그에게 율법을 말씀하신 것이다(마 19:17-19). 그것은 과연 옳은 일이었다! 그 자체로만 생각한다면, 그것이 바로 영생의 길이기 때문이다. 그리고 우리의 부패성만 아니라면, 그것이 우리에게 구원을 가져다줄 수 있는 것이다. 이러한 대답을 통해서 그리스도께서는 과거에 하나님의 율법 속에서 가르쳐졌던 것과 자신이 가르치시는 영생의 계획이 다른 것이 아니라는 것을 선포하신 것이다. 그리하여 그리스도께서는 하나님의 율법이 완전한 의에 대한 가르침임을 증거하셨고, 또한 동시에 주님 자신이 어떤 새로운 삶의 규범을 통해서 사람들을 부추겨 율법을 버리도록 만드시는 것처럼 보이게 하는 거짓된 주장들을 반박하신 것이다.

그 청년은, 물론 악한 의도가 있는 것은 아니었으나, 헛된 확신으로 우쭐해져 있는 상태에서, 자기는 어린 시절부터 율법의 계명들을 모두 다 지켰다고 대답한다(마 19:20). 그는 자기가 도달해 있다고 자랑하는 그 상태에서 정말 측량할 수 없을 만큼 멀리 떨어져 있었던 것이다. 그의 자랑하는 바가 사실이었다면, 최고의 의에 도달하는 데에 부족한 것이 하나도 없었을 것이다. 왜냐하면 이미 앞에서 지적한 바와 같이, 율법 그 자체 속에 완전한 의가 포함되어 있기 때문이다. 이러한 점은 또한 율법을 지키는 일을 가리켜 영원한 구원을 얻는 길로 말씀하신다는 사실에서도 드러난다.

그가 자신만만하게 스스로 의를 이미 성취하였다고 대답하였으나 사실은 그 의를 향하여 거의 전진해 나아간 일이 없었다는 것을 그에게 가르치기 위해서는, 그의 개인적인 부족함을 찾아서 지적해 주는 것이 중요했다. 그는 부자여서 모든 것이 풍족했고, 그리하여 거기에 마음을 두고 있었던 것이었다. 그러므로, 그가 자기의 은밀한 상처를 스스로 느끼지 못하고 있었기 때문에 그리스도께서 그것을 찌르셔서 스스로 알게 하신 것이다. 곧, "가서 네 소유를 팔아 가난한 자들에게 주라"(마 19:21)고 하신 것이다. 만일 그 사람이 자기가 생각한 만큼 율법을 잘 지켜온 사람이었더라면, 이 말씀을 듣고서 근심하며 돌아가지는 않았을 것이다(마 19:22). 온 마음으로 진정 하나님을 사랑하는 사람이라면 하나님을 향한 사랑을 대적하는 것은 무엇이든 다 쓰레기로 여길 것이며, 또한 그것을 마치 끔찍한 재난처럼 여겨서 거기서 도망하기 마련일 것이기 때문이다.

그러므로, 그리스도께서 그 탐욕스러운 부자에게 그 가진 모든 재물을 포기하라고 명하시는 것은, 야망에 차 있는 사람에게 그의 모든 명예들을, 방탕한 사람에게 그의 모든 쾌락을, 음란한 사람에게 그의 정욕을 다 버리라고 명령하는 것과도 마찬가지다. 그러므로, 일반적인 권고를 통해서 양심에 깨우침이 없으면, 그들 자신의 악을 구체적으로 깨우치도록 그것을 지적해 주어야 하는 것이다. 우리의 반대자들은 이 구체적인 실례를 헛되이 아주 일반적으로 해석하여, 마치 그리스도께서 재물을 멀리하는 것에 사람의 완전함이 있다고 가르치신 것처럼 주장하는 것이다. 사실, 그리스도께서 이 말씀을 통해서 의도하신 바는 다른 것이 아니라, 한량없이 자기 자신에 대해 만족하고 있는 그 청년으로 하여금 스스로 쓰라림을 느끼고, 자기가 율법에 대한 완전한 순종에 이미 도달해 있다고 그릇되게 자랑해왔으나 사실상 그런 상태에서 아직 얼마나 거리가 먼가를 스스로 깨우치도록 하는 데 있었던 것이다.

옛날의 교부들 중에서도 이 구절을 오해한 분들이 있었고, 그리하여 자발적인 가난을 사모하는 경향이 생겨났으며, 그리하여 이 땅의 모든 재물들을 다 버리고 스스로 벌거벗은 상태로 그리스도께 헌신한 자들만이 복된 자들로 인정하는 경향이 생겨났다는 것을 나도 시인한다. 그러나 평화를 사랑하는 모든 선한 사람들은 나의 해석에 만족하며, 그리스도께서 의도하신 진의(眞意)에 대하여 의심이 없을 것이라 믿어 의심치 않는다.

14. 수도원의 분파주의

그러나, 훗날 머리에 두건을 쓴 수도사들이 일종의 이중적인 기독교를 이룩하기 위하여 교묘하게 만들어낸 그런 유의 완전함을 세우는 것처럼 교부들의 사상과 어긋나는 것이 없는 것이다. 수도사의 종신 서원을 세례에 비유하며, 심지어 그것을 제2의 세례 형식이라고 공공연히 선언하기까지 하는 그런 가증스러운 가르침은 그때에는 아직 일어나지 않았었다. 교부들 시대에 그런 것이 있었다면, 그들은 마음을 다하여 이런 신성모독을 멀리했을 것이다. 이것을 과연 누가 의심할 수 있겠는가?

바로 앞에서 아우구스티누스가 고대의 수도사들 가운데 있었다고 말한 그 마지막 내용이 ─ 즉, 수도사들이 전적으로 사랑에 자기 자신을 바쳤다는 것 ─ 이런 새로운 수도원주의와 그야말로 전적으로 질이 다르다는 것을 구태여 말로 설명할 필요가 어디 있겠는가?[11] 수도원 사회에 들어가는 모든 사람들이 교회와 결별한다는 사실 자체가 이를 분명히 말해 주는 것이다. 왜 그런가? 그들은 자기들만의 독특한 사역을 도입하고 성례를 사사로이 시행함으로써 정당한 신자들의 사회에서 자기들을 분리시키지 않는가? 이런 것이 교회의 하나 된 교제를 깨뜨리는 것이 아니라면, 대체 무엇이 교회의 교제를 깨뜨리는 것이란 말인가?

그리고 앞에서 시작한 비교를 계속하고, 또한 그것을 단번에 끝내기 위해서 말하자면, 이런 점에서 과연 그들의 어떤 면들이 고대의 수도사들과 닮았단 말인가? 고대의 수도사들도 물론 다른 사람들과 떨어져서 거주했지만, 그들은 자기들끼리 별도로 교회를 이루지 않았고, 다른 사람들과 함께 성례에 참여했으며, 엄숙한 집회들에 참석하였고, 거기서 그들은 사람들의 한 부분을 이루었던 것이다. 그런데 오늘날의 수도사들은 자기들끼리 사사로운 제단을 세우고 있으니, 이것이 연합의 끈을 끊어버리는 것이 아니고 무엇인가? 그들은 교회의 몸 전체에서 자기들 자신을 출교시켰고, 뿐만 아니라 주께서 그의 백성들 가운데 평화와 사랑을 보존시키기 위하여 명하신 그 일상적인 사역을 멸시하는 것이다.

단언하건대, 오늘날 존재하는 모든 수도원은 한결같이 분리주의자들의 비밀집회소요, 교회의 질서를 혼란하게 하고 신자들의 정당한 사회에서 분리되어 나간 상태에 있는 것이다. 그리고 이런 분리의 상태를 희미하게 하고 싶지 않아서, 그들은 자기들 스스로 온갖 분파의 이름들을 취하였다. 그리고 그들은 바울이 너무나 혐오하여 그렇게 강력하게 경계하였던 그것을(고전 1:12-13; 3:4) 전혀 부끄러움 없이 자랑해왔다. 고린도 교인들 가운데 한 사람이 한 스승을 자랑하고, 다른 사람이 또 다른 스승을 자랑할 때에 과연 그것이 그리스도를 나누는 행위라고 여기지 말아야 하는 것처럼 말이다. 그리스도인이라는 호칭을 버리고 어떤 사람들은 베네딕투스회(Benedictine) 소속이라고 하고, 어떤 이들은 프란체스코회(Franciscan) 소속이라고 하고, 어떤 이들을 도미니쿠스회(Dominican) 소속으로 칭하며, 그런 칭호들을 통해서 자기들의 종교적 신분을 교만하게 드러내는데, 자기들이 보통의 그리스도인들과 다르다는 것을 은연 중에 나타내는 것이 전혀 그리스도를 부당하게 대하는 것이 아닌 것처럼 여기는 것이다.

15. 수도사들의 타락상

지금까지 고대의 수도사들과 오늘날의 수도사들 사이의 갖가지 차이점들을 말했거니와, 이는 개개인의 도덕성의 차이가 아니라 그 수도원 자체의 차이다. 그러므로 독자들은 내가 수도사들 개개인이 아니라 수도원주의 그 자체를 두고 말한 것이며, 몇몇 수도사들의 생활에 내재한 오류들이 아니라 수도원의 생활 그 자체와 뗄래야 뗄 수 없는 그런 본질상의 오류들을 지적한 것이라는 점을 기억해야 할 것이다.

그들의 도덕성에 크나큰 모순이 있다는 것을 상세히 설명한다 해도 과연 그것이 무슨 소용이 있겠는가? 분명한 것은, 사람들의 질서 가운데 그보다 온갖 추잡한 악행들로 더럽혀져 있는 것이 없으며, 그 이상 분열과 증오, 파당심, 음모가 그렇게 맹렬하게 타오르는 곳이 없다는 사실이다. 사실, 정욕을 억눌러서 노골적으로 파렴치한 행위를 하지 않을 정도가 되어 있을 경우를 가리켜 순결하다고 불러야 한다면, 극소수의 수도원에서는 사람들이 그런 식으로 순결하게 생활한다고 할 수 있을 것이다. 그러나 사창굴이 아니고 순결한 성소인 곳이 열 곳 가운데 한 곳도 채 되지 않을 것이다. 그러면 그들의 식사에서는 과연 검소한 면이 어떻게 나타나는가? 그들은 마치 돼지우리의 돼지들처럼 살이 피둥피둥 쪄 있다. 그러나 내가 그들을 너무 심하게 대한다고 그들이 불평할 테니 더 이상 언급하지 않겠다. 그러나 내가 언급한 이 몇 가지 일들만 보아도, 문제의 핵심을 알고 있는 사람이라면 누구나 내가 일부러 그들을 정죄하기 위하여 말한 것이 아무것도 없다는 것을 인정할 것이다.

아우구스티누스는, 그 당시의 수도사들의 순결함이 매우 탁월하다고 증거하면서도, 제멋대로인 자들이 많아서 그들이 악한 수법과 사기를 부려서 어리석은 백성들을 꾀어 돈을 갈취하고, 창피하게도 순교자들의 유품들을 갖고 다니며 장사를 하며, 죽은 시체의 뼈를 갖고 순교자의 유골로 속이는 등 온갖 악행들을 일삼음으로써 수도사들을 부끄럽게 하고 있다고 비판하고 있다. 그는 수도원에서 변화를 받은 사람보다 더 선한 사람을 보지 못했다고 선언하는 한편, 또한 수도원에서 타락한 사람보다 더 악한 사람을 본 일이 없다고 탄식하는 것이다.[12] 그러니 오늘날처럼 거의 모든 수도원에 그런 안타까운 악행들이 그렇게도 들끓고 있는 형편을 그가 본다면, 과연 무슨 말을 하겠는가? 나는 지금 모든 사람들에게 너무도 명백하게 드러나는 것만을 말하고 있는 것이다.

그러나 이러한 비판이 한 사람의 예외도 없이 모든 수도사들 개개인에게 다 적용되는 것은 아니다. 게으름뱅이가 한 사람도 없고 모두 순결한 사람들만 있을 정도로 수도원 내에 거룩한 삶의 규율과 질서가 완전히 확립되어 있는 경우가 없었듯이, 이와 비슷하게, 오늘날의 수도사들이 옛날의 거룩한 모습에서 아무리 타락했다 할지라도 그 안에 그래도 선한 사람들이 몇 명은 남아 있는 법이다. 그러나 이 몇 사람들은 숨어 있고, 악하고 부패한 거대한 무리들 속에 흩어져 있다. 그리고 그들은 주위의 나머지 수도사들에게 멸시를 당할 뿐 아니라 까닭 없이 괴로움을 당하며, 때로는 심지어 ― 아일랜드의 격언처럼 ― 그들 가운데는 선한 사람이 있어서는 안 된다고까지 생각하는 자들에게 잔인한 처우를 당하기도 한다.

16. 고대의 수도원주의의 부족한 점

이렇게 고대의 수도원의 상황과 오늘날의 수도원의 상황을 비교해 봄으로써, 내가 의도했던 바대로 오늘날의 두건을 쓴 친구들이 고대 교회의 예를 들어서 거짓으로 자기 자신들을 변호하려고 한다는 것을 드러내고자 하는 소기의 목적은 이루어졌다고 믿는다. 그들은 고대의 수도사들과 너무나 달라서 마치 원숭이와 사람만큼이나 서로 차이가 나기 때문이다.

그러나 한편, 솔직히 시인하거니와, 아우구스티누스가 칭찬해 마지 않는 고대의 수도사들에게도 내가 보기에 굉장히 바람직하지 않은 면들이 있다. 굉장히 경직된 권징을 겉으로 시행하는 데에 미신적인 요소는 없었다는 것을 인정한다. 하지만 그들에게 지나친 겉치레와 그릇된 열심이 없었다고 보기는 어렵다. 모든 소유를 버리고 이 땅의 걱정거리에서 벗어난다는 것은 매우 아름다운 일이었다. 그러나 하나님께서는 가정을 경건하게 다스리는 것을, 곧 경건한 가장(家長)이 모든 탐욕과 야망과 기타 육체의 정욕들에서 깨끗이 벗어나 하나님을 섬기고자 하는 목적을 일정한 직업 가운데서 늘 지켜 나가는 것을 더 가치 있게 보신다. 사람들과의 모든 어울림에서 멀리 벗어나 은둔해서 명상하는 것도 아름다운 일이다. 그러나 그것이 그리스도인의 온유함의 일부는 아니다. 인간을 증오하는 것처럼 사막과 광야로 도피하여 지내면서 동시에 주께서 특별히 명령하신 바 의무들을 저버리는 것이 합당한 일은 아니기 때문이다. 수도사의 생활에 다른 악이 전혀 없었다는 것을 그대로 인정한다 할지라도, 교회에 쓸모없고 위험한 모범을 제시했다는 것만도 작은 악이 아닌 것이다.

(수도사의 독신의 서원의 오류. 17-19)

17. 수도사의 독신의 서원

자, 그러면 오늘날 수도사들이 그 찬란한 수도회에 입문하면서 행하는 그 서원들의 본질을 살펴보도록 하자.

첫째로, 그들의 의도가 자기들의 행위로 하나님의 호의를 얻고자 새로 만들어낸 거짓 예배를 세우는데 있기 때문에, 나는 앞에서 언급한 증거들에 근거하여, 그들이 무슨 서원을 하든 간에 그것들이 하나님 보시기에 가증스러운 것일 뿐이라고 결론을 내린다.

둘째로, 하나님의 부르심에 대해서는 전혀 생각하지도 않고 하나님의 인정하심도 구하지 않고 자기들이 좋아하는 대로 마음대로 생활의 방식을 만들어내기 때문에, 단언하건대 이러한 도모는 무분별하고 불법한 것뿐이다. 하나님 앞에서 양심을 지지해 줄 수 있는 것이 아무것도 없고, 또한 "믿음을 따라 하지 아니하는 것은 다 죄"이기 때문이다(롬 14:23).

더욱이 그들이 오늘날의 수도원 제도 속에 내재되어 있는 왜곡되고 불경스러운 온갖 예배 행위들로 자기 자신들을 얽어매고 있는데, 이는 하나님께가 아니라 악령에게 자기를 드리는 것이다. 선지자들이 하나님의 허락을 받아, 이스라엘 사람들이 자기들의 어린 자녀들을 하나님께가 아니라 귀신들에게 제사로 드렸다고 말한 이유가 무엇이었는가(신 32:17; 시 106:37)? 그것은 오직 그들이 망령된 의식들로써 하나님께 드리는 참된 예배를 더럽혔기 때문이었다. 그렇다면 두건을 뒤집어쓰고 천 가지의 불경한 미신들로 자신들을 가리고 있는 수도사들에 대해서도 똑같은 말을 하지 못할 이유가 무엇이란 말인가?

자, 그들이 행하는 서원들은 어떤 것들인가? 그들은 하나님께 영원토록 처녀성을 지키겠다고 약속한다. 마치 결혼할 필요가 없는 조건을 갖추어 주시도록 이미 하나님께서 그들과 언약을 맺어 주시기라도 한 것처럼 말이다. 그들로서는 자기들이 오직 하나님의 은혜만을 의지하고 이런 서원을 한다고 주장할 이유가 전혀 없다. 독신으로 지낼 수 있는 조건이 모든 사람에게 다 주어지는 것이 아님을 주께서 친히 선포하고 계시므로(마 19:11-12) 그 어떠한 사람도 무조건 그런 특별한 조건이 자기에게 주어졌다는 확신을 가질 수가 없기 때문이다. 그런 조건을 지닌 사람은 그것을 사용하면 된다. 어느 때라도 육체로 인하여 스스로 어려움을 느끼면, 주님의 도우심을 의지하고 그의 능력으로 그 어려움을 이겨나갈 것이다. 만일 그래도 소용이 없으면, 자기들에게 주어진 치유책을 멸시하지 말아야 한다. 정욕을 이기는 힘이 없는 자들에게 하나님께서는 결혼할 것을 분명히 말씀하고 계시기 때문이다(고전 7:9). 여기서 "정욕을 이긴다"는 것은 육체로 음행을 범하는 데에서 지켜 순결하게 하는 것만이 아니라, 마음의 순결함까지도 더럽혀지지 않도록 지키는 것을 의미한다. 바울은 겉으로 드러나는 방종한 행실만이 아니라 마음속에서 불타오르는 정욕에 대해서도 경계할 것을 말하고 있기 때문이다.

그들은 말하기를, 주께 온전히 자신을 헌신하고자 하는 자들이 독신의 서원으로 자기를 묶는 일은 옛날부터 행해져 내려온 것이라고 한다. 물론 옛날에도 이런 관습이 허용되었다는 것은 나도 인정한다. 그러나 그 시대에 행해진 것은 무엇이든 완전무결하므로 그것을 일반적인 규범으로 삼아야 한다는 논리는 받아들일 수 없다. 그리고 점차로 극심한 가혹함이 그 관습에 끼어들어서, 일단 서원을 한 이후에는 다시 돌이킬 여지가 없게 되어 버린 것이다. 이 점은 키프리아누스의 다음과 같은 진술에서도 분명히 드러난다: "처녀성을 지닌 자들이 믿음으로 자기 자신을 그리스도께 헌신한 이후에는 그런 상태로 정숙하고도 순결하게 한 치의 속임도 없이 계속 나아갈 것이며, 그리하여 강하고 견고하여 처녀성의 순결에 대한 상급을 기다릴지니라. 그러나 계속하기를 원치 않거나 혹은 계속할 수 없을 경우에는, 과오를 범하여 불 속에 떨어지기보다는 차라리 결혼을 하는 편이 나을 것이다."[13]

오늘날은 어떠한가? 그런 공평한 조치로 독신의 서원을 약화시키려는 사람이 있다면, 그 사람을 통렬히 비난하고 괴롭히지 않겠는가? 그러니, 그들은 고대 교회의 관습과는 전혀 거리가 먼 것이다. 혹시 자기의 서원을 지키지 못하는 사람이 있을 때에 그 사람에 대하여 관용이나 용서를 인정하지 않을 뿐 아니라, 그 사람이 아내를 취함으로써 육체의 무절제를 치유하는 것이 음행으로 육체와 영혼을 더럽히는 것보다도 더 흉악한 죄라고 뻔뻔스럽게 선언하기까지 하기 때문이다.

18. 디모데전서 5장의 과부들의 경우

그러나 그들은 여전히 고집을 부리면서, 사도 시대에도 그런 서원이 관례적으로 행해졌다고 주장한다. 왜냐하면 바울이 한 번 공적인 사역을 담당했다가 다시 결혼하는 과부들을 가리켜 "처음 믿음을 저버렸다"고 말하기 때문이라는 것이다(딤전 5:11-12). 자기 자신을 드려 교회를 섬기기로 서약한 과부들의 경우 평생토록 독신의 상태를 스스로 떠맡은 것이라는 것을 부인할 생각은 전혀 없다. 그러나 그들이 그렇게 한 것은 그것 자체가 무슨 신앙적인 의미를 지닌다고 생각했기 때문이 아니라 — 후에는 점점 그렇게 생각하게 되지만 — 결혼의 멍에에서 벗어나서 홀로 모든 시간을 쓸 수 있는 상태가 되지 않고서는 교회를 섬기는 기능을 수행할 수 없기 때문이었다. 그러니, 그렇게 서약을 하고서 재혼을 생각한다면, 그것이 하나님의 부르심을 던져버리는 것이 아니면 무엇이겠는가? 그러니 그들이 정욕으로 그리스도를 배반하게 된다는 바울의 말도 무리가 아닌 것이다(딤전 5:11).

그리고 이어서 그는 그 과부들이 교회에 약속한 바를 이행하지 않으면 그 것은 그들이 세례받을 때 행한 첫 서약을 어기는 것이요 그것을 무효화시키는 것이라고 부연하여 말한다(딤전 5:12). 누구나 세례를 받을 때 행하는 서약 가운 데 자기의 소명을 이행한다는 것이 포함되어 있기 때문이었다. 아니면, 혹시 이 를 이렇게 해석할 수도 있을 것이다. 곧, 이를테면 부끄러움도 잃어버리고, 정숙 에 대한 모든 관심을 다 던져버리고 방종하고 부정한 온갖 일에 가담하고, 방탕 하고 무절제한 생활을 통해서 그리스도를 믿는 여자로서는 전혀 어울리지 않는 모습을 드러내 보이는 경우를 가리킨다고 보는 것이다. 나로서는 이 해석이 매 우 합당하다고 여겨진다.

그러면 그들의 주장에 대해 이렇게 답변하도록 하자. 당시에 공적인 사역에 헌신한 과부들은 영구한 독신의 상태를 스스로 취한 것이다. 그런데 그 과부들이 다시 결혼을 한다면, 그것이 부끄러움을 던져버리고 그리스도를 믿는 여자에게 어울리지 않게 무례히 행하는 것이 되는 경위를 잘 이해할 수가 있다(딤전 5:13). 그들은 그렇게 해서 교회에 행한 서약을 깨뜨리는 죄를 범하는 것일 뿐 아니라 경건한 여인의 상태에서 스스로를 끊어내는 죄를 범하는 것이다. 그러나 첫째로, 나는 그들이 독신 서약을 한 것이 오로지 자기들이 담당할 사역과 결혼 생활이 양립할 수 없다는 이유 때문이었다고 본다. 그리고 그들이 독신의 상태를 스스로 지키는 것은 오직 자기들의 소명을 이행하는 데에 그것이 필요하기 때문이었다 고 본다. 둘째로, 나는 그들이 독신의 서원에 묶여 있으므로, 육체의 아픔으로 괴 로움을 당하거나 부정을 저지르는 상태에 빠질지언정 결혼을 해서는 안 되었다 고 생각하는 것은 인정할 수 없다. 셋째로, 바울은 통상적으로 그런 위험에서 벗 어나 있는 연령을 제시하고 있다는 점을 지적하고 싶다. 그는 특히 한 번의 결혼 으로 만족하고 이미 독신 생활의 모범을 보여 준 사람들만을 과부로 택하라고 명 하고 있는 것이다. 또한 우리가 독신의 서원을 인정하지 않는 것은, 오로지 사람 들이 그런 서원을 하나님을 섬기는 것으로 그릇되게 생각하고 있고, 또한 독신을 지킬 능력이 주어지지 않은 자들이 경솔하게 그런 서원을 행한다는 것 때문이다.

19. 수녀들의 경우

그러나 이 바울의 말을 수녀들에게 적용시키는 것이 과연 합당한 일인가?

여집사들이 임명된 것은 노래를 부르거나 알아듣지 못하는 소리를 중얼거려서 하나님을 진정시키거나, 남은 여생을 게으름 속에서 살도록 하기 위한 것이 아니었고, 오히려 가난한 자들을 위하여 교회의 공적 사역을 담당하고 사랑의 임무를 열심을 다하여, 꾸준히, 근면함으로 감당하도록 하기 위한 것이었다. 그들이 독신의 서원을 행한 것은 결혼 생활을 금하는 것이 특별히 하나님을 섬기는 것이 되기 때문이 아니라 독신의 상태에 있는 것이 임무를 수행하는데 더 자유롭기 때문이었다. 마지막으로, 그들의 독신의 서원이 젊은 청년의 때에 행해진 것도 아니요 인생의 꽃다운 나이에 행해진 것도 아니다. 그런 나이에 독신의 서원을 했다면, 자기들이 엄청난 절벽에 스스로 몸을 날렸다는 것을 뒤늦게 경험으로 깨닫고 후회하게 될 것이었다. 오히려 그들은 모든 위험이 다 지나간 것 같은 나이에, 거룩하며 또한 안전하게 독신의 서원을 행한 것이다. 그러나 우리의 반대자들이 제시한 두 가지 논점에 대해서, 나는 육십 세 이하의 여자로 하여금 독신의 서원을 하도록 하는 예는 부당하다는 것을 지적하고자 한다. 사도께서 오로지 육십 세 이상의 여자들만을 허용하며(딤전 5:9), 그 이하의 여자들은 결혼하여 아이를 낳으라고 명하고 있기 때문이다(딤전 5:14). 그러므로, 처음 12세 때에 독신 서약을 행하고, 그 다음에는 20세에, 그 다음에는 30세에 행하도록 허용하는 일은 그 어떠한 근거로도 용납될 수 없는 것이다. 더욱이, 나이가 들어 경험으로 자기들의 처지를 잘 알기도 전에 가련한 처녀들을 거짓으로 꼬이거나, 아니면 강제로 위협하여 스스로 그 저주받은 멍에를 지도록 한다는 것은 더욱 용납할 수 없는 일이다.

두 가지 서원(청빈과 복종)이 아직 남아 있으나, 이에 대해서는 그냥 지나가기로 한다. 다만 한 가지 말하고자 하는 것은, 오늘날의 형편이 그렇거니와 그 서원들에 온갖 미신들이 얽혀져 있기도 하지만, 그보다도 그 서원들이 그것을 행하는 자들로 하여금 하나님과 사람들을 조롱하게 만들기 위하여 작성된 것 같다는 것이다. 그러나 너무 사소한 문제에까지 악의로 비판하는 것 같은 인상을 주기 때문에, 앞에서 제시한 전체적인 반론으로 만족하고자 한다.

(부당하며 미신적인 서원의 폐기. 20-21)

20. 부당한 서원을 했을 경우의 처신

이 정도면 어떤 서원이 합당하며 하나님께서 인정하시는 것인지에 대해서 충분히 설명했다고 여겨진다. 그러나 무지하고 겁많은 양심들이 서원을 싫어하고 인정하지 않으면서도 때로 그 의무에 대하여 의심을 갖고 극심한 괴로움을 겪고, 또한 하나님께 서약한 바를 어기지 않을까 하여 움츠러들고, 또한 동시에 그것을 지키면 더 죄를 짓지 않을까 하여 두려워하는 것이 현실이다. 그러므로, 여기서 그들을 도와서 그들로 하여금 그런 어려움을 피할 수 있도록 해 주고자 한다.

그러나 모든 거리낌을 단번에 제거하기 위하여 하는 말이지만, 불법하고 부적절하게 행한 서원들은 그 자체가 하나님 앞에서 아무런 가치가 없으므로, 우리에게도 무효라는 사실이다. 사람들끼리 맺는 계약에 있어서도 그 계약을 맺는 상대방이 우리의 의무라고 간주하는 그런 사항에 대해서만 우리가 의무를 진다면, 하나님께서 우리에게 요구하시지도 않는 것을 이행하려고 우리 스스로를 묶는다는 것은 그야말로 어리석은 일이다. 특히 우리의 행위들은 그것들이 하나님을 기쁘시게 하고, 또한 그것들이 그를 기쁘시게 한다는 양심의 증거가 있을 때에만 비로소 올바른 것이다. "믿음을 따라 하지 아니하는 것은 다 죄"라는 원리가(롬 14:23) 언제나 적용되는 것이기 때문이다. 바울의 이 말은 모든 선한 행위의 뿌리가 믿음에 있기 때문에 어떤 일을 의심을 갖고 행한다는 것은 그릇된 것이라는 뜻이다.

그러므로, 그리스도인으로서 이러한 확신이 없이는 어떠한 일도 행해서는 안 된다는 것을 생각하면, 혹 사람들이 무지의 소치로 어떤 일을 경솔하게 행하였더라도 후에 그런 오류를 벗어난 다음에는 그 일을 그만두는 것이 합당한 일이 아니겠는가? 경솔하게 행한 서원도 그런 경우에 속하므로, 그 서원이 아무런 구속력이 없으니 따라서 반드시 취소되어야 마땅한 것이다. 그렇다면, 앞에서 이미 입증한 바와 같이 하나님 보시기에 전혀 무가치할 뿐 아니라 실제로 그를 망령되게 하는 맹세일 경우는 어떻겠는가? 불필요한 문제를 계속 논의한다는 것은 쓸데없는 일이다.

내가 보기에는 다음과 같은 한 가지 증거만으로도 경건한 양심들이 평안을 누리고 모든 거리낌에서 해방되기에 충분할 것 같다. 곧, 순전한 샘에서 흘러나오고 또한 정당한 목적을 향하여 나아가는 것이 아닌 모든 행위들은 하나님께서 거부하시며, 그런 행위를 시작하는 일도 금하시지만, 또한 그런 행위를 계속하는 일도 금하신다는 사실이다. 그러므로, 오류와 미신의 자세로 행한 서원들은 하나님 앞에서 가치가 없는 것이며, 따라서 반드시 버려야 하는 것이다.

21. 독신의 서원을 폐기하는 문제

이러한 설명을 잘 이해하는 사람은, 수도원 생활에서 떠나서 무언가 존귀한 생활을 시작하는 자들에게 악인들이 퍼붓는 비방들을 능히 이길 수 있게 될 것이다. 그런 사람들은, 하나님과 교회를 향하여 선언한 소위 "불변하는" 서원의 의무를 깨뜨림으로써 믿음을 저버리고 언약을 깨뜨린 것이라고 극심한 비난을 받는다. 그러나 내가 말하고자 하는 것은 첫째로, 아무리 사람이 인정한다 해도 하나님께서 폐기시킨다면 그런 서원은 아무런 구속력이 없다는 것이다. 둘째로, 그 사람들이 하나님에 대한 무지와 오류 가운데서 스스로 얽혀 있는 동안에는 그런 서원이 구속력이 있었다손 치더라도, 이제는 진리에 대한 지식으로 말미암아 눈을 떴으니, 그들은 그리스도의 은혜로 말미암아 자유한 상태에 있는 것이다. 하나님의 율법의 저주 아래 매여 있는 우리를 자유롭게 할 정도로 큰 능력이 그리스도의 십자가에게 있다면(갈 3:13), 사탄의 속이는 그물에 지나지 않는 그런 외형적인 족쇄에서야 얼마나 더 효과적으로 우리를 구원해 내겠는가? 과연 그리스도께서는 그의 복음의 빛에 비추임을 받는 자들을 또한 과거에 미신으로 말미암아 스스로 감수해오던 모든 올무에서 해방시켜 주시는 것이다.

그런데 과거에 했던 서원에서 놓임을 받은 자들이 독신 생활에 부적절할 경우 그들을 보호해주는 것이 또 한 가지 있다. 하나님께서 구원받기를 바라시고 버림받기를 바라지 않으시는데, 그 사람이 불가능한 것을 서원함으로써 스스로 파멸을 향해 나아가고 있다면, 그 사람이 그런 상태에 계속 있어서는 안 된다는 것이 또한 분명해지는 것이다. 독신의 특별한 은사를 받지 않은 사람으로서는 독신의 서원을 이행하는 것이 정말 불가능하다는 사실은(마 19:11-12) 이미 앞에서 설명한 바 있다. 그리고 이에 대해서 내가 아무 말도 하지 않는다 해도 경험이 잘 말해 준다. 거의 모든 수도원들이 엄청난 부정(不貞)으로 들끓고 있다는 것이 모르는 일이 아니기 때문이다.

그리고 다른 사람들보다 더 정숙하고 더 품위를 지키는 것처럼 보이는 사람들이 있다 해도, 그렇다고 해서 그들이 순결한 것이 아니다. 왜냐하면 부정의 악이 비록 억제되고 감금되어 있기는 하지만 여전히 마음속에 내재하고 있기 때문이다. 그리하여 사람들이 자기의 연약함을 무시하고 본성적인 정욕을 자기 힘으로 대항하며, 주께서 그들에게 허락하신 치유책들을 멸시하며, 그 정욕을 이기지 못하는 질병을 스스로 정복할 수 있다고 여기며 완악한 고집을 부리는 그 오만함을 하나님께서는 끔찍스러운 실례들을 통해서 징벌하시는 것이다. 주께서 결혼을 치유책으로 주셨으니 결혼할 필요가 있다고 경고하는데도 불구하고 사람이 그것을 멸시할 뿐 아니라, 그것을 멸시하기 위하여 스스로 서원으로써 자기 자신을 묶어놓는다면, 그것을 완악함이라 하지 않으면 과연 달리 무엇이라 부르겠는가?

주 _____

1. 참조. 3권 8장 4절.

2. 참조. 3권 8장 5절.

3. Gregory of Nazianzus, *Fourth Oration against Julian*, lxxi; Pseudo-Basil, Monastic Constitution, xxv, xxx; Chrysostom, *Against Opponents of Monastic Life*, II. 2.

4. Augustine, *Letters*, xlviii. 2.

5. Augustine, *Ibid.*, lx. 1.

6. Augustine, *On the Morals of the Catholic Church*, xxxi. 67.

7. Augustine, *Ibid.*, xxxiii. 70-73.

8. Augustine, *On the Work of Monks*, xxiii. 27.

9. Augustine, *Ibid.*, xxxiii. 70-73.

10. 참조. 2권 8장 56절 이하.

11. 참조. 9절.

12. Augustine, *On the Work of Monks*, xxviii. 36.

13. Cyprian, *Letters*, iv. 2.

제 14 장

~~∽~~

성례

(성례의 정의와 역할. 1-6)

1. 성례의 정의

복음을 전하는 일과 유사하게 성례도 우리의 믿음에 도움을 준다. 그러므로, 성례들에 대하여 명확한 가르침을 받음으로써, 그것들이 어떤 목적을 위해서 제정되었으며 현재의 용도는 무엇인지를 아는 일이 매우 중요할 것이다.

우선, 성례가 무엇인지부터 살펴보아야 할 것이다. 내 생각에는, 성례를 간단하고도 적절히 정의하자면, 그것은 주께서 우리의 연약한 믿음을 지탱시켜 주시기 위하여 우리를 향하신 그의 선하신 약속들을 우리의 양심에 인치시는 하나의 외형적인 표지(sign)이며, 또한 우리 편에서는 주와 그의 천사들과 사람들 앞에서 그를 향한 우리의 경건을 인증하는 표지라 할 수 있을 것 같다. 좀 더 간단히 정의하자면, 우리에게 향하신 신적 은혜에 대한 증거를 외형적인 증표로써 확증하는 것이요, 그에 따라서 주님을 향한 우리의 경건을 인증하는 것이라고 말할 수도 있을 것이다.

이 중 어떤 정의를 택하든, 성례를 "신성한 것에 대한 가시적인 표지"요 혹은 "불가시적인 은혜의 가시적인 모습"이라고 가르친 아우구스티누스의 진술과 의미상 별로 다르지 않으나,[1] 그보다 성례 자체를 더 분명하게 설명해 준다 하겠다. 아우구스티누스의 간단한 표현에는 무언가 모호한 점이 있어서 교육을 덜 받은 많은 이들이 속임을 당할 소지가 있으므로, 나는 좀 더 구체적으로 충실하게 진술함으로써 모든 의심을 제거하고자 한 것이다.

2. "사크라멘툼"의 의미

고대 사람들이 이 단어를 이런 의미로 사용한 이유는 분명하다. 고대의 번역자는 "μυστήριον"(뮈스테리온)이라는 헬라어 단어를 라틴어로 번역하면서 언제나 — 특히 신적인 것들을 지칭하는 경우에는 반드시 — "sacramentum"(사크라멘툼)이라 번역하였다. 예를 들어서, 에베소서의 "그 뜻의 '사크라멘툼'을 우리에게 알리신 것이요 그의 기뻐하심을 따라 그리스도 안에서 때가 찬 경륜을 위하여 예정하시니"(엡 1:9)와, "너희를 위하여 내게 주신 하나님의 그 은혜의 경륜을 너희가 들었을 터이라 곧 계시로 내게 '사크라멘툼'을 알게 하신 것은 내가 먼저 간단히 기록함과 같으니"(엡 3:2-3)라는 말씀의 경우도 그렇고, 또한 골로새서의 "이 '사크라멘툼'은 만세와 만대로부터 감추어졌던 것인데 이제는 그의 성도들에게 나타났고 하나님이 그들로 하여금 이 '사크라멘툼'의 영광이 이방인 가운데 얼마나 풍성한지를 알게 하려 하심이라 이 비밀은 너희 안에 계신 그리스도시니 곧 영광의 소망이니라"(골 1:26-27)는 말씀이 그러하다. 그리고 디모데전서의 "크도다 경건의 '사크라멘툼'이여 그렇지 않다 하는 이 없도다"(딤전 3:16)도 그러하다.[2]

라틴어 번역자는 "arcanum"("비밀", 영어로는 "secret")이라는 단어를 쓰지 않았다. 왜냐하면 그 단어가 신성한 것을 지칭하기에는 격이 모자란다고 생각했기 때문이다. 고대 교회의 저작들에는 그 단어가 이런 의미로 자주 나타나고 있다. 라틴어로 "사크라멘툼"이라 부르는 것이 곧 헬라어로는 "뮈스테리온", 즉 "신비"라고 부른다는 것은 너무나도 분명한 사실이다. 이것이 무슨 의미냐 하는 것에 대해서는 논란의 여지가 없다. 그리하여 그 단어가 숭고하고 고귀한 신령한 것들을 뜻하는 의미로 사용되게 된 것이다. 아우구스티누스도 어디에선가 이렇게 말하고 있다: "신적인 것들에 적용할 때, '사크라멘툼'이라 불려지는 그 다양한 표지들에 대하여 구구하게 논란을 벌인다는 것은 지루한 일일 것이다."[3]

3. 성례의 역할

앞에서 제시한 정의를 근거로, 우리는 성례에는 반드시 그 앞에 선행하는 약속이 있으며, 성례가 일종의 부록처럼 거기에 붙어 있어서 약속 그 자체를 확인하고 인치며, 그리하여 그 약속을 더욱 분명하게 해 주고 어떤 의미에서 그것을 확증하는 역할을 한다는 것을 깨닫게 된다. 하나님께서는 이 성례를 통하여 우리의 무지와 우둔함을 채워 주시고, 또한 우리의 연약함을 채워 주신다. 그러나 엄밀히 말하면, 성례가 주의 거룩하신 말씀을 확증한다기보다는 그 말씀을 믿는 믿음 가운데 우리를 세워 준다 하겠다. 하나님의 진리는 그 자체로서 든든하고 확고하므로, 그 자체 이외의 다른 어떤 것으로 확증되어야 할 이유가 없기 때문이다. 그러나 우리의 믿음은 가냘프고 연약하므로 사방에서 온갖 수단들을 통해서 받쳐지고 지탱되지 않으면, 흔들리고 동요하며 비틀거리고 결국 넘어지고 마는 것이다.

그리하여 우리의 긍휼하신 주께서는 그의 무한하신 자비하심으로 그 자신을 우리의 능력에 맞추시고, 우리가 언제나 땅에 기어다니는 피조물에 불과하여 육체에 집착하며, 또한 신령한 것에 대해서는 생각도 하지 않고 마음에 떠올리기조차 하지 않는 것을 보시사 스스로 낮추셔서 이런 땅에 속한 요소들을 통해서도 우리를 자기 자신에게로 이끄시며 신령한 복의 그림자를 육체 속에서 드러내시는 것이다. 크리소스톰의 말처럼, 만일 우리가 형체가 없는 존재들이라면 주께서는 우리에게 이런 것들을 형체가 없는 무형(無形)의 상태로 주셨을 것이다. 그러나 우리의 영혼이 육체 속에 심어져 있으므로, 주께서는 눈에 보이는 것들을 통해서 신령한 것들을 전해 주시는 것이다. 성례 중에 우리 앞에 주어지는 것들 그 자체가 본래적으로 그런 성격을 지니고 있다는 것이 아니고, 하나님께서 그것들에게 그러한 의미를 부여하신다는 뜻이다.

4. 말씀이 외형적인 표징을 해명하여야 함

우리의 반대자들은 흔히 말하기를, 성례는 말씀과 외형적인 표징으로 구성되어 있다고 한다. 그러나 우리는 말씀이 마치 아무런 의미나 믿음이 없이 그냥 읊어지는 소리나, 내용물을 거룩하게 만드는 힘이 있는 무슨 마술적인 주문 같은 것으로 이해해서는 안 된다. 오히려 말씀은 그것이 전해짐으로써 눈에 보이는 그 표징이 무슨 의미인지를 우리로 하여금 이해하도록 만들어 주는 것이다.

그러므로 교황주의의 횡포 아래에서 시행된 성례는 신령한 신비를 엄청나게 더럽히는 것이었다. 그들은 사람들이 무슨 말인지를 알지도 못하고 그저 혼란스럽게 바라보고 있어도 사제가 성별의 예식문을 중얼거리기만 하면 그것으로 족하다고 생각하였다. 사실 그들은 고의적으로 가르침이 전혀 사람들에게 전달되지 않도록 조심하였다. 그리하여 무식한 사람들 가운데서 모든 말을 라틴어로 했던 것이다. 그리하여 나중에 가서는, 쉰 목소리로 사람들이 거의 들을 수 없게 속삭이는 말로 시행되어야 성별이 정상적으로 이루어졌다고 믿는 정도까지 미신이 심해졌다.

성례의 말씀에 관한 아우구스티누스의 가르침은 이런 것과는 전혀 다르다: "말씀을 내용물에 더하라. 그러면 성례가 될 것이다. 몸에 닿을 때에 그 마음을 깨끗하게 하는 그 물의 위대한 능력이 말씀에서 나오는 것이 아니면 대체 어디서 오겠는가? 그 말씀을 발설했기 때문이 아니라 그 말씀을 믿기 때문인 것이다. 심지어 말씀에 있어서도 속히 사라져 버리는 소리와, 영구히 남는 능력은 서로 전혀 다른 것이다. '이것이 우리가 전파하는 믿음의 말씀이라'고 사도가 말한다(롬 10:8). 그러므로 사도행전에서는 '믿음으로 그들의 마음을 깨끗이 하셨다'고 말하며(행 15:9), 사도 베드로는 말하기를, '물은 … 너희를 구원하는 표니 곧 세례라 이는 육체의 더러운 것을 제하여 버림이 아니요 하나님을 향한 선한 양심의 간구니라'(벧전 3:21)고 한다. '이것이 우리가 전파하는 믿음의 말씀이니'(롬 10:8), 이로써 세례가 깨끗하게 하는 능력을 가질 수 있도록 거룩하게 성별되는 것이다."[4]

성례가 믿음을 낳기 위해서는 말씀의 선포가 필요하다는 것을 여기서 볼 수 있다. 그리스도께서 무엇을 가르치셨고, 그가 우리에게 무엇을 행하라고 명하셨으며, 사도들이 무엇을 따랐으며, 또한 고대의 순결한 교회가 무엇을 지켰는가 하는 것이 너무도 분명하므로, 굳이 이 사실을 입증하느라 수고할 필요가 없다. 사실 하나님께서 거룩한 족장들에게 어떤 표징을 주실 때마다 그 표징에 반드시 가르침이 함께 수반되었다는 사실은 세상의 시초부터 잘 알려진 사실이었다. 그런 가르침이 없었다면, 그저 겉으로 드러나는 표징만을 바라보게 되면 사람의 지각이 멍해지고 말았을 것이다. 그러므로 성례 시에 행해지는 말씀을 들을 때에, 목사가 또렷한 목소리로 선포하는 그 약속 — 신자의 손을 잡고 표징이 가리키며 지시하는 곳으로 인도하는 약속 — 을 깨닫도록 하자.

5. 약속의 인(印)인 성례

또한 확실하지도 않고 교묘하기만 한 딜레마를 갖고서 우리와 싸우려 하는 자들의 말을 들어서도 안 될 것이다. 그들은 말하기를, 성례에 앞서서 주어지는 하나님의 말씀이 참된 하나님의 뜻이라는 것을 우리가 알 수도 있고 모를 수도 있다고 한다. 우리가 알고 있다면, 말씀 뒤에 행해지는 성례를 통해서도 새삼 배울 것이 아무것도 없다고 한다. 그리고 만일 우리가 알지 못한다면, 성례 역시 모든 것이 그 말씀에 달려 있으니 결국 그것을 가르쳐 주지 않는다는 것이다. 이런 반론에 대한 우리의 답변은 아주 간단하다. 정부의 문서나 기타 공적인 법령들에 붙여진 인(印)은 그 자체로서는 아무것도 아니다. 그 문서에 아무것도 기록되어 있지 않으면, 거기에 인을 쳐 놓아도 아무런 소용이 없을 것이기 때문이다. 그러나 글이 적혀 있는 문서에 인을 쳐 놓으면, 그것은 그 적혀진 내용을 인증하고 보증해 주는 것이다.

그리고 우리의 반대자들은 이런 비유가 오늘날 우리가 만들어낸 것이라고 치부하여 무시할 수가 없다. 왜냐하면 사도 바울이 친히 이 비유를 사용하여, 할례를 가리켜 "인"이라 부르고 있기 때문이다(롬 4:11). 거기서 바울은, 아브라함의 할례가 그를 의롭다 하심을 받도록 하기 위한 것이 아니었고, 그가 이미 믿음으로 말미암아 의롭다 하심을 받았는데 그 믿음으로 말미암은 언약을 인치기 위한 것이었음을 분명히 말하고 있는 것이다. 그렇다면, 각 약속이 서로를 확증한다는 것이 약속들 자체에서부터 분명히 드러나기 때문에, 우리가 약속이 성례로 말미암아 인쳐진다고 가르치는데, 이것이 과연 사람들에게 무엇을 크게 거리끼게 한단 말인가? 무엇이든 분명할수록, 믿음을 뒷받침하기에 더 적절한 것이다.

그러나 성례들은 가장 분명한 약속들을 가져다준다. 그리고 성례들은 말씀과는 다른 특징을 갖고 있다. 왜냐하면 그것들은 약속들을 마치 그림으로 그리는 것처럼 우리에게 제시해 주기 때문이다. 그리고 성례와 문서의 인(印)이 서로 차이가 있다는 식의 흔한 반론 때문에 혼란스러워 해서도 안 될 것이다. 반대자들은 주장하기를, 둘 다 이 세상의 물리적인 요소로 되어 있기는 하지만, 성례는 영적이며 영원한 하나님의 약속들을 인쳐주기에는 합당하지도 않고 충족하지도 않으나, 문서의 인은 대개 그저 덧없이 지나가는 세상의 일들에 대한 군주들의 칙령을 보증하는 것이므로 서로 다르다는 것이다.

그러나 신자들은, 자기의 눈으로 성례를 볼 때에 육체의 눈에 보이는 그것들에게서 멈추지 않고, 그런 단계를 통해서 — 이는 비유적인 표현이지만 — 더 높이 올라가 성례 속에 감추어져 있는 그 고귀한 영적 신비들을 경건하게 바라보는 것이다.

6. 언약의 표징인 성례

여호와께서는 그의 약속들을 가리켜 "언약"이라 부르시고(창 6:18; 9:9; 17:2) 그의 성례들을 그 언약의 "표"라 부르시므로, 사람들의 언약과 비교하여 설명할 수가 있을 것이다. 돼지를 잡는 행위에 말이 따라붙지 않는다면, 아니 그 행위에 앞서서 말이 있지 않다면, 그 행위가 무슨 의미가 있겠는가? 별다른 깊은 의미가 없이도 돼지를 잡는 일은 흔히 있으니 말이다. 전쟁에서 손을 잡는 일이 다반사로 일어나고 있으니, 그저 오른손을 내민다고 해서 무슨 특별한 의미가 있겠는가? 그러나 말이 먼저 주어지면, 그런 표징(즉, 오른손으로 악수하는 일)을 통해서 언약을 법으로 비준하게 되는 것이다. 먼저 생각하고, 결정하고, 말로써 공포하였더라도 말이다.

그러므로 성례는 우리로 하여금 하나님의 말씀의 신실함을 더욱 확실하게 믿도록 만들어 주는 행위이다. 우리가 육체에 속하여 있기 때문에, 육체에 속한 것들을 통해서 우리에게 보여 주어서, 마치 초등 교사가 어린아이들의 손을 잡아서 이끌어 주듯이 그렇게 우리의 무딘 능력에 맞추어서 우리를 교훈하며 이끌어 주는 것이다. 아우구스티누스는 성례를 가리켜 "눈에 보이는 말씀"이라 부르는데, 이는 성례가 하나님의 약속들을 마치 그림으로 그려놓은 것처럼 우리 눈 앞에 놓고 형상화하여 회화적(繪畵的)으로 드러내 보여 주기 때문인 것이다.[5]

성례를 좀 더 분명하게 드러내기 위하여 다른 비유들을 들자면, 성례를 가리켜 "우리 믿음의 기둥"이라 할 수 있을 것이다. 건물이 그 기초 위에 든든히 서 있으나, 그 밑에 기둥이 박혀 있으면 더욱 든든하게 서 있게 되는 것처럼, 믿음도 하나님의 말씀이라는 기초 위에 서 있으나, 거기에 성례가 첨가되면, 마치 기둥 위에 서 있는 것처럼 더욱 든든하게 서 있게 되는 것이다. 혹은 성례를 가리켜 하나님께서 우리에게 아낌없이 부어 주시는 그의 은혜의 풍성함을 바라볼 수 있는 거울이라 부를 수도 있을 것이다. 왜냐하면 성례를 통해서 하나님께서는 우리가 무딘 상태로도 깨달을 수 있을 만큼 자기 자신을 우리에게 드러내 보이시며, 우리를 향하신 그의 선하신 뜻과 사랑을 그저 말씀으로만 하시는 것보다 성례를 통해서 더욱 명확하게 증거하시기 때문이다.

7. 악인들도 성례를 받는다는 사실에 근거한 어리석은 반론

성례가 악한 자들에게도 — 하나님의 사랑하심을 깨닫지도 못할 뿐 아니라 오히려 더 엄한 정죄 아래 있는 자들에게도 — 주어지기 때문에 그것을 하나님의 은혜에 대한 증거로 볼 수 없다고 주장하는 사람들이 있지만, 이들은 올바르고 사려 깊게 사고하는 것이라 할 수 없다. 똑같은 논지를 확대시키고 보면, 복음이 전해지지만 많은 사람들이 거부하며 또한 그리스도도 많은 사람들에게 나타나셨고 그 중에 그를 받아들인 사람은 불과 몇 사람밖에 없으니, 복음도 그리스도도 하나님의 은혜에 대한 증거라 할 수 없지 않겠는가?

공식 문서들의 경우에도 동일한 것을 볼 수가 있다. 군주가 자기의 뜻을 확인하는 뜻으로 문서에 인을 쳐 놓았지만, 대부분의 사람들은 그 순전한 인을 조롱하고 놀리며, 어떤 사람들은 자기들에게는 해당되지 않는다고 하며 관심을 두지 않기도 하고, 심지어 그것을 저주하기까지 하는 사람도 있다. 그들의 주장이 똑같이 이렇게도 적용될 수가 있으니, 내가 위에서 제시한 비유를 더 호의를 갖고 받아들여야 마땅한 것이다.

그러므로 주께서 그의 거룩한 말씀과 그의 성례를 통하여 우리에게 긍휼을 베푸시며 그의 은혜의 보증을 주시는 것이 분명하다. 그러나 이는 말씀과 성례를 확실한 믿음으로 취하는 자들만 그것을 깨닫는 것이다. 마치 아버지께서 모든 사람들을 구원으로 이끄시고자 그리스도를 주시고 그를 베푸시지만, 모두가 다 그를 인정하고 영접하는 것이 아닌 것처럼 말이다. 아우구스티누스는 어디선가 이 사실을 전하고자 하는 의도로 말하기를, 말씀의 효력이 성례 안에서 밝히 드러나는 것은 말씀이 선포되기 때문이 아니라 그 말씀을 믿기 때문이라고 하였다.[6)]

그러므로 바울은 신자들에게 말하는 중에 성례를 다루면서, 성례 가운데 그리스도와의 하나 된 교제가 포함되어 있다고 가르치는 것이다. 예를 들어서, 그는 이렇게 말한다: "누구든지 … 세례를 받은 자는 그리스도로 옷 입었느니라"(갈 3:27); "우리가 … 다 한 성령으로 세례를 받아 한 몸이 되었고 또 다 한 성령을 마시게 하셨느니라"(고전 12:13). 그러면서도 성례를 그릇되게 사용하는 처사에 대해서 말할 때에는, 성례를 냉랭하고 허망한 겉모양 이외에 아무것도 아닌 것으로 취급하는 것이다. 이러한 바울의 가르침은 이런 의미를 담고 있다.

곧, 불경하며 외식을 일삼는 사람들이 제아무리 사악함에 빠져서 성례 속에 나타나는 신적인 은혜의 역사를 억누르고 흐리게 하고 방해하려 한다 할지라도, 하나님께서 기뻐하시면 어느 때에든 어느 곳에서든 성례가 아무런 방해도 받지 않고 그리스도와의 하나 된 교제의 참된 증거를 드러내며, 또한 그 약속하는 바를 하나님의 성령께서 친히 이루신다는 것이다. 그러므로 우리의 결론은, 성례는 과연 하나님의 은혜의 증거들이라 불러 마땅하며, 이를테면, 하나님께서 우리를 향하여 느끼시는 선하신 뜻의 인(印)과도 같아서, 그것으로써 그 선하신 뜻을 우리에게 증거하시며, 우리의 믿음을 유지시키시고 양육하시며 든든히 세우시며 자라게 하신다는 것이다.

이러한 견해를 반대하여 반론을 제기하곤 하는 자들의 논리는 너무나도 약하고 하찮은 것들이다. 그들은 말하기를, 우리의 믿음이 이미 건전한 것이라면 더 이상 나아질 수가 없다고 한다. 왜냐하면 흔들림 없고 확고하며 곧게 하나님의 긍휼하심에 의지하지 않는 것은 믿음이 아니기 때문이라는 것이다. 그들로서는 이 땅의 어느 누구도 이생에서 이룬 적이 없고 또한 앞으로도 이루는 일이 없을 그런 완전한 믿음이 있는 체하며 자신 있게 떠벌이기보다는 차라리 사도들과 함께 주께서 믿음을 더하시기를 위하여 기도하는 편이 더 나았을 것이다(눅 17:5).

그렇다면, "내가 믿나이다 나의 믿음 없는 것을 도와 주소서"(막 9:24)라고 주께 부르짖었던 사람은 대체 어떤 믿음을 갖고 있었는지를 대답해 보라. 그 믿음은 비록 이제 시작하는 단계에 불과했지만, 그럼에도 불구하고 건전한 것이었고, 불신앙이 제거되면 더 나아질 수 있는 것이었다. 그러나 그들의 주장을 가장 잘 반박해 줄 수 있는 것은 바로 그들 자신의 양심이다. 그들 스스로 죄인임을 고백한다면 ─ 싫든 좋든 이것을 고백하지 않을 수 없을 것이다 ─ 이를 그들 자신의 불완전한 믿음의 탓으로 돌릴 수밖에 없을 것이기 때문이다.

8. 성령의 역사하심에 근거한 어리석은 반론

그러나 그들은 말하기를, 빌립은 자기에게 세례 받기를 청한 내시에게 대답하기를, "네가 마음을 온전히 하여 믿으면 가하니라"(행 8:37)[7]라고 대답하였다고 한다. 믿음이 온 마음을 가득 채운 상태라면 거기에 세례로 확증해 줄 여지가 어디 있느냐는 것이다. 그러나 나는 그들에게 묻고자 한다. 그들의 마음의 상당 부분이 믿음이 결핍되어 있는 것을 느끼지 않는가? 또한 날마다 새롭게 믿음이 더하여지는 것을 시인하지 않는가? 어떤 유명한 사람은 자기가 나이가 들어 늙었으나 여전히 배우고 있다는 것을 자랑하였다.[8] 그러니 나이가 먹으면서도 전혀 진전이 없다면 우리는 세 배나 더 비참한 그리스도인들일 것이다. 우리의 믿음은 인생의 온갖 단계들을 거치는 동안 그리스도의 장성한 분량이 충만한 데까지 전진해 나가야 하기 때문이다(엡 4:13).

그러므로 이 [사도행전의] 구절에서 "마음을 온전히 하여 믿는다"는 것은 그리스도를 완전무결하게 믿는다는 뜻이 아니고, 마음으로부터, 진정한 정신으로 그를 받아들인다는 뜻일 뿐이다. 그리스도로 충만해져 있다는 뜻이 아니고, 다만 강렬한 마음으로 그를 사모하며 그를 향하여 주리고 목마르다는 뜻인 것이다. 성경에서는 진정으로 깊은 마음으로 한다는 것을 "마음을 온전히 하여", 혹은 "전심으로" 행한다고 말씀하는 경우가 매우 흔하게 나타난다. 예를 들면 다음과 같은 것들이다: "내가 전심(全心)으로 주를 찾았사오니"(시 119:10); "내가 … 전심으로 여호와께 감사하리로다"(시 111:1; 138:1). 그러나 속임수를 쓰는 거짓된 자들을 책망할 때에는 대개 "두 마음"으로 행한다고 말씀하는 것이다(시 12:2).

그들은 또 말하기를, 믿음이 만일 성례를 통하여 더 증가되는 것이라면, 성령께서 헛되이 임하시는 것이라고 한다. 왜냐하면 믿음을 시작하게 하고 유지시키고 완성시키는 일이 바로 성령의 능력의 역사로 이루어지는 것이기 때문이라는 것이다. 믿음이 성령의 합당하고도 온전한 역사하심으로 이루어진다는 것은 나도 분명히 인정하는 사실이다. 성령의 조명하심을 받음으로써 우리가 하나님을 깨닫게 되고 그의 자비하심의 온갖 보배들을 깨닫게 되는 것이며, 그가 비추시는 빛이 없으면 우리의 마음이 너무나 캄캄하여 아무것도 볼 수가 없으며, 너무나 무뎌서 신령한 것들을 하나도 지각할 수가 없는 것이다. 그러나 그들은 한 가지 하나님의 축복을 선포하나, 우리는 세 가지 축복을 깨닫는다. 첫째는 주께서 그의 말씀으로 우리를 가르치시고 교훈하신다는 것이며, 둘째는 성례를 통해서 확증케 하신다는 것이며, 마지막 셋째는 성령의 빛으로 우리의 정신을 조명하시고 우리의 마음을 열어 주셔서 말씀과 성례가 그 속으로 들어가게 하신다는 것이다. 이러한 성령의 역사하심이 없으면, 말씀과 성례는 그저 우리의 귀를 때리고 눈 앞에 나타나 있기만 할 뿐, 우리의 속에는 전혀 영향을 미치지 못하게 되는 것이다.

9. 성령과 성례

믿음을 확증시키고 증진시키는 것에 대해서는 — 이에 대해서는 이미 분명하게 설명하였다고 생각되지만 — 독자들은 내가 성례가 그러한 사역을 행하는 것으로 본다는 것을 유념하기 바란다. 그러나 성례 자체에 무슨 은밀한 힘이 영구적으로 자리를 잡고 있어서 그것을 통해서 성례 그 자체가 믿음을 더하게 해 주거나 믿음을 확증시켜 줄 수 있다는 뜻이 아니다. 다만, 주께서 성례들을 제정하신 목적이 바로 믿음을 세우고 더하게 하는 데에 도움을 주도록 하기 위함이었다는 사실을 고려하는 것일 뿐이다.

내주하시는 스승이신 성령께서 함께 하셔서 오직 그의 능력으로 마음을 꿰뚫고 움직여 사모하게 하고 우리의 영혼의 문을 열어서 성례를 받아들이도록 역사하실 때에 비로소 성례들이 그 역할을 정당하게 수행하게 되는 것이다. 만일 성령께서 역사하시지 않으면, 성례는 우리 마음에 아무것도 이룰 수가 없다. 마치 태양의 광채가 맹인의 눈에 비치고, 귀머거리의 귀에 소리가 울려퍼지는 것과도 같은 효과밖에는 낼 수가 없는 것이다. 그러므로, 성령과 성례를 이렇게 구분하고자 한다. 즉, 성례의 능력은 오로지 성령께 있고, 다만 그 사역만 성례에게 있으므로, 성령의 역사하심이 없으면 성례의 사역은 헛되고 하찮은 것이 되지만, 성령께서 속에서 역사하셔서 그의 능력을 드러내실 때에는 성례가 크나큰 효과로 가득하게 된다는 것이다.

자, 이러한 견해에 의하면, 성례를 통하여 경건한 자의 믿음이 어떤 식으로 강건해지느냐 하는 것이 분명하다. 이는 마치 눈이 밝은 태양의 빛을 보며, 귀가 사람의 목소리를 듣는 이치와도 같다. 눈이 스스로 빛을 받을 수 있는 시력을 갖고 있지 않으면 어떠한 빛이 비쳐도 전혀 식별할 수가 없고, 귀도 소리를 들을 수 있는 청력을 갖추고 있지 않으면 아무리 큰 소리라 할지라도 전혀 듣지를 못하는 것이다. 그러나 너무도 분명한 사실이지만, 가령 눈으로 하여금 빛을 보도록 해 주는 시력(視力)의 작용과 또한 귀로 하여금 소리를 지각할 수 있도록 해 주는 청력(聽力)의 작용이, 믿음을 품게 하시고 유지시키시며 양육시키시며 든든하게 세우시는 성령의 역사하심과 유사하다고 생각해 보자. 그러면 다음의 두 가지 사실이 뒤따르게 된다. 곧, 성령의 능력이 없이는 성례는 조금도 유익이 없다는 것과, 반대로 마음으로 이미 성령이라는 스승에게서 배움을 받은 경우에는 성례가 그 믿음을 강건하게 하며 더욱 자라게 하는 것을 아무것도 막지 못한다는 것이다.

다만 귀와 눈의 경우와 성례의 경우가 서로 다른 점은, 우리의 눈과 귀는 본성적으로 시력과 청력을 지니고 있다는 것이다. 그러나 그리스도께서는 그의 특별하신 은혜로 말미암아 우리의 본성의 한계를 뛰어넘으셔서 우리의 마음속에서 그와 똑같은 일을 행하시는 것이다.

10. 인간사의 사례를 통하여 성례와 성령의 관계를 설명함

몇몇 사람들이 혼란스러워 하는 그 반론들이 이로써 단번에 제거된다. 만일 믿음을 더하게 하고 확증시켜 주는 일을 [성례에 사용되는] 물질이 하는 것으로 만들어 버린다면, 그것은 그러한 일을 행하시는 유일한 분이신 하나님의 성령께 누를 끼치는 것이다. 우리는 믿음을 확증시키고 증진시키는 공로를 성령에게서 빼앗지 않는다. 오히려 우리는 믿음을 확증시키고 증진시킨다는 것이 다름이 아니라 바로 성례로 말미암아 제시되는 바 그 확실한 증거를 받아들이도록 성령의 내적인 조명을 통해서 우리의 마음이 준비를 갖추는 것이라고 믿는 것이다.

그러나 아직까지도 무언가 희미한 부분이 있다면, 다음의 비유를 생각해 보면 명확해질 것이다. 가령 여러분이 누군가에게 어떤 일을 하도록 말로 납득시키려 한다고 하자. 이때에 여러분은 그 사람이 여러분의 생각에 이끌림을 받아서 여러분의 권고에 따르지 않을 수 없도록 온갖 논리를 제시할 생각을 할 것이다. 그러나 그 사람의 편에서 여러분의 논리의 타당성을 따지고 가늠할 수 있는 예리한 판단력을 갖고 있지 않으면, 또한 그가 남의 가르침을 듣는 성격이 있어서 가르침을 받을 준비를 갖추고 있지 않으면, 또한 마지막으로, 여러분의 신실함과 분별력을 인정하여 여러분의 생각을 받아들일 의도를 갖고 있지 않으면, 아무리 여러분의 논리를 제시해도 아무것도 이룰 수가 없을 것이다. 이성적인 논리로 도저히 마음을 바꾸게 할 수 없는 완고한 사람들이 너무나도 많기 때문이다. 그리고 신실성에 대한 신뢰가 없고, 권위가 멸시를 받는 경우에는 가르침을 받는 성향이 있는 사람이라 할지라도 별로 진전을 이룰 수가 없는 것이다.

그러나 반대로, 그런 모든 것들이 있다면, 그것들이 여러분의 권고를 듣는 사람의 마음을 즉시 움직여서 여러분의 권고를 따르도록 할 것이다. 성령께서 우리 속에서 바로 이런 유의 역사를 행하시는 것이다. 말씀이 우리의 귀에 헛되이

울리지 않도록, 성례가 우리의 눈을 그저 헛되이 때리지 않도록, 성령께서 역사하셔서 말씀과 성례 속에서 말씀하시는 분이 바로 하나님이시라는 것을 깨닫게 하고, 우리 마음의 완악함을 부드럽게 하며, 마음을 진정시켜서 하나님의 말씀에 순종하도록 만들어 주시는 것이다. 그리고 성령께서는 그 바깥에서 전해지는 말씀과 성례를 우리의 귀에서부터 우리의 영혼에 전달시켜 주시는 것이다.

그러므로 말씀과 성례는 우리를 향하신 하늘에 계신 아버지의 선하신 뜻을 우리의 눈 앞에 제시함으로써, 우리의 믿음을 확증시켜 주는 것이다. 그 아버지를 아는 지식으로 말미암아 우리의 믿음이 견고해지며 더욱더 강건하게 서게 되기 때문이다. 성령께서는 이러한 확증을 우리 마음속에 새겨 놓으심으로써 우리의 믿음을 확증시키시며, 또한 그 믿음을 효력 있는 것으로 만드시는 것이다. 그러는 동안, 빛들의 아버지께서는(참조. 약 1:17) 마치 우리 육체의 눈을 태양빛으로 조명하시듯이, 성례를 통하여 우리의 마음도 찬란하게 비추어 주시는 것이다.

11. "씨"를 통하여 성례와 성령의 관계를 설명함

우리 주님은 한 가지 비유 가운데서 말씀을 가리켜 "씨"라고 부르심으로써 (마 13:3-23; 눅 8:5-15), 겉으로 전해지는 그 말씀이 이러한 속성을 지니고 있다는 것을 가르치셨다. 씨가 밭의 메마르고 황폐한 부분에 떨어지면 그냥 죽어 버린다. 그러나 적절하게 가꾸고 돌보는 땅에 떨어지면 풍성한 열매를 맺게 된다. 이와 같이 하나님의 말씀도, 목이 곧은 사람에게 떨어지면 마치 모래밭에 떨어진 씨처럼 그냥 말라 버리고 만다. 그러나 성령의 손에 의하여 보살핌을 받는 심령에게 말씀이 비쳐지면, 크나큰 열매를 맺게 되는 것이다. 그런데 씨의 경우와 말씀의 경우에 동일한 형식의 생각이 적용된다면, 씨에서 곡식이 나고, 자라고 수확을 하게 된다고 말하는 것처럼, 믿음도 하나님의 말씀으로부터 시작되며 자라나고 완성에 이른다고 말할 수 있지 않겠는가?

바울은 여러 구절에서 이 두 가지를 훌륭하게 설명하고 있다. 고린도 교인들에게 하나님께서 그의 수고를 어떻게 효과적으로 사용하시는지를 말씀하면서, 그는 자기의 사역이 성령으로 말미암는 것이라고 자랑한다(고전 2:4; 참조. 고후 3:6). 마치 내적으로 조명하며 마음을 움직이기 위하여 그의 복음 전하는 사역이 성령의 능력과 절대로 분리될 수 없도록 연결되어 있는 것처럼 진술하는 것이다. 그러나 다른 곳에서는 사람이 전하는 하나님의 말씀 그 자체의 효용성을 가르치면서, 사역자 자신들을 농부에 비유하여 말한다. 농부들은 땅을 파고 갈고 씨를 뿌리는 일에 수고와 노력을 기울이고 나면 더 이상 할 일이 없다(고전 3:6-9). 그러나 뿌려진 씨앗이 하늘의 축복으로 말미암아 자라나지 않는다면 밭을 갈고 씨앗을 뿌리고 물을 주는 일에 아무리 수고를 들였다 한들 무슨 소용이 있겠는가? 그러므로 바울은 이렇게 결론을 짓는다: "그런즉 심는 이나 물 주는 이는 아무것도 아니로되 오직 자라게 하시는 이는 하나님뿐이니라"(고전 3:7). 사도들은 하나님께서 그의 신령한 은혜를 드러내시기 위하여 친히 세우신 그 도구들을 사용하시는 한 성령의 능력이 그들의 복음 전도 사역에 발휘된다는 사실을 그렇게 표현하는 것이다. 그러나 유념해야 할 것은, 사람이 스스로 할 수 있는 일이 무엇이며, 오로지 하나님께서만 하시는 일이 무엇인가를 기억해야 한다는 사실이다.

12. 성례는 오로지 하나님의 도구에 불과함

성례가 틀림없이 우리의 믿음을 확증시켜 주기 때문에, 주께서는 우리가 주님이 성례 가운데서 약속하셨던 것 자체를 의지하지 못하도록 하시기 위하여 때때로 성례 그 자체를 없애기도 하시는 것이다. 하나님께서는 아담에게서 불멸의 선물을 빼앗으시고 그것을 그에게서 철회하시면서 말씀하시기를, "그가 그의 손을 들어 생명 나무 열매도 따먹고 영생할까 하노라"(창 3:22)고 하셨다. 이것이 무슨 뜻일까? 아담이 현재 타락하여 불멸성을 잃어버렸으나 그 열매가 아담에게 그의 불멸성을 회복시킬 수 있다는 뜻이었을까? 절대로 아니다! 주께서는 마치 이런 뜻으로 말씀하신 것이다: "나의 약속의 상징에 불과한 것에 대하여 헛된 신뢰를 품고 그것에 매어달릴까 하니, 불멸에 대해 소망을 갖게 만드는 것은 모두 그에게서 제거하리라."

그렇기 때문에, 사도는 에베소 교인들에게 그들이 "그 때에 … 그리스도 밖에 있었고 이스라엘 나라 밖의 사람이라 약속의 언약들에 대하여는 외인이요 세상에서 소망이 없고 하나님도 없는 자"였음을 상기시키면서(엡 2:12) 말하기를 그들이 할례를 받지 않은 무리였었다고 한다(엡 2:11). 여기서 그는 환유법(換喩法: metonymy)을 사용하여, 약속의 증표(token)를 받지 않은 사람은 약속 그 자체에서 제외된 것임을 뜻하는 것이다.

그들의 다른 반론 — 즉, 하나님의 영광이 물질들에게 전해지고 그것들에게 큰 능력이 부여되어 있으므로, 그만큼 하나님의 영광이 감소되는 것이라는 — 에 대해서도 우리의 답변은 분명하다. 곧, 우리는 물질에게 능력을 부여하지 않는다는 것이다. 다만 한 마디만 하자면, 하나님께서는 그가 보시기에 편리한 도구와 수단들을 사용하시므로, 모든 것들이 그의 영광을 위하여 사용될 수 있다는 것이다. 왜냐하면 그는 만유의 주요 심판주이시기 때문이다. 그는 떡과 기타 음식물들을 통해서 우리 몸을 먹이시며, 태양을 통해서 세상을 비추시며, 불을 통해서 세계를 따뜻하게 하신다. 그러나 떡이나 태양이나 불은 하나님께서 그것들을 도구로 사용하셔서 우리에게 복을 내려 주시는 것 이외에 아무것도 아닌 것이다.

이와 마찬가지로, 성례를 통해서 우리의 믿음을 영적으로 양육하시니, 성례의 기능은 하나님의 약속들을 우리의 눈 앞에 제시하여 우리로 하여금 그것을 바라보게 하며, 그리하여 그 약속들을 우리에게 보증해 주는 것이다. 그러므로 하나님의 자비하심과 너그러우심으로 우리로 하여금 사용하도록 해 주신 다른 물질들 — 하나님께서 우리에게 풍성한 복을 아낌없이 베풀어 주시기 위하여 사용하시는 것들 — 을 신뢰하지 말아야 하고, 또한 그것들 자체를 우리에게 베풀어진 선(善)의 원인들로 흠모하거나 높이지 말아야 할 의무가 우리에게 있는 것이다.

이와 마찬가지로, 우리가 성례 그 자체에 신뢰를 두어서도 안 될 것이며, 하나님의 영광이 성례 그 자체에게로 전이되었다고 여겨서도 안 되는 것이다. 오히려 모든 것들을 뒤로 제쳐두고, 우리의 믿음과 우리의 고백이 마땅히 성례를 비롯한 만유의 주인이신 하나님께로 올라가야 하는 것이다.

13. "사크라멘툼"이라는 단어의 용례

어떤 사람은 (라틴어로) "사크라멘툼"(성례)이라는 용어 자체를 근거로 하여 논리를 제시하지만, 그것도 전혀 설득력이 없다. 그들은 말하기를, "사크라멘툼"이라는 단어는 두드러진 작가들의 저서에서 여러 가지 의미로 쓰이지만 "표징"(signs)과 일치하는 의미는 하나밖에 없다고 한다. 곧, 그 단어는 병사가 군대에 들어갈 때 지휘관에게 행하는 엄숙한 맹세를 의미한다는 것이다. 신병(新兵)들이 이러한 군대의 맹세를 통해서 지휘관에게 충성을 약속하고 군인의 임무를 시작하는 것과 마찬가지로, 우리의 표징들을 통해서 우리가 그리스도께서 우리의 지휘관이심을 선언하는 것이요, 우리가 그의 깃발 아래에서 섬긴다는 것을 증거하는 것이라는 것이다.

그들은 그런 주장을 더 분명히 하기 위하여 여러 가지 비유들을 덧붙여 제시한다. 토가(toga)가 로마인들을 팔리움(pallium)으로 장식한 그리스인들과 구별지어 주며,[9] 또한 로마에서는 각기 자기들의 기장으로 소속을 구별하듯이(원로원 계급은 자주색과 초승달 모양의 구두로 기사 계급과 구별하고, 기사 계급은 반지로 일반 평민과 구별하였다), 우리도 불신자들과 구별되는 우리의 상징물을 지니는 것이라고 하는 것이다.

그러나 앞에서 제시한 논지들에서 너무도 분명히 드러나거니와, "사크라멘툼"이라는 명칭을 사용한 고대 사람들은 라틴어 작가들이 사용한 이 단어의 용례에 대하여 전혀 주의를 기울이지 않았고, 다만 그들이 자기들의 편의를 위하여 이러한 새로운 의미를 창안해 내어, 그저 거룩한 표징을 그 단어로 지칭했을 뿐이다.

그러나 좀 더 깊이 조사하기를 원한다면, "사크라멘툼"이라는 단어에다 현재 사용되는 그 단어의 의미를 붙여 놓은 것으로 보인다. 그리고 이는 "믿음"이라는 단어의 용례에서 나타나는 것과 똑같은 방식으로 이루어진 것이다. "믿음"이란 단어는 본래 약속들을 시행하는 신실함을 뜻했는데, 사람들이 진리 그 자체에 대하여 사람이 갖는 확실함 혹은 확고한 신념을 "믿음"이라는 단어로 지칭하게 된 것이다. 이런 식으로 해서, "사크라멘툼"이 신병이 지휘관에게 스스로 행하는 맹세의 행위였는데, 그들은 이를 지휘관이 병사들을 자기 휘하에 받아들이는 행위를 뜻하는 것으로 그 의미를 바꾸어 사용하였다. 성례를 통해서 주께서는 그가 우리의 하나님이 되고 우리는 그의 백성이 될 것을 약속하시는 것이다(고후 6:16; 겔 37:27).

그러나 그런 미묘한 문제는 지나가기로 하자. 내 생각에는 고대의 사람들이 "사크라멘툼"이라는 단어를 사용하면서 그것을 거룩하고 신령한 것들의 표징이라는 의미 이외에 다른 의미로 사용한 일이 없다는 것이 충분히 설득력 있게 입증되었다고 믿기 때문이다. 사실 우리의 반대자들이 외형적인 표징과 관련하여 제시하는 비유들 자체는 우리도 받아들인다. 그러나 우리가 용납할 수 없는 것은 성례에서 부차적인 것에 지나지 않는 것을 그들은 가장 주된 것으로 여기고, 심지어 유일한 것으로 여기기까지 한다는 점이다.

자, 가장 주된 것은 바로 성례가 하나님을 향한 우리의 믿음을 돕는다는 것이며, 부차적인 것은 바로 성례가 우리의 고백을 사람들 앞에 증거해 준다는 것이다. 이런 비유들이 그 부차적인 것에 적용되는 것은 타당성이 있다. 그러나 동시에, 성례에 있어서 가장 주된 요점도 그대로 보존되어야 마땅하다. 그렇지 않으면 눈에 보이는 그 신비한 성례의 생명이 사라져 버릴 것이다. 우리의 믿음을 돕는 도구와 우리의 가르침의 보조 수단으로서, 바로 그 목적을 위하여 사용되는 것이 아니라면 성례의 생명이 사라져 버리고 마는 것이다.

14. 마술적인 성례관의 오류

한편 우리가 반드시 기억해야 할 것은, 이렇게 성례의 효력을 약화시키고 그 사용을 완전히 뒤집어엎으려는 자들이 있는가 하면, 반대편에서는 하나님께서 성례에게 부여하셨다는 증거가 성경 어디에도 나타나 있지 않은 그런 어떤 신비한 능력이 마치 성례에 있는 것처럼 이야기하는 자들도 있다는 사실이다. 이러한 오류로 말미암아 단순하고 조심성 없는 사람들이 위험스럽게 현혹되어, 찾지도 못할 하나님의 특별한 은사들을 찾으라고 가르침을 받는 동안 점점 하나님께로부터 멀어져서 하나님의 진리보다도 허망한 것들을 추구하게 되는 것이다. 궤변가들의 무리들이 놀랍게도 목소리를 같이하여, 우리가 치명적인 죄로 장벽을 쌓지만 않으면 새로운 법에 속한 성례들(지금 기독교 교회에서 사용되고 있는 성례들)이 의로움을 얻게 해주고 은혜를 베풀어 준다고 가르치고 있는 것이다. 이런 사고가 얼마나 치명적이며 얼마나 해로운가 하는 것은 말로 다 할 수 없다. 더구나 여러 세기 동안 그런 사고가 세계의 상당 부분에서 유행처럼 제기되어왔고, 그리하여 교회에 엄청난 손실을 가져왔기 때문에 더욱 그러하다.

분명히 단언하건대, 그런 사고는 극악무도한 것이다. 믿음과는 상관 없이 의를 약속해 줌으로써, 영혼들을 곧장 멸망 속으로 던져넣기 때문이다. 또한 그런 사고는 의(義)의 원인이 성례에 있는 것처럼 주장함으로써 사람들의 불쌍한 마음을 이 미신으로 얽어매어 놓으며 — 그렇지 않아도 사람들의 마음은 언제나 이 땅의 것을 향하여 끌리는 경향이 있는데 — 그리하여 하나님께로부터 벗어나서 [성례에 소용되는] 물질의 겉모양을 바라보며 그것에서 안식을 찾도록 만든다. 우리가 이런 두 가지 오류에 대한 경험이 없어서 이렇게 구구하게 증거를 제시할 필요도 없었더라면 얼마나 좋았겠는가! 그러나 믿음과 상관 없이 받는 성례라니, 이것이 교회를 망치게 만드는 가장 확실한 요인이 아니면 무엇이란 말인가? 약속 이외에는 성례에서 아무것도 기대해서는 안 된다. 그러나 그 약속은 신자들에게 은혜를 베풀어 주는 것이지만 이에 못지않게 불신자에게는 진노를 선포하는 것이기도 한 것이다. 그러므로 하나님의 말씀이 제시하는 것과 참된 믿음으로 받는 것 이외에 다른 어떤 것을 성례를 통하여 더 받는다고 생각하는 사람은 스스로 속고 있는 것이다.

이로부터 다른 사실이 계속 이어진다. 곧, 구원의 확신이 성례에 참여하는지의 여부에 달려 있는 것이 아니라는 사실이다. 의롭다 하심이 성례에 있는 것이 아니기 때문이다. 우리가 알다시피, 의롭다 하심은 오직 그리스도 안에 있으며, 또한 그 의롭다 하심은 성례의 인(印)에 못지않게 복음의 선포에 의해서 우리에게 전달되며, 또한 성례의 인이 없이도 의롭다 하심을 얼마든지 완전하게 누릴 수가 있는 것이다. 이와 관련하여 아우구스티누스의 진술은 참으로 옳다 하겠다. 그는 말하기를, 눈에 보이는 표징이 없이도 눈에 보이지 않는 성화(聖化)가 있을 수 있으며, 또한 참된 성화가 없이 눈에 보이는 표징만 있을 수도 있다고 하였다.[10] 또한 다른 곳에서는 이렇게 말하고 있다: "사람들이 때로는 성례에 참여하는 데까지만 그리스도로 옷입고, 때로는 삶의 성화에 이르기까지 그리스도로 옷입는다. 전자의 경우는 선인과 악인에게 공통적으로 있을 수 있는 상태이지만, 후자의 경우는 오직 선인과 경건한 자에게만 해당되는 상태인 것이다."[11]

15. 물질과 표징의 구별에 대한 아우구스티누스의 가르침

그러므로, 아우구스티누스가 거듭거듭 제시하는 대로 성례와 성례에 사용되는 물질이 서로 구별된다는 것을 올바로 이해하여야 한다. 이렇게 구별한다는 것은 곧, 물질과 진리가 성례에 함께 포함되어 있음을 뜻할 뿐 아니라, 그 두가지가 서로 분리될 수 없을 정도로 서로 밀착되어 있는 것이 아님을 뜻한다. 따라서 둘이 함께 있다 할지라도 진리는 반드시 표징과 구별하여야 하며, 그리하여 그 중 어느 하나에 속한 것을 다른 것에게로 전이시켜서는 안 되는 것이다.

아우구스티누스는 또한 그 둘이 분리된다는 사실에 대해서도 말하기를, "오직 택한 자에게만 성례가 그 나타내는 바 효력을 발생한다"고 하였다.[12] 또한 그는 유대인들에 대하여 말하는 중에 이렇게 진술한다: "성례는 모든 사람들에게 공통적인 것이지만, 성례의 능력이 되는 은혜는 공통적인 것이 아니다. 또한 중생의 세례(딛 3:5)는 지금 모든 사람들에게 공통이지만, 그리스도의 지체들을 중생케 하여 그 머리와 함께 있게 하는 은혜 그 자체는 모든 사람들에게 공통적인 것이 아니다."[13] 또한 그는 다른 곳에서는 성찬에 대하여 이렇게 말한다: "우리는 오늘도 눈에 보이는 떡을 받지만, 성례와 또한 성례의 능력은 서로 다른 것이다. 수많은 사람들이 제단에서 받아 먹고도 죽으며, 받아 먹음으로써 죽는 일이 어째서 생겨나는가? 주님의 잔은 유다에게는 독(毒)이었다. 그가 악한 것을 받아 마셨기 때문이 아니라, 악한 사람이 악한 의도로 선한 것을 받아 마셨기 때문이다."[14]

그리고 조금 뒤에 가서는 이렇게 말한다: "그리스도의 살과 피와 연합을 의미하는 이 물질의 성례를 어느 곳에서는 날마다 주의 성찬으로 시행하고, 또 어느 곳에서는 날짜의 간격을 두어 시행하는데, 이것을 받고 생명에 이르는 사람도 있고, 사망에 이르는 사람도 있다. 그러나 그 성례를 구성하는 물질 그 자체는 그것에 참여하는 모든 사람에게 생명을 주기 위한 것이고, 어느 누구에게도 사망을 주기 위한 것은 아니다." 그리고 그보다 조금 앞에서는 이렇게 말한다: "먹은 사람은 죽지 않을 것이다. 즉, 눈에 보이는 성례가 아니라 그 성례의 능력에 이르는 사람을 뜻한다. 다시 말해서, 겉모양으로가 아니라 속으로 먹는 사람, 곧 이로 씹는 사람이 아니라 마음으로 먹는 사람은 죽지 않을 것이라는 말이다."[15]

이에 대해서 여러분이 한결같이 듣는 사실은 성례를 받는 자들의 무가치함 때문에 성례가 그 안에 담겨 있는 진리와 이렇게 분리되므로, 결국 허망하고 쓸모 없는 물질밖에는 아무것도 남아 있지 않는다는 것이다. 그러므로 그 진리가 없이 그저 표징만 받지 않고, 표징과 함께 물질을 받기 위해서는, 거기에 포함되어 있는 말씀을 믿음으로 받아들여야 하는 것이다. 그러므로 성례를 통하여 그리스도와의 하나 된 교제를 누리는 유익을 얻어야만 성례에서 유익을 얻는 것이 되는 것이다.

16. 성례와 관련하여 경계해야 할 두 가지 악

이런 설명이 다소 짧아서 좀 모호한 부분이 있다면, 좀 더 길게 설명하겠다. 그리스도께서 모든 성례의 요체 혹은 실체(substance)이시다. 성례의 모든 견고함이 그리스도 안에 있으며, 또한 그리스도를 떠나서는 성례가 그 어떠한 것도 약속해 주지 않기 때문이다. 그렇다면, 성례를 의와 구원의 원인들로 만드는 페테르 롬바르드(Peter Lombard)의 오류는 용납하기가 더 어렵다.[16] 성례는 의와 구원의 일부에 지나지 않기 때문이다. 그러므로 우리는 사람들이 자기들의 똑똑한 머리로 만들어내는 온갖 원인들과 결별하고 오직 이 한 가지 원인만을 붙들어야 할 것이다. 그러므로 우리가 성례들을 통하여 때로는 그리스도를 아는 참된 지식이 우리 속에서 더 촉진되고 확증되고 증가되는 도움을 얻고, 때로는 그리스도를 더욱 충만하게 소유하며 그의 풍성하심을 누리게 되는 도움을 얻게 되면, 그 만큼 성례의 효과가 나타나는 것이다. 그러나 성례에 베풀어져 있는 것을 참된 믿음으로 받을 때에 그런 효과가 일어나는 것이다.

그렇다면 악인들이 그들의 감사치 않음으로 하나님의 규례를 헛되게 만들고 무효화시킨다는 것인가? 여기서 이런 의문이 생길 것이다. 이에 대한 나의 답변은 다음과 같다. 곧, 내 말을 마치 성례의 효능과 진리가 그것을 받는 사람의 상태나 혹은 그 사람의 선택 여하에 달려 있다는 말처럼 이해해서는 안된다는 것이다. 사람들이 아무리 변화가 심하다 할지라도, 하나님께서 제정하신 것은 견고하게 서 있고 또한 그 본질을 그대로 유지하는 법이다. 베풀어 주는 것과 그것을 받는 것은 서로 별개이므로, 주의 말씀으로 거룩하게 제정된 상징의 그 실제적인 본질은 변함이 없고, 그 자체의 능력을 잃지도 않는다. 다만 악인에게나 불경한 사람에게는 이것이 아무런 유익을 주지 않는 것뿐이다. 아우구스티누스는 이런 문제를 한 마디로 잘 해결해 준다: "여러분이 육신적으로 받는다 해도, 그것은 그대로 신령한 것으로 남아 있다. 다만 여러분의 경우에 그것이 신령한 것이 되지 않을 뿐이다."[17]

아우구스티누스는 위의 구절에서 성례가 그 진리와 분리되면 무가치한 것이 되어 버린다고 말했는데, 다른 구절에서는 외형적인 표징에 너무 밀착되지 않도록 하기 위해서는 성례와 진리가 하나로 합쳐져 있는 상태에서라도 그 둘을 구별해야 한다고 가르친다. 그는 이렇게 말한다: "외형적인 표징을 따르고, 표징이 드러내고자 하는 실체를 버리고 표징 그 자체를 취한다는 것은 조잡한 연약함인 것처럼, 표징을 아무런 소용이 없는 것처럼 해석한다는 것은 터무니없는 오류인 것이다."[18]

그는 여기서 피해야 할 두 가지 악을 지적하고 있다. 첫 번째 악은 표징들이 마치 헛되이 주어진 것처럼 여겨서 그것을 대적함으로써 그 은밀한 의미를 파괴하거나 약화시키고, 그리하여 그것들이 우리에게 전혀 열매를 맺지 못하도록 만드는 것이다. 그리고 두 번째 악은 눈에 보이는 표징들 이상으로 우리의 마음을 높이지 않음으로써, 오직 그리스도께서만 우리에게 베풀어 주시는 그 은혜들을 그 표징들의 덕분으로 돌려 버리는 것이다. 그 은혜들은 우리를 그리스도 안에 동참한 자로 만드시는 성령으로 말미암아 베풀어지는 것이다. 여기서 외형적인 표징들이 우리를 그리스도께로 인도하는 경우는 그것들이 그런 은혜를 누리게 하는 데에 도움을 주지만, 그 표징들이 다른 방향으로 왜곡되는 경우에는 그 모든 가치가 파괴되고 마는 것이다.

17. 성례의 참된 기능

그러므로, 성례가 하나님의 말씀과 동일한 기능 — 곧, 그리스도를 우리에게 제시하고 세우며, 또한 그리스도 안에서 하늘의 은혜의 보화들을 제시하고 세우는 기능 — 을 갖고 있다는 것을 확정된 하나의 원리로 간주하도록 하자. 그러나 믿음으로 받지 않으면 성례는 아무런 유익도 소용도 없다. 마치 포도주나 기름이나 기타 액체를 그릇에다 부을 때 그 그릇의 입구가 열려 있지 않으면 아무리 많이 부어도 그냥 바깥으로 흘러서 사라질 뿐이다. 그릇의 바깥은 흥건하게 젖어 있어도, 그릇은 그저 텅빈 상태 그대로 남아 있는 것이다.

또한 고대의 스승들이 성례의 위엄을 높이기 위하여 다소 지나치게 진술한 내용들 때문에 그 비슷한 오류에 빠지는 일이 없도록 주의를 기울여야 할 것이다. 즉, 하나님께서 성례들에 부여하신 유일한 기능은 오직 우리를 향하신 하나님의 선하신 뜻을 우리에게 확증하며 증거하는 것인데, 마치 무슨 신비한 능력이 성례에 주어져 있어서 성례 그 자체가 성령의 은혜들을 우리에게 베풀어 주는 것처럼 생각하는 오류가 없도록 경계해야 한다는 뜻이다. 성령께서 함께 하시지 않으면 성례들은 더 이상 유익이 없는 것이다. 왜냐하면 우리의 마음과 정신을 여시고 우리로 하여금 이 증거를 받아들이도록 만드시는 분이 바로 성령이시기 때문이다. 그가 함께 하사 그런 역사를 일으키실 때에 성례 가운데서 갖가지 다른 하나님의 은혜들이 환하게 드러나는 것이다.

이미 앞에서 지적한 바와 같이,[19] 성례들은 우리에게는 마치 기쁜 소식을 전하는 사자나 계약들을 확증해 주는 보증물과도 같아서, 그 자체가 우리에게 어떤 은혜를 베풀어 주는 것이 아니라 다만 하나님께서 자비하심으로 우리에게 베풀어 주시는 은혜들을 우리에게 선언하고 전해 주며, 또한 보증물과 증거물로서 그 은혜들을 우리들 가운데서 확증시켜 주는 것이다. 성령이야말로(성례가 모든 사람에게 차별 없이 성령을 소유하게 해 주는 것이 아니라 주께서 오직 자기 백성에게만 성령을 베풀어 주신다) 하나님의 은혜들을 가져다주시며, 우리들 가운데 성례를 받을 여지를 주시고, 성례들이 열매를 맺도록 하시는 분이신 것이다.

하나님께서 그가 제정하신 성례 제도 자체 속에 그의 성령의 임재의 능력을 통하여 임재해 계신다는 것을 우리는 부인하지 않는다. 그러나 그럼에도 불구하고, 그가 제정하신 성례의 시행이 열매 없거나 헛된 것이 되지 않도록 하기 위하여, 우리는 성령의 내적인 은혜를 외형적인 성례의 사역과 구별시켜서 별도로 다루어야 할 것이다. 그러므로, 하나님께서는 표징을 통해서 약속하시고 나타내시는 것은 무엇이든 진실로 이행하시며, 또한 표징들도 효과가 없는 것이 아니다. 그것들은 그 제정하신 주님의 신실하심과 진실하심을 증명해 주기 때문이다. 여기서 한 가지 문제는 과연 하나님께서는 그들의 말처럼 그 자신의 고유한 능력으로 역사하시는가, 아니면 그 자신의 일을 외형적인 상징물들에게 넘겨주시는가 하는 것이다. 이에 대해서 우리는, 하나님께서 어떠한 도구를 사용하시든 간에, 하나님의 고유한 활동은 전혀 저촉을 받지 않는다고 본다.

성례에 대하여 이렇게 가르치게 되면, 성례의 가치가 정당하게 장려되며, 성례의 용도가 분명히 제시되고, 그 진의가 풍성하게 선포되며, 또한 성례에 소용되는 최선의 수단이 유지되므로, 성례에게 주어지지 않아야 할 것은 하나도 주어지지 않게 되고, 또한 반대로 성례에게 속한 것들은 하나도 제거되지 않게 된다. 그리고 한편으로는, 칭의의 원인과 성령의 능력이 성례의 물질 속에 내재되어 있다는 ― 마치 그릇 속에 들어 있듯이 ― 거짓된 가르침이 제거될 뿐 아니라, 어떤 이들이 지금까지 간과해온 성례의 주요 효력이 분명하게 제시되기도 하는 것이다.

또한 다음과 같은 점도 생각해야 한다. 곧, 목사가 외형적인 행위로 나타내고 증거하는 바를 하나님께서 속에서 이루신다는 것이다. 하나님께서 홀로 행하시는 역사를 유한한 인간에게 돌리는 일이 없도록 하기 위함이다. 아우구스티누스는 또한 이에 대해서 다음과 같이 매우 지혜롭게 교훈하고 있다: "어떻게 모세와 하나님이 함께 거룩하게 하는가? 모세가 하나님을 대신해서 거룩하게 하는 것이 아니라, 모세가 눈에 보이는 성례를 섬길 때에 하나님께서 성령을 통하여 눈에 보이지 않는 은혜를 베푸심으로써 거룩하게 하시는 것이다. 성례의 모든 열매가 여기에 있는 것이다. 이처럼 눈에 보이지 않는 은혜의 거룩하게 하심이 없다면, 이런 눈에 보이는 성례에서 얻는 것이 무엇이겠는가?"[20]

18. 넓은 의미에서의 성례

지금까지 성례의 본질을 논의하면서 살펴보았거니와, "성례"라는 용어는 일반적으로 하나님께서 그의 약속들의 진실성을 더욱 확신하게 하고 신뢰하게 하기 위하여 사람들에게 베풀어 주신 모든 표징들을 다 포괄한다. 그는 이런 표징들을 때로는 자연적인 것들 속에서 나타내기를 원하셨고, 때로는 그것들을 이적들 속에서 드러내기도 하셨다.

첫 번째 종류에 대한 실례를 몇 가지 들어 보자. 하나님께서는 아담과 하와에게 생명 나무를 그들의 불멸에 대한 보증물로 주셨는데, 이는 그들이 그 열매를 먹는 한 자기들이 불멸한다는 것을 확신하게 해 주는 것이었다(창 2:9; 3:22). 또한 노아와 그의 후손들을 위하여 무지개를 세우셨는데, 이는 다시는 땅을 홍수로 멸하지 않으시겠다는 하나의 증거물이었다(창 9:13-16). 아담과 노아는 각기 그것들을 성례로 간주하였다. 나무 자체가 그들에게 불멸을 가져다주는 것이 아니었고, 무지개도 태양빛이 반대편에 있는 구름에 반사된 것에 불과하므로 그 자체가 홍수를 막는 효과를 낼 수 있는 것이 아니었다. 그러나 하나님께서 말씀으로 그것들에게 표징을 새겨 놓으셨기 때문에 그것들이 하나님의 언약의 증거요 인(印)이 된 것이다. 사실 그 나무도 그 이전에도 나무로 있었고, 무지개 역시 무지개 그대로였다. 그런데 하나님의 말씀으로 말미암아 그것들에게 하나의 새로운 형식이 새겨졌고, 그리하여 과거에는 없던 본질을 새로이 지니게 된 것이다.

아무도 이런 것들이 헛되이 세워졌다고 생각하지 못하도록 하기 위하여, 심지어 오늘날까지도 무지개는 우리에게 주님께서 노아와 맺으신 그 언약의 증거로 남아 있는 것이다. 그것을 바라볼 때마다 우리는 절대로 땅이 홍수로 멸망하는 일이 없으리라는 하나님의 약속을 그 속에서 읽는 것이다. 그러므로, 혹 천박한 이론가가 무지개의 그 다양한 색들은 반대편에 있는 구름에 투영된 광선에서 자연적으로 발생되는 것이라고 주장하며 우리의 단순한 믿음을 조롱한다면, 그런 주장을 그대로 인정하도록 하자. 그러나 동시에, 자연의 주시요 또한 주관자이신 하나님께서 그의 뜻에 따라 자연의 모든 요소들을 사용하셔서 그의 영광을 드러내신다는 사실을 깨닫지 못하는 그의 우매함에 조소를 보내자. 만일 하나님께서 태양이나 별이나 땅이나 돌에 그런 의미 있는 말씀을 새겨 놓으셨다면, 그 모든 것들이 우리에게 성례가 되는 것이다. 똑같은 은(銀)이라도 천연 그대로의 은과 동전으로 만들어진 은은 서로 전연 다른 것이 아닌가? 천연의 은은 자연 상태 그대로 있지만, 동전으로 만들어 놓은 은은 거기에 공식 표지가 새겨져 있어서 전연 새로운 가치가 부여되어 있는 것이다. 그러니, 하나님께서 자신이 친히 창조하신 것들에 그의 말씀을 새겨 넣으셔서, 그 전에는 그저 물질에 불과하던 것들을 성례로 만드실 수 없겠는가?

두 번째 종류에 대한 실례는 다음과 같은 것들이 있다. 아브라함이 연기 나는 화로에서 불타는 횃불을 본 것이나(창 15:17), 또한 기드온에게 승리를 약속하실 때에 하나님께서 양털이 이슬에 젖어 있고 땅은 그대로 마른 상태에 있도록 하시고, 또 양털은 그대로 있고 땅만 이슬에 젖어 있도록 하신 것이나(삿 6:37-40), 히스기야에게 안전을 약속하실 때에 해 그림자가 십 도를 뒤로 물러가도록 하신 예가 그것이다(왕하 20:9-11; 사 38:8). 이것들도 그들의 연약한 믿음을 뒷받침하고 확증하기 위하여 행해진 것이므로, 이것들 역시 성례들이었다 하겠다.

19. 교회의 일상적인 성례

그러나 우리의 현재의 의도는 특별히 주께서 그를 예배하는 자들과 그의 종들을 한 믿음과 한 믿음의 고백 안에서 양육하시기 위하여 교회 안에 일상적으로 있기를 바라신 그런 성례들을 논의하는 것이다. 아우구스티누스의 말을 빌리면, "눈에 보이는 표징이나 성례를 공통적으로 사용하여 하나로 연합되지 않으면, 참된 종교든 그릇된 종교든 그 어떤 종교의 이름으로도 사람들을 하나로 묶을 수 없는 것이다."[21] 지극히 자비로우신 우리 아버지께서는 이런 필요를 미리 보시고서 처음부터 그의 종들에게 구체적인 경건의 행위들을 제정해 주셨다. 그런데 사탄이 그것들을 사악하고도 미신적인 예배의 행위로 바꾸어 놓음으로써 그것들을 온갖 면에서 타락시켰고 부패시켰다. 그리하여 이방인들에게서 나타나는 신비 종교의 입문 예식 같은 타락한 예식들이 생겨난 것이다. 그러나 그것들은 물론 오류와 미신이 가득하지만, 사람들이 그런 외형적인 표징이 없이는 종교를 표방할 수 없다는 것을 보여 주는 하나의 증거인 것이다. 그러나 그것들은 하나님의 말씀에 근거하지도 않고 모든 표징들이 드러내 주어야 할 그 진리와 관계되는 것도 아니기 때문에, 하나님께서 제정하셨고 참된 경건을 돕는 그 근본 목적에서 벗어나지도 않은 그 거룩한 상징물들에 대해 언급할 때에, 그것들은 떠올릴 가치가 없는 것이다.

그것들은 또한 나무와 무지개의 경우처럼 단순한 표징으로 되어 있지 않고, 의식들로 되어 있다. 아니면, 여기 주어져 있는 표징들이 바로 의식들이다. 그러나 앞에서 말한 바와 같이, 표징들은 주께서 베푸시는 은혜와 구원을 증거하는 것들이요, 또한 우리들에게는 우리의 고백의 증표들로서 그것들을 통해서 하나님께 드리는 복종을 공개적으로 서원하는 것이요, 또한 우리 자신을 그에게 드리는 충성 가운데 매어 놓는 것이다. 그러므로 어디선가 크리소스톰은 그것들을 가리켜 "언약들"이라고 적절하게 불렀다. 하나님께서는 그것들로써 우리와 스스로 연관을 가지시고, 또한 우리 편에서도 그것들을 통해서 순결하고도 거룩한 삶을 살기로 서약하며, 그리하여 하나님과 우리들 자신 상호 간에 하나의 약정이 맺어지는 것이기 때문이다.[22]

주께서 우리가 범죄하여 저지른 죄책과 형벌을 그 표징들 속에서 삭제하시고 도말하실 것을 약속하시며 그의 독생자 안에서 우리를 자기와 화목시키시듯이, 우리 편에서도 이런 표징을 통하여 고백함으로써 경건과 무죄를 추구할 것을 우리 스스로 하나님께 약속하는 것이다. 그러므로, 그런 성례들이야말로 하나님께서 그의 백성들을 훈련시키사 첫째로, 내적인 믿음을 장려하시고 일깨우시며 확증하시며, 둘째로, 그들의 신앙을 사람들 앞에서 증거하게 하시는 의식들이라고 말할 수 있을 것이다.

(구약의 성례들과 신약의 성례들. 20-26)

20. 구약의 성례들: 그리스도를 지향함

주께서는 사람들에게 여러 가지 방식으로 자신을 계시하시기를 기뻐하셨는데, 성례는 그런 주님의 경륜에 따라서 시대에 맞도록, 매우 다양하게 주어졌다. 아브라함과 그의 후손들에게는 할례가 주어졌고(창 17:10), 그 후에는 모세의 율법에 의거하여 결례(레 11-15장)와 희생 제사 등 기타 의식들(레 1-10장)이 덧붙여졌다. 그리고 이러한 유대인들의 성례는 그리스도의 강림까지 시행되었고, 그가 강림하시면서 그 성례들이 폐기되었으며, 대신 기독교 교회가 현재 사용하고 있는 두 가지 성례, 곧 세례와 성찬이 제정되었다(마 28:19; 26:26-28). 내가 지금 말하는 것은 교회 전체가 사용하도록 제정된 것들이다. 교회의 목사들을 임직시킬 때에 행하는 안수례를 성례라 부르는 것에 대해 반대할 마음은 없다. 그러나 그것을 일상적인 성례에 포함시키지는 않겠다. 흔히 성례로 여겨지는 나머지 것들이 어떤 위치에 있어야 하는지에 대해서는 곧 살펴보기로 하자.[23]

고대의 성례들도 우리의 성례들과 동일한 목적 — 곧, 사람들에게 그리스도로 향하도록 방향을 지시하고 거의 손으로 끌어서 그에게로 인도하는 목적 — 을 지향하는 것들이었다. 아니, 차라리 그리스도를 드러내어 그를 널리 보여서 알려주는 형상들이었다고 하는 것이 옳겠다. 이미 말한 바와 같이 성례들은 하나님의 약속들을 보증하는 인(印)인데, 그리스도 안에서 주어진 것 외에는 그 어떠한 약속도 사람들에게 주어진 적이 없다는 것이 매우 분명하다(고후 1:20). 따라서 하나님의 약속에 대해서 생각하게 할 때마다 언제나 그리스도를 드러내 보일 수밖에 없었다. 산 위에서 모세에게 하늘의 장막의 식양과 율법 아래서 드리는 예배의 형식을 제시한 것이(출 25:9, 40; 26:30) 바로 이를 위함이었던 것이다. 다만 한 가지 차이가 있다면, 구약의 성례들은 약속하신 그리스도께서 아직 임하시기 전에 그를 미리 보여 주는 것이었고, 신약의 성례들은 이미 임하셨고 계시되신 바 된 그리스도를 증거하는 것이라는 점이다.

21. 할례, 결례, 희생 제사의 의미

이런 성례들을 개별적으로 설명하면, 훨씬 더 분명해질 것이다.

유대인들에게 있어서 할례는, 사람의 씨에서 나는 것은 무엇이든지 다 — 즉, 인류의 본성 전체 — 부패하여 있어서 제거해야 할 필요가 있다는 것을 배우는 상징이었다. 더 나아가서, 할례는 아브라함에게 주신 약속을 — 즉 장차 온 땅의 족속들로 하여금 복을 받게 해 주며(창 22:18) 또한 그들 자신에게도 복을 가져다줄 그 복된 자손에 대한 약속 — 보증하며 그것을 상기시켜 주는 표였다. 그런데 바울이 가르치는 대로, 그 구원하는 자손이 바로 그리스도셨다(갈 3:16). 그들은 오직 그리스도 안에서, 아담 안에서 잃어버린 것이 회복될 것을 믿은 것이다. 바울은 할례가 아브라함에게는 믿음으로 말미암는 의의 표였다고 가르치는데(롬 4:11), 따라서 할례는 그의 후손들에게 바로 그런 의미를 지녔던 것이다. 즉, 그 복된 자손을 믿는 그들의 믿음을 더욱 확신하게 해 주는 하나의 인(印)이었다. 그들은 그 믿음으로 그 자손을 기다렸는데, 하나님께서는 그들의 그 믿음을 의로 인정하신 것이다. 그러나 할례와 세례를 상세히 비교하는 문제는 좀 더 적절한 곳에서 다루기로 하자.[24]

그들 자신의 본성이 더러워져 있는데, 결례가 그러한 그들의 불결함과 추함과 더러움을 드러내 보여 준다. 그러나 결례는 동시에 그들의 모든 더러움을 제거하고 깨끗이 씻겨내게 될 또 다른 씻음을 약속하는 것이었다(히 9:10, 14). 그리고 이 씻음은 바로 그리스도셨다. 우리는 그리스도의 피로 씻은 바 되어(요일 1:7; 계 1:5), 우리의 모든 더러움이 덮여지도록 그렇게 그리스도의 정결함을 하나님 앞에 내어 놓는 것이다.

희생 제사는 그들의 불의를 깨닫게 하고, 또한 동시에 무언가 하나님의 공의를 만족시키는 것이 지불되어야 한다는 것을 가르쳐 주는 것이었다. 또한 희생 제사는 누군가 대제사장이, 즉 하나님과 사람 사이의 중보자가 계셔서 그 피를 흘림으로써 하나님께 만족을 드려야 하며, 죄 사함을 받기에 충족한 제사를 드려야 한다는 사실도 가르쳐 주는 것이었다. 이 대제사장이 바로 그리스도셨다(히 4:14; 5:5; 9:11). 그가 자기 자신의 피를 흘리셨고, 그가 친히 희생 제물이 되셨고, 그가 자신을 드리사 죽기까지 아버지께 순종하신 것이다(빌 2:8). 그가 자신의 순종하심으로 말미암아 하나님의 진노를 촉발시켰던 사람의 불순종을 도말하신 것이다(롬 5:19).

22. 신약 시대의 성례들이 그리스도를 더욱 충만히 드러냄

우리의 성례에 대해서는, 그리스도께서 사람들에게 충만히 계시될수록 성례들도 아버지께서 약속하신 대로 그가 참되게 계시되신 그때로부터 그를 우리에게 더욱 분명하게 드러내는 것이다. 세례는 우리가 정결하게 씻겨졌다는 것을 증거해 주며, 성찬은 우리가 구속받았음을 증거해 준다. 물로는 깨끗이 씻음을 나타내며, 피로는 만족을 나타낸다. 그리고 이 두 가지가 그리스도에게서 나타난다. 그는 요한의 말씀처럼 "물과 피로 임하신 이"이시다(요일 5:6). 곧, 깨끗이 씻으시고 구속하시는 분이라는 뜻이다. 하나님의 영도 이를 증거하신다. 과연 "증언하는 이가 셋이니 성령과 물과 피라 또한 이 셋은 합하여 하나이니라"(요일 5:7-8). 물과 피는 정결케 씻음과 구속을 증거하는 것이다. 그러나 최고의 증인이신 성령께서 우리로 하여금 그런 증거를 확신하게 만드시는 것이다. 이러한 고귀한 신비는 그리스도의 십자가 상에서 놀랍게 우리에게 드러났다. 그때에 물과 피가 그의 옆구리에서 쏟아져 나온 것이다(요 19:34). 그렇기 때문에 아우구스티누스는 십자가를 가리켜 우리의 성례의 원천(源泉)이라고 부른 것이다.[25]

이 사실을 좀 더 자세하게 논의하기로 하자. 시대별로 비교해 보면, 성령의 은혜가 지금 더 풍성하게 나타나고 있다는 것을 의심할 수가 없다. 이는 여러 구절들에서, 특히 요한복음 7장에서 확실히 드러나는 바와 같이, 성령의 은혜가 그리스도의 나라의 영광을 이루는 것이기 때문이다(참조. 요 7:38-39). 율법 아래 있는 것들은 그림자요, 그리스도 안에 있는 것은 몸이라는 바울의 진술도 이런 의미로 이해해야 한다(골 2:17). 그렇다고 해서 바울이 하나님께서 그 옛날 족장들에게 자신의 신실하심을 보여 주고자 하신 — 오늘날도 세례와 성찬을 통하여 우리에게 똑같이 하시듯이 — 그 은혜의 증거들의 효과를 제거하려는 의도로 그렇게 말하는 것은 아니다. 그의 의도는 오히려, 둘을 비교함으로써 우리에게 베풀어진 증거들을 극대화시켜서 어느 누구도 그리스도께서 강림하심으로 율법의 의식들이 폐지되었다는 것을 이상하게 생각하지 않도록 하고자 하는 것이었다.

23. 구약의 성례와 신약의 성례의 유사점과 차이점

그러나 스콜라 신학자들의 교리를 철저히 거부해야 한다. 그들의 교리에 대해서 잠시 말하자면, 옛 율법에 속한 성례들과 새 법에 속한 성례들의 큰 차이를 주목하면서, 마치 옛 율법에 속한 성례들은 하나님의 은혜를 슬쩍 비출 뿐이지만 새 법에 속한 성례들은 그 은혜를 현재의 실체로 제시해 주는 것처럼 주장하는 것이다. 사실 사도는 조상들도 우리와 동일한 신령한 음식을 먹었다고 가르치며 그 음식을 그리스도로 설명하는데(고전 10:3, 4), 여기서 그는 전자에 대해서나 후자에 대해서나 똑같이 분명하게 말해 주고 있는 것이다. 유대인들에게 그리스도와의 참된 하나 된 교제를 나타내 주었던 것을 누가 감히 허망한 표징으로 취급할 수 있단 말인가? 바울이 거기서 다루고 있는 문제의 본질로 볼 때에, 분명히 우리 쪽이 설득력이 있는 것이다. 어느 누구도 그리스도에 대한 메마른 지식과 허망한 기독교의 이름과 외형적인 표지들에 의지하여 하나님의 심판을 감히 멸시하지 못하도록 하기 위하여, 바울은 과거 유대인들에게서 나타나는 하나님의 엄하신 역사의 실례를 제시함으로써, 그와 동일한 악행에 빠지면 우리도 과거 유대인들이 당했던 것과 똑같은 징벌을 당할 것이라는 사실을 유념하도록 우리를 깨우치고 있는 것이다.

자, 그 비교가 적절한 것이 되려면, 우리들과 유대인들 사이에 하나님의 은혜들을 받는 면에서 ─ 바울은 이 은혜들을 거짓되이 자랑하지 말라고 명한다 ─ 불평등한 점이 없다는 것이 입증되어야만 했다. 그러므로 바울은 우선 성례에 있어서 그들이 우리와 동등하다는 것을 보여 준다. 그리고 그는 우리의 영혼들로 하여금 벌을 받지 않고 그냥 지나갈 소망을 가질 수 있도록 만들어 주는 특권을 조금도 남겨 두지 않는다. 또한 그가 다른 곳에서 할례를 "믿음으로 된 의를 인친 것"이라 부를 때에(롬 4:11) 할례에 부여하는 것 이상의 의미를 우리의 세례에 부여하는 것도 합당한 일이 아니다. 그러므로, 오늘날의 성례가 우리에게 무엇을 보여 주든지 간에, 옛날의 유대인들도 그들의 성례를 통하여 동일한 것을 ─ 즉, 그리스도를 그의 영적 풍성함과 함께 ─ 받은 것이다. 그들도 그들의 성례를 통하여 우리들과 마찬가지로 동일한 능력을 느꼈다. 그들에게 주어진 성례들도 그들을 향하신 하나님의 선하신 뜻을 인쳐 주는 것이었고, 그리하여 영원한 구원을 바라보게 하는 것이었다.

우리의 반대자들이 건전한 히브리서 해석자들이었더라면, 그런 식으로 속아넘어가지는 않았을 것이다. 그러나 그들은 히브리서에서 율법의 의식들을 통해서 죄가 속해지지 않았다는 말씀이나, 옛날의 그림자들은 의를 위하여 전혀 중요하지 않다는 말씀을 읽으면서(참조. 히 10:1), 거기서 논의되고 있는 대조를 무시해 버리고, 율법 그 자체가 그것을 지키는 자들에게 아무런 유익을 주지 못한다는 이 한 가지 사실에만 집착한 나머지, 의식들은 진리가 없는 껍데기뿐이라는 식으로 생각해 버린 것이다. 그러나 사도의 의도는 다만 그리스도께서 강림하실 때에 의식에 관한 율법이 무(無)가 된다는 것을 보여 주고자 하는 것뿐이었다. 그 의식법의 효능 전체가 그리스도께 달려 있기 때문이었다.

24. 할례에 대한 바울의 가르침

그러나 그 반대자들은 바울 서신에서 "율법 조문의 할례"에 관하여 읽은 내용을 인용하여(롬 2:29), 할례는 하나님과 아무런 관계가 없고, 아무것도 주지 못하며, 따라서 헛된 것이라고 하며 반론을 제기할 것이다. 그런 진술들이 마치 할례를 우리의 세례보다 훨씬 낮은 것으로 취급하는 것처럼 보이기 때문이다(참조. 롬 2:25-29; 갈 5:6; 6:15; 고전 7:19). 그러나 절대로 그렇지 않다. 세례에 대해서도 똑같은 진술을 할 수가 있다. 사실 그런 진술이 나타나고 있다. 먼저, 바울은 우리가 마음이 함께 내적으로 정결하게 되고 마지막까지 순결한 가운데 인내하지 않으면 우리가 신앙에 입문하면서 외형적인 씻음을 받는다 해도 하나님께서 전혀 관계치 않으신다는 것을 말하고 있고(참조. 고전 10:1-5), 또한 베드로는 세례의 진실성은 외형적인 씻음에 있는 것이 아니라 깨끗한 양심의 증거에 있다는 것을 말하는 것이다(벧전 3:21).

그러나 그들은 또 다른 곳에서 바울이 그리스도의 할례와 비교하면서 손으로 행하는 할례를 완전히 경멸하는 것처럼 보인다고 하면서 반론을 제기할 것이다(골 2:11-12). 이에 대한 나의 대답은, 이 구절에서 구약의 할례의 위엄이 그어떤 식으로도 축소되지 않는다는 것이다. 거기서 바울은 할례가 이미 폐기되었는데도 그것이 마치 필수적인 것처럼 여겨서 그것을 요구하는 자들을 상대로 말하고 있다. 그러므로 그는 신자들에게 옛 그림자를 버리고 진리 안에 굳게 서라고 권면하는 것이다. 그의 말은 이런 의미이다: "이 교사들이 너희더러 육체의 할례를 받으라고 강권하지만, 너희는 영혼과 육체가 모두 영적으로 할례를 받은 것이다. 그러므로 너희에게는 실체가 나타나 있으니, 그것은 그림자보다 훨씬 더 나은 것이다."

그러나 한편, 사람이 실체를 누리게 되었다 할지라도 그림자를 멸시해서는 안 된다고 반박할 사람이 있을 수도 있었다. 족장들의 경우에도 바울이 말하는 것처럼 옛 사람을 벗어 버렸으나, 그렇다고 해서 육체의 할례가 그들에게 전혀 쓸모 없게 된 것은 아니지 않느냐는 식으로 말이다. 바울은 이러한 반론을 미리 예견하고서, 곧바로 덧붙이기를, 골로새 교인들은 세례로 말미암아 그리스도와 함께 장사된 것이라고 말한다(골 2:12). 이 말씀의 의미는 곧, 오늘날 그리스도인들에게 있어서 세례는 바로 옛 사람들에게 있어서 할례와 같은 것이며 따라서 할례를 그리스도인들에게 명하게 되면 세례를 침해하지 않을 수가 없다는 것이다.

25. 구약의 의식들에 대한 신약의 가르침에 대한 해명

반대자들은 또 말하기를, 앞에서 말한 그 구절 다음에 이어지는 내용은 더욱 해결하기가 어렵다고 한다. 유대인들의 모든 의식들이 장래 일의 그림자들이었고 몸은 그리스도 안에 있다는 진술이 바로 그것이다(골 2:17). 사실 그렇게 말하자면, 히브리서의 여러 장들에서 논의하는 내용들이 무엇보다 가장 어렵다 할 것이다. 예를 들면, 짐승의 피는 양심의 문제까지 해결해 주지 못했다는 것이나

(히 9:12 이하), 율법은 장래의 축복들의 그림자일 뿐이요 그 실체의 참 형상이 아니었다는 것이나(히 10:1; 참조. 8:4-5), 모세의 의식들로는 예배하는 자들이 온전함을 얻지 못했다는 것(히 7:19; 9:9; 10:1) 등이 그것이다.

이에 대해서는 이미 간단히 언급한 내용을 반복하여 말하고자 한다. 바울이 율법의 의식들을 그림자로 말한 것은 그것들이 실체가 없었기 때문이 아니라, 그리스도께서 임하시기까지 그것들의 성취가, 이를테면 미결(未決) 상태로 있었기 때문이다. 그러나 이 말은 그 효능이 그러했다는 뜻이 아니고, 그 의미의 양식이 그러했다는 뜻이다. 그리스도께서 육체로 나타나시기까지는, 마치 그가 계시지 않는 것처럼 모든 예표들이 그의 그림자가 되어 그를 나타내 주었다. 얼마든지 그가 친히 역사하셔서 신자들 가운데서 그의 능력과 그 자신의 임재를 내적으로 느끼도록 해 주실 수 있었지만 말이다.

그러나 여기서 특별히 주목해야 할 것은 이 모든 구절들 속에서 바울은 그냥 말하는 것이 아니고 논쟁을 하고 있다는 사실이다. 그는 경건이 그리스도와는 관계 없이 의식들 속에 있다는 식으로 주장하는 거짓 사도들과 싸우는 중이었으므로, 의식들 그 자체에 어떤 가치가 있는가를 드러내면 자연히 그들의 주장을 물리칠 수가 있었던 것이다. 히브리서 기자 역시 이런 의도를 가지고 있었다.

그러나 여기서 기억해야 할 것은, 바울이 논의하는 것은 의식 그 자체의 참되고 자연적인 의미에 관한 것이 아니고, 의식들에 대한 거짓되고 왜곡된 해석에 관한 것이라는 점이다. 의식들의 정당한 용도가 아니라, 그것들의 미신적인 악용을 논하고 있다는 사실이다. 그렇다면, 그리스도를 떠나서는 의식들이 아무런 힘이 없다는 것이 이상할 것이 무엇이란 말인가! 의식들이 의미하는 바 그 실체가 없어지면, 그 의식들에 속한 모든 것이 무의미해지는 것은 당연한 일이 아닌가! 그리하여 그리스도께서는 만나를 그저 위(胃)를 채워 주는 양식으로만 생각하는 사람들을 대하시면서 그들의 우둔한 생각에 맞추셔서 말씀하시기를, 영혼들을 먹여서 영생의 소망을 갖게 하시는 주님이 주시는 양식이 그보다 훨씬 더 나은 것이라고 하시는 것이다(요 6:27).

그러나 이런 반론들에 대하여 명확한 답변을 요구한다면, 이 모든 문제가 다음과 같은 사실들로 집약된다 하겠다. 첫째로, 모세의 율법에 속한 모든 화려한 의식들은, 그것들이 그리스도께로 인도하는 것이 아니면 그저 덧없이 지나가는 무가치한 것들일 수밖에 없다는 것이요, 둘째로, 그 의식들은 그리스도를 바라보는 것들이었고, 그가 드디어 육체로 나타나심으로써 성취될 것들이었으며, 마지막으로, 마치 밝은 태양빛 속에서는 그림자가 사라지듯이 그리스도의 강림하심으로 말미암아 그것들이 폐기되는 것이 합당했다는 것이다. 이 문제에 대한 더 상세한 논의는 세례와 할례를 비교할 때에 다룰 계획이므로,[26] 여기서는 그저 간결하게 언급만 하고 지나가기로 한다.

26. 구약과 신약의 성례의 비교에 대한 아우구스티누스의 진술

이 가련한 궤변가들이 어쩌면 고대의 저술가들에게서 나타나는 성례들에 대한 지나친 찬양들 때문에 속아넘어간 것일지도 모르겠다. 아우구스티누스의 다음과 같은 진술이 그렇다: "옛 율법에 속한 성례들은 구주를 약속한 것뿐이었으나 우리의 성례는 구원을 베푼다." 이런 비슷한 비유적인 표현들이 과장된 것임을 알지 못하고, 그들도 자기들 나름대로 과장하였으나 고대 교부들의 가르치는 바와 전혀 의미가 달랐다. 아우구스티누스의 이 말은 다른 곳에서 나타나는 그의 다른 진술과 동일한 의미이기 때문이다: "모세의 율법에 속한 성례는 그리스도를 예고했으나, 우리의 성례는 그리스도를 선포하는 것이다."[27] 또한 파우스투스를 반대하여 이렇게 말한다: "그들의 것은 장차 이루어질 것들의 약속들이었으나, 우리의 것은 이미 이루어진 것들을 보증하는 것이다."[28] 그의 진술은 이런 뜻이다: "그들의 성례들은 아직 그를 기다리는 동안 그를 나타내 주었으나, 우리의 성례들은 이미 강림하신 그를 마치 계시는 것처럼 보여 주는 것이다." 또한 그리스도를 나타내는 방식에 대해서도, 다른 데서 이렇게 말한다: "율법과 선지자에게는 장차 올 것을 예고하는 성례들이 있었으나, 우리 시대의 성례들은 그것들이 미래의 사건으로 선포했던 그것이 이미 임하였음을 증거해 주는 것이다."[29]

그러나 성례들이 나타내는 그 실체와 그 효능에 대한 그의 이해는 여러 곳에서 나타난다. 그는 말하기를, 유대인들의 성례들은 그 표징들에 있어서는 다르나 그 나타내는 실체에 있어서는 동일하며, 눈에 보이는 모양은 다르나, 영적 능력은 동일하다고 한다. 이와 마찬가지로 그는 이렇게 말한다: "표징들은 다르나 거기에 동일한 믿음이 있다. 단어들이 다르듯이, 표징들도 마찬가지로 다르다. 단어도 그 소리가 때때로 달라진다. 단어들은 바로 표징들이기 때문이다. 조상들도 동일한 영적 음료를 마셨다. 그러나 우리의 것과 동일한 물질은 아니다.

그러므로 표징들이 바뀌어도 믿음은 여전하다는 것을 보아야 한다. 그들에게는 그리스도께서 반석이셨고(고전 10:4), 우리에게는 그리스도께서 제단 위에 놓여지는 제물이시다. 그들은 반석에서 흘러나오는 물을 큰 성례로서 마셨으나, 우리가 무엇을 마시는지는 신자들이 알고 있다. 눈에 보이는 겉모양으로 따지면, 그들은 다른 것을 마셨다. 그러나 내적인 의미를 따지면, 그들도 우리와 동일한 신령한 음료를 마신 것이다."[30]

그리고 또 다른 구절에서는 이렇게 말씀한다: "이 신비 가운데서 그들은 우리와 동일한 양식과 음료를 취했다. 그러나 겉모양이 아니라 그 신령한 의미가 동일하다는 말이다. 그들에게 반석으로 나타나신 그 동일하신 그리스도께서 우리에게는 육체로 나타나셨기 때문이다."[31]

그러나 이런 점에서도 우리는 몇 가지 차이점을 인정하게 된다. 둘 다 하나님의 자비하심과 성령의 은혜가 그리스도 안에서 우리에게 베풀어진다는 사실을 증거하지만, 우리의 것이 더 분명하고 더 찬란한 것이다. 두 가지 모두 그리스도를 드러내지만, 우리의 것들이 더욱 풍성하고도 충만하게 드러낸다. 이는 위에서 논의한 바대로, 구약과 신약의 차이에 따라서 그런 것이다. 그리고 아우구스티누스가 ─ 이분이야말로 모든 고대의 저술가들 가운데 가장 신뢰할 만한 최고의 증인으로서 우리가 자주 인용하는데 ─ 그리스도께서 강림하신 이후에 성례가 제정되었는데, 그 숫자가 더 적고, 그 의미가 더욱 위엄에 넘치며, 그 능력이 더욱 탁월하다고 가르치면서 의도한 바가 바로 이것인 것이다.[32]

여기서 독자들에게 한 가지 간략하게 상기시켜 주는 것이 좋을 것이라 여겨진다. 곧, 소위 오푸스 오페라툼(opus operatum : 사효성, '행위 그 자체': 시행된 성례 자체는 믿음과 관계 없이 효력이 있다는 뜻 ─ 역주)에 대하여 궤변가들이 꿈꾸어온 것은 무엇이든 전부 거짓된 것이요, 성례들의 본질과도 모순된 것이라는 사실이다. 성례란 모든 것을 빼앗긴 가련한 신자들로 하여금 그들 스스로 자기들의 것을 내어 놓지 못하게 하고, 그저 하나님께 간구하도록 하기 위하여 하나님께서 제정하신 것이다. 그러므로 성례에 참여하는 것이 신자들로 하여금 칭찬받기에 합당하도록 만들어 주는 것이 아니라, 그 성례의 행위에 있어서조차도 ─ 우리는 그저 수동적으로 거기에 참여할 뿐이다 ─ 신자들에게 아무런 공로가 돌아갈 수 없는 것이다.

주 _____

1. Augustine, *De catechizandis rudibus*, xxvi. 50.

2. 한글 개역 개정판 성경은 이 경우들 모두 '비밀'로 번역하고 있다.

3. Augustine, *Letters*, cxxxviii. i. 7

4. Augustine, *John's Gospel*, lxxx. 3.

5. Augustine, *Ibid.; Against Faustus*, xix. 16.

6. Augustine, *John's Gospel*, lxxx. 3.

7. 한글 개역개정판 성경에는 이 본문이 난외주에 들어 있다.

8. Cicero, *Of Old Age*, VIII. 26.

9. "토가"는 로마인들이 입는 헐거운 겉옷이며, "팔리움"은 그리스인들이 걸치는 망토이다.

10. Augustine, *Questions on the Heptateuch*, III. 84.

11. Augustine, *On Baptism*, V. xxiv. 34.

12. Augustine, *John's Gospel*, xxvi. 11, 12, 15.

13. Augustine, *Psalms*, Ps. 77. 2.

14. Augustine, *John's Gospel*, xxvi. 11-12.

15. Augustine, *Ibid.*, xxvi. 15.

16. Lombard, *Sentences*, IV. i. 5.

17. Augustine, *John's Gospel*, xxvii. 6.

18. Augustine, *Ibid.*, xxvi. 11, 12, 15.

19. 참조. 4권 14장 5-7절.

20. Augustine, *Questions on the Heptateuch*, III. 84.

21. Augustine, *Against Faustus the Manichaean*, xix. 11.

22. Chrysostom, *Opera*, II. 82.

23. 참조. 4권 19장.

24. 참조. 4권 16장 3, 4절.

25. Augustine, *John's Gospel*, xv. 8; cxx. 2; *Psalms*, Ps. 40. 10; 126. 7; 138. 2.

26. 참조. 4권 16장 3-5절.

27. Augustine, *Psalms*, Ps. 73.

28. Augustine, *Against Faustus*, xix. 14.

29. Augustine, *Against the Writings of Petilianus*, II. xxxvii. 87.

30. Augustine, *John's Gospel*, xxvi. 12; xlv. 9.

31. Augustine, *Psalms*, Ps. 77. 2.

32. Augustine, *Against Faustus*, xix. 13.

제 15 장

～⌒⌒～

세례

(세례의 목적과 세례를 통하여 얻는 세 가지 도움. 1-6)

1. 세례의 목적

세례는 입문(入門)의 표시인데, 우리는 그리스도 안에 접붙임을 받아 하나님의 자녀의 일원으로 인정받기 위하여, 이 세례를 통해서 그리스도의 회(會)에 받아들여진다. 그런데, 세례는 다음과 같은 목적을 위하여 — 이는 모든 성례들에게 공통된 것이라고 가르친 바 있거니와 — 하나님께서 우리에게 주신 것이다. 첫째로, 하나님을 믿는 우리의 믿음을 돕기 위한 것이며, 둘째로, 사람들 앞에서 행하는 우리의 고백을 돕기 위한 것이다. 세례가 제정된 이 각각의 목적들을 차례로 다루기로 하자.

세례는 우리의 믿음에 세 가지로 기여하는데, 이에 대해서 개별적으로 다루어야겠다. 주께서 우리를 위하여 제시하시는 첫 번째 것은 곧, 세례가 우리가 깨끗이 씻음 받은 사실의 보증이요 증거라는 것이다. 혹은 내가 뜻하는 바를 좀 더 잘 설명하자면, 우리의 모든 죄가 제거되었고 사하여졌고 지워졌으므로, 절대로 다시 하나님 앞에 나타나거나 기억되거나 우리를 탄핵할 수가 없게 되었음을 우리에게 확증시켜 주는 인(印)쳐진 문서와도 같다는 것이다. 주께서는 믿는 자마다 모두 세례를 받아 죄 사함을 얻기를 원하시기 때문이다(마 28:19; 행 2:38).

따라서 세례를, 마치 군인들이 그들의 충성의 표시로 그 지휘관의 군기(軍

旗)를 지니듯이 사람들 앞에서 우리의 신앙을 고백하는 하나의 증표 이상 아무 것도 아닌 것으로 보는 자들은 세례의 주된 목적을 제대로 가늠하지 못하고 있는 것이다. 우리는 "믿고 세례를 받는 사람은 구원을 얻을 것이요"(막 16:16)라는 약속과 더불어 세례를 대하여야 하는 것이다.

2. 세례가 주는 첫 번째 도움: 우리의 죄 씻음을 보증함

다음과 같은 바울의 가르침들을 그런 의미로 이해해야 한다. 그는 신랑 되신 그리스도께서 교회를 거룩하게 하시되 "물로 씻어 말씀으로 깨끗하게" 하셨다고 가르쳤고(엡 5:26), 또한 그리스도께서 "우리를 구원하시되 … 오직 그의 긍휼하심을 따라 중생의 씻음과 성령의 새롭게 하심으로 하셨다"고 하였다(딛 3:5). 그리고 베드로도 말하기를, "너희를 구원하는 … 세례라"고 한다(벧전 3:21).

바울의 말은 우리의 씻음과 구원이 물로 이루어진다거나, 물 그 자체가 깨끗이 씻고 중생케 하고 새롭게 하는 능력을 지니고 있다거나, 물이 구원의 원인이라는 뜻이 아니다. 그가 말하고자 하는 것은 다만 그러한 은혜에 대한 지식과 확신을 이 성례 가운데서 받는다는 것이다. 이 사실은 그의 말 자체가 분명히 설명해 준다. 바울은 생명의 말씀과 물의 세례를 함께 연결시키면서, 마치 이런 뜻으로 말했기 때문이다: "복음을 통해서는 우리의 씻음과 성화의 메시지가 우리에게 전해지며, 세례를 통해서는 그 메시지가 확증된다." 그리고 베드로도 앞의 말에서 세례는 육체의 더러운 것을 제거해 내는 것이 아니라 믿음으로 말미암는 하나님을 향한 선한 양심의 간구라고 덧붙이고 있다(벧전 3:21).

사실, 세례는 그리스도의 피 뿌림을 통한 것 외에는 다른 씻음을 약속해 주지 않는다. 그리스도의 피 뿌림이 물의 깨끗이 씻어내는 기능과 유사하여, 물로써 그것을 나타내는 것이다. 그러므로, 그 물이 그리스도의 피가 우리의 참된 유일한 세례수(洗禮水)임을 확실하게 증거해 주고 있으니, 그 물이 우리를 깨끗이 씻어 준다고 말할 사람이 어디 있겠는가? 그러므로, 모든 것을 물 자체의 능력 덕분으로 보면서 자기를 기만하는 자들의 주장을 반박하는 가장 확실한 논지는 세례의 의미 그 자체 속에서 찾을 수 있는 것이다. 세례의 참된 의미를 알게 되면, 우리 눈에 보이는 물질들은 물론 다른 모든 수단들에게서 벗어나서 우리의 생각을 오직 그리스도께 고정시키게 되는 것이다.

3. 세례는 전 생애를 씻음 받는 표임

그러나 우리는 — 마치 세례의 효력이 이미 지나가 버리기라도 한 것처럼 — 우리가 세례를 과거에 받았으니 세례를 받은 후에 새로이 범한 죄에 대해서는 다른 성례를 통해서 그것을 속할 어떤 새로운 방도를 찾아야 할 것이라는 식으로 생각해서는 안 된다. 옛날에는 이런 오류 때문에, 어떤 사람들은 목숨이 경각에 달려 있고 마지막 임종이 임박한 상태에 이르기 전에는 세례받기를 거부하기도 했다. 그때에 세례를 받아야 자기들의 전 생애에 대하여 사면을 받을 수 있다고 생각한 때문이다. 고대의 감독들은 이런 터무니없는 염려에 대하여 자주 책망하였다.

우리가 반드시 명심해야 할 것은 언제 세례를 받든지, 우리의 온 생애 전체가 단번에 깨끗이 씻음 받고 정결케 된다는 사실이다. 그러므로 넘어질 때마다 우리는 우리의 세례에 대한 기억을 떠올리고 그것으로 우리의 생각을 든든히 하며 언제나 죄 사함을 확신하여야 하는 것이다.

세례가 비록 단 한 번 시행되며 그 이후에는 지나가 버리는 것 같으나, 그 이후에 죄를 범한다고 해서 그것이 무효가 되는 것은 아니다. 세례로 말미암아 그리스도의 순결이 우리에게 베풀어졌으니, 그의 순결이 언제나 우리 속에서 역사하며, 흠과 티로 더러워지는 것이 아니라 오히려 그 순결이 우리의 모든 더러움을 깨끗케 하고 묻어 버리는 것이다.

그러나, 그렇다고 해서 미래에 죄를 지어도 괜찮다는 생각을 해서는 안 된다. 이런 가르침이 그런 뻔뻔스러운 생각을 갖도록 하기 위한 것이 아니기 때문이다. 이 가르침은 다만 자기들의 죄에 지치고 눌려서 탄식하는 죄인들을 위로하고 용기를 주어서 혼란과 절망 가운데 빠지지 않도록 하기 위한 것일 뿐이다. 바울은 말씀하기를, 하나님께서 그리스도를 "화목제물로 세우셨으니 이는 … 전에 지은 죄를 간과 … 하려 하심이라"고 하였다(롬 3:25).

그렇다고 해서 바울이 우리가 그리스도 안에서 계속하여 끊임없이 죄를 사함 받아 사망에 이르지 않게 된다는 것을 부인하는 것이 아니다. 그는 아버지께서 그리스도를 오직 가련한 죄인들에게만 — 양심에 상처가 새겨져서 괴로워하며 탄식하며 의원을 찾고 있는 자들에게만 — 보내셨음을 시사하는 것이다. 그들에게 하나님의 긍휼하심이 베풀어진다는 것이다. 자신이 무사하다는 것을 계산하여 죄 지을 기회를 노리는 방종한 자들은 하나님의 진노와 심판을 촉발시킬 뿐인 것이다.

4. 세례와 죄 사함의 관계

또 하나의 생각이 널리 받아들여지고 있는 것을 잘 알고 있는데, 그것은 바로 처음 중생할 때에는 오직 세례를 통해서 죄 사함을 받고, 세례를 받은 후에는 회개와 열쇠를 통하여 죄 사함을 받는다는 것이다. 그러나 이런 생각을 만들어 내는 자들은 그들이 이야기하는 그 열쇠의 권세가 세례에 의존하기 때문에 세례와는 절대로 떼어서 생각할 수 없다는 사실을 깨닫지 못한다는 점에서 오류를 범하고 있는 것이다. 죄인은 교회의 사역을 통해서 죄 사함을 받는다. 즉, 복음 전파가 죄 사함과 연관되지 않을 수가 없다는 것이다. 그러나 그 전파하는 내용의 본질이 무엇인가? 그것은 곧 우리가 그리스도의 피로 말미암아 우리 죄를 깨끗이 씻었다는 것이다. 그러면 세례가 아니면 무엇이 그 씻음의 표지와 증거란 말인가? 그러므로 죄 씻음이 세례와 관계된다는 것이 드러나는 것이다.

이러한 오류는 또한 고해 성사(the sacrament of penance)라는 거짓 성례의 기원이 되는데, 이에 대해서는 이미 앞에서 다룬 바 있고, 또한 적절한 곳에서 논의를 완결지을 것이다.[1] 그릇된 생각을 갖고서 겉모양의 것들에 무분별하게 집착하는 사람들이, 하나님의 순전한 교훈으로 만족하지 못하고 자기들 스스로 새로운 것들을 고안해 내어 그것으로 도움을 받으려 함으로써 자기들의 오류를 드러낸다고 해도 이상스러울 것이 없는 것이다. 세례 그 자체가 바로 고해 성사인 것을 깨닫지 못하고 말이다. 만일 고해가 평생토록 해야 하는 것이라면, 세례의 능력도 똑같이 평생토록 확대되는 것이다.

그러므로 모든 경건한 사람들은, 의심의 여지 없이, 평생토록 자기들의 잘못을 의식하여 괴로움을 받을 때마다 그들의 세례를 다시 떠올림으로써, 그리스도의 피로 말미암아 그들에게 이루어진 유일하고도 영구한 씻음에 대한 믿음을 확증할 수가 있는 것이다.

5. 세례가 주는 두 번째 도움:그리스도 안에서 죽고 새생명을 얻은 표징임

세례가 가져다주는 또 다른 유익은, 그리스도 안에서 우리가 죽고 그리스도 안에서 새생명을 얻는다는 것을 보여 준다는 것이다. 사도의 말처럼, "우리가 그의 죽으심과 합하여 세례를 받음으로 그와 함께 장사되었나니 이는 … 우리로 또한 새생명 가운데서 행하게 하려 함이라"(롬 6:4). 이 말씀을 통해서 사도는 그리스도를 따르라고 권면한다. 그의 말은 곧, 세례를 통하여 우리가 그리스도의 죽으심를 본받아 우리의 정욕에 대하여 죽고 그의 부활을 본받아 의에 대하여 일깨움을 받으라고 권면을 받는다는 뜻이다. 뿐만 아니라 그는 한층 더 높은 것을 붙잡는다. 곧, 세례를 통해서 그리스도께서 우리를 그의 죽음에 동참하는 자로 만드셔서 우리로 하여금 그 죽음에 접붙임을 받게 하신다는 것이다(롬 6:5). 그러므로 마치 나뭇가지가 그것이 잇닿아 있는 뿌리로부터 그 본질과 영양분을 섭취하듯이, 올바른 믿음으로 세례를 받는 자들은 그들의 육체를 죽이는 일에서 그리스도의 죽으심의 효력 있는 역사하심을 진실로 느끼며, 이와 함께 성령의 살려 주시는 역사에서 그의 부활이 역사하는 것을 느끼는 것이다(롬 6:8).

바울은 이를 기회로 삼아서 다음과 같이 권면한다. 곧, 우리가 그리스도인들이라면, 우리는 반드시 죄에 대하여 죽고, 의에 대하여 산 자로 여겨야 한다는 것이다(롬 6:11). 그는 다른 곳에서도 이와 똑같은 논지를 사용한다. 곧, 우리가 세례로 말미암아 그리스도 안에서 장사된 후에 우리가 할례를 받고 옛 사람을 벗어버리는 것이라는 것이다(골 2:11-12). 또한 앞에서 인용한 구절에서 그가 그것을 중생의 씻음과 성령의 새롭게 하심이라 부르는 것도(딛 3:5) 그런 의미인 것이다. 그렇게 해서, 값 없는 죄 사함과 의의 전가가 먼저 우리에게 약속되며, 그 다음에 성령의 은혜가 우리를 새생명을 향하여 변화시키는 것이다.

6. 세례가 주는 세 번째 도움: 그리스도와의 연합을 보증함

우리의 믿음이 세례로부터 얻는 마지막 유익은, 우리가 그리스도의 죽으심과 부활에 접붙임을 받았다는 것에 대한 확실한 증거뿐 아니라, 우리가 그리스도 자신과 연합하여 그의 모든 복들을 함께 누리는 자들이 된다는 증거도 얻게 된다는 것이다. 그리스도께서는 친히 자기 몸으로 세례를 거룩하게 행하셔서(마 3:13), 우리와 한 가지로 세례를 공유하심으로써 그가 친히 자기를 낮추셔서 이루게 하신 그 연합과 교제의 든든한 끈으로 삼고자 하신 것이다. 그러므로 바울은 우리가 세례를 통하여 그리스도로 옷 입었다는 사실을 근거로 우리가 하나님의 백성임을 입증하는 것이다(갈 3:26-27). 그리하여 우리는 세례의 성취가 그리스도 안에 있으며, 그렇기 때문에 그리스도를 가리켜 세례의 목표(object)라 부르는 것이다. 그러므로 그리스도께서는 아버지와 아들과 성령의 이름으로 세례를 주라고 사도들에게 명하셨는데(마 28:19), 사도들이 그리스도의 이름으로 세례를 베풀었다고 보도되고 있는 것이 이상할 것이 없는 것이다(행 8:16; 19:5). 왜냐하면 세례 가운데서 베풀어지는 하나님의 모든 선물들은 오직 그리스도 안에 있는 것들이기 때문이다.

그러나 그리스도 안에서 세례를 베푸는 자는 아버지와 성령의 이름도 함께 거명하지 않을 수 없다. 왜냐하면 긍휼하신 우리의 아버지께서 측량할 길 없는 그의 자비하심에 따라서 우리를 은혜 안으로 영접하시기를 원하셔서 이 중보자를 우리 중에 세우시고 우리를 위하여 아버지 앞에 사랑을 얻도록 하셨기 때문에 우리가 그리스도의 피로 씻음 받게 되는 것이기 때문이다. 그러나 동시에, 그리스도의 죽으심과 부활로 말미암아 우리가 중생을 얻게 되는 것은 오직 성령께서 우리를 거룩하게 하시고 우리에게 새로운 신령한 본성을 부어주시기 때문인 것이다. 그렇기 때문에 우리는, 우리의 씻음과 중생의 원인을 아버지에게서, 그 내용을 아들에게서, 그리고 그 효과를 성령에게서 얻고 또한 그것들을 확실하게 분간하게 되는 것이다. 그리하여 요한이 먼저 죄 사함을 얻는 회개의 세례를 베풀었고(마 3:6, 11; 눅 3:16; 요 3:23; 4:1), 그 후에 사도들도 그와 동일한 세례를 베풀었다(행 2:38, 41). 사도들은 요한의 "회개"라는 용어를 중생을 뜻하는 것으로 이해하였고, "죄 사함"이란 깨끗이 씻음을 뜻하는 것으로 이해한 것이다.

(요한의 세례와 사도들의 세례, 그리고 구약에 나타난 세례의 상징물들. 7-9)

7. 요한의 세례와 사도들의 세례

이로써 우리는 요한의 사역이 그 후에 사도들이 행한 사역과 정확히 같은 것이었음을 확신하게 된다. 세례를 베푸는 손이 다르다고 해서 그 세례가 달라지는 것이 아니기 때문이다. 그리고 동일한 가르침이 주어진다는 것도 두 세례가 동일하다는 것을 보여 주는 것이다. 요한과 사도들은 서로 한 가지 가르침에서 일치하였다. 둘 다 회개의 세례를 베풀었고, 둘 다 죄 사함의 세례를, 둘 다 그리스도의 이름으로 세례를 베풀었고, 거기서 죄 사함과 회개가 나온 것이다. 요한은 말하기를, 그리스도께서 세상 죄를 지고 가시는 하나님의 어린양이라고 하였다(요 1:29). 이로써 요한은 그리스도를 아버지께서 받으실 만한 제물로, 또한 의의 화목 제물이요 구원을 이루시는 분으로 제시한 것이다. 사도들이 이러한 고백에 과연 무엇을 더 첨가할 수 있었겠는가?

그러므로, 이 두 가지 세례를 서로 구별지으려 한 고대의 저술가들의 진술들 때문에 혼란에 빠지는 사람이 없어야 할 것이다. 그 저술가들의 권위를 높이는 나머지 성경의 확실성을 뒤흔드는 일이 있어서는 안 될 것이다. 누가복음이 세례 요한이 죄 사함을 얻는 회개를 전파하였음을 분명히 증거하고 있는데(눅 3:3), 과연 누가 이런 성경의 증거보다도 크리소스톰의 말을 더 신뢰하여 요한의 세례에는 죄 사함이 포함되어 있지 않았다고 주장하려 하겠는가?[2] 또한 요한의 세례의 경우는 죄가 소망 중에 사하여졌으나 그리스도의 세례의 경우는 죄가 실체로서 사하여졌다는 아우구스티누스의 미묘한 추리도 받아들여서는 안 된다.[3] 요한이 그의 세례에서 죄 사함을 약속하였다는 것을 복음서 기자가 분명히 증언하고 있는데, 그럴 필요가 전혀 없는데도 불구하고 어째서 이런 분명한 언어의 의미를 약화시킨단 말인가?

그러나 하나님의 말씀을 근거로 그 두 가지 세례 사이의 차이를 찾으려 한다면, 요한은 장차 오실 그리스도 안에서 세례를 베풀었고, 사도들은 이미 친히 자신을 계시하신 그리스도 안에서 세례를 베풀었다는 것 외에는 다른 차이를 찾지 못할 것이다(눅 3:16; 행 19:4).

8. 세례 베푸는 자가 달라도 세례는 동일함

그리스도의 부활 이후 성령의 은혜가 더욱 풍성히 부어졌다는 사실도 세례의 다양성을 입증시켜 주는 데는 도움이 되지 못한다. 왜냐하면 그리스도의 지상 사역 기간 중에 사도들이 시행한 세례도 그리스도의 세례라 불렸지만, 요한의 세례보다 성령의 역사하심이 더 크지 않았기 때문이다. 심지어 그리스도께서 승천하신 후에 사마리아인들이 예수의 이름으로 세례를 받았지만 그 이전의 신자들보다 성령을 더 충만하게 받은 것이 아니었다. 베드로와 요한이 파송을 받아 그리로 가서 그들에게 안수하였을 때에 비로소 성령이 놀랍게 임하였던 것이다(행 8:14, 17).

고대의 저술가들이 요한의 세례가 그리스도의 세례를 받기 위한 하나의 준비에 불과했다고 말했는데, 이는 오로지 요한의 세례를 받은 사람들이 후에 다시 바울에게서 세례를 받았다고(행 19:3, 6) 이해하였기 때문에 거기에 현혹된 것이다. 그러나 그들의 그런 이해가 얼마나 잘못된 것인가 하는 것은 적절한 곳에서 매우 분명하게 설명할 것이다.[4]

그렇다면, 자기는 물로 세례를 베푸나 장차 오실 그리스도께서는 불과 성령으로 세례를 베푸시리라고 한 요한의 진술은 무슨 의미인가(마 3:11; 눅 3:16)? 이에 대해서는 몇 마디로 설명할 수 있다. 요한은 세례의 종류를 서로 구분하고자 한 것이 아니고, 다만 자기의 인격을 그리스도의 인격과 비교한 것뿐이다. 곧, 그는 물의 사역자요, 그리스도께서는 성령을 주시는 분이시라는 것이며, 이러한 그리스도의 능력이 그가 사도들에게 성령을 보내시는 그날에 불의 혀로써 눈에 보이는 이적으로 선포될 것임을 말한 것이다(행 2:3). 사도들도 이보다 더한 자랑은 할 수 없었다. 그들은 그저 외형적인 표징을 섬기는 사역자들이지만, 그리스도께서는 내적인 은혜를 베푸는 분이시기 때문이다. 고대의 저술가들이 도처에서 이를 가르치고 있고, 특히 아우구스티누스는 도나투스주의자들과의 논쟁에서 주로 이러한 논리를 — 즉, 누가 세례를 베풀든지 오직 그리스도께서 주관하신다는 것을 — 근거 삼아서 반박하고 있는 것이다.[5]

9. 구약에 나타난 세례의 상징물들

앞에서 죽이는 것과 씻는 것을 세례와 관련하여 말한 바 있는데, 그것들은 옛 이스라엘 백성들에게서 미리 그림자로 나타난 것들이다. 사도도 이와 관련하여 그들이 "다 구름과 바다에서 세례를 받았다"고 말한 바 있다(고전 10:2). 여호와께서는 그의 백성을 바로의 압제와 잔인한 속박에서 구원하시면서 홍해를 통과하여 길을 내시고(출 14:21), 그들의 뒤를 바삐 좇아서 거의 등 뒤에까지 따라온 바로와 애굽의 군대들을 홍해에 빠져 죽게 하셨는데(출 14:26-28), 그 기사에서 죽이는 것이 그림자로서 나타났다. 이와 마찬가지로 하나님께서는 그의 권능으로 말미암아 우리가 애굽의 속박에서 — 즉, 죄의 속박에서 — 인도받아서 구원함을 받았으며, 또한 우리의 바로 — 즉, 마귀 — 가 홍해에 빠져 죽었다는 것을(비록 그가 끊임없이 우리를 괴롭히기는 하지만) 세례를 통하여 우리에게 약속하시고 또한 표징을 통해서 보여 주시는 것이다. 그러나 그 애굽 사람의 시체가 바다 깊은 곳에 잠기지 않고 바닷가에 떠 있어서 그 무서운 모습으로 말미암아 이스라엘에게 두려움을 주었으나 그들에게 해를 끼치지 못했던 것처럼(출 14:30-31), 우리의 이 원수 역시 우리를 위협하고, 그의 무기들을 휘두르는 것이 느껴지지만, 결코 우리를 해칠 수는 없는 것이다.

구름은(민 9:15; 출 13:21) 깨끗이 씻음을 상징하는 것이었다. 여호와께서 그 백성들을 구름으로 가리셔서 그들을 선선하게 하셨고 그리하여 무자비한 태양의 열기로 인하여 허약해지고 지치지 않도록 하셨던 것처럼, 우리도 세례를 통해서 그리스도의 피로 말미암아 가리워지고 보호하심을 받아, 도저히 견딜 수 없는 불꽃이신 하나님의 엄위하심이 우리를 상하지 않도록 하신다는 것을 깨닫는 것이다.

그 신비가 그 당시에는 희미했고 또 몇몇 사람들에게만 알려져 있었지만, 그렇다 할지라도, 이 두 가지 은혜 이외에는 구원을 얻을 다른 길이 없으므로, 하나님께서는 그가 친히 후사(厚賜)들로 입양시키신 고대의 조상들에게서도 이 두 가지 증거물들을 취하여 가기를 원치 않으셨던 것이다.

(세례 받은 신자와 원죄, 세례의 신앙고백으로서의 역할. 10-13)

10. 세례와 원죄, 신자의 의

우리가 세례를 통하여 아담에게서 그의 모든 후손에게로 전수되어 내려간 원죄(原罪)와 부패함에서 해방되고 면제를 받으며, 또한 아담이 처음 창조될 때와 같이 계속해서 올바른 상태를 유지했더라면 아담이 얻게 되었을 그 본성적인 의와 순결의 상태가 세례를 통해서 우리에게 회복된다는 식의 가르침을 오랫동안 일부에서 퍼뜨려왔고 여러 사람들이 여전히 고집하고 있는데, 이것이 얼마나 거짓된 것인가 하는 것이 분명히 드러난다. 이런 식으로 가르치는 자들은 원죄가 무엇이며 원래의 의가 무엇이며 세례가 주는 은혜가 무엇인지를 전혀 이해하지 못하고 있는 것이다.

그러나 이미 말한 바와 같이,[6] 원죄란 우리의 본성의 부패함과 더러움으로서, 첫째로는 그것이 우리를 하나님의 진노 아래 있게 만들며, 둘째로는 그것이 성경이 말씀하는 바 "육체의 일"(갈 5:19)을 생겨나게 하는 것이다. 그러므로 이 두 가지 점을 조심스럽게 주목해야 한다.

우리의 본성의 모든 부분들이 전부 더러워지고 부패하여 있기 때문에, 우리는 그런 부패함만으로도 하나님 앞에서 정죄를 받고 징벌을 받아 마땅하다. 하나님은 오직 의와 무죄와 순결 외에는 아무것도 받지 않는 분이시기 때문이다. 심지어 어린아이도 모태에서 날 때부터 그들의 정죄를 지니고 있다. 아직 그들의 불의가 열매로 나타나지는 않았지만, 그 씨가 그들에게 그대로 있기 때문이다. 그러므로 하나님께서 보시기에 혐오스럽고 가증스러울 수밖에 없는 것이다.

그런데 세례를 통해서, 신자들은 바로 이러한 정죄가 제거되고 사라졌음을 확신하게 된다. 왜냐하면 이미 말한 바와 같이, 우리에게 전가되었어야 마땅한 죄의 책임과 또한 그 책임 때문에 우리가 졌어야 할 형벌에 대하여 완전하고도 충만한 씻음이 이루어졌다는 것을 주께서 이 세례라는 표징을 통해서 약속해 주시기 때문이다. 신자들은 또한 의를 깨닫는다. 그러나 그 의는 하나님의 백성들이 이생에서 얻을 수 있는 그런 의, 즉 오직 전가(轉嫁)를 통해서만 얻는 의다. 주께서는 전가를 통해서만 그의 긍휼하심으로 신자들을 의롭고 무죄하게 여기시기 때문이다.

11. 우리 속에 있는 죄와의 싸움

또 한 가지는, 이러한 부패함이 우리 속에서 절대로 사라지지 않고, 마치 불타는 용광로가 계속해서 불꽃과 연기를 뿜어내고 샘(泉)에서 끊임없이 물이 솟아나듯이, 계속해서 새로운 열매들을 — 앞에서 "육체의 일"이라고 묘사한 그것들을(갈 5:19) — 낸다는 것이다. 실제로 정욕은 사람에게서 절대로 죽어 없어지지 않는다. 죽음으로써 죽을 몸에서 해방을 받을 때에야 비로소 완전히 거기서 놓임을 받는 것이다. 세례는 우리에게 우리의 바로가 빠져 죽는 것을 약속해 주며(출 14:28), 우리 죄를 죽이게 될 것을 약속한다. 그러나 그렇다고 해서 그것이 더 이상 존재하지도 않고 괴로움도 주지 않을 정도가 되는 것이 아니라 다만 우리를 완전히 정복하지 못하도록 되는 것뿐이다. 우리가 우리 몸의 감옥에 갇혀 사는 한, 죄의 흔적들이 우리 속에 거할 것이기 때문이다. 그러나 우리가 하나님께서 세례를 통해서 우리에게 주신 약속을 신실하게 붙잡으면, 그것들이 우리를 지배하거나 장악하지 못하는 것이다.

그러나 죄가 언제나 우리 속에 거한다는 말을 들을 때에, 우리 자신을 속이거나 우리 자신의 죄악성을 안이하게 바라보아서도 안 된다. 죄가 언제나 우리 속에 거한다는 말은, 그렇지 않아도 너무 쉽게 죄에 빠질 소지가 있는 자들이 자기들의 죄에 대하여 전혀 개의치 않고 그 가운데 편안히 있다는 뜻이 아니고, 다만 자기 육체로 말미암아 괴로움과 고통 가운데 있는 자들이 낙심하거나 실망해서는 안 된다는 뜻으로 하는 말이다. 그런 사람들은 오히려 자기들이 아직 나아가는 중에 있다고 생각해야 하며, 날마다 자기들의 정욕이 조금씩이라도 제거되는 것을 느낄 때에 자기들이 제대로 전진하고 있으며, 마지막 종착지에 도달할 때에, 즉 육체가 마지막으로 죽을 때에, 그것이 완결될 것이라는 것을 믿어야 할 것이다.

그때가 오기까지는 남자답게 싸우며, 용기 있게 계속 전진하며, 완전한 승리를 향하여 박차를 가하기를 그치지 말아야 할 것이다. 오랫동안 열심히 노력해 왔는데도 아직 적지 않은 어려움이 앞에 남아 있다는 사실을 보면, 더욱더 그런 수고에 열심을 내어야 할 것이다. 우리는 이것을 믿어야 한다. 곧, 우리는 우리 육체를 죽이는 일에 세례를 받았다는 사실 말이다. 그 죽이는 일이 우리의 세례와 함께 시작되고, 날마다 그 일이 계속될 것이며, 결국 이생을 끝마치고 주께로 나아가는 그때에 그 일이 완결될 것이다.

12. 죄와의 싸움에 대한 바울 자신의 진술(로마서 7장)

지금 우리가 말하는 것은 사도 바울이 로마서 7장에서 분명하게 설명하는 것과 동일하다. 값없이 주어지는 의에 대하여 논의한 다음, 일부 불경한 자들이 하나님께서 우리의 행위의 공로를 근거로 우리를 받으시지 않기 때문에 우리가 마음대로 아무렇게나 살아도 괜찮다는 식의 주장을 펴는 것을 막기 위하여(롬 6:1, 15), 그리스도의 의를 입는 모든 자들은 동시에 성령으로 말미암아 중생하며, 세례 속에 이러한 중생에 대한 보증이 있다고 덧붙인다(롬 6:3 이하). 그리하여 그는 신자들에게 죄가 그들의 몸을 지배하지 못하도록 하라고 권면하는 것이다(롬 6:12). 그는 신자들에게 항상 무언가 연약함이 있다는 것을 알고 있었다. 그리하여 그는 그 사실 때문에 실망하지 않도록 하기 위하여, 그들이 율법 아래 있는 것이 아니라고 하며 그들을 위로한다(롬 6:14). 그러나 한편, 율법의 멍에 아래 있지 않다는 것 때문에 오히려 그리스도인들이 오만하게 될 소지가 있었기 때문에, 그는 이러한 폐지의 본질이 무엇인가를 설명하고(롬 7:1-6), 또한 율법의 용도가 무엇인지를 설명하는데(롬 7:7-13), 이 문제는 두 번씩이나 미루어온 것이었다(롬 2:12-24). 본질적인 문제는 바로 우리가 그리스도를 붙들 수 있도록 율법의 혹독한 요구에서 자유함을 얻었다는 것이다.

그러나 율법의 기능은 우리로 하여금 우리 자신의 부패함을 깨닫고 우리의 연약함과 비참함을 고백하도록 하는 데 있다. 그런데, 그런 본성의 부패함은 세속적인 사람(하나님을 경외하지 않고 자기 자신의 욕망에 빠져 있는 사람)에게서는 금방 잘 나타나지 않기 때문에, 바울은 중생한 사람인 자기 자신을 예로 들면서,

자기 자신이 비참한 굴레 속에 갇혀 있으므로 하나님의 법에 전적으로 순종하도록 자기 자신을 완전히 헌신할 수 없다고 말씀한다(롬 7:18-23). 그리하여 그는 탄식하며 이렇게 외치지 않을 수가 없다: "오호라 나는 곤고한 사람이로다 이 사망의 몸에서 누가 나를 건져내랴?"(롬 7:24). 그러나 하나님의 자녀들이 이 세상을 사는 동안 내내 감옥에 갇혀 지내는 것이라면, 이런 두려움이 극복되지 않는 한 자기들의 곤경을 생각하면서 매우 근심할 수밖에 없을 것이다.

그리하여 바울은 두려움을 극복하도록 하기 위하여 한 가지 위로의 말씀을 덧붙이고 있다: "이제 그리스도 예수 안에 있는 자에게는 결코 정죄함이 없나니"(롬 8:1). 거기서 그는, 주께서 일단 은혜 안으로 받아들이셨고 그와의 하나 된 교제 속으로 접붙이셨고, 세례를 통하여 교회의 일원으로 영접한 자들은 — 그들이 그리스도를 믿는 믿음 안에서 인내하는 한(죄에 둘러싸여서 여전히 스스로 죄를 지니고 있지만) — 죄책과 정죄에서 해방된 것이라고 가르치는 것이다. 만일 이것이 바울의 말을 단순하고도 순전하게 해석하는 것이라면, 그가 여기서 가르치는 내용에 이상스럽게 보이는 것이 있다고 생각할 이유가 하나도 없는 것이다.

13. 세례는 공적인 고백의 표지임

그러나 세례는 또한 사람들 앞에서 행하는 우리의 고백의 역할을 하기도 한다. 사실, 세례는 우리가 하나님의 백성으로 인정받기를 바란다는 것을 공적으로 시인하는 표지이기도 하다. 세례를 통해서 우리는 우리가 모든 그리스도인들과 한 신앙으로 동일한 하나님을 예배하기로 동의한다는 것을 증거하며, 또한 마지막으로 세례를 통해서 우리의 믿음을 공개적으로 시인하는 것이다. 그리하여 우리의 마음으로만 하나님을 향한 찬양을 음미하는 것이 아니라, 우리의 입을 비롯하여 우리 몸의 모든 지체들로써 할 수 있는 모든 방법으로 하나님을 향한 찬양을 마음껏 토로하는 것이다. 그리하여, 지극히 합당한 일이지만, 우리의 모든 기능들이 동원되어 하나님께 영광을 돌리는 데에 부족함이 없으며, 또한 우리의 그러한 모범을 통해서 다른 사람들을 일깨워 함께 영광을 돌리게 하는 것이다. 바울은 이를 염두에 두고서 고린도 교인들에게 그들이 과연 그리스도의 이름으로 세례를 받았느냐고 물었다(고전 1:13). 그 질문을 통해서 그는, 그리스도의 이름으로 세례를 받았다는 것은 곧 그들이 사람들 앞에서 그리스도께 자기 자신들을 드렸고, 그의 이름에 충성을 다짐했고, 그를 향한 믿음을 서약했다는 것을 의미하며, 따라서 그들이 세례 시에 행한 고백을 철회하지 않는 한, 이제는 다른 어느 누구도 아닌 오직 그리스도만을 고백하게 되었다는 것을 시사하는 것이다.

(세례의 주인은 하나님 자신이시며 재세례는 부당함. 14-18)

14. 세례에 나타나는 주님의 역사하심

세례를 제정하신 주의 목적을 설명했으니, 세례를 어떻게 사용하며 받을지를 쉽게 판단할 수 있을 것이다. 세례는 우리의 믿음을 일깨우고 자라게 하고 확증시키기 위하여 주어졌으므로, 그 주인이신 주님 자신의 손으로 받는 것처럼 받아야 할 것이다. 우리는 표징을 통해서 우리에게 말씀하시는 분이 바로 그분이시라는 것을, 죄를 씻으시고 정결케 하시며, 죄에 대한 기억까지도 도말하시는 분이 바로 그분이시라는 것을, 우리를 그의 죽으심에 동참하게 하시며 사탄의 지배를 제거하시며 우리의 정욕의 힘을 약화시키시는 분이 바로 그분이시라는 것을, 우리와의 연합 속으로 들어오셔서 우리가 그리스도로 옷 입을 때에 우리를 하나님의 자녀로 인정해 주시는 분이 바로 그분이시라는 것을 확신하여야 마땅한 것이다. 단언하건대, 주께서는 우리가 우리의 몸을 물에 담가 깨끗이 씻는 것만큼이나 참되고 확실하게 우리 속에서 우리의 영혼을 위하여 그 일들을 행하신다.

"마치 우리 눈 앞에 있는 것처럼 물질적인 것에서 신령한 것들을 본다"는 비유적인 표현 속에 성례의 가장 확실한 법칙이 제시되어 있는 것이다. 왜냐하면 주께서는 그 신령한 것들을 그런 물질적인 것들을 통해서 드러내기를 기뻐하셨기 때문이다. 그런 은혜들이 성례 속에 갇혀 있고 싸여져 있어서 성례의 능력으로 우리에게 전달되기 때문이 아니라, 오로지 주께서 성례라는 보증을 통해서 우리를 향한 그의 뜻을 — 즉, 그 모든 신령한 것들을 우리에게 아낌없이 베풀기를 기뻐하신다는 것을 — 우리에게 증거하시기 때문이다. 그리고 주께서는 그저 모양뿐인 것으로 우리의 눈을 즐겁게 해 주기만 하시는 것이 아니라, 그 실존하는 실체에게로 우리를 이끄시고 그 성례가 상징하는 바를 실제로 시행하시는 것이다.

15. 믿음을 확증하게 하고 우리의 고백을 상징하는 세례

이에 대한 증거로서 백부장 고넬료의 예를 들어 보자. 그는 이미 죄 사함을 받았고 성령의 가시적인 은혜들을 받았으나, 아직 세례는 받지 않은 상태였다 (행 10:48). 그는 세례를 통해서 더 확실한 죄 사함을 구한 것이 아니고, 믿음을 더 굳게 하기를 구했다. 곧, 서약을 통해서 더 큰 확신을 갖고자 한 것이다. 어쩌면 이렇게 반문할 사람들이 있을지도 모르겠다. 곧, 세례 자체의 능력으로 말미암 아 죄가 씻겨지는 것이 아니라면, 아나니아가 어째서 바울더러 세례를 통하여 그의 죄를 씻으라고 말했겠느냐고 말이다(행 22:16; 참조. 9:17-18). 이에 대한 나의 답변은 다음과 같다. 곧, 그 말씀은 주께서 [세례를 받을 때에] 처음 증거하시든, 아니면 이미 증거하신 바를 [세례를 통해서] 더 충실하고도 확실하게 확증하시 든, 주께서 [세례를 통하여] 우리에게 제시하시는 바를 우리의 믿음으로 깨닫는 만큼 받고, 취하고, 소유하라는 뜻이라는 것이다. 아나니아의 말은 이런 의미이 다: "바울아, 네 죄가 사하여졌음을 확신하고, 세례를 받으라. 세례로 주께서 죄 사함을 약속하시니, 그것을 받아들이고, 평안을 얻으라."

그러나 나의 의도는 세례의 능력을 약화시키려는 것이 아니다. 하나님께서 외형적인 수단을 통해서 역사하시므로, 다만 그 외형적인 표징을 그 내용과 실 체와 연관짓고자 하는 것뿐이다. 그러나 다른 모든 성례의 경우도 마찬가지겠 지만, 우리가 믿음으로 받아들이는 만큼밖에는 이 성례에서 유익을 얻지 못한 다. 믿음이 없다면, 그것은 우리의 감사치 않음의 증거가 되고, 우리는 하나님 앞에서 책임을 면할 수가 없을 것이다. 왜냐하면 세례에 주어져 있는 약속을 우 리가 믿지 않기 때문이다.

그러나 세례가 우리의 고백을 상징하는 것인 만큼, 우리는 우리가 하나님의 긍휼하심을 신뢰하며, 그리스도 예수께서 우리를 위하여 베푸신 죄 사함을 통 하여 우리가 순결한 상태에 있다는 것을, 그리고 우리가 하나님의 교회에 들어 가서 한 믿음과 사랑으로 모든 신자들과 조화를 이루며 살게 되었다는 것을, 세 례로 말미암아 증거해 보여야 하는 것이다. 바울의 다음의 말씀은 바로 이러한 사실을 뜻하는 것이다: "우리가 … 다 한 성령으로 세례를 받아 한 몸이 되었 … 느니라"(고전 12:13).

16. 세례의 가치는 그 시행자에게 있는 것이 아님

그런데, 만일 성례를 그것을 시행하는 사람의 손을 근거로 판단해서는 안 되 며 오직 그 참된 주인이신 하나님의 손으로 행해지는 것으로 받아들여야 한다는 우리의 생각이 사실이라고 하면, 성례를 시행하는 사람의 가치에 따라서 성례의 위엄에 가감(加減)이 있는 것이 아니라고 생각할 수 있을 것이다. 사람들 사이에 편지를 주고 받을 때에도, 필적과 인장(印章)이 확실히 인정되는 한, 그 편지를 전달하는 자가 누구며 또 어떤 신분인가 하는 것은 전혀 문제가 되지 않는다. 이와 마찬가지로, 누가 성례를 시행하든 우리로서는 그 성례에서 우리 주님의 손과 인을 깨닫는 것으로 만족해야 할 것이다.

이러한 논지는 성례의 능력과 가치를 그 시행하는 사람의 가치에 따라서 가늠하려 했던 도나투스주의자들의 오류를 아주 깨끗하게 처리해 준다. 교황제 아래에서 불경한 우상숭배를 일삼는 사람들이 시행한 세례를 정당한 것으로 인정하지 않고 다시 세례를 시행할 것을 열렬히 주장하는 오늘날의 재세례파들도 똑같은 오류를 범하는 것이다.

우리가 어느 사람의 이름으로 세례를 받은 것이 아니고 성부와 성자와 성령의 이름으로 세례를 받았다는 것과(마 28:19), 따라서 세례는 누가 시행하든 간에 사람에게 속한 것이 아니라 하나님께 속한 것이라는 것을 우리 스스로 확신한다면, 이런 오류들에 대항할 만한 충분한 논리로 무장하고 있다 할 것이다. 우리에게 세례를 베푼 자들이 하나님과 모든 경건에 대하여 무지하고 심지어 경멸하는 자들이라 할지라도, 그들이 우리에게 세례를 베풂으로써 자기들의 무지나 신성모독으로 이끈 것이 아니라 예수 그리스도를 믿는 믿음으로 이끈 것이다. 왜냐하면 그들이 자기들의 이름이나 다른 이름으로가 아니라 오직 하나님의 이름으로 세례를 베풀었기 때문이다.

그리고 그것이 과연 하나님의 세례였다면, 거기에는 반드시 죄 사함과 육체를 죽이는 것과 영을 살리는 것과 그리스도 안에 참여하는 것에 대한 약속이 담겨 있는 것이었다. 그러므로 유대인들의 경우도, 부정하고 배도한 제사장들에게 할례를 받는 것이 전혀 문제가 되지 않았고, 그런 사람들이 시행했다고 해서 무효가 되어 다시 반복해야 하는 일이 생기는 것도 아니었고, 그 진정한 근원으로 돌아가기에 충족한 것이었던 것이다.

그들은 세례를 반드시 경건한 자들의 회에서 시행해야 한다고 하며 반대를 제기하지만, 부분적으로 부족한 점이 있다고 해서 그것 때문에 세례의 모든 능력이 사라져 버리는 것이 아닌 것이다. 물론 우리가 세례가 순결하게, 그리고 모든 더러운 것이 없는 상태로 시행되도록 하기 위해서 우리가 행하여야 할 바를 가르치지만, 우상숭배자들에 의해서 더럽혀졌다는 것 때문에 하나님이 제정하신 성례를 폐기하지는 않는 것이다. 그 옛날 할례가 온갖 미신에 의해서 부패해졌을 때에도, 할례는 여전히 은혜의 상징으로 인정을 받았던 것이다. 요시야와 히스기야 왕이 하나님을 저버린 모든 자들을 온 이스라엘로부터 불러내었으나 (왕하 18, 22, 23장), 그들에게 다시 할례를 거행하지는 않았던 것이다.

17. 회개가 지연된다 해도 세례가 무효화되는 것이 아님

그런데 우리의 반대자들은 세례를 받은 후 몇 년 동안 우리에게 무슨 믿음이 생기느냐고 묻는다. 그들은 우리의 세례가 헛된 것임을 입증하기 위하여 그렇게 묻는 것이다. 그들의 주장은 약속의 말씀을 믿음으로 받아들이지 않고서는 세례가 성립이 되지 않는다는 것이다. 이런 질문에 대한 우리의 대답은, 우리가 비록 우매하고 믿음이 없어서 세례 시에 우리에게 주어진 약속을 오랫동안 깨닫지 못한다 할지라도, 그 약속은 하나님께 속한 것이므로 언제나 확실하고, 든든하며, 신실하게 서 있다는 것이다. 모든 사람이 전부 거짓말쟁이들이고 믿음이 없는 자들이라 할지라도, 하나님은 여전히 신실하신 분으로 남아 계시다(롬 3:3). 모든 사람이 다 잃어버린 상태라 할지라도 그리스도께서는 여전히 구원으로 남아 계신 것이다.

그러므로 우리는, 그 동안에는 세례 속에 주어진 약속이 — 이 약속이 없이는 세례는 아무것도 아니다 — 무시되는 채로 있기 때문에 세례가 우리에게 전혀 유익을 주지 않는다는 것을 인정한다. 그러나 하나님의 은혜로 말미암아 우리가 회개하기 시작하면, 그때에는 우리의 무지몽매함과, 하나님의 그 크신 선하심을 그렇게 오랫동안 무시하고 감사하지 않은 우리의 마음의 완악함을 통회하게 될 것이다. 그러나 그 동안 그 약속 자체가 사라진 것은 아니었다고 믿는다. 오히려, 하나님께서 세례를 통하여 우리에게 죄 사함을 약속하시니, 또한 그가 반드시 그의 약속을 모든 신자들에게 이루실 것이라고 본다. 이 약속이 세례 시에 우리에게 베풀어졌으니, 우리는 믿음으로 그 약속을 받아들이도록 하자. 사실, 우리의 불성실함 때문에 그 약속이 우리에게서 오랫동안 파묻힌 채로 있었으니, 이제는 믿음으로 그 약속을 받아들이도록 하자.

그렇기 때문에, 주께서는 유대인들에게 회개하라고 촉구하시면서, 불경스럽고 망령된 자들에게서 할례를 받아 한동안 그러한 불경 속에 얽혀서 살아온 그 백성들에게 다시 할례를 받으라고 명하지 않으시고 마음을 돌이킬 것만을 강권하신 것이다. 그들이 아무리 그 언약을 위반했다 할지라도, 그 언약의 상징은 주께서 제정하신 것이므로 언제나 확고하게 변함없이 남아 있었던 것이다. 그러므로 비록 그들이 언약을 범하는 제사장의 손으로 할례를 받았고, 그 이후 그것을 더럽히고 무효화시키는 일에 온갖 힘을 기울여왔지만, 오직 회개를 유일한 조건으로 하여 그들은 과거에 그 할례를 통해서 그들과 맺으신 하나님의 언약 속으로 다시 회복되었던 것이다.

18. 바울이 재세례를 시행했다는 논지에 대한 반박

그러나 그들은 과거에 요한의 세례를 받았던 자들에게 바울이 다시 세례를 베풀었다고 주장하면서(행 19:2-7), 그것이야말로 우리에게 맹렬한 화살을 쏘는 것이라고 상상한다. 만일 우리가 요한의 세례와 지금 우리의 세례가 하나요 동일한 것이라고 고백한다면, 과거에 잘못 가르침을 받았던 자들이 올바른 믿음을 배운 후에 다시 세례를 받아 그 믿음에 들어갔듯이, 참된 가르침이 없는 그런 세례는 무효로 인정되어야 하며, 따라서 우리는 완전히 다시 세례를 받아서 이제 비로소 처음 맛보게 된 그 참된 신앙으로 들어가야 하지 않겠느냐는 것이다.

어떤 이들은 어떤 그릇된 사상을 가진 요한의 추종자가 그 사람들에게 세례를 베풀어 헛된 미신에 들어가게 했다고 생각한다. 이렇게 추정하는 근거는 바로 세례를 받은 사람들이 성령에 대해서 전혀 무지했다는 사실에 있다. 요한이 자기 제자들을 그렇게 무지한 상태로 파송했을리도 없고, 성경 도처에서 성령에 대해서 말씀하고 있으니, 심지어 세례를 받은 일이 없는 유대인들 조차도 성령에 대해서 전혀 지식이 없지는 않았을 것이기 때문이라는 것이다. 그들은 그 사람들이 성령이라는 분이 계신지를 몰랐다는 뜻으로 이해하지만, 우리로서는 그 사람들이 바울이 질문하는 그 성령의 은사들이 과연 그리스도의 제자들에게 주어졌는지에 대해서 아직 들은 바가 없다고 말한 것으로 이해해야 옳다. 나로서는 그 사람들이 과거에 받았던 세례가 그리스도의 세례와 동일한 요한의 세례였다고 본다. 그러나 그 사람들이 그때에 다시 세례를 받았다는 주장은 인정하지 않는다.

그렇다면, "그들이 … 주 예수의 이름으로 세례를 받으니"(행 19:5)라는 말씀은 무슨 뜻인가? 어떤 해석자들은 그들이 그저 바울에게서 순전한 가르침으로 교훈을 받았다는 뜻이라고 본다. 그러나 나는 그보다 더 간단하게, 그것은 성령세례 — 즉, 안수를 받을 때에 주어진 가시적인 성령의 은사들 — 였다고 이해한다. 이런 은사들을 "세례"라는 말로 나타내는 것은 전혀 새로운 것이 아니다. 오순절에 사도들은 불과 성령으로 베푸는 세례에 관한 주님의 말씀들을 회상했다고 기록되어 있다(행 1:5). 그리고 베드로도 그런 은사들이 고넬료와 그의 가족과 친족들에게 임하는 것을 보고서 똑같은 것을 생각하였다고 언급하고 있다(행 11:16). 그리고 이런 해석은 그 다음에 덧붙여지는 내용과도 모순을 일으키지 않는다: "바울이 그들에게 안수하매 성령이 그들에게 임하시므로"(행 19:6).

누가는 두 가지 서로 다른 것들을 말하는 것이 아니라, 히브리인들에게 친숙한 이야기 전개의 형식을 — 즉, 먼저 내용을 정리하여 제시하고, 이어서 그것을 좀 더 상세하게 설명하는 형식을 — 따르고 있는 것이다. 누구든지 전후의 문맥 자체에서 이 점을 볼 수 있다. 누가는 말하기를, 그들이 이런 말을 듣고 난 후에 예수의 이름으로 세례를 받았다고 한다. 그리고 바울이 그들에게 안수하자, 그 때에 성령이 그들에게 임하셨다고 한다. 그리고 이 후자의 표현은 세례의 본질을 묘사하는 것이다.

그러나 만일 무지(無知)가 과거에 받은 세례를 헛되게 만들기 때문에 다시 세례를 받아 그것을 교정해야만 했다면, 누구보다도 사도들이 먼저 다시 세례를 받아야 했을 것이다. 세례를 받은 후 3년 동안 내내 그들은 순전한 가르침을 눈곱만큼도 제대로 받아들인 적이 없었기 때문이다. 그렇다면, 우리들은 어떠한가? 주의 긍휼하심으로 말미암아 우리의 무지한 사례들이 날마다 교정되고 있으니, 그때마다 세례를 다시 받으려면 어느 강(江)이라도 부족하지 않겠는가?

(세례의 구체적인 시행, 여자가 세례를 베푸는 문제. 19-22)

19. 세례의 구체적인 시행 방식

내가 잘못 생각하는 것이 아니라면, 이제 성례의 능력과 가치와 효용성과 목적이 충분히 분명해졌을 것이다. 외형적인 상징에 관한 한, 인간의 대담함을 억제하기에 합당하도록 그리스도께서 제정하신 순전한 형태가 그대로 유지되었으면 하는 바람이다. 마치 그리스도의 명령에 따라서 물로 세례를 받는 것이 경멸스럽기라도 한듯, 축도(祝禱) — 아니, 차라리 주문이라 해야 옳을 것이다 — 를 만들어내어 참되이 거룩하게 구별된 물(水)을 더럽혔다. 그리고 뒤에 가서는 촛불과 향유를 첨가시켰고, 또한 축사(逐邪)가 세례의 문을 여는 것으로 여기기도 했다. 이런 이상한 짓들이 얼마나 역사가 오랜 것인가를 잘 알고 있지만, 나는 모든 경건한 사람들과 더불어 그리스도께서 제정하신 것에 사람이 감히 덧붙여 놓은 모든 것들을 거부할 권리가 있는 것이다.

그러나 사탄은 거의 복음의 시초부터 온갖 사기를 부려왔는데, 사람들이 그것들을 세상의 그 바보 같은 어리숙함으로 쉽게 다 받아들이자 더 극심하게 조롱을 하였고, 그리하여 사람들의 무절제한 방종에 힘입어 침(唾液) 따위의 웃음거리들이 공공연하게 도입되어 세례를 욕되게 만든 것이다. 이런 경험들을 통해서 우리는 오직 그리스도의 권위로 만족하는 것보다 더 거룩하고 더 낫고 더 안전한 것이 없다는 사실을 배워야 할 것이다.

단순한 자들의 눈을 현란하게 하며, 생각을 죽이는 모든 화려한 극적인 장치들을 세례에서 완전히 제거해 버리고, 세례를 베풀고자 할 때마다 그 후보자를 신자들의 회중 앞에 세우고, 온 교회가 증인으로서 바라보며 그를 위하여 기도하며 그를 하나님께 드리고, 예비 신자들에게 반드시 가르쳐야 할 신앙고백을 낭송하고, 세례 시에 받을 약속들을 말하고, 성부와 성자와 성령의 이름으로 그 후보자에게 세례를 베풀며(마 28:19), 마지막으로 기도와 감사로 마친다면 얼마나 좋겠는가! 이렇게 시행한다면, 필수적인 요소는 하나도 빠지지 않을 것이며, 세례의 주인이신 하나님께로부터 온 그 예식이 온갖 기이한 부패에 파묻히지 않고 찬란한 빛을 환히 비추게 될 것이다.

그러나, 세례를 받는 사람이 물 속에 완전히 잠겨야 하는가 ─ 세 번이든 한 번이든 ─ 아니면 물을 뿌리기만 하면 되는가 하는 세세한 문제는 중요하지 않다. 다양한 풍토에 따라서 교회들의 재량에 따라서 시행하여야 할 것이다. 그러나 "세례를 주다"(baptize)라는 단어는 물에 완전히 담그는 것을 뜻하며, 고대 교회에서도 물에 완전히 담그는 의식을 시행한 것이 분명하다.

20. 세례는 개인이 사사로이 행할 것이 아님

또한 여기서 개인들이 사사로이 세례를 시행하는 것이 잘못이라는 점을 아는 것이 합당하다. 왜냐하면 성찬과 더불어 세례도 교회의 사역의 한 기능이기 때문이다. 그리스도께서는 남자든 여자든 그 어떤 사람에게도 세례를 주라고 명하시지 않았고, 그가 사도들로 지정하신 그 사람들에게 그 명령을 주셨다. 주께서는 성찬을 시행하시면서, 주께서 적법한 성찬 시행자로서 행하시는 것을 본 그대로 성찬을 시행하라고 제자들에게 명령하셨으니(눅 22:19), 주께서는 제자들이 그것을 모범으로 삼아서 그대로 따르기를 원하신 것이 분명한 것이다.

과거 오랜 동안, 거의 교회가 시작할 당시부터, 목사가 현장에 없는 상태에서는 사망할 위험이 있는 자들에게 평신도들이 세례를 시행하는 것이 하나의 관례였다. 그러나, 건전한 사고를 갖고서야 어떻게 이런 관례를 변호할 수 있을지 모르겠다. 심지어 이런 관례를 따르거나 묵인한 고대의 저술가들도 그런 관례가 옳은지 아닌지에 대해서는 확신이 없었다. 아우구스티누스도 다음의 진술에서 이에 대하여 의혹이 있음을 보여 준다: "어쩔 수 없는 상황에서 평신도가 세례를 베풀지 않을 수 없었다 할지라도, 그런 일이 되풀이되어야 한다고 말하는 일이 경건한 사람에게 합당한지 아닌지 나는 모르겠다. 만일 피치 못할 상황이 아닌데도 그렇게 한다면 그것은 다른 사람의 직무를 빼앗는 것이다. 그러나 필연적인 상황 때문에 어쩔 수 없이 그렇게 한다면, 그것은 전혀 죄를 짓는 것이 아니거나, 혹은 죄를 지어도 아주 가벼운 죄를 짓는 정도일 것이다."[7] 여자가 세례를 베푸는 일에 대해서는, 카르타고 공의회에서 예외 없이 여자는 절대로 세례를 베풀지 못하도록 결의하여 공포한 바 있다.

그런데, 병들어 있는 사람이 만일 세례를 받지 않고 죽으면 중생의 은혜를 빼앗길 위험이 있지 않느냐고 말할 사람이 있을 것이다. 그러나 절대로 그렇지 않다. 하나님께서는 우리의 아기들이 출생하기도 전에, 그 아기들을 그의 것으로 받으시겠다고 선언하시며, 친히 우리의 하나님이 되시고 우리 이후의 후손들의 하나님이 되시겠다고 약속하시는 것이다(창 17:7). 그들의 구원이 이 말씀속에 들어 있다. 그러므로 누구도 감히 그의 약속 자체가 그 약속된 효과를 내기에 충족하다는 것을 부인하여 하나님을 욕되게 해서는 안 될 것이다.

세례가 구원에 필수적이라는 가르침이 악하게 설명됨으로써 일으킨 해악이 얼마나 큰지를 깨닫는 사람이 별로 없고, 그래서 사람들이 별로 조심을 하지 않는다. 물론 세례를 받지 않은 사람들은 다 버림을 받는다는 생각이 만연되어 있으면, 결국 우리의 처지가 고대의 하나님의 백성들의 처지보다 훨씬 더 나쁜 것이 될 것이다. 하나님의 은혜가 율법 아래 있을 당시보다도 지금이 오히려 더 제한되어 있는 것이 되지 않겠는가! 그렇게 되면 사람들은 그리스도께서 약속들을 성취하시기 위해서가 아니라 그것들을 폐지하시기 위하여 오셨다(마 5:17)고 생각할 것이다. 과거에는 제8일이 되기 전에도 약속 그 자체만으로 효과적으로 구원이 베풀어졌는데(창 17:7; 참조. 12절), 이제는 표징의 도움이 없이는 그 약속이 아무 소용이 없는 것처럼 생각할 것이니 말이다.

21. 여자는 세례를 베풀 수 없음

아우구스티누스가 나기 이전에 교회에서 행한 관례는 무엇보다도 테르툴리아누스에게서 볼 수 있는데, 그는 여자는 교회에서 말하지 말아야 하며 가르치거나 세례를 베풀 수도 없다고 주장하였다. 뿐만 아니라 여자는 남자의 직무를 자기 것으로 주장해서도 안 되며, 사제의 직분은 더더욱 주장해서는 안 된다고 하였다.[8] 에피파니우스(Epiphanius: 315-413) 역시 이 문제와 관련하여 신뢰할 만한 증거를 제시해 준다. 그는 마르키온(Marcion)이 여자들에게 세례를 베풀 수 있도록 허용한 것에 대하여 크게 비판하는 것이다.

이와 견해를 달리하는 사람들이 무슨 답변을 하는지도 나는 잘 알고 있다. 그들은 어쩔 수 없는 필연 때문에 행하는 특별한 조치와 일상적인 관례는 서로 굉장한 차이가 있다고 한다. 그러나 에피파니우스는 여자들에게 세례를 베풀 권한을 주는 것은 웃음거리라고 선언하면서 전혀 예외를 인정하지 않는다. 그러므로 그는 어쩔 수 없는 필연적인 상황을 핑계로 여자들로 하여금 세례를 베풀 수 있도록 허용하는 그런 부패한 관행을 반대한 것이 너무도 분명한 것이다. 또한 그의 세 번째 책에서 그는 심지어 그리스도의 성모에게도 그런 권한이 허용되지 않았다고 가르치면서 전혀 다른 조건을 덧붙이지 않는 것이다.[9]

22. 십보라의 예를 따르는 것은 부당함

그러나 우리의 반대자들은 십보라의 예를 부적절하게 인용한다(출 4:25). 그들은 십보라가 돌을 들어 그 아들에게 할례를 행한 다음 하나님의 사자가 진정되었다는 사실을 근거로, 그녀의 행위를 하나님께서 인정하셨다고 잘못 추론하는 것이다. 그러나 그들의 말대로라면, 하나님께서는 앗수르에서 옮겨온 이주민들이 드린 예배를 하나님께서 기뻐 받으셨다고 말해야 옳을 것이다(왕하 17:32-33).

그러나 그 어리석은 여인이 행한 예를 본받아 행하는 것이 어리석은 일이라는 것은 다른 타당한 이유들로도 입증할 수가 있다. 곧, 십보라의 예는 이례적인 경우로서 하나의 모범으로 취하여 따를 것이 아니라고 말하고, 또한 (특히 어느 곳에서도 제사장들에게 할례를 베풀라고 분명하게 명령한 예가 나타나 있지 않으므로) 할례는 세례와는 경우가 다르다고 말하면, 이것으로 충분히 반박하고도 남을 것이다. 그리스도의 말씀은 너무도 분명하다: "가서 모든 민족을 제자로 삼아 … 세례를 베풀라"(마 28:19). 그리스도께서는 같은 사람들을 복음의 사신들로 삼으셨고 동시에 세례의 시행자들로 삼으셨으므로, 사도들이 증거하는 바와 같이, 아론과 같이 하나님의 부르심을 받은 자를 제외하고는 그 누구도 교회 안에서 스스로 그런 존귀를 취해서는 안 된다(히 5:4). 정당한 부르심을 받지 않고서 세례를 베푸는 자는 누구를 막론하고 다른 사람의 직분을 빼앗는 것이 되는 것이다(참조. 벧전 4:15).

심지어 음식과 음료 같은 지극히 사소한 일에 있어서도, 우리가 양심에 의심을 갖고 행하는 일은 무엇이든 죄라고 바울이 공공연히 선언하고 있다(롬 14:23). 그러므로 그리스도께서 정하신 규칙이 침해를 받는 것이 분명하게 드러나는데도 여자들이 세례를 베푼다는 것은 훨씬 더 큰 죄인 것이다. 하나님께서 짝지어 주신 것을 나누는 것은 부당한 일이라는 것을 우리가 잘 알기 때문이다(마 19:6; 막 10:9).

그러나 이 모든 것은 그냥 지나가기로 하자. 독자들에게 말하고 싶은 것은 십보라의 의도는 하나님께 무언가 봉사하고자 한 것 이상 아무것도 아니었다는 것이다. 아들이 위험에 처하여 있는 것을 보고서, 그녀는 불평하고 안타까워 했다. 그리고 화가 나서 아들의 포피(包皮)를 땅에 던졌고, 그리하여 남편의 화를 돋구어 그 역시 동시에 하나님을 향하여 화를 냈던 것이다. 간단히 말해서, 이 모든 일은 그녀의 격렬한 충동에서 비롯되었다는 것이 분명하다. 십보라는 하나님과 남편에 대해서 화가 나서 아들의 피를 흘리고 만 것이었다. 게다가, 그녀가 다른 모든 일에서 올바로 처신했다 할지라도, 그녀가 남편이 있는 데서 — 그것도 그저 사사로운 인물이 아니요 이스라엘에 그 이상 큰 자가 일어나지 않을 하나님의 위대한 선지자인 모세가 그 남편인데 — 아들에게 스스로 할례를 베풀었다는 것은 도저히 변명의 여지 없는 무모한 행위였던 것이다. 십보라의 그런 행동은 — 마치 오늘날 감독이 있는 자리에서 여자들이 세례를 베푸는 행위가 도저히 용납될 수 없는 것처럼 — 허용될 수 없는 일이었다.

그러나 다음의 원리로도 이 논쟁은 쉽게 곧바로 해결될 것이다. 곧, 혹시 어린아이들이 물에 몸을 잠그기 전에 사망했다 할지라도 그 때문에 천국에서 제외되는 것이 아니라는 원리가 그것이다. 우리가 이미 살펴보았거니와, 이 원리에 동의하지 않으면 그것은 하나님의 언약을 심각하게 침해하는 것이 된다. 마치 하나님의 언약이 그 자체로서는 무력하기 때문에 세례나 기타 수단들의 도움을 받아야만 효과를 내는 것처럼 생각하는 것이기 때문이다. 후에 성례에 일종의 인(印)이 첨가되지만, 그것은 하나님의 약속이 그 자체로서는 소용이 없기 때문에 그런 인을 통해서 효력을 발생하게 하기 위한 것이 아니고, 그 약속의 효력을 우리에게 확증시켜 주기 위한 것일 뿐이다. 그러므로 결국 신자들의 자녀들이 세례를 받는 것은, 그전에는 교회 바깥에 있는 외인들이었던 그 아이들을 비로소 처음으로 하나님의 자녀로 삼기 위한 것이 아니고, 그 아이들이 하나님의 약속에 의해서 이미 전부터 그리스도의 몸에 속하여 있기 때문에 이 엄숙한 표징으로 그들을 교회에 받아들이기 위한 것이다.

따라서, 혹시 그 [세례의] 표징이 누락된 경우에라도 그것이 게으름이나 멸시나 소홀함 때문에 생긴 일이 아니라면, 우리는 모든 위험에서 안전한 것이다. 그러므로 하나님이 제정하신 규례를 높이 기리는 것이 — 즉 주께서 임무를 맡기신 자들에게서만 성례 받기를 구하는 것이 — 훨씬 더 거룩한 일인 것이다. 혹시 교회에서 성례들을 받을 수 없는 경우라 할지라도, 하나님의 은혜는 성례에만 한정되어 있는 것이 아니므로, 믿음으로 말미암아 하나님의 말씀에서도 그 은혜를 받을 수가 있는 것이다.

주

1. 참조. 3권 4장; 4권 19장 14-17절.

2. Chrysostom, *Homilies on Matthew*, hom. x. 1.

3. Augustine, *On Baptism, Against the Donatists*, V. x. 12.

4. 참조. 18절.

5. Augustine, *Against the Writings of Petilianus the Donatist*, III. xlix. 59; *Against the Letter of Parmenianus*, II. xi. 23.

6. 참조. 2권 1장 8절.

7. Augustine, *Against the Letter of Parmenianus*, II. xiii. 29.

8. Tertullian, *On Baptism*, xvii.

9. Epiphanius, *Panarion sive arcula adversus haereses*, xlii. 4; lxxix. 3.

제 16 장

유아 세례:
그리스도께서 제정하신 바와 일치함, 그리고 그 표징의 본질

(유아 세례의 의미와 아브라함 언약을 통한 그 정당성의 입증. 1- 6)

1. 유아 세례에 대한 공격

그런데, 오늘 이 시대에 광적인 사람들이 나타나 유아 세례의 문제를 둘러싸고 교회를 심하게 어지럽혀왔고 지금까지도 그들의 소요가 사라지지 않고 있으므로, 그들의 그런 미친 헛소리들을 잠재우기 위하여 여기 일종의 부록을 첨부하지 않을 수가 없다. 이 내용이 다소 길다고 느낄 수도 있겠으나, 그런 중대한 문제에 있어서는 교회의 평화는 물론 교리의 순결성을 유지하는 것이 합당하므로 무엇이든 이 두 가지를 이루는 데에 이바지할 수 있는 것에 대해서는 까다롭게 이의를 제기해서는 안 된다는 점을 생각해야 할 것이다.

아울러 본 논의를 전개하면서 세례의 성례를 좀 더 분명하게 설명하고자 노력할 것이다. 그들은 아주 그럴듯해 보이는 논리로 유아 세례를 공격한다. 유아 세례는 전혀 하나님이 세우신 제도에 기초한 것이 아니고 사람의 주제넘는 추리와 부패한 호기심에서 비롯되었으며 결국 어리석은 자기만족으로 경솔하게 시행되게 된 것일 뿐이라고 한다. 사실 성례가 하나님의 말씀의 확실한 기초에 근거하지 않는다면, 가느다란 실에 매달려 있는 처지이기 때문이다.

그러나 문제를 올바로 살펴보아서, 주의 거룩한 규례를 대적하여 거짓으로 부당하게 그런 유해한 누명을 씌운 것이 분명히 드러나면 어찌하겠는가? 그러므로 유아 세례의 기원을 조사해 보아서, 만일 그것이 그저 사람의 경솔함에서 비롯되었다는 것이 드러나면 그것과 작별을 고하고 오로지 하나님의 뜻으로만 세례의 참된 시행을 판단하도록 하자. 그러나 만일 유아 세례가 하나님의 확실한 권위가 있다는 것이 입증되면, 하나님의 거룩한 규례들을 폐기하다가 그것들을 제정하신 하나님 자신을 만홀히 여기게 되는 일이 없도록 경계하여야 할 것이다.

2. 세례의 의미

우선, 표징(signs)이란 외형적인 의식(儀式)들 속에서만 생각할 것이 아니고, 주께서 그 의식들로 하여금 나타내도록 지정하신 바 약속과 신령한 신비들에 주로 의존한다는 사실은 경건한 모든 사람들 사이에 충분히 잘 알려져 있고 또한 고백되는 가르침이다. 그러므로 세례의 가치와 목적과 본질 전체를 충실히 배우고자 하는 사람은 [세례에 소용되는] 물질(성물)과 그 물리적인 현상에 생각을 고정시키지 말고, 생각을 높여서 그것들을 통해서 우리에게 베풀어지는 하나님의 약속들과 또한 거기에 나타나는 내적인 신비들을 바라보아야 할 것이다. 이런 것들을 깨닫는 사람이야말로 세례의 견고한 진리에 — 이를테면, 세례의 본질 전체에 — 도달했다 할 것이다. 그리고 이것으로부터 물을 뿌리는 외형적 행위의 이유와 그 용도도 배우게 될 것이다.

그러나 반대로, 이런 사실들을 경멸적으로 무시하고 눈에 보이는 의식에만 온통 주의를 집중시키고 거기에만 매여 있는 사람은 세례의 능력도 그 성격도 이해할 수가 없고, 물의 의미나 그 용도에 대해서도 이해할 수가 없을 것이다. 이 진술은 성경의 수많은 확실한 증언들로써 입증되기 때문에 지금은 그것에 대해서 더 따질 필요가 없다. 그러므로 이제 우리에게 남은 일은 세례 속에 주어진 약속들을 근거로 하여, 세례의 능력과 그 본질이 무엇인지를 살피는 것이다.

성경은 첫째로, 세례가 우리가 그리스도의 피로부터 얻는 바 죄 씻음을 지시하는 것이고, 둘째로, 그리스도의 죽으심에 동참하여 우리 육체를 죽이는 일 — 신자들이 이를 통하여 새생명과 그리스도의 교제 속으로 거듭난다 — 을 지시하는 것임을 보여 준다. 성경에서 세례에 관하여 가르치는 모든 내용을 그렇게 정리할 수 있을 것이다. 또한 한 가지, 세례가 또한 우리의 신앙을 사람들 앞에서 증거하는 하나의 상징이라는 것을 거기에 첨가할 수 있을 것이다.

3. 세례와 할례의 관계

그러나 세례가 제정되기 전에는 그 대신 하나님의 백성들에게 할례가 있었으므로, 이 두 표징들이 서로 어떻게 다르며, 또한 어떤 점에서 서로 유사한지를 살펴보도록 하자. 그렇게 해 보면, 이 둘 사이의 신령한 관계가 드러날 것이다.

여호와께서 아브라함에게 할례를 시행하도록 명령하셨을 때에, 그는 먼저 자신이 아브라함과 그 후손들에게 하나님이 되실 것을 말씀하셨고(창 17:7, 10) 또한 아브라함에게 모든 것을 풍족히 베풀어 주시겠다고 하셨다(창 17:1, 6, 8). 여호와께서 그렇게 하신 것은 아브라함으로 하여금 모든 선한 것의 근원이 여호와의 손에 있음을 생각하게 하기 위함이었다. 그런데 그리스도께서 해석하시는 것처럼, 이 말씀 속에는 영생에 대한 약속이 들어 있다. 그리스도께서는 이 말씀을 근거로 신자들의 영생과 불멸을 선언하시는 것이다: "하나님은 죽은 자의 하나님이 아니요 살아 있는 자의 하나님이시라"(눅 20:38; 마 22:32). 그러므로 바울도 에베소 교인들에게 주께서 그들을 어떠한 멸망의 상태에서 구원하여 주셨는지를 말하면서, 그들이 그때에 그리스도 밖에 있었고 하나님도 없고 소망도 없고 약속의 언약들에 대하여 외인들이었다는 사실을 근거로 제시하는데(엡 2:12), 이 모든 조건들은 언약 자체 속에 다 포함되어 있는 것들이다.

그런데 하나님께로 나아가는 첫 걸음은, 영원한 생명 속으로 들어가는 첫 걸음은 바로 죄 사함에 있다. 그러므로 이것이 우리가 씻음 받게 되리라는 세례의 약속과 일치하는 것이다. 그리고 후에 여호와께서는 아브라함과 언약을 맺으시면서 그에게 여호와 앞에서 올바르고 순전한 마음으로 행하라고 하시는데(창 17:1), 이것은 육체를 죽이는 일, 혹은 중생에 해당된다 하겠다. 그리고 할례란 바로 자기 자신을 죽이는 일의 표징이라는 사실에 대하여 의심하는 사람이 없도록 하기 위하여, 모세는 다른 곳에서 이스라엘 백성들에게 권면하기를, 여호와께서 그들을 세상의 만민 중에서 택하셔서 자기 백성으로 삼으셨으므로 마음에 할례를 행하라고 한다(신 10:15, 16). 하나님께서 아브라함의 후손을 그의 백성으로 입양시키실 때에 할례를 행하라고 명령하셨는데, 모세는 그 백성들에게 마음에 할례를 받으라고 선포함으로써 그 육체의 할례의 참된 의미를 설명한 것이다(신 30:6). 뿐만 아니라 아무도 자기 자신의 힘으로 그 일을 추구하지 못하도록, 모세는 그 일이 하나님의 은혜로 되는 것이라고 가르치는 것이다.

이 모든 내용들을 선지자들이 그렇게 자주 다시 천명하고 있으므로, 여기서 그 많은 본문들을 나타나는 대로 일일이 열거할 필요가 없을 정도다(참조. 렘 4:4; 겔 16:30). 그러므로 세례를 통해서 우리에게 주어지는 약속과 같은 영적인 약속이 할례를 통해서 족장들에게 주어져 있는 것이다. 그들에게 있어서 할례는 죄 사함과 육체를 죽이는 일을 뜻하는 것이었기 때문이다. 더 나아가서, 우리는 그리스도께서 세례의 근본이시며 그에게 이 두 가지 약속들이 있다고 가르쳤는데, 그가 또한 할례의 근본이시라는 것도 분명히 드러난다. 그가 아브라함에게 약속되신 분이시요, 그 안에 땅의 모든 족속의 복이 있기 때문이다(창 12:2-3). 이러한 은혜를 인치시기 위하여, 할례라는 표징이 주어진 것이다.

4. 세례와 할례의 차이는 외형적인 의식의 차이뿐임

이제 우리는 이 두 가지 표징의 유사점과 차이점을 어렵지 않게 볼 수 있게 되었다. 표징들의 능력이 약속에 있다는 것을 이미 보여 주었거니와, 이 두 가지 모두 약속에 있어서는 동일하다. 곧, 두 가지 모두 하나님의 아버지로서의 사랑, 죄 사함, 그리고 영생이 약속되어 있는 것이다. 그리고 두 가지 모두 그 약속들이 이루어지는 근본이 서로 동일하다. 그러므로 성례들의 능력과 그 성격 전체를 가늠하는 내적인 신비에 있어서는 두 가지가 서로 차이가 없는 것이다. 차이는 다만 외형적인 의식에서 차이가 있는데, 이는 아주 사소한 요인에 불과하다. 왜냐하면 여기서 가장 중요한 부분은 거기에 담긴 약속이요, 또한 그 의식이 나타내는 바 그 실체이기 때문이다.

그러므로 우리의 결론은, 눈에 보이는 의식 상의 차이를 제외하고는 할례에 속하는 것은 무엇이든 똑같이 세례에도 해당된다는 것이다. 이러한 신령한 관계와 상호 간의 비교를 위하여 우리는 사도가 제시하는 원칙에 따라서 지도를 받는다. 곧, 모든 성경 해석을 믿음의 분량에 따라서 점검하라는 명령이 그것이다(롬 12:3, 6). 그리고 이 문제의 경우는 너무도 사실이어서 거의 손으로 만지는 느낌이 들 정도다. 유대인에게 있어서 할례는 교회에 들어가는 첫 걸음이었다. 왜냐하면 그것은 그들이 하나님의 백성이요 권속으로 입양되었음을 확신하며, 또한 그들로서도 하나님을 신실하게 섬길 것을 고백한다는 증표(token)였기 때문이다. 이와 마찬가지로, 우리도 세례를 통해서 하나님의 것으로 구별되며, 하나님의 백성으로 인정되며, 또한 하나님을 향한 충성을 맹세하는 것이다. 이런 사실로 볼 때에, 세례가 할례를 대신하여 우리 가운데서 그와 동일한 기능을 발휘한다는 것은 논란의 여지가 없는 것이다.

5. 유아 세례의 정당성

이제, 유아들에게 세례를 시행하는 것이 과연 옳은지를 살펴볼 때에, 그저 세례에 사용되는 물과 외형적인 의식들에서 멈추고서 영적 신비에까지 생각을 돌리려 하지 않는 사람들이야말로 무의미하고도 헛된 말을 한다고 해야 하지 않겠는가? 이 점을 조금이라도 생각한다면, 유아들에게 세례를 시행하는 것이야말로 유아들에게 당연히 해야 할 일이라 할 것이다. 과거에 여호와께서는 유아들을 할례를 받게 하시고서 할례로써 의미하는 바 모든 축복들 속에 그들을 반드시 참여시키셨다(참조. 창 17:12). 만일 그렇지 않고, 여호와께서 무의미한 상징물들로 그들을 대하신 것이라면, 그것은 곧 여호와께서 한낱 속임수로 그의 백성들을 조롱하신 것이 되고 말 것이다. 그러나 이것은 듣기에도 끔찍스러운 것이다. 여호와께서는 어린 유아에게 할례를 베푸는 것이 언약의 약속을 보증하는 인(印)을 대신하는 것임을 분명하게 선언하신다. 그런데, 그 언약이 여전히 든든하고 확고한 상태로 존속한다면, 그것은 구약 시대의 유대인들의 어린 유아들에게 적용되었던 것 못지않게 오늘날의 그리스도인들의 자녀들에게도 적용되는 것이다.

그러니, 만일 그들이 성례가 의미하는 바 모든 것에 동참하는 것이라면, 그들을 [성례의 외형적인] 표징에서 제외해야 할 이유가 어디 있는가? 만일 그들이 실체를 얻어 누린다면, 그 실체의 상징물에서 배제되어야 할 이유가 어디 있는가? 그런데, 성례에 있어서 외형적인 표징은 그 말씀과 너무도 밀착되어 있어서 도저히 서로 분리시킬 수가 없다. 그렇지만 구태여 표징을 말씀과 구별하여 생각하자면, 과연 그 둘 중에 어떤 것이 더 귀하겠는가? 분명히 드러나는 일이지만, 표징이 말씀에 종속되는 것이니, 표징이 말씀 아래 있다고 말할 수 있고, 또한 표징이 더 낮은 위치에 있다고 말할 수 있는 것이다. 그러므로, "세례"의 말씀이 유아들에게도 적용되는 것이라면, 그 말씀의 부록과도 같은 그 표징이 어째서 유아들에게 해당되지 않는다는 말인가? 혹 다른 이유들이 당장 나타나지 않는다 할지라도, 이 한 가지 이유만으로도 이를 반대하는 자들을 충분히 반박하고도 남을 것이다. 할례의 경우는 일정한 날을 정해 놓았었다는 반론이 제기되기도 하지만, 그것은 그저 발뺌을 하기 위한 얼버무림에 지나지 않는다. 우리는 지금 유대인들처럼 특정한 날들에 매어있지 않다. 그러나 주께서 날은 정해 주지 않으시면서도, 유아들을 엄숙한 예식으로 그의 언약 속으로 받아들이기를 기뻐하신다고 선언하시니, 그 이상 더 무엇이 필요하겠는가?

6. 방식은 다르나 동일하게 언약을 확증함

그러나 성경은 이보다 더 확실한 진리의 지식을 제공해 준다. 사실, 여호와 께서 아브라함과 맺으신 언약(참조. 창 17:14)은 과거 유대 백성들에게 못지않게 오늘날 그리스도인들에게도 적용되며, 따라서 그 [언약의] 말씀도 유대인들에 게 못지않게 그리스도인들에게도 적용된다는 것이 너무도 분명하다. 그리스도 께서 오심으로 성부 하나님의 은혜가 약화되었다든지 줄어들었다는 식으로 생 각하지 않는다면 ― 그러나 이런 생각은 그야말로 끔찍스러운 신성모독이다! ― 말이다. 유대인의 자녀들이 언약의 상속자들이 되었고 그리하여 불경한 자 들의 자녀들과 구별되었기 때문에 그들이 거룩한 자손이라 불렸던 것처럼(스 9:2; 사 6:13), 그리스도인들의 자녀들 역시 동일한 이유로 거룩한 자들로 여겨지 는 것이다.

뿐만 아니라, 한 쪽 부모만 믿는 경우에도 사도의 증언으로 볼 때에 우상숭 배자들의 부정한 자손과 구별되는 것이다(고전 7:14). 아브라함과 언약을 맺으신 직후 여호와께서 외형적인 성례를 통해서 유아들에게 그 언약을 인치도록 명하 신 사실을 볼 때에(창 17:12), 오늘날 그리스도인들이 자기 자녀들에게 그 언약을 증거하고 인치지 않는다면, 과연 그것에 대해서 무슨 핑계를 대겠는가?

그리고, 여호와께서는 다른 상징이 아니고 오로지 할례를 통해서만 그의 언 약이 확증되도록 명령하셨는데 할례는 이미 오래 전에 폐지되지 않았느냐는 식 으로 반론을 제기해서도 안 될 것이다. 구약 시대에는 여호와께서 할례를 제정 하셔서 그의 언약을 확인하셨으나 할례가 폐지된 이후에도 그의 언약을 확인하 시는 동일한 이유(이는 유대인과 함께 우리에게도 공통적으로 적용된다)가 여전히 그 대로 남아 있는 것이다. 그러므로 우리는, 우리와 유대인들에게 공통적으로 해 당되는 것과, 우리와는 달리 그들에게만 적용되는 것을 항상 부지런히 생각해 야 하는 것이다. 언약도 공통이며, 그 언약을 확인하는 이유 또한 공통이다. 다 만 확인의 방식만 다를 뿐이다. 그들에게는 할례를 통해서 확인되었으나, 우리 에게는 할례 대신 세례를 통해서 확인되는 것이다.

만일 그렇지 않고 유대인들로 하여금 그 후손들의 구원에 대하여 확신하도록 해 준 증거가 우리에게는 없다고 본다면, 그것은 결국 그리스도의 오심으로 말미암아 하나님의 은혜가 그 이전의 유대인들에게 주어진 것보다 더욱 희미해지고 덜 분명해지는 것이 되고 마는데, 그리스도를 극심하게 비방하려는 의도가 없다면 이렇게 말할 수는 없는 것이다. 아버지의 무한하신 은혜가 그리스도의 오심으로 말미암아 그전 어느 때보다도 이 땅 위에 더욱 분명하고도 풍성하게 부어졌고, 또한 사람들에게 선포되었기 때문이다. 과연 사정이 이와 같다면, 아버지의 은혜가 율법의 희미한 그림자 아래 있을 당시보다 더 깊이 감추어져 있고 또 덜 분명하게 드러난다고 말할 수 없다는 것을 인정할 수밖에 없는 것이다.

(그리스도의 모범과 유아 세례의 유익. 7-9)

7. 그리스도와 어린아이들

　　그렇기 때문에, 주 예수께서는 자신이 세상에 임하신 것이 아버지의 긍휼하심을 제한하기 위해서가 아니라 오히려 더 크게 하기 위함임을 깨닫게 하기 위하여 한 가지 모범을 제시하시고자, 자기에게 나아오는 어린아이들을 부드럽게 안아주시며, 그 어린아이들을 가로막는 제자들을 꾸짖으셨다. 그들이 천국의 주인이신 주님께로부터 그 어린아이들을 물리치고 있었기 때문이다(마 19:13-15). 이렇게 말할 사람들이 있을 것이다: 그렇지만 그리스도께서 어린아이들을 안으신 것과 세례가 과연 무슨 상관이 있는가? 주께서 그들에게 세례를 베푸셨다는 말씀은 없고, 그저 그가 그들을 취하여 안으시고 축복하셨다는 것밖에는 없지 않느냐는 것이다. 그리하여 그들은 주장하기를, 주님의 모범을 따르려면 어린아이들에게 세례를 베풀 것이 아니라 그들을 기도로 도와주어야 할 것이라고 한다. 그러나, 그 사람들이 한 것보다 더 신중을 기하여 그리스도의 그런 행위를 생각해 보자. 그리스도께서 어린아이들이 자기에게 나아오는 것을 막지 말라고 명령하시면서 "천국이 이런 사람의 것이니라"라고 그 이유를 덧붙이셨다는 사실을 가볍게 지나쳐서는 안 될 것이다(마 19:14). 그리고 나서 그는 그들을 품에 안으시고 기도와 축복으로 그들을 아버지께 맡기시는 행동을 취하심으로써 그러한 자기의 뜻을 확증하시는 것이다. 만일 어린아이들이 그리스도께로 나아갈 권리가 있다면, 그리스도와의 하나 된 교제의 상징인 세례를 받지 못할 이유가 어디 있는가? 만일 천국이 그들의 것이라면, 이를테면 교회로 들어가고 그 속에 받아들여지고, 그리하여 천국을 기업으로 받을 자들의 일원으로 인정 받을 문을 그들에게 열어주는 문이라 할 수 있는 그 표징을 부인할 이유가 어디 있단 말인가?

그리스도께서 자기 자신에게로 부르신 자들을 우리가 내쫓는다면 그 얼마나 부당한 일이겠는가! 그리스도께서 안으시고 축복하신 자들을 내쫓다니! 주께서 기꺼이 받으시는 자들을 우리가 가로막다니! 이 얼마나 어처구니없는 일인가! 그러나 세례와 그리스도의 이러한 행동의 큰 차이를 논의하기를 바란다면, 그리스도께서 어린아이들을 받으시고 안으시며 안수하시고 기도하셔서 그들이 그의 것으로 거룩히 구별된 자들임을 친히 선언하셨는데, 이러한 그의 행동보다도, 어린아이들이 하나님의 언약에 포함되어 있다는 것을 증거해 주는 세례가 얼마나 더 고귀한 것인지 모른다.

또한 그들이 보잘것없는 다른 논리를 제시하여 이 구절의 의미를 폄하하려하지만, 그들의 무식함만을 드러낼 뿐이다. 그들은 "어린아이들을 용납하고 내게 오는 것을 금하지 말라"는 주님의 말씀이 주께로 나아올 수 있을 정도로 이미 어느 정도 성장한 아이들을 가리킨다고 주장한다. 그러나 복음서 기자들은 그들을 "βρέφη καὶ παιδία"(어린 아기와 어린아이)로 부르고 있는데(눅 18:15; 참조. 마 19:14; 막 10:13), 이는 헬라어로 어미의 젖을 먹는 유아들을 뜻하는 것이다. 그러므로, "온다"는 단어는 그저 "접근한다"는 뜻인 것이다. 스스로 진리를 대적하여 스스로 완악하여진 자들이 이렇게 억지로 속임수의 거미줄을 쳐놓는 것을 보라!

또한 그리스도께서는 "그들 자신"이라 하지 않고 "이런 사람"이라고 말씀하시므로 천국이 어린아이들에게 주어진 것이 아니라 그들을 닮은 자들에게 주어진 것이라고 주장하는데, 이것도 더 나을 것이 없다. 만일 이런 주장을 받아들인다면, 그리스도께서는 과연 무슨 이유로, 어린아이들이 어리다고 해서 그 때문에 자기와 상관이 없는 것이 아니라는 것을 보여 주려 하셨겠는가? 주께서 어린아이들을 가까이 오게 하라고 명령하실 때에, 진짜 어린아이를 두고 말씀하셨다는 것보다 더 분명한 것이 없는 것이다. 그리고 주님은 어린아이들을 가까이 오게 하는 것이 우스꽝스럽게 보이지 않도록 하기 위하여, "천국이 이런 사람의 것이니라"라고 덧붙이시는 것이다(마 19:14). 만일 어린아이들이 천국에 포함된다면, "이런 사람의"라는 표현이란 바로 어린아이들 자신들과 또한 그들을 닮은 자들을 함께 지칭한다는 것이 너무나도 분명한 것이다.

8. 유아 세례는 믿음의 원칙으로 보아야 함

자, 유아 세례가 절대로 사람이 만들어낸 것이 아니고 성경의 확고한 승인에 근거를 두는 것임을 누구나 알 수 있을 것이다. 또한 사도들의 손으로 유아에게 세례를 베풀었다는 증거가 단 한 건도 없다는 어리석은 반론도 설득력이 없다. 복음서 기자들이 그런 예를 상세하게 보도하지 않는다 할지라도, 어린아이들이 가족에서 제외되는 것이 아니므로 가족들이 세례를 받았다는 보도는 곧 어린아이들도 세례를 받았다는 뜻을 함축하고 있으니, 과연 온전한 정신을 가진 사람이라면 어린아이들이 세례를 받지 않았다는 논리를 어떻게 주장할 수 있겠는가? 만일 그런 식의 논리가 타당성이 있다면, 여자들 역시 성찬에서 제외되었다고 보아야 옳을 것이다. 왜냐하면 사도 시대에 여자들이 성찬에 참여했다는 분명한 기록이 없기 때문이다(참조. 행 16:15, 32).

그러나 여기서 우리는 믿음의 원칙으로 만족한다. 성찬의 제도가 의미하는 바를 가늠하게 되면, 또한 그것을 근거로 그것이 어떤 사람들에게 허용되는지도 쉽게 판단할 수 있기 때문이다. 세례에 있어서도 이를 보게 된다. 세례를 제정하신 목적에 주의를 기울이게 되면, 그것이 성인에게 뿐 아니라 어린 유아들에게도 베푸는 것이 합당하다는 것을 확실히 보게 되는 것이다. 그렇기 때문에, 유아들을 세례에서 제외시킨다는 것은 곧 세례를 제정하신 주인이신 하나님의 뜻을 노골적으로 침해하는 것이 되는 것이다.

유아 세례를 반대하는 자들은 그리스도께서 부활하신 이후 오랜 세월 동안 유아 세례의 예가 없었다는 주장을 무지한 일반 백성들 사이에 유포시키고 있다. 그러나 이런 주장은 참으로 부끄럽게도 전혀 사실이 아닌 것이다. 아무리 고대의 저술가라 할지라도, 유아 세례의 기원을 확실하게 사도 시대로 보지 않는 사람이 없기 때문이다.

9. 유아 세례가 주는 유익

이제는 자기 아이들을 세례 받게 하는 신자 된 부모들과 거룩히 세례를 받는 유아들 자신이 유아 세례를 통하여 어떤 유익을 얻게 되는지 간단하게 말하는 일이 남아 있다. 혹시 유아 세례가 무용하고 무익하다고 하여 그것을 멸시하는 사람들이 없도록 하기 위함이다. 그러나 만일 이런 것을 구실로 유아 세례를 가볍게 여길 생각이 든다면, 그것은 곧 여호와께서 주신 할례의 명령을 조롱하는 것이 되는 것이다. 유아 세례를 반대하기 위하여 제시하는 논리 가운데 할례에까지 거꾸로 소급하여 적용되지 않는 것이 없기 때문이다. 그리하여 주께서는, 자기들의 육신적인 지각으로 이해하지 못하면 그 즉시 배척해 버리는 사람들의 오만함을 징벌하시는 것이다. 그러나 하나님께서는 그들의 어리석음을 무찌를 수 있는 다른 무기들을 제공해 주신다.

하나님께서 세우신 이 거룩한 제도는 우리의 믿음을 특별히 위로해 주는 것으로서 결코 쓸데없다는 말을 들을 만한 것이 아니다. 마치 인(印)을 치듯이 어린아이에게 전달되는 그 하나님의 표징은 경건한 부모에게 주어진 약속을 확증하는 것으로서, 여호와께서 그 부모에게만 하나님이 되셔서 그의 선하심과 은혜를 베풀어 주시는 것이 아니라 천(千) 대에 이르도록 그 후손들에게도 하나님이 되기를 원하신다는 것(출 20:6)이 확증되었음을 선언하는 것이기 때문이다. 하나님의 한량없는 자비하심이 거기서 드러나거니와, 그것이 우선 사람들에게 그의 영광을 선포할 충분한 기회를 주고 또한 경건한 사람들에게 특별한 기쁨을 부어 주며, 하나님께서 그들의 후손까지도 그렇게 보살피신다는 것을 보고서 그 자비하신 아버지를 향하여 더 깊은 사랑을 갖게 되는 것이다.

혹, 그 약속만으로도 우리 자녀들의 구원을 확증하기에 충족하다고 하며 반론을 제기하는 사람이 있다 해도 나는 그것을 인정할 수가 없다. 하나님께서는 이 문제를 달리 보시기 때문이다. 그는 우리의 연약함을 아시고 이 문제에 대하여 우리를 부드럽게 대하기를 원하신 것이다. 그러니 하나님의 긍휼하심이 자기 자녀들에게도 확대된다는 약속을 받아들이는 사람이라면, 마땅히 그 자녀들을 교회에 내어놓고 그 긍휼하심의 상징으로 인침을 받도록 하며 그리하여 주님의 언약이 자녀들의 몸에 새겨지는 것을 눈으로 바라봄으로써 그들 편에서도 더 큰 확신을 갖도록 할 의무가 있음을 생각해야 할 것이다.

한편, 자녀들도 세례를 받음으로써 유익을 얻게 된다. 곧, 교회의 몸에 접붙임을 받음으로써 교회의 다른 지체들에게 더 큰 관심의 대상이 된다는 것이다. 그리고 그들이 자라난 다음에는 하나님을 예배하고자 하는 진정한 열심이 크게 일어나게 된다. 그들이 그를 아버지로 깨달을 수 있는 나이가 되기도 전에(아기 때에) 하나님께서 엄숙한 입양의 상징을 통해서 그들을 그의 자녀로 받아주셨기 때문이다. 마지막으로, 자기 자녀를 언약의 상징으로 인침 받게 하는 일을 만홀히 여기는 자를 하나님께서 보응하실 것이라는 경고를 큰 두려움으로 받아들여야 할 것이다(창 17:14). 그런 모욕 행위는 하나님께서 베푸신 은혜를 거부하는 것일 뿐 아니라 그 은혜를 거짓으로 되갚는 것이기 때문이다.

(재세례파의 주장에 대한 반박. 10-16)

10. 세례와 할례가 서로 다르다는 재세례파의 주장

그러나 일부 미친 짐승 같은 자들이 하나님의 이 거룩한 규례를 끊임없이 공격하고 있는데, 이제는 그들의 주장들을 살펴보기로 하자. 첫째로, 그들은 세례와 할례 사이의 유사점 때문에 자신들이 굉장히 압박을 받고 있다고 느끼고서, 세례와 할례가 서로 큰 차이가 있으며, 사실 전혀 공통점이 없다고 주장한다. 이 두 규례는 그 나타내고자 하는 바가 서로 다르며, 그 언약도 서로 다르며, 자녀라는 이름에 포함된 사람들도 서로 다르다는 것이다. 그들은 이를 증명하기 위하여, 할례는 죽이는 일(mortification)의 상징이요, 세례의 그림자가 아니었다고 주장한다. 이런 주장을 우리는 기꺼이 받아들인다. 왜냐하면 이 주장이 오히려 우리를 뒷받침해 주기 때문이다.

우리의 주장을 뒷받침하기 위해 우리가 사용하는 증거는 바로 세례와 할례가 죽이는 일의 표징이라는 것이다. 그리하여 우리는 세례가 과거 유대인들에게 할례가 의미했던 바를 우리에게 나타내 주기 위하여 할례의 자리를 대신하는 것이라고 결론짓는 것이다. 언약들이 서로 다르다고 주장하다니, 이 얼마나 성경을 왜곡시키고 파괴하는 야만적인 오만함이란 말인가! 그것도 한 구절에서만 그런 짓을 하는 것이 아니라, 성경 전체를 안전하게 그냥 버려두지 않으려 하고 있으니 말이다! 그들은 유대인들을 너무도 육욕이 가득하여 사람이라기보다는 오히려 짐승에 가까운 자들로 묘사한다. 그리고 그들과 맺은 언약도 세속적인 생활에서 더 벗어나지 않으며, 그들에게 주어진 약속들도 현재의 육신 생활에만 유익을 주는 것이라고 본다. 만일 이런 가르침을 수용하게 되면, 유대 민족은, 마치 돼지떼를 돼지우리에서 살찌게 키우듯이, 한때 하나님께서 베푸시는 유익들로 만족하다가 결국 영원한 멸망 속으로 들어갔다는 것 이외에 무엇이 남겠는가? 우리가 할례와 또한 그것과 연관되는 약속들에 대해서 언급해도, 그들은 즉시 대답하기를, 할례는 하나의 문자적인 표징이었고 그 약속들은 세속적인 것이었다고 하는 것이다.

11. 할례의 약속은 영적인 약속이었음

만일 할례가 문자적인 표징이었다면, 세례 역시 분명히 그와 마찬가지로 생각해야 할 것이다. 골로새서 2장에서 사도는 그 중 어느 하나를 다른 것보다 더 신령한 것으로 말하지 않기 때문이다. 그는 말하기를 그리스도 안에서 우리가 손으로 하지 아니한 할례를 받았으니 곧 육의 몸을 벗는 것이라고 하며, 이어서 그것을 가리켜 "그리스도의 할례"라고 부른다(골 2:11). 그리고 이어서 이 진술을 설명하고자, 그는 우리가 세례로 "그리스도와 함께 장사되었다"고 덧붙이고 있다(골 2:12). 세례와 할례가 동일한 것을 나타내고 있으니, 세례의 실체와 세례가 이루는 것이 또한 할례의 실체요 할례가 이루는 것이라는 뜻이 아니라면 이 말씀이 과연 무슨 뜻이겠는가? 사도는 여기서 과거 할례가 유대인들에게 해당되었듯이, 이제 세례가 그리스도인들에게 해당되는 것임을 증명하고자 하는 것이다. 두 표징들의 약속들과 그것들이 나타내는 바 신령한 신비가 일치한다는 것을 이미 분명하게 설명한 바 있으므로, 여기서 그 문제를 길게 다루지는 않을 것이다.

다만 신자들에게 말하고자 하는 것은, 내가 굳이 말하지 않더라도, 표징이 다름 아닌 신령한 하늘의 것들을 나타내는데도 그것을 그저 이 땅에 속한 것이요 문자적인 것으로 보아야 하는지를 그들 스스로 생각해 보아야 한다는 것이다. 그러나 그들이 단순한 자들을 현혹시키지 못하도록 하기 위해서, 우리는 이런 뻔뻔스러운 거짓을 포장하고자 그들이 내세우는 한 가지 반론을 반박하고자 한다. 구약 시대에 하나님께서 이스라엘 백성들과 맺으신 그 언약에 포함되어 있는 주된 약속들은 분명 영적인 약속들이었고, 또한 영생과 관련된 것이었다. 그리고 그 조상들은 이 약속들을 영적인 것으로 받아들였고, 그리하여 그것들로부터 내세의 삶에 대하여 확신을 얻었으며, 또한 마음을 다하여 그 삶을 사모하였다. 물론 하나님께서 그들에게 이 땅에 속한 물질적인 은택들로 자기의 선하신 뜻을 확증해 보이셨다는 것은 부인하지 않는다. 그러나 그 물질적인 은택들을 통해서 영적인 약속에 대한 소망도 함께 확증되었던 것이다. 예를 들어서, 하나님께서는 그의 종 아브라함에게 영원한 복락을 약속하시면서, 자신의 사랑을 눈으로 볼 수 있도록 분명하게 드러내시기 위하여 가나안 땅을 소유하리라는 또 하나의 약속을 거기에 덧붙이셨다(창 15:1, 18). 유대 민족에게 주어진 모든 지상적인 약속들은 반드시 이런 식으로 이해해야 마땅하다. 곧, 영적인 약속을 모든 약속들의 머리로 보고, 언제나 모든 약속들 가운데 가장 첫째가는 약속으로 보아야 한다는 것이다. 그러나 이 문제에 대해서는 구약과 신약의 차이를 다룰 때에 이미 좀 더 상세히 말한 바 있으므로,[1] 여기서는 그저 간단히 언급하고 지나가기로 한다.

12. 육체적 자녀와 영적 자녀

"자녀"(children)라는 용어의 용례에서 그들은 다음과 같은 차이를 찾는다. 구약 시대에는 아브라함의 씨에서 난 자들을 가리켜 아브라함의 자녀들이라 불렀는데, 지금은 그의 믿음을 본받는 자들을 가리켜 아브라함의 자녀들이라 부른다는 것이다. 그러므로 그들은 말하기를, 할례를 통하여 그 언약의 교제 속으로 접붙여진 육체적인 유아들이 하나님의 말씀으로 말미암아 영생에로 중생한 신약의 영적 유아들을 미리 그림자로 보여 주는 것이라고 한다. 이런 발언에는 사실 희미하게나마 진리가 반짝인다. 그러나 이 변덕스러운 심령들은 무엇이든 처음 손에 잡히는 것을 붙잡고 거기서 더 나아가야 하는데도 그렇게 하지 않으며, 여러 가지 것들을 함께 비교해야 하는데도 불구하고 완고하게 한 말씀에만 집착하는 큰 오류를 범하고 있는 것이다. 그리하여 그들은 계속해서 속임을 당할 수밖에 없다. 왜냐하면 무엇에 대해서든 건전한 지식을 가지려 하지를 않기 때문이다.

사실, 육체적인 아브라함의 자손이 때로는 믿음으로 말미암아 아브라함에게 접붙임을 받는 영적인 자손의 자리를 취한 경우도 있었다는 것을 우리는 인정한다(갈 4:28; 롬 4:12). 우리가 그와 혈연적인 관계가 전혀 없지만, 우리는 그의 자녀들이라 칭함을 받고 있기 때문이다. 그러나 만일 그들 자신이 명백하게 시사하는 대로, 아브라함의 육체적인 자손들에게는 하나님의 영적 축복이 전혀 약속된 바가 없다고 생각한다면, 그것은 심각한 오류를 범하는 것이라 아니할 수 없다. 그러므로 우리는 성경의 확실한 인도하심을 받아 그보다 더 나은 목표를 지향해야 하는 것이다. 그러므로, 여호와께서는 아브라함에게 땅의 온 족속들로 하여금 복을 받게 해 줄 자손을 주겠다고 약속하시며(창 12:3), 또한 동시에 그가 아브라함의 하나님이 되시고 그의 후손들의 하나님이 되시리라는 확신을 주시는데(창 17:7), 믿음으로 그리스도를 그 축복의 주인으로 받아들이는 모든 자들이 바로 이 약속의 상속자들이며, 따라서 아브라함의 자손이라 칭함을 받는 것이다.

13. 아브라함은 모든 믿는 자들의 조상임

그리스도께서 부활하신 후, 하나님 나라의 영역이 모든 민족들 가운데로 널리 확장되기 시작하였고, 그리하여 그리스도의 말씀에 따라서 아브라함과 이삭과 야곱과 함께 하늘의 영광 가운데 앉도록 하기 위하여 도처에서 신자들을 모아들이는 일이 일어났다(마 8:11). 그러나 그 이전의 여러 세기 동안 하나님께서는 그와 똑같은 큰 긍휼하심으로 유대인들을 포용하셨었다. 그리고 하나님께서는 다른 모든 민족들은 제쳐두시고 이 한 민족을 택하셔서 한동안 그의 은혜를 그 민족에게만 제한시키셨으며, 그 때문에 그는 그 민족을 주의 소유된 백성이요 주께서 사신 백성이라 부르셨다(출 19:5; 15:16).

이러한 은총을 입증하기 위하여 할례가 주어졌다. 그 상징을 통해서 유대인들에게 하나님이 과연 그들의 구원의 주인이시라는 것을 가르치고자 하신 것이다. 이러한 사실을 깨달음으로써, 그들의 마음은 영생의 소망을 갖게 되었다. 하나님께서 단번에 안전한 그의 보호하심 속으로 받아들이신 그 사람들에게 무슨 부족한 것이 있겠는가? 그러므로, 유대인들뿐 아니라 이방인들도 아브라함의 자녀들이었음을 입증하기 위하여 사도는 이렇게 말한다: "[아브라함이] 할례의 표를 받은 것은 무할례시에 믿음으로 된 의를 인친 것이니 이는 무할례자로서 믿는 모든 자의 조상이 되어 그들도 의로 여기심을 얻게 하려 하심이라 또한 할례자의 조상이 되었나니 곧 할례 받은 자에게 뿐 아니라 우리 조상 아브라함이 무할례시에 가졌던 믿음의 자취를 따르는 자들에게도 그러하니라"(롬 4:10-12).

이 두 종류의 사람들이 존귀에 있어서 동등하게 된다는 것을 보지 않는가? 하나님의 작정으로 말미암아 정해진 시간 동안 아브라함은 할례의 조상이었다. 그리고 사도가 다른 곳에서 말하듯이(엡 2:14), 이방인과 유대인 사이를 가로막은 막힌 담(壁)이 헐어지고 난 후에는 이방인들도 하나님의 나라에 들어갈 수 있게 되었으며, 그들에게 할례 대신 세례가 있으므로 할례의 표징과는 관계 없이 아브라함이 그들의 조상이 된 것이다. 그러나 바울은, 경건에 대해서는 관심이 없고 의식(儀式)만을 자랑하는 사람들의 오만함을 무너뜨리기 위하여, 아브라함은 할례 받은 자들만의 조상이 아니라고 분명하게 선언하고 있다(롬 4:12). 이와 마찬가지로, 우리는 오늘날 세례에서 오로지 물밖에 바라보지 않는 자들의 허망한 사고를 능히 무너뜨릴 수 있는 것이다.

14. 유대인들의 특권

그러나 그들은 사도의 또 다른 구절을 들어서 반론을 제기하는데(롬 9:7), 거기서 사도는, 육체적으로 아브라함에게 속하여 있다고 해서 다 아브라함의 자녀가 아니요 약속의 자녀들만이 그의 자녀로 인정을 받는다고 가르친다. 이러한 사도의 가르침은 마치 아브라함의 육체적인 자녀라는 사실이 아무런 의미도 없는 것처럼 ― 사실 우리는 그 사실이 무언가 의미가 있다고 보지만 ― 말하는 것 같아 보인다.

그러나 우리는 사도께서 거기서 논의하는 문제를 더 조심스럽게 살펴보아야 한다. 바울은 하나님의 선하심이 아브라함의 자녀들에게만 한정된 것이 아니라는 것을 ― 그의 육신적인 자녀라는 사실 그 자체는 아무것도 유익을 주는 것이 없다는 것을 ― 유대인들에게 보여 주고자 하는 의도로, 마치 아무런 상관도 없는 자들처럼 내쫓긴 이스마엘과 에서의 예를 그 증거로 인용하고 있는 것이다(롬 9:6-13). 그들도 아브라함의 혈통에서 난 친 자손들이었지만, 오직 이삭과 야곱에게만 복이 임하는 것이다. 이러한 사실은 바울이 그 다음에 진술하는 내용을 입증해 준다. 곧, 구원이 하나님의 긍휼에 의존하는 것이요 하나님께서 그 원하시는 자에게 긍휼을 베푸신다는 것이다(롬 9:15-16). 그러나 유대인들로서는 언약의 율법을 지키지 않으면, 즉 말씀에 순종하지 않으면, 스스로 우쭐하거나 그 언약의 이름을 자랑할 이유가 하나도 없는 것이다.

그러나, 바울은 유대인들이 자기들의 혈통에 대해 갖고 있는 허망한 자긍심을 제거하면서도, 다른 한편으로는 여전히 하나님께서 아브라함의 후손들과 맺으신 그 언약이 결코 헛된 것이 될 수 없음을 인식하고서, 로마서 11장에서 그는 아브라함의 육신적인 후손들이 그 합당한 위엄을 빼앗기지 않을 것임을 말한다. 그리고 계속해서 가르치기를, 유대인들은 복음의 주 상속자요 본래적인 상속자들이라고 한다. 다만 그들이 감사치 않음으로 무가치한 자들로 버리운 바 되었을 뿐이다. 그러나 버리운 바 되었으나 하늘의 복이 완전히 그 민족에게서 떠나간 것은 아니다. 그렇기 때문에, 그들의 완악함과 언약을 깨뜨리는 행위에도 불구하고 바울은 여전히 그들을 거룩하다고 칭한다(롬 11:16) ― 하나님께서 그의 거룩한 언약으로 존귀하게 하신 그 거룩한 백성들을 그는 그렇게 존귀하게 대하고 있는 것이다.

그러나 그들과 비교할 때에 우리는 이를테면 아브라함의 유복자요, 혹은 미숙아들이라고까지 한다. 본성적으로 자녀가 된 것이 아니라 입양을 통하여 자녀가 된 자들이라는 것이다. 마치 가지를 나무에서 잘라내어 다른 나무의 줄기에 접붙이듯이 그렇게 접붙임을 받아 자녀가 된 자들이라는 것이다(롬 11:17). 그러므로 유대인들이 그들의 특권을 빼앗기지 않도록 하기 위하여 복음이 그들에게 먼저 선포되었다. 말하자면 그들은 하나님의 집의 장자(長子)와도 같기 때문이다. 그러므로 이러한 특권이 그들에게 주어졌는데, 그들은 그 베풀어진 것을 감사치 않고 거부함으로써 그 특권이 이방인들에게로 전이(轉移)되게 된 것이다.

그러나, 물론 그들이 크나큰 완악함으로 복음을 대적하여 계속해서 싸움을 벌이고 있으나, 하나님께서 그들에게 하신 약속 때문에 하나님의 복이 아직도 그들 가운데 임하여 있다는 사실을 생각한다면 우리로서는 그들을 멸시해서는 안 될 것이다. 사도는 그 복이 완전히 사라지는 일은 절대로 없을 것임을 분명히 공언하고 있다: "하나님의 은사와 부르심에는 후회하심이 없느니라"(롬 11:29).

15. 약속의 문자적 성취

아브라함의 후손들에게 주어진 약속의 가치가 어떠하며, 어떠한 저울로 그 무게를 재어야 하는지를 생각해야 할 것이다. 그러므로, 물론 하나님의 나라를 유업으로 받을 자들을 사생자(私生者)들이나 외인(外人)들과 구별하는 데 있어서 오직 하나님의 선택만이 자유로이 역사하지만, 동시에 하나님께서는 특히 아브라함의 후손들을 그의 긍휼하심으로 껴안으시기를 기뻐하셨고, 또한 그 긍휼하심을 더욱 분명히 드러내시기 위하여 그것을 할례로써 인치시는 것을 보게 되는 것이다. 기독교 교회의 처지도 이와 정확히 같다. 그 구절에서 바울은 유대인들이 그 조상들로 말미암아 거룩하게 된다고 선언하고 있는데, 다른 곳에서는 그리스도인들의 자녀들이 그 부모로 말미암아 거룩하게 된다고 가르치고 있기 때문이다(고전 7:14). 이를 근거로 하여 그는, 반대로 스스로 부정을 범하는 자들은 그 나머지 사람들에게서 정당하게 분리되는 것이라고 가르친다(고전 7:15).

자 그러니, 옛날 할례를 받은 유아들은 그저 하나님의 말씀을 통한 중생으로 말미암아 생겨나는 영적 유아들을 예표하는 것에 지나지 않는다는 우리 반대자들의 결론이 전혀 거짓이라는 것을 누가 과연 의심할 수 있단 말인가? 사도는 "그리스도께서 … 할례의 추종자가 되셨으니 이는 조상들에게 주신 약속들을 견고하게 하시고"(롬 15:8)라고 말하는데, 이는 마치 다음과 같은 식의 의미를 교묘하게 철학적으로 이야기하는 것은 아니다: "아브라함과 맺은 언약이 그의 후손들에게도 적용되므로, 그리스도께서도 그의 아버지께서 행하신 맹세를 이행하시고 실현시키고자 유대 민족의 구원을 위하여 임하셨다."

그리스도께서는 부활하신 후에도 여전히 언약의 약속이 풍유적으로 (allegorically) 뿐 아니라 문자적으로도 이루어져야 할 것이라고 생각하고 계신다는 것을 아는가? 이러한 점은 베드로가 유대인들에게 행한 선언에서도 드러난다: "이 약속은 너희와 너희 자녀 … 에게 하신 것이라"(행 2:39). 그리고 그 다음 장에서 그는 그들을 가리켜 "언약의 자손" 즉 상속자들이라고 부르고 있다 (행 3:25). 위에서 인용한 사도의 다른 구절에 나타나는 내용도 이와 별로 다르지 않다. 거기서 사도는 유아들에게 행해진 할례를 그들이 그리스도와 함께 가지는 교제의 증거로 이해하고, 또한 그렇게 해석하고 있는 것이다(엡 2:11-13).

그러나 우리의 반대자들이 제기하는 사소한 논지들을 그대로 받아들인다면, 여호와께서 제2 계명에서 그의 종들에게 천 대에 이르기까지 그 후손들에게 긍휼을 베푸시겠다고 공언하신 약속이 대체 어찌되겠는가(출 20:6)? 이 문제를 풍유(諷諭: allegory)로 풀어서 문제를 피해 가겠는가? 그러나 그것은 발뺌하는 방법치고는 너무 경박스럽다 아니할 수 없다. 그렇다면 그 약속이 폐기되었다고 말하겠는가? 그렇게 말한다면 ― 그리스도께서는 율법이 우리의 삶에 유익을 주도록 그것을 완전히 세우기 위하여 오셨는데(마 5:17) ― 그것은 오히려 율법을 파괴시키는 것이 되고 마는 것이다. 그러므로, 우리는 다음과 같은 사실을 논란의 여지가 없는 확실한 진리로 받아들여야 할 것이다. 곧, 하나님께서는 자기 백성들에게 너무도 선하시고 자비하셔서 그들을 위하여 그들에게서 나는 자녀들까지도 자기의 백성들로 인정하기를 기뻐하신다는 사실 말이다.

16. 세례와 할례의 차이에 대한 주장을 반박함

더욱이, 그들이 세례와 할례의 차이를 주장하기 위하여 제시하는 논지들은 우스꽝스럽고 합리성이 전혀 결여되어 있을 뿐만 아니라 자기들끼리도 모순을 일으키는 것들이다. 그들은 세례가 영적 싸움의 첫 날에 시행하는 것인데 반해서 할례는 육체를 죽이는 일(mortification)이 끝난 제팔일에 시행한다고 선언하고는, 곧바로 그렇게 선언한 사실을 잊어버리고 논조를 바꾸어서, 할례를 육체를 죽이는 일을 예표한다고 하고 또한 세례를 장사 지내는 일이라 부르는데, 장사지내는 일은 이미 죽은 자가 아니면 누구에게도 행할 수가 없는 것이다. 그러니 이런 경박스런 모순들이 미친 망상(妄想)이 아니고 무엇이란 말인가? 그들의 첫 번째 진술에 따르면, 세례는 할례보다 앞서는 것일 수밖에 없고, 두 번째 진술에 따르면 할례보다 나중에 오는 것일 수밖에 없으니 말이다. 사람들이 하나님의 지극히 확실한 말씀을 버리고 그 대신 자기들이 꿈꾸는 것들을 섬기게 되면 그 마음이 이리저리 방황하게 되어 있으니, 이러한 것이 새삼스러울 것은 없다.

그러므로 단언하건대, 앞에서 언급한 차이는 그저 꿈 같은 것에 지나지 않는다. 그들이 제팔일이라는 것을 알레고리 식으로 이해하려 했다 해도, 이런 식으로 하는 것은 합당치 못한 일이었다. 옛 저술가들의 논지를 보더라도, "여덟"(八)이라는 숫자는 부활을 지칭하는 것으로 보거나 — 부활이 제팔일에 일어났고 새로운 생명이 바로 부활에 달려 있으니 말이다 — 아니면 "여덟"을 현재의 삶의 과정 전체를 지칭하는 것으로 보는 편이 더 적합할 것이다. 그 동안 죽이는 일이 계속 진행되어야 하고, 삶이 마쳐질 때에 그 일이 완성되는 것이기 때문이다.[2] 그러나 할례를 제팔일이 되기까지 연기하도록 하시면서, 하나님께서는 연약한 유아를 배려하고자 하신 것일 수도 있다. 아기가 출생하자마자 할례를 행하게 되면 그 상처가 아기에게 너무 위험할 것이기 때문이다.

이미 먼저 죽은 우리가 세례를 통하여 장사지낸 바 된다는 성경의 진술이(롬 6:4) 이보다 훨씬 더 강력하지 않은가? 성경은 우리가 한 가지 조건 — 곧, 우리가 죽되 그때부터 이러한 죽이는 일을 계속해서 실행한다는 조건 — 하에서 죽음에로 장사지낸 바 된다고 분명하게 말하고 있는 것이다.

그들은 또한 만일 세례가 할례를 따르는 것이라면 여자들에게는 세례를 베풀지 말아야 할 것이라고 하며 트집을 잡는데, 이것 역시 아주 기발한 생각이다. 이스라엘 자손들을 거룩하게 하는 일이 할례의 표징을 통해서 입증되었다는 것이 확실하다면, 할례가 남자와 여자를 모두 동등하게 거룩하게 하고자 하는 의도로 시행되었다는 것이 또한 분명해진다. 물론 실제로 남자들의 육체에만 할례가 시행되었으나, 여자들도 남자들을 통하여 이를테면 할례의 동참자요 동반자가 된 것이다. 그러니, 그들의 이런 온갖 모순된 주장들일랑 뒤로 제쳐두고, 세례와 할례의 이런 유사성을 붙잡도록 하자. 그렇게 보는 것이 그 내적 신비와 약속과 용도와 효능과 가장 완벽하게 일치하는 것이다.

(유아에게는 믿음의 능력이 없다는 반론에 대한 답변. 17-20)

17. 유아도 그리스도 안의 생명을 누려야 함

그들은 어린아이들이 세례를 받지 못하도록 막아야 할 매우 강력한 근거가 있다고 생각한다. 곧, 어린아이들은 아직 나이가 어려서 세례가 의미하는 신비 — 영적 중생 — 를 아직 이해할 수 없으며, 영적인 중생은 어린아이에게는 일어나지 않는다고 주장한다. 그리하여 우리의 반대자들은 어린아이들은 거듭남을 받기에 적절한 나이가 되기까지는 그저 아담의 자손으로만 여겨야 한다고 결론짓는 것이다. 그러나 이런 모든 논리는 하나님의 진리와 정면으로 배치되는 것이다. 그 어린아이들이 아담의 자손이라고 인정하게 되면, 그 아이들은 죽음 가운데 버려져 있는 것이 된다. 왜냐하면 아담 안에서 우리는 죽을 수밖에 없기 때문이다(롬 5:12 이하). 그러나 그리스도께서는 오히려 어린아이들을 자기에게 데려오라고 명하신다(마 19:14). 어째서 그렇게 하시는가? 그것은 그리스도께서 생명이시기 때문이다. 그러므로 그들을 살리시기 위하여 그 아이들을 자기와 함께하도록 하시는 것이다. 그러나 우리의 반대자들은 그 아이들을 그리스도에게서 떠나게 하고 죽음에 몰아넣고 있는 것이다.

만일 이에 대해서 그들이 주저하면서 어린아이들을 아담의 자녀로 본다고 해서 그 아이들이 멸망하는 것이 아니라고 말한다면, 그들의 오류는 성경의 증거를 통해서 충분히 반박되고도 남음이 있다. 성경은 분명히 선언하기를, 아담 안에서 모든 사람이 죽으며 따라서 그리스도 안에 있는 것 이외에는 생명에 대한 소망이 있을 수 없다고 하기 때문이다(고전 15:22). 그러므로 생명을 유업으로 받기 위해서는 반드시 그리스도와 하나 된 교제가 있어야 하는 것이다. 또한 다른 구절들에서는 우리 모두가 본성적으로 하나님의 진노 아래 있으며(엡 2:3), 또한 죄 중에 잉태되었으며(시 51:5) 따라서 항상 정죄 아래 있다고 기록하고 있기 때문에, 하나님의 나라가 우리에게 열려질 수 있으려면 반드시 우리의 본성에서 떠나야 하는 것이다. 그리고 "혈과 육은 하나님 나라를 이어 받을 수 없다"(고전 15:50)는 말씀보다 더 명확한 것이 어디 있겠는가? 그러므로 우리의 모든 것이 멸하여야만 비로소 우리가 하나님의 나라를 유업으로 받게 되는데, 그런 일은 중생을 떠나서는 이루어질 수가 없는 것이다. 요컨대, 그리스도께서 스스로 생명이라고 선언하신 것이 그리스도의 진심이라면(요 11:25; 14:6), 사망의 굴레에서 자유를 얻기 위해서는 반드시 그리스도께 접붙임을 받아야 하는 것이다.

그러나 그들은 질문하기를, 어떻게 선악을 아는 능력이 없는 어린 아기들이 중생함을 입느냐고 한다. 이에 대한 우리의 답변은, 비록 하나님의 역사하심이 우리의 이해의 한계를 넘어서므로 우리가 다 이해할 수 없지만 그의 역사하심은 여전히 무효화되지 않는다는 것이다. 구원을 받게 될 어린 아기들은 — 그렇게 어린 나이에도 구원받는 자들이 반드시 있으므로 — 주로 말미암아 사전에 중생함을 받는다는 것이 너무도 명백하다. 그 아기들이 모태로부터 선천적으로 부패성을 타고 난다면, 그것을 깨끗이 씻어야만 하나님 나라에 받아들여질 것이다. 오염된 것이나 더러워진 것은 절대로 거기에 들어갈 수가 없기 때문이다 (계 21:27). 만일 그 아이들이 천성적인 죄인이라면 — 다윗도 바울도 이 사실을 말하고 있지만(시 51:5; 엡 2:3) — 그들이 하나님께 혐오스럽고 가증스러운 존재로 남아 있든지 아니면 의롭다 하심을 받든지 둘 중의 하나일 수밖에 없을 것이다. 재판장 되신 주님께서 친히 밝히 선포하시기를 오직 새로 거듭난 자만이 하늘의 생명에 들어간다고 하시니(요 3:3), 그 이상 무엇을 더 구하겠는가?

그리고 그런 폄론하는 자들의 입을 막기 위하여, 하나님께서는 세례 요한에게서 하나의 증거를 제공해 주셨다. 곧, 요한이 모태로부터 거룩함을 입었다는 사실이 그것인데(눅 1:15), 하나님께서는 다른 사람들의 경우에도 똑같은 일을 얼마든지 행하실 수 있는 것이다. 우리의 반대자들은 주장하기를, 그런 일은 단 한 번만 일어난 것이고, 따라서 이 한 가지 경우를 근거로 주께서 보통 어린 아기들을 그런 식으로 처리하신다고 보아서는 안 된다고 하지만, 이런 주장은 그들에게 전혀 유익을 주지 못한다. 우리 역시 그런 방식의 주장을 따르지 않는다. 우리의 목적은 오로지 그들이 전혀 어떠한 구속이나 제한을 받지 않는 하나님의 무한하신 권능을 이런 좁은 한계선 내에 가두어 놓은 악행을 범하고 있다는 것을 보여 주고자 하는 것이다. 그들은 주장하기를, 성경의 통상적인 표현법에 근거할 때에 "모태로부터"라는 말은 그저 "어린아이 때부터"라는 말과 동일한 의미라고 한다. 그러나 우리가 분명히 보는 대로, 천사는 사가랴에게 그 말씀을 그와는 전연 다른 의미로 선포한 것이다. 곧, 요한이 아직 출생하지 않았으나 성령에 충만해 있으리라는 것이었다. 그러므로, 우리는 하나님의 권능이 약화되지 않는다는 것을 깨닫고서, 요한을 [모태 중에서] 거룩하게 하신 그 하나님께서 스스로 기뻐하시는 자를 거룩하게 하시는 일을 하지 못하도록 그에게 하나의 법을 부과하려 해서는 안 되는 것이다.

18. 그리스도의 모범에 근거한 논지

그리스도께서 갓난아기 때부터 거룩함을 입으신 것은 과연 나이가 어떻든 전혀 차별 없이 그의 택한 자들을 자기 안에서 거룩하게 하시기 위함이었다. 우리가 육체로 범한 불순종의 죄책을 제거하시기 위하여 그가 바로 그 육체를 스스로 취하셨고, 그 육체로 우리를 위하여, 또한 우리를 대신하여 완전한 순종을 이루고자 하신 것이다. 그가 성령으로 잉태되신 것도 그 취하신 육체가 성령의 거룩함으로 가득 차서 그 거룩함을 우리에게 전해 주시기 위함이었던 것이다. 하나님께서 그의 자녀들에게 베풀어 주시는 모든 은혜들의 가장 완전한 모범을 그리스도에게서 볼 수 있다면, 이러한 사실은 유아(幼兒)의 나이라고 해서 거룩함을 얻지 못하는 것이 절대로 아니라는 증거가 되는 것이다.

여하튼, 우리는 먼저 하나님의 성령으로 말미암아 거룩해지며 중생되지 않고는 택한 자들 중에 어느 한 사람도 현세에서 부르심을 받는 경우가 없다는 것을 논란의 여지가 없는 사실로 받아들인다. 그들은 성경에서는 성령께서 하나님의 말씀이라는 썩지 않는 씨에서 나오는 것 이외에는 그 어떠한 중생도 인정하지 않으신다고 하며 반론을 제기한다(참조. 벧전 1:23). 그러나 여기서 그들은 베드로의 진술을 잘못 해석하는 것이다. 그의 진술은 복음을 받아 가르침을 받은 신자들에게만 해당되는 것이다. 그런 사람들에게는 오직 여호와의 말씀이 영적 중생의 유일한 씨가 된다는 것을 우리도 인정한다.

그러나 이를 근거로 하여 유아들은 하나님의 능력으로 말미암아 중생함을 받을 수 없다는 식으로 논리를 전개하는 것에는 반대한다. 물론 우리로서는 이해하기 어렵고 기이하게 여겨지기는 하지만, 하나님께서는 얼마든지 손쉽게, 그리고 기꺼이 그의 능력으로 유아들을 중생하게 하시는 것이다. 뿐만 아니라, 어떠한 방법이든 그가 기뻐하시는 대로 사용하셔서 자기를 유아들에게 알리실 수 있는 능력이 여호와께 있는데, 그것을 부인한다는 것은 그야말로 위험스럽기 짝이 없는 처사인 것이다.

19. 유아에게는 지식이 없다는 반론

그러나 그들은 말하기를, 믿음은 들음에서 나오는 것인데(롬 10:17) 유아들은 아직 들을 능력이 없고 따라서 하나님을 알 수도 없다고 한다. 왜냐하면 모세의 가르침처럼, 어린아이들은 선악을 전혀 알지 못하기 때문이라는 것이다(신 1:39).

그러나 이 사람들은, 듣는 것이 믿음의 시작이라고 하는 사도의 말은 다만 주께서 그의 백성을 부르실 때에 흔히 사용하시는 일상적인 절차와 경륜을 지칭하는 것뿐이며, 다른 방식을 절대로 허용하지 않는 불변의 절대적인 법칙을 제시하는 것이 아니라는 사실을 생각하지 못하고 있는 것이다. 하나님께서는 많은 사람들을 부르실 때에 그런 다른 방식을 사용하신 것이 분명히 드러난다. 곧, 복음 선포의 수단과 관계 없이 성령께서 조명하시는 그런 내적인 수단을 통해서 자기 자신을 바르게 알게 하시는 것이다. 그러나 그들은 모세도 어린아이들이 선악을 알지 못한다고 말하므로 유아들이 하나님을 아는 지식을 소유한다는 것은 그야말로 어처구니없는 일이라고 생각하고 있으니 한 번 대답을 해보기를 바란다. 유아들이 조금 후면 충만히 은혜를 누릴 텐데, 그 은혜의 일부분을 그들이 지금 받아 누린다고 말한다고 해서 무엇이 위험스러운지 말이다. 충만한 생명이 하나님을 아는 완전한 지식에 있다면, 그런 은혜의 일부분을 받아 누리는 유아들 가운데 일부가 유아의 상태에서 사망하여 영생에 들어가게 되는데 이때에 그 유아들도 하나님의 임재를 직접 바라보도록 영접을 받을 것이 분명하기 때문이다.

그러므로 주께서 기뻐하신다면 장차 그의 빛의 충만한 광채를 비추어 주실 자들에게 얼마든지 지금 희미한 광채로 조명하실 수 있는 것이 아닌가? 특히 그 유아들에게서 무지를 제거하지 않으신 상태에서 그들을 육체의 감옥에서 취하여 가신 경우는 더더욱 그렇지 않겠는가? 물론 그 아이들이 지금 우리가 체험하는 것과 같은 동일한 믿음을, 혹은 전적으로 동일한 믿음의 지식을 부여받는다는 식의 논지를 경솔하게 주장하고 싶지는 않다. 이 문제는 차라리 미결(未決) 상태로 남겨 두는 것이 더 나을 것이다. 나는 다만 자기들이 하고 싶은 대로 무엇이든 마음껏 목청을 높여서 자신 있게 부인하거나 주장하는 자들의 둔감한 오만방자함을 다소나마 억제하고 싶은 것뿐이다.

20. 유아에게는 회개나 믿음의 능력이 없다는 반론

그러나 그들은 이 점에 대해 더 강력한 발판을 마련하기 위하여, 세례란 회개와 믿음의 성례라고 덧붙인다. 따라서, 회개든 믿음이든 유아에게는 생길 수가 없기 때문에, 유아들을 세례의 교제 속으로 받아들이지 않도록 경계를 기울여야 하며, 그렇게 해서 세례의 의미가 헛되이 사라지는 일이 없도록 해야 한다는 것이다. 그러나 이는 우리보다는 하나님께 화살을 겨누는 것이라 아니할 수 없다. 왜냐하면 성경의 여러 가지 증거들에서 분명히 나타나듯이 할례가 또한 회개의 증표이기도 했기 때문이다(렘 4:4; 9:25; 참조. 신 10:16; 30:6). 그렇기 때문에 바울은 할례를 가리켜 "믿음으로 된 의를 인친 것"이라 부르는 것이다(롬 4:11). 그렇다면, 하나님께서는 어째서 유아들의 몸에 할례를 시행하도록 명하셨는지, 그 이유를 하나님 자신에게 여쭈어 보아야 하지 않겠는가? 세례와 할례가 동일한 경우에 속하기 때문에, 그 중 어느 하나에 대해서 무엇을 논하면 곧바로 다른 하나에 대해서도 똑같은 것을 인정하지 않을 수가 없는 것이다. 혹시 그들이 늘 하는 방식대로 유아기(幼兒期)가 영적 유아의 상태를 상징하는 것이라는 식으로 주장하여 빠져나가려 해도 빠져나갈 길이 이미 다 봉쇄되어 버리고 말았다. 그러므로 단언하건대, 하나님께서 할례를 회개와 믿음의 성례로서 유아들에게 행하셨으므로 유아들이 지금 세례에 참여한다고 해도 결코 모순이 없는 것이다. 사람들이 하나님이 정하신 제도를 고의로 노골적으로 반대하려 하지 않는다면 말이다. 그러나 하나님의 행하심이 항상 그렇듯이, 여기서도 불경한 자들의 비방들을 물리치기에 충분할 만큼 지혜와 의가 환하게 비추어지고 있다. 유아들이 할례를 받을 그 순간에는 그 표징이 무엇을 의미하는지를 깨닫고 파악할 수가 없으나, 그럼에도 불구하고 그들은 자기들의 부패하고 더러운 본성을 죽이는 일을 위하여 진정으로 할례를 받은 것이고, 성년(成年)이 되면 실제로 그 죽이는 일을 실천하게 되는 것이다. 정리하자면, 이런 반론도 별 어려움 없이 해결될 수 있다. 곧, 유아들은 미래의 회개와 믿음을 위하여 세례를 받는다는 것이다. 회개와 믿음이 아직 그들에게 형성되어 있지는 않으나, 성령의 은밀한 역사하심으로 말미암아 그 씨앗이 그들 속에 숨겨져 있는 것이다.

그들이 세례의 의미에서 온갖 것을 끄집어내어 우리를 대적하여 왜곡시키는 모든 것들이 이 답변으로 단번에 무너져 버리는 것이다. 예를 들어서, 바울은 세례를 가리켜 "중생의 씻음과 성령의 새롭게 하심"이라고 부르는데(딛 3:5), 이들은 그 사실을 들어서 그런 것들을 체험할 능력이 있는 사람들에게만 세례를 베풀어야 한다고 주장하는 것이다. 그러나 우리는 다음과 같은 논지로써 얼마든지 이런 주장을 물리칠 수가 있다. 곧, 중생을 상징하는 할례 역시 중생자 외에는 어느 누구에게도 시행해서는 안 되는 것이었다는 것이다. 그런 식으로 왜곡시킨다면, 하나님께서 제정하신 것을 우리가 정죄하는 격이 되어 버릴 것이다. 그러므로, 이미 여러 번 앞에서 언급한 바 있거니와, 할례를 뒤흔들기 위하여 동원되는 모든 논리들이 세례도 함께 공격하지만 전혀 힘을 발휘하지 못하는 것이다.

그리고 그들은, 하나님의 확실한 권위에 근거한 것은 아무 이유가 없을지라도 견고히 세워져 있지만, 유아 세례와 같이 하나님의 분명한 말씀으로 제시되지 않은 것들에 대해서는 그런 권위를 인정하여 높일 이유가 없다는 식의 발언으로 빠져나가려 하지만 이 역시 헛된 일일 뿐이다. 이런 딜레마에 한 번 빠지면 영원히 거기에 빠져 있게 되는 것이다. 할례에 대한 하나님의 명령은 정당한 것으로서 소홀히 해서는 안 될 것이었든지, 아니면 비난을 받을 것이었든지 둘 중의 하나였다. 할례에 모순이나 불합리한 점이 없었다면, 유아 세례를 지키는 일에도 모순이 있을 수가 없는 것이다.

(택하신 유아들에 대한 하나님의 역사하심. 21-22)

21. 세례의 표징이 그것에 대한 이해보다 앞선다

이 문제에 대해서 그들이 모순으로 뒤집어 씌우려고 갖은 애를 다 쓰지만, 우리는 이렇게 해서 그런 논리들을 물리친다. 곧, 주께서 택하신 자들이 중생의 표징을 받은 다음 자라지 못하고 곧바로 이 세상을 떠나는 경우에는, 주께서는 우리로서는 도저히 이해할 수 없는 성령의 특별하신 능력으로, 그가 홀로 기쁘게 여기시는 방식으로, 그들을 새롭게 하신다는 것이다. 그리고 그들이 혹 세례의 진리를 가르침 받을 수 있는 나이까지 자라나게 될 경우에는, 평생토록 성령의 새롭게 하시는 역사에 대하여 묵상하도록 유아 때에 그 새롭게 하심의 증표를 받았다는 사실을 깨닫고서 그 새롭게 하심을 향한 더 큰 열심이 그들에게 불일듯 일어날 것이라는 것이다.

두 구절(롬 6:4; 골 2:12)에서 나타나는 바울 사도의 가르침은 — 곧, 우리가 세례로 말미암아 그리스도와 함께 장사 지낸 바 된다는 — 이와 동일한 의미로 이해하여야 할 것이다. 바울의 가르침의 의미는 세례를 받을 자들은 사전에 먼저 그리스도와 함께 장사 지낸 바 된 자라야 한다는 것이 아니다. 그는 그저 세례의 이면에 깔려 있는 의미를 선언하는 것뿐이며, 그것도 이미 세례를 받은 자들에게 선언하고 있는 것이다. 그러므로 아무리 미친 자라 할지라도 이 구절을 근거로 세례에 앞서서 장사 지낸 바 되는 일이 선행되어야 한다고 주장하지는 않을 것이다. 모세도(신 10:16) 선지자들도(렘 4:4) 그런 식으로 백성들에게 그들이 유아 시절에 받은 할례의 의미가 무엇인지를 상기시켜 주고 있는 것이다.

바울은 갈라디아 사람들에게 "누구든지 … 세례를 받은 자는 그리스도로 옷 입었느니라"(갈 3:27)라고 쓰고 있는데, 이 말씀 역시 마찬가지다. 무슨 뜻으로 이런 말을 하는가? 그들이 과거에 그리스도를 향하여 살지 않았으니, 앞으로는 그리스도를 향하여 살아야 한다는 뜻이 아닌가? 성인(成人)들의 경우는 세례에 담겨진 신비를 먼저 이해하고 난 다음에 그 표징을 받는 것이 정상이겠으나, 곧 바로 그 이유를 설명하겠지만 유아들의 경우는 그 순서가 달라지는 것으로 보아야 하는 것이다.

그들은 베드로의 구절이 자기들의 논지를 뒷받침해 주는 강력한 증거라고 생각하지만, 그 구절도 이와 비슷하게 해석해야 한다. 그는 말하기를, 세례는 "그리스도께서 부활하심으로 말미암아 … 육체의 더러운 것을 제하여 버림이 아니요 하나님을 향한 선한 양심의 간구니라"라고 한다(벧전 3:21). 그들은 이 말씀을 근거로 주장하기를, 유아 세례는 세례의 참 의미와는 거리가 먼 것으로서 그저 허망한 연기(煙氣) 이외에 아무것도 아니라고 한다. 그러나 그들은 표징이 의미하는 실체가 그 표징 자체보다 시간적인 순서에 있어서 언제나 앞서야 한다는 그릇된 생각 때문에 계속해서 잘못 나아가고 있는 것이다. 할례의 경우도 동일한 선한 양심의 증거에 근거하고 있다. 만일 할례에 있어서 표징보다 실체가 먼저 선행하는 것이 합당했다면, 하나님의 명령에 의해서 유아들에게 할례를 베푸는 일이 절대로 있을 수 없었을 것이다. 하나님께서는 선한 양심의 증거가 할례의 진실성을 뒷받침한다는 것을 보여 주시면서도 동시에 유아들로 하여금 할례를 받도록 명령하시는데, 이는 할례가 장차 올 미래와 관계되는 것임을 분명하게 시사해 주는 것이다. 따라서, 유아 세례에 있어서도 주께서 유아들과 맺으신 언약을 확인하고 확증하는 것 이외에 당장 다른 어떤 효과가 더 있을 것으로 기대해서는 안 될 것이다. 이 성례의 남은 의의는 그 이후에 하나님께서 친히 예견하시는 때에 뒤따라 일어날 것이다.

22. 유아 세례를 공격하는 나머지 논리들

자, 이제는 이런 식의 모든 논리들이 성경을 그야말로 뒤집어엎는 것이라는 것을 확실히 보지 못하는 사람이 없으리라 생각된다. 그러므로 이와 유사한 남은 다른 논리들을 간단하게 살펴보기로 하자.

그들은 세례가 죄 사함을 위하여 주어지는 것이라고 하며 반론을 제기한다.

그러나 혹 그런 주장을 인정한다 해도, 그것은 오히려 우리의 견해를 풍성하게 뒷받침해 준다. 우리는 모두 죄인들이므로, 어머니의 태 중에서부터도 죄 사함과 용서가 필요한 것이다. 자, 하나님께서 긍휼하심을 받을 소망을 어린아이들에게서 빼앗지 않으시고 오히려 그 소망을 확실하게 만드시는데, 어째서 그 [죄 사함이라는] 실체보다 훨씬 저급한 그 [세례의] 표징을 어린아이들에게서 빼앗아야 한단 말인가? 결과적으로 그들이 우리에게 던지려고 하는 그것을 우리가 다시 그들에게 던지는 격이 되는 것이다. 유아들도 죄 사함을 받는다. 따라서 그들에게서 그 죄 사함의 표징을 빼앗아서는 안 되는 것이다.

또한 그들은, 그리스도께서 교회를 물로 씻어 생명의 말씀으로 깨끗하게 하셨다는 에베소서의 진술을 근거로 삼아 반론을 제기한다(엡 5:26). 그러나 그들의 오류를 뒤집어엎으려는 계산을 갖고서 성경 본문을 인용하려 한다 해도 이보다 더 나은 본문을 인용할 수는 없을 것이다! 이 본문은 우리에게 아주 손쉬운 증거를 제시해 준다. 만일 그리스도께서 교회를 물로 씻으시는 일을 세례를 통해서 입증하고자 하신다면, 어린아이들에게 그런 증거를 제시하시지 않는다는 것은 합당한 일이 아닐 것이다. 어린아이들도 정당한 교회의 일원으로 인정을 받는 자들이요, 천국을 유업으로 받을 자들이라 불리는 자들이기 때문이다(마 19:14). 교회가 물로 씻어 깨끗하게 된다고 말할 때에, 바울은 교회 전체를 다 포괄하여 지칭하는 것이다.

또한 다른 곳에 나타나는 대로, 우리가 세례를 통하여 그리스도의 몸에 접붙임을 받았다는 바울의 진술(고전 12:13)을 근거해서도 우리는 똑같이 결론을 내린다. 곧, 유아들도 그리스도께서 그의 몸의 지체들로 인정하시므로, 그들도 세례를 받음으로써 그의 몸에서 떨어지지 않도록 해야 한다는 것이다.

오, 이들이 우리의 믿음의 보루(堡壘)를 공격하는 그 엄청난 열심과 그 다양한 무기를 보라! 이 얼마나 대단한가!

(초기 교회의 유아 세례. 23-24)

23. 사도행전의 증거에 근거한 반론

그들은 사도 시대 교회의 관례와 행위로 관심을 돌려서, 믿음과 회개를 먼저 고백하지 않고서는 그 누구에게도 세례를 시행한 일이 없다고 주장한다. 회개하고자 하는 마음이 있는 자들이 베드로에게 어떻게 해야 하느냐고 묻자, 베드로는 그들에게 먼저 회개하고 그리고 나서 죄 사함을 위하여 세례를 받으라고 말하였다(행 2:37-38). 또한 이와 비슷하게 빌립도 내시가 세례를 받기를 청하자, 온 마음으로 믿는다면 세례를 받을 수 있다고 대답하였다(행 8:37).[3] 이를 근거로 보면, 믿음과 회개가 선행되지 않고서는 어느 누구에게도 세례를 베푸는 일이 합당치 않다는 그들의 주장이 설득력이 있어 보인다. 그러나 이런 식의 논리를 받아들인다 할지라도, 첫 번째 구절의 경우는 믿음에 대한 언급이 없으므로, 회개만으로도 세례를 받을 자격이 충분하다는 것이 입증되며, 두 번째 구절의 경우는 회개가 언급되지 않으니 믿음만으로도 족하다는 것이 입증된다. 이에 대해서 그들은 아마도 이 두 구절이 서로를 보완해 주며, 따라서 서로 연결되는 것으로 보아야 한다고 답변할 것이다. 그러나 나는, 이 두 구절뿐 아니라 이 문제를 해결하는 데에 도움이 되는 다른 구절도 함께 비교해야 한다고 말하고 싶다. 성경에는 전후의 문맥에 따라서 의미가 결정되는 진술들이 많다. 현재의 본문에서 그 한 가지 실례를 볼 수 있다. 베드로와 빌립에게서 그런 이야기를 들은 사람들은 회개를 생각하고 믿음을 깨달을 만한 나이에 있는 사람들이었다. 분명히 단언하건대, 그런 나이에 있는 사람들은 최소한 사람이 판단할 수 있을 정도로 회개와 믿음이 드러나지 않는 이상 세례를 받아서는 안 된다. 그러나 유아들은 경우가 다른 것으로 보아야 한다는 것도 명약관화(明若觀火)한 사실이다. 고대에 어떤 사람이 스스로 이스라엘과 신앙적인 유대 관계를 가지려 할 경우, 그 사람은 할례의 표징을 갖기 전에 먼저 여호와의 언약을 배우고 율법의 가르침을 받아야 했다. 할례로써 확인된 언약을 받은 것은 이스라엘 백성이었고, 그는 이방 민족이었기 때문이다.

24. 아브라함과 이삭의 경우에 근거한 논지

여호와께서는 아브라함을 택하실 때에 할례를 먼저 베푸시고 그동안 그 표징의 의미를 감추시지 않으신다. 오히려 먼저 그가 아브라함과 맺고자 하시는 언약의 본질을 선포하시고(창 15:1) 그 다음 아브라함이 그 약속을 믿은 후에 비로소 그를 그 성례에 참여하는 자로 만드시는 것이다(창 17:11). 그러면, 아브라함의 경우에는 믿음이 먼저 있고 그 다음에 성례가 뒤따랐으며, 그의 아들 이삭의 경우에는 성례가 모든 이해력보다 먼저 행해졌는데, 어째서 이런 차이가 생겼는가? 그 이유는 장성한 사람으로서 처음 언약의 교제 속으로 받아들여지는 사람은 사전에 그 조건들에 대하여 배우는 것이 합당하지만, 그 사람에게서 갓 태어난 어린아이는 경우가 다르기 때문이다. 그 약속의 조건에 따르면, 그 유아의 경우는 상속권에 의하여 모태로부터 그 언약 속에 이미 포함되어 있는 것이다. 혹은 좀 더 간단명료하게 말하자면, 신자들의 자녀들이 이해력의 도움이 없이 언약에 참여한 자들이 된다면, 그 어린아이들이 그 언약의 조건들을 따라서 맹세할 수 없다 할지라도 그것 때문에 그 표징에서 제외시킬 하등의 이유가 없는 것이다. 그렇기 때문에 하나님께서는 때때로 이스라엘 자손들에게서 출생하는 자녀들을 가리켜 하나님 자신을 위하여 낳은 자들이라고 말씀하시는 것이다(겔 16:20; 23:37). 하나님께서는 이스라엘 자손들의 자녀들에게 아버지가 되시겠다고 약속하셨으므로, 그들을 자기 자녀로 인정하시는 것이다(참조. 창 17:7).

그러나 불경한 부모에게서 출생하여 불신자인 사람은 믿음을 통하여 하나님과 연합되기 전에는 언약의 교제에 대하여 외인(外人)으로 인정된다. 그러므로, 세례가 의미하는 내용이 그 사람에게서 그릇되이 나타나거나 없을 경우, 그 사람은 세례의 표징에 참여할 수 없다는 것이 전혀 이상스러울 것이 없는 것이다. 바울은 우상 숭배에 빠져 있는 이방인들은 언약 바깥에 있는 것이라고 말하는데(엡 2:12), 이 역시 같은 의미다. 내가 잘못 보는 것이 아니라면, 이 문제 전체가 이 짧은 진술 속에서 분명히 드러난다 할 수 있을 것이다. 성인으로서 그리스도를 믿는 믿음을 가지는 자들은 그 이전에는 언약에 대하여 외인들이었으므로, 먼저 믿음과 회개가 선행하지 않고서는 세례의 표징을 받을 수가 없으며, 반드시 믿음과 회개가 있어야만 언약의 회중에 참여할 수가 있게 된다. 그러나 그리스도인들에게서 난 어린아이들은 날 때부터 직접 하나님께로부터 언약을 상속받을 자들로 인정받기 때문에, 세례를 받게 되는 것이다. 사람들이 죄를 자복하고 요한에게서 세례를 받았다는 복음서 기자의 진술은(마 3:6) 바로 이를 두고 하는 말로 보아야 할 것이다. 우리는 이러한 모범이 오늘날도 그대로 준수되어야 한다고 생각한다. 혹 회교도가 세례를 받겠다고 하면, 그가 교회가 보기에 만족스러운 고백을 하지 않는 한 쉽사리 그에게 세례를 줄 수가 없을 것이다.

(성경 본문에 근거한 각종 반론에 대한 논박. 25-30)

25. 세례와 중생을 연관짓는 반론

더 나아가서, 그들은 요한복음 3장에 나타난 다음과 같은 그리스도의 말씀을 근거로 하여 세례를 받기 위해서는 중생이 필수적이라고 생각한다: "사람이 물과 성령으로 나지 아니하면 하나님의 나라에 들어갈 수 없느니라"(요 3:5). 그들은 말하기를, 주께서 친히 세례를 중생이라 부르시는 것을 보라고 한다. 그런데 유아들이 중생할 능력이 없다는 것은 잘 알려져 있는 사실이고, 반면에 중생이 없이는 세례가 성립되지 못하니, 도대체 무슨 구실로 그들을 세례받게 하겠느냐는 것이다.

첫째로, 그들은 여기서 "물"이라는 단어를 보고서 이 구절이 세례를 말씀하고 있다고 생각하여 잘못 속아 넘어가고 있는 것이다. 주께서 사람의 본성의 부패함을 설명하시고 사람이 거듭나야 한다는 것을 가르치시자, 니고데모는 육체적인 재출생을 생각하게 되었고, 따라서 그리스도께서는 여기서 하나님께서 우리를 중생시키시는 방식, 곧 물과 성령을 통한 방식을 말씀하시는 것이다. 이 말씀은 마치 이런 의미와도 같다. 곧, 성령께서 신실한 심령들을 물로써 깨끗하게 하심으로써 물의 기능을 발휘하신다는 것이다. 그러므로 나는 "물과 성령"을 그저 "물이신 성령"의 뜻으로 이해한다. 그리고 이런 표현은 새삼스러울 것도 없다. 왜냐하면 마태복음 3장에 나타나는 말씀과 완전하게 일치하기 때문이다: "내 뒤에 오시는 이는 … 성령과 불로 너희에게 세례를 베푸실 것이요"(마 3:11; 눅 3:16; 참조. 요 1:26, 33).

그러므로, 성령과 불로 세례를 베푼다는 것이 중생에서 불의 기능과 본질을 발휘하는 성령을 부어 준다는 뜻인 것처럼, 물과 성령으로 거듭난다는 것은 마치 물이 육체에게 하는 역할을 영혼에게 행하는 그러한 성령의 권능을 받는다는 뜻인 것이다. 물론 다른 이들이 해석을 달리한다는 것을 잘 알고 있다. 하지만, 이것이 진짜 의미라는 것을 나는 의심치 않는다. 여기서 그리스도께서 의도하신 목적은 오로지 천국을 사모하는 모든 사람들이 반드시 자기 자신의 본성을 벗어버려야 한다는 것을 가르치는 데 있었기 때문이다.

그들이 불쾌하게 트집을 잡으니 우리도 그들에게 트집을 잡으려면, 가령 그들의 논리를 그대로 받아들인다 할지라도, 세례가 믿음과 회개보다도 선행한다는 논리를 아주 손쉽게 그들에게 다시 던질 수가 있을 것이다. 왜냐하면 그리스도의 말씀에서 물이 성령보다 앞에 나오기 때문이다. 이것은 신령한 영적 은사들에 관하여 하는 말씀인 것이 분명하다. 그런데 이것들이 세례의 뒤에 온다면, 나의 주장이 성립되는 것이다. 그러나 이런 모든 잡다한 트집거리들은 다 제쳐두고, 우리는 내가 제시한 간결한 해석을 취하여야 할 것이다. 즉, 살아 있는 물, 곧 성령으로 새로움을 얻지 않고서는 어느 누구도 하나님 나라에 들어갈 수 없다는 의미로 보아야 하는 것이다.

26. 세례가 구원에 필수 조건이라는 반론

더 나아가서 이러한 사실은 세례받지 못한 모든 자들이 영원한 죽음에 들어간다고 주장하는 자들의 헛된 망상을 철저하게 배격하게 해 준다. 여기서 그들이 주장하는 대로 가령 세례가 성인들에게만 시행된다고 가정해 보자. 만일 경건의 초보적인 도리들을 정당하게 가르침 받은 한 어린아이가 세례일을 바로 앞두고 전혀 예기치 않게 갑작스러운 죽음을 맞는 일이 생긴다면 그들은 뭐라고 말할 것인가? 주의 약속은 너무도 분명하다: "내 말을 듣고 또 나 보내신 이를 믿는 자는 영생을 얻었고 심판에 이르지 아니하나니 사망에서 생명으로 옮겼느니라"(요 5:24). 주께서 아직 세례를 받지 않았다고 해서 누구를 정죄하셨다는 내용은 어디에서도 찾아볼 수가 없다. 물론 그렇다고 해서 내 말을 세례를 얼마든지 무시해도 무방하다는 식으로 받아들여서는 안 될 것이다. 단언하건대, 세례를 그렇게 멸시한다면 그것은 주의 언약을 침해하는 처사요, 나는 그런 행위를 절대로 용인할 수가 없다. 나로서는 다만 세례가 필수적이기는 하지만 세례를 받을 수 있는 능력이나 기회가 없는데도 불구하고 세례를 받지 못했다는 것 때문에 곧바로 잃어버린 자로 취급되는 일은 없다는 것을 입증하면 그것으로 족하다.

그러나 만일 그들의 헛된 망상에 동의하게 되면, 그 어떠한 경우를 막론하고 세례를 받지 못한 사람은 일체 예외가 없이 모두 다 정죄받는 자로 여기게 될 것이다. 세례를 받지 못하였다 할지라도 그리스도 자신을 소유하는 큰 믿음을 부여받을 가능성이 얼마든지 있는데 말이다. 뿐만 아니라 그들은 유아들에게는 세례를 베풀지 않을 것이니 모든 유아들을 전부 정죄하여 영원한 죽음에 몰아넣게 될 것이다. 그들의 논리대로라면 세례가 구원에 필수적인 조건이기 때문이다. 자, 그들은 천국이 어린아이들의 것이라고 하신 그리스도의 말씀과(마 19:14) 자기들의 주장이 대체 어떤 점이 일치하는지를 생각해 보아야 할 것이다. 그러나 혹시 이 본문의 의미에 대하여 그들이 주장하는 모든 내용을 다 그대로 인정한다 할지라도, 유아들의 중생에 대하여 우리가 이미 확고하게 세워 놓은 교리를[4] 먼저 뒤집지 않으면 본문이 그들에게 아무런 유익을 주지 못할 것이다.

27. 세례에 대한 그리스도의 말씀을 근거로 한 반론

그러나 우리의 반대자들은 마태복음 맨 마지막 장에서 자기들이 이끌어낸 세례의 제정에 관한 내용이 무엇보다도 강력한 요새라고 하며 떠벌인다. 그리스도께서는 사도들을 모든 족속들에게로 보내시면서 먼저 그들을 가르치라고 명하시고, 이어서 그들에게 세례를 베풀라고 명령하신다(마 28:19). 그들은 여기에 마가복음 마지막 장의 다음과 같은 말씀을 연결시킨다: "믿고 세례를 받는 사람은 구원을 얻을 것이요"(막 16:16). 이를 근거로 그들은 말하기를, 세례를 베풀기 전에 가르쳐야 하고, 믿음 다음에 세례를 두 번째 자리에 두어야 할 것을 주의 말씀이 그렇게도 분명하게 제시하고 있는데 무슨 증거를 더 찾으려 하겠느냐고 한다. 또한 주 예수께서 이런 순서를 몸소 모범으로 보여 주셨다고 주장한다. 곧, 주께서는 삼십 세가 되어서야 비로소 세례를 받으셨다는 것이다(마 3:13; 눅 3:21-22).

아뿔싸! 그들이 여기서 얼마나 다양한 방법으로 자기들 자신을 얽어매고 있고, 또한 자기들의 무지를 드러내고 있는지 모른다! 그런 예들을 세례를 처음 제정한 경우로 본다는 것은 어린아이의 실수보다 더 못한 오류인 것이다. 그리스도께서는 복음을 전하시던 시초부터 제자들에게 세례를 베풀 것을 명하셨던 것이다. 그러므로 마치 이 두 구절에서 세례를 처음으로 제정하기라도 하는 것처럼, 세례의 법과 규칙을 이 두 구절에서 찾는 그들의 주장은 전혀 근거가 없는 것이다.

그러나 그들의 이러한 오류를 그대로 용납하고 인정한다고 가정하고서, 그들의 이런 논리가 과연 얼마나 설득력이 있는지를 보기로 하자. 사실 이런 논리를 피하려고만 하면, 숨을 곳이 있는 정도가 아니라 아주 넓고 광활한 평지가 우리 앞에 활짝 펼쳐져 있어서 얼마든지 도망할 수가 있을 정도다. "다니며 … 복음을 전파하라 … 세례를 베풀라"거나 혹은 "믿고 세례를 받는 사람"(마 16:15-16) 이라는 말씀에 나타나는 단어의 순서에 너무도 집착하여, 세례를 베풀기 전에 먼저 복음을 전파해야 하고, 세례를 받으려고 하기 전에 먼저 믿어야 한다는 식으로 논리를 전개한다. 이런 논리로 하자면, 그리스도께서 우리더러 행하라고 명하신 순서에 따라서 먼저 세례를 베풀고 그 다음에 가르쳐야 한다는 식으로 얼마든지 반론을 제기할 수 있지 않겠는가? 주께서는 "너희는 … 세례를 베풀고 내가 너희에게 분부한 모든 것을 가르치라"고 말씀하셨기 때문이다(마 28:19-

20). 앞에서 이미 살펴본 바 있거니와, 물과 성령으로 거듭나는 일에 관하여 하신 그리스도의 말씀(요 3:5)에 대해서도 동일한 현상이 나타난다. 그들이 주장하는 대로 이해하면, 세례가 영적 중생보다 선행하는 것으로 보는 것이 합당할 것이다. 물이 성령보다 먼저 언급되고 있기 때문이다. 그리스도께서는 우리가 "성령과 물"이 아니라 "물과 성령"으로 거듭나야 한다고 가르치시는 것이다.

28. 막 16:16에 근거한 논지에 대한 반론

그런데, 그들이 그렇게도 신뢰하고 의지하는 이 강력해 보이는 논지가 이미 상당히 흔들리고 있는 것 같다. 그러나 진리가 단순하다는 사실 자체가 충분한 보호 장치가 되기 때문에, 그런 사소한 책략을 이용하여 문제를 피해가고 싶은 마음은 없다. 그러므로 여기서 본질적인 답변을 제시하고자 한다. 그리스도께서 여기서 행하시는 명령은 주로 복음을 전하는 일에 관한 것이다. 그리고 그 명령에 마치 부록처럼 세례에 대한 내용이 첨가된 것이다. 그렇다면, 그가 세례에 대하여 하신 말씀은 가르치는 기능을 시행하는 데에 부수적으로 따라붙는 것에 불과한 것이다. 그리스도께서는 사도들을 보내셔서 땅의 모든 족속들에게 복음을 전파하게 하고 구원을 가르치게 하심으로써, 곳곳에서 과거에 잃어버린 상태에 있던 사람들을 하나님 나라로 모아들이게 하시는 것이다. 그러나 그들은 누구며 어떤 유의 사람들인가? 물론 교훈을 받을 수 있는 능력이 있는 자들만을 가리킨다. 그리고 주께서는 뒤에 덧붙이시기를, 그런 사람들이 교훈을 받은 후에 세례를 받아야 할 것이라고 하시고, 그리고 나서 "믿고 세례를 받는 사람은 구원을 얻을 것"이라는 약속을 덧붙이시는 것이다(막 16:16).

이 강화(講話) 전체에서 유아들에 대한 내용이 과연 한 마디라도 있는가? 그렇다면 우리를 공박하는 그들의 논리는 대체 어찌된 것인가? 성인들이 세례를 받기 위해서는 믿어야 하고, 믿기 위해서는 교훈을 받아야 하므로, 결국 유아들에게 세례를 베푼다는 것은 부당하다는 식이니 말이다! 그들이 아무리 목청을 높인다 해도, 이 구절에서는 들을 능력이 있는 자들에게 먼저 복음이 전파되어야 하고, 그 다음에 그들에게 세례를 베푸는 것이라는 것 이외에는 아무것도 더 입증할 수가 없는 것이다. 이 구절은 오로지 그런 내용만을 다루기 때문이다. 그러니, 할 수 있거든 이 구절을 근거로 유아 세례에 대하여 마음대로 장벽을 쳐보라고 하라!

29. 예수님의 수세(受洗)에 근거한 논지에 대한 반론

그러나 심지어 맹인이라도 그들의 속임수를 분명히 알 수 있게 하기 위하여, 한 가지 분명한 예를 들어보기로 하자. 사도께서는 오직 일하는 자만 먹을 수 있도록 하라고 말했는데(살후 3:10), 가령 어떤 사람이 이를 근거로 유아들에게 음식을 주어서는 안 된다는 논리를 편다면, 그런 사람은 모두에게 몰매를 맞아야 마땅할 것이 아니겠는가? 어째서 그런가? 사도께서는 구체적인 연령층과 구체적인 종류의 사람들에 대해서 말했는데, 그것을 모든 사람에게 무차별하게 적용시키기 때문이 아닌가? 우리의 반대자들의 논리도 이보다 조금도 더 나을 것이 없는 것이다! 이 사람들은 성인들에게만 적용된다는 것을 누구나 다 알고 있는 것을 유아에게까지 적용시켜서, 나이가 든 사람들에게만 주어진 하나의 규칙에 유아들까지도 예속시키기 때문이다.

그리스도의 모범을 이야기하지만, 그것도 그들의 논리를 조금도 뒷받침해 주지 않는다. 그리스도께서는 삼십 세가 되어서야 세례를 받으셨다(눅 3:23; 마 3:13). 이것은 과연 사실이다. 그러나 거기에는 그만한 이유가 있다. 그리스도께서는 그의 복음 전파를 통하여 세례의 견고한 기초를 세우고자 하셨다. 아니 오히려 요한이 조금 전에 세워 놓은 기초를 든든하게 만들고자 하셨다. 그러므로, 그리스도께서는 그의 가르침을 통해서 세례를 세우고자 하실 때에 그 제도에 더 큰 권위를 부여하기 위하여 친히 그 자신의 몸으로 세례를 거룩하게 하셨고, 그것도 가장 적절한 시점인 복음 전파의 첫 시발점에 세례를 받으신 것이다.

간단히 말해서, 그들은 이 사실에서도 세례의 기원과 시초가 복음 전파에 있다는 사실 이외에는 아무것도 얻을 수가 없을 것이다. 그러나 그들이 삼십 세를 정해 놓기를 그렇게 원한다면 어째서 그것을 준수하지 않고, 자기들의 판단에 따라서 사람마다 적정 연령을 정해서 세례를 베푸는지 모르겠다. 그들의 선생 가운데 한 사람인 세르베투스(Servetus)조차도 이 삼십 세를 그렇게 고집스럽게 이야기하면서도, 자기는 이십일 세에 이미 스스로 선지자라고 자랑하기 시작하였다. 누구든 교회의 회원이 되기도 전에 스스로 교회의 교사의 위치에 있다고 주장해도, 그런 사람을 신뢰할 수 있기라도 한 것처럼 말이다.

30. 세례와 성찬

더 나아가서 그들은, 유아들을 성찬에 참여시키지 않는데 세례 역시 성찬의 경우와 다를 이유가 없다고 하며 반론을 제기한다. 성경이 모든 면에서 둘 사이의 큰 차이를 말씀하는데도 말이다. 키프리아누스와 아우구스티누스가 분명히 증거하듯이, 고대의 교회에서는 통상적으로 어린아이들도 성찬에 참여하게 하였다.[5] 그러나 그 후 그런 관례가 합당하게 사라지고 말았다. 세례의 고유한 성격을 보자면, 그것은 교회에 들어가는 것이요 일종의 입문 절차로서 그것을 통해서 우리가 하나님의 백성의 일원이 되는 것이다. 곧, 우리가 하나님의 자녀로 거듭나는 영적 중생의 증표인 것이다. 그러나 성찬은 이미 유아의 시기를 지나 있어서 딱딱한 음식을 취할 수 있는 성인들에게 베풀어지는 것이다.

이러한 구분은 성경에서 매우 분명하게 나타난다. 세례에 관해서는 주께서 분명한 연령을 제시하지 않으신다. 그러나 성찬에 대해서는 모든 사람이 참여할 것이 아니고 오직 주의 몸과 피를 분별하고, 자기 자신의 양심을 살피며, 주님의 죽으심을 선포하며, 그 죽으심의 능력을 생각할 수 있는 능력이 있는 자들만 참여할 것으로 말하는 것이다. "사람이 자기를 살피고 그 후에야 이 떡을 먹고 이 잔을 마실지니"(고전 11:28)라는 사도의 가르침보다 더 명확한 것이 과연 필요하겠는가? 그러므로 자기를 살피는 일이 먼저 있어야 하는데, 이런 일은 유아들에게는 기대할 수가 없는 것이다. 또한 "주의 몸을 분별하지 못하고 먹고 마시는 자는 자기의 죄를 먹고 마시는 것이니라"(고전 11:29)고도 말한다. 그리스도의 거룩한 몸을 올바로 분별할 줄 아는 자들만이 성례에 합당하게 참여할 수 있는 것이라면, 우리의 어린 유아들에게 생명을 주는 양식이 아니라 독(毒)이 되는 것을 줄 이유가 어디 있는가?

"너희가 이를 행하여 나를 기념하라"(눅 22:19; 고전 11:25)는 주의 명령은 어떤가? 또한 이 명령에서 비롯된 사도의 다음과 같은 명령은 어떤가: "이 떡을 먹으며 이 잔을 마실 때마다 주의 죽으심을 그가 오실 때까지 전하는 것이니라"(고전 11:26)? 이런 것을 깨닫지도 못하는 유아들에게 어떻게 그것을 기념하기를 요구하겠는가? 그리스도의 십자가를 전한다는 것은 어떤가? 그들의 머리로는 아직 그 능력이나 유익을 도저히 이해할 수 없는 것이 아닌가? 그런데 세례의 경우에는 이런 것들이 하나도 규정되어 있지 않다. 그러므로, 그 비슷한 구약 시대의 표징들에서 보았듯이, 이 두 가지 표징들은 서로 굉장한 차이가 있는 것이다. 우리의 세례와 일치하는 할례는 어린아이들을 위하여 지정되었었다(창 17:12). 그러나 성찬으로 대체된 구약 시대의 유월절은 모든 사람들을 무차별하게 참여시킨 것이 아니라, 그 의미에 대해서 물어볼 수 있을 만큼 나이가 든 자들만 참여하게 되어 있었던 것이다(출 12:26). 이 사람들에게 과연 건전한 사고가 조금이라도 남아 있었다면, 이렇게 분명하고도 명확한 것을 어떻게 보지 못하고 지나칠 수 있었단 말인가?

(세르베투스의 반론에 대한 논박과 결론. 31-32)

31. 세르베투스의 반론

온갖 사소한 문제들로 독자들에게 부담을 주고 싶은 생각은 없다. 그러나 재세례파들 가운데 무시할 수 없는, 아니 그들 가운데 크게 존귀를 받고 있는 세르베투스가 우리를 대적하고자 단단히 준비하고서 제시하는 그럴듯한 논리들을 간단히 처리할 필요가 있을 것 같다.

1. 그는, 그리스도께서 제정하신 상징들이 완전하므로 그 상징들은 완전한 사람들, 혹은 완전에 이를 수 있는 능력이 있는 사람들을 요구한다고 주장한다. 그러나 이에 대해서는 쉽게 답변할 수 있다. 곧, 세례의 완전함은 심지어 죽을 때까지 이어지는 것인데, 그 완전성을 한 시점에만 제한시킨다는 것은 그릇되다는 것이다. 뿐만 아니라, 세례는 평생토록 계속되는 단계들을 통하여 완전을 향하여 전진하도록 우리를 초청하는 것인데, 그런 완전을 세례 받는 첫 날에 당장 찾으려 한다는 것은 어리석은 일이 아닐 수 없는 것이다.

2. 그는 그리스도의 상징들은 기념을 위하여 제정된 것으로서 누구든지 자기가 그리스도와 함께 장사지낸 바 되었다는 것을 기억하도록 하기 위한 것이라고 하며 반론을 제기한다. 그러나 그 자신의 머리에서 짜낸 발언에 대해서는 반박할 필요가 없다는 것이 나의 대답이다. 사실, 그가 세례에 대하여 하는 말은 성찬에 대하여 해야 옳은 것이다. "사람이 자기를 살피고 그 후에야 이 떡을 먹고 이 잔을 마실지니라"(고전 11:28)라는 바울의 말이 이를 보여 준다. 그러나 세례에 대해서는 어디에도 그런 말이 없는 것이다. 그러므로 우리는 나이가 어려서 아직 자기 자신을 살필 능력이 없는 자들도 정당하게 세례를 받는 것이라고 결론짓는 것이다.

3. 그가 제시하는 세 번째 반론은, 하나님의 아들을 믿지 않는 자는 모두 사망 안에 머물러 있으며 하나님의 진노가 그들 위에 머물러 있는 것인데(요 3:36) 어린 유아들은 믿을 능력이 없으니, 정죄 가운데 있다는 것이다. 그러나 이에 대

한 나의 답변은, 그리스도께서는 거기서 아담의 모든 후손이 얽혀 있는 전반적인 죄책을 말하시는 것이 아니고, 다만 교만하고도 완악하여 자기들에게 베풀어지는 은혜를 거부하는 복음을 멸시하는 자들을 경고하고 계시다는 것이다. 그러니 이 말씀은 유아들과는 전혀 무관한 것이다. 그러면 이번에는 내가 한 번 반론을 제기해 보자. 곧, 누구든지 그리스도께서 축복하시는 자는 아담의 저주와 하나님의 진노에서 자유함을 얻는다는 것이다. 이 명제가 사실이라면, 어린 아이들이 그리스도께 축복을 받았으니(마 19:15; 막 10:16) 당연히 그들이 사망에서 자유함을 얻게 되는 것이 아니겠는가? 여기서 세르베투스는 성경 어디에서도 찾을 수 없는 말을 그릇 인용하고 있다: "누구든지 성령으로 난 자는 성령의 음성을 듣느니라"(참조. 요 3:8). 그러나 설사 이 말이 성경에 기록되어 있다손 치더라도, 이 말로써 증명할 수 있는 것은 오로지 성령께서 신자들 속에서 역사하심에 따라서 신자들에게서 순종이 형성된다는 것밖에는 없는 것이다. 어쨌든, 특정한 일부의 사람들에 대하여 한 말씀을 모든 사람에게 무차별하게 적용시킨다는 것은 지극히 부당한 것이다.

4. 그의 네 번째 반론은, 육적인 것이 먼저 오기 때문에(고전 15:46) 세례를 위해서는 장성할 때까지 기다려야 한다는 것이다. 세례는 영적인 것이기 때문이라는 것이다. 그러나 물론 육체로 출생한 아담의 모든 후손들이 모태에서부터 정죄의 상태에 있다는 것은 나도 인정한다. 그러나 그렇다고 해서 하나님께서 즉각적인 치유책을 베푸실 수 없다는 논리는 받아들일 수 없다. 영적인 삶이 새로이 시작되기까지 여러 해가 소요되도록 하나님께서 정하셨다는 세르베투스의 논리는 입증될 수가 없는 것이다. 바울이 증거하듯이, 신자들에게서 난 자녀들은 본성적으로는 잃어버린 상태에 있으나 초자연적인 은혜로 말미암아 거룩한 상태에 있는 것이다(고전 7:14).

5. 그 다음 그는 한 가지 알레고리를 제시한다. 곧, 다윗은 시온산을 정복하러 올라가면서 맹인이나 불구자가 아니라 힘센 군사들을 데리고 갔다는 것이다 (삼하 5:8). 그러나 가령 내가, 하나님께서 맹인들과 다리 저는 자들을 하늘의 잔치에 초대하시는 비유의 내용을(눅 14:21) 제시하여 반격한다면, 세르베투스는 과연 이런 난제를 어떻게 처리하겠는가? 또한 다리 저는 자들과 불구자들이 그 전에 다윗을 섬기지 않았었는지를 묻고 싶다. 하지만 독자들이 성경의 역사에서 발견할 수 있듯이, 이런 식의 논리는 순전히 거짓을 근거로 짜맞추어진 것이

므로 이것을 길게 논한다는 것은 쓸데없는 일일 것이다.

6. 그는 또 한 가지 알레고리를 제시한다. 사도들은 사람을 낚는 어부였지(마 4:19), 어린아이들을 낚는 어부가 아니었다는 것이다. 나는 이를 되받아 묻고 싶다. 복음이라는 그물에 온갖 종류의 고기들이 모여든다는 그리스도의 말씀은 (마 13:47) 과연 무슨 의미냐고 말이다. 그러나 나는 알레고리 따위로 장난을 하고 싶지 않기 때문에 곧바로 답변하겠는데, 사도들이 가르치는 임무를 부여받았을 때에 어린아이들에게 세례를 주지 못하도록 금지를 받은 일이 없다는 사실이다. 그러나 아직도 궁금한 것은, 복음서 기자가 그들을 가리켜 '안드로푸스'(ἀνθρώπους: 이는 예외 없이 인류 전체를 다 포괄하는 용어다)라고 부르는데 어째서 세르베투스는 어린아이들이 인간이라는 것을 부인하는가 하는 것이다.

7. 그의 일곱 번째 반론은, 영적인 것들은 영적인 것과 일치하므로(고전 2:13-14) 영적인 성격이 없는 유아들은 세례에 적합하지 못하다는 것이다. 그러나 당장 분명하게 드러나는 사실은 그가 바울의 진술을 심하게 왜곡시키고 있다는 점이다. 바울은 가르침을 다루고 있다. 고린도 사람들이 그들의 허망한 영리함에 스스로 우쭐해져 있을 때에 바울은 그들이 아직 하늘의 도리의 가장 초보도 아직 가르침 받지 못한 상태라고 하면서 그들의 어리석음을 꾸짖었다. 이런 말씀을 근거로 하여 유아들에게 세례를 베풀지 말아야 한다고 결론을 지을 사람이 과연 어디 있겠는가? 어린아이들이 육체에서 났으나 하나님께서 친히 값없이 양자 삼으심으로 그들을 거룩하게 하셨는데 말이다.

8. 그는 또한 그들이 새로운 사람이라면 영적인 양식을 먹어야 한다고 하며 반대한다. 그러나 이에 대해서도 쉽게 답변할 수 있다. 곧, 세례를 통하여 그들이 그리스도의 양무리에 영접을 받으며, 그들이 성인이 되어 단단한 음식을 견딜 수 있을 때까지 그러한 양자 됨의 상징만으로 족하다는 것이다. 그러므로 우리는 하나님께서 성찬에서 분명하게 요구하시는 것처럼 자기를 살필 수 있는 때가 오기까지 기다려야 하는 것이다.

9. 이어서 그는 그리스도께서 그의 모든 백성들을 부르사 성찬에 참여하게 하신다고 하며 반론을 제기한다. 그러나 그리스도께서는 이미 그의 죽으심을 기념하도록 준비가 되어 있는 자들 이외에는 아무도 성찬에 참여시키지 않으신다는 것이 너무나도 분명한 것이다. 이렇게 본다면, 유아들은 — 그리스도께서는 이들을 안아 주셨다 — 자라서 성인이 되기까지 그들 나름대로의 고유하고

도 적절한 지위에 있으면서도, 외인(外人)은 아닌 상태에 머물러 있는 것이다. 그런데 그는 출생한 다음 먹을 수가 없다면 그것은 그야말로 끔찍한 일이라고 한다. 그러나 나의 답변은, 영혼은 성찬을 먹는 외형적인 행위와는 다른 방식으로 양식을 공급받기 때문에, 유아들이 비록 상징에는 참여할 수 없지만 그럼에도 불구하고 그리스도께서 그들의 양식이 되신다는 것이다. 그러나 세례는 그저 교회로 들어가는 문이 열리는 것 이외에 아무것도 아니므로, 성찬과는 전혀 경우가 다른 것이다.

10. 세르베투스는 다시 이의를 제기한다. 곧, 선한 청지기는 적절한 시기에 그의 권속들에게 양식을 나누어 준다는 것이다(마 24:45). 물론 나도 이 사실 자체는 기꺼이 인정한다. 그러나 대체 무슨 근거로 세례를 위한 적절한 시기를 규정하여 유아기가 적절한 시기가 아니라는 것을 입증할 것인가? 더 나아가서 그는, 밭이 희어져 있으니 속히 추수를 하라고 하신 그리스도의 명령을 덧붙인다(요 4:35). 자, 그리스도께서 말씀하신 뜻은 다만, 사도들에게 그들의 수고한 열매가 나타나는 것이 보이니 더욱 열심을 내어 가르치도록 스스로 대비하라는 것이다. 과연 이 말씀을 근거로 오로지 추수 때만이 세례를 거두는 시기라고 결론 지을 사람이 어디 있겠는가?

11. 그의 열한 번째 논지는 최초의 교회에서는 그리스도인들과 제자들이 동일한 사람들이었다는 것이다(행 11:26). 그러나 이미 보았듯이 그는 일부분을 근거로 전체를 규정하는 오류를 다시 범하고 있는 것이다. 제자들이라 불리는 자들은 성년이 된 사람들로서 이미 가르침을 받았고, 그리스도의 이름을 지닌 자들이다. 마치 율법 아래 있는 유대인들이 모세의 제자들일 수밖에 없었던 것처럼 말이다. 그러나 그렇다고 해서 하나님께서 자기의 권속에 속하는 것으로 확증하신 어린아이들이 외인(外人)들이었다는 식으로 결론을 내린다는 것은 부당한 것이다.

12. 그는 또 주장하기를, 모든 그리스도인들은 형제들이지만 어린아이들은 성찬에 참여하지 않는 이상 형제들에 속하지 않는다고 한다. 그러나 나는 오직 그리스도의 지체인 자들만이 하늘나라의 상속자들이며, 그리스도께서 어린아이들을 안으신 것이(마 19:13-15; 막 10:13-16; 눅 18:15-17) 양자 됨의 참된 증표였으며, 이로써 유아들이 성인들과 하나가 되며, 또한 일시적으로 성찬에 참여하지 못한다 할지라도 그것 때문에 교회의 몸에 속하지 않는 것이 아니라는 본

래의 원칙으로 다시 돌아가고자 한다. 사실, 십자가에 달려서 회심한 강도는(눅 23:40-43) 성찬에 참여한 적이 한 번도 없지만 그렇다고 해서 경건한 자들의 형제가 되지 못한 것이 아니었다.

13. 그는 이어서 덧붙이기를, 양자의 영(롬 8:15)으로 말미암지 않고는 어느 누구도 우리의 형제가 될 수 없는데, 오직 믿음으로 들음으로써만(갈 3:2) 양자의 영을 받을 수가 있다고 한다. 이에 대한 나의 답변은, 그는 언제나 똑같은 그릇된 사고에 계속해서 빠지고 있다는 것이다. 그는 성인들에 대해서만 말한 내용을 터무니없이 어린아이들에게 적용시키고 있기 때문이다. 바울은 거기서(롬 10:17; 갈 3:5) 가르치기를, 이것이 하나님의 일상적인 부르심의 방편이라고 한다. 곧, 신실한 교사들을 일으키셔서 그들의 사역과 수고를 통해서 손을 뻗으셔서 자기의 택하신 자들을 믿음으로 이끄신다는 것이다. 그런데, 이것을 근거로 누가 감히 하나님께 법을 부과하여 유아들을 다른 은밀한 수단을 통하여 그리스도께로 접붙이시는 일을 금하려 하겠는가?

14. 그는 고넬료가 성령을 받은 다음 세례를 받았다는 것(행 10:44-48)을 근거로 반론을 제기한다. 그러나 그는 역시 한 가지 특수한 사례를 근거로 일반적인 법칙을 잘못 이끌어내려 하는 것이다. 이디오피아 내시와 사마리아 사람들의 경우에서 분명히 드러나듯이(행 8:27-38; 8:12), 주께서 성령을 주시기 전에 먼저 세례를 베푼 예도 있는 것이다.

15. 열다섯째 반론은 어리석기 그지없다. 그는 말하기를, 우리가 중생으로 말미암아 신(神)들이 되고 "하나님의 말씀을 받은 사람들이 신"인데(요 10:34-35; 참조. 시 82:6) 어린아이들에게는 이런 일이 불가능하다고 한다. 신자들에게 신성이 있다는 식으로 상상하는 것은 그의 착각 중의 하나지만 여기서는 그것을 검토하는 것이 목적이 아니다. 그러나, 시편의 한 구절(시 82:6)을 왜곡시켜서 전혀 엉뚱한 의미로 만드는 것은 부끄러움마저 잃어버린 참람한 행위인 것이다. 그리스도께서는 말씀하시기를, 선지자가 왕과 관원들을 "신"이라 칭하는 것은 그들이 하나님께서 지정해 주신 직분을 부여받았기 때문이라고 하신다. 그런데 이 교묘한 해석자는 특별한 통치의 명령과 관련하여 특정한 사람들에게만 주어진 것을 복음의 도리에다 적용시켜서 결국 유아들을 교회에서 제외시키려 하는 것이다.

16. 또한 그는 유아들은 말씀으로 거듭나지 않았기 때문에 새 사람으로 간주

할 수 없다고 주장한다. 그러나 이미 자주 말한 것을 다시 반복하거니와, 우리가 복음의 도리를 받기에 적절하다면, 과연 복음의 도리가 썩지 않는 씨가 되어 우리를 중생시키는 것이다(벧전 1:23). 그러나 우리가 가르침을 받기에 충분할 만큼 성장해 있지 않을 경우는 하나님께서 친히 중생의 시간표를 갖고 계신 것이다.

17. 그리고 나서 세르베투스는 다시 자기의 알레고리로 돌아가서, 율법에서는 갓 태어난 양과 암염소는 희생 제물로 드리지 못하도록 되어 있었다고 주장한다. 이에 대해서 굳이 상징적인 해석을 하자면, 처음 난 것은 모두가 자궁을 열고 나올 때부터 하나님께 거룩한 것이며(출 13:2) 따라서 일년 된 숫양을 제물로 드려야 했다(출 12:5)고 말할 수 있을 것이다. 이로써 말할 수 있는 것은, 성숙해지기까지 기다릴 필요가 없이 하나님께서는 태어난지 얼마 되지 않아서 아직 유약한 것을 골라서 희생 제물로 쓰게 하셨다는 것이다.

18. 더 나아가서, 그는 세례 요한을 통해서 준비된 자들만이 그리스도께로 나아갈 수 있다고 주장한다. 요한의 임무가 일시적이었을 뿐인데도 말이다! 그러나 그리스도께서 안으시고 축복하신 어린이들은 분명 그런 준비 과정을 거치지 않았었다(마 19:13-15; 막 10:13-16; 눅 18:15-17). 그러니 그의 이런 거짓된 주장은 물리치도록 하자!

19. 그는 또한 트리스메기스투스(Trismegistus)와 일단의 여자 점쟁이(Sibyls)들의 말을 근거로 하여 정결례가 오로지 어른들에게만 해당되었다고 주장한다. 그가 그리스도의 세례를 얼마나 형편없이 여기고 있는지를 보라. 그는 그것을 이교도의 속된 예식에 맞추어서 트리스메기스투스가 기뻐하는 방식으로 시행되도록 하고 있으니 말이다! 그러나 우리는 하나님의 권위를 더욱 높이 기리는데, 그분은 어린아이들을 자기에게 거룩히 구별하시며, 그들이 아직 어려서 이해하지 못하지만 그들에게 거룩한 상징을 베푸셔서 그들을 받아들이기를 기뻐하시는 분이시다. 또한 이교도의 제사법에서 무언가를 빌려와서, 하나님께서 할례 위에 세우셨고 우리의 세례에 적용되는 그 영원하고 변함 없는 법칙을 바꾸어 놓으려 하는 처사는 절대로 정당한 것으로 인정할 수가 없는 것이다.

20. 마지막으로 그는, 만일 지적인 능력이 없는 유아들이 세례를 받을 수 있다면, 어린아이들이 장난으로 세례를 시행하여 웃음거리와 조롱거리로 만들 수도 있는 것이 아니겠느냐는 식으로 주장한다. 이 문제에 대해서 차라리 하나님과 논쟁을 벌여보라. 유아들이 지적 능력을 지니기 전에 그들에게 할례를 시행

하도록 명하신 분이 바로 하나님이시니 말이다. 하나님께서 그렇게 하셨는데, 거기에 과연 어린아이들이 장난을 하고 웃음거리로 만들어서 하나님의 거룩한 제도를 망쳐놓을 거리가 과연 있었는가? 그 패역한 자들이 자기들의 오류를 변호하면서 마치 정신이 나가기라도 한듯 온갖 우스꽝스러운 어리석은 논리들에 이리저리 끌려다니는데, 이런 현상이 전혀 이상스러울 것이 없다. 하나님께서 그런 불합리함 그 자체로써 그들의 교만과 완악함을 정당하게 되갚아 주고 계시는 것이기 때문이다. 이제 세르베투스가 그의 초라한 재세례파 형제들을 지지하기 위하여 하는 주장들이 얼마나 빈약한 것들인가 하는 것이 분명해졌다고 믿는다.

32. 유아들을 향한 하나님의 배려에 대한 우리의 감사

이제는 건전한 사고력을 지닌 사람이라면 그들이 유아 세례에 대한 온갖 언쟁과 격론들로 그리스도의 교회를 얼마나 어지럽히고 있는지를 의심하지 않을 것이라고 생각한다. 그러나 여기서 사탄이 그의 크나큰 간교함으로 무슨 일을 시도하고 있는지를 주목할 필요가 있을 것이다. 그는 유아 세례에서 얻어야 할 확신과 신령한 기쁨의 확실한 열매를 우리에게서 빼앗아 가려고 하며, 그리하여 하나님의 선하심의 영광을 조금이라도 흐리게 하려고 하고 있는 것이다. 경건한 자들이 자기들이 하늘에 계신 아버지의 크신 사랑을 받아서 자기들의 자녀들까지도 그의 보호하심을 받는다는 사실을 그저 말로만이 아니라 실제로 눈으로 보며 확신을 하게 된다면, 이 얼마나 귀한 일이겠는가! 하나님께서 지극히 사려 깊으신 아버지의 역할을 우리에게 행하셔서 심지어 우리가 죽은 후까지도 우리를 보살피시사 우리의 자녀들을 위하여 베풀어 주시고 보살펴 주시리라는 것을 여기서 볼 수 있으니 말이다. 다윗의 모범을 따라서, 하나님의 이름이 그의 선하심의 예를 통하여 존귀하게 되시기를(시 48:10) 온 마음으로 감사하며 즐거워해야 하지 않겠는가?

사탄은 유아 세례로 말미암아 드러나는 하나님의 은혜에 대한 증거가 우리에게서 제거되면 그 증거를 통하여 우리의 눈 앞에 제시되는 하나님의 약속도 점차 사라져 갈 것이라고 계산하고서, 그렇게 무리를 동원하여 유아 세례를 무너뜨리려고 애쓰고 있는 것이다. 출생 직후부터 하나님께서 우리의 자녀들을 그의 자녀로 취하시고 인정하신다는 것을 생각하면, 그들은 하나님을 진정 경외하고 그의 법을 지키도록 가르치고자 하는 강한 자극을 느끼게 되기 때문이다. 그러므로 하나님의 선하심을 흐리게 만들려는 악의가 우리에게 있지 않는 한, 우리의 어린 자녀들을 하나님께 드리도록 하자. 하나님께서는 그 아이들에게 그의 가족과 그의 백성 가운데 한 자리를 주시니, 곧 그들을 교회의 지체들로 삼으시는 것이다.

주 _____

1. 참조. 2권 10, 11장.

2. Augustine, *Letters*, clvii, 14; *Against Faustus the Manichee*, xvi. 29.

3. 한글 개역 개정판 성경 난외주를 보라.

4. 참조. 18, 19절.

5. Cyprian, *On the Lapsed*, ix, xxv; Augustine, *On the Merits and Remission of Sins*, I. xx. 27.

제 17 장

그리스도의 성찬,
그리고 성찬으로 말미암아 얻는 유익

(성찬은 떡과 포도주를 통하여 신령한 양식을 제공해 줌. 1-3)

1. 성찬의 신비

하나님께서는 우리를 그의 가족(권속)으로 받아들이신 다음, 우리를 종으로
서만이 아니라 아들로서 대하시면서, 지극히 자비하시고 사랑이 깊으신 아버지
의 역할을 감당하시며 우리 인생의 여정 전체를 통틀어서 우리를 지탱시키신
다. 그리고 이것으로 만족하지 않으시고 계속해서 풍성하게 베풀어 주실 것을
맹세로써 우리에게 확신을 주시기를 원하셨다. 그러므로 이를 위하여 하나님께
서는 그의 독생자의 손을 통하여 그의 교회에게 또 하나의 성례를 주셨으니, 그
것은 그리스도께서 자신이 생명을 주시는 떡이 되사 우리의 심령이 그것을 먹
고 참되고 복된 영생을 얻게 된다는 것을 친히 확증하시는 하나의 신령한 잔치
인 것이다(요 6:51).

이 크나큰 신비를 아는 것은 정말 필수적이며, 또한 그 중요성을 볼 때에 그
것을 매우 정확하게 해명하는 일이 필수적이다. 그런데 사탄은 이 말할 수 없이
소중한 보배를 교회에서 제거하기 위하여 오래 전부터 온갖 안개와 어둠을 도
입하여 그 광채를 가려왔고, 온갖 논쟁과 소요를 일으켜 단순한 대중들의 마음
을 혼란하게 하여 이 신령한 음식을 맛보지 못하게 하였으며, 오늘날도 똑같은
술수를 부리고 있는 것이 사실이다. 그렇기 때문에, 나는 먼저 무지한 사람들이

이해할 수 있도록 문제를 정리한 다음, 사탄이 세상을 현혹시키는 데 써먹으려고 애써온 그 난제들을 설명하고자 한다.

첫째로, 그 표징들은 떡과 포도주인데, 이것들은 우리가 그리스도의 살과 피로부터 받는 바 그 눈에 보이지 않는 양식을 의미한다. 하나님께서 세례로 우리를 중생시키시고 우리를 그의 교회의 교제 속에 접붙이시고 입양을 통해서 우리를 자기 것으로 만드시듯이, 그는 그의 말씀으로 우리를 낳으사 새생명을 얻게 하셨고, 또한 그 생명을 유지하시고 지탱하시기 위하여 계속해서 우리에게 양식을 공급하심으로써 사려 깊으신 아버지의 임무를 다하시는 것이다.

더욱이, 그리스도께서 우리 영혼의 유일한 양식이시므로, 하늘 아버지께서는 우리를 그리스도께로 이끄사 그와 교제하게 하심으로써 우리를 새롭게 하시고, 하늘의 그 영생에 이르기까지 우리로 하여금 계속해서 힘을 얻도록 하시는 것이다.

그러나 이러한 그리스도와 경건한 자들의 은밀한 연합의 신비는 본질상 지각할 수가 없기 때문에, 하나님께서는 우리의 보잘것없는 능력에 가장 합당하도록 눈에 보이는 표징을 통해서 그 상징과 형상을 보여 주신다. 이렇게 보증물과 증표들을 주심으로써, 하나님께서는 우리로 하여금 마치 눈으로 그것을 보는 것과도 같이 그 연합의 신비를 확실하게 알도록 만들어 주시는 것이다. 떡과 포도주가 육체의 생명을 유지시켜 주는 것처럼 영혼들이 그리스도로 말미암아 유지된다는 이런 대비가 너무나 친숙하여 아무리 아둔한 사람이라도 그것을 지각하지 않을 수가 없기 때문이다.

이제 우리는 이 신비한 축복의 목적을 깨닫게 되는데, 그것은 바로 주님의 몸이 단번에 우리를 위하여 희생되셔서 이제 우리가 그 몸을 양식으로 삼으며, 또한 그렇게 양식으로 삼음으로써 그 유일무이한 희생의 역사함을 우리 속에서 느낀다는 사실과, 또한 우리를 위하여 그가 피를 흘리셔서 영원토록 우리의 음료가 되신다는 사실을 우리로 하여금 확증하게 하고자 하는 것이다. 그리하여 거기 덧붙여진 약속의 말씀이 이렇게 말씀하는 것이다: "이것은 너희를 위하는 내 몸이라"(고전 11:24; 참조. 마 26:26; 막 14:22; 눅 22:19). 그러므로 우리는 우리의 구원을 위하여 단번에 드리신 그의 몸을 취하여 먹으라는 명령을 받는다. 그리하여 우리 스스로 그의 몸에 참여하는 것을 볼 때에, 생명을 주시는 그의 죽으심의 능력이 우리 속에서 힘을 발휘할 것을 과연 확신하게 된다. 그리하여 주께서는 그 잔을 가리켜 "내 피로 세운 새 언약"이라 부르시는 것이다(눅 22:20; 고전 11:25). 주께서는 그 거룩한 피를 우리에게 베푸셔서 맛보게 하실 때마다, 그의 피로 단번에 세우신 (우리의 믿음을 강화하는 한) 그 언약을 어떤 의미에서 새롭게 하시는 것이요, 또한 지속시키시는 것이기 때문이다.

2. 성례가 주는 확신과 기쁨

경건한 심령들은 이 성례를 통하여 큰 확신과 기쁨을 얻을 수 있다. 이 성례야말로 그들이 그리스도와 한 몸을 이루어 그의 모든 것을 자기들의 것이라 할 정도가 되었다는 하나의 증거이기 때문이다. 그 결과로 우리는 그리스도께서 상속자이신 그 영생이 우리의 것임을 감히 스스로 확신할 수 있으며, 그리스도께서 이미 들어가신 그 천국이 우리에게서 끊어질 수 없다는 것도 확신할 수 있고, 또한 그리스도께서 우리 죄를 씻으셨으므로 — 그는 그 죄가 마치 자기의 것이기라도 한 것처럼 그 죄를 스스로 지기를 원하셨다 — 우리가 죄로 인하여 정죄받을 수 없다는 것도 확신할 수가 있다.

이것은 과연 그가 측량할 수 없는 자비하심으로 우리와 행하신 놀라운 교환(交換: exchange)이다. 곧, 그가 우리와 함께 인자(人子)가 되셔서 우리를 자기와 함께 하나님의 아들들이 되게 하셨고, 스스로 이 땅에 내려오심으로써 우리를 위하여 하늘로 올라가는 일을 준비하셨으며, 친히 우리의 유한한 운명을 취하심으로써 자기의 영생을 우리에게 베풀어 주셨으며, 우리의 연약함을 받아 취하시고서 그의 능력으로 우리를 강건케 하셨으며, 친히 우리의 궁핍함을 취하시고서 자기의 부요하심을 우리에게 베풀어 주셨으며, 우리를 억누르는 그 무거운 우리의 불의(不義)를 스스로 지시고서 자기의 의(義)로 우리를 옷 입혀 주신 것이다.

3. 떡과 포도주 그리고 그리스도의 몸과 피의 유사성

이 성례에서 우리는 이 모든 사실들에 대한 충만한 증거를 얻기 때문에, 우리는 성례 가운데 임재하시는 그리스도께서 마치 친히 우리의 눈 앞에 계셔서 우리의 손으로 만지는 것처럼 생각하여야 마땅할 것이다. 다음과 같은 그리스도의 말씀이 거짓일 수도 없고 우리를 속이는 것일 수도 없기 때문이다: "받아서 먹으라 이것은 내 몸이니라… . 이것을 마시라 이것은 죄 사함을 얻게 하려고 …

흘리는 바 나의 피니라"(마 26:26-28; 고전 11:24; 참조. 막 14:22-24; 눅 22:19-20). 우리에게 받으라고 명하심으로써 그는 그것이 우리의 것임을 암시하시며, 우리더러 먹으라고 명하심으로써 그것이 우리와 본질이 동일하게 되었음을 암시하시며, 자기의 몸을 우리를 위해서 주시고 자기의 피를 우리를 위해서 흘리신다고 선언하심으로써 그는 그 몸과 피가 그의 것이 아니라 우리의 것이라는 것을 가르치시는 것이다. 그가 그의 몸과 피를 취하셔서 드리신 것이 자기 자신의 이익을 위해서가 아니라 우리의 구원을 위함이었기 때문이다.

또한 우리는 성찬의 매우 강력한 — 그리고 거의 모든 — 힘이 바로 "너희를 위하여 주는," "너희를 위하여 흘리는"이라는 말에 있다는 점을 주의 깊게 살펴야 할 것이다. 주님의 몸과 피가 우리의 구속과 구원을 위하여 이미 주어진 상태가 아니라면, 그 몸과 피를 지금 나누어 받는다 해도 별 유익이 없을 것이다. 그러므로 떡과 포도주로 그것들을 나타내도록 한 것은 그것들이 우리의 것임은 물론 우리의 영적 생명을 위한 양식으로 주어진 것임을 배우도록 하기 위함인 것이다.

그리고 이미 말한 바와 같이, 이 성례에서 제시되는 물질들에게서 우리는 일종의 비교를 통하여 신령한 것들로 인도함을 받는다. 그리하여 떡이 그리스도의 몸을 상징하는 것으로 주어질 때에, 우리는 곧바로 다음과 같은 유사점을 깨닫게 된다. 곧, 떡이 우리 육체의 생명에 양분을 공급하고 지탱시키며 유지시키듯이, 그리스도의 몸이 우리의 영혼을 강건케 하고 생기를 주는 유일한 양식이라는 것을 말이다. 또한 포도주가 피의 상징으로 제시될 때에, 우리는 포도주가 몸에 가져다주는 유익들을 생각하면서 그리스도의 피가 우리에게 베풀어 주는 영적인 유익들을 깨닫게 된다. 그 유익들이란 바로 양분을 주고, 원기를 새롭게 하고, 강건케 하고, 기운을 내게 해 주는 것이다. 그리스도의 지극히 거룩한 몸을 주시고 그 거룩한 피를 흘리심으로써 우리가 얼마나 고귀한 것을 받았는지를 충분히 생각한다면, 떡과 포도주의 그 특성들이 — 그런 유추를 통해서 — 그런 것들을 우리에게 전달하고 나타내기에 가장 적합하다는 것을 분명히 깨달을 것이다.

(성찬에 인쳐진 약속과 신비 — 이는 설명보다 느낌을 통해서 아는 것임. 4-7)

4. 성찬과 십자가

그러므로 성례의 주요 기능은 더 깊은 고려가 없이 그저 그리스도의 몸을 우리에게 제시하는 데 있는 것이 아니다. 오히려 그리스도께서는 자기의 살이 참된 양식이요 자기의 피가 음료로서(요 6:55) 우리를 먹여 영생에 이르게 하는 것임을(요 6:45) 약속을 통하여 증거하셨고, 또한 그 약속을 통해서 자신이 생명의 떡이라는 것과 그 떡을 먹는 자는 영원히 살 것임을 선언하시는데(요 6:48, 50), 바로 그 약속을 인치고 확증하는 것이 성례의 주요 기능인 것이다. 그리고 이런 기능을 다하기 위하여 성례는 우리를 그리스도의 십자가에게로 보낸다. 그 십자가에서 그 약속이 행해졌고, 또한 모든 면에서 성취된 것이다. 우리가 그리스도의 죽으심의 효능을 생생한 체험을 통해서 지각할 때에, 그리스도께서 십자가에서 죽으신 사실을 도외시한다면, 우리는 구원을 얻도록 정당하게 그리스도를 먹는 것이 아닌 것이다.

그리스도께서는 자신을 가리켜 "생명의 떡"이라고 부르시는데, 어떤 이들은 그 칭호를 성찬에서 빌려온 것으로 잘못 해석하지만, 결코 그런 것이 아니다. 오히려 아버지께서 그를 우리에게 생명의 떡으로 주신 것이요, 또한 그가 친히 자신을 생명의 떡으로 나타내 보이셨다. 곧, 그리스도께서는 인간의 유한한 운명을 함께 나누셔서 우리를 그의 신적인 영생에 참여하는 자들로 만드심으로써, 또 자기 자신을 희생 제물로 드리셔서 우리의 저주를 친히 지시고 우리에게 그의 축복을 부어 주심으로써, 또 친히 죽으셔서 사망을 삼키시고 이기심으로써 (참조. 벧전 3:22; 고전 15:54), 또한 부활하셔서 그가 과거에 입으셨던 우리의 썩어질 육체를 일으키사 영광에 이르게 하시고 썩지 않는 데에 이르게 하심으로써 (참조. 고전 15:53-54) 그 자신이 과연 "생명의 떡"이심을 드러내 보이신 것이다.

5. 믿음으로 그리스도께 참여함

이제 이 모든 것을 우리에게 적용시키는 일이 남아 있다. 이 일은 복음을 통해서 이루어지지만, 좀 더 분명하게 말하면 성찬을 통해서 이루어진다. 성찬을 통해서 그리스도께서 자기 자신과 아울러 그의 모든 은택을 우리에게 주시며, 또한 우리는 믿음으로 그를 받아들이기 때문이다. 그러므로, 성찬이 비로소 그리스도를 생명의 떡이 되시도록 만드는 것이 아니다. 성찬은 다만 그리스도께서 우리가 계속해서 먹는 바 그 생명의 떡이 되신 사실을 생각나게 해 주는 것이요, 그리하여 그 떡의 맛과 향기를 취하고 그 떡의 능력을 느끼도록 해 주는 것이다. 성찬은 그리스도께서 행하셨고 당하신 모든 것이 우리를 살리기 위하여

된 것이며, 또한 그러한 살리시는 역사가 영원하다는 사실을 확신하게 해 주며, 또한 성찬을 통해서 우리는 평생토록 끊임없이 영양을 공급받고, 지탱되며, 보존되는 것이다. 그리스도께서 만일 우리를 위해서 나지 않으셨고 우리를 위해서 죽지도 않으셨고 또한 우리를 위해서 다시 살지도 않으셨다면 그는 결코 우리를 위하여 생명의 떡이 되셨을 수가 없다. 이와 마찬가지로, 그의 탄생과 죽으심과 부활의 효력과 결과가 영원하거나 불멸한 것이 아니라면, 그는 지금 결코 우리를 위한 생명의 떡이실 수가 없는 것이다.

그리스도께서는 다음과 같은 말씀 속에서 이 문제 전체를 아주 멋지게 표현하고 계신다: "내가 줄 떡은 곧 세상의 생명을 위한 내 살이니라"(요 6:51). 이 말씀은 의심의 여지도 없이 그의 몸이 영혼의 신령한 생명을 위한 떡으로 우리에게 주어질 것이라는 뜻이다. 우리의 구원을 위하여 그의 몸이 죽음에 굴복하도록 되어 있었기 때문이다. 더 나아가서 이 말씀은 그의 몸을 우리에게 주셔서 우리로 하여금 그것을 먹게 하셔서 결국 우리를 믿음으로 말미암아 그리스도께 참여하는 자가 되도록 하신다는 뜻이기도 하다.

그러므로 그는 세상을 구속하시기 위하여 자기 자신을 내어 주사 십자가에 달리심으로써 유일회적(唯一回的)으로 그의 몸을 주셔서 떡이 되게 하신 것이며, 뿐만 아니라 날마다 거듭거듭 자기 몸을 우리에게 떡으로 주시는 것이다. 곧, 복음의 말씀으로 말미암아 십자가에 달리신 자기의 몸을 우리에게 주사 우리로 하여금 그 몸에 참여하게 하심으로써, 또한 그가 그렇게 자기를 주시는 사실을 성찬의 신령한 신비를 통해서 인치심으로써, 그리고 그가 외적(外的)으로 가리키시는 바를 내적(內的)으로 이루심으로써 날마다 자기 몸을 떡으로 우리에게 주신다는 말이다.

그런데, 여기서 우리는 두 가지 오류를 범하지 않도록 경계해야 한다. 첫째로, 표징에 대해서 주의를 게을리하는 나머지 표징이 나타내는 신비를 표징과 완전히 분리시켜서는 안 된다. 그 둘은 말하자면 서로 너무나도 밀착되어 있는 것이다. 둘째로, 표징 자체를 지나치게 추켜 세우는 나머지 그 속에 담겨 있는 신비를 조금이라도 흐리게 만들어서도 안 되는 것이다.

철저하게 불신앙적인 사람들 외에는 그리스도께서 생명의 떡으로서 신자들이 그를 통하여 양육을 받아 영생에 이른다는 것을 아무도 부인하지 않는다. 그러나 그에게 참여하는 방식에 대해서는 의견의 일치가 없는 것이 현실이다. 어떤 이들은 그리스도의 살을 먹고 그의 피를 마신다는 것을 한 마디로 그리스도를 믿는 것으로 정의하기도 한다. 그러나 내가 보기에는 그리스도께서는 자기의 살을 먹으라고 말씀하신 그 위대한 강론(요 6:26 이하)에서 무언가 좀 더 명확하고 좀 더 고귀한 것을 가르치고자 하는 의도를 가지셨던 것 같다. 그것은 바로 그에게 진정으로 참여함으로써 우리가 생명을 얻는다는 것이다. 그리하여 그리스도께서는 그러한 참여를 가리켜 "먹는다"와 "마신다"는 단어로 표현하신다. 아무도 우리가 그리스도께로부터 받는 그 생명이 그저 지식만으로 얻어지는 것으로 생각하지 못하도록 하기 위하여 그렇게 하시는 것이다. 떡을 보는 것으로는 안 되고 반드시 먹어야만 몸에 영양이 공급되는 것처럼, 영혼도 그리스도께 진정으로 깊이 참여하여야만 비로소 그의 능력으로 살리심을 받아 신령한 생명을 얻게 되는 것이다.

물론 이것이 믿음으로 먹는 것 외에 다른 뜻이 아니라는 것은 나도 인정한다. 그 외에 다른 것은 상상조차 할 수 없기 때문이다. 그러나 나의 말과 그들의 말은 서로 차이가 있다. 그들은 먹는다는 것을 그저 믿는다는 뜻으로 보는데 반해서, 나는 그리스도의 살이 믿음으로 말미암아 우리의 것이 되기 때문에 우리가 믿는 가운데서 그리스도의 살을 먹는다고 보며, 또한 이렇게 먹는 것이 믿음의 결과요 효과라고 보는 것이다. 혹은 좀 더 분명하게 말하자면, 그들은 먹는 것을 바로 믿음과 동일한 것으로 보는데 반해서 나는 먹는 것이 믿음에 뒤따라오는 것으로 보는 것이다. 이것은 말로는 아주 미세한 차이지만, 문제의 본질로 볼 때에는 결코 사소한 차이라 할 수 없다.

사도께서 "믿음으로 말미암아 그리스도께서 너희 마음에 계시게 하시옵고"(엡 3:17)라고 가르치고 있지만, 누구도 이 말씀을 근거로 그리스도께서 계시는 것이 바로 믿음이라는 식으로 해석하지는 않을 것이다. 오히려 누구든지 사도께서 거기서 믿음의 괄목할 만한 효과를 말하는 것으로 이해할 것이다. 믿음을 통해서 신자들이 그리스도께서 그들 가운데 거주하시는 효과를 얻기 때문이다. 이렇게 볼 때에, 주께서는 자신을 가리켜 "생명의 떡"이라고 부르심으로써 (요 6:48) 우리의 구원이 그의 죽으심과 부활에 대한 믿음에 달려 있다는 것을 가르치고자 하신 것은 물론, 그에게 진정으로 참여함으로써 그의 생명이 우리 속에 전해져서 우리의 것이 된다 — 떡을 양식으로 먹을 때에 그것이 몸에 활력을 불어넣어 주듯이 — 는 사실도 함께 가르치고자 하신 것이다.

6. 아우구스티누스와 크리소스톰의 진술

그들이 자기들의 후견인으로 여기며 권위로 삼는 아우구스티누스도 우리가 믿음으로 먹는다고 말하지만, 그것은 그 먹는 일이 입으로가 아니라 믿음으로 되는 것임을 보여 주려는 의도였을 뿐 그 외에 다른 뜻은 없었다. 나도 이 점을 부인하지 않는다. 그러나 동시에 여기에 다음과 같은 사실을 덧붙이고 싶다. 곧, 우리가 믿음으로 그리스도를 받아들이지만, 그가 멀리서 나타나시는 것을 우리가 영접하는 것이 아니라 그 자신이 우리를 자기와 연합시키셔서 그가 우리의 머리가 되시고 우리가 그의 지체들이 되도록 하신다는 것이다. 물론 그 표현을 완전히 거부하지는 않는다. 다만 그 표현이 완전한 해석이라는 것을 부인할 뿐이다. 그들이 그 표현을 그리스도의 살을 먹는다는 것이 무엇인지를 정의해 주는 것으로 이해하려 한다면, 그것은 받아들일 수 없다는 말이다.

다른 곳에서도 아우구스티누스가 이 표현을 자주 사용한 것을 보게 된다. 예를 들면, 그는 「기독교 교양」(On Christian Doctrine) 제3권에서 이렇게 말한다: "'인자의 살을 먹지 아니하고 인자의 피를 마시지 아니하면'(요 6:53)이라는 문구는 하나의 비유적인 표현으로서 우리가 반드시 주님의 고난에 참여하여야 하며 그의 육체가 우리를 위하여 십자가에 달리셔서 상함을 받았다는 사실을 감사하는 마음으로 기억 속에 쌓아 두어야 한다는 것을 가르치는 것이다."[1] 또한 그는 말하기를, 베드로의 설교를 듣고 회심한 삼천 명의 사람들은(행 2:41) 과거에 잔악스러운 횡포로 그리스도의 피를 흘렸으나 믿음으로 그의 피를 마신 것이라고도 한다.[2] 그러나 다른 많은 구절들에서는 믿음의 유익을 높이 칭송하면서, 마치 몸이 떡을 먹음으로써 활력을 얻는 것처럼 우리의 영혼도 믿음으로 그리스도의 살에 참여함으로써 활력을 얻는다고 말하기도 한다.[3]

또한 크리소스톰도 다른 곳에서 그와 동일한 말을 하고 있다: "그리스도께서는 믿음으로만이 아니라 그의 살 자체로 우리를 그의 몸으로 만드신다."[4] 그의 말의 뜻은 그런 귀한 유익이 다른 것이 아니라 오직 믿음의 근원에서 얻어진다는 것이다. 그러나 그는 혹 누구라도 믿음이라는 말을 들을 때에 그것을 그저 머리 속의 생각의 문제로 여기는 일이 없도록 하기 위하여 그렇게 표현한 것이다.

성찬을 외형적인 신앙고백의 표시정도로만 보는 사람들에 대해서는 그냥 지나가기로 한다. 성례를 전반적으로 다루면서 이미 그들의 오류를 충분히 반박했다고 여겨지기 때문이다. 독자들로서는 다만 잔을 가리켜 "피로 세우는" 언약이라 부르실 때에(눅 22:20) 믿음을 강건케 하는 데 도움을 주는 하나의 약속이 거기에 표현된 것이라는 사실을 유념하면 될 것이다. 이로 보건대, 하나님을 바라보고 그가 베푸시는 것을 받아들이지 아니하면, 그것은 성찬을 올바르게 사용하지 않는 것이 되는 것이다.

7. 성찬의 신비는 인간의 말과 생각으로는 완전히 파악할 수 없음

우리가 그리스도와 모종의 교제를 갖고 있다는 점을 인정하면서도 그 교제가 무엇인지를 설명할 때에는 우리를 성령에만 참여하는 자로 이야기하면서 그리스도의 살과 피에 대해서는 언급조차 하지 않는 사람들이 있는데, 이들의 논지도 만족스럽지 못하다. 그들의 주장대로라면, 그리스도의 살이 참된 양식이요 그의 피가 참된 음료라는 말씀이나(요 6:55), 그리스도의 살을 먹고 그의 피를 마시는 자 외에는 아무에게도 생명이 없다는 말씀이나(요 6:53), 기타 이런 문제에 관한 모든 말씀들이 헛된 것이 되어 버리지 않겠는가! 그러므로, 만일 그리스도와의 충만한 교제가 그들의 편협한 묘사의 범위를 훨씬 넘어선다는 것이 분명하다면, 어느 정도나 넘어서는지를 간략하게 다룰 것이고, 그 다음에 그와 정반대로 그리스도와의 교제를 지나치게 부풀려서 묘사하는 오류에 대해서 논의할 것이다.

터무니없는 생각으로 먹고 마시는 문제에 대해서 괴상한 사고를 전개하며, 또한 그리스도에게서 살을 제거하여 그를 마치 환영(幻影)처럼 변형시켜 놓는 엉터리 박사들이 있는데, 이들에 대해서는 좀 더 길게 논의해야 할 것이기 때문이다. 그렇게 위대한 신비를 말로 옮겨 놓을 수 있는지 모르겠으나, 내 사고로는 그것을 충분히 다 깨닫지도 못한다. 그러므로 누구도 나의 미약한 표현 능력을 척도로 하여 그 신비의 숭고함을 가늠하려 해서는 안 된다는 점을 나는 기꺼이 인정한다. 오히려 독자들에게 당부하고자 하는 것은, 지적인 관심을 이처럼 너무 좁은 한계 속에 제한시키지 말고 내가 인도할 수 있는 한계보다 더 높이 올라가려고 애쓰라는 것이다. 왜냐하면 나는 이 문제를 논의할 때마다 최선을 다해서 모든 내용을 다 말하려고 애쓰지만, 나중에 보면 언제나 그 신비의 가치에 비해서 나의 논의가 너무나도 미미하다는 느낌을 받기 때문이다. 물론 나의 경우 입의 표현력보다 머리의 사고력이 훨씬 더 크지만, 나의 사고력조차도 이 신비의 위대함에는 완전히 정복당하며 압도당하고 마는 것이다. 그러므로 이 신비에 대해서는 놀라움과 경이의 탄성이 터져나올 수밖에 없다. 사고력으로 깨달을 수도, 입으로 표현할 수도 없는 것이 분명하기 때문이다. 그러나 그럼에도 불구하고 최선을 다해서 나의 견해를 정리하고자 한다. 나의 견해가 옳다는 것을 내가 의심하지 않는 것처럼 경건한 사람들도 나의 견해를 인정할 것이라 믿기 때문이다.

(생명을 주는 교제와 성령의 역사하심. 8-10)

8. 그리스도의 내주하심

우선, 성경은 그리스도께서 태초부터 생명을 주는 아버지의 말씀(요 1:1)이심을 가르친다. 즉, 만물에게 항상 살아갈 능력을 주는 생명의 샘이요 근원이시라는 것이다. 그러므로 요한은 때때로 그를 가리켜 "생명의 말씀"(요일 1:1)이라고 부르며, 때로는 "그 안에 생명이 있었으니"(요 1:4)라고 쓰기도 한다. 곧, 그가 심지어 모든 피조물들 속으로 흘러 들어가셔서 호흡하며 살아갈 힘을 그것들 속에 불어넣으신다는 뜻이다.

요한은 또한 후에 덧붙이기를, 하나님의 아들께서 우리의 육체를 입으시고 우리의 눈으로 보고 우리의 손으로 만질 수 있도록 그렇게 자기 자신을 주셨을 때에 비로소 그 생명이 나타났다고 한다(요일 1:2). 하나님의 아들께서는 전에 피조물들에게 자기의 능력을 부여주셨지만, 사람이 ─ 죄로 말미암아 생명에 참여함을 잃어버려서 하나님께로부터 멀어진 상태에 있어서 ─ 사방에서 죽음의 위협을 받아왔으므로, 영생의 소망을 얻기 위해서는 그 말씀의 교제 속으로 회복되어야 했던 것이다. 여러분이 하나님의 말씀과 거리가 먼 상태에 있을 때에는 그 하나님의 말씀 자체 속에 충만한 생명이 있다는 가르침을 받는다 할지라도 여러분 자신의 안팎에 온통 죽음밖에는 보이지 않을 것이니, 과연 여러분에게 생명에 대한 확신이 어찌 있을 수 있겠는가?

그러나 생명의 근원 되시는 분께서 우리의 육체 속에 거하기 시작하시면, 그는 더 이상 우리에게서 멀리 숨어 계시지 않고, 우리가 그에게 참여한다는 것을 보여 주시는 것이다. 그러나 그분은 또한 그가 거하시는 우리의 육체 자체를 살리기도 하신다. 곧, 그에게 참여함으로써 그를 먹고 영생에 이르게 된다는 말이다. 그는 말씀하기를, "내가 곧 생명의 떡이니라 … 나는 하늘에서 내려온 살아 있는 떡이니 … 내가 줄 떡은 곧 세상의 생명을 위한 내 살이니라"(요 6:48, 51)고

하신다. 이 말씀을 통해서 그는 자신이 하늘에서 우리에게로 내려온 하나님의 영원한 말씀이므로 곧 생명이라는 것을 가르치시며, 동시에 그가 내려오실 때에 취하신 그 육체에 그가 생명의 능력을 부으셔서 그로 말미암아 생명에 참여하는 역사가 우리에게로 흘러넘치도록 하셨다는 것을 가르치시는 것이다.

이 사실에 또한 다음과 같은 것들이 이어진다. 곧, 그의 살이 참된 양식이요 그의 피가 참된 음료이며(요 6:55), 또한 이 양식으로 말미암아 신자들이 양육을 받아 영원한 생명에 이른다는 것이 그것이다. 그러므로 자기 육체 속에 지금 생명이 있다는 사실이야말로 경건한 자들에게 특별한 위로가 되는 것이다. 그들이 그 생명에 쉽게 접근하고 도달할 수 있을 뿐 아니라, 그 생명이 자연적으로 그들 앞에 제시되어 있다는 뜻이기 때문이다. 그들로서는 그저 마음의 문을 열고 그 생명을 받아들이기만 하면, 그 생명을 얻게 되는 것이다.

9. 그리스도의 육체가 생명을 준다는 말씀의 의미

그러나 그리스도의 육체 그 자체에 우리에게 생명을 주는 그 엄청난 능력이 있는 것은 아니다. 그의 육체도 애초에는 죽을 수밖에 없는 상태에 있었고, 비록 지금은 영생을 부여받은 상태에 있으나 그 자체의 힘으로 사는 것이 아니기 때문이다. 그렇지만, 그 육체에는 우리에게 전달될 만큼 충만한 생명이 가득하기 때문에, 그 육체를 가리켜 "생명을 준다"고 말하는 것이 옳다. 나는 그리스도의 다음과 같은 말씀을 키릴루스(Cyril)와 함께 이런 의미로 이해한다: "아버지께서 자기 속에 생명이 있음 같이 아들에게도 생명을 주어 그 속에 있게 하셨다"(요 5:26). 이 말씀에서 그리스도께서는 그가 태초부터 아버지의 임재 속에서 지니신 속성들을 말하는 것이 아니라, 오히려 그가 육체를 입으시고 세상에 임하셨을 때에 지니신 그런 생명을 말하는 것이다. 따라서 그는 자신의 인성에도 충만한 생명이 거하며, 그리하여 누구든지 그의 살과 피에 참여하는 자는 동시에 생명 속에 참여함을 누리게 된다는 것을 보여 주시는 것이다.

우리가 익히 잘 알 수 있는 한 가지 실례를 통해서 이 문제를 설명할 수 있을 것이다. 때로는 샘에서 물을 마시기도 하고, 때로는 퍼내기도 하고, 때로는 수로(水路)를 통해서 밭에 물을 주기도 한다. 그러나 물이 물 자체에서 흘러나와서 그렇게 여러 가지 용도로 쓰이는 것이 아니고, 그 근원에서 흘러나와서 그렇게 공급되고 쓰이는 것이다. 이와 마찬가지로, 그리스도의 육체는 마치 우리에게 생명을 부어주는 풍성하고 다함이 없는 근원과도 같아서 하나님께로부터 그 속으로 흘러들어가는 생명을 우리에게 부어 주는 것이다. 그러니, 그리스도의 살과 피의 교제가 하늘의 생명을 사모하는 모든 이들에게 필수적이라는 사실을 깨닫지 못할 사람이 어디 있겠는가?

사도의 다음과 같은 진술들의 의미도 이와 같다: "교회는 그의 몸이니 … 이의 충만함이니라"(엡 1:23); "그는 머리니"(엡 4:15); "그에게서 온 몸이 각 마디를 통하여 도움을 받음으로 연결되고 결합되어 각 지체의 분량대로 역사하여 그 몸을 자라게 하며 사랑 안에서 스스로 세우느니라"(엡 4:16); "너희 몸이 그리스도의 지체인 줄을 알지 못하느냐"(고전 6:15). 그리스도께서 영과 육체로 온전히 우리와 연합되는 일을 통해서가 아니면 이런 모든 일들이 일어날 수 없다는 것을 우리는 안다. 그러나 바울은 우리가 그리스도의 육체와 하나가 되는 그 긴밀한 교제를 그보다 훨씬 더 영광스러운 이름으로 높이고 있다. 곧, "우리는 그 몸의(그의 뼈와 살의) 지체임이라"라고 하는 것이다(엡 5:30). 마지막으로 그는 이것이 그 어떠한 말보다도 더 크다는 사실을 증거하기 위하여, "이 비밀이 크도다"(엡 5:32)라는 탄성으로 말을 마치고 있다. 주님의 살과 피에 참여하는 교제가 너무나 크기 때문에 사도께서는 말로 설명하기보다는 차라리 탄성으로 대신한다고 선언하고 있는데, 그런 크나큰 교제를 인정하지 않는다면 그것이야말로 극도로 미친 짓일 것이다.

10. 성찬의 상징과 그리스도의 몸의 임재

요컨대, 떡과 포도주가 육체의 생명을 지탱시키고 유지시켜 주는 것과 똑같은 방식으로 그리스도의 살과 피가 우리의 영혼에게 양식이 된다는 것이다. 이러한 표징의 대비는 오직 영혼이 그리스도 안에서 양육을 받는 경우에만 적용되는데, 그리스도께서 진정으로 우리와 하나가 되셔서 그의 살을 먹고 그의 피를 마심으로써 우리가 활력을 얻도록 되지 않고서는 이런 일이 일어날 수가 없는 것이다.

혹시 우리와 그렇게도 멀리 떨어져 있는 그리스도의 육체가 우리에게 침투하여 우리의 양식이 된다는 사실이 도저히 믿기지 않는 것처럼 보인다 할지라도, 우리로서는 성령의 그 은밀한 능력이 우리의 모든 지각을 무한히 뛰어넘기 때문에 측량할 길 없는 그의 능력을 우리의 척도로 가늠하기를 바라는 것이 얼마나 어리석은 일인가를 기억해야 할 것이다. 그러니, 우리의 사고로 이해할 수 없다면, 믿음으로 그것을 받아들이도록 하자. 곧, 성령께서 시공간상으로 분리된 것들을 진정으로 하나로 연합시키신다는 사실을 말이다.

그런데 그리스도께서 그의 생명을 우리 속에 부으셔서 마치 우리의 뼈와 골수에까지 침투하는 것처럼 하시는 수단이 되는 바 그의 살과 피에 신령하게 참여하는 일을, 주께서는 성찬을 통해서 증거하시고 인치신다. 그저 허망하고 내용이 없는 표징을 제시하심으로써가 아니라, 그가 약속하시는 바를 그의 성령께서 효과적으로 성취하신다는 사실을 성찬을 통해서 드러내 보이심으로써 그렇게 하시는 것이다. 그리스도께서는 그 신령한 잔치에 참석하는 모든 사람들에게 성찬이 의미하는 바 그 실체를 진정으로 베푸시고 보여 주신다. 그러나 오로지 그런 크나큰 자비를 참된 믿음과 감사하는 마음으로 받아들이는 신자들만이 그 실체를 받아 유익을 얻는 것이다.

그렇기 때문에 사도는, "우리가 축복하는 바 축복의 잔은 그리스도의 피에 참여함이 아니며 우리가 떼는 떡은 그리스도의 몸에 참여함이 아니냐"(고전 10:16)라고 말씀하는 것이다. 이것이 하나의 비유적인 표현으로서 성례의 표징에게 그것이 의미하는 바 실체의 명칭을 부여하는 것이라는 것은 누구라도 반대할 이유가 없다. 나는 사실 떡을 떼는 것이 하나의 상징이라는 것을 인정한다. 그것은 실체가 아닌 것이다. 그러나, 이를 인정하고 난 다음, 상징을 보여 주는 일을 통해서 그 상징의 실체 자체도 함께 보여진다고 생각하는 것이 합당할 것이다. 사람이 하나님을 사기꾼으로 여길 생각이 없다면, 감히 하나님께서 아무 의미도 없이 그냥 상징을 세우셨다고 말하지는 못할 것이기 때문이다. 그러므로 주께서 떡을 떼는 일을 통해서 그의 몸에 참여하는 일을 진정으로 나타내신다면, 그가 참으로 그의 몸을 나타내시고 보여 주신다는 사실을 조금이라도 의심해서는 안 될 것이다.

그러므로 경건한 자들은 반드시 다음과 같은 원칙을 지켜야 할 것이다. 곧, 주께서 지정하신 상징들을 볼 때마다 그 상징되는 바 실체가 확실히 거기에 있다는 것을 생각하고, 또한 그렇게 믿는 것이다. 여러분이 그 몸에 진정으로 참여한다는 것을 확신하게 하시려는 의도가 아니라면, 주께서 무엇 때문에 자기 몸을 상징하는 것을 여러분의 손에 들려 주신단 말인가? 주께서 눈에 보이지 않는 실체를 주신다는 것을 확증하시기 위하여 눈에 보이는 표징을 주시는 것이 사실이라면, 우리는 그 몸을 상징하는 떡을 받을 때에 그 몸 자체도 우리에게 함께 주어지는 것임을 확실히 신뢰해야 할 것이다.

(외형적 표징과 영적 실체 사이의 관계에 대한 스콜라 학자들의 오해와 화체설의 허구성. 11-15)

11. 성례의 실체와 표징과 효과

그러므로 나는 (교회에서 항상 인정되어 왔고 오늘날에도 건전한 사고를 가진 모든 사람들이 인정하는 바와 같이) 성찬의 거룩한 신비는 두 가지로 되어 있는데, 그 하나는 물질적인 표징들로서 우리의 연약한 능력에 맞도록 우리의 눈 앞에 제시됨으로써 우리 눈에 보이지 않는 것들을 우리에게 나타내는 것이며, 또 하나는 신령한 진리로서 상징물 자체를 통해서 동시에 나타나고 표명된다고 본다.

이 진리의 본질을 알기 쉽게 설명하고자 할 때에 나는 대개 세 가지를 지적한다. 곧, 상징물을 통해서 나타나는 실체, 그것에 의존하는 상징물, 그리고 이 두 가지에서 나오는 능력 혹은 효과가 그것이다. 실체는 성찬의 약속에 포함되어 있고, 그 약속은 이를테면 표징에 포함되어 있다. 이 실체는 바로 죽으시고 부활하신 그리스도시다. 그리고 효과는 구속, 의, 성화, 영생 등 그리스도께서 우리에게 주시는 모든 은택들이다.

그런데, 이 모든 것들이 믿음과 관계되는 것임은 분명하지만, 믿음으로 그리스도를 받아들인다는 나의 말을 이해력과 상상만으로 그를 받아들인다는 뜻으로 보는 그런 식의 궤변은 조금도 허용할 수가 없다. 성찬의 약속들이 그리스도를 제시하는 것은 그저 겉모양과 단순한 지식에 머물러 있도록 하기 위함이 아니라, 그리스도께 참여하는 것을 진정으로 누리도록 하기 위함인 것이다. 자신이 그리스도께 진정으로 참여하고 있다는 사실에 근거하지 않고서야, 어떻게 사람이 그리스도의 십자가에서 구속과 의를 소유하며 그의 죽으심에서 생명을 소유한다는 것을 스스로 신뢰할 수 있단 말인가? 먼저 그리스도께서 자신을 우리의 것으로 주시지 않으면 그런 은택들이 우리에게 임할 수가 없기 때문이다.

그러므로 분명히 말하지만, 성찬의 신비 가운데서 떡과 포도주라는 상징물들을 통해서 그리스도께서, 우리를 위해 의를 얻으시기 위하여 모든 순종을 이루신 그의 몸과 그의 피 자체가, 떡과 포도주라는 상징물들을 통해서 참으로 우리에게 나타나시는 것이다. 어째서 그렇게 하시는가? 그것은 첫째로, 우리가 그리스도와 함께 한 몸을 이루는 데로 자라가도록 하기 위함이며, 둘째로, 그리스도의 본질에 참여한 자들이 되고 난 다음 우리가 그의 모든 은택들에 참여하는 가운데 그의 능력을 느끼도록 하기 위함인 것이다.

12. 그리스도의 임재

이제는 미신 때문에 생겨난 터무니없는 혼합적인 사고에 대해서 다루고자 한다. 여기서 사탄은 온갖 교묘한 방법을 다 동원하여 사람들의 마음을 하늘에서 끌어내리고, 그릇된 오류로 물들게 만들어온 것이다. 그리스도께서 떡이라는 성찬물에 붙어 있다고 상상하다니 말이다!

먼저 우리는 그리스도께서 성찬에 임재하신다는 사실을 로마 교회의 공교한 자들이 꾸며대는 대로 상상해서는 안 될 것이다. 그들은 마치 그리스도의 몸이 시공간적으로 임재하시므로 손으로 만질 수 있고 이로 씹을 수 있고 입으로 삼킬 수 있는 것처럼 주장하는 것이다. 교황 니콜라스는 베렌가리우스(Berengarius)에게 회개했다는 증거로 이런 식의 신앙고백을 받아쓰도록 명했는데, 그 문구가 너무나 어처구니가 없어서 그 해설서(Gloss)를 쓴 저자는, 지혜롭게 경계심을 발휘하지 않으면 그것을 읽은 독자들이 오히려 베렌가리우스의 이단 사설보다 더 극심한 이단에 빠질 위험이 있다고 외칠 정도였다. 그러나 페테르 롬바르드(Peter Lombard)는 이런 어처구니없는 사상을 그럴듯하게 설명해 보려고 애쓰지만, 사실상 그는 오히려 다른 견해로 기울어진다.[5]

우리는 그리스도의 몸이 모든 인간의 몸이 공통적으로 지니고 있는 일반적인 성질들에 똑같이 제한을 받으며, 또한 한 번 하늘로 올리우셨으므로 그가 심판주로 재림하시기까지 거기에 계속 계시다는 것을(행 3:21) 전혀 의심하지 않으므로, 이런 썩어질 성찬물을 빌미로 그의 몸을 다시 끌어내리거나 또는 그의 몸이 어디에나 계시다는 식으로 상상하는 것을 철저하게 부당한 처사로 보는 것이다.

또한 그런 식의 사고가 그리스도의 몸에 참여함을 누리는 데에 필수적인 것도 아니다. 주께서는 그의 성령을 통하여 우리에게 이런 은택을 베푸셔서 우리로 하여금 몸과 영혼이 그와 하나가 되도록 하시기 때문이다. 그러므로 이러한 연결의 끈은 바로 그리스도의 영이시다. 그로 말미암아 우리가 그리스도와 하나로 연합하는 것이다. 성령께서는 그리스도 자신의 모든 품성과 소유 전체를 우리에게 전달해 주는 통로와도 같으신 것이다. 태양이 그 광채를 땅에 비추고, 그 본체를 어느 정도나마 땅 위에 드리워서 거기에 속한 만물들을 낳고 기르고 자라게 한다는 것을 우리가 알거니와, 그리스도의 살과 피와의 하나된 교제를 우리에게 베풀어 주는 데에 과연 그리스도의 영의 빛이 태양만 못하단 말인가?

그렇기 때문에 성경은 그리스도께 참여하는 일에 대하여 말씀하는 가운데 그 모든 능력을 성령과 연관시킨다. 여러 구절들이 있지만 한 구절만 예로 들어도 충분할 것이다. 바울은 로마서 8장에서 말하기를, 그리스도께서는 오직 그의 영을 통해서 우리 안에 거하신다고 한다(롬 8:9). 그러나 그러면서도 그는, 우리가 지금 논의하고 있는 그리스도의 살과 피와의 교제를 배제하지 않고, 오히려 오직 성령께서 우리로 하여금 그리스도를 완전히 소유하도록 하시며 또한 그리스도가 우리 안에 거하게 하신다고 가르치는 것이다.

13. 떡을 하나님으로 여기는 스콜라 학자들의 오류

스콜라 학자들은 그런 야만적인 불경을 두려워하여 좀 더 신중하게 이야기하기는 하지만, 역시 결국 교묘한 속임수에 탐닉하는 데에서 벗어나지 못한다. 그들은 그리스도께서 제한적인 의미에서나 육체의 모양으로 성찬에 포함되어 계신 것이 아니라는 점은 인정한다. 그러나 그리고 나서는 자기 자신들도 이해하지 못하고 남에게 설명하지도 못하는 한 가지 방식을 고안해 내는 것이다. 그러나 결국 그 방식이란 바로 이것이다. 즉, 그들이 말하는 소위 "떡의 형태"(species of bread) 속에서 그리스도를 찾아야 한다고 주장하는 것이다. 이것은 무엇인가? 그들은 떡의 본질이 그리스도로 변한다고 말하는데, 그렇다면 거기에 그대로 남아 있다고 보는 그 흰색을 그 본질과 결부시키는 것이 아닌가? 그러나 그러면서도 그들은, 그리스도께서 성찬 속에 포함되어 있지만 여전히 하늘에 계시다고 말한다. 그러나 우리는 관련성의 임재 외에 다른 임재는 주장하지 않는다.

그러나 그들이 그 어떠한 용어들을 도입하여 자기들의 생각을 위장한다 할지라도 그들 모두의 주장은 이것이다. 즉, 그 전에는 떡이었던 것이 성별(聖別)의 예식(consecration)을 통해서 그리스도로 바뀌어지고, 그때부터는 그리스도께서 떡의 모양으로 된 것 아래에 숨겨져 계시다는 것이다. 그들은 뻔뻔스럽게도 노골적으로 이런 주장을 늘어 놓는다. 롬바르드는 다음과 같이 진술하고 있다: "그리스도의 몸은 그 자체로는 가시적이지만, 성별 예식 이후에는 떡의 형상 아래 감추어져 있고 가려져 있다."[6] 그러므로 그 떡의 형상은 그리스도의 살을 보지 못하도록 우리의 눈을 가려 놓는 하나의 가면(假面)과도 같다는 것이다.

진상이 너무도 자명하게 드러나기 때문에, 구태여 이리저리 궁리하고 추리하지 않아도 그들이 그런 말들을 통하여 어떤 올무를 놓으려 하는지를 얼마든지 찾아낼 수가 있다. 교황주의자들의 교회에서 일반 대중뿐 아니라 교회의 지도자들까지도 여러 세기 동안 크나큰 미신에 사로잡혀 왔고 또한 오늘날도 그러하다는 것이 분명히 드러나는 것이다. 그들은 그리스도와의 교제에 이르고 또한 그에게 붙어 있도록 해 주는 유일한 수단인 참된 믿음에 대해서는 거의 관심이 없다. 그저 하나님의 말씀과는 관계 없이 자기들 스스로 꾸며낸 그런 식의 그리스도의 육체적인 임재만 있으면 그것으로 족하다고 생각하는 것이다. 요컨대, 우리는 이런 터무니없는 교묘한 사상을 통해서 그들이 얻은 것은, 떡을 하나님으로 여기게 되는 것뿐임을 보게 되는 것이다.

14. 화체설의 허구

이로부터 저 거짓된 화체설(化體說: transubstantiation)이 이어지는데, 오늘날 그들은 다른 어떠한 신앙의 강령보다도 이것을 지키기 위해 더 격렬한 싸움을 벌이고 있다. 이런 시공간적 임재의 개념을 처음 만들어낸 자들은 그리스도의 몸이 어떻게 떡의 본질과 혼합될 수 있는지를 설명할 수가 없었다. 그것을 주장하면 그 즉시 온갖 모순들이 생겨나기 때문이었다. 그리하여 그들은 떡이 그리스도의 몸으로 변화되는 일이 일어난다는 허구를 피난처로 삼을 수밖에 없었다. 그 떡으로 그리스도의 몸이 만들어진다는 것이 아니라, 그리스도께서 떡의 형상 아래 자신을 숨기시기 위하여 떡의 본질을 제거하신다는 것이다.

그러나 그들이 어떻게 해서 성경을 무시하고, 고대 교회의 일치된 사상까지도 무시하고서 무식하고 유치한 지경에 빠져서 그런 괴상한 사상을 드러내게 되었는지 도무지 의아스럽기 그지없다.

사실 과거의 몇몇 저술가들도 이따끔씩 "변화"(conversion)라는 용어를 사용하였다는 것은 나도 인정한다. 그러나 그들은 외형적인 표징에서 본질을 제거하고자 하는 의도로 그 용어를 사용한 것이 아니라, 신비를 위하여 드려진 떡이 보통 떡과는 전혀 다르며, 이제는 떡이 아닌 다른 것이 되었다는 사실을 가르치기 위하여 그런 용어를 사용한 것이다. 그들은, 성찬이 지상적인 부분과 천상적인 부분, 두 부분으로 되어 있는데, 지상적인 부분은 두말할 것도 없이 떡과 포도주라고 어디서나 분명하게 선언하고 있는 것이다.

우리의 반대자들이 마음대로 이리저리 떠들고 있지만, 그들은 고대의 저술가들의 글을 인용하여 감히 하나님의 분명한 말씀을 대적하는 경우가 많은데, 그들의 이런 가르침은 고대의 저술가들에게서도 지지를 받지 못하는 것이 분명하다. 화체설을 꾸며낸 것은 불과 얼마 전의 일이다. 사실 신앙의 교리가 순전하게 흥왕하던 더 나은 시대에는 화체설에 대해서 전혀 알지 못하였고, 교리의 순결성이 다소 부패해졌던 그 이후 시대에도 그것에 대해서 전혀 몰랐던 것이다. 고대의 저술가들은 이미 말했듯이 성찬의 신비의 위엄을 높이기 위하여 때때로 떡과 포도주를 여러 가지 명칭들로 구별하기는 하지만, 그들 가운데서 성찬의 거룩한 상징물들이 떡과 포도주임을 분명한 진술로 인정하지 않는 사람은 아무도 없는 것이다. 바로 앞에서 살펴보았듯이, 그들은 떡과 포도주를 성별함으로써 일종의 은밀한 변화가 일어나서 떡과 포도주가 그것과는 전연 다른 것이 되었다고 말하지만, 그렇다고 해서 그 상징물들의 본질이 제거되었다고 주장하지는 않는다. 다만 그 떡과 포도주 속에 신령한 양식과 영혼의 음료가 제시되기 때문에, 성찬의 떡과 포도주는 그저 배를 채우기 위한 목적으로 사용되는 일상적인 음식과는 종류가 전혀 다른 것으로 보아야 한다는 것뿐인데, 이것은 우리도 부인하지 않는다.

만일 이 사람들이 말하는 대로 변화가 있다면, 한 가지가 반드시 다른 하나를 근거로 만들어져야만 한다. 만일 그들의 말이 그것이 전과는 전혀 다른 것이 된다는 뜻이라면 나도 동의한다. 그러나, 그들이 그 변화를 자기들의 상상에 끼워맞추려 한다면, 과연 세례를 받을 때에 그들이 무슨 변화가 일어나는 것을 느꼈는지 내게 대답하기 바란다. 왜냐하면 교부들은 세례에서도 놀라운 변화가 일어나는 것을 인정하기 때문이다. 그들은 썩어질 물질을 통해서 영혼을 씻는 영적 역사가 일어난다고 말하지만, 그러면서도 물이 여전히 그대로 있다는 것을 부인하는 사람은 아무도 없는 것이다.

그러나 그들은 주의 성찬에는 세례에 없는 것이 있다고 말한다. 곧, "이것은 내 몸이니라"(마 26:26)라는 말씀이 바로 그것이다. 그러나 의미가 너무나도 분명한 그 말씀이 아니라 바로 "변화"(conversion)라는 용어가 문제인데, 그 변화는 성찬에 있어서나 세례에 있어서나 동일한 것을 의미하는 것이다. 그러므로 그렇게 말장난을 일삼음으로써 오히려 자기 자신들의 어리석음만을 드러내는 자들과는 결별을 고해야 할 것이다.

그러나 성찬에서 나타나는 그 진리가 외형적인 표징 속에 살아 있는 형상을 지니지 않는다면, 성찬에 의미를 부여하는 일이 전혀 타당성이 없어질 것이다. 그리스도의 의도는 자기의 살이 양식이라는 사실을 그 외형적인 표징을 통해서 증거하고자 하는 데 있었다. 만일 그리스도께서 참된 떡이 아니라 그저 떡처럼 보이는 가짜 떡 모양을 제시하셨다면, 눈에 보이는 것으로부터 보이지 않는 것에게로 우리를 이끄는 데 필요한 유추(analogy) 혹은 비교가 과연 어떻게 성립되겠는가? 엄밀하게 말하면, 그 의미는 우리가 그리스도의 살의 형태를 먹는다는 것에 지나지 않는다. 예를 들어서, 세례의 경우, 물이라는 형상이 우리의 눈속임을 위한 것이라면, 우리의 씻음에 대해서도 확실한 보증이 있을 수 없을 것이다. 오히려 그런 허망한 쇼(show)로 인해서 우리에게 의심만 생겨날 것이다. 그러므로 의미를 부여하는 방식에 있어서 지상적인 표징이 하늘의 것과 일치하지 않으면, 성례의 본질 자체가 사라져 버리고 마는 것이다. 진짜 떡이 진짜 그리스도의 몸을 나타내는 것이 아닌 이상 이 성례의 신비의 진실성은 무너지고 마는 것이다.

다시 반복해서 말하거니와, 성찬이란 다른 것이 아니라 요한복음 6장에 나타나는 약속 — 그리스도께서 하늘로부터 내려온 생명의 떡이시라는 그 약속(요 6:51) — 을 눈에 보이는 방식으로 증거하는 것이므로, 반드시 눈에 보이는 떡이 그 신령하신 떡을 나타내 보이는 매개체의 역할을 하여야 하는 것이다. 그렇지 않으면, 하나님께서 우리의 연약함을 지탱시키기 위하여 우리에게 베풀어 주시는 모든 은택들을 다 잃어버리고 마는 것이다. 만일 진정한 떡의 본질은 사라지고 그저 떡의 형상만 남아 있는 것이라면, 바울은 대체 무엇을 근거로 우리가 한 떡에 함께 참여하는 한 떡이요 한 몸이라고 말한단 말인가(고전 10:17)?

15. 화체설의 실질적인 근거와 그것에 대한 논증

떡 속에 싸여 있는 그리스도의 몸이 입을 통해서 위로 들어간다는 그릇된 사고에 미혹되지만 않았더라도, 그들이 사탄의 간계에 그렇게 어리석게 속아 넘어가지는 않았을 것이다. 그런 유치한 상상을 하게 된 원인은 그들이 성별(聖別)을 마술적인 주문과 사실상 동일한 것으로 알고 있다는 데 있었다. 마치 세례의 물 그 자체가 변하는 것이 아니라 약속이 거기에 첨가되자마자 우리에게 그 물이 전과는 전혀 다른 것이 되기 시작하는 것처럼, 떡의 경우도 오로지 말씀이 전해지는 사람들에게만 성물(聖物)이 된다는 이 원리를 그들은 간과해 버린 것이다.

이 점은 이와 비슷한 성물의 실례에서 더 분명하게 나타난다. 과거 조상들은 광야의 반석에서 솟아난 물(출 17:6)을 마셨는데, 그들에게 이 물은 우리가 성찬의 포도주로써 나타내는 그것과 동일한 것의 증표와 표징이 되었다. 왜냐하면 그들이 같은 신령한 음료를 마셨다는 것을 바울이 가르치고 있기 때문이다(고전 10:4). 그런데 백성들의 짐을 나르는 짐승들과 가축도 그 물을 함께 마셨다. 그렇다면, 이 땅의 것들을 신령한 용도로 사용할 때에 오로지 사람들에 관해서만 변화가 일어난다는 것을 쉽게 알 수가 있다. 사람들에게만 그것들이 약속의 표징이 되기 때문인 것이다.

뿐만 아니라, 자주 반복하는 말이지만 적절한 수단을 사용하여 우리를 자기에게로 높이 들어올리시는 것이 하나님의 계획이므로, 그리스도께로 우리를 부르기는 하지만 떡 아래 눈에 보이지 않게 숨겨져 있는 그리스도께로 부르는 사람들은 자기들의 완악함으로 말미암아 사악하게도 하나님의 계획을 좌절시키려 하는 것이다. 인간의 생각이 무한한 공간을 뛰어넘어서 하늘까지도 넘어서서 그리스도께 닿는다는 것은 불가능한 일이기 때문이다. 그들은 자연 법칙상 불가능한 일을 가능케 하기 위하여 더 해로운 치유책을 동원하여 이 땅에 그대로 남아 있으면서 구태여 하늘의 그리스도께 가까이 나아갈 필요를 전혀 느끼지 않도록 만들어 놓으려 한 것이다. 그러니 그들은 하는 수 없이 그리스도의 몸을 변질시키지 않을 수 없었던 것이다.

베르나르(Bernard)의 시대에도 비록 무딘 표현들이 만연되어 있기는 했으나, 화체설은 아직 모르고 있었다. 그리고 그 이전 시대에는 이 성찬의 신비에서 신령한 실체가 떡과 포도주와 하나가 된다는 식의 비유적인 표현들이 모든 사람들에게 통용되었던 것이다.

용어에 대해서도 그들은 자기들이 예리하게 답변한다고 생각하지만, 현재의 문제에 합당한 것은 아무것도 제시하지 못한다. 그들의 주장은, 모세의 지팡이가 뱀으로 변하여 뱀이라는 이름을 지니게 되었지만, 그 이전의 이름을 그대로 유지하여 계속 지팡이라 불린다는 것이다(출 4:2-4; 7:10). 이를 근거로 하여 그들은, 떡이 새로운 본질로 변하지만 눈에 보이는 대로 그것을 떡이라 부르는 것이 부자연스럽기는 해도 부당한 것은 아니라고 주장하는 것이다. 그러나 영광스러운 모세의 이적을 목격자도 전혀 없는 그들의 날조된 망상과 어떻게 비교할 수 있단 말인가? 마술사들은 술법을 행하여 자기들이 신적인 능력으로 자연의 질서를 뛰어넘고 물건을 변화시킬 수 있다는 것을 애굽 사람들로 하여금 믿게 만들었다. 그런데 모세가 나서서 그들의 술수를 드러내고 자기의 지팡이 하나가 다른 모든 것들을 삼키게 함으로써 하나님의 전능하심이 자기 편에 있음을 보여 주었다(출 7:12). 그러나 이미 말한 바와 같이 그런 변화는 눈에 보이는 것이었고, 또한 잠시 후 지팡이가 눈에 보이도록 다시 본래의 모습으로 돌아갔으므로(출 7:15), 이 기사는 지금 우리가 논의하는 문제에는 해당되지 않는다. 게다가 그런 순간적인 변화가 본질의 변화인지 아닌지도 알 수가 없는 것이다. 또한 애굽의 마술사들의 지팡이를 주목해야 한다. 선지자는 이 지팡이들을 뱀이라 부르지 않았는데, 그 이유는 변화가 아닌 것을 변화처럼 보이게 할 수가 있기 때문이었다. 그 능한 마술사들은 보는 사람들의 눈을 가리웠을 뿐 아무 일도 한 것이 없었던 것이다.

그러나 그런 표현과 다음의 표현들을 비교해 보라: "우리가 떼는 떡"(고전 10:16), "이 떡을 먹을 … 때마다"(고전 11:26), "그들이 … 떡을 떼며"(행 2:42). 도대체 서로 비슷한 점이 어디 있는가? 마술사들의 주술로 그들의 눈이 멀었던 것뿐이라는 것이 분명히 드러나는 것이다. 그러나 모세의 경우는 문제가 좀 다르다. 하나님께서는 천사들에게 육체를 입혔다가 곧바로 다시 벗기기도 하시는 분이시니, 모세의 손을 통해서 지팡이를 뱀으로 만들었다가 다시 그 뱀을 지팡이로 만드는 일이 전혀 어려울 것이 없었다. 만일 성례의 경우가 이 경우와 동일하거나 유사하다면, 그들이 제시하는 해결책도 어느 정도 설득력이 있다 할 것이다. 그러므로, 우리는 다음과 같은 사실을 확실히 해 두어야 하겠다. 곧, 그리스도의 살이 외형적인 상징물의 참된 본질과 부합되지 않는 한, 그리스도의 살이 진짜 떡이 될 것이라는 약속이 성찬에 주어진 것이 아니라는 사실이다.

그리고 한 가지 오류가 또 다른 오류를 불러일으키듯이, 예레미야서의 한 구절을 어처구니없이 왜곡시켜서 화체설을 입증하려 하는데, 이것은 언급하기조차 짜증이 난다. 선지자는 자기 떡에 나무가 들어 있다고 말하는데(렘 11:19), 이는 원수들이 잔인하게도 그의 떡을 쓰게 만들었다는 뜻이다. 다윗도 이와 비슷한 표현으로 호소하고 있다: "그들이 쓸개를 나의 음식물로 주며 목마를 때에는 초를 마시게 하였사오니"(시 69:21). 우리를 반대하는 이 원수들은 이 표현들을 그리스도께서 십자가에 달리신 일을 뜻하는 것으로 알레고리 식으로 해석할 것이다. 그들은 교부들 가운데서도 그렇게 생각한 사람들이 있었다고 주장한다. 그들로 하여금 선지자의 말씀의 진정한 의미를 대적하는 원수들로 계속 싸우도록 하게 하는 것보다는 차라리 그들의 무지를 용납하고 그들의 수치를 덮어 주는 것이 더 나을 것이다.

(그리스도의 몸의 편재성 개념에 근거한 그리스도의 성찬 임재론에 대한 반론. 16-31)

16. 또 다른 그릇된 주장[7)

또 다른 사람들은 표징과 그 표징이 나타내는 실체 사이의 유비가 사라지면 성찬의 신비의 진실성도 함께 무너질 수밖에 없다고 여기고서, 성찬의 떡이 썩어질 지상적 물질의 본질로 되어 있으며 그 자체로서는 어떤 식으로도 변화하지 않는다고 고백하면서도, 그리스도의 몸이 그 떡 내부에 감추어져 있다고 주장한다.

만일 그들이 이 말이 곧, 실체가 그 표징과 분리될 수 없으므로 떡이 성례에서 제시될 때에 그리스도의 몸도 함께 거기에 있는 것이라는 뜻이라고 설명한다면, 나는 강하게 반대하지 않을 것이다. 그러나 그리스도의 몸 그 자체를 떡 속에 있는 것으로 봄으로써 그 몸에다 그 본질과는 상반되는 편재성(偏在性: ubiquity)을 부여하며, 또한 "떡 밑에"(under the bread)라고 덧붙임으로써 그 몸이 거기에 감추어져 있다는 뜻을 드러내기 때문에, 우리로서는 잠시 동안 이러한 교묘한 사상을 그 숨어 있는 곳에서 끌어낼 필요가 있다. 그렇다고 해서 여기서 그 모든 문제를 완전히 다루고자 하는 것은 아니다. 여기서는 그저 그런 논의를 위하여 하나의 기초를 세우는 것으로 그치고, 조금 후에 적절한 곳에서 충실하게 다룰 것이다.[8)

그러므로 그들은 그리스도의 몸이 떡 내부에 감추어져 있으므로 눈에 보이지도 않고 헤아릴 수도 없는 것으로 생각하고 싶어한다. 그들은 그리스도의 몸이 떡 속으로 강림하여야만 우리가 비로소 그 몸과 교류를 할 수 있다고 생각한다. 그러나 그의 몸이 강림함으로써 우리가 그에게로 올리우는데, 그들은 그 몸이 과연 어떤 방식으로 강림하는지를 이해하지 못하는 것이다. 그들은 이러한 자기들의 무지(無知)를 온갖 것으로 채색하여 눈 속임을 한다. 그러나 그들이 아무리 온갖 것을 다 이야기한다 해도, 그들이 그리스도의 공간적 임재(local presence)를 주장한다는 것이 분명히 드러나는 것이다. 그들은 어째서 그렇게 하는가? 공간적 결합과 접촉 혹은 모종의 조잡한 방식으로 둘러싸는 것 이외에는 살과 피에 참여하는 다른 방식을 생각한다는 것을 도저히 견딜 수 없기 때문인 것이다.

17. 그리스도의 몸과 관련한 오류

그들 중에 어떤 사람들은 한 번 경솔한 생각으로 생겨난 오류를 강력하게 변호하고자, 아무런 거리낌도 없이 그리스도의 살이 지닌 용적(容積)이 하늘과 땅 전체를 포괄할 정도로 넓고 크다고 자랑하기도 한다. 그리스도께서는 아기로 모태에서 나셨고, 자라나셨고, 십자가에 달리셨고, 무덤 속에 갇혀 계셨는데, 이런 일들은 그가 출생과 사망 등 사람으로서의 직무를 행하시도록 하기 위한 하나의 경륜으로 말미암아 일어난 것이라고 한다. 또한 그리스도께서는 부활하신 후 일상적인 육체의 모습으로 보이셨고(행 1:3; 참조. 고전 15:5), 하늘로 올리셨고(행 1:9; 눅 24:51; 막 16:19), 또한 승천하신 후에도 스데반에게와(행 7:55) 바울에게(행 9:3) 보이셨는데, 이 역시 동일한 경륜에 의하여 일어난 일로서 그가 하늘의 왕이심을 사람들에게 보여 주기 위한 것이었다고 한다. 그렇다면 이것이야말로 마르키온(Marcion)을 지옥에서 다시 일으켜내는 것이 아니고 무엇이란 말인가? 만일 그리스도의 몸이 이런 상태로 존재했다면, 그것이 환영(幻影)이나 유령이었다는 것을 의심할 사람이 아무도 없을 것이 아닌가!

어떤 이들은 좀 더 교묘한 방법을 써서 문제를 회피하려 한다. 곧, 성찬에 주어지는 그 몸은 영광스럽고 불멸하는 몸이며, 따라서 여러 장소에서 성찬물 내부에 포함되어 있거나, 아무 장소에도 없거나, 아무런 형태를 취하지 않는다 해도 전혀 모순이 없다는 것이다.

그러나 이들에게 묻고자 한다. 그리스도께서 고난당하시기 전에 제자들에게 주신 몸은 어떤 종류의 몸인가? 조금 후에 내어 주시게 될 바로 그 죽을 육체를 주께서 그들에게 주셨다는 것을 말씀이 입증하지 않는가? 이 사람들은 말하기를, 그리스도께서 산 위에서 세 제자들에게 자기의 영광을 나타내 보이셨다고 한다(마 17:2). 그것은 사실이다. 그러나 그는 그런 찬란한 광채를 보이심으로써 그들에게 영생을 미리 맛보여 주고자 하신 것이다. 뿐만 아니라 그들은 그 산에서 그리스도의 이중적인 몸을 보는 것이 아니라, 그리스도께서 지니신 그 몸이 새로운 영광으로 장식된 것을 보게 되는 것이다. 그리스도께서 첫 성찬에서 그의 몸을 나누어 주셨을 때에는, 하나님께 맞아서 낮아진 상태가 되어(사 53:4) 마치 나병환자처럼 치욕 가운데 누워 계시게 될 때가 이미 임박해 있었다. 그러니 그때에 그의 부활의 영광을 드러내려 하셨을리가 만무한 것이다.

그러니 만일 이 한 곳에서는 그리스도의 몸이 죽을 수밖에 없는 미천한 것으로 보이고, 다른 곳에서는 영광스러운 불멸의 몸인 것으로 여긴다면, 이것이야 말로 마르키온에게 문을 활짝 열어 놓는 것이 아니겠는가? 뿐만 아니라, 만일 그들의 생각이 정당하다면, 그런 똑같은 일이 날마다 일어날 것이다. 왜냐하면 그들은 그리스도의 몸 그 자체로서는 눈에 보이지만 그 몸이 떡이라는 상징 내부에 눈에 보이지 않는 상태로 감추어져 있다고 고백하지 않을 수가 없기 때문이다. 그런 괴상한 이론을 내세우는 자들은 자기들의 수치를 전혀 부끄러워할 줄도 모르고, 우리가 그들의 화를 돋군 일이 없는데도 불구하고 우리가 자기들의 생각에 동의하지 않는다고 하여 끔찍스러운 모욕을 우리에게 퍼붓는 것이다.

18. 그리스도의 임재에 대한 우리의 인식

자, 그들은 주의 몸과 피를 떡과 포도주와 밀착시키기를 원하지만, 실상 그렇게 하면 주의 몸과 피가 서로 분리될 수밖에 없다. 떡과 포도주가 서로 분리되어 제시되므로, 떡과 연합되어 있는 몸이 포도주 속에 포함되어 있는 피와 나누어지는 것이 당연하기 때문이다. 그들은 몸이 떡 속에 있고 피가 포도주 속에 있다고 말하는데, 그렇다면 떡과 포도주는 그 각자 차지하는 공간에 의하여 서로 떨어져 있는 것이 되므로 몸이 피와 분리될 수밖에 없는 사실을 도무지 피할 도리가 없는 것이다.

그들은 흔히 공존(共存: concomitance)을 통하여 피가 몸 속에 있고 몸이 또한 피 속에 있다고 주장하지만, 이것은 모순일 뿐이다. 왜냐하면 그것들을 포함하고 있는 상징물들이 서로 분명히 분리된 것들이기 때문이다.

그러나 우리의 눈과 생각을 하늘로 향하여 그의 나라의 영광 가운데 계신 그리스도를 바라보면, 성찬의 성물들이 우리를 온전한 가운데 계신 그에게 인도하듯이, 떡의 성물로는 그의 몸을 먹게 되며, 포도주의 성물로는 그의 피를 마시며 결국 온전하신 그를 누리게 될 것이다. 그가 그의 육체를 우리에게서 취하여 가셨고 그의 몸이 하늘로 올리셨지만, 그는 여전히 아버지의 오른편에 앉아 계신다. 즉, 아버지의 권세와 위엄과 영광 가운데서 통치하신다는 말이다. 이 나라는 공간적으로 제한을 받지 않으며 어떠한 테두리 속에도 매여 있지 않는 것이다.

그러므로 그리스도는 하늘이든 땅이든 어디든 원하시는 곳에서 그의 권세를 발휘하시는 것이다. 그는 능력과 권능 가운데 자기의 임재를 보여 주시며, 마치 몸으로 계시는 것처럼 언제나 자기 백성 중에 계시며, 그들에게 자기의 생명을 불어넣으시며, 그들 속에 사시며, 그들을 지탱시키시고, 강건하게 하시고, 활력을 주시고, 해를 받지 않도록 지키신다. 요컨대, 그는 자기 자신의 몸으로 자기 백성을 먹이시며, 그의 성령의 능력으로 말미암아 그 몸과의 교제를 그들에게 베푸시는 것이다. 그리스도의 몸과 피는 이런 방식으로 성례 속에서 우리에게 제시되는 것이다.

19. 그리스도의 임재를 생각할 때에 지켜야 할 두 가지 원칙

그러나 우리는 그리스도의 그러한 성찬 임재를 생각할 때에, 그를 떡이라는 성물에 붙이거나, 그를 떡 속에 가두거나, 어떤 식으로든 그를 제한시켜서도 안 되며 ― 이런 일들은 그리스도의 하늘의 영광과는 거리가 먼 것들이다 ― 또한 그의 용적(容積)을 줄인다거나, 그를 분할하여 동시에 여러 장소에 분배한다거나, 그를 하늘과 땅 전체에 가득할 정도로 무한히 광대한 존재로 만들어서도 안 된다. 이런 일들은 진정한 인간의 본성과 분명히 모순되기 때문이다. 이와 관련해서 다음과 같은 두 가지 제한 사항들을 결코 잊지 말도록 하자. 첫째로, 그리스도의 하늘의 영광을 손상시키는 일이 없도록 해야 한다. 그리스도를 이 세상의 썩어질 성물들 내부로 끌어들이거나 이 땅의 피조물에 매여 있도록 만들면 그의 하늘의 영광이 손상을 받을 수밖에 없는 것이다. 둘째로, 인간 본성에 부합되지 않는 것을 그의 몸과 결부시켜서는 안 된다. 그런데 그 몸이 무한하다고 하거나 혹은 동시에 여러 장소에 있다는 식으로 말하면 결국 그런 오류를 범하고 마는 것이다.

그러나 이러한 모순들이 제거되고 나면, 주님의 몸과 피에 진정으로 또한 실질적으로 참여하는 일을 표현하는 것이라면 무엇이든 기꺼이 받아들일 수 있다. 그러한 주님의 몸과 피에 참여하는 일이 성찬이라는 신령한 상징으로 신자들에게 제시되는데, 이는 성찬의 성물들을 그저 상상이나 이해력으로 받기만 하고 그치는 것이 아니라 영생의 양식으로서의 그 실체를 누리도록 해 주기 위함인 것이다.

사탄이 그 끔찍한 마력으로 사람들을 실성한 상태로 만들지 않은 이상, 세상이 이러한 견해를 그렇게 혐오하여 온갖 편견으로 그것을 가로막아야 할 까닭이 도무지 없다. 우리가 가르치는 바는 성경과 모든 점에서 완전히 일치하는 것이요, 또한 거기에는 모순이나 희미한 것이나 애매한 것이 하나도 없고, 뿐만 아니라 참된 경건과 건전한 덕을 부인하지도 않는다. 요컨대, 궤변가들의 무지와 야만성이 교회를 지배하여 그렇게도 분명한 말씀의 빛과 계시된 진리가 억압을 받았던 그런 특정한 시대를 제외하고는 우리의 가르침에는 그 누구에게도 불쾌감을 주는 것이 없는 것이다.

그런데 사탄은 오늘날 말썽을 일으키는 자들을 통하여 할 수 있는 대로 온갖 모략과 비방을 다 동원하여 우리의 가르침을 더럽히려고 안간힘을 쓰며, 다른 무엇보다도 거기에 더 큰 노력을 기울이고 있다. 그러므로, 우리는 더욱 신중을 기하여 그 가르침을 주장하고 변론해야 할 필요가 있는 것이다.

20. 성찬 제정시 하신 주님의 말씀

그러면, 논의를 계속하기 전에 먼저 그리스도께서 성찬을 제정하신 사실을 살펴보아야 할 것이다. 특히 이 사실에 대해서 우리의 반대자들이 우리가 그리스도의 말씀에서 이탈해 있다고 하며 가장 그럴듯한 반론을 제기하고 있기 때문이다. 그러므로 그들이 우리에게 씌우고자 하는 부당한 오명을 제거하기 위해서는, 우선 말씀 자체를 해석하는 것부터 시작하는 것이 가장 합당할 것이다. 세 복음서 기자들과 바울이 그리스도께서 떡을 취하사 사례하시고 떼어서 제자들에게 주시면서 다음과 같이 말씀하신 것으로 보도하고 있다: "받아서 먹으라 이것은 내 몸이니라"(마 26:26; 참조. 막 14:22), "이것은 너희를 위하는 내 몸이니"(고전 11:24). 또한 잔에 대해서는 마태복음과 마가복음이 다음과 같이 보도한다: "이것은 죄 사함을 얻게 하려고 많은 사람을 위하여 흘리는 바 나의 피 곧 언약의 피니라"(마 26:28; 막 14:24). 그러나 바울과 누가복음은 말씀하기를, "이 잔은 내 피로 세운 새 언약이니"(고전 11:25; 눅 22:20)라고 한다.

화체설을 주장하는 자들은 여기의 "이것"이라는 대명사를 떡 모양을 가리키는 것으로 받아들인다. 왜냐하면 그리스도의 말씀의 내용 전체로 말미암아 거룩한 성별이 이루어졌으므로, "이것"이라는 대명사가 가리킬 대상이 없어졌기 때문이라는 것이다. 그러나 그들이 그렇게 단어에 대해서 꼼꼼히 따지지만, 그리스도께서는 제자들에게 주시는 것이 그의 몸이라고 증언하셨으니, 결국 그 사람들이 만들어낸 그런 허구는 ― 곧 떡이었던 것이 이제는 몸이라는 ― 본문의 합당한 의미와는 전혀 거리가 멀 수밖에 없는 것이다. 그리스도께서는 자기 손으로 떡을 떼시고 사도들에게 주시면서 그것을 자기 몸이라고 선언하신다. 그러니 그 떡이 그 말씀을 하신 후에도 여전히 떡으로 보인다는 것을 이해하지 못할 사람이 어디 있겠는가? 그리고, 떡을 지칭하는 대명사를 떡이 아니라 그 형상을 지칭한다고 하는 주장처럼 모순된 것이 어디 있겠는가?

또 다른 사람들은 "… 이니"라는 단어를 "본질이 변화되다"라는 의미로 해석하여 더 무리하고 극심하게 왜곡된 주해를 피난처로 삼으려 한다. 그러므로 그들이 단어를 소중히 여기고자 하는 동기에 의해서 그런 사상을 가지게 된 것처럼 가장할 하등의 이유가 없다. 모든 민족과 언어에서 "… 이다"라는 단어가 "다른 것으로 본질이 바뀐다"는 의미로 이해되는 경우는 전혀 듣지도 못하기 때문이다.

성찬에 떡을 그대로 두고서 그것이 그리스도의 몸이라고 주장하는 사람들 가운데서도 생각이 매우 다양하게 나타나고 있다. 온건한 사상을 가진 자들은 "이것이 내 몸이니"라는 자구(字句)를 주장하면서도 곧바로 고집을 버리고 말하기를, 그리스도의 몸이 떡과 함께 있거나 떡 속에 있거나 떡 아래 있거나 결국 모두 같은 것이라고 한다. 그들이 주장하는 실체에 대해서는 이미 어느 정도 언급한 바 있고, 뒤에 좀 더 이야기할 것이므로, 여기서는 자구(字句)에 대해서만 논의하기로 한다. 그들은 떡을 가리켜 몸이라 부르는 것을 허용할 수 없다고 한다. 왜냐하면 떡은 몸의 표징이기 때문이라는 것이다. 그러나 모든 은유법적인 표현을 삼가면서, 그들은 어째서 그리스도의 단순한 말씀을 자기 자신들이 만들어 낸 그렇게 다양한 표현들로 비약시키는지 이해할 수가 없다. "떡이 몸이다"는 말과 "몸이 떡과 함께 있다"는 말은 굉장한 차이가 있는 것이다. 그런데 그들은 "떡이 몸이다"라는 단순한 명제가 도저히 인정받지 못할 것으로 보고 이런 다양한 표현들을 만들어 내어 자기들의 곤란한 점을 모면해 보려고 애쓴 것이다.

그러나 좀 더 강경한 사고를 가진 자들은, 엄밀하게 말하면 떡이 곧 몸이라고 서슴없이 주장하며, 그리하여 자기들이 진정한 문자주의자들(literalists)임을 입증해 보인다. 그러나 그런 식으로라면 곧 떡이 그리스도가 되고 또한 하나님이 되는 것이 아니냐고 이의를 제기하면, 그것에 대해서는 부인할 것이다. 왜냐하면 그리스도의 말씀에는 그런 뜻이 분명하게 나타나 있지 않기 때문이다. 그러나 그렇게 부인한다고 해서 그들이 얻는 것은 아무것도 없다. 왜냐하면 온전하신 그리스도께서 성찬에서 우리에게 제공된다는 사실을 누구나 다 인정하기 때문이다. 그러나 그 없어지고 썩어지고 말 성물이 문자 그대로 그리스도라고 선언하는 행위는 그야말로 용인할 수 없는 모독이 아닐 수 없는 것이다. 자, 나는 "그리스도는 하나님의 아들이시다"라는 명제와 "떡이 그리스도의 몸이다"라는 명제가 서로 동일한 것이냐고 그들에게 묻고 싶다. 만일 이 둘이 서로 다르다는 것을 인정한다면(그들로서는 인정하지 않을 수 없을 것이다), 과연 무엇이 다른지를 대답해야 할 것이다.

내가 보기에는, 그들은 떡을 몸이라 부르는 것은 성례적인 의미라는 것 이외에는 다른 이유를 제시하지 못할 것이라 여겨진다. 그렇다면, 결국 그리스도의 말씀들을 모두 동일한 원칙에 속하는 것으로 보고 문법을 기준으로 시험해서는 안 된다는 사실이 드러나는 것이다. 엄격하고도 고집스러운 모든 문자주의자들에게 묻고자 한다. 누가복음과 바울이 잔을 가리켜 "피로 세우는 언약"(눅 22:20; 고전 11:25)이라고 부르는데, 이것은 떡을 몸이라고 부른 그 앞 절에 나타나 있는 것과 동일한 것을 지칭하는 것이 아닌가?

성찬의 신비의 각 부분에 대해서 동일한 경외심을 표현하고 있으며, 또한 말을 간단히 하면 뜻이 희미해지므로, 좀 더 길게 말하는 것이 그 의미를 더 잘 드러내는 법이다. 그러므로 그들이 떡이 몸이라는 한 마디 말을 가지고 이러쿵저러쿵 이론을 만들어내지만, 나는 한 마디 이상의 전후의 문맥을 근거로 합당한 해석을 제시하고자 한다. 곧, 떡은 몸으로 세운 언약이라는 것이 그것이다. 어째서 그러한가? 바울과 누가보다 더 신실하고 확실한 해석자가 어디 있는가?

그러나 그렇다고 해서 내가 그리스도의 몸의 하나된 교제라는 의미를 흐리게 만들고자 하는 것은 아니다. 나는 이미 그것을 고백한 바 있다. 나의 목적은 다만, 말꼬리를 잡고 격렬하게 고집을 부리는 그들의 어리석은 완고함을 반박하고자 하는 것뿐이다. 바울과 누가의 권위에 의지하여, 나는 떡이 그리스도의 몸이라고 이해한다. 그것이 그의 몸으로 세우는 언약이기 때문이다. 그런데 그들이 이것을 공격한다면, 그들은 나와 싸우는 것이 아니라 하나님의 성령과 싸우는 것이다. 그들은 자기들은 그리스도의 말씀을 지극히 높이기 때문에 분명

하게 말씀하신 내용을 감히 비유적인 뜻으로 이해할 수 없다고 외쳐대지만, 그
것은 우리가 그들에 대하여 제시하는 모든 반론들을 거부할 만한 타당한 구실
이 될 수 없는 것이다.

이미 지적한 바와 같이, 그리스도의 몸과 피로 세우는 이 언약의 본질을 깨
닫는 것이 매우 유익하다. 우리가 비밀한 교제 가운데서 그리스도와 하나가 되
는데, 그러한 교제가 없다면, 그의 죽으심의 희생으로 세우신 언약이라 할지라
도 우리에게 아무런 유익이 되지 못할 것이기 때문이다.

21. 주님의 말씀에 대한 환유법적 해석

이렇듯 상징물과 또한 그것이 상징하는 실체가 서로 밀접한 관련을 맺고 있
으므로, 우리로서는 실체의 이름이 그 상징에 주어졌다 — 물론 비유적인 의미
로 주어졌으나, 지극히 합당한 유추가 거기에 없는 것이 아니다 — 는 점을 인정
하여야 할 것이다. 알레고리(allegories: 풍유)와 비유(parables)에 대해서는 언급
하지 않겠다. 그렇게 하면, 지금 당면해 있는 문제를 회피하기 위하여 도망할 곳
을 찾는다는 식의 비난을 받을 수도 있기 때문이다.

나는 이러한 표현법을 환유법(換喩法: metonymy)으로 본다. 성경에서는 신비
한 사실들을 논의할 때에 흔히 이러한 비유법을 사용하고 있다. 예컨대, "할례가
언약이라"(창 17:13), "어린양이 여호와의 유월절이라"(출 12:11), "율법의 희생이 속
죄라"(레 17:11; 참조. 히 9:22), 또한 "광야에서 물이 흘러나온 반석은"(출 17:6) "그리
스도시라"(고전 10:4) 등의 표현들은 의미를 거기에 전이시키는 것으로 보지 않
으면, 달리는 도저히 그 뜻을 이해할 수가 없다. 또한 무언가 더 높은 것의 이름
이 더 낮은 것에게로 전이되는 경우도 허다하거니와, 또한 눈에 보이는 상징물
의 이름이 그것이 나타내는 바 실체인 경우들도 있다. 하나님께서 떨기나무 가
운데서 모세에게 나타나셨다는 표현이나(출 3:2), 언약궤를 가리켜 하나님이라
고도 부르고 하나님의 얼굴이라고도 부르는 것이나(시 84:8; 42:3), 비둘기를 성
령이라 부르는 것(마 3:16) 등이 이에 해당된다.

상징물이 그 상징하는 실체와 본질상 다르지만 — 상징물은 물질적이요 가
시적인데 반해서 실체는 영적이며 하늘에 속한다는 점에서 — 그것이 사실 그대
로 하나의 증표로서 거룩히 구별되어 드러내는 그 실체를 상징할 뿐 아니라 동
시에 그것을 진정으로 표현하고 있으니, 그 실체의 이름을 그 상징물에 붙인다

한들 무엇이 문제이겠는가? 인간이 만들어낸 상징물들도, 실재하는 것들의 표지(標識)라기보다는 실재하지 않는 것들의 형상들이지만(그것도 그릇되이 나타내는 경우가 아주 많다), 여전히 그런 것들의 이름으로 불리는 경우도 더러 있다. 그러니 하나님께서 제정하신 것들이, 그것들이 언제나 분명하고 오류가 없이 의미를 드러내는 실체들의 명칭을 차용하며 또한 그 실체와 하나로 연합된다 할지라도 전혀 무리가 없는 것이다. 그것들의 상호 유사성과 친밀성이 너무나 크기 때문에 그 중 어느 하나에서 다른 하나로 옮아가는 일이 그만큼 손쉬운 것이다.

우리의 반대자들은 우리가 성례에 관한 어구들을 성경의 일상적인 통례를 따라서 설명한다고 해서 우리를 가리켜 "비유파"(tropists)라고 부르는 등 온갖 고약한 재담들을 늘어놓는데, 이런 일은 당장 중지해야 마땅하다. 성례들이 많은 점에서 서로 일치하듯이, 이 환유법적인 표현에서도 모두가 서로 일정한 공통 근거를 갖고 있는 것이다. 따라서 사도가 이스라엘 자손들에게 신령한 음료를 분출시킨 그 반석이 그리스도였다고 가르치는 것처럼(고전 10:4) — 물론 눈으로는 식별할 수가 없었지만 그 반석 속에 신령한 음료가 진정으로 있었기 때문에 그렇게 가르친 것인데 — 오늘날 그리스도의 몸을 가리켜 떡이라 부르는 것도, 그것이야말로 우리가 진정으로 먹도록 주께서 그의 몸을 제공해 주시는 그 상징물이기 때문인 것이다.

혹 나의 이러한 견해를 마치 내가 새로이 고안해낸 것처럼 여겨서 무시하는 사람이 있을지 모르나, 사실 아우구스티누스도 이와 똑같이 느꼈고, 똑같이 말한 바 있다: "성례의 상징물(성물)들이 만일 그 상징하는 실체들과 비슷한 점이 없다면, 그것들은 전혀 상징물들이 아닐 것이다. 더욱이, 이런 비슷함 때문에 그것들이 그 실체 자체의 명칭을 취하는 경우가 많다. 그러므로, 그리스도의 몸을 나타내는 상징물이 일정한 방식으로 그리스도의 몸이며, 그리스도의 피를 나타내는 상징물이 그리스도의 피이듯이, 믿음의 상징물이 믿음인 것이다."[9] 아우구스티누스의 저작 가운데는 이와 유사한 구절들이 많이 나타나므로 그것들을 모아서 열거할 필요가 없고, 이 한 가지만으로도 족할 것이다. 다만 독자들로서는, 에보디우스(Evodius)에게 보낸 편지에서도 이 거룩한 사람이 똑같은 것을 가르친다는 사실을 알아야 할 것이다.

그런데 어떤 이들은 아우구스티누스가 환유법적 표현들이 성례에서 흔히 일상적으로 나타난다는 점은 인정하지만 성찬을 분명히 언급하지는 않는다는 식으로 어이없이 문제를 회피해 가려고 하지만, 이 역시 쓸데없는 시도일 뿐이다. 혹 이런 식의 회피법을 인정한다면, 우리로서는 일반적인 것에서 특수한 것에게로 논지를 전개해 나갈 수가 없을 것이다. 그런 식으로라면, 각 동물마다 움직이는 능력을 부여받았으므로 소와 말도 움직이는 능력을 부여받았다는 논리도 성립이 될 수 없을 것이다. 그러나, 이 거룩한 사람이 다른 곳에서 한 다음의 말이 더 이상의 논의를 막는 것이다. 그는 말하기를, 그리스도께서는 그의 몸의 표징을 주시면서 그것을 그의 몸이라 부르기를 주저하지 않으셨다고 한다.[10] 그리고 또한 그는 이렇게 말하고 있다: "자기의 몸과 피의 형상을 친히 제정하셔서 제자들에게 주시는 그 잔치에 유다를 받아들이셨으니, 그리스도의 인내는 참으로 놀랍다."[11]

22. "이것은 … 이다"라는 구문의 의미

그러나 만일 다른 모든 것에 대해서 전혀 모르는 고집불통인 어떤 사람이 "이것은 … 이다"(hoc est)라는 표현에 집착한 나머지 이 신비가 다른 모든 것들과는 완전히 구별되는 것이라고 간주한다 할지라도, 이 역시 쉽게 답변할 수 있다. 그들은 이 연결 동사가 굉장히 강조되어 있어서 비유적인 용법으로 이해할 수 없다고 주장한다. 그러나 그들의 이런 논지를 인정한다 할지라도, 우리는 바울의 말에서도 그 연결 동사를 읽을 수가 있다. 그는 떡을 "그리스도의 몸에 참여함"이라 부른다(고전 10:16). 그러나 여기서 "참여함"이란 "그리스도의 몸" 그 자체와는 다른 별개의 것이다.

사실, 상징물들을 논의하는 경우 거의 모든 곳에서 동일한 단어가 나타나고 있다: "이에 내 언약이 … 영원한 언약이 되려니와"(창 17:13), "이것[이 어린양]이 여호와의 유월절이니라"(출 12:11; 참조. 12:43). 요컨대, 바울은 "그 반석은 곧 그리스도시라"(고전 10:4)라고 말하는데, 어째서 여기서는 그 연결 동사의 강조의 의미가 그리스도의 말씀의 경우보다 약하다는 말인가? 또한 사도 요한도 말하기를, "예수께서 아직 영광을 받지 않으셨으므로 성령이 아직 그들에게 계시지 아니하더라"고 하는데(요 7:39), 그렇다면 여기서는 연결 동사('계시다')가 어떤 의미인지를 그들은 대답해 보기 바란다. 만일 그들이 자기들 스스로 고집하는 그 원칙을 진정으로 지킨다면, 성령의 영원성이 파괴되는 것으로 보아야 할 것이다. 왜냐하면 그리스도의 승천 때부터 비로소 그의 존재가 시작되기 때문이다. 또한 마지막으로, 세례가 많은 사람에게 무익한 것이 분명하므로, 그들로서는 세례를 가리켜 "중생의 씻음과 성령의 새롭게 하심"이라고 한 바울의 진술(딛 3:5)이 무슨 의미인지에 대해서도 답변해야 할 것이다.

그러나 그들의 논리를 반박해 주는 것으로서, 교회가 그리스도라는 바울의 진술(고전 12:12)보다 강력한 것은 없다. 그는 인간의 몸과 비교하여 말하면서, "그리스도도 그러하니라"라고 덧붙이는 것이다. 그러나 여기서 말하는 그리스도는 스스로 계신 하나님의 독생자 자신이 아니라 그의 지체들 속에 계신 독생자를 뜻하는 것이다.

이제는 나의 의도한 바를 충분히 입증했다고 생각된다. 곧, 우리의 대적들이 아무리 이렇게저렇게 비방한다 해도 정상적이며 올바른 사고를 가진 사람들에게는 그런 것들이 역겨울 뿐이라는 것이다. 그들은 우리가 그리스도의 말씀들을 무시한다고 선전하지만, 우리는 그들 못지않게 그 말씀에 순종하며 오히려 더 큰 경외의 자세로 그 말씀들을 대하는 것이다. 사실 그들이 그렇게 쉽게 확신을 갖는다는 사실을 볼 때에, 그들이 그리스도의 말씀이 자기들의 완고한 자세를 막아 주는 방패 역할을 해 주는 것으로만 만족하고 그리스도의 의도하시는 바른 뜻이 무엇인지에 대해서는 별로 개의치 않는다는 것이 드러나는 것이다. 이와 반대로, 우리가 이 문제에 대하여 깊이 살피고 점검한다는 사실은 우리가 그리스도의 권위를 얼마나 의미 있게 대하는가를 보여 주는 증거가 아닐 수 없는 것이다.

그리스도께서 그의 거룩하신 입술로 말씀하신 바를 우리가 믿지 못하는 것은 인간적인 감각 때문이라는 식으로 증오심에 가득 차서 떠들지만, 그들의 이런 비난이 얼마나 불공정한가 하는 것은 이미 상당 부분 분명히 밝혀진 바 있으며 또한 앞으로도 더 분명하게 밝혀질 것이다. 그러므로, 우리로서는 그리스도께서 말씀하실 때에 그의 말씀을 믿고, 그가 이런저런 뜻을 드러내실 때에 거기에 즉시 응답하지 않을 이유가 전혀 없는 것이다. 다만 한 가지 문제가 있다면, 과연 그리스도의 말씀의 진의(眞意)를 살피고 조사하는 것이 범죄 행위냐 하는 것뿐이다.

23. 완전한 문자적 해석은 불가능함

이 고귀한 선생들은 자기들이 문자의 사람들인 것처럼 보이도록 하기 위해서, 조금이라도 문자에서 벗어나는 것을 금한다. 그러나 이와 반대로, 성경은 하나님을 가리켜 "용사"(출 15:3)라 부르는데, 이런 표현은 너무나 거칠어서 해석을 하지 않으면 안 되기 때문에, 이로 보건대 이 표현은 의심의 여지 없이 사람에게서 이끌어낸 하나의 비유적인 표현인 것이다.

그 옛날 신인동형론자(神人同形論者: anthropomorphites)들이 "하나님 여호와의 눈이 항상 그 위에 있느니라"(신 11:12; 참조. 왕상 8:29; 욥 7:8 등), "여호와께 들렸으니"(민 11:18; 참조. 삼하 22:7; 왕하 19:28 등), "그의 손이 펼쳐져 있느니라"(사 5:25; 참조. 23:11; 렘 1:9; 6:12 등), "땅은 그의 발판이니"(사 66:1; 마 5:35; 행 7:49) 등의 표현들을 고집스럽게 주장하여 정통 교부들을 괴롭혔는데, 그들의 근거는 바로 이처럼 문자를 고수한다는 구실이 전부였다. 그들은 성경이 하나님께 몸이 있는 것으로 말씀하고 있다고 보면서, 하나님께서 그 몸을 빼앗기셨다고 외치곤 했던 것이다. 그러나 이런 원리를 체택하게 되면, 끊임없는 무식함과 미개함이 믿음의 빛을 완전히 뒤집어 씌우고 말 것이다. 이 정신 나간 사람들은 조그만 티끌이라도 끄집어내어 자기들이 원하는 이론을 펴대는데, 그런 일을 허용한다면 이 사람들은 아마 성경에서 온갖 해괴하고 망칙스러운 이론들을 다 끌어낼 것이다.

이들은 그리스도께서 역경에 처한 제자들을 위하여 특별한 위로를 예비하고 계셨으니 그가 희미한 말씀이나 수수께끼 같은 말씀을 하셨다고 보기가 어렵다고 하며 반론을 제기하는데, 그들의 그런 반론은 사실 우리의 논지를 뒷받침해 주는 것이다. 만일 사도들이, 떡이 몸의 상징이기 때문에 떡을 가리켜 비유적인 의미로 몸이라 부르신 것으로 여기지 않았다면, 그들은 아마도 그런 괴상한 발언 때문에 굉장한 혼란을 겪었을 것이 뻔하다. 요한은 보도하기를, 그와 거의 같은 시기에 사도들은 아주 조그마한 난제 앞에서도 당황하여 어찌할 바를 몰랐다고 한다. 그들은 그리스도께서 어떤 식으로 아버지께 가실지에 대해서 서로 의견이 분분했고, 그가 어떤 식으로 세상을 떠나실지에 대해서도 의문을 제기하였으며, 하늘의 아버지를 몸소 뵙기 전에는 그분에 관한 말씀을 하나도 깨닫지 못하겠다고 하였던 것이다(요 14:5-8; 16:17).

그렇다면, 이성으로 도저히 납득할 수 없는 것을 그들이 과연 어떻게 기꺼이 믿을 수 있었겠는가? 그리스도께서 그들의 눈 앞에서 식탁에 앉아 계시며 또한 동시에 떡 내부에 눈에 보이지 않는 형태로 들어 계시다는 것을 어떻게 믿을 수 있었겠는가? 그러나 그들이 그 떡을 아무런 주저 없이 먹었다는 사실이 그들이 우리의 견해에 동의하고 있다는 사실을 입증해 준다. 그들이 그리스도의 말씀을 우리가 이해하는 그런 의미로 이해했다는 사실이 이로써 분명히 드러나고 있다. 그들은 외형적인 상징물이 의미하는 그 실체의 명칭이 그 상징물에 전이되는 것으로 받아들인 것이다. 사실 그런 일은 성례에서 결코 이례적인 것이 아니었다. 그렇기 때문에 주님의 말씀은 제자들에게 ─ 우리들에게도 마찬가지이지만 ─ 확실하고도 분명한 위로가 되었던 것이다. 그 말씀이 수수께끼에 싸여 있지 않고 분명했기 때문이다. 사람들이 우리의 해석에서 뒤로 후퇴하는 유일한 이유는 바로 그들이 마귀의 장난으로 말미암아 눈이 멀어서 자기들 스스로 알쏭달쏭한 수수께끼를 추리해 내기 때문인 것이다. 이 놀라운 말씀에 대한 해석이 너무도 분명한데도 말이다.

더욱이, 단어에 대해서 엄밀한 판단을 고집한다면, 잔에 대해서 하신 말씀과 무언가 동떨어진 내용을 떡에 대해서 말씀하신 그리스도의 처사가 일관성이 없는 것이 되고 말았을 것이다. 주님은 떡을 몸이라고 하시고, 포도주를 피라고 하시는데, 이는 그가 혼동하셔서 반복하신 것이거나 아니면 몸을 피와 완전히 분리시키는 것이거나 둘 중의 하나일 것이다. 떡을 가리켜 "이것은 내 몸이라"고 하셨으나, 잔에 대해서도 그와 똑같은 말씀을 하실 수도 있었고, 또한 반대로 떡을 가리켜 피라고 말씀하실 수도 있었다. 여기서 상징물들에게 지정된 고유한 목적이나 용도를 생각해야 하지 않겠느냐고 그들이 답변한다면, 그것은 얼마든지 받아들일 수 있다. 그러나 한편, 그들의 오류로 인하여 떡이 피이며 포도주가 몸이라는 이러한 모순이 뒤따라올 수밖에 없는데, 그들로서는 이런 모순에서 도저히 벗어날 수가 없는 것이다.

그들은 떡과 몸이 서로 다른 것이라고 말하면서도, 그 하나가 다른 하나를 적법하게, 그리고 비유적이 아닌 의미로 서술한다고 주장하는데, 이는 마치 의복이 사람과는 다르지만 그것을 가리켜 사람이라 부를 수 있다는 식으로 말하는 것과도 같아서 나로서는 도저히 납득할 수가 없다. 또한 그들은 마치 고집을 부리며 모욕을 주는 것이 이기는 것이기라도 한 것처럼, 말씀을 해명하려고 하는 것이야말로 그리스도를 거짓말쟁이라고 비난하는 것이라고 말하는 것이다.

자, 이제 독자들로서는 이 말꼬리를 물고 늘어지는 자들이 우리에게 얼마나 부당하고도 그릇되게 행하는가를 쉽게 판단할 수 있을 것이다. 그들은 그리스도의 말씀을 미친듯이 왜곡시키고 어지럽히지만 우리는 그 말씀을 신실하게 올바로 해명하고 있다는 사실을 우리가 실제로 분명하게 입증했는데도 불구하고, 그들은 우리가 그리스도의 말씀을 해치고 있다는 식의 생각을 무지(無知)한 사람들에게 불어넣고 있으니 말이다.

24. 우리의 해석이 인간의 이성의 지배를 받는다는 비난에 대한 반박

그러나, 이 거짓의 오명을 완전히 씻어내기 위해서는 또 한 가지 다른 혐의에 대해서도 해명해야 할 것이다. 그들은 우리가 인간의 이성에 지나치게 매여 있는 나머지 자연의 질서가 허용하고 일반 상식으로 이해할 수 있는 범위 이상으로는 절대로 하나님의 능력을 인정하지 않는다고 떠벌리기 때문이다. 이런 사악한 비방에 대하여 나는 내가 가르친 내용 그 자체에 호소하고자 한다. 내가 절대로 이 신비를 인간의 이성의 척도로 가늠하거나, 그것을 자연의 법칙에 예속시키지 않는다는 것은 나의 가르침 자체가 분명히 보여 주는 것이다. 여러분에게 묻고 싶다. 우리는 그리스도께서 하늘로부터 그의 살로써 우리 영혼을 먹이시지만 우리의 육체는 떡과 포도주로 양분을 섭취한다고 배웠는데, 과연 이것이 자연과학에서 비롯된 것인가? 우리의 영혼에 생명을 주는 그 살의 능력이 대체 어디서 오는가? 모든 사람이 다 그것이 자연적으로 오는 것이 아니라고 말할 것이다. 그리스도의 살이 우리 속에 들어와 우리의 양식이 된다는 것은 인간의 이성으로는 쉽게 납득할 수가 없을 것이다. 요컨대, 우리의 가르침을 맛본 사람이라면 누구든지 하나님의 은밀하신 능력에 압도되어 그를 찬송하게 될 것이다.

그런데 이 기발한 열성분자들은 자기들 스스로 하나의 이적을 만들어내고는 그것이 없으면 하나님의 능력도 사라지고 만다는 식으로 생각하는 것이다.

여기서 독자들에게 다시 한 번 당부드리고 싶은 것은, 우리의 가르침의 참뜻을 세심하게 살펴서 과연 그것이 일반 상식에 기초하고 있는지, 아니면 믿음의 날개로 세상을 극복하고 하늘로 솟아 오르는지를 확인해 보라는 것이다. 우리는 그리스도께서 외형적인 상징물을 통해서, 그리고 동시에 그의 성령을 통해서, 우리에게 강림하셔서 그의 살[肉]과 그의 피의 본질로써 우리의 영혼을 진정으로 다시 살리신다고 가르친다. 이 몇 마디 말 속에 여러 이적들이 들어 있다는 것을 생각하지 못한다면 그 사람은 바보보다 못한 사람일 것이다. 땅에서 났고 또한 죽음을 겪은 살에서 우리의 영혼이 하늘의 신령한 생명을 부여받는다는 사실처럼 자연과 이반(離反)되는 것은 없다.

서로 하늘과 땅 사이의 간격만큼 떨어져 있고 사이가 벌어져 있는 것들이 그런 엄청난 간격을 넘어서서 서로 연결될 뿐 아니라 서로 연합되며, 그리하여 영혼들이 그리스도의 살에서 양분을 섭취하게 된다는 것이야말로 도저히 믿어지지 않는 사실인 것이다. 그러니, 악한 사람들이여, 우리가 사악한 의도를 갖고서 하나님의 무한하신 능력을 어찌어찌 제한시키려 한다는 추악한 허위 진술을 퍼뜨려서 우리에 대한 증오심을 불러일으키는 일 따위는 이제 그만두기 바란다. 그들이 그야말로 어리석게 오해를 하는 것이든가, 아니면 비열하게 거짓말을 하고 있는 것이든가 둘 중의 하나이기 때문이다.

여기서 문제는 하나님이 무슨 일을 하실 수 있느냐 하는 것이 아니라, 그가 과연 무슨 일을 하고자 하시느냐 하는 것이다. 자, 하나님께서 기뻐하신 일이 이루어졌다는 것은 우리 모두 인정하는 사실이다. 그런데 그리스도께서 죄를 제외한 모든 점에서 그의 형제들과 같이 되시는 일을 하나님께서 기뻐하셨다(히 4:14; 참조. 2:17). 우리의 살(flesh)의 본질이 무엇인가? 고정된 공간을 점유하고 있고, 한 장소에 속해 있으며, 만져지고 눈에 보이는 그 무엇이 아니든가? 그렇다면, 어째서 하나님께서는 그 동일한 살로 하여금 여러 다양한 공간을 동시에 점유하도록 만드시고 어느 장소에도 속하지 않도록 만드셔서, 부피나 형체가 없도록 만드시지 못하느냐고 묻는단 말인가?

미친 사람이여, 그대는 어째서 하나님의 능력에게 살을 살이 되게 하고 동시에 살이 아닌 것이 되게 하라고 요구하는가! 그것은 마치 빛을 빛이 되게 하고 동시에 어둠이 되게 하라고 억지를 부리는 것과 마찬가지가 아닌가! 그러나 하나님께서는 빛을 빛이 되게 하시고, 어둠을 어둠이 되게 하시며, 살을 살이 되게 하시기를 원하시는 것이다. 그리고 그가 기뻐하시면 어둠을 빛으로 변화시키시고, 또한 빛을 어둠으로 바꾸실 것이다. 그런데도 빛과 어둠이 서로 차이가 없어야 한다는 식으로 요구한다면, 그것이야말로 하나님의 지혜의 질서를 어지럽히는 것이 아니고 무엇이겠는가? 그러므로, 살은 살이고, 영은 영이다. 각자 하나님께서 창조하신 그 상태와 조건 속에 그대로 있는 것이다. 어느 구체적인 한 장소에 속하여 있고, 그 크기와 형체를 지닌다는 것이 바로 살의 조건이다. 이런 조건 하에서 그리스도께서는 육체를 취하셨고, 아우구스티누스가 말하는 대로 그 육체에 썩지 않음과 영광을 주시되 그 본성과 실체는 파괴하지 않으신 것이다.[12]

25. 말씀은 이해와 해석이 필요함

이에 대하여 그들은 하나님의 뜻이 분명하게 드러나는 말씀이 있다고 답변한다. 즉, 우리가 말씀에 빛을 밝히는 해석의 은사를(고전 12:10) 교회에서 추방시킬 권한이 그들에게 있음을 인정한다면 그렇다는 뜻이다.

그들에게 말씀이 있다는 것은 인정한다. 그러나 그들은 그 옛날 하나님에게 형체가 있다고 주장하던 신인동형론자들이나, 혹은 그리스도의 몸은 천상적인 몸 또는 유령 같은 몸이라고 하던 마르키온과 마니교도들의 경우처럼 그런 식으로 말씀을 소유하고 있는 것이다. 그들도 성경 본문을 인용하기는 했다. 즉, "첫 사람은 땅에서 났으니 흙에 속한 자이거니와 둘째 사람은 하늘에서 나셨느니라"(고전 15:47), "[그리스도는] 오히려 자기를 비워 종의 형체를 가지사 사람들과 같이 되셨고"(빌 2:7) 등이 그것이다.

그러나 이 허망한 사람들은 자기들의 머리로 무언가 괴물을 만들어 내어 그것으로 자연의 질서를 다 뒤엎어버리고서야 비로소 하나님의 능력이 존재한다고 생각하는 것이다. 그러나 이것은 오히려 하나님의 능력을 제한시키는 것이다. 우리가 꾸며낸 허구로 하나님을 시험하는 것이기 때문이다. 그리스도의 몸이 하늘에서는 눈에 보이지만 땅에서는 무수한 떡부스러기 속에 눈에 보이지 않게 감추어져 있다는 그들의 생각은 도대체 어떤 말씀에 근거한 것인가? 그리스도의 몸이 성찬에 주어지기 위해서는 그런 일이 필수적이라고 그들은 대답할 것이다. 그러나 그들이 그런 것을 주장하게 된 이유는, 그들이 자기들 마음대로 그리스도의 말씀에서 실제로 입으로 먹는다는 개념을 이끌어내고는 그런 자기들의 편견에 사로잡힌 나머지, 결국 모든 성경이 소리높여 반대하는 이런 기묘한 생각을 만들어 낼 수밖에 없었기 때문이다.

그러나 우리가 하나님의 능력을 제한시킨다는 비난은 철저한 거짓이다. 오히려 그 반대로, 우리의 가르침은 하나님의 능력을 최고로 높이며 찬송하는 것이다. 그러나 그들은 그리스도의 입으로 약속하신 것을 우리가 일반 상식으로 믿기가 어렵다는 구실로 받아들이기를 거부한다고 하면서, 우리가 하나님의 존귀와 영광을 빼앗고 있다고 비난하고 있다. 이에 대해서 다시 답변하거니와, 믿음의 신비한 일들에 있어서는 일반 상식이 우리의 안내자가 되는 것이 아니라, 야고보가 가르치듯이(약 1:21) 하늘로부터 주어지는 가르침을 온유한 마음과 가르침을 받고자 하는 고요한 자세로 받아들일 뿐이라는 것이다.

그러나 그들이 치명적으로 오류를 범하는 문제에 있어서, 우리는 적절한 자세를 취한다고 나는 확신한다. "이것이 내 몸이니"라는 그리스도의 말씀을 들으면서 그들은 이적을 머릿속에 그리지만, 그것은 그리스도의 의도와는 전연 거리가 먼 것이다. 그리고 이런 식의 헛된 상상에서 희한한 모순이 발생하게 되면, 그들로서는 이미 경솔하게도 스스로 올가미에 걸려 있는 상태에서 하나님의 전능하심이라는 그 무한히 깊은 바다 속에 자신들을 던짐으로써 진리의 빛을 꺼뜨리려 하는 것이다. 다음과 같은 교만한 결벽증 같은 태도가 바로 거기서 나오는 것이다: "우리는 '이것이 내 몸이니'라는 그리스도의 말씀으로 만족하므로, 그가 어떻게 떡 속에 숨어 계시는가 하는 것은 우리의 알 바가 아니다."

그러나 우리는 성경 전체에 대해서 그렇게 하는 것처럼, 이 구절에 대해서도 건전한 이해를 얻기 위하여 순종하는 마음으로 신중을 기하여 살피는 것이다. 뿐만 아니라 우리는 분별 없이 경솔하게, 왜곡된 열심으로, 처음 우리 머리에 떠오르는 생각을 고집하지도 않는다. 오히려, 그 말씀을 부지런히 묵상한 다음, 하나님의 성령께서 베푸시는 그 말씀의 의미를 받아들이며, 또한 그것에 의지하여 혹 이 땅의 지혜가 그것에 거스르는 것은 없는지를 높은 위치에서 내려다 본다. 우리는 우리의 생각들을 붙잡아서 그것에 사로잡히도록 하여 감히 그 의미에 대해 저항하는 말을 한 마디도 제기하지 않으며, 또한 우리의 생각들을 낮추어서 감히 그 의미에 대적하지 않도록 하는 것이다. 그리스도의 말씀에 대한 우리의 설명은 성경을 웬만큼 아는 모든 사람들이, 성례들에 대해서 공통적으로 나타나는 변함 없는 성경의 용례들에 근거하여 다 알고 인정하는 것인데, 우리의 설명은 바로 이렇게 해서 나온 것이다. 우리로서는, 이해하기 어려운 문제를 접할 때에 동정녀 마리아의 경우처럼 어떻게 그런 일이 있을 수 있느냐고 묻는 일(눅 1:34)이 부당하다고 생각하지 않는 것이다.

26. 그리스도의 임재에 관한 해명

그러나 경건한 자들의 믿음을 강건케 하는 효과적인 방법으로는, 우리가 제시한 가르침이 하나님의 순전한 말씀에서 비롯된 것이며 그 말씀의 권위에 근거한다는 것을 깨닫는 것 이상 가는 것이 없기 때문에, 이 점에 대해서도 할 수 있는 만큼 간단하게 밝히고자 한다. 그리스도께서 부활하신 때부터 그의 몸이 유한한 상태요 또한 마지막 날까지 하늘에 있다는 것(참조. 행 3:21)은 아리스토

텔레스의 가르침이 아니라 성령의 가르침이다. 또한 그들이 교만하게도 이 사실을 입증하는 구절들을 회피한다는 것도 모르는 바 아니다. 그리스도께서는 자신이 떠나신다고도 하시고(요 14:12, 28; 16:7), 세상을 버리신다고도 하시는데(요 16:28), 그들은 언제나 이것은 그저 죽을 상태가 변화하는 것 외에 아무것도 아니라고 대답한다. 그러나 그런 식으로 추리하자면, 그리스도께서는 그들이 말하는 대로 성령을 대신 보내셔서 그가 부재 중인 결핍의 상태를 채우려 하지 않으셨을 것이다. 왜냐하면 성령께서는 그를 계승하시는 것이 아니기 때문이며, 또한 그리스도께서 하늘 영광의 상태에서 죽을 목숨의 상태를 다시 취하려고 내려오지 않으시기 때문이다. 분명히 단언하지만, 성령의 강림과 그리스도의 승천은 서로 대칭을 이루는 사건이다. 그러므로 그리스도께서 육체를 따라 우리와 함께 거하시는 일은 성령을 보내시는 일과 방식이 동일할 수가 없는 것이다.

게다가 그리스도께서는 자기가 이 세상에서 제자들과 함께 항상 계실 것이 아님을 분명하게 선언하신다(마 26:11; 요 12:8). 그들은 또한 그리스도의 그런 선언을 그저 자신이 항상 가련하고 초라한 상태에 계시거나 이 덧없는 인생의 필수적인 요건들에 예속되어 계실 것이 아니라는 의미로 이해함으로써 이 선언이 제기하는 문제를 깨끗하게 처리했다는 식으로 생각하는 것 같다. 그러나 본문의 전후 문맥은 이런 해석을 분명하게 반대하고 있다. 왜냐하면 본문에서 다루는 것은 핍절함과 빈곤함이나 혹은 이 땅의 삶의 비참한 처지의 문제가 아니라, 경배와 존귀를 드리는 문제이기 때문이다. 제자들은 기름을 붓는 일을 탐탁지 않게 여겼다. 불필요하고 괜스레 기름을 허비하는 일이라 여겼기 때문이다. 그리하여 그들은 기름을 그렇게 아깝게 버리느니 차라리 그 돈을 가난한 자들에게 주는 편이 낫겠다고 생각한 것이다. 그런데 그리스도께서는 자신이 항상 계셔서 그런 존귀를 받으실 것이 아니라고 대답하신 것이다(마 26:8-11).

아우구스티누스도 조금도 애매하지 않은 분명한 말로써 이를 똑같이 설명하고 있다: "그리스도께서 '나는 항상 너희와 함께 있지 아니하리라'고 말씀하셨는데, 이는 몸의 임재에 관한 말씀이었다. 그의 위엄, 그의 섭리, 도저히 형언할 수 없고 눈에 보이지 않는 그의 은혜에 관해서는, 그는 '볼지어다 내가 세상 끝날까지 너희와 항상 함께 있으리라'(마 28:20)는 그의 말씀을 그대로 이루셨다. 그러나 '말씀'이신 그분께서 취하신 육체에 대해서는, 그가 동정녀에게서 나신 사실과, 유대인들에게 붙잡히셔서 나무에 매어달리셨고, 십자가에서 내려지셨고 세마포로 싸이셨고 무덤 속에 놓여지셨고 부활로 나타나셨다는 사실에 대해서는, '나는 항상 너희와 함께 있지 아니하리라'고 하셨다. 왜 그런가? 몸의 임재로 말하자면 그는 제자들과 사십 일 동안 교제를 가지셨고, 그들이 보는 가운데서 하늘로 올리셨기 때문이다(행 1:3, 9). '그가 … 여기 계시지 아니하니라'(막 16:6). 왜냐하면 그가 아버지의 오른편에 앉아 계시기 때문이다(막 16:19). 그러나 그는 여기 계시다. 그의 위엄의 임재가 떠나지 않았기 때문이다(히 1:3). 그의 위엄의 임재로 말하자면, 그리스도께서는 우리와 항상 함께 계시다. 그러나 육체의 임재로 말하면, '나는 항상 너희와 함께 있지 아니하리라'(마 26:11)는 말씀이 옳다. 왜냐하면 육체의 임재로는 그가 그저 몇 날 동안밖에는 교회와 함께 계시지 않았기 때문이다. 지금 교회는 믿음으로 그를 붙들고 있다. 그러나 눈으로는 그를 보지 못하는 것이다."[13]

여기서 (이 역시 간단히 말하겠지만) 아우구스티누스는 그리스도께서 우리 가운데 임재해 계시는 것을 세 가지 방식으로 생각하고 있다. 곧, 위엄으로 임재하시고, 섭리로 임재하시며, 말로 표현할 수 없는 은혜로 임재하시는 것이 그것이다. 은혜의 임재 아래에 나는 그의 몸과 피를 나누는 그 놀라운 교제를 포함시키고 싶다. 단, 그의 몸 자체를 떡 속에 위장하여 숨김으로써가 아니라, 성령의 능력으로 말미암아 그런 일이 일어난다고 이해한다면 말이다. 우리 주님은 자신이 사람이 느낄 수 있고 볼 수 있는 살과 뼈를 지니셨다고 증언하셨던 것이다(요 20:27).

또한 "떠나간다"와 "올라간다"는 것은 그저 떠나가고 올라가는 것처럼 보이기만 한다는 의미가 아니라, 실제로 그렇게 한다는 의미이다. 그렇다면, 과연 어떤 사람의 말처럼, 하늘의 어떤 특정한 구역을 그리스도께 할당시킨다고 말할 것인가? 그러나 나는 아우구스티누스를 따라서, 이것은 호기심을 만족시키려는 것일 뿐 쓸데없는 질문이라고 대답하고 싶다. 우리로서는 그리스도께서 하늘에 계시다고 믿는 것만으로 족하기 때문이다.[14]

27. "승천"의 의미

그런데 어째서 우리는 "승천"이라는 말을 그렇게도 자주 되풀이하는가? 이 말은 한 장소에서 다른 장소로 옮긴다는 뜻을 내포하지 않는가? 그러나 그들은 이 점을 부인한다. 그들에 의하면, 높은 곳이란 그리스도의 통치의 위엄을 의미

할 뿐이라는 것이다. 그러나 그렇다면, 승천 시에 취하신 방식은 어찌되는가? 제자들의 눈 앞에서 그리스도께서 높이 올라가신 것이 아닌가? 그리스도께서 하늘로 올리우셨음을 복음서 기자들이 분명히 보도하고 있지 않은가(행 1:9; 막 16:19; 눅 24:51)? 이에 대해서 이 똑똑한 궤변가들은 대답하기를, 그리스도께서 그들이 보는 가운데 구름 속으로 취하여 가신 것은 신자들로 하여금 그가 다시는 세상에서 보이지 않으실 것임을 깨닫도록 하기 위함이었다고 한다. 눈에 보이지 않는 그의 임재를 확인시키기 위해서라면, 그가 한순간에 갑자기 사라지셨거나, 혹은 그가 발자국을 움직이시기 전에 구름이 온통 그를 가리우도록 하실 수도 있었을 것이 아닌가? 그러나 그리스도께서는 공중으로 높이 오르셨고, 구름이 그의 밑을 가리웠으니(행 1:9), 이는 다시는 그를 이 땅에서 찾아서는 안 된다는 것을 가르쳐 주는데, 여기서 우리는 그의 거처가 이제 하늘에 있다고 보는 것이 안전할 것이다. 바울도 하늘로부터 그를 기다리라고 말하고 있다(빌 3:20). 또한 천사들이 제자들에게 헛되이 하늘을 쳐다보지 말라고 경고하는데, 이는 하늘로 올려지신 예수께서는 하늘로 가심을 본 그대로 다시 오실 것이기 때문인 것이다(행 1:11).

건전한 가르침을 대적하는 자들은 여기서도 그 특유의 희한한 술책을 부린다. 곧, 그리스도께서는 절대로 이 땅을 떠나신 것이 아니고 그의 백성들 가운데 눈에 보이지 않는 방식으로 남아 계시며, 후에 다시 눈에 보이는 형태로 오실 것이라는 것이다. 그렇다면, 그때에 천사들이 한 말씀은 이중적인 임재를 뜻하는 것이고, 그 점에 대해서 전혀 의심의 여지가 없도록 제자들을 승천의 목격자들로 만든 것이란 말인가? 그러나 천사들의 말은 이런 뜻이다: "너희들이 보는 가운데서 하늘로 올라가심으로써 주께서는 그의 하늘의 권세를 취하셨으니, 너희는 그가 세상의 심판자로서 다시 오시기까지 참고 기다려야 할 것이다. 그가 이제 하늘에 들어가신 것은 홀로 하늘을 소유하기 위함이 아니요 너희와 모든 경건한 백성들을 그와 함께 모으시기 위함이다."

28. 아우구스티누스의 증언

그러나 이런 그릇된 가르침을 변호하는 자들이 뻔뻔스럽게도 고대의 저술가들, 특히 아우구스티누스가 그런 가르침을 승인한다는 주장을 늘어놓고 있으니, 그들의 이런 처사가 얼마나 악한가에 대해서 몇 마디 언급하지 않을 수 없다. 그들의 증거가 학식 있고 경건한 사람들에게서 모아진 것들이므로, 이미 해 놓은 일을 새삼스레 하고 싶지 않다. 원하는 사람은 그들의 수고에서 그런 것들을 찾아보도록 하라. 나로서는 이 문제에 관한 모든 진술들을 — 심지어 아우구스티누스의 진술들이라 할지라도 — 다 열거하지는 않고, 다만 아우구스티누스가 전적으로 완전하게 우리를 지지한다는 사실을 입증하는 몇 가지 증언들을 제시하는 것으로 만족하고자 한다.

우리의 반대자들은 아우구스티누스를 우리에게서 빼앗으려고, 성찬에서 그리스도의 살과 피, 즉 십자가에서 단번에 드려진 그 희생 제물이 분배된다는 개념이 그의 책에서 자주 나타난다고 둘러댄다. 그러나 이것은 어처구니없는 논리다. 왜냐하면 아우구스티누스는 동시에 그것을 "유카리스트"(즉, "감사"), 혹은 몸의 성례라고 부르기 때문이다. 그러나 그가 "살"과 "피"라는 단어들을 무슨 의미로 사용하는지를 이리저리 빙 둘러서 찾으려 할 필요가 없다. 그가 스스로 명확하게 설명해 주고 있기 때문이다. 그는 말하기를, 성물들은 그것들이 의미하는 실체들과 유사하기 때문에 그 실체들의 명칭을 취하는 것이며, 따라서 어떤 의미에서 몸을 뜻하는 성물을 가리켜 몸이라고 말할 수 있다고 한다. 또 한 가지 아주 친숙한 구절도 이와 일치한다: "주께서는 상징물을 주시면서 서슴지 않고, '이것은 내 몸이니라'라고 말씀하셨다."

그러나 그들은 다시 주장하기를, 아우구스티누스는 그리스도의 몸이 지상에 떨어져 입 속으로 들어간다고 분명히 쓰고 있다고 한다. 그러나 분명히 말하건대, 그의 그런 진술은 먹는다는 의미와 같은 의미이다. 왜냐하면 그는 그 두 가지 표현을 동시에 함께 연결지어 사용하고 있기 때문이다. 그는 신비가 시행된 다음 떡을 먹는다고 진술하는데, 그 진술은 이것과 하등의 모순이 없다. 왜냐하면 그보다 조금 앞서서 그가 이렇게 말한 바 있기 때문이다: "이런 일들은 사람들이 익히 잘 아는 것들이므로, 그런 일들이 행해질 때 사람들은 신성한 것으로 존귀히 여길 수는 있어도 이적으로 여길 수는 없는 것이다."

우리의 대적들이 지나치게 경솔하게 스스로 도용하는 다음과 같은 아우구스티누스의 진술도 같은 의미이다. 곧, 그 신비한 떡을 제자들에게 내미실 때 그리스도께서는 어떤 의미에서 자기 자신을 자기 손으로 들고 계신 것이었다는 진술이 바로 그것이다. 아우구스티누스는 유사성을 나타내는 부사를 그 진술에 삽입함으로써, 그리스도께서 참으로 혹은 진짜로 떡 속에 갇혀 계신 것이 아님을 분명히 밝히고 있기 때문이다. 왜 아니 그렇겠는가! 또한 그는 다른 곳에서도 노골적으로 주장하기를, 몸이 만일 공간 속의 자리를 빼앗긴다면, 그 몸은 어느 곳에도 있지 않을 것이고, 또한 어느 곳에도 있지 않을 것이라는 사실은 곧 그 몸이 절대로 존재하지 않는다는 뜻이 된다고 한다. 거기서 아우구스티누스는 하나님께서 특별한 능력을 발휘하시는 성찬을 논하는 것이 아니라는 식으로 반론을 제기하기도 하지만, 그것은 구차한 변명에 지나지 않는다.

그리스도의 살에 관하여 질문을 받고서 그 거룩한 사람은 다음과 같이 의도적으로 답변하고 있기 때문이다: "그리스도께서는 자기 자신의 살에 불멸성을 부여하셨으나, 그 살의 본질은 제거하지 않으셨다. 그러므로 우리는 그 살이 이러한 살의 형체로 어디든지 편만해 있다는 식으로 생각해서는 안 될 것이다. 왜냐하면 그분의 신성을 주장하는 나머지 그의 몸의 실재성을 제거해버리는 일이 있어서는 안 된다는 점을 유념해야 하기 때문이다. 그러므로 하나님께서 어디든지 계신다고 해서 하나님 속에 있는 것이 모두 다 어디든지 있어야 하는 것은 아닌 것이다." 그리고 곧 그 이유를 제시하고 있다: "한 분이 하나님이시며 사람이시다. 그리고 하나님과 사람이 한 그리스도시다. 그가 하나님이시므로 그는 어디든지 계시며, 그가 사람이시므로 그는 하늘에 계시는 것이다."

만일 조금이라도 그가 논의하고 있던 가르침에 거스르는 면이 성찬에 있는데도, 그렇게도 심각하고 중차대한 문제인 성찬의 문제를 제외시키지 않았다면 그 얼마나 어리석은 일이었겠는가? 그런데, 조금 뒤에 이어지는 내용을 주의 깊게 읽어보면 그 전반적인 가르침 밑에 성찬의 문제도 함께 포함되어 있는 것을 알게 될 것이다. 그는 말하기를, 하나님의 독생자시요 또한 인자(人子)이신 그리스도께서는 하나님과 마찬가지로 어느 곳에나 전적으로 임재하여 계시며 또한 그분이야말로 하나님의 성전(즉, 교회) 속에 거하시는 하나님이시며 또한 그의 진정한 몸의 성격상 하늘의 어느 곳엔가 거하시는 하나님이시라고 하는 것이다. 여기서 우리는 그리스도의 몸을 하늘로부터 끌어내리지 않고도 하나님께서는 얼마든지 그리스도를 교회와 연합시키신다는 것을 깨닫게 된다. 만일 떡 속에 갇혀 있어야만 그리스도의 몸이 우리에게 참된 양식이 될 수 있었다면, 하나님께서는 그의 몸을 하늘로부터 끌어내리셨을 것이다.

다른 곳에서는 신자들이 지금 어떻게 그리스도를 소유하는가를 설명하는 가운데, 아우구스티누스는 이렇게 말하고 있다: "여러분은 십자가의 표징을 통하여, 세례의 성례를 통하여, 제단의 양식과 음료를 통하여 그리스도를 소유하는 것이다." 그리스도의 임재를 나타내는 상징물들 가운데서 그가 얼마나 정확하게 미신적인 의식을 가려내는지에 대해서는 여기서 논할 필요가 없다. 그러나 그가 그리스도의 육체적 임재를 십자가의 표징에 비유한다는 사실은, 그가 그리스도께 두 가지 몸이 있어서 눈에 보이는 방식으로 하늘에 앉아 계시는 동시에 떡 속에 은밀하게 숨어 계실 수 있다는 식의 생각을 전혀 하고 있지 않다는 것을 충분히 입증하고도 남는 것이다.

그러나 그보다 더 분명한 해명이 필요하다면, 바로 그 다음에 덧붙인 그의 진술을 보면 될 것이다: "위엄의 임재에 대해서 말하면, 그리스도께서 언제나 우리와 함께 계시다. 그러나 육체적 임재에 대해서 말하자면, '나는 항상 너희와 함께 있지 아니하리라'(마 26:11)라는 말씀이 과연 옳았던 것이다."

그들은 아우구스티누스가 곧바로 다음과 같이 진술한다고 하며 반박한다: "말로 표현할 수 없는 눈에 보이지 않는 은혜에 대하여 말하자면, '내가 세상 끝날까지 너희와 항상 함께 있으리라'(마 28:20)는 그의 말씀이 그대로 이루어질 것이다." 그러나 이런 반론으로도 그들은 아무런 소득을 얻을 수가 없다. 왜냐하면 이 진술은 결국 위엄을 지칭하는 것일 뿐이며, 위엄이란 언제나 몸과는 별개의 것이고, 살(flesh) 또한 은혜와 능력과는 분명히 구별되는 것이기 때문이다. 아우구스티누스의 다른 구절에서도 똑같은 대조법을 볼 수 있다. 곧, 그리스도께서는 영적 임재 속에서 제자들과 함께 계시기 위하여 그들에게서 육체적 임재를 거두어 가셨다는 진술이 그것이다. 그가 육체의 본질을 성령의 능력과 구분하고 있다는 것이 여기서 분명히 드러나고 있다. 육체적으로는 우리가 엄청난 공간적인 간격으로 그리스도와 분리되어 있지만, 그럼에도 불구하고 성령의 능력으로 말미암아 우리가 그리스도와 연합되어 있는 것이다.

이런 유사한 종류의 표현법을 그는 자주 사용한다. 예컨대 그는 이렇게 말하기도 한다: "믿음의 법칙과 건전한 가르침에 따르면, 그는 육체적 임재를 통해서도 산 자들과 죽은 자들에게 다시 오실 것이다. 그는 영적 임재를 통해서도 그들에게 오실 것이고, 또한 세상 끝날까지 온 교회와 함께 계실 것이다"(마 28:20; 참조. 요 17:12). 그러므로 이 강론은 그리스도께서 육체적 임재를 통하여 이미 구원하기 시작하신 신자들에게 주는 것이며, 동시에 육체적 임재를 통해서는 내버려 두심으로써 영적 임재를 통하여 아버지와 함께 구원하실 신자들에게 주는 것이다. "육체적" 임재를 "눈에 보이는" 임재의 의미로 이해하는 것은 궤변에 불과하다. 왜냐하면 주께서는 몸을 신적 능력과 대비시키시기 때문이다. 여기서 "아버지와 함께 구원하신다"고 덧붙임으로써, 아우구스티누스는 하나님께서 성령을 통하여 우리에게 하늘로부터 그의 은혜를 부으신다는 것을 분명히 하고 있는 것이다.[15]

29. 그리스도의 몸의 실재

그들이 이렇듯 눈에 보이지 않는 임재라는 핑계에 굉장한 자신감을 갖고 있으니, 자, 그들이 얼마나 그 속에 자기들을 잘 감추는지를 보도록 하자.

첫째로, 그들은 그리스도께서 눈에 보이지 않으신다는 것을 입증해 주는 성구를 단 하나도 제시하지 못한다. 그러면서도 그들은 정신이 온전한 사람이라면 도저히 사실로 인정할 수 없는 것을 주장하는 것이다. 곧, 떡이라는 가면 아래에 숨겨져 있지 않으면 그리스도의 몸이 성찬에서 베풀어질 수가 없다는 주장 말이다. 바로 이것이 그들이 우리와 논쟁을 벌이는 쟁점이지만, 이것은 사실 하나의 원리의 자리를 차지할 수 없는 문제인 것이다.

그리고 이런 식으로 지껄이는 한, 그들로서는 그리스도의 몸을 이중적인 것으로 만들지 않을 수가 없다. 왜냐하면 그들의 논지에 따르면, 그리스도의 몸은 그 자체가 눈에 보이는 방식으로 하늘에 있으면서도 동시에 특별한 경륜의 양식에 따라서 성찬에서는 눈에 보이지 않는 방식으로 존재하기 때문이다. 그러나 이것이 얼마나 멋진 일관성을 지니는가 하는 것은 성경의 다른 구절들과 베드로의 증언에서 쉽게 볼 수가 있다. 베드로는 말하기를, 그리스도께서 다시 오실 때까지 하늘이 그를 마땅히 받아 둔다고 한다(행 3:21). 그러나 이 사람들은 그리스도께서는 공간적으로 어디에나 계시지만 형체가 없으시다고 가르친다. 그들은 영광을 입으신 그리스도의 몸의 본질이 일상적인 자연의 법칙에 예속된다는 것은 그릇된 것이라고 반대하는 것이다.

그러나 이러한 반론은 그리스도의 신성이 그의 몸을 삼켜 버렸다는 세르베투스(Servetus)의 정신 나간 사상을 ─ 모든 경건한 사람들이 이를 가증히 여긴다 ─ 끌어들이는 것이다. 물론 그들이 그렇게 생각한다는 뜻은 아니다. 그러나, 만일 눈에 보이지 않는 방식으로 만물을 가득 채우는 것을 영광을 입으신 몸의 특징 가운데 하나로 보게 되면, 몸의 본질이 제거되고 결국 신성과 인성의 차이가 완전히 사라지고 만다는 것이 분명해지는 것이다.

그리고 만일 그리스도의 몸이 형체가 매우 다양하여 한 곳에서는 눈에 보이고 또 다른 곳에서는 보이지 않는 식으로 임재한다면, 그 나름대로의 부피를 지닌 상태로 존재하는 몸의 본질은 도대체 어디 있으며, 그 몸의 통일성은 어디 있단 말인가? 성찬의 성물 속에서 그리스도의 몸의 상징이 영적 생명의 보증이요 확신으로서 우리 앞에 제시되기 때문에 그리스도의 몸은 참되고 자연적인 몸이라는 테르툴리아누스(Tertullian)의 진술이 그보다 훨씬 더 바른 것이다.[16] 그리스도께서도 영광을 입은 그의 몸에 대해서 말씀하기를, "내 손과 발을 보고 나인 줄 알라. 또 나를 만져 보라. 영은 살과 뼈가 없으되 너희 보는 바와 같이 나는 있느니라"(눅 24:39)라고 하셨다. 자, 여기서 그리스도의 살의 실재성이 그리스도의 입으로 친히 입증되고 있지 않은가? 그는 자신이 만질 수도 있고 눈으로 볼 수도 있음을 말씀하신 것이다. 이런 것들을 제거해 버리면, 살은 존재하지 않는 것이 되어 버리는 것이다.

그들은 언제나 자기들 스스로 고안해 낸 자기들의 교묘한 처방을 피난처로 삼는다. 그러나 우리는 그리스도께서 절대적으로 선언하시는 바를 온전히 받아들여서 그가 뜻하시는 바가 예외 없이 우리들 중에서 높임을 받도록 할 의무가 있다. 그는 자신이 육체로 눈에 보인다는 사실을 말씀하심으로써, 자신이 유령이 아니심을 친히 증명하신다. 그런데, 그의 몸의 본질에 합당한 특징으로 주께서 말씀하시는 것을 제거해 보라. 그러면 그 몸에 대하여 새로운 정의를 만들어 내어야 하지 않겠는가?

자, 어떤 방향으로 빠져나가려 해도, 바울의 다음과 같은 말에는 그들의 거짓된 처방이 끼어들 여지가 조금도 없다: "우리의 시민권은 하늘에 있는지라 거기로부터 구원하는 자 곧 주 예수 그리스도를 기다리노니 그는 … 우리의 낮은 몸을 자기 영광의 몸의 형체와 같이 변하게 하시리라"(빌 3:20-21). 우리는 모든 사람이 눈에 보이지 않는 무한한 몸을 지녀야 한다는 그 사람들의 주장을 그대로 믿고서, 그들이 그리스도께 부여하는 그런 특성을 덧입기를 기대해서는 안 되는 것이다. 그렇게 지독한 모순을 믿고 납득할 만큼 어리석은 사람은 한 사람도 없을 것이다. 그러니, 그 사람들은 그리스도의 영광의 몸에 이러한 ― 곧, 동시에 여러 곳에 있고, 어느 지점에 속하여 있지 않는 ― 특성을 부여해서는 안 될 것이다. 간단히 말해서, 육체의 부활을 부인하든지, 아니면 그리스도께서는 하늘의 영광을 입으신 상태에서도 육체를 벗지 않으셨고 오히려 우리를 우리 자신의 육체 속에서 그와 동일한 영광에 함께 참여하는 자로 만드실 것이라는 것을 인정하든지 둘 중의 한 가지를 택해야 할 것이다. 우리가 장차 그와 함께 동일한 부활을 누리게 될 것이기 때문이다. 동정녀에게서 나실 때에 그리스도께서 진짜 우리의 육체를 취하셨고, 우리를 위하여 속죄하실 때에도 진짜 우리의 육체로 고난당하셨으니, 그의 부활에서도 그와 똑같은 진짜 육체를 받으셨고 그 육체를 입으신 상태로 하늘로 올리셨다는 사실보다 모든 성경에서 더 분명하게 가르치는 것이 과연 어디 있는가?

우리는 우리의 부활과 우리의 승천에 대해서 이런 소망이 있는 것이다. 즉, 그리스도께서 다시 살아나셔서 승천하셨고, 테르툴리아누스의 말처럼, 우리의 부활에 대한 보증을 친히 지시고 승천하셨다는 사실 말이다.[17] 그런데, 만일 우리의 이 육체가 그리스도 안에서 정말로 부활하지 않았고, 천국에 들어가지 않았다면, 그 소망이 얼마나 연약하며 보잘것없는 것이 되어 버리겠는가! 그러나 그 자체의 부피와 모양을 지니고 공간을 점유한다는 것이야말로 몸의 참된 본질인 것이다. 그러니, 사람의 생각과 그리스도를 온통 떡에 얽어매는 이 어리석은 허구는 없애버려라!

그리스도와 연합하기를 사모하는 자들로 하여금 이 상징물에서 멈추도록 만들려는 것이 아니라면, 떡 속에 감추어진 그리스도의 몸을 주장하는 목적이 도대체 무엇이란 말인가? 그러나 주님께서는 우리가 이 땅에서 우리의 눈은 물론 우리의 모든 감각까지도 다 거두기를 바라셨고, 그가 아버지께로 올라가시기까지 자기를 만지지 말라고 여인들을 금지시키셨다(요 20:17). 마리아가 주님을 경외하고 사모하여 황급히 그의 발에 입을 맞추려 할 때에, 주님은 어째서 그 일을 용납하지 않으셨고, 그가 하늘로 올리우실 때까지 그를 만지지 못하도록 금하셨던가? 그 이유는 사람들이 그를 오직 하늘에서만 찾게 되기를 바라셨다는 것 이외에 다른 이유가 없는 것이다.

그리스도께서 나중에 스데반에게 보이지 않으셨냐(행 7:55)는 그들의 반론도 쉽게 답변할 수가 있다. 스데반에게 보이셨다고 해서 그리스도께서 그의 처소를 바꾸셔야 할 필요는 없기 때문이다. 그의 종의 눈을 밝게 하셔서 하늘을 꿰뚫어 볼 수 있게 만드셨을 수도 있기 때문이다. 바울의 경우에 대해서도 똑같은 말을 할 수 있을 것이다(행 9:4).

그들은 그리스도께서 닫힌 무덤에서 나가셨고(마 28:6) 문이 닫혀 있는 상태에서 제자들에게로 들어가셨다고 하며(요 20:19) 반론을 제기한다. 이 역시 그들의 오류를 전혀 뒷받침해 주지 않는다. 그리스도께서 호수 위를 걸으셨을 때에 물이 그리스도께 단단한 바닥을 제공했던 것처럼(참조. 마 14:25), 그 단단한 무덤의 돌이 그가 접근하실 때에 길을 내주었다 해도 전혀 이상할 것이 없기 때문이다. 그러나 그의 명령에 돌이 제거되었고 그가 밖으로 나오신 후 다시 제자리로 돌아갔을 개연성이 더 높다. 그리고 닫힌 문을 통과하여 들어가셨다는 것도 그저 단단한 물체를 뚫고 지나간 것이 아니라 신적인 능력으로 주께서 친히 입구를 여셨고, 그리하여 문이 잠겨 있는데도 불구하고 놀라운 방법으로 갑자기 제자들 가운데 나타나신 것으로 보아야 옳을 것이다.

그들은 그리스도께서 엠마오로 가던 제자들에게 나타나셨다가 그 제자들의 눈에서 갑자기 사라지셨다는 누가의 보도를 인용하지만(눅 24:31), 이 역시 그들에게는 아무런 유익이 되지 못하고, 오히려 우리에게 도움을 준다. 왜냐하면 그리스도께서는 실제로 자기 자신을 눈에 보이지 않도록 만드셔서 스스로 그 제자들에게서 모습을 감추신 것이 아니라, 그저 사라지신 것이기 때문이다. 마치 동일한 증인인 누가의 보도를 볼 때에, 그리스도께서 그들과 함께 가실 때에도 전혀 자신을 알아보지 못하도록 새로운 모습을 취하신 것이 아니고, 그들의 눈을 가리우셔서 자기를 알아보지 못하도록 하신 것뿐이었듯이 말이다(눅 24:16).

그러나 우리의 반대자들은 그리스도를 완전히 변형시켜서 그를 이 땅에 거하시게 만들 뿐 아니라, 그를 여기서는 이런 모습으로, 저기서는 저런 모습으로 만들기까지 하는데, 이는 그리스도 자신과는 전혀 딴판인 것이다. 간단히 말하자면, 그들은 그런 식의 상상을 통해서, 직접적으로가 아니라 이리저리 빙 둘러서, 그리스도의 육체를 가지고 하나의 영을 만드는 것이다. 그리고 이것으로 만족하지 않고, 그것에다 전혀 이질적인 특성까지 부여해 버리며, 그렇게 해서 그리스도의 몸은 결국 필연적으로 이중적인 것이 될 수밖에 없는 것이다.

30. 그리스도의 편재성 개념의 허구

자, 그들이 눈에 보이지 않는 임재에 대해서 이리저리 떠들어대는 것은 혹시 인정한다 할지라도, 여전히 그리스도의 임재의 무한성(無限性: immeasurableness)이 입증되지 않은 채 남아 있는데, 이것을 입증하지 못하면 그들이 아무리 그리스도를 떡 속에 가두려 해도 소용이 없게 되고 말 것이다. 그리스도의 몸이 장소의 제한이 없이 동시에 어느 곳에나 있을 수 없다면, 그가 성찬 시에 떡 속에 감추어져 계시다는 주장도 신빙성이 없어지는 것이다. 그리하여 이런 필연성을 충족시키기 위하여, 그들은 편재성(遍在性: ubiquity)이라는 해괴한 개념을 도입하였다.

그러나 성경의 확고하고도 분명한 증언들을 통하여 이미 입증한 바와 같이, 그리스도의 몸은 인간의 몸의 성격을 지녔으며, 또한 하늘로 올라가심으로써 그는 그의 몸이 모든 곳에 있는 것이 아니고 어느 한 곳으로 지나가면 그 전에 있던 곳을 떠나게 된다는 점을 분명히 하셨다.

그들은 "내가 세상 끝날까지 너희와 항상 함께 있으리라"(마 28:20)라는 약속을 증거로 인용하지만, 이것은 그의 몸에 적용되는 것이 아니다. 첫째, 영구적 연결이 성립하려면, 성찬의 용도와는 관계 없이, 그리스도께서 우리 속에 육체로 거하셔야 한다. 그렇다면, 구태여 성찬에서 그리스도를 떡 속에 집어 넣기 위해서 그리스도의 말씀에 대해서 그렇게 격렬하게 주장을 펼 아무런 이유가 없는 것이다. 둘째, 주위의 문맥을 볼 때에 그리스도의 육체적 임재에 대한 언급이 전혀 나타나지 않으며, 오히려 그리스도께서는 사탄과 세상의 모든 공격에 대비하여 그들을 강력히 도우셔서 그의 제자들을 보호하고 유지시키실 것을 약속하고 계신 것이다. 제자들에게 어려운 사명을 지워 주시면서, 그리스도께서는 그들이 혹 그 일을 행하기를 주저하거나 지나친 두려움으로 그 일에 임하지 않도록 하기 위하여, 그의 임재에 대하여 확신을 주심으로써 그들을 강건케 하셨다. 막강한 그의 보호하심이 없이 그들을 그냥 내버려 두는 일이 없을 것임을 말씀하시는 것이다. 만사를 의도적으로 혼동하기를 원치 않은 이상, 그가 어떤 식으로 임재하실 것인지 분간하는 일이 과연 그들에게 필요했겠는가?

그런데 사람들 중에는 자기들의 무지를 드러내어 큰 수치를 당할지언정 자기들의 오류를 조금도 인정하려 하지 않는 자들이 있는 법이다. 그러나 교황주의자들을 두고 하는 말은 아니다. 그들의 교리는 그대로 용인할 점들이 있고, 최소한 더 온건하다 할 수 있다. 그러나 어떤 사람들은 굉장한 논쟁심에 휩싸인 나머지, 그리스도 안에 두 본성이 연합되어 있으니 그리스도의 신성이 있는 곳에는 어디든 또한 그의 육체가 있는 법 ─ 그의 육체는 그의 신성과 분리될 수가 없으므로 ─ 이라는 말을 하기까지 한다. 마치 그 연합으로 말미암아 두 본성이 합성되어, 결국 하나님도 사람도 아닌 일종의 중간적인 존재가 생성된 것처럼 말이다! 과거에 유티케스(Eutyches)도 그렇게 가르쳤고, 그 후 세르베투스(Servetus)도 그렇게 가르치지 않았던가?

그러나 우리는 성경에 근거하여 분명히 가르치거니와, 그리스도라는 한 인격은 두 본성으로 이루어져 계시지만 그럼에도 불구하고 각 본성은 그 자체의 독특한 성격이 손상받지 않고 그대로 유지되는 것이다. 그런 유티케스가 올바로 정죄받았다는 사실에 대해서는 그들도 감히 부인하지 못할 것이다. 그러나 그러면서도 그들이 그가 정죄받은 원인을 생각하지 않는다는 것은 참 이상스러운 일이다. 그는 두 본성 간의 구별을 제거하고 한 인격의 단일성을 강조하여, 하나님으로부터 사람을 만들었고 사람으로부터 하나님을 만든 것이다. 그러니, 그리스도의 몸을 하늘의 성소에서 끌어내리려는 일을 포기하지 않고 오히려 하늘과 땅을 서로 뒤섞어 버리려 하니, 도대체 이 얼마나 미친 짓이란 말인가?

그들은 다음의 구절들을 자기들을 지지하는 것으로 제시한다: "하늘에서 내려온 자 곧 인자 외에는 하늘에 올라간 자가 없느니라"(요 3:13); "아버지 품 속에 있는 독생하신 하나님이 나타내셨느니라"(요 1:18). 오래 전 거룩한 교부들은 어떤 목적을 갖고 "속성 간의 교류"(communication of properties)라는 용어를 만들어냈는데, 이를 무시하는 것 역시 똑같이 분별 없는 처사다. 바울은 영광의 주가 십자가에 못 박히신 사실을 말하지만(고전 2:8), 이는 그리스도의 신성에 속한 어떤 것이 손상을 받았다는 뜻이 아니라, 수욕과 멸시를 당하고 육체로 고난을 당하신 그 그리스도께서 하나님이셨고 또한 영광의 주님이셨다는 뜻인 것이다.

이와 마찬가지로 그는 또한 하늘에 속한 인자(人子)였는데(요 3:13), 이는 곧 육체를 따라서 인자로서 이 땅에 거하신 바로 그 그리스도께서 하늘에 속한 하나님이셨음을 보여 주는 것이다. 이리하여, 그리스도께서는 그의 신성을 따라서 그곳으로 강림하셨다고 하는데, 이는 신성이 하늘을 떠나서 육체의 감옥 속에 자신을 숨겼다는 것이 아니라, 그 신성이 만물에 충만하지만 그리스도의 인성 속에서 그것이 육체로(골 2:9) — 즉, 자연을 따라서, 또한 말로 표현할 수 없는 어떤 특별한 방식으로 — 거하였다는 뜻이다.

스콜라 신학자들은 통례적으로 다음과 같이 구분하는데, 이것을 인용하는 것에 대해서는 부끄러움이 없다. 곧, 그리스도 전체는 어디에나 계시지만 그리스도 안에 있는 것의 전체는 어디에나 있는 것이 아니라는 것이다. 이 진술에 담긴 의미를 스콜라 신학자들 자신이 정직하게 숙고해 보았더라면 얼마나 좋았겠는가! 그랬더라면 그리스도의 육체적 임재라는 모순된 허구가 미연에 방지되었을 테니 말이다. 그러므로, 그리스도 전체가 어디에나 계시니, 우리의 중보자께서는 그의 백성과 언제나 함께 계시는 것이며, 성찬에서도 특별한 방식으로 자기 자신의 임재를 드러내시는 것이다. 그러나 성찬의 경우, 그리스도 전체가 임재하시지만, 그의 속에 있는 모든 것 하나하나가 다 임재하는 것은 아니다. 왜냐하면 이미 말한 바와 같이, 그의 육체로 말하면 그는 심판 때에 다시 나타나시기까지 하늘에 속하여 계시기 때문이다.

31. 그리스도의 임재에 대한 마지막 정리

그리스도의 육체가 떡 속에 있지 않으면 성찬에 육체의 임재가 존재하지 않는 것으로 생각하는 자들은 크나큰 오류를 범하고 있는 것이다. 그렇게 생각하게 되면, 우리를 그리스도 자신과 연합시키시는 성령의 은밀한 역사하심의 여지를 전혀 남겨 두지 않게 되기 때문이다. 그들은 그리스도께서 우리에게 강림하시지 않으면 그가 임재하시는 것 같지 않다고 여긴다. 그가 우리를 들어올리셔서 자기에게 나아가게 하셔도 그의 임재를 똑같이 누릴 수 있는 것인데 말이다. 그러므로 문제는 오직 방식에 대한 것뿐이다. 그들은 그리스도를 떡 속에 두지만, 우리는 우리가 그리스도를 하늘에서 끌어내리는 것이 합당치 않다고 생각하는 것이다. 이 가운데 어느 것이 옳은지 독자들 스스로 판단하기 바란다. 다만 한 가지, 그리스도께서 떡의 껍질 속에 숨어 계시지 않으면 그가 성찬에서 제거된다는 식의 악담은 반드시 없애 버려야 한다. 이 성찬의 신비는 하늘에 속한 것이니, 구태여 그리스도를 땅으로 끌어내리지 않아도 그가 얼마든지 우리와 함께 하실 수가 있기 때문이다.

(성령을 통하여 신자들이 참여하는 육체적 임재의 참된 본질. 32-34)

32. 그리스도의 임재는 하늘의 신비임

자, 그런 일이 어떻게 해서 일어나는지를 묻는다면, 나는 부끄러움이 없이 고백할 것이다. 곧, 그것은 너무나도 고귀한 비밀이므로 나의 사고로 파악할 수가 없고, 나의 말로도 표현할 수가 없다고 말이다. 또한 좀 더 분명하게 말하자면, 그런 일은 이해하기보다는 체험하는 것이라 하겠다. 그러므로, 이에 대해서 나는 논쟁을 버리고 하나님의 진리를 그대로 받아들이고 그 안에서 안식을 누리고 싶다. 주님께서 그의 살이 내 영혼의 양식이요 그의 피가 내 영혼의 음료라고 선언하시니(요 6:53 이하), 나는 내 영혼을 그에게 드려서 그런 양식을 먹고자 할 따름이다. 그의 성찬에서 주님은 떡과 포도주라는 상징물로 나타내는 그의 몸과 피를 받아서 먹고 마시라고 내게 명하신다. 주님께서 정말로 그것들을 제시하시며, 내가 정말로 그것들을 받아 먹고 마신다는 것을 나는 전혀 의심하지 않는다.

단, 나는 그리스도의 천상적 위엄에 무가치한 것으로 보이거나 혹은 그의 인성의 실체와 상충되는 어리석은 것들은 거부한다. 그것들은 하나님의 말씀과 필연적으로 모순을 일으키기 때문이다. 하나님의 말씀은 그리스도께서 세상의 모든 처지를 넘어서 높이 올리셔서 천국의 영광에 들어가셨음을 가르치며(눅 24:26), 동시에 그가 참된 인성에 속한 속성들을 여전히 지니고 계심을 그에 못지않게 조심스럽게 가르치는 것이다.

이것이 믿기지 않는다거나, 합리적인 사고에 맞지 않는다는 식으로 생각해서는 안 된다. 그리스도의 나라 전체는 영적인 것이므로, 그가 그의 교회에 대하여 무슨 일을 하시든 그것은 이 세상의 합리적인 이성에 종속될 수 없는 것이기 때문이다. 혹은, 아우구스티누스의 표현을 빌려서 말하자면, 이 신비는 — 다른 신비들도 마찬가지이지만 — 사람들이 행하지만, 그러나 신적(神的)으로 수행되는 것이며, 땅에서 행하지만 하늘에 속한 방법으로 행해지는 것이다.[18] 성찬의 본질이 요구하는 몸의 임재가, 또한 우리가 성찬에서 놀라운 능력과 효력으로 나타난다고 말하는 몸의 임재가 그런 것이므로, 그것이 우리의 생각에 영생에 대한 의심 없는 확신을 가져다줄 뿐 아니라 또한 우리의 육체가 영원토록 있으리라는 확신을 주는 것이다. 우리의 육체는 과연 영원불멸하는 그리스도의 육체로 말미암아 살리심을 얻으며, 또한 어떤 의미에서 그리스도의 영원불멸하심에 참여하는 것이다.

자기들 스스로 과장하여 이 한계를 넘어서서 마구 나아가는 자들은 결국 단순하고 분명한 진리를 흐리게 할 뿐 아무런 유익이 없다. 혹시 아직도 만족하지 못하는 사람이 있다면, 나와 함께 여기서 잠시 생각해 보자. 우리가 지금 성례를 논하고 있는데, 이 성례의 문제 전체는 믿음에 속하는 것이다. 이미 선언한 바 있거니와, 이렇게 몸에 참여함으로써 우리는 그리스도를 하늘에서 끌어내리려 하는 자들에 못지않게 훌륭하고도 멋지게 믿음에 양식을 먹이는 것이다.

한편, 솔직히 고백하거니와, 나는 그리스도의 육체와 우리의 영혼이 혼합된다거나 그의 육체가 우리의 영혼에 주입된다는 그들의 가르침은 분명히 거부한다. 우리로서는, 그리스도의 육체 자체가 우리 속에 들어오지 않는다 할지라도 그리스도께서 그의 육체의 본질로부터 우리의 영혼 속으로 생명을 불어넣으신다 ― 그의 생명 그 자체를 우리 속에 부어 주신다 ― 는 가르침으로 충분하기 때문이다. 뿐만 아니라, 바울은 성경의 모든 해석이 믿음의 유비(analogy of faith)에 일치해야 한다고 가르치는데(롬 12:3, 6), 그 믿음의 유비가 이 문제에 관하여 나의 견해를 뚜렷하게 뒷받침해 주는 것이다. 분명한 진리를 반대하여 그렇게 소리를 높이는 자들은 과연 그들이 어떠한 믿음의 표준을 따르는지 잘 살펴보아야 할 것이다. 예수 그리스도께서 육체로 오신 것을 시인하지 않는 사람은 하나님께 속하지 않은 자들이다(요일 4:2-3). 이 사람들은 그 사실을 숨기거나 혹은 알아채지 못하겠지만 결국 그리스도에게서 육체를 빼앗고 있는 것이다.

33. 영적이면서도 실질적인 그리스도의 몸에의 참여

그들은 떡 속에 감추어져 있는 그리스도의 살을 입으로 먹지 않는 이상 그의 몸에 참여한 것으로 인정하지 않는데, 그리스도의 몸에 참여하는 문제에 대해서도 우리는 동일하게 판단해야 할 것이다. 우리가 그리스도의 살과 피에 참여하게 되는 것이 우리가 알지 못하는 성령의 능력을 통해서 되는 일이라고 믿지 않는다면, 그것은 성령께 심각한 잘못을 저지르는 것이 된다. 사실 우리가 가르치며 또한 고대 교회가 알고 있었던 그 신비의 능력이 지난 사백여 년 동안 정당하게 높임을 받아왔다면, 그것은 더할 나위 없이 만족스러운 일이었을 것이다. 과거나 우리 시대나 교회를 어지럽히는 그 끔찍한 분열을 일으킨 주범인 그 온갖 몹쓸 오류들이 방지되었을 것이기 때문이다. 그러나 꼬치꼬치 따지는 사람들이 성경에도 전혀 나와 있지 않은 하나의 과장된 방식의 임재를 요구하고 있다. 그리고 그들은 이 문제에 대해서 어리석고 경솔하게 생각하고 마치 그리스도를 떡 속에 집어넣는 것이 경건의 모든 것 ― 그들의 말로 하자면, "처음부터 마지막까지" ― 이라도 되는 것처럼 시끄럽게 떠들어댄다. 그러나 가장 중요한 문제는 바로, 우리를 위하여 단번에 주신 바 된 그리스도의 몸이 어떻게 우리의 것이 되며, 또한 우리가 어떻게 단번에 흘리신 그 피에 참여하게 되는가 하는 것이었다. 그렇게 참여하는 것이야말로 십자가에 달리신 그리스도 전체를 소유하는 것이요, 또한 그의 모든 은택들을 누리는 것이기 때문이다. 그런데, 그들은 이처럼 매우 중요한 문제는 간과해 버리고 ― 사실상 무시해 버리고 거의 사장(死藏)시켰다 ― 오로지, 그리스도의 몸이 어떤 식으로 떡 내부에, 아니면 떡의 형태 밑에 감추어져 있는가 하는 이 한 가지 문제에만 매어달리는 것이다.

그들은 자기들은 그리스도를 떡 속에 계시는 것으로 보는데 반해서 우리는 그저 그리스도의 임재의 방식에 대해서만 주의를 기울이는 것을 ― 그들은 이 것을 육신적인 태도로 간주한다 ― 보고서, 영적으로 먹는 것(spiritual eating)에 대한 우리의 모든 가르침이 참으로 또 실제로 먹는 것과 모순된 것이라고 거짓된 주장을 늘어 놓는다. 그러나 우리가 보기에 그 방식은 영적인 것이다. 왜냐하면 성령의 은밀한 능력이 그리스도와 우리 사이의 연합의 끈이 되기 때문이다.

그들은 또한 우리는 그리스도의 살을 먹음으로써 신자들이 받는 유익이나 효과에 대해서만 다룬다고 하며 반론을 제기하지만, 이 역시 헛되기는 마찬가지다. 앞에서 말했듯이, 그리스도 자신이 성찬의 주체시요, 그의 죽으심의 희생으로 말미암아 우리의 죄가 깨끗해지며 그의 피로 우리가 씻음 받으며 그의 부활로 말미암아 우리가 하늘의 생명의 소망으로 살리심을 받는 효과가 또한 그가 성찬의 주체시라는 사실에서 비롯되는 것이기 때문이다. 그런데 롬바르드가 만들어 낸 대로 그리스도의 살을 먹는 것이 성찬이라는 어리석은 상상 때문에 그들의 사고가 비뚤어지고 만 것이다. 롬바르드는 이렇게 말한다: "떡과 포도주라는 형태는 성물이고 본체가 아니며, 그리스도의 살과 피는 성물이요 본체이며, 그의 신비한 살은 본체이며 성물이 아니다." 그리고 조금 뒤에 가서는, "그리스도의 살은 상징으로 나타나며, 상징 속에 포함되는 본체이며, 그의 신비한 몸은 상징으로 나타나지만 상징 속에 포함되지는 않는다."[19] 그리스도의 살과 거기서 나오는 바 영양을 주는 효과를 서로 구분하는 것은 나도 동의한다. 그러나 그 살이 마치 성물인 것처럼 보며, 심지어 떡 속에 포함되는 것처럼 주장하는 것은 절대로 용납할 수 없는 오류인 것이다.

자, 성물을 먹는 문제에 대한 그들의 거짓 해석이 여기서 나온 것이다. 그들은 심지어 그리스도와 완전히 괴리된 상태에 있는 불경한 자들과 악인들이라 할지라도 그리스도의 몸을 먹는다고 생각했던 것이다.

그러나 성찬의 신비에 나타나는 그리스도의 살 그 자체는 우리의 영원한 구원 못지않게 영적인 것이다. 이 사실에서 우리는 그리스도의 영이 없는 사람들은 마치 아무 맛이 없는 포도주를 마실 수 없듯이 그리스도의 살을 먹을 수가 없다는 것을 생각하게 된다. 만일 그의 몸이 생명도 없고 능력도 없이 불신자들에게 주어진다면, 그것은 그리스도께서 정말로 수치스럽게 찢김을 당하시는 것이다. 그리고 이것은 그리스도 자신의 분명한 말씀과 모순된 것이다: "내 살을 먹고 내 피를 마시는 자는 내 안에 거하고 나도 그의 안에 거하나니"(요 6:56). 그들은 이 구절에서는 성찬물을 먹는 문제를 다루는 것이 아니라고 반박한다. 이런 반론에 대해서는 나도 인정하겠다. 단, 그리스도의 살을 먹으면 누구든지 반드시 유익을 얻는다는 똑같은 오류에 걸려서 넘어지는 일을 다시 반복하지 않는다면 말이다.

그러나, 그 살을 먹은 다음 얼마나 오랫동안 그것을 보존하는지를 그들에게 묻고 싶다. 내가 보기에, 이에 대해서는 피할 길이 없을 것이다. 그러나 그들은 사람이 아무리 배은망덕한 태도를 가진다 해도 그 때문에 하나님의 약속의 신실성이 감소되거나 사라지는 것이 아니라고 반박한다. 물론 나도 이 점은 인정한다. 아무리 악한 사람이 소멸시키려고 애쓴다 해도, 성찬의 신비의 능력은 전혀 손상을 받지 않는 것이다. 그러나 성찬을 베푸는 것과 또한 그 성찬을 받는 것은 서로 전연 별개의 문제다. 그리스도께서는 이 신령한 양식과 이 신령한 음료를 모든 이들에게 베푸신다. 그런데 어떤 사람들은 사모하는 마음으로 그것들을 먹고 마시며, 어떤 이들은 교만하게도 그것들을 거부한다. 그렇다면, 사람들이 거부한다고 해서 그 양식과 음료가 그 본질을 잃어버리겠는가? 그들은 이런 비교가 자기들의 견해를 지지한다고 말할 것이다. 곧, 그리스도의 살이 아무런 맛이 없다 해도 살인 것만은 분명하다는 것 말이다.

그러나 나는 믿음으로 맛보지 않고서는 그리스도의 살을 먹을 수가 없다고 본다. 혹은 아우구스티누스의 말을 빌려서 말하자면, 사람들은 믿음의 그릇으로 담을 수 있는 정도밖에는 이 성찬에서 얻어가지 못한다고 본다.[20] 그러므로 성찬은 아무것도 빼앗기지 않는 것이다. 사실 악인이 겉모양으로 성찬에 참여하고난 후 아무것도 얻지 못하고 그냥 떠나간다 해도, 성찬의 진실성과 그 효력은 전혀 손상받지 않는 상태로 남아 있는 것이다.

악인이 오로지 썩을 떡 외에는 아무것도 받지 않는다면 "이것은 내 몸이니"라는 말씀이 그 의미를 잃어버리지 않느냐는 식의 반론을 그들이 다시 제기한다면, 이 역시 쉽게 반박할 수 있다. 곧, 하나님의 신실하심은 그리스도의 살을 받는 것 자체에서 찾고 인정할 것이 아니라, 그의 변함 없으신 선하심에서, 곧 무가치한 자들이 거부하는데도 불구하고 하나님께서는 그들에게 값없이 베풀어 주실 준비를 갖추고 계시다는 사실에서 찾고 인정해야 한다는 것이 바로 하나님의 뜻이라는 것이다. 그리스도의 살과 피가 하나님의 택하신 신자들에게는 물론 무가치한 자들에게도 그에 못지않게 진정으로 주어진다는 사실, 바로 이것이야말로 성찬의 온전함이며, 이는 온 세상 전체라도 범할 수 없는 것이다. 그러나 동시에, 단단한 반석 위에 빗방울이 떨어지면 속으로 들어갈 구멍이 없기 때문에 그냥 흘러내리는 것처럼, 악인은 그들의 완악함으로 말미암아 하나님의 은혜를 배척하기 때문에 그 은혜가 그들에게 도달하지 않는 것도 사실이다. 뿐만 아니라, 믿음이 없이도 그리스도를 받아 누릴 수 있다는 말은 마치 씨앗이 불길 속에서도 싹을 내린다는 말만큼이나 합당하지 못한 것이다.

그들은 그리스도를 무가치하게 영접하는 사람들이 없다면 과연 그리스도께서 어떻게 어떤 자들을 정죄하시기 위하여 세상에 오셨겠느냐고 묻지만, 이 역시 헛된 질문일 뿐이다. 그리스도를 무가치하게 영접함으로 사람이 죽음을 자초한다는 말씀은 성경 어디에도 없다. 사람이 죽음을 자초하는 것은 그리스도를 멸시하기 때문인 것이다.

그들은 여기서 가시밭 가운데 돋아난 씨가 나중에 기운이 막혀서 죽고 만다는 주님의 비유의 말씀(마 13:7)에서 지지를 얻고자 하지만, 이 역시 헛수고일 뿐이다. 거기서 주님은 일시적인 믿음의 가치를 논하고 계시는 것이기 때문이다. 이 믿음 면에서 유다를 베드로와 동등한 파트너로 취급하는 자들은 그리스도의 살을 먹고 그의 피를 마시는 데에 믿음이 필요하다는 생각을 하지 않는 것이다. 그러나 그들의 오류는 그 동일한 비유로 말미암아 무너지고 만다. 그리스도께서는 어떤 씨는 길가에 떨어졌고, 또 어떤 씨는 돌밭에 떨어졌는데, 그 어느 것도 뿌리를 내리지 못했다고 말씀하시는 것이다(마 13:4-5). 이는 불신자들의 경우는 그들 자신의 완악함이 그리스도께서 그들에게 오시지 못하도록 막는 장애가 된다는 사실을 보여 주는 것이다.

누구든지 이 성찬을 통해서 우리의 구원이 도움받기를 바라는 사람을 위해서는, 신자들이 우물가로 인도함을 받아(참조. 요 4:6-15) 거기서 하나님의 아들로부터 생명을 퍼낼 수 있게 된다는 사실보다 더 적합한 것이 없을 것이다. 그러나 동시에 성찬이 주는 도움이라는 것이 바로 우리로 하여금 그리스도의 몸에 접붙임을 받게 하고, 혹은 접붙임을 받은 다음 그가 하늘의 생명 가운데서 우리를 그와 완전히 연합시키실 때까지 더욱더 그와 함께 자라나도록 하는 것이라는 사실을 생각하면, 그 성찬의 고귀한 위엄을 충분히 인지할 수 있을 것이다. 그들은 사람들이 그리스도의 몸과 피에 참여하지 않았다면 바울은 그들에게 그리스도의 몸과 피를 범하는 죄가 있다고 말하지 않아도 되었을 것이라고 항변한다 (참조. 고전 11:27). 그러나 나의 답변은, 그들이 성찬을 먹었기 때문에 정죄를 받는 것이 아니라, 다만 그들이 경건한 자세로 받아들였어야 마땅한 그 하나님과의 신성한 연합의 보증을 발로 짓밟음으로써 성찬의 신비를 욕되게 했기 때문에 정죄를 받았다는 것이다.

34. 불신자들의 성찬 참여에 관한 아우구스티누스의 증언

고대의 교부들 중에서 특히 아우구스티누스는 다음과 같은 교리를 승인한 바 있다. 곧, 사람이 불성실하거나 악의가 있다 해도, 성찬물로써 상징하는 은혜는 손상되거나 무효화되지 않는다는 것이 그것이다. 따라서, 그리스도의 몸을 개들에게 던져서 먹게 하는 자들이 그의 진술을 지금 이 문제에 끼워 맞추는 것이 얼마나 무지하며 그릇된 것인가를 그의 말을 통해서 분명하게 입증하는 것이 좋을 것이다. 그들의 주장에 따르면, 성례로 먹는 행위는 악인이 성령의 능력이나 은혜의 어떤 효과가 없이 그리스도의 몸과 피를 받는 방법이라고 한다. 그러나 아우구스티누스는 "내 살을 먹고 내 피를 마시는 자는(요 6:54) 영원히(요 6:51) 죽지 아니하리라(요 6:50)"라는 말씀들을 사려 깊게 생각하여 말하기를, "이는 눈에 보이는 성찬이 아니라 성찬의 능력을 받은 사람이요, 겉모양으로가 아니라 속으로 받은 사람이요, 이(齒)로 씹는 것이 아니라 마음으로 먹는 사람이다"라고 한다. 그는 나중에 이를 근거로 결론짓기를, 그리스도의 몸과 피와의 연합을 상징하는 성물이 주의 성찬에 제시되어 어떤 사람은 생명으로 인도하고 어떤 사람은 사망으로 인도하지만, 성물이 상징하는 그 실체는 거기에 참여하는 자는 누구든지 사망에 내어주지 않고 모든 자들에게 생명을 주기 위하여 제시된 것이라고 한다.[21]

또한 "실체"를 "몸"이라 부르지 않고 그리스도의 몸과 분리될 수 있는 성령의 은혜라고 부르는 것에 대해서 이리저리 트집을 잡는 사람이 없도록 하기 위해서, 그는 "눈에 보이는 것"(visible)과 "눈에 보이지 않는 것"(invisible)이라는 서로 대조적인 용어를 서서 그런 애매한 점을 일소시킨다. 그리스도의 몸은 "눈에 보이는 것"에 포함될 수가 없기 때문이다. 결국, 불신자는 그저 눈에 보이는 상징에만 참여하는 것이 된다. 또한 모든 의심을 일소시키기 위하여 아우구스티누스는 이 떡은 속사람의 입맛이 필요하다고 말한 다음, 이렇게 덧붙이고 있다: "모세와 아론과 비느하스 등 만나를 먹은 많은 사람들이(출 16:14 이하) 하나님을 기쁘시게 했다. 그 이유는 무엇인가? 그것은 그들이 눈에 보이는 양식을 영적으로 이해했고, 그들이 영적으로 굶주렸으며, 그들이 영적인 배부름을 얻기 위하여 영적으로 맛을 보았기 때문이다. 오늘날 우리도 마찬가지로 눈에 보이는 양식을 받고 있다. 그러나 그 성물과 성물의 능력은 서로 별개인 것이다."[22]

또한 조금 더 뒤에 가서는 이렇게 말한다: "사실이 이러하므로, 그리스도 안에 거하지 않고 또한 그 속에 그리스도께서 거하시지도 않는 사람은, 그의 몸과 피의 상징물을 육체적으로 입으로 눈에 보이게 씹는다 할지라도 결국 그의 살을 영적으로 먹는 것이 아닐 뿐더러 그의 피를 영적으로 마시는 것도 아니다." 또한 그는 눈에 보이는 표징과 영적으로 먹는 것이 서로 대조적인 관계에 있다고 하며, 이로써 눈에 보이지 않는 그리스도의 몸을 영적으로 먹지 않는다 할지라도 성례적으로는 실제로 먹을 수 있다는 식의 오류를 반박하고 있다. 또한 그는 속되고 부정한 사람들에게는 그 표징을 눈에 보이는 방식으로 취하는 것 외에는 아무것도 허용되지 않는다고 한다. 그리고 이어서, "나머지 제자들은 주님이신 떡을 먹었으나 유다는 주님의 떡을 먹었다"는 아우구스티누스의 유명한 말이 나오는 것이다.[23]

이로써 그는 불신자들이 그리스도의 몸과 피에 참여하는 것을 분명하게 배제시키고 있다. 다른 곳에서 나타나는 그의 진술 또한 같은 의미이다: "그리스도의 떡이 유다에게 주어졌고, 그리하여 그 떡을 통해서 그가 마귀에게 사로잡혔다고 해서 놀랄 이유가 어디 있는가? 반대로, 마귀의 사자가 바울에게 주어져서 그를 그리스도 안에서 온전케 한 것을 보지 않는가(고후 12:7)?"[24] 사실 또 다른 구절에서는, "바울이 '주의 몸을 분별하지 못하고 먹고 마시는 자는 자기의 심판을 먹고 마시는 것이라'(고전 11:29)고 말한 바로 그 사람들에게도 그리스도의 몸이 성찬의 떡이었다. 그러니, 그들이 악의로 받는다는 것 때문에 그들이 아무것도 못받는 것은 아니다"라고 말하기도 한다.

그러나 또 다른 곳에서 아우구스티누스는 그 말이 무슨 의미인지를 좀 더 상세하게 설명한다. 입으로는 기독교 신앙을 고백하면서도 행위로는 부인하는 악인들과 악행자들이 어떤 식으로 그리스도의 몸을 먹는지를 의도적으로 규명하는 가운데(또한 그런 악인들이 그저 성례적으로만이 아니라 실질적으로 먹는다고 생각하는 몇몇 사람들의 견해를 반대하는 가운데), 그는 다음과 같이 말하고 있는 것이다: "그러나 그들이 그리스도의 몸을 먹는다고 말해서는 안 된다. 왜냐하면 그들을 그리스도의 지체들에 속한 것으로 간주할 수는 없기 때문이다. 다른 이유들은 다 언급하지 않더라도, 그리스도의 지체인 동시에 창녀의 지체일 수는 없기 때문이다(고전 6:15). 마지막으로, 그리스도께서 친히 말씀하시기를, '내 살을 먹고 내 피를 마시는 자는 내 안에 거하고 나도 그의 안에 거하나니'(요 6:56)라고 하셨는데, 이는 그리스도의 몸을 먹는다는 것이 — 그저 성례적으로만이 아니라 실질적으로 — 과연 무엇인지를 보여 주는 것이다. 그리스도께서 그의 안에 거하시게 한다는 것, 이것이 바로 그리스도 안에 거하는 것이다. 그의 말씀은 마치, '내 안에 거하지 않고 또한 내가 그의 안에 거하지 않는 사람은 자기가 내 몸을 먹고 내 피를 마신다고 말하지도 말고 그렇게 생각하지도 말라'는 것과도 같은 것이다."[25]

독자들은 성례적으로 먹는 것과 실질적으로 먹는 것 사이의 이러한 대조를 생각해 보기 바란다. 그러면 아무런 의심도 남지 않을 것이다. 아우구스티누스는 동일한 사상을 다음과 같은 말로써 분명히 확증해 주고 있다: "여러분, 입을 준비하지 말고 마음을 준비하라. 성찬이 이것을 위해 있는 것이기 때문이다. 보라, 믿음으로 그리스도를 받아들이면 그것이 그리스도를 믿는 것이며, 그를 받아들일 때에 우리가 생각하는 것을 안다. 조금씩 받아들이지만, 우리의 마음이 배불리 먹는 것이다. 그러므로, 눈에 보이는 것이 아니라 우리가 믿는 바가 우리를 먹여 주는 것이다."[26]

여기서도 그는 악인이 취하는 것을 눈에 보이는 표징에만 한정시키며, 또한 그리스도는 오직 믿음으로만 받아들이는 것임을 가르치는 것이다. 또 다른 구절에서도 아우구스티누스는 선인과 악인이 똑같이 표징에 함께 참여한다고 분명히 단언하면서, 후자의 경우는 그리스도의 살을 진정으로 먹는 것이 아니라고 한다. 만일 그들이 성찬의 실체를 받았다면, 주께서는 그 문제에 관한 중요한 사실에 대해서 결코 침묵하셨을리가 없기 때문이라는 것이다.

또 다른 곳에서는, 먹는 문제와 또한 그 유익에 대해 논하면서 다음과 같이

결론을 내린다: "만일 성찬에서 눈에 보이게 받는 것을 누구나 과연 영적으로 먹고 영적으로 마신다면, 그리스도의 몸과 피가 모든 사람을 위한 생명이 될 것이다."[27]

그러므로, (아우구스티누스의 논지에 동의하고자 한다는 구실로) 불신자들을 그리스도의 살과 피에 참여하는 자들로 만드는 자들은 눈에 보이는 그리스도의 몸을 우리 앞에 제시해 보라. 아우구스티누스에 의하면, 모든 진리가 다 영적인 것이니 말이다. 그리고 우리는 이러한 아우구스티누스의 진술에서, 성례의 먹는 행위, 곧 불신앙 때문에 실체에로 들어가는 문이 닫혀진 그런 겉모양만의 상태는 눈에 보이는 혹은 외형적인 먹는 행위만큼이나 무가치한 것이라는 사실을 도출해 낼 수가 있다. 그러나 만일 그리스도의 몸을 진정으로 먹으면서도 영적으로는 먹지 않을 수도 있다면, 다음과 같은 그의 진술은 대체 무슨 의미이겠는가? "너희는 너희가 지금 보고 있는 이 몸을 먹지 않을 것이고, 나를 십자가에 못 박는 자들이 흘릴 피도 마시지 않을 것이다. 내가 너희에게 한 가지 성례를 명했노니, 그 신령한 의미가 너희에게 생명을 줄 것이로다."[28] 그는 그리스도께서 희생 제물로 베푸신 그의 몸이 성찬에서도 베풀어지는 것을 부인하려는 의도는 없었다. 그러나 그는 먹는 자세를 주목한 것이다. 즉, 현재 하늘의 영광 속으로 들어가 있는 상태에 있는 그 몸이 성령의 은밀한 능력으로 말미암아 생명을 우리에게 불어넣는다는 것이다.

사실, "불신자들이 그리스도의 몸을 먹는다"는 표현이 아우구스티누스의 저작에 자주 나타난다는 것은 나도 인정한다. 그러나 그는 거기에 "성찬에서"라는 표현을 덧붙임으로써 스스로 해명하고 있는 것이다. 그리고 다른 구절에서 그는 우리의 이(齒)로써 은혜를 씹어 삼키지 않는 그런 영적인 먹는 행위에 대해서 묘사하기도 한다. 그러나 나의 반대자들이 혹시 내가 인용문구들을 계속 나열하여 자기들과 싸우려 한다고 이야기할 수도 있으므로, 마지막으로 그들이 과연 아우구스티누스의 다음과 같은 한 가지 진술을 어떻게 회피할 수 있을지 묻고 싶다: "성례는 오로지 택함 받은 자들에게만 그 상징하는 효과를 낸다."[29]

그들로서는 성찬에서 그리스도의 몸이 떡으로 상징된다는 것을 감히 부인하지 못할 것이다. 그렇다면, 결국 악인들에게는 그 몸에 참여하는 일이 허용되지 않는다는 결론이 이어지는 것이다. 키릴루스(Cyril) 역시 동일한 견해를 견지했다는 것이 다음의 진술에서 드러난다: "녹은 밀랍(蜜蠟)에 다른 밀랍을 부어서 그 둘을 완전히 뒤섞어 버리는 것처럼, 그리스도의 살과 피를 받기 위해서는 그 사람이 그리스도와 하나로 연합되는 것이 필수적이다. 그래야만 그리스도께서 그의 안에 계시고 그가 그리스도 안에 있게 되는 것이다."

내가 믿기로는, 그리스도의 몸이 그 몸의 능력과 분리될 수 없는데도 불구하고 성례적으로만 그 몸을 먹는 자들은 참되고 진정으로 먹는 일이 불가능하다는 것이 위의 진술로 분명히 드러난다고 본다. 또한 그렇다고 해서 하나님의 약속에 대한 믿음을 잃어버릴 이유가 없다는 사실도 분명히 드러난다. 바위와 돌들이 빗물을 받지 못한다 할지라도, 하나님께서는 여전히 하늘에서 비를 내리기를 그치지 않으시기 때문이다.

(성찬물 숭배 행위에 대한 논의. 35-37)

35. 성찬물 숭배 행위를 배격함

이 사실들을 알게 되면, 특정한 사람들이 사악하고 경솔한 태도로 성찬과 관련하여 주장하는 성찬물(성물) 숭배에도 쉽게 현혹되지 않을 것이다. 그들의 논리는 다음과 같다. 곧, 만일 그것이 몸이라면 영혼과 신성이 몸과 함께 있어서 그 몸과 분리될 수가 없으니, 결국 우리는 거기서 그리스도를 경배해야 한다는 것이다.

첫째, 그들이 주장하는 병존설(竝存說: concomitance: 아퀴나스의 주장)을 우리가 인정하지 않는다면 어찌하겠는가? 몸을 영혼과 신성에서 분리시키는 것이 불합리하다는 것을 그들이 크게 강조하고는 있으나, 정신이 온전하고 진지한 사람이라면 그리스도의 몸이 곧 그리스도라는 논리를 어떻게 납득할 수 있겠는가? 사실 그들은 그런 논리를 자기들의 삼단논법으로 산뜻하게 입증했다고 생각한다. 그러나 그리스도께서는 그의 임재의 양식에 대해서는 거론하지도 않으시고 그의 몸과 그의 피를 분리하여 말씀하고 계시니, 그런 확실하지도 않은 사실을 근거로 어떻게 그들이 자기들이 원하는 바를 의심의 여지 없이 명백하게 입증했다고 말할 수 있겠는가? 그러면 어찌되는가? 혹 무언가 무거운 느낌이 들어서 그 양심이 불안해진다면, 그들은 곧바로 그런 삼단논법과 더불어 무너지고 녹아 버리고 말 것이 아닌가?

다시 말해서, 우리의 생각의 유일한 근거인 — 또한 그것이 없이는 생각을 시작하는 첫 순간에 곁길로 빠질 수밖에 없는 — 하나님의 말씀에서 아무런 확실한 가르침을 얻을 수 없다는 것을 알게 되고, 자기들 자신이 사도들의 가르침과 실천에서 완전히 어긋나 있다는 것을 알게 되고, 그리하여 오로지 자기들 자신 외에는 자기들을 뒷받침해 주는 권위가 없다는 것을 깨닫게 되면, 과연 그들의 심정이 어떠하겠는가? 이런 처참한 심정에다 날카로운 가책이 추가될 것이다. 무엇이라고? 마치 우리가 아무런 지침도 받지 않은 것처럼 이런 형식으로 하나님을 경배하는 일이 하찮은 문제였단 말인가? 하나님을 참되게 경배하는 문제에 대해서, 성경의 말씀이 전혀 뒷받침하지 않는 일을 그렇게 경솔하게 행해야 옳았단 말인가? 만일 그들이 온전한 겸손으로 하나님의 말씀에 맞추어서 생각을 진행했더라면, "받아서 먹으라 … 마시라"(마 26:26-27)라고 하신 주님의 말씀을 귀담아들었을 것이고, 또한 이 말씀을 통해서 주신 바 주님의 명령, 즉 성찬물을 숭배하지 말고 받아서 먹고 마시라는 명령을 그대로 따라 순종했을 것이 분명하다.

그러나 하나님께서 명령하신 대로 성찬물을 숭배하지 않고 받아서 먹고 마시는 자들은 하나님의 명령에서 벗어나지 않았다는 확신이 그들에게 있는데, 무슨 일을 하든지 이런 확신처럼 귀한 것은 없는 것이다. 그리고 성경에서 읽는 바와 같이, 엎드려 성찬물을 숭배하지 않고 기대어 앉아서 그것을 받아 먹었던 사도들의 모범도 있고, 또한 사도들의 교회가 실천한 실례도 있다. 누가는 신자들이 함께 모여서 떡을 숭배한 것이 아니라 떡을 떼는 일을 행했다고 보도하는 것이다(행 2:42). 또한 사도의 가르침이 있다. 곧, 바울이 고린도 교회에게 교훈한 가르침인데, 그는 자기가 전한 내용이 주께 받은 것이라고 말하는 것이다(고전 11:23).

36. 성찬물 숭배 행위는 미신이며 우상숭배임

이런 사실을 논하는 목적은, 경건한 독자들로 하여금 이처럼 고귀한 문제에 대해서 하나님의 단순한 말씀을 떠나서 인간의 머리에서 나오는 온갖 환상들로 이리저리 방황하는 것이 얼마나 위험천만한 일인가를 생각하게 하고자 함이다. 그러나 위에서 말한 내용들을 잘 새긴다면, 이 문제에 대한 모든 거리낌에서 자유함을 얻을 것이다. 성찬에 임재하시는 그리스도를 온전하게 파악하려면, 경건한 사람들이 하늘에까지 올라가야 할 것이다. 그러나 성찬의 기능이 사람의 연약한 마음이 높이 올라가 그 높고 귀한 영적 신비들을 바라볼 수 있도록 돕는 데에 있다면, 겉모양의 표징에서 머물러 버리는 자들은 그리스도를 찾는 올바른 길에서 벗어나 있는 것이다.

그렇다면 어찌할 것인가? 사람들이 떡 앞에 엎드려 거기 계신 그리스도를 경배하는 것을 보고서 이것이 미신적인 예배임을 부인할 것인가? 니케아 공의회는 우리 앞에 놓여 있는 상징물들에 대하여 몸을 굽히고 주목하는 행위를 금지했는데, 이는 분명 이러한 악(惡)을 미리 방지하기 위함이었던 것이 분명하다. 그리고 옛부터 성찬물을 거룩히 구별하기에 앞서서, "마음을 높이 들어 올리라"(Sursum corda)고 사람들에게 큰 목소리로 당부하는 관례가 세워진 것도 이와 똑같은 이유 때문이었다. 성경 자체도 그리스도의 승천을 조심스럽게 보도하여 이로써 그리스도께서 우리의 시야에서 그의 몸의 임재를 거두어 가셨음을 말씀하며, 그리하여 그리스도에 대한 온갖 속된 생각을 우리에게서 흔들어 없애는 것은 물론, 그리스도를 말할 때마다 우리의 생각을 높이 올려서 하늘에 계시고 아버지의 오른편에 앉으신 그를 찾으라고 당부하는 것이다(골 3:1-2). 우리는 이러한 규례를 따라서, 하나님에 관한 속되고 어리석기 그지없는 관념들로 가득 차 있는 위험천만한 숭배를 만들어 내기보다는 하늘 영광 중에 계신 그리스도를 영적으로 경배해야 옳은 것이다.

그러므로, 성찬물 숭배를 만들어낸 자들은 성경과는 상관 없이 자기들 스스로 그것을 꿈꾼 것일 뿐만 아니라 ─ 만일 그것이 하나님께서 받으시는 것이었다면 성경에 아무 언급도 없이 그냥 지나가지는 않았을 텐데, 그것에 대한 언급이 성경에 전혀 나타나지 않는다 ─ 그것을 소리높여 반대하는 성경을 제쳐두고는, 살아 계신 하나님을 저버리고 자기들의 욕심을 따라 자기들 마음에 맞는 신(神)을 만들어낸 것이다. 선물을 주신 분은 저버리고 선물 그 자체를 경배하는 이것이 우상숭배가 아니라면 도대체 무엇이 우상숭배란 말인가? 이런 행위에는 이중적인 죄과가 있다. 하나님께로부터 존귀를 빼앗아 피조물에게로 옮겼다는 것과(참조. 롬 1:25), 또한 그의 거룩한 성찬물을 가증스러운 우상으로 만들었으니 그가 베푸신 선물을 더럽히고 욕되게 하여 하나님 자신을 망령되게 했다는 것이다.

그러니 우리는 그와 똑같은 구렁텅이에 빠지지 않도록 우리의 눈과 귀와 마음과 생각과 혀를 하나님의 거룩하신 가르침에 온전하게 고정시켜야 할 것이다. 이것이야말로 최고의 스승이신 성령님의 학교이며, 이 학교에서 우리는 다른 곳에서 무엇을 얻을 필요가 없이 전진하며, 거기서 가르치지 않는 것에 대해서는 기꺼이 알지 않으리라는 자세를 가져야 마땅한 것이다.

37. 성찬물 숭배와 관련된 미신적인 예식들의 허구성

미신은 일단 적정한 한계를 벗어나면 끝없이 죄를 더해가는 법이므로, 그들은 그보다 더 깊이 빠져 들어갔다. 표징에 신적인 존귀를 드리고자 하는 의도로 성찬 제정과는 전연 이질적인 예식을 만들어낸 것이다. 그들은 말하기를, 그리스도께 우리가 이런 경의를 드리는 것이라고 한다. 그러나 첫째로, 이런 일이 성찬 시에 행해진다면, 나는 표징에게 드려지는 것이 아니라 하늘에 앉아 계신 그리스도께 드려지는 것만이 정당한 경배라고 말하고 싶다. 그들은 자기들이 떡 속에 계신 그리스도를 경배한다고 주장하지만, 그런 것에 대한 약속이 전혀 없으니, 대체 무엇을 구실로 삼고 그렇게 한단 말인가? 그들은 떡을 거룩히 구별하여 소위 성체(聖體)가 되게 하고 행렬을 지어 그것을 들고 다니면서 엄숙한 행사를 통해 전시함으로써 사람들로 하여금 그것을 경배하게 하고 그것의 이름을 부르도록 만드는 것이다.

과연 무슨 권위로 그 떡이 그렇게 구별되어 성체가 되었다고 생각하는지 묻고 싶다. 그들은 분명히 "이것은 내 몸이니라"는 주님의 말씀을 들고 나올 것이다. 그러나 주님은 동시에 "받아서 먹으라"고 말씀하셨으니, 나는 그것을 반대한다. 내가 그렇게 하는 데에는 그럴 만한 이유가 있다. 어떤 명령에 하나의 약속이 이어질 경우, 그 명령은 그 약속에 포함되어 있는 것이다. 그러므로 만일 그 약속이 그 명령과 분리된다면, 그것은 전혀 약속이 아닌 것이다. 한 가지 비슷한 실례를 들어보면 이것이 더 분명해질 것이다. 하나님께서는 "나를 부르라"는 명령을 주셨고, 거기에 "내가 너를 건지리니"라는 약속을 덧붙이셨다(시 50:15). 그런데 만일 어떤 사람이 베드로와 바울의 이름을 부르면서 이 약속이 이루어질 것을 기대한다면, 모든 사람이 그것은 잘못이라고 외치지 않겠는가? 그렇다면, 여러분에게 호소하건대, 먹으라는 명령은 무시해 버리고 "이것은 내 몸이니라"는 반쪽짜리 약속에만 매어달리면서 그리스도께서 제정하신 것과는 전혀 다른 의식들을 만들어 그 약속을 악용하는 자들이 바로 그런 경우에 속하는 것이 아닌가? 그러므로 우리는 반드시 유념하도록 하자: 이 약속은 그것과 함께 제시된 명령을 준행하는 자들에게 주신 것이고, 성례를 온통 뒤바꾸어서 전혀 다른 용도로 사용하는 자들은 결코 하나님의 말씀의 지지가 없다는 사실을 말이다.

우리는 앞에서 거룩한 성찬이라는 성례가 과연 하나님 앞에서 우리의 믿음을 어떻게 돕느냐 하는 문제를 논의한 바 있다. 그런데 주께서는 여기서 그의 풍성한 은혜에 대하여 기억을 되살려 주실 뿐 아니라, 말하자면 그 은혜를 우리 손에 쥐어 주시고 그리하여 그것을 깨닫도록 우리를 깨우쳐 주신다. 그리고 동시에 그런 풍성한 은혜를 저버리지 말고 합당한 찬양으로 그 은혜를 선포하고 감사함으로 그 은혜를 기리라고 말씀하신다. 그러므로, 주께서는 성례를 사도들에게 제정하시면서, 그를 기념하여 그 일을 행하라고 가르치신 것이다(눅 22:19). 바울은 이를 "주의 죽으심을 … 전하는 것"(고전 11:26)으로 해석하였다. 즉, 생명과 구원에 대한 모든 확신이 주님의 죽으심에 근거한다는 사실을 한 목소리로 사람들 앞에서 공개적으로 고백하는 것이요, 그리하여 우리의 고백을 통하여 그를 영화롭게 하는 것이요, 또한 우리의 모범을 통하여 다른 사람들도 그를 영화롭게 하도록 권면하는 것이라는 뜻으로 이해한 것이다. 여기서 성찬의 목적이 다시금 분명히 나타나니, 곧 우리로 하여금 계속해서 그리스도의 죽으심을 기념하게 하는 것이다. "주의 죽으심을 그가 오실 때까지 전하라"(고전 11:26)는 명령은 다른 뜻이 아니라 우리 입의 고백을 통하여 우리의 믿음이 성찬에서 시인하는 바가 무엇인지를 ― 곧, 그리스도의 죽으심이 우리의 생명이라는 것을 ― 선포하라는 뜻이기 때문이다. 이것이 바로 성찬의 두 번째 용도로서, 외적인 고백에 관련된 것이다.

(신자 간의 사랑, 말씀 선포, 합당한 참여, 성찬 시행의 적절한 형식과 횟수 등, 성찬과 관련하여 특별히 강조할 문제들, 38-46)

38. 성찬과 신자 상호 간의 사랑

성찬의 세 번째 용도로서, 주님은 또한 성찬이 우리에게 주시는 일종의 권면이 되게 하셨다. 곧, 순결하고 거룩한 삶과 사랑과 평화와 화목을 지향하도록, 다른 어떠한 수단보다도 성찬을 통해서 더 강력하게 우리를 일깨우시고 감동시키신다는 것이다. 주께서는 성찬을 통하여 그의 몸을 우리에게 전해 주셔서, 그가 우리와 온전히 하나가 되시고 우리도 그와 하나가 되도록 하시기 때문이다. 그런데, 그의 몸이 오직 하나뿐이고 그가 우리 모두를 그 몸에 참여하도록 하시니, 우리 또한 그러한 참여로 말미암아 모두 한 몸이 되어야 하는데, 성찬에서 베풀어지는 떡이 바로 이러한 연합을 나타내는 것이다. 수많은 알갱이들이 서로를 구별할 수 없을 정도로 완전히 하나로 뒤섞여 있듯이, 이와 마찬가지로 우리도 불화나 분열이 끼어들지 못하도록 한 마음으로 일치하여 서로 하나가 되고 서로 엮어져야 하는 것이다.

바울의 말을 통하여 이를 설명하는 것이 더 낫겠다: "우리가 축복하는 바 축복의 잔은 그리스도의 피에 참여함이 아니며 우리가 떼는 떡은 그리스도의 몸에 참여함이 아니냐 떡이 하나요 많은 우리가 한 몸이니 이는 우리가 다 한 떡에 참여함이라"(고전 10:16-17). 어떤 식으로든 형제를 해치고 멸시하고 배척하고 박대하면 그것은 곧 우리의 그릇된 행실로 그리스도를 해치고 그를 멸시하며 그를 배척하는 것이며, 형제와 불화하면 그것은 동시에 그리스도와 불화하는 것이며, 형제 안에서 그리스도를 사랑하지 않고서는 그리스도를 사랑할 수 없으며, 형제들이 우리 몸의 지체들이므로 마치 우리 몸을 보살피듯 그렇게 우리 형제들의 몸을 보살펴야 하며, 또한 우리 몸의 어떤 부분에 고통을 느끼게 되면 그 고통이 다른 모든 부분에 퍼지듯이 형제가 악에 영향을 받으면 그를 향하여 깊은 연민의 정을 느껴야 마땅하다. 이러한 사고가 우리 마음에 심어져 확실하게 각인된다면, 성찬을 통해서 굉장한 유익을 얻게 될 것이다. 그러므로 아우구스티누스가 자주 성찬을 가리켜 "사랑의 끈"이라 부르는 데에는 그만한 이유가 있다 할 것이다.[30] 그리스도께서 자기 자신을 우리에게 주심으로 친히 모범을 보이셔서 우리 자신을 서로 다른 사람에게 주기를 실행하도록 권고하실 뿐 아니라, 그가 자신을 모든 사람들에게 공통으로 주셔서 그의 안에서 우리 모두를 하나로 만들고 계시니, 우리들 가운데 서로 간의 사랑을 불러일으키는 데에 이보다 더 강한 자극이 어디 있겠는가?

39. 성찬에는 반드시 말씀이 있어야 함

이러한 사실은 내가 다른 곳에서 말한 바를 — 곧, 말씀을 떠나서는 성례를 올바로 시행하는 일이 있을 수 없다는 것을 — 분명하게 확인시켜 준다. 성찬에서 유익을 얻기 위해서는 반드시 말씀이 있어야 한다. 믿음을 강건하게 하든지, 고백을 시행하든지, 의무를 행하도록 감동을 받든지, 말씀을 전하는 일이 필수적으로 있어야 한다는 말이다. 그러므로, 성찬을 하나의 침묵의 행위로 바꾸어 버리는 일만큼 터무니없는 일이 없다. 그런데 교황의 횡포 아래에서 이런 일이 자행되었다. 그들은 성별의 효과 전체가 사제의 의도에 따라 좌우되도록 만들어서, 마치 일반 신자는 그 문제와 전혀 관계가 없는 것처럼 만들어 버렸다. 그들이야말로 누구보다도 성찬의 신비에 대해서 설명을 들어야 할 사람들이었는데도 말이다.

그리고 거기서 다음과 같은 오류가 또 생겨났다. 곧, 성별이 이루어지도록 하는 그 약속들이 성찬물들 자체가 아니라 그것들을 받는 사람들에게 주어진 것이라는 사실을 간과해 버린 것이다. 그리스도께서는 떡에게 그것이 그의 몸이 될 것이라고 말씀하지 않으셨다. 오히려 그는 제자들에게 그 떡을 먹으라고 명하셨고, 그와 동시에 그들이 그의 몸과 피에 참여할 것임을 그들에게 약속하신 것이다. 바울 역시 신자들에게 떡과 잔과 더불어 약속을 제시할 것을 동일하게 가르치고 있다. 분명히 그러하다. 여기서 무슨 마술적인 주문 같은 것을 상상하여 마치 성찬물(성물)들이 듣기라도 하는 것처럼 몇 마디 말을 중얼거리면 그것으로 족한 것처럼 생각해서는 안 된다. 오히려 우리는 이 말씀들은 그 듣는 자들의 믿음을 강건하게 해 주는 살아 있는 설교로서 마음에까지 침투하여 거기에 각인되고 거기에 심어지며 그 약속하는 바를 성취함으로써 그 효과를 드러내는 것으로 이해해야 할 것이다.

어떤 이들은 특별한 상황에서는 병자들에게 나누어 줄 수 있도록 성찬물들을 보관하여야 한다고 주장하기도 하지만, 위에서 말한 사실들을 볼 때에 그런 처사가 전혀 무익하다는 것이 분명히 드러난다. 병자들이 그리스도의 제정하신 말씀을 읽는 것을 듣지 못한 채로 성찬물을 받게 될 것이기 때문이다. 그러나 목사가 성찬의 신비를 참되게 설명하고 그 표징을 받도록 해야 마땅할 것이다. 침묵은 오용과 과실을 불러일으키는 것이다. 성찬을 받을 사람이 그것을 받고 유익을 얻도록 약속들을 읽고 신비를 선언한다면, 이것이 참된 성별이라는 것을 의심할 이유가 없을 것이다. 그렇다면, 병자들에게조차 그 효과가 전혀 미치지 못하는 그런 다른 방식의 성별이 무슨 의미가 있겠는가? 그러나 고대 교회에 이런 일을 행한 전례(前例)가 있다고들 말한다. 나 역시 그런 말을 인정한다. 그러나 잘못 실수를 범할 경우 큰 위험이 초래되는 그런 중대한 문제에 있어서는 진리 그 자체를 따르는 것만큼 안전한 길이 없는 법이다.

40. 합당하지 못한 자들이 성찬에 참여하는 문제
우리가 아다시피 성찬의 신성한 떡은 신령한 양식으로서 달고 맛있으며 또한 하나님을 예배하는 경건한 자들에게 매우 유익하다. 그 떡을 맛보는 가운데 그리스도께서 그들의 생명이심을 느끼며 또한 그 주님께 감사를 드리게 되며 또한 자기들끼리 서로 사랑해야 한다는 권면을 받게 되는 것이다. 그러나 성물은 다른 한편으로, 믿음이 강건케 되지도 않고 감사와 사랑의 마음이 솟아나지도 않는 모든 사람들에게는 치명적인 독약이 된다. 육체의 음식도 나쁜 체액과 더불어 위(胃) 속으로 들어가면 그 자체가 상하고 썩어서 영양분을 주기는커녕 오히려 해를 주게 된다. 영적 양식도 이와 마찬가지여서, 악의와 사악함으로 부패한 영혼 속에 들어가면 더 큰 멸망을 초래하게 된다. 양식 그 자체의 잘못 때문이 아니라, 오염되고 불신앙적인 사람들에게는 아무것도 깨끗한 것이 없기 때문이다(딛 1:15). 그러므로 아무리 주님의 축복으로 거룩하게 된 것이라 해도 그들에게는 전혀 소용이 없는 것이다.

사도 바울의 말씀처럼, 누구든지 주의 떡이나 잔을 합당하지 않게 먹고 마시는 자는 주의 몸과 피에 대하여 죄를 짓는 것이며, 주의 몸을 분별하지 못하고 먹고 마시는 자는 자기의 죄를 먹고 마시는 것(고전 11:27, 29)이다. 여기서 말씀하는 그런 유의 사람들, 즉 티끌만큼도 믿음이 없고 사랑에 대한 열심도 전혀 없이 그저 돼지처럼 주의 성찬을 취하는 그런 사람들은 주의 몸을 분별하지 않고 먹고 마시는 것이다. 그 몸이 자기들의 생명임을 믿지 못하는 만큼 그 몸을 모욕하며 그 모든 위엄을 빼앗는 것이며, 따라서 그런 상태에서 성찬을 받게 되면 그것은 그리스도의 몸을 욕되게 하고 더럽히는 것일 수밖에 없다. 그들은 그 형제들과의 하나 된 교제에서 멀어져 있고, 또한 그리스도의 몸의 거룩한 상징을 감히 자기들의 불화(不和)로 뒤섞어 버리므로, 그리스도의 몸이 갈가리 찢기고 해체되지 않는 것이 그들 덕분이 아니다. 그러므로, 그들은 망령된 불경으로 주님의 몸과 피를 더럽히는 죄를 짓고 범하고 있는 것이다. 그러므로 이들은 합당치 않게 성찬에 참여함으로써 오히려 스스로 정죄를 자초하는 것이다. 그리스도께로 향하는 믿음이 없으면서도, 성찬을 받음으로써 자기들의 구원이 오직 그리스도께만 있다는 것을 고백하며 또한 다른 모든 것들에 대한 신뢰를 포기하는 것처럼 행하며, 따라서 자기들 스스로 자기들을 탄핵하며, 자기들을 대적하여 증거하며, 자기들의 정죄를 확증하는 것이다. 그들은 형제들에게서, 즉 그리스도의 지체들에게서 나뉘어 있고 분리되어 있고 그리하여 그리스도께 속하여 있지 않으면서도, 여전히 그리스도께 참여하고 그와 연합하는 것만이 구원임을 증언하는 것이다.

그리하여 바울은 사람이 떡을 먹고 잔을 마시기 전에 자기 자신을 살펴야 할 것을 말하고 있다(고전 11:28). 이 말은 — 내가 해석하는 바로는 — 각자 자기 자신의 속마음으로 내려가서 다음의 사실들을 따져 보아야 한다는 뜻이다. 곧, 과연 그리스도께서 값주고 사신 구원을 마음의 내적 확신으로 의지하는지, 입으로 고백하여 그 구원을 시인하는지, 순결하고 거룩한 열심으로 그리스도를 닮아가기를 사모하는지, 그리스도의 모범을 따라서 형제들을 위하여 자기 자신을 기꺼이 내주며 그리스도를 함께 나누는 동료들을 섬기기를 바라는지, 자기 자신이 그리스도의 한 지체로 여김을 받듯이 모든 형제들도 그의 몸에 속한 지체들로 여기는지, 그들을 자기 자신의 지체로 여겨서 그들을 소중히 하고 보호하며 돕기를 바라는지, 등을 스스로 살펴야 한다는 것이다. 그렇다고 해서 이러한 믿음과 사랑의 의무들이 지금 우리에게서 완전해질 수 있다는 것은 아니다. 그러나 우리의 온 마음으로 이 목표를 향하여 열심을 갖고 사모함으로써 이미 시작된 우리의 믿음이 날마다 더해지도록 해야 하는 것이다.

41. 과연 누가 성찬에 합당한가?

성찬에 합당하게 참여하도록 준비시키고자 하여, 사람들이 불쌍한 양심들을 끔찍스럽게 괴롭히고 고통을 주지만 그 목표에는 조금도 이르지 못한 경우가 아주 흔했다. 그들은, 은혜의 상태 가운데 있는 자는 합당하게 성찬을 먹는 것이라고 말해왔다. 그리고 여기서 "은혜의 상태에 있다"는 것을 순결하고 모든 죄에서 깨끗한 상태에 있는 것으로 해석하였다. 그러나 이 교리에 의하면, 이 땅에 살았던, 그리고 현재 살아 있는 모든 사람들이 전부 다 성찬에 참여할 수 없을 것이다. 우리가 우리 스스로 합당한 상태를 찾으려면 도저히 찾을 수가 없고, 그저 절망과 처절한 멸망밖에는 우리에게 없을 것이기 때문이다. 온 힘을 다하여 아무리 애를 써 보아도 조금도 전진할 수가 없고, 합당한 상태에 이르고자 온 노력을 다 기울인 후에도 결국 지극히 합당하지 못한 자들일 수밖에 없을 것이다.

이러한 쓰라림을 치유하기 위하여, 그들은 합당한 상태를 얻는 방법을 만들어냈다. 곧, 우리의 능력만큼 최대한으로 우리 자신을 살펴서 우리 자신의 행위들에 대하여 스스로 반성하고, 우리의 합당하지 못한 점에 대하여 통회와 고백과 보속을 통해서 갚도록 하는 것이 그것이었다. 이런 식으로 갚는 일의 본질에

대해서는 더 적절한 곳에서 이미 논의한 바 있다.[31]

　현재 논의하는 문제와 관련해서 말할 수 있는 것은 이런 치유책들은 자신의 죄에 대한 두려움에 사로잡혀 놀라고 낙심한 상태에 있는 양심들을 위해서는 너무도 무기력하고 덧없을 뿐이라는 것이다. 만일 우리 주님께서 의롭고 무죄하지 않은 자는 어느 누구도 그의 성찬에 참여하지 못하도록 금하셨다면, 하나님께서 요구하시는 의를 스스로 확신하기 위해서는 심각한 경계심이 필요한 것이다. 스스로 최선을 다했다고 해서 과연 무엇을 근거로 하나님 앞에서 자기의 임무를 다 수행했다는 확신을 가질 수 있겠는가? 만일 그런 확신을 가질 수 있다손 치더라도, 과연 어느 때가 되어야 감히 자기가 최선을 다했다고 스스로 확신할 수 있겠는가? 그러므로, 우리가 합당하다는 명확한 확신이 나타나지 않으므로, 성찬을 합당하지 않게 먹고 마시는 자는 스스로 심판을 먹고 마시는 것이라는(고전 11:29) 끔찍한 선언으로 말미암아 성찬 참여의 문이 언제나 잠겨져 있을 수밖에 없는 것이다.

42. 믿음과 사랑이 합당함의 요건임

　교황제에서 군림하고 있는 그 교리의 본질과 또한 그 출처는 쉽게 판단할 수 있다. 그 교리는 두려움과 슬픔 속에서 고통당하고 있는 가련한 죄인들에게 터무니없는 횡포를 부려서 이 성찬이 주는 위로를 그들에게서 빼앗아 버린다. 복음이 가져다주는 모든 즐거움이 성찬으로 말미암아 그들 앞에 제시되어 있는데도 말이다. 사람들을 멸망에 빠뜨리기 위하여 마귀가 사용하는 방법 가운데서, 그들을 미치게 만들어서 지극히 자비로우신 하늘 아버지께서 먹이시고자 원하신 이 양식을 맛보지도 못하도록 하는 것이야말로 가장 신속한 방법일 것이다. 그러므로 그렇게 멸망을 향하여 달려가지 않도록 하기 위해서는, 이 신성한 잔치야말로 병든 자들을 위한 약이요, 죄인들을 위한 위로요, 가난한 자들에게 주는 구제물과도 같은 것이며, 반대로 혹시 건강하고 의롭고 부유한 자들이 있다면 그런 자들에게는 아무런 유익이 없다는 사실을 기억해야 할 것이다. 성찬은 곧 그리스도께서 우리에게 양식으로 베풀어지시는 것이므로, 마치 기근을 당하면 몸의 기력이 쇠잔하게 되는 것처럼 그리스도가 없다면 우리는 메말라지고 굶주리며 기진해질 수밖에 없다는 것을 생각하게 된다. 그가 우리에게 생명의 양식으로 베풀어지시기 때문에, 그가 없이는 우리는 한 마디로 죽을 수밖에 없다는 것을 깨닫게 된다.

그러므로 우리가 하나님께 내어 놓을 수 있는 유일한 최고의 합당한 상태란 바로 이것이다. 곧, 우리의 죄악됨과 우리의 합당치 못한 모든 것을 그리스도께 드려서 그의 긍휼하심이 우리를 자기에게 합당한 자들로 만들어 주시도록 하는 것이요, 우리 자신에 대하여 절망함으로써 그리스도 안에서 위로를 얻도록 하는 것이요, 우리 자신을 낮춤으로써 그리스도로 말미암아 우리가 높이 올라가도록 하는 것이요, 우리 자신을 정죄함으로써 그리스도로 말미암아 의롭다 함을 얻도록 하는 것이요, 또한 주께서 그의 성찬에서 일깨우시는 그 연합을 사모하는 것이요, 그가 자기 안에서 우리 모두를 하나로 만드시므로 우리는 모두가 한 영혼, 한 마음, 한 언어를 바라는 것이다. 이런 것들을 곰곰이 따져보고 생각했다면, 그런 생각들로 인해서 주저하는 마음이 생길 수는 있어도 절대로 쓰러지는 일은 없을 것이다. 핍절한 상태에 있고 선한 것이 전혀 없이 죄에 완전히 물들어 있고, 거의 죽어 있다시피한 우리들이 어떻게 주의 몸을 합당하게 먹을 수 있단 말인가?

그러나 우리는 오히려 이렇게 생각해야 옳을 것이다. 우리가 가난한 자들이니 자비하게 베푸시는 분에게로 가며, 병든 자들이니 의원에게 가며, 죄인들이니 의의 주인이신 분께 나아가며, 죽은 자들이므로 생명을 주시는 분에게로 나아가는 것이라고 말이다. 하나님께서 명령하신 그 합당함이란 첫째로, 믿음에 ― 즉, 우리 자신에게는 아무것도 의지하지 않고 그리스도께 모든 것을 의지하는 데에 ― 있으며, 둘째로 사랑에 ― 즉, 완전한 상태에서 드릴 수는 없으니 당연히 불완전하지만, 하나님께서 더 낮게 만드시도록 그에게 드리기에 충분한 그런 사랑에 ― 있는 것으로 생각해야 할 것이다.

어떤 이들은 합당함 그 자체가 믿음과 사랑에 있다는 데에 대해서는 우리와 동의하면서도, 그 합당함이 요구하는 표준에 대해서는 그릇된 사상을 갖고 있기도 하다. 곧, 사람으로서는 절대로 도달할 수 없는 완전한 믿음을 표준으로 요구하며, 또한 그리스도께서 우리에게 보여 주신 것과 동등한 그런 사랑을 표준으로 요구하는 것이다. 그러나 그들은 그렇게 함으로써, 앞에서 언급한 사람들처럼 이 지극히 거룩한 성찬에 접근하지 못하도록 모든 사람을 가로막는 격이다. 만일 그들의 견해를 취하게 되면, 어느 누구도 합당하게 성찬을 받을 수가 없을 것이다. 누구나 자기 자신의 불완전함 때문에 정죄를 받지 않을 수 없을 것이기 때문이다. 만일 성찬을 받는 조건으로 그런 완전을 요구함으로써 결국 성찬을 쓸데없고 헛된 것으로 만들어 버린다면, 그것이야말로 정말 어리석은 일이라 아니할 수 없을 것이다. 성찬이란 완전한 자를 위한 것이 아니라 연약하고 가냘픈 자들을 일깨우고 자극하고 믿음과 사랑의 느낌을 고무시키며, 진정 믿음과 사랑의 결핍을 교정시키기 위하여 제정된 성례이기 때문이다.

43. 성찬의 적절한 시행

그러나 성찬의 외형적인 의식은 — 신자들이 떡을 손으로 쥐고서 자기가 먹을 것을 스스로 잘라 취하든지, 아니면 각자가 자기에게 주어지는 것을 먹든지, 잔을 마신 다음 다시 집사에게 돌려 주든지 아니면 다음 사람에게 넘기든지, 떡이 누룩이 있어야 하는지 아니면 없어야 하는지, 포도주는 붉은 포도주여야 할지 아니면 흰 포도주여야 할지, 등등 — 전혀 문제가 되지 않는다. 이런 것들은 무관하며 교회의 판단에 맡겨져 있는 것들이다.

그러나 고대 교회에서는 모든 사람이 떡을 손으로 취하는 것이 관례였던 것이 분명하다. 그리스도께서도 말씀하시기를, "너희끼리 나누라"(눅 22:17)고 하셨다. 역사를 보면, 로마의 감독 알렉산더(Alexander: 107-116년 재위) 이전 시대에는 누룩 있는 떡을 사용하였고, 알렉산더가 최초로 누룩 없는 떡(무교병)을 사용하였다는 것이 나타난다. 그러나 성찬의 목적이 어떤 희한한 광경으로 일반 사람들의 이목을 끌고자 하는 것이 아니고, 건전한 신앙으로 그들을 교훈하고자 하는 데 있는 이상, 반드시 그렇게 할 이유는 없다고 본다. 경건에 대한 열심이 조금이라도 있는 모든 사람에게 묻고 싶다.

성찬에서는 사람들의 감각을 속여 어리석게 만들 뿐 다른 목적에 도움이 되지 못하는 이 생명 없는 극적인 사소한 효과들보다도, 오히려 하나님의 영광이 훨씬 더 찬란하게 빛나며 신령한 위로가 그보다 훨씬 더 풍성하게 나타난다는 것을 분명히 보지 않는가? 그런 것들이 사람들을 미신에 이리저리 끌려 다니도록 만드는데도, 그들은 그것을 통해서 신앙 가운데 사람들을 붙들어 둔다고 치부한다. 이런 공교한 것들을 그 역사가 오래 되었다는 사실에 호소하여 변호하고자 하는 사람이 있다면, 나는 세례 시에 성유(聖油)를 부어 마귀를 제거하는 관례 역시 고대에서부터 있었고, 또한 사도 시대 직후부터 성찬이 얼룩으로 더럽혀졌다는 사실을 말하고자 한다. 그러나 사람들의 마음은 완악하고 오만하여 자기 자신을 억제하지 못하고, 언제나 이렇듯 하나님의 신비들을 가볍게 다루고 장난질치는 것이다. 그러나 우리는 하나님께서 그의 말씀에 순종하는 일을 귀히 여기시서 우리로 하여금 그의 천사들은 물론 온 세상을 그 말씀의 빛으로 판단하게 하시리라는 것을 기억해야 할 것이다(고전 6:2-3; 갈 1:8).

자, 교회에서 이런 온갖 지저분한 의식들을 제거해 버리고, 성찬을 매우 자주 — 최소한 일주일에 한 차례씩 — 행한다면, 성찬을 아주 적절하게 시행했다 할 수 있을 것이다. 우선, 성찬은 공중 기도로 시작하여야 한다. 기도 후에는 설교를 하고, 그 다음 떡과 포도주를 성찬상 위에 놓은 다음, 목사가 성찬 제정에 관한 말씀들을 낭독한다. 그리고 이어서 우리에게 대한 성찬의 약속들을 낭독하며, 동시에 주님의 명령으로 성찬에 참석하지 못하도록 금지된 모든 사람들을 성찬에서 제외시켜야 한다. 그런 다음, 목사는 주께서 이 신령한 양식을 통하여 우리에게 자비하심을 베푸시며 우리로 하여금 믿음과 감사의 마음으로 받도록 만드시고, 또한 그의 궁휼하심으로 우리를 그 잔치에 합당하게 만들어 주시기를 — 우리 스스로는 합당치 못하므로 — 기도하여야 한다. 그리고 여기서 시편을 노래하거나, 혹은 어떤 것을 읽고, 목사가 떡을 떼고 잔을 나눔으로써 적절한 질서를 지켜서 신자들이 그 지극히 거룩한 잔치에 참여하여야 한다. 성찬이 끝나면, 신실한 믿음과 신앙 고백, 사랑과 그리스도인으로서 합당한 행실에 대한 권면이 있어야 한다. 그리고 마지막에, 하나님께 감사를 드리고, 찬송의 노래를 부른다. 그리고 이런 일들이 끝나면, 교회는 평화로이 산회하여야 한다.

44. 성찬은 자주 시행하여야 함

성찬에 대해서 지금까지 논의한 내용으로 볼 때에, 성찬은 일 년에 한 번 시행하도록 제정된 것이 아니고, 지금 통례가 그런 것처럼 형식적으로 시행할 것도 아니라는 것이 너무도 분명하다. 오히려 성찬은 모든 그리스도인들이 자주 시행하도록 그렇게 제정된 것이다. 그렇게 함으로써 자주 그리스도의 고난을 기념하고, 그로 말미암아 믿음을 유지하고 강건하게 하며 또한 하나님께 감사의 찬송을 부르고 그의 선하심을 선포하고자 하는 마음이 생겨나도록 하며, 마지막으로, 성찬을 통하여 신자들 상호 간의 사랑을 증진시키고, 신자들 가운데서 이러한 사랑을 증거하며, 또한 그리스도의 몸의 하나 됨 속에서 그 연합의 끈인 사랑을 분별하도록 하신 것이다. 주님의 몸의 상징에 참여할 때마다, 사랑의 증표를 주고 받을 때마다, 우리는 서로 모든 사랑의 의무에 우리 자신을 얽어맴으로써, 우리들 가운데 어느 누구도 우리 형제를 해롭게 하는 일을 행하거나, 형제를 도울 필요가 있고 또한 그런 일을 행할 능력이 있는 데도 그런 일을 그냥 지나쳐 버리지 않도록 하는 것이다.

누가는 사도행전에서 "사도의 가르침을 받아 서로 교제하며 떡을 떼며 오로지 기도하기를 힘쓰니라"(행 2:42)고 보도하여, 사도 시대의 교회의 관례가 그러했음을 말하고 있다. 그리하여 교회가 모일 때마다 말씀과 기도와 성찬 참여와 구제를 위한 모금을 시행하는 것을 불변의 법칙으로 삼게 되었다. 또한, 고린도 사람들 가운데서도 이것이 하나의 확립된 관례였다는 것을 바울의 말에서 충분히 추리해 낼 수 있다(참조. 고전 11:20). 그리고 그 후 여러 세기를 거치는 동안 이것이 그대로 존속되었다.

그리하여, 아나클레투스(Anacletus)와 칼릭스투스(Calixtus)가 작성하였다고 전해지는 고대의 교회 법령이 생겨나게 되는데, 이 법령은 성찬물을 성별한 후에 교회당 경내 바깥에 있기를 원하지 않는 사람들은 모두 성찬에 참여하도록 규정하는 것이었다. 그리고 "사도의 법령"이라고 부르는 옛 법령에는 이런 문구가 있다: "끝까지 남아 성찬에 참여하지 않는 자들은 교회를 어지럽히는 자들로 간주하여 견책하여야 한다." 또한 안디옥 공의회(the Council of Antioch: 341년)에서는 교회당에 들어와 성경 말씀을 들으면서도 성찬 참여를 하지 않는 자들은 이러한 과오를 교정하기까지 교회에서 내쫓아야 한다는 법령을 공포하였다. 제1차 톨레도 공의회(the First Council of Toledo: 400년)에서는 언어를 다소 순화시켜서 법령의 내용을 부드럽게 만들기는 했으나, 그 공의회 역시, 설교를 듣고서 성찬에 참여하지 않는 자들은 한 번 경고하고, 경고한 후에도 계속 불참할 경우는 교회에서 내쫓아야 한다는 법령을 공포하였다.

45. 성찬 참여에 대한 아우구스티누스와 크리소스톰의 증언

거룩한 사람들은 분명히 성찬을 자주 시행하는 관례를 유지하고 또한 보호하고자 하는 의도로 이런 법령들을 제정한 것이다. 그들은 성찬이 신자들에게 대단히 유익하지만 그것을 소홀히 대하게 되면 점점 폐지되고 만다는 것을 염려했던 것이다. 아우구스티누스는 그 당시의 형편에 대해 이렇게 증언하고 있다: "주의 몸과 하나 됨을 상징하는 이 성찬물이 주의 식탁 위에 배설되어 있고 어느 곳에서는 날마다 그 식탁에서 받아 먹고, 또 다른 곳에서는 일정한 간격을 두고 받아 먹고 있는데, 어떤 이들은 이로 인하여 생명에 이르고, 또 어떤 이들은 이로 인하여 멸망에 이른다." 그리고 야누아리우스(Januarius)에게 보낸 첫 번째 서신에서는 이렇게 말씀한다: "어떤 이들은 날마다 주의 몸과 피에 참여하고, 어떤 이들은 특별한 날들마다 받아 먹는다. 어느 곳에서는 성찬이 베풀어지지 않는 날이 없고, 또 다른 곳에서는 오로지 토요일과 일요일에만 성찬을 베풀며, 또 어떤 곳에서는 일요일에만 성찬이 베풀어진다."[32]

그러나 이미 말했듯이 보통 사람들이 가끔씩 해이해질 때마다, 거룩한 사람들은 혹 그런 일에 무관심한 것처럼 보이지 않도록 그들을 신랄하게 책망하였다. 크리소스톰의 에베소서 설교집에서 이에 대한 한 가지 실례를 볼 수 있다: "잔치를 모욕한 사람에게 '어째서 식탁에 앉았느냐?'라고 묻지 않고, '왜 여기 들어왔느냐?'라고 묻습니다(마 22:12). 신비에 참여하지 않는 자는 누구든 사악하고 뻔뻔스러운 자들로 거기에 있을 수가 없는 법입니다. 여러분, 누구든 잔치에 오라는 초청을 받고는 그 손을 씻고 식탁에 앉아서 음식을 먹을 준비가 다 되어 있는 것처럼 보이면서, 정작 아무것도 먹지 않는다면 어떻게 되겠습니까? 이 사람은 그 잔치와 그 잔치의 주인을 모욕하는 것이 아니겠습니까? 지극히 거룩한 양식을 받기 위하여 기도로 준비를 갖추고 있는 사람들 가운데 서 있으면서, 물러가지 않고 그냥 있음으로써 그 사람들 중에 속해 있다고 스스로 고백한 다음, 막상 성찬에는 참여하지 않는다면, 그와 마찬가지입니다! 그런 사람은 그 자리에 없는 것이 더 낫지 않았겠습니까? '저는 합당한 사람이 못됩니다'라고 말할 수도 있겠지요. 그러나 그렇다면, 여러분은 이 거룩한 신비에 참여하기 위한 준비를 갖추는 기도의 교제에도 합당치 못한 사람이었습니다."[33]

46. 매년 한 차례 성찬을 시행하는 관례를 배격함

일 년에 한 차례씩 성찬을 시행하도록 하는 관례는, 누가 거기에 개재되었든지 간에 참으로 마귀가 만들어낸 것이라 아니할 수 없다. 사람들은 제피리누스(Zephyrinus: 로마 교황으로 198-217년 재위)가 이런 법령을 만들어낸 장본인이라고 말하지만, 그 법령이 지금 우리가 지니고 있는 이런 형식으로 되었다고 보기는 어렵다. 그 당시로서는 그는 그런 법령을 통해서 교회를 위하여 지나치게 나쁜 악법을 세웠다고 할 수는 없다. 그 시대에는 신자들이 모일 때마다 성찬을 시행했으며 모인 사람들 대다수가 성찬에 참여했다는 것이 의심의 여지가 없는 사실이다. 그러나 모든 신자들이 다 함께 성찬에 참여하는 일이 거의 없고, 또한 우상 숭배하는 속된 자들과 어울린 사람들로서는 무언가 외형적인 표징을 통해서 자기들의 믿음을 입증할 필요가 있었으므로, 이 거룩한 사람은 질서와 제도를 위하여 한 날을 특별히 지정하여 모든 그리스도인들로 하여금 성찬에 참여하여 믿음을 고백하게 한 것이다. 그런데 후대의 사람들이 제피리누스의 선한 법령을 왜곡시켜서 일 년에 한 번 성찬을 시행하도록 확실한 법을 만들어 버렸고, 그 법으로 말미암아 거의 모든 사람들이 일 년에 한 차례 성찬을 시행하고 나면 그 해의 의무를 멋지게 치렀다는 식으로 생각하여 그것에 대해서 전연 무관심하게 지내게 된 것이다.

그러나 그런 식과는 전연 다르게 시행했어야 옳았다: 그리스도인들의 모임을 위하여 최소한 일주일에 한 번 이상 주의 성찬을 베풀어서 성찬에서 선포되는 약속들을 신령하게 먹도록 했어야 옳았다. 누구에게도 성찬 참여를 강요해서는 안 되지만, 모두에게 강권하여 마음을 일깨우도록 해야 하며, 동시에 나태한 자들의 무기력함은 책망해야 한다. 마치 굶주린 사람들처럼 모두가 그 풍성한 잔치에 모여 들어야 마땅한 것이다. 그러니, 앞에서 일 년에 한 번씩 시행하도록 한 것이 마귀의 장난이라고 한 나의 말이 부당한 것은 아니다. 일 년에 한 번 성찬에 참여하여 만족하고, 그 나머지 기간에는 게으름을 피우도록 만들기 때문이다.

사실 크리소스톰의 시대에 이미 이런 악습이 끼어들어와 있었던 것을 보게 된다. 그러나 동시에 그가 그런 현상을 얼마나 언짢게 여겼는지도 볼 수 있다. 앞에서 인용한 그 구절에서 그는 성찬 참여 문제에 대하여 신자들 사이에 큰 불균형이 있다는 사실을 안타깝게 토로하고 있기 때문이다. 곧, 일 년 중 어느 시기에는 정결한 상태에 있으면서도 신자들이 성찬에 참여하지 않다가, 부활절 때에는 부정한 상태이면서도 성찬에 참여하는 것이었다. 그리하여 그는 이렇게 외친다: "오, 관습이여, 오, 이런 뻔뻔스러움이여! 그러므로 날마다 성찬을 베푸는 것도 헛 것이요, 제단 앞에 서는 것도 헛 것이로다. 우리와 함께 참여할 사람이 하나도 없으니 말이다."[34] 그러니 크리소스톰은 자기의 권위를 빌려서 이런 현상을 승인한 일이 절대로 없는 것이다.

(평민에게 잔을 금하는 행위에 대한 반박. 47-50)

47. 평민에게 잔을 금하는 폐단

동일한 무리들에게서 또 하나의 규정이 생겨났는데, 곧, 대다수의 하나님의 백성에게서 성찬의 절반을 훔치거나 빼앗아간 것이 그것이다. 피의 상징을 보통의 속된 사람들(그들은 하나님의 기업인 자들[벧전 5:3]에게 이런 호칭을 붙인다)에게는 금하고, 삭발을 한 기름부음 받은 소수들만 누릴 수 있는 특별한 소유로 여겨 그들에게만 제공한 것이다. 영원하신 하나님의 명령은 모두가 다 마셔야 한다는 것이다(마 26:27). 그런데도 사람들이 감히 이 명령을 그와 반대되는 새로운 법으로 대체시켜서, 모두가 다 마실 수 있는 것이 아니라고 공포하고 있는 것이다.

그리고 그런 법을 제정한 자들은 마치 자기들이 부당하게 하나님과 대적하고 있는 것이 아닌 것처럼 보이기 위하여, 이 신성한 잔을 모든 이들에게 다 똑같이 베풀게 되면 위험에 빠질 수 있는 것처럼 이야기한다. 마치 하나님께서 영원하신 지혜로도 그런 위험들을 미리 예견하고 고려하지 못하신 것처럼 말이다!

그렇게 한 다음, 그들은 하나로도 충분히 둘의 몫을 다 한다는 식으로 교묘하게 꾸며댄다. 그들은 이렇게 말한다: "그것이 몸이라면, 그것은 그리스도 전부이다. 그는 자기 몸과 분리되실 수 없기 때문이다. 그러므로 공존(共存)으로 말미암아 피가 몸에 포함되어 있는 것이다."[35] 조금만 고삐를 늦추어도 금방 거칠게 놀아나기 시작하니, 우리 인간의 사고가 과연 얼마나 하나님의 생각과 일치할 수 있겠는가! 주께서는 떡을 보여 주시면서 이것이 그의 몸이라고 말씀하시고, 잔을 보여 주시면서 그것을 자기의 피라고 부르신다. 그런데 마치 주께서 아무 이유도 없이 그의 몸과 피를 단어와 표징으로 구분하신 것처럼, 그리고 그리스도의 몸을, 혹은 그의 피를 가리켜 신인(神人: God and man)이라 부르는 것을 들은 일이 있기라도 한 것처럼, 사람의 이성은 뻔뻔스럽게도 오히려 반대로 떡을 피라 부르고, 포도주를 몸이라고 외쳐대는 것이다. 만일 주께서 자기 자신 전체를 가리키고자 하셨다면, 틀림없이 "그것은 내니라" — 성경에서 그가 습관적으로 사용하시는 것으로 나타나듯이(마 14:27; 요 18:5; 눅 24:39) — 라고 말씀하실 수 있었을 것이다.

그러나 주님은 "이것은 내 몸이라, 이것은 내 피라"고 하셨다. 주께서는 우리의 연약한 믿음을 돕기를 원하셔서, 양식을 위해서는 물론 음료로서도 자신이 충족하시다는 것을 우리에게 가르치시기 위하여 떡과 잔을 분리시켜서 제정하신 것이다. 그러니, 그 중 한 부분을 빼앗긴다고 생각해 보라. 그러면 주님에게서 그저 절반의 양분밖에는 얻지 못하게 될 것이 아닌가! 그러므로, 그들이 이야기하는 논리가 — 공존으로 말미암아 피가 떡 속에 있고, 몸이 잔 속에 있다는 논리가 — 옳다 할지라도, 그들은 여전히 그리스도께서 절실하게 필요한 것으로 여기사 우리에게 주시는 바 믿음의 확증을 경건한 심령들에게서 빼앗아가고 있는 것이다. 그러므로, 그 사람들의 거짓 주장들은 완전히 물리치고, 그리스도의 규례로부터 이중적인 보증을 통하여 받는 바 신령한 유익을 굳게 붙들어야 할 것이다.

48. 잔을 금하는 논리에 대한 반론

사탄의 수족(手足)들은 의례 성경을 조롱하는 습관이 있으니, 그런 자들이 이에 대해서 거짓 주장을 늘어 놓는다는 것을 나는 잘 알고 있다. 첫째로, 그들은 단 한 가지 행동을 근거로 하여 교회가 항상 준수하여야 하는 영구한 법칙을 이끌어내서는 안 된다고 주장한다. 그러나 이것이 단순한 행동이라는 그들의 주장은 거짓말이다. 그리스도께서는 잔을 베푸셨을 뿐 아니라 사도들에게 그 다음부터 그렇게 행하라고 명령하시기까지 하셨기 때문이다. 그는 친히 "너희가 다 이것을 마시라"고 말씀하셨다(마 26:27). 그리고 바울은 그것이 그런 행동이었음을 기억하고서 그것을 하나의 확정된 규례로 지키라고 말하는 것이다(고전 11:25).

또 한 가지 회피를 위한 논리는, 주께서 이미 택하사 "희생을 드리는 자"의 반열에 세우신 사도들에게만 성찬의 이 부분에 참여하도록 허락하셨다는 것이다. 그러나 그들은 다음 다섯 가지의 질문에 답변해 보기를 바란다. 그들은 절대로 이 질문들을 빠져나갈 수 없고, 그들의 거짓이 금방 드러나고 말 것이다.

첫째로, 하나님의 말씀과 그렇게 다르니, 대체 어떤 하나님의 말씀이 그들에게 이런 해결책을 계시해 주었단 말인가? 성경은 예수님과 함께 식탁에 앉은 열두 사람을 열거하고 있으나(참조. 마 26:20), 그들을 "희생을 드리는 자"로 부름으로써 그리스도의 위엄을 흐리는 따위의 일은 하지 않는다. 이 용어에 대해서는 후에 적절한 곳에서 다시 다루게 될 것이다.[36] 가령 주께서 그것을 그 열두 명에게 주셨다 할지라도, 주님은 여전히 그들도 똑같이 하라고, 즉 그것을 그들끼리 서로 분배하라고 명하신 것이다.

둘째로, 그 더 나은 시대로부터 심지어 사도들 이후 천 년이 지날 때까지 모든 사람들이, 한 사람의 예외도 없이, 다 두 가지 상징에 참여한 것은 무슨 까닭인가? 그리스도께서 그의 성찬에 손님으로 받아들이셨던 자들을 고대 교회가 몰랐단 말인가? 만일 이 질문에 머뭇거린다거나 대답을 회피한다면, 그것이야말로 지극히 파렴치한 짓일 것이다! 이 사실을 분명히 증명해 주는 교회의 역사들이 오늘날 그대로 남아 있고, 고대 저술가들의 책들도 그대로 있다. 테르툴리아누스는 말하기를, "육체가 그리스도의 몸과 피를 먹는 것은 영혼이 하나님께로 말미암아 양식을 얻도록 하기 위함이다"라고 하였다. 암브로시우스는 테오도시우스(Theodosius) 황제에게 말하기를, "그런 손으로 어떻게 주님의 그 신성한 몸을 받겠습니까? 어떻게 그 입술로 감히 주님의 고귀하신 피의 잔에 참여하겠습니까"라고 한다. 히에로니무스는 "성찬을 시행하며 주의 피를 백성들에게 분배하는 사제들"을 언급하고 있다. 또한 크리소스톰은 이렇게 말한다: "제사장이 일부를 먹고 백성들이 일부를 먹었던 옛 율법의 경우처럼 하지 않고, 한 몸과 한 잔을 모두에게 베푼다. 성찬에 관한 사안은 사제와 백성들이 모두 공통인 것이다." 아우구스티누스 역시 무수한 구절들에서 동일한 사실을 증거하고 있다.[37]

49. 잔을 모두에게 분배한 교회사의 실례

그렇게 잘 알려져 있는 문제를 새삼스레 왈가왈부할 이유가 무엇이겠는가? 희랍계 저술가들과 라틴계 저술가들의 저작을 전부 다 읽어 보면, 그러한 증거가 풍부하게 드러날 것이다. 그리고 교회에 조금이라도 순결함이 남아 있는 동안에는 이런 관례가 폐지되지 않았었다. 로마의 마지막 감독이라 불러 마땅한 그레고리우스우스는 그 시대에 그 관례가 그대로 유지되고 있었음을 가르친 바 있다: "어린양의 피가 무엇인지를 그대들은 들음으로써가 아니라 마심으로써 배웠도다." "그의 피가 신자들의 입 속으로 부어진다."[38] 그리고 그가 죽은지 사백 년이 지난 후 모든 것이 이미 부패해버린 시대에도 그 관례는 여전히 남아 있었다. 그리고 그것은 그저 하나의 관례가 아니라 불변하는 법으로 인정받고 있었다. 당시만 해도 신적으로 제정된 것을 우러러 보는 자세가 널리 퍼져 있었으니, 주께서 하나로 묶어 놓으신 것을 나눈다는 것은 그야말로 불경임을 전혀 의심치 않았던 것이다.

겔라시우스(Gelasius: 로마의 감독)는 이렇게 말하고 있다: "거룩한 몸의 일부만 받고 잔은 거부하는 자들이 있다는 것을 알았다. 틀림없이 모종의 미신에 매여 그렇게 하는 것 같으니, 그런 이들은 성찬을 전체로 다 받게 하든지 아니면 성찬에서 제외시켜야 할 것이다." 성찬의 신비를 분리하게 되면 큰 모독이 되기 때문이다. 사람들은 키프리아누스가 제시한 이유들을 귀담아 들었다. 그것이 그리스도인의 마음을 움직여야 마땅할 것이다. 그는 이렇게 말하고 있다: "싸움에 나가려 하는 자들에게 그리스도의 피를 금한다면, 그리스도를 고백하며 피를 흘리라는 가르침과 권고를 어떻게 그들에게 준단 말인가? 교회에서 먼저 교제의 권한을 주어서 그들로 하여금 주의 잔을 마시도록 하지 않는다면, 어떻게 그들을 순교의 잔에 합당하게 만든단 말인가?" 교회법 학자들은 겔라시우스의 칙령을 사제들에게만 해당되는 것으로 제한시키고 있는데, 이는 너무나 유치하여 반박할 가치조차 없는 궤변일 뿐이다.

50. 성찬 제정 시의 말씀에 나타난 증거

셋째로, 그리스도께서는 어째서 떡에 대해서는 그저 먹으라고만 말씀하셨고, 잔에 대해서는 "너희가 다 이것을" 마시라고 말씀하셨는가(막 14:22-23; 마 26:26-27)? 마치 주께서는 사탄의 교묘한 술책을 대적하시려고 의도적으로 그렇게 말씀하신 것 같다.

넷째로, 만일 그들의 주장처럼 주께서 오로지 "사제들"만 주의 성찬에서 높이셨다면, 누가 감히 주께서 제외시킨 외인(外人)들을 불러서 성찬에 참여하게 했겠는가? 더구나, 홀로 그 선물을 주실 수 있는 그분의 명령이 없으므로 그 선물의 능력 또한 전혀 소유할 수 없는 데도 불구하고 구태여 그들을 불러 성찬에 참여시킬 이유가 어디 있었겠는가? 주의 명령도, 주의 모범도 없다면, 도대체 무슨 근거로 오늘날 그리스도의 몸의 상징을 일반 백성들에게 나누어 준단 말인가?

마지막 다섯째로, 바울은 자기가 고린도 교인들에게 전해 준 것이 주님께로부터 받은 것이라고 말하는데(고전 11:23), 그 말이 거짓말이었는가? 그 다음에 그는 자기가 그들에게 전해 준 내용이 무엇인지를 말하는데, 그것은 바로 모든 사람이 차별 없이 두 상징물 모두에 참여해야 한다는 것이었으니 말이다(고전 11:26). 만일 바울이 모든 사람을 차별 없이 두 상징물 모두에 참여시키는 것을 정말로 주께로부터 받았다면, 하나님의 백성들 거의 전부를 제외시켜 버리는 자들은 과연 자기들의 행위를 누구에게서 받았는지를 살펴야 할 것이다. 왜냐하면 그들은 이제 자기들의 그런 행위가 하나님께로부터 왔다고 둘러댈 수가 없게 되었기 때문이다. 하나님께는 "예라 하고 아니라 함"이 없는 것이다(고후 1:19). 그런데도 그런 가증한 행위를 교회의 이름으로 덮으며 그것을 구실로 그 행위를 변호하고 있다니, 참으로 어처구니가 없다! 이 적그리스도들은 마치 그리스도의 가르침과 규례들을 서슴지 않고 짓밟고 흐트러뜨리고 폐기시켜 버리는 자기들이 교회요, 충만한 열정으로 신앙을 번성하게 한 사도적 교회는 전혀 교회가 아니었던 것처럼, 그렇게 처신한 것이다!

주 _____

1. Augustine, *On Christian Doctrine*, III. xvi. 24.

2. Augustine, *John's Gospel*, xxxi. 9; xl. 2.

3. Augustine, *Sermons*, cxxxi. 1; lvii. 7.

4. Chrysostom, *Opera* (Basel, 1530), IV. 581.

5. Lombard, *Sentences*, IV. xii. 4, 5.

6. Ibid., x. 2.

7. 이하에서 칼빈은 루터파의 주장을 논박한다.

8. 다음 20-34절, 특히 29절을 보라.

9. Augustine, *Letters*, xcviii. 9; clxix. 2. 9.

10. Augustine, *Against Adimantus*, xii. 3.

11. Augustine, *Psalms*, Ps. 3:1.

12. Augustine, *Letters*, clxxxvii. 3. 10.

13. Augustine, *John's Gospel*, I. 13.

14. Augustine, *Faith and Creed*, vi. 13.

15. 본절에 나타나는 아우구스티누스의 증언들의 전거(典據)는 무수하게 많다: Augustine, *City of God*, XXII. vii; *Psalms*, Ps. 26. ii. 11; 46. vii; 33. i. 10; ii. 2; *John's Gospel*, xiii. 11; I. 12, 13; xcii. 1; cii. 6; cvi. 2; cvii. 4; *Confessions*, IX. xiii. 36; Letters, xliv. 5, 10; xcviii. 9; liv. 6, 8; clxxxvii. 6, 18, 3, 10, 13, 41; *On the Trinity*, III. iv. 10; III. x. 19, 20.

16. Tertullian, *Against Marcion*, IV. xl.

17. Tertullian, *On the Resurrection of the Flesh*, li. 2-3.

18. Augustine, *City of God*, XVI. xxxvii.

19. Lombard, *Sentences*, IV. viii. 4; IV. ix. 2.

20. Augustine, *John's Gospel*, vi. 15; lxii. 1; liii. 10.

21. Ibid., xxvi. 11, 12, 15, 18.

22. Ibid., lix. 1.

23. Ibid., lxii. 1.

24. Augustine, *On Baptism*, V. viii. 9.

25. Augustine, *City of God*, XXI. xxv.

26. Augustine, *Against Faustus*, xiii. 16.

27. Augustine, *Sermons*, cxii. 5. 5.

28. Augustine, *Psalms*, Ps. 98. 9.

29. Augustine, *John's Gospel*, xxvii. 3, 11.

30. Ibid., xxvi. 13.

31. 참조. 3권 4장 1절.

32. Augustine, *John's Gospel*, xxvi. 15; Epistles, liv. 2. 2.

33. Chrysostom, *Commentary on Ephesians*, ch. 1. hom. iii. 5.

34. *Ibid.*, ch. 1. hom. iii. 4.

35. Council of Constance (1415), 제13차 회의.

36. 참조. 19장 28절.

37. Tertullian, *On the Resurrection*, 8; Jerome, *Commentary on Zephaiah*, 3:1–7; *Commentary on Malachi*, 3:15; Chrysostom, *Homilies on II Corinthians*, hom. xviii. 3; Augustine, *Sermons*, xxxi. 1. 2; *Sermons*, cxxxi. 1. 1; Augustine, *Letters*, ccxvii. 5. 16; liv. 2. 2; xxxvi. 10. 24.

38. Gregory I, *Homilies on the Gospels*, II. xxii. 7; Dialogues, IV. lviii.

제 18 장

〜⌒⌒⌒〜

교황제의 미사:
그리스도의 성찬을 더럽힐 뿐 아니라 말살시키기까지 하는 모독 행위임

(미사는 주의 성찬을 무효화시키는 불경한 것임. 1-7)

1. 로마 교회의 가르침

이런 유사한 간계들을 사용하여 사탄은 그리스도의 성찬을 두터운 어두움으로 뒤덮어 더럽히려고 애를 써왔다. 그리하여 성찬의 순수함이 교회 안에서 보존되지 못하도록 막아 보기 위하여 그렇게 한 것이다. 그러나 마귀가 그것을 흐리게 하고 왜곡시킬 뿐 아니라 그것을 완전히 지워버려서 인류의 기억에서 사라지도록 하기 위하여 한 가지 표징을 만들어냈다는 데에서 그 끔찍스러운 가증함이 절정에 달했다. 마귀가 가장 지독한 한 가지 오류를 만들어 내어 거의 온 세상 전체의 눈을 멀게 했으니, 곧 미사(the Mass)가 죄 사함을 얻게 해 주는 희생 제물이요 제사라는 믿음을 조장해낸 것이 바로 그것이다.

비교적 건전한 스콜라 신학자들이 처음에 이 가르침을 어떻게 받아들이게 되었는지에 대해서는 논하지 않겠다. 그 사람들이나 그들의 그 알쏭달쏭한 교묘한 주장들일랑 다 사라져 버려야 한다! 교묘한 궤변으로 그 주장들을 변호할 수는 있겠지만, 선한 사람들은 모두 그것들을 배격해야 한다. 그것들은 성찬의 밝은 빛을 캄캄한 그림자로 가릴 뿐이기 때문이다. 그러므로 독자들은 그것들과는 작별을 고하고, 내가 여기서 로마의 그 적그리스도와 그 휘하의 선지자들이 온 세계에 가득 퍼뜨려 놓은 사상 — 즉, 미사야말로 그것을 그리스도께 드리는 사제와 또한 거기에 참여하는 다른 사람들이 하나님의 은혜를 획득하는 수단이요, 혹은 하나님을 그들과 화목시키는 하나의 화목 제물이라는 사상 — 과 싸우고 있다는 것을 이해해야 할 것이다.

그런데 이런 사상은 그저 일반 대중의 생각으로만 받아들여진 것이 아니고, 그 미사의 행위 자체가 산 자와 죽은 자들의 속죄를 위하여 하나님께 보속해 드리는 일종의 유화 수단으로서 조작된 것이다. 그들이 사용하는 언어 자체도 이런 관념을 나타내 주며, 또한 그 일상적인 시행에서 그 외에 다른 것을 추적해 낼 수가 없는 것이다. 이런 몹쓸 폐단이 얼마나 뿌리가 깊으며, 얼마나 선한 모양으로 위장되어 있으며, 얼마나 그리스도의 이름을 빌려 과시하며, 얼마나 많은 사람들이 "미사"라는 이 한 마디에 신앙의 총체가 들어 있다고 믿는지를 나는 잘 알고 있다.

그러나 이 미사라는 것이 아무리 찬란하게 치장되어 있다 할지라도, 그것이 그리스도를 현저하게 모욕하며, 그의 십자가를 파묻고 짓누르며, 그의 죽으심을 망각하게 만들며, 그의 죽으심으로 말미암아 우리에게 임하는 은혜를 소멸시키며, 그의 죽으심을 기념하도록 우리에게 남겨져 있는 성찬을 약화시키고 파괴시킨다는 것을 하나님의 말씀으로 지극히 분명하게 입증된다면, 그 뿌리가 아무리 깊다 할지라도 강력한 도끼로 — 곧, 하나님의 말씀으로 — 그것을 찍어내고 뒤집어엎어야 하지 않겠는가? 아무리 바깥의 포장이 찬란하여 그 속에 숨겨져 있는 악이 도무지 드러나지 않는다 할지라도, 하나님의 말씀의 빛으로야 얼마든지 분명하게 드러내지 않겠는가?

2. 미사는 그리스도에 대한 모독임

그러므로 처음에 말한 대로, 미사를 통해서 도저히 참을 수 없는 불경과 모욕이 그리스도께 가해진다는 점을 살펴보기로 하자. 그리스도께서는 아버지에 의해 제사장으로 성별되셨다. 그러나 그의 제사장직은 구약 시대에 지명된 제사장들의 경우처럼 일시적인 것이 아니었다. 구약의 제사장들의 경우는 그들의 생명이 영구하지 않았으므로 그들의 제사장직도 영구한 것일 수가 없었고, 그리하여 죽은 제사장들을 대치할 후계자들이 때때로 필요했다. 그러므로 아버지께서는 그를 "영원히 멜기세덱의 반차를 따르는 제사장"으로 지명하셔서 그로 하여금 영원토록 제사장직을 수행하시도록 하신 것이다(히 5:6, 10; 7:17, 21; 9:11; 10:21; 시

110:4; 창 14:18). 이러한 신비는 오래 전에 멜기세덱에게 예표로 나타났었다. 성경은 그를 살아 계신 하나님의 제사장으로 한 번 소개한 후에는 다시 그를 언급하지 않으며, 그의 생명이 끝이 없었음을 시사하는 것이다. 이러한 유사점으로 인하여 그리스도를 가리켜 그의 반차를 따르는 제사장이라 부르신 것이다.

그러나 지금 날마다 제사를 드리는 자들로서는 드리는 제물들을 위하여 그리스도의 후계자요 대리자로서 그리스도를 대신해 줄 사제들이 필요하였고, 그리하여 그리스도 대신 사제들을 앉혔다. 그러나 그런 행위는 그리스도께 존귀를 빼앗고 영원한 제사장직이라는 특권을 그에게서 빼앗는 것일 뿐 아니라, 아버지의 우편에서 그를 끌어내리는 처사인 것이다. 그가 영원한 제사장으로 남아 계시지 않으면, 아버지의 우편에도 앉아 계실 수가 없는 것이 아닌가? 그들은, 자기들이 세운 사제들은 그리스도를 대신하는 것이 아니며 — 그리스도께서는 죽지 않으시니 — 다만 그의 영원한 제사장직을 보좌하는 부사제들일 뿐이니 그리스도의 제사장직이 사라지는 것이 아니라고 주장하지만, 이것은 터무니없는 주장일 뿐이다. 사도의 말이 그들의 주장을 너무나 강력하게 막고 있으므로 도저히 피해나갈 수가 없기 때문이다. 사도는 말하기를, 죽음 때문에 직무를 계속할 수가 없어서 계속해서 새로이 제사장들을 세운 것이라고 한다(히 7:23). 그러므로 죽음으로 방해받지 않으시는 그리스도께서는 유일한 제사장이시요 그에게는 보좌하는 자가 필요 없는 것이다.

그러나 그들은 정말 부패하여, 멜기세덱의 실례로 무장하여 그것으로 자기들의 불경함을 변호하려 하기까지 한다. 멜기세덱이 떡과 포도주를 드렸다는 말씀에 근거하여(창 14:18), 그들은 이것이 자기들의 미사를 미리 예표하는 것이라고 주장한다. 멜기세덱과 그리스도 사이의 유사점을 떡과 포도주를 드렸다는 점에서 찾으려 하는 것이다. 그러나 이런 논리는 너무나 유치하고 어리석어서 반박할 필요조차 없다. 멜기세덱은 아브라함과 그의 동료들이 여행과 싸움으로 인하여 지쳐 있어서 그들에게 활력을 주기 위해 떡과 포도주를 주었던 것이다. 그렇다면 이것이 제사와 무슨 관계가 있단 말인가? 모세도 그 거룩한 왕의 친절을 칭송하고 있다(창 14:18). 그런데 이 사람들은 조잡스럽게도 본문에 아무런 언급도 없는 신비를 꾸며내고는, 바로 다음에 "그는 지극히 높으신 하나님의 제사장이었더라"라는 말씀이 이어지고 있다는 사실을(창 14:18) 이용하여 자기들의 오류에 다른 색깔을 덧입혀 놓는 것이다. 그러나 그들은 사도께서 축복을 가리키는 것으로 한 말씀을 왜곡시켜서 떡과 포도주에다 적용시키고 있는 것이다. 그러므로, 멜기세덱이 하나님의 제사장이었기 때문에 그가 아브라함을 축복한 것이다(창 14:19). 사도는 ― 구태여 그보다 나은 해설자를 찾으려고 애쓸 필요가 없다 ― 이 사실을 근거로 멜기세덱의 탁월함을 말한다. 낮은 자가 높은 자에게서 축복을 받는 법이기 때문이라는 것이다(히 7:7). 그러나, 만일 멜기세덱이 떡과 포도주를 드린 것이 미사의 제사를 예표하는 것이었다면, 지극히 작은 것까지라도 놓치지 않고 분별하는 사도께서 과연 그렇게도 중차대한 문제를 잊어버리고 실수를 저질렀단 말인가? 그러므로, 사도께서 친히 제시하는 다음과 같은 논지는 그들이 아무리 떠벌리고 부정하려 해도 할 수가 없는 것이다. 곧, 영원히 살아 계신 그리스도께서 유일하신 영원한 제사장이시므로, 제사장직의 권한과 존귀는 죽어 없어질 인간에게서는 이미 사라졌다는 것이다(히 7:17-19).

3. 미사는 그리스도의 죽으심을 은폐함

미사의 또 한 가지 악행은 바로 그리스도의 십자가와 고난을 은폐하고 매장시킨다는 것이다. 이 점은 정말 너무도 분명하다. 제단이 세워지면 곧바로 그리스도의 십자가가 무너지고 마는 것이다. 그리스도께서 우리를 영원토록 거룩하게 하시고 또한 우리를 위하여 영원한 구속을 얻으시기 위하여 십자가 위에서 자기 자신을 제물로 드리신 것이 사실이라면(히 9:12), 이러한 제사의 효능과 효력이 끝없이 계속되는 것이 자명한 사실이다. 만일 그렇지 않다면, 율법 아래에서 제사를 드리는 데에 사용되었던 소나 양 이상 그리스도를 높이고 기릴 필요가 없을 것이다. 소나 양으로 드린 제사가 계속 반복되었다는 사실이 그 제사가 효력이 없고 미약한 것이었다는 것을 입증해 준다. 그러므로, 그리스도께서 십자가 위에서 이루신 그리스도의 제사도 영원토록 정결하게 하는 능력이 없다고 고백하든가, 아니면 그리스도께서 모든 세대를 위하여 단번에 영원한 제사를 드리셨다고 고백하든가 둘 중의 하나를 택해야 할 것이다.

그런데 사도는 이렇게 말하고 있다: 이 대제사장이신 그리스도께서 "자기를 단번에 제물로 드려 죄를 없이 하시려고 세상 끝에 나타나셨느니라"(히 9:26); "이 뜻을 따라 예수 그리스도의 몸을 단번에 드리심으로 말미암아 우리가 거룩함을 얻었노라"(히 10:10); "그가 거룩하게 된 자들을 한 번의 제사로 영원히 온전하게 하셨느니라"(히 10:14). 게다가 사도는 우리가 일단 죄 사함을 얻은 후에는

"다시 죄를 위하여 제사 드릴 것이 없다"고 덧붙이기까지 한다(히 10:18; 참조. 26절). 그리스도께서도 그가 숨지시기 직전에 마지막으로 "다 이루었다"(요 19:30)고 말씀하셨는데, 이 말씀도 이 점을 시사해 준다. 보통 사람이 죽을 때에 마지막으로 하는 말이 예언의 성격을 지닌다고들 생각한다. 그리스도께서는 죽으시면서 그의 이 한 번의 제사로 말미암아 우리의 구원에 관한 모든 것이 이행되었고 이루어졌음을 증언하신 것이다.

주께서 그의 제사의 완전함을 그렇게도 확실하게 보여 주셨는데도, 마치 그제사가 불완전하기라도 한 것처럼, 그 제사에 날마다 무수한 헝겊 조각들을 덕지덕지 꿰매어 붙여도 괜찮단 말인가? 그리스도의 제사가 단번에 이루어졌고 또한 그 효능이 영원토록 유지된다는 사실을 하나님의 거룩한 말씀이 시인할 뿐 아니라 강력히 외치고 주장하고 있는데, 또 다른 제사를 요구한다면 그것은 그리스도의 제사를 불완전하고 연약하다고 비난하는 것이 아니겠는가? 그러니 날마다 수십만 번의 제사를 드리도록 마련된 미사의 목적이, 그리스도께서 아버지께 드리는 유일한 제물로서 자신을 드리신 그의 고난을 매장시키고 가라앉히고자 하는 것이 아니고 무엇이란 말인가? 그렇게 분명하고도 직설적인 진리를 대적하는 것이 과연 사탄의 대담함이었다는 것을 눈이 멀지 않고서야 어떻게 보지 못한단 말인가? 이 거짓말의 대가(大家)들이 자기들의 속임수를 숨기기 위해 교묘한 간계를 쓰고 있다는 것을 내가 모를 리가 없다. 그들은 자기들이 드리는 제사들이 별도의 다른 제사가 아니고 똑같은 하나의 제사인데 다만 자주 반복할 뿐이라고 하며 둘러대지만, 이런 식의 연막(煙幕)도 쉽게 걷혀져 버리는 것이다.

사도는 이 문제를 논의하면서, 다른 제사가 있을 수도 없으며, 이 그리스도의 제사도 단 한 번만 드려진 것이요 절대로 반복되지 않는다는 사실을 분명하게 말하고 있는 것이다. 그런데 좀 더 교묘한 자들은 더 은밀한 간계를 통해서 이를 빠져나간다. 곧, 이것은 반복하는 것이 아니라 적용하는 것이라고 주장하는 것이다. 그러나 이런 궤변 역시 쉽게 반박할 수가 있다. 그리스도께서는 자기 자신을 단번에 드리시면서 새로운 제사 행위를 날마다 행함으로 그의 제사를 추인(追認)하라는 조건을 붙이신 것이 아니고, 복음을 선포하고 거룩한 성찬을 시행함으로써 그가 드리신 제사의 은택을 서로 나누라고 하신 것이다. 그리하여 바울은 말하기를, "우리의 유월절 양 곧 그리스도께서 희생되셨느니라"(고전 5:7)고 하며, 또한 우리더러 그 절기를 지키라고 명하는 것이다(고전 5:8). 단언하건대, 바로 이것이 십자가의 희생 제사를 정당하게 우리에게 적용시키는 수단인 것이다. 그리고 그렇게 함으로써 그 은택이 우리에게 전달되어 우리가 누리게 되고, 그것을 참된 믿음으로 받게 되는 것이다.

4. 말라기 1:11의 근거에 대한 반박

그런데 여기서 그들이 미사의 제사를 지지하는 또 다른 근거에 대해서 살펴볼 필요가 있다. 그들은 여호와께서 각처에서 그의 이름을 위하여 분향하며 깨끗한 제물을 드릴 때가 올 것을 약속하신다고 하는 말라기 선지자의 예언을(말 1:11) 끌어다 붙인다. 마치 이방인들을 부르는 일에 대하여 말할 때에, 율법에서 규정한 외형적인 의식으로써 하나님께 대한 신령한 예배를 묘사하는 것이 선지자들에게 전연 새롭고 이례적인 일이기라도 했던 것처럼 말이다. 그러나 선지자의 이 말씀은 그 당시의 사람들에게는 이방인들이 참된 신앙의 교제 속으로 부르심을 받게 될 것임을 뜻하는 것이었다. 또한 선지자들은 복음을 통해서 계시된 진리를 자기들 시대의 모형들을 통해서 묘사하는 것을 언제나 관례로 삼았다. 예를 들어서, 그들은 여호와께로 돌아오는 것을 예루살렘으로 올라가는 것으로 묘사했고(사 2:2-3; 미 4:1-2), 하나님을 경배하는 것을 각양 예물을 드리는 것으로 묘사했으며(시 68:29; 72:10-11; 사 60:6 이하), 그를 더 많이 알게 될 것을(그리스도의 나라의 신자들이 그렇게 될 것인데) 가리켜 꿈과 이상으로 묘사했던 것이다(욜 2:28). 그러므로, 그들이 말라기서에서 인용하는 내용은 앗수르(사 19:23)와 애굽(사 19:23; 참조. 19:19)과 유다(사 19:24)에 세 개의 제단이 세워질 것을 말하는 이사야의 또 다른 예언과 똑같은 내용인 것이다.

그러므로, 나는 첫째로, 이 예언이 그리스도의 나라에서 성취된다는 것을 인정하지 않는지, 둘째로, 그 제단들이 어디 있으며 그것들이 언제 세워졌는지, 셋째로, 이 세 나라에 각기 예루살렘의 성전 같은 성전이 있었다고 생각하는지를 묻고 싶다. 이런 점들을 생각한다면, 내가 믿기로, 그들은 분명 말라기 선지자가 그 시대에 적합한 모형들을 사용하여 하나님께 드리는 신령한 예배가 온 땅에 퍼질 것을 예언한 것이라는 것을 인정할 것이다. 그렇다면, 이것이 우리가 줄 수 있는 대답일 것이다. 그러나 이런 것에 대한 실례들이 자주 나타나기 때문에, 이것에 대해서 길게 열거하지는 않을 것이다. 그러나 그들은 신자들이 주께 진실로 제사를 드리고 있고 깨끗한 제물을 드리고 있는데도 불구하고, 오로지 미사

외에는 다른 제사를 인정하지 않고 있으니, 이것이야말로 비참하게 속고 있는 것이다. 이에 대해서는 곧 논의할 것이다.[1]

5. 미사는 그리스도의 죽으심을 망각하게 함

그러면 이제 미사의 세 번째 역할로 넘어가 보자. 바로 그리스도의 참되고 유일무이한 죽으심을 제거해 버리고 사람들의 기억에서 지워버리는 것이 그것인데, 어떻게 해서 그렇게 되는지를 설명해야 할 것 같다. 유언은 그 유언을 한 본인이 죽어야 확정된다는 것이 사람들 사이의 법인 것처럼, 우리 주님께서도 죄 사함과 영구한 의를 주시겠다고 하신 그의 유언을 그의 죽으심을 통해서 확정지으셨다(히 9:15-17). 그러므로 감히 이 유언을 변경시키거나 무슨 새로운 내용을 거기에 첨가하는 자들은 결국 그의 죽으심을 부인하며 그것을 하찮은 것으로 취급하는 것이다.

그런데, 미사가 바로 전연 다른 새로운 유언이 아니고 무엇인가? 어째서 그런가? 각 미사마다 새로이 죄 사함과 새로이 의를 얻을 것을 약속하니, 미사가 있을 때마다 유언이 계속 있는 것이 아닌가? 그러니, 그리스도께서 다시 오셔서 다시 한 번 죽으셔서 이 새로운 유언을 확정하시든지, 아니면 수없이 죽으심으로 무수한 미사의 유언들을 확정하셔야 옳을 것이다. 그러니 미사가 그리스도의 유일무이하고 참된 죽으심을 제거해 버린다는 내 말이 과연 사실이 아닌가? 그리스도를 다시 죽이는 것이 아니라면 — 그런 일이 가능하다면 — 대체 미사의 직접적인 목표가 무엇이란 말인가? 사도의 말처럼, 유언이 성립되려면, 유언을 행한 사람이 죽어야 하니(히 9:16) 그렇지 않겠는가?

미사가 그리스도의 새로운 유언을 드러내니, 결국 그의 죽으심이 필요한 것이다. 더욱이, 드려진 제물이 죽어서 희생 제물이 되어야 할 필요가 있다. 만일 각 미사 때마다 그리스도께서 희생되신다면, 매 순간마다 수천 곳에서 동시에 잔인하게 죽임을 당하셔야 할 것이다. 이것은 나의 논리가 아니라 사도의 말이다. 그는 그리스도께서 자신을 자주 드리셨어야 했다면, 세상을 창조한 때부터 거듭거듭 고난을 당하셨어야 옳을 것이라고 말하는 것이다(히 9:25-26). 물론 그들은 이에 대해서 답변을 준비해 놓고 있고, 그 답변으로 우리를 비방한다는 것을 나도 안다. 그들은 자기들이 전혀 생각도 하지 않았고 지금도 생각할 수 없는 것들을 자기들에게 덮어 씌운다고 반박하는 것이다. 그러나 우리는 그리스도의 죽으심과 사심이 전혀 그들 손에 있는 것이 아니라는 것을 잘 알고 있다. 우리는 그들이 그리스도를 죽이려 했는지 아니면 하지 않았는지에 대해서는 관심이 없다. 우리의 목적은 다만 그들의 불경하고 사악한 교리가 그런 어처구니없는 결과를 야기시킨다는 것을 보여 주고자 하는 것뿐이고, 사도 자신의 말씀이 이를 입증해 준다. 그들이 이 제사가 피 없이 드려지는 것이라고 아무리 수백 번씩 외친다 할지라도, 제사가 사람들의 변덕에 따라서 그 본질이 바뀌는 것은 아니다. 그렇게 되면 하나님의 거룩하고 불변한 제도가 무너지고 말 것이기 때문이다. 그러므로 정결케 하기 위해서는 피 흘림이 요구된다는 사도의 확고한 원리가 여기에서 비롯되는 것이다(히 9:22).

6. 미사는 그리스도의 죽으심의 은택을 제거함

이제 미사의 네 번째 역할을 논의해야 할 차례가 되었는데, 그것은 곧 그리스도의 죽으심을 인정하지 않거나 생각하지 않도록 만듦으로써 그 죽으심으로 말미암아 우리에게 오는 은택을 제거해 버린다는 것이다. 미사에서 새로운 구속을 보았는데, 어떻게 그리스도의 죽으심으로 자기가 구속되었다는 생각을 할 수 있겠는가? 새로운 용서하심을 보았으니, 어떻게 자기 죄가 사함 받았음을 신뢰할 수 있겠는가? 여기서 그리스도께서 죽으심으로 말미암아 죄 사함을 값 주고 이미 사셨기 때문에 미사에서 죄 사함을 얻는 것이라고 말하지만, 이것도 전혀 문제를 해결해 주지 못한다. 이것은 사실 우리가 우리 자신을 구속한다는 조건으로 그리스도께서 우리를 구속하신 것이라고 떠드는 것과 다를 바 없는 것이다.

이것이 바로 사탄의 수족들을 통해서 널리 퍼지고 있는 교리요, 오늘날 큰 소리와 검과 불로써 수호하고 있는 교리이니, 곧 미사에서 우리가 그리스도를 아버지께 드릴 때에 그처럼 드리는 행위로 말미암아 우리가 죄 사함을 얻고 그리스도의 고난에 참여하는 자가 된다는 것이다.

그렇다면 과연 그리스도의 고난에 남은 것이 무엇인가? 우리가 우리 자신을 구속한다는 것을 배우게 해 주는 구속의 한 모범이라는 것밖에는 아무것도 남지 않을 것이 아닌가? 그리스도께서는 성찬에서 죄 사함의 보장을 인쳐 주시면서, 제자들에게 거기서 멈추라고 명하시지 않고, 오히려 자신의 죽으심의 제사를 생각하게 하시는데, 이는 성찬이 하나의 기념물로서(사람들이 보통 그렇게 부른다), 하나님과의 화목을 이룰 속죄의 희생물이 단 한 번 드려진 것이 옳다는 것을 사람들에게 가르쳐 주는 것임을 뜻하는 것이다. 그리스도께서 유일한 제물이시라는 것을 이해하는 것만으로는 안 된다. 오직 단 한 번의 제사밖에는 없다는 사실을 거기에 덧붙여야만 우리의 믿음이 그리스도의 십자가를 붙들게 되는 것이다.

7. 미사는 성찬을 무효화시킴

이제 마지막으로 말할 것은, 미사를 세움으로써 주의 고난을 기념하도록 주께서 새겨 놓으시고 심어 놓으신 성찬이 파괴되고 폐지되었다는 사실이다. 성찬 그 자체는 하나님의 선물로서 감사함으로 받았어야 마땅한 것이다. 그러나 미사의 제사는 하나님께 값을 지불하는 것으로서 하나님께서 보상으로 인정하셔서 받으셔야 하는 것이다. 이 제사와 성찬은 마치 주는 것과 받는 것이 서로 다르듯이 그만큼 서로 다른 것이다. 하나님의 은혜의 풍성함을 깨닫고 마땅히 그것에 대하여 감사해야 하는데도, 오히려 하나님을 자기에게 빚진 자로 만들고 있으니, 이런 처절한 배은망덕이 어디 있단 말인가!

성찬은 그리스도의 죽으심으로 말미암아 우리가 이제 생명으로 회복된 상태에 있으며 또한 계속해서 생명을 덧입고 있다는 것을 약속하였다. 그리스도께서 죽으심으로 우리의 구원의 모든 부분들이 다 성취되었기 때문이다. 그러나 미사의 제사는 그리스도께서 우리에게 유익이 되려면 날마다 제물로 드려져야 한다는 식으로 전혀 다른 곡조를 노래하는 것이다. 성찬은 우리 모두가 그리스도 예수 안에서 모두 하나로 묶여져 연합되어 있음을 가르치기 위하여 교회의 공 집회에서 분배되어야 하는 것이었다. 그러나 미사의 제사는 오히려 이런 연합을 와해시키고 찢어 버린다. 마치 성찬을 위임받은 것처럼 백성들을 대신하여 제사를 수행할 사제가 있어야 한다는 그릇된 생각이 만연해지자, 성찬이 주의 명령에 따라서 신자들의 교회에 전달되는 것이 중단되었다. 그리고 사적인 미사(a private mass)를 위한 틈이 생겨났는데, 사적인 미사란 결국 주께서 세우신 하나 된 교제가 아니라 오히려 그 교제를 파괴시키는 것과 더 유사한 것이다. 그 보잘것없는 사제가 자기의 제물을 혼자 먹어 치우려고 자기 자신을 모든 일반 신자들에게서 분리시키기 때문이다. 아무도 오해하지 않도록 하기 위해서, 나는 수많은 사람들이 참석해 있다 할지라도 신자들 모두가 주의 성찬에 참여하지 않는 경우를 가리켜 사적인 미사라고 부른다.

8. 사적인 미사는 하나 된 교제를 부인하는 것임

"미사"라는 용어의 기원에 대해서는, 혹시 드려진 제물에서 파생된 것이 아닌가 여겨지기도 하지만, 확실한 것은 단언할 수가 없다. 드려진 제물에서 파생되었다는 것을 근거로 옛 저술가들은 대개 그 용어를 복수 형태로 사용하고 있다. 그러나, 용어에 대해서 길게 씨름하는 것보다는, 사사로운 미사가 그리스도의 제정하신 것과 정면으로 반대되는 것이며 그렇기 때문에 불경하게도 성찬을 더럽히는 것이라는 점을 말하고자 한다. 주께서 우리에게 무엇을 명하셨는가? 우리들이 취하여 서로 나누라는 것이 아니었는가(눅 22:17)? 바울은 그 명령을 어떻게 지키라고 가르치는가? 몸과 피에 참여하는 것, 곧 떡을 떼는 것이 아닌가(고전 10:16)? 그러니 다른 사람과 나누지 않고 혼자서만 받는다면, 그것이 성경의 가르침과 어떻게 일치하겠는가?

그러나 그들은 말하기를, 한 사람이 온 교회의 이름으로 취하여 먹는다고 대답한다. 그러나 무슨 명령으로 그렇게 하는가? 여러 사람들 가운데서 함께 했어야 할 일을 자기 스스로 사사로이 행한다면 그것은 하나님을 노골적으로 모욕하는 것이 아닌가? 그러나 그리스도의 말씀과 바울의 말이 너무도 분명하기 때문에, 우리는 그저 신자들의 교제를 위하여 떡을 떼는 일이 없으면 그것은 주의 성찬이 아니요 터무니없이 거짓되게 그것을 모방하는 것일 뿐이라고 간단하게 결론지을 수 있을 것이다. 그러나 거짓된 모방은 분명 부패한 행위이다. 더 나아가서, 그런 큰 신비를 부패시키는 데에 사악함이 끼어들지 않을 수가 없다. 그러므로 사사로운 미사에는 사악한 부패한 행위가 있는 것이다.

신앙 문제에 있어서 한 가지 오류는 또 다른 오류로 이어지므로, 교제가 없이 드리는 관례가 끼어들자, 모두 함께 모여서 자기들의 하나 됨의 신비를 깨달아야 하는데도 불구하고 점점 교회의 각처마다 무수한 미사들을 만들어 내기 시작하고, 백성들을 이리저리 끌고 다니기 시작하였다. 그들은 미사에서 떡을 진열해 놓고 그리스도 대신 그것에게 경배하도록 하는 행위가 우상 숭배가 아니라고 떠드는데, 얼마든지 그렇게 해보라고 하라. 그들이 그리스도의 임재의 약속들에 대하여 떠들지만 그것은 헛된 것일 뿐이다. 그들이 어떻게 이해하든지 간에, 그 약속들은 부정하고 속된 사람들이 자기들 하고 싶은 때에, 자기들이 하고 싶은 대로 아무렇게나 그리스도의 몸을 만들어 내도 상관이 없도록 하기 위해서 주어진 것이 아니고, 신자들로 하여금 경건한 자세로 그리스도의 명령을 따라 성찬을 시행하는 가운데 그리스도께 진정으로 참여하도록 하기 위하여 주어진 것이기 때문이다.

9. 미사는 고대 교회에도 그 전례가 없었음

더 나아가서, 교회가 더 순결하던 시대에는 이런 왜곡된 현상이 없었다. 우리의 대적들이 아무리 뻔뻔스럽게 이리저리 핑계를 댄다 할지라도, 앞에서 다른 문제를 다루면서 이미 입증한 바와 같이,[2] 고대 교회 전체가 그들의 주장을 부정하고 있다는 것이 너무나도 분명하다. 고대 저술가들의 글을 면밀히 읽어보면 더 확실히 알 수 있을 것이다. 그러나 이 강론을 끝내기 전에, 미사의 박사들에게 묻고자 한다 ― 희생 제물보다도 하나님께 순종하는 것이 더 중요하며, 하나님께서는 제물보다는 오히려 하나님의 음성을 청종하기를 원하신다는 것을 그들도 잘 알고 있을 테니(삼상 15:22) 말이다.

아무런 명령도 없고 성경에 일획이라도 증거가 나타나 있지 않은 그런 제사의 방법을 어떻게 하나님께서 기뻐하시겠는가? 과연 그것을 어떻게 믿을 수 있는가? 더욱이 사도도 말하기를 (아론이 그랬던 것처럼) 부르심을 받은 자 외에는 아무도 스스로 제사장의 칭호와 존귀를 취할 것이 아니며, 또한 그리스도께서도 마음대로 그 직분을 취하신 것이 아니라 아버지의 부르심에 순종하여 취하신 것이니(히 5:4-5), 하나님을 그들의 사제직을 만들고 정하신 분으로 인정하든지, 아니면 부르심을 받지도 않았는데 자기들이 악의로 경솔하게 뛰어들어 사제직을 취하였으므로 자기들의 사제로서의 존귀가 하나님께로서 온 것이 아님을 고백하든지 둘 중의 하나를 선택해야 할 것이다. 그런데 그들의 사제직을 뒷받침해 주는 성경적 근거가 하나도 없으니, 사제가 없이는 드릴 수 없다는 그들의 제사 역시 사라질 것이 아닌가?

10. 교부들의 증거에 근거한 논리를 반박함

혹시 누군가가 고대 저술가들의 저작에 여기저기 흩어져 있는 문구들을 빼내어 그들의 권위를 갖고서 우리가 설명하는 것과는 전혀 다르게 성찬에서 제사가 시행되는 것으로 주장한다면, 우리는 다음과 같이 간단히 답할 것이다. 곧, 교황주의자들이 미사 속에 만들어 놓은 가짜의 제사를 인정하는 문제라면, 고대의 저술가들은 그런 불경된 처사를 절대로 지지하지 않는다는 것이다. 그들이 "제사"라는 단어를 사용하는 것은 사실이다. 그러나 동시에 그들은 그것이 우리의 유일한 제사장이신 그리스도(그들은 어디서나 이 사실을 선포한다)께서 십자가에서 행하신 단 한 번의 참된 제사를 기념하는 것 외에 다른 뜻이 아니라고 해명하고 있는 것이다.

아우구스티누스는 이렇게 말한다: "히브리인들은 짐승들을 제물로 하나님께 드림으로써 그리스도께서 드리게 될 미래의 제사에 대한 예언을 찬양한 것이고, 그리스도인들은 그리스도의 몸을 지극히 거룩하게 드리고 또한 거기에 참여함으로써 이미 드려진 제사를 기념하는 것이다."[3]

여기 나타나 있는 그의 가르침은 저술가가 누구인지 알 수 없는 「베드로 집사에게 보내는 신앙에 관한 논고」(*Concerning Faith to Peter the Deacon*)라는 책에 더 상세히 표현되어 있는 내용과 정확히 일치하는데, 그 내용은 다음과 같다: "독생자께서 우리를 위하여 육체를 입으사 우리를 대신하여 자기 자신을 하나님의 향기로운 제물과 희생으로 드리셨음을 굳게 붙들고 의심하지 말라. 과거 구약 시대에는 아버지와 성령과 그에게 동물들이 제물로 드려졌으나, 지금은 아버지와 성령과 그에게 이 땅에 퍼져 있는 거룩한 교회가 떡과 포도주의 제사를 드리기를 그치지 않는다. 동물을 드린 과거의 제사는 그리스도께서 우리 죄를 위하여 친히 드리실 그의 육체를 미리 보여 주는 것이었고, 또한 죄 사함을 위하여 그가 흘리실 그의 피를 미리 보여 주는 것이었다. 그러나 지금의 제사는 그리스도께서 우리를 위하여 드리신 그의 육체와 또한 그가 우리를 위해서 흘리신 피를 기념하며 그것에 대해 감사하는 것이다."[4] 결국 아우구스티누스 자신은 여러 구절들 가운데서 "제사"를 다름 아닌 감사의 제사로 해석하고 있는 것이다.

마지막으로, 아우구스티누스가 주의 성찬을 가리켜 "제사"라고 부르는 이유는 오로지 그것이 그리스도께서 우리를 위하여 대신 속죄하신 그 유일회적이며 참된 제사의 기념이요 형상이요 증언이라는 것 때문이라는 사실이 그의 저작들 가운데서 거듭거듭 나타나는 것이다. 또한 「삼위일체론」 제4권 24장에는 아주 기억에 남을 만한 구절이 있다. 거기서 아우구스티누스가 유일회적인 그리스도의 제사를 논한 다음 다음과 같이 결론을 맺고 있다: "제사에서는 네 가지를 고려해야 하니, 곧 누구에게 드리느냐, 누가 드리느냐, 무엇을 드리느냐, 누구를 위해서 드리느냐 하는 것이 그것이다. 그러므로 화목의 제사를 통하여 우리를 하나님과 화목시키신 그 유일하시며 참되신 중보자께서 그 제사를 받으시는 그분과 한 분이시며, 그가 대신 제사를 드리시는 그 사람들과 스스로 하나가 되셨다. 그는 제사를 드리신 분이시요 또한 동시에 친히 그 드려진 제물이신 것이다."[5] 크리소스톰 역시 같은 의미로 말씀하고 있다. 그들은 제사장직의 존귀는 오로지 그리스도께만 있는 것이라 주장하며, 그리하여 아우구스티누스는 말하기를, 감독이 하나님과 사람 사이의 중보자라는 말은 적그리스도의 목소리라고 하였다.[6]

11. 성찬과 관련한 고대 교부들의 오류

그러나 그렇다 할지라도, 우리는 십자가의 광경이 거의 우리 눈 앞에 펼쳐지듯이 — 십자가를 선포하면서 그리스도께서 십자가에 달리신 것이 갈라디아 사람들의 눈 앞에 밝히 보이는 것으로 말한 사도의 말처럼(갈 3:1) — 그렇게 그리스도의 제사가 우리에게 밝히 보여진다는 것을 부인하지 않는다. 그러나 고대의 저술가들 역시 이 기념의 제도를 주께서 제정하신 바와 일치하지 않는 방식으로 오해했다는 것이 드러난다. 왜냐하면 그들의 성찬에는 제사를 반복한다든가 아니면 최소한 새롭게 하는 모습이 어느 정도 드러나기 때문이다. 그러므로, 경건한 사람들로서는 하나님의 순결하고도 단순한 명령에 의지하는 것만큼 안전한 것은 없을 것이다. 성찬은 하나님의 것이요 오직 하나님의 권위만이 성찬에서 효력이 있는 것이기 때문이다.

그들이 이 성찬의 신비 전체에 대해서 경건하고도 정통적인 견해를 갖고 있었던 것이 틀림없고, 또한 추호도 주님의 유일한 제사를 손상시키고자 하는 의도가 없었던 것이 분명하므로, 나로서는 그들을 불경한 자들로 정죄할 뜻은 조금도 없다. 그러나 그들의 처신에 다소간 죄악된 요소가 있는 사실에 대해서는 핑계의 여지가 없다고 생각한다. 그들은 그리스도께서 지정하시고 복음의 본질이 허용하는 정도를 넘어서서 지나치게 유대인들의 제사관(觀)을 따랐던 것이다. 그러므로 그들의 왜곡된 신비적 해석에 대해서는, 그리스도께서 제시하신 단순하고도 순전한 제도로 만족하지 않고 율법의 그림자 쪽으로 지나치게 기울었다는 점에 대해서는, 그들이 비판을 받아 마땅할 것이다.

12. 구약의 제사와 신약의 성찬의 차이

부지런히 살피고 생각하면, 어느 누구라도 모세의 제사와 주의 말씀으로 세워진 우리의 성찬이 서로 다르다는 사실을 알 수 있을 것이다. 모세의 제사가 물론 오늘날 성찬에서 우리에게 나타나는 것과 똑같이 그리스도의 죽으심의 효력을 유대인들에게 드러낸 것은 사실이지만(레 1:5), 그 드러내는 형식이 달랐다. 유대인들은, 레위인 제사장들이 그리스도께서 행하실 그 제사를 미리 보여 주도록 명령을 받았고, 그리스도 대신 희생물을 가져오도록 했고, 그 희생물을 드릴 제단이 있었다. 요컨대, 장차 하나님께 속죄로 드려질 제사의 비슷한 모습을 사람들의 눈 앞에 드러내 보이도록 하기 위하여 그 모든 일이 시행되었다는 것이다. 그러나 그리스도의 제사가 이루어진 후에는, 주께서 우리를 위하여 다른 방법을 제정하심으로, 믿은 백성들에게 성자께서 성부에게 드리신 그 제사의 은택을 전달해 주고자 하신 것이다.

그리하여 희생물을 드리는 제단이 아니라 함께 먹는 식탁을 주셨고, 제사장들을 구별하여 세워서 제사를 드리게 하신 것이 아니라 사역자들을 세우셔서 그 신성한 잔치를 나누어 주도록 하신 것이다. 그 신비가 높고 거룩할수록, 더욱더 경건한 자세로 그것을 대하여야 마땅할 것이다. 그러므로, 온갖 인간적인 상상과 추측들을 내어 버리고 오로지 성경이 가르치는 바를 굳게 붙드는 것처럼 안전한 것이 없다. 성찬이 사람의 것이 아니라 주님의 것이라는 사실을 생각하면, 인간의 권위로나 아니면 온갖 규정으로나 털끝만큼도 흔들릴 이유가 없는 것이다. 그러므로 사도는 고린도 교회에 이미 끼어든 모든 오류들을 깨끗하게 정리하고자 하여 그 유일한 주님의 제정하심으로 돌아가서 ─ 그것이 가장 빠른 길이므로 ─ 그것을 근거로 영구한 규칙을 찾아야 할 것을 보여 주는 것이다 (고전 11:20 이하).

13. "제사"의 의미와 그 두 가지 종류

비방꾼들이 "제사"(혹은 희생)와 "제사장"이라는 단어에 대해서 우리를 트집 잡지 못하도록 하기 위해서, 이 논의 전체를 통해서 내가 "제사"와 "제사장"이라는 말을 과연 무슨 의미로 사용했는지를 간단하게 설명하겠다.

"제사"라는 용어의 범위를 모든 신성한 예식과 종교적 행위 전체에까지 확대시켜 생각하는 자들이 있으나, 대체 무슨 근거로 그렇게 하는지를 이해할 수가 없다.

다 아다시피, 성경의 일관된 용례에 따르면 헬라인들이 때로는 θυσια(투시아)라, 때로는 προσφορά(프로스포라)라, 때로는 τελετή(텔레테)라 부르는 것을 가리켜서 "제사"라 부른다. 일반적으로 이해하자면, 이것은 하나님께 드려지는 온갖 종류의 것을 다 포괄하는 것이다. 그러므로 여기서 구분이 필요하다. 그러나 주께서 모세의 율법의 제사를 그림자로 하여 그의 백성들에게 제사의 보편적인 진리를 드러내고자 하셨는데, 그 율법의 제사에서 바른 의미를 유추해 내는 해석이 가능하도록 그렇게 구분하여야 할 것이다. 그 제사의 형식들이 매우 다양하지만, 모두 두 가지 부류로 나눌 수 있다. 곧, 모종의 보상을 통하여 죄책을 하나님 앞에서 속하는 바 죄에 대하여 드리는 제사가 있고, 또한 때로는 하나님의 긍휼을 구하는 탄원의 자세로, 때로는 감사의 자세로 드려서 받은 바 은택에 대하여 감사하는 마음을 드러내든가, 아니면 그저 경건을 실천하여 언약의 확증을 갱신하는 방식으로 드리는 바 하나님을 향한 예배를 상징하며 신앙을 입증해 주는 그런 제사가 있는 것이다. 이 후자에 속하는 것이 번제, 전제, 예물, 첫 열매와 화목제였다.

따라서 우리의 것도 두 종류로 나누어, 교육의 목적을 위하여 그 한 가지를 "찬양과 경외의 제사"라고 부르기로 하자. 그 제사는 하나님을 높이고 경배하는 것으로서 신자들이 마땅히 하나님께 드려야 할 것이기 때문이다. 아니면, 하나님께로부터 무수한 은택을 받은 자들이 자기들 전체와 그들의 모든 행동들을 하나님께 되돌려 드리는 의미로서 하나님께 드리는 것이니, "감사의 제사"로 부를 수도 있을 것이다.

그리고 나머지 또 하나의 제사를 "속죄와 화목의 제사"로 부르기로 하자. 속죄의 제사는 하나님의 진노를 누그러뜨리고 그의 심판을 만족시켜서 죄를 씻어내고 죄인들을 깨끗하게 하여, 죄인이 그 더러움을 다 씻고 의의 순결함으로 회복되게 하여 하나님의 사랑에게로 다시 돌아오도록 하고자 하는 의도로 행하는 것이다. 율법 아래에서 죄를 속하기 위하여 드려진 것들을 가리켜 희생 제물이라 불렀는데(출 29:36), 그것들을 그렇게 부른 이유는 그것들 스스로 하나님의 사랑을 회복하거나 우리의 부정을 씻어낼 능력이 있었기 때문이 아니라, 그것들이 오직 그리스도로 말미암아 — 다른 누구도 그 일을 이룰 수 없었으니 오직 그로 말미암아 ― 최종적으로 이루어질 그 참된 희생 제사를 미리 예표하는 것이기 때문이었다.

또한 그 참된 제사는 오직 한 번 시행되었으니, 이는 그리스도께서 시행하신 그 한 번의 제사의 효과와 효능이 영원하기 때문이다. 그리스도께서도 친히 "다이루었다"고 말씀하셔서 자기의 음성으로 그 사실을 입증하신 것이다(요 19:30). 즉, 아버지의 사랑을 회복하고 죄 사함과 의와 구원을 얻기에 필요한 모든 것이 그리스도의 그 유일한 제사로 말미암아 이루어졌고 완성되었다는 사실이다. 그 제사는 과연 완전한 것이므로 그 이후에 또 다시 희생 제물을 드릴 여지가 절대로 남아 있지 않은 것이다.

14. 미사를 파는 불경한 자들

그러므로 단언하건대, 누구든지 제사를 다시 반복하여 드려서 죄 사함을 얻고 하나님의 진노를 누그러뜨리고 의를 얻는다는 식의 생각을 가지는 사람이 있다면, 그것이야말로 그리스도를 대적하며 그가 십자가 위에서 죽으심으로 우리를 위하여 이루신 그의 제사를 대적하는 가장 사악한 불경이요 도저히 참을 수 없는 모독이다. 그렇다면, 미사를 통해서 행하는 것이 대체 무엇인가? 새로이 제사를 드린 공적으로 인하여 우리가 그리스도의 고난에 참여하게 되는 것말고 무엇이 더 있는가?

그런데 그들은 자기들의 제사가 온 교회를 위하여 동등하게 공동으로 이루어진 것이라고 말하는 것을 오히려 작은 일로 여기고는, 이 사람 저 사람 특정인에게, 혹은 돈을 내고 그 제사라는 상품을 사고자 하는 모든 사람에게 그 제사를 적용시키는 것이 자기들의 선택권이라고 떠들기까지 하니, 그들의 광란에는 도대체 한정이 없는 것이다. 그들은 유다가 낸 값에는 못미친다 할지라도, 몇 가지 점에서 유다를 닮은 면이 있다. 그들은 숫자를 비슷하게 맞추었다. 유다가 예수님을 은 삼십에 팔았는데(마 26:15), 프랑스의 계산법에 따르면 이 사람들은 동전 삼십에 그리스도를 판다. 게다가 유다는 단 한 번 팔았는데, 이들은 살 사람이 생길 때마다 언제든지 파는 것이다.

우리는 또한 그 사람들이 그런 제사를 통해서 하나님 앞에서 사람들을 대신하여 간구하며, 하나님의 진노를 누그러뜨리고 속죄를 얻는 그런 제사장들이라는 것을 절대로 인정하지 않는다. 신약 성경은 그리스도께서 유일한 교회의 머리시요 제사장이시며(참조. 히 9장), 모든 제사장직이 그에게로 옮아갔으며 그에게서 제사장직이 중지되고 종결되었음을 말씀하고 있다. 그러나 가령 성경이 그리스도의 영원한 제사장직에 대해서 전혀 언급하지 않았다 할지라도, 하나님께서 옛 제사장직을 중단시키시고 다른 제사장직을 다시 세우지 않으셨으니, 다음과 같은 사도의 논지가 무너지지 않고 굳건히 서 있는 것이다: "이 존귀는 아무도 스스로 취하지 못하고 오직 … 하나님의 부르심을 받은 자라야 할 것이니라"(히 5:4). 그러니, 스스로 그리스도를 죽이는 살인자들인 이 불경한 자들이 대체 얼마나 뻔뻔하길래 감히 스스로를 살아 계신 하나님의 제사장들(사제들)이라 칭한단 말인가?

15. 제사의 허구성에 대한 플라톤의 진술

플라톤의 「국가론」(Republic) 제2권에 아주 좋은 구절이 하나 있다. 그는 옛 사람들이 속죄의 뜻으로 행한 제사들을 논하면서 그런 제사들로 인해서 자기 잘못들이 신들에게 가리워지는 것으로 생각하고, 신들과 약속을 하고 나서도 계속해서 그것을 무시하고 마음대로 탐닉하는 자들의 그 타락성과 어리석은 확신을 조롱하고 있다. 오늘날 존재하고 있는 바 미사를 통한 속죄의 행위들이 여기에 해당될 것이다. 다른 사람들을 속이고 이용하는 것이 불법이라는 것은 누구나 다 아는 사실이다. 과부들을 부당하게 대하고, 고아들의 물건을 빼앗고, 가난한 자를 괴롭히고, 음흉한 계략으로 다른 사람의 재물을 취하며, 사기와 속임수로 다른 사람의 소유를 강탈하고, 폭력과 횡포로 사람을 억누르는 것이 불경한 짓이라는 것도 누구나 인정하는 사실이다. 그런데, 감히 스스로 사면을 받을 것처럼 여기고서 이런 온갖 행동들을 반복하는 사람들이 그렇게 많으니, 대체 어찌된 영문인가? 면밀히 조사해 보면, 이것만큼 그들을 그렇게 부추기는 것이 없다. 곧, 값으로 치르는 것처럼 미사의 제사로 하나님께 보상을 해 드린다는, 혹은 미사가 하나님과의 문제를 해결하는 손쉬운 방법이라는 생각이 그들을 그렇게 부추기고 있는 것이다.

이어서 플라톤은 그런 속죄의 제사가 지하에서 당하게 될 형벌의 값을 치러 준다고 생각하는 자들의 어리석음과 야만성을 조롱한다.[7] 평생을 잔인하기 그지없는 폭군으로, 극악무도한 강도로, 혹은 온갖 불경을 서슴지 않는 삶을 사는 자들이 값을 치러서 죄를 속하여 연옥의 불길을 피해보려 하는 것이 아니라면,

오늘날 해마다 드리는 기념제와 대부분의 미사들의 목적이 과연 무엇이란 말인가?

16. "감사의 제사"

두 번째 부류의 제사를 우리는 "감사의 제사"로 불렀는데, 여기에는 모든 사랑의 의무들이 포함된다. 형제들을 그런 의무들로 포용하면, 그것은 곧 주님의 지체들을 통해서 주님 자신을 높이는 것이다. 또한 우리의 기도와 찬송과 감사 등 하나님께 예배드리며 행하는 모든 것들이 이 제사에 포함된다. 이 모든 것들은 결국 우리의 영혼과 육체를 거룩하게 하여 거룩한 성전으로 드리게 하는 더 큰 제사에 의존하는 것이다(고전 3:16 등). 우리의 겉모양의 행위를 드려 주님을 섬기는 것으로는 안 되고, 먼저 우리 자신과 그 다음에 우리의 모든 것이 주께 거룩하게 드려져야만 하고, 그리하여 우리 속에 있는 모든 것들이 그의 영광을 드러내며 그것을 더욱 높이도록 열심히 사모하게 되어야 하는 것이다.

이런 유의 제사는 하나님의 진노를 가라앉히고 죄 사함을 얻고 의를 얻는 일과는 상관이 없고, 오로지 하나님을 높이고 기리는 데만 관여하는 것이다. 하나님께서 이미 다른 수단으로 자기와 화목하게 하신 그런 자들의 손으로 드리는 것이 아니고는, 먼저 죄 사함을 얻고 그리하여 죄책에서 씻음 받은 다음에 드리는 것이 아니고는, 하나님께서 기뻐 받으실 만한 것이 될 수가 없기 때문이다.

그러나 이런 유의 제사는 절대로 없어서는 안 될 만큼 교회에 절실하다. 그러므로, 이미 앞에서 말라기 선지자에게서 분명히 본 바와 같이, 하나님의 백성이 존재하는 한 그 제사는 영원토록 계속될 것이다. "해 뜨는 곳에서부터 해 지는 곳까지의 이방 민족 중에서 내 이름이 크게 될 것이라 각처에서 내 이름을 위하여 분향하며 깨끗한 제물을 드리리니 이는 내 이름이 이방 민족 중에서 크게 될 것임이니라"(말 1:11)라는 선지자의 예언은 바로 그런 의미로 이해할 수 있는 것이다. 그런 제사를 없애다니, 절대로 있을 수 없는 일이다! 그리하여 바울도 우리에게 명하기를, "너희 몸을 하나님이 기뻐하시는 거룩한 산 제물로 드리라 이는 너희가 드릴 영적 예배니라"(롬 12:1; 참조. 벧전 2:5-6)라고 한다. 그는 이것이 우리가 드릴 "영적 예배"라고 덧붙이는데, 이것은 매우 의미심장한 발언이다. 그는 여기서 하나님께 드리는 영적인 자세의 예배와, 짐승으로 드리는 모세의 율법의 제사들을 무언으로 서로 대비시키고 있다. 선을 행하고 나누어 주는 것을 가리켜 하나님이 기뻐하시는 제사라고 부르는 것이다(히 13:16). 빌립보 사람들이 바울의 핍절한 상태를 돕기 위해서 드린 풍성한 물질들도 그런 의미에서 향기로운 제사요(빌 4:18), 따라서 신자들이 행하는 모든 선한 일들이 영적 제사인 것이다.

17. "감사의 제사"에 대한 성경적 증거

이에 대해서는 굳이 여러 가지 증거들을 찾으려고 애를 쓸 필요가 없다. 이 표현을 성경에서 아주 자주 접하기 때문이다. 심지어 하나님의 백성들이 아직 율법이라는 외형적인 몽학 선생 아래 있을 때에도, 선지자들은 그 짐승으로 드리는 제사에 한 가지 진리가 — 그리스도의 교회와 유대 민족에게 공통으로 적용되는 — 담겨 있음을 충분히 분명하게 선언하고 있는 것이다. 그리하여 다윗은 자기의 기도가 마치 향처럼 하나님의 존전으로 올라가기를 구하였다(시 141:2). 그리고 호세아는 감사를 가리켜 "입술의 열매"라고 했다(호 14:2). 다윗은 다른 곳에서 그것들을 "감사의 제사"라 불렀다(시 50:23; 참조. 51:19). 사도 역시 그를 따라서 그것들을 가리켜 "찬송의 제사"라고 부르고 그것들을 "그 이름을 증언하는 입술의 열매"라고 설명하는 것이다(히 13:15).

이런 유의 제사가 없이는 주의 성찬이 있을 수가 없다. 성찬에서 우리는 그의 죽으심을 선포하며(고전 11:26) 감사를 드리는데, 이는 다름 아닌 찬송의 제사를 드리는 것이다. 이러한 제사를 드리는 일에 근거하여, 모든 그리스도인들을 가리켜 왕 같은 제사장이라 부른다(벧전 2:9). 그리스도로 말미암아 우리가 사도께서 "그 이름을 증언하는 입술의 열매"(히 13:15)라고 말하는 그런 찬송의 제사를 하나님께 드리기 때문이다. 그리고 중재하는 분이 없이 그냥 우리의 예물들을 갖고 하나님 앞에 서는 것이 아니다. 우리를 위해서 중재하시는 중보자 그리스도께서 계시니, 그로 말미암아 우리가 우리 자신과 우리에게 속한 모든 것들을 아버지께 드리는 것이다. 그분이야말로 하늘 성소에 들어가셔서(히 9:24) 우리를 위하여 들어갈 길을 열어 놓으신(참조. 히 10:20) 우리의 대제사장이시다. 그분께서 우리의 예물들을 올려 놓는 제단이시니(참조. 히 13:10), 우리가 무엇을 행하든 그분 안에서 행하는 것이다. 분명히 말하거니와, 아버지 하나님을 위하여 우리를 나라와 제사장으로 삼으신 분이 바로 그리스도이신 것이다(계 1:6).

18. 미사 그 자체가 불경임

미사가 이처럼 가증스러운 것이라는 사실은 맹인이 보고 귀머거리가 듣고 심지어 어린아이들까지도 이해하는 것이 아닌가? 황금 잔에 담아 드림으로써 낮은 자로부터 높은 자에 이르기까지 모든 왕들과 백성들을 다 취하게 만들고 그들을 어지럽게 만들었으므로 그들은 야수보다도 더 어리석게 되어 자기들의 구원의 배(船) 전체를 이 치명적인 소용돌이 속으로 몰아 나아가고 만 것이다. 사탄이 그리스도의 나라를 포위하고 함락시키기 위해서 온갖 무기를 사용해왔지만 이보다 더 강력한 무기는 없었다. 진리의 원수들이 음녀 헬레네를 위하여 오늘날 그렇게 광분하여 잔인하게 날뛰는데, 미사야말로 헬레네이다.[8] 그들이 그것과 함께 영적으로 음행을 벌여서 자신을 더럽히고 있으니 가장 가증스러운 헬레네가 아닐 수 없다.

그들의 신성한 미사의 순결함을 더럽힌 것에 대해서 갖가지 악행들로 핑계를 대기도 하고, 비열한 거래 행위를 저지르고, 미사를 행하여 부정한 이를 얻으며, 탐욕에 물들어 온갖 악행을 자행하는데, 이런 것들에 대해서는 손가락 하나도 대지 않겠다. 그저 미사를 수백 년 동안 그렇게 높임을 받을 만한 고귀한 것으로 여김을 받도록 만든 미사의 지극히 거룩함 그 자체가 과연 어떤 것인지를 단 몇 마디로 지적할 뿐이다. 이 크나큰 신비를 그 위엄에 합당하게 설명하는 일은 아주 큰 작업일 것이다. 또한 나는 그들이 모든 사람들의 눈 앞에서 스스로 드러내는 그 음란한 부패상에 대해서는 이러쿵저러쿵 이야기하고 싶지 않다. 미사는 거기에 뒤따르는 부속물들을 다 제거하고, 가장 순결한 상태로 그것을 취한다 할지라도, 밑바닥부터 꼭대기까지 온갖 종류의 불경과 신성모독과 우상숭배와 참람함이 가득 차 있다는 것을 모두가 깨달을 것이기 때문이다.

(17, 18장의 결론: 성례는 세례와 성찬밖에 없음. 19-20)

19. 세례와 성찬만이 성례임

이제 독자들은, 신약의 시초부터 세상 끝날까지 기독교 교회에게 전수되어 온 이 두 가지 성례에 관하여 알아야 할 것으로 여겨지는 거의 모든 내용을 간략히 요약된 형태로나마 다 알게 되었다. 곧, 세례는, 말하자면 교회에 들어가는 것이요 믿음으로 입문하는 것이며, 성찬은 그리스도께서 신자인 가족들을 영적으로 먹이시는 일종의 계속적인 양식이라는 것이다. 그러므로, 하나님이 한 분이시요 믿음이 하나요 그리스도가 한 분이시요 그의 몸된 교회가 하나이듯이 세례도 오직 하나이며(엡 4:4-6), 따라서 반복되는 것이 아니다. 그러나 성찬은 반복적으로 분배되는 것으로서, 일단 교회 안에 들어온 자들로 하여금 자기들이 계속해서 그리스도로 말미암아 양식을 얻는다는 것을 깨닫도록 해 주는 것이다.

이 두 가지 성례 외에는 하나님께서 제정하신 다른 성례가 없다. 그러므로 신자들의 교회로서는 마땅히 다른 성례를 인정하지 말아야 한다. 새로운 성례를 세우고 정하는 일은 인간이 선택할 문제가 아니기 때문이다. 위에서 충분히 확실하게 설명했으니, 그것을 기억하면 곧바로 이를 이해할 수 있을 것이다.[9] 곧, 하나님께서 성례들을 지정하신 것은 그의 몇 가지 약속에 대하여 우리를 가르치시며, 우리를 향하여 그가 가지신 선한 뜻을 우리에게 증거하시기 위함이라는 사실 말이다. 또한 어느 누구도 하나님의 모사로서 하나님의 뜻에 대하여 무엇을 약속하거나, 하나님께서 우리를 향하여 어떤 자세를 가지고 계신지를, 그가 우리에게 무엇을 주고자 하시고 무엇을 거부하시는지를 확실히 알려 줄 수 있는 사람이 하나도 없다는 사실을 생각한다면(사 40:13; 롬 11:34), 이를 인정할 수 있을 것이다. 그렇다면 어느 누구도 어떤 표징을 제시하면서 그것이 하나님의 의도나 약속의 증거라는 식으로 주장할 수가 없다는 것이 자명해진다. 표징을 주시고 그것으로 우리 가운데서 자기 자신을 증거하실 수 있는 것은 오직 하나님뿐이신 것이다. 이를 좀 더 간단하게 — 어쩌면 좀 더 개략적으로 — 그러나 더 분명하게 진술하겠다: 구원에 대한 약속이 없는 성례란 절대로 있을 수가 없다. 모든 사람이 다 함께 모여도 우리의 구원에 대해서는 아무것도 약속해 줄 수 없는 것이다. 그러므로, 사람들 스스로 성례를 만들어내고 제정한다는 것은 있을 수 없는 일이다.

20. 두 가지 성례 외에는 성례가 없음

그러므로 기독교 교회는 이 두 가지 성례로 만족해야 한다. 그리고 교회는 당장 세 번째의 성례를 받아들이거나 인정하기를 거부해야 하며, 동시에 세상 끝날까지 다른 어떠한 성례도 바라거나 기대해서는 안 된다.

유대인들에게는 시대의 변화하는 사정에 따라서 이 일상적인 성례들 외에 갖가지 성례들이 주어졌다. 만나(출 16:13; 고전 10:3), 반석에서 솟아난 물(출 17:6;

고전 10:4), 구리 뱀(민 21:8; 요 3:14) 등이 그것들이다. 이런 갖가지 성례들로 말미암아 유대인들은 그런 덧없는 형상들에 머무르지 말고, 그보다 더 나은 것이 — 파괴되거나 끝나지 않고 영원히 있을 것이 — 하나님께로부터 임하기를 기다리라는 경고를 받았던 것이다.

그러나 우리의 경우는 사정이 전혀 다르다. 그리스도께서 친히 계시되셨기 때문이다. 그리스도 안에는 "지혜와 지식의 모든 보화가" 그렇게도 풍성하고도 충만하게 "감추어져 있으므로"(골 2:3) 이 보화들에다 어떤 새로운 것이 첨가되기를 바란다거나 희망을 갖는다면 그것이야말로 정말 하나님의 진노를 일으키는 처사일 것이다. 우리로서는 주께서 그의 나라의 영광을 충만히 드러내시고 (참조. 고전 15:24) 또한 그 자신을 드러내셔서 우리에게 그의 참 모습을 그대로 보여 주실(요일 3:2) 그 큰 날이 밝아오기까지 오로지 그리스도만을 바라고 찾고 배우고 공부해야 하는 것이다. 그렇기 때문에 우리의 이 세대를 가리켜 성경이 "마지막 때"(요일 2:18), "모든 날 마지막"(히 1:2), "말세"(벧전 1:20)라고 부르며, 어떤 새로운 가르침이나 계시에 대하여 헛되이 기대함으로 속는 사람이 없도록 하고 있는 것이다. "옛적에 선지자들을 통하여 여러 부분과 여러 모양으로 우리 조상들에게 말씀하신 하나님이 이 모든 날 마지막에는 아들을 통하여 우리에게 말씀하셨으니"(히 1:1-2)라고 말씀하는데, 그 아들은 홀로 아버지를 계시하실 수 있으며(눅 10:22), 지금 우리가 마치 거울로 보듯이 아버지를 보지만(고전 13:12) 그 아들이 우리에게 필요한 만큼 아버지를 충만하게 나타내 보이신 것이다.

그런데, 교회에서 새로운 성례를 만들어 내는 기능이 사람들에게 부여되지 않은 것처럼, 할 수 있는 대로 인간이 만들어낸 요소를 하나님께로부터 오는 성례들과 뒤섞지 않도록 해야 할 것이다. 포도주에 물을 부으면 그것이 변질되고 희석되며, 밀가루 반죽에 누룩을 조금이라도 뿌리면 온 덩어리 전체가 다 시어지는 것처럼, 사람이 자기의 것을 더하면 하나님의 신비의 정결함이 오염될 수밖에 없는 것이다.

그러나 동시에, 오늘날 시행되고 있는 성례들이 그 최초의 순전함에서 얼마나 타락해 버렸는지 모른다. 어디를 보아도 행렬과 의식과 광대극이 너무나 많다. 그러면서도 정작 하나님의 말씀을 깊이 생각하는 일이나 그 말씀을 언급하는 예가 없다. 그것이 없이는 성례 자체가 성례일 수가 없는데도 말이다. 과연 하나님께서 세우신 의식들이, 그런 온갖 의식의 홍수 속에서 그 머리도 제대로

들지 못하고 마치 짓밟힌 것처럼 누워 있는 처지가 되고 말았다. 이미 다른 곳에서 정당하게 비판하였거니와,[10] 세례에서도 정작 드러나고 사람들의 주목을 받았어야 옳은 유일한 것, 즉 세례 그 자체가 드러나는 예가 거의 없지 않은가? 성찬은 미사로 바뀌어서 완전히 묻혀지고 말았고, 일 년에 한 차례 정도, 그나마 찢기고 쪼개지고 잘려진 형태로 볼 수 있을 뿐이다.

주 _____

1. 참조. 16절. 2. 참조. 17장.

3. Augustine, *Against Faustus*, x. 18.

4. Fulgentius, *De fide ad Petrum*, xix. 60. Fulgentius는 6세기 북아프리카 루스페 (Ruspe)의 감독이었다.

5. Augustine, *On the Trinity*, IV. xiv. 19.

6. Chrysostom, *Homilies on Hebrews*, hom. xvii. 3; Augustine, Against the Letter of Parmenianus, II. viii.

7. Plato, *Republic*, II. viii. 365 E, 366 A.

8. 여기서 암시하는 것은, 성찬이 미사에 사로잡힌 것은 그리스 신화에서 헬레네가 납치된 것에 비유된다는 것이다.

9. 참조. 16장 1절.

10. 참조. 15장 19절.

제 19 장

≈≈≈

다섯 가지 다른 의식들:
지금까지 잘못 성례로 간주되어 전반적으로 그렇게 인정받아왔으나,
그 허구성이 입증됨; 그 의식들의 진정한 본질을 규명함

(세례와 성찬 외의 소위 성례라는 것들은 성경의 근거도, 고대 교회의 근거도 없음. 1-3)

1. 일곱 성례, 특히 종부성사의 허구성

앞에서 성례에 관해서 논의했으니, 가르침을 받아들이는 진지한 사람들은 더 이상 호기심에 끌리거나, 혹 하나님의 말씀을 떠나서 다른 성례들을 인정하지 않고 주께서 제정하신 두 가지 성례만을 인정하여야 한다는 것을 충분히 납득했을 것이라 믿는다. 그러나 일곱 성례의 관념이 거의 모든 사람의 입에 흔히 오르내리고 모든 학교들과 설교들 속에 스며들어 있으며, 오래 전부터 그 뿌리를 내리고 있고, 사람들의 마음에 여전히 고정 관념으로 자리잡고 있는 것이 현실이다.

그러므로 주께서 제정하신 참되고 순전한 성례에 속하는 것으로 흔히들 생각하는 그 다섯 가지 의식들을 내가 하나하나씩 보다 면밀하게 살펴서 그 모든 위장된 것들을 찢어내고 드러내어서 단순한 사람들로 하여금 그것들이 과연 무엇이며, 그것들이 지금까지 얼마나 거짓되이 성례로 간주되어왔는가를 보게 해 준다면, 그것이야말로 가치 있는 일이라 여겨진다.

우선, 모든 경건한 사람들에게 분명히 밝혀 두지만, 내가 이렇게 명칭에 대해서 이의를 제기하는 것은 논쟁을 벌이고자 하는 욕심에서가 아니라 그 명칭을 그릇되이 사용하는 처사를 공격할 만한 중차대한 이유들이 있기 때문이다.

그리스도인들이 말(言)뿐 아니라 모든 일에 대하여 주인이므로, 경건한 뜻이 유지된다면 자기들이 원하는 대로 모든 것들에 대해서 말을 붙일 수 있고, 말에 있어서 다소 부정확하다 할지라도 무방하다는 사실은 나도 충분히 알고 있다. 그러나 "성례"라는 단어는 경우가 다르다. 일곱 가지 성례를 상정하는 자들은, 눈에 보이지 않는 은혜의 눈에 보이는 형식들이라는 성례의 정의(定義)를 일곱 가지 모두에게 똑같이 적용시키며, 일곱 가지 모두를 성령의 그릇들로, 의를 전달하는 도구들로, 은혜를 얻는 수단으로 간주하기 때문이다.

명제집의 대가 롬바르드 자신도 모세 율법의 성례들은 그것들이 예표하는 실체들을 전달해 주지 않았으므로 그것들을 성례라는 이름으로 부르는 것은 합당치 않다고 하였다. 그러니 나는 묻고 싶다. 과연 여호와께서 그 자신의 입으로 친히 거룩하게 베푸셨고 또한 놀라운 약속들로 함께 장식해 주신 그 상징물들을 성례로 인정하지 말아야 하고, 반면에 사람들이 스스로 만들어냈든지 아니면 최소한 하나님의 분명한 명령이 없는 그런 의식들에게는 성례의 존귀를 부여해야 한다는 것이 과연 용납할 수가 있단 말인가? 그러니 그들은 단어의 정의를 바꾸든지, 아니면 그 단어의 사용을 삼가든지 둘 중의 한 가지 조치를 취해야 할 것이다. 그 단어를 계속 사용하면 거짓되고 불합리한 사고를 만들어낼 위험이 있는 것이다.

그들은 말하기를, 종부성사(終傅聖事:extreme unction)는 성례이기 때문에 눈에 보이지 않는 은혜의 형상이요 원인이 된다고 한다. 그들의 이런 논지를 우리로서는 절대로 인정할 수 없으므로, 우리로서는 그 단어 자체를 가지고 그들에게 반박할 수밖에 없다. 그런 대가를 지불하지 않으면 그런 오류를 허용할 빌미를 줄 수도 있기 때문이다. 또한 그들은 그것을 하나의 성례로 승인하면서, 그것이 외형적인 표징과 말씀으로 되어 있다는 이유를 덧붙인다. 그러나 그것에 대해서 명령도 약속도 찾을 수가 없다면, 그것들을 반대하는 수밖에 다른 도리가 없지 않겠는가?

2. 오직 하나님만이 성례를 세우심

자, 이제는 우리가 단어에 대해서 왈가왈부하는 것이 아니라 성례 그 자체에 관한 절실한 논쟁을 제기하고 있다는 것이 드러난다. 그러므로, 앞에서 무적의 논지로 이미 확증지은 바를 강력하게 주장하여야 하겠다. 곧, 성례를 세우는 결정은 오직 하나님께만 있다는 것이 그것이다. 성례란 모름지기 하나님의 확실한 약속을 통해서 신자들의 양심을 위로하고 격려하는 것이어야 하는데, 이런 확실한 것은 사람에게서는 절대로 받을 수 없는 것이다. 성례는 우리를 향하신 하나님의 선한 뜻을 증거하는 것이어야 하는데, 사람이나 천사로서는 이에 대하여 증거할 수가 없다. 그 어느 누구도 하나님의 모사가 된 자는 없기 때문이다 (사 40:13; 롬 11:34). 그러므로 오직 하나님께서만이 그의 합당한 권위로 자기의 말씀을 통하여 우리에게 자기 자신에 관해서 증거하실 수가 있는 것이다.

성례는 하나님의 언약을, 혹은 그의 약속을 인치는 인장(印章)이다. 그러나 하나님의 권능으로 말미암아 그런 목적을 부여받지 않은 이상, 물질적인 것이나 이 세상의 요소들로는 그 언약을 인칠 수가 없는 것이다. 그러므로 사람으로서는 성례를 세울 수가 없다. 그런 위대한 하나님의 신비들을 그런 누추한 것들 밑에 숨기도록 하는 일이 사람의 능력으로 되는 것이 아니기 때문이다. 아우구스티누스가 아주 적절히 진술하듯이, 하나님의 말씀이 선행하여야만 성례가 성례로 만들어지는 것이다.

더 나아가서, 성례와 다른 의식들을 서로 구분하는 것이 필요하다. 그렇지 않으면 다음과 같이 갖가지 모순에 빠지고 말 것이다. 사도들이 무릎을 꿇고 기도했으니(행 7:60; 9:40; 20:36; 21:5; 26:14), 신자들이 무릎을 꿇으면 성례가 될 것이다. 제자들은 동쪽을 향하여 기도했다고 하니, 동쪽을 바라보는 것이 우리에게 성례가 되어야 할 것이다. 바울은 사람들이 곳곳에서 깨끗한 손을 들고 기도하기를 바랐고(딤전 2:8), 거룩한 사람들이 손을 들고 기도한 예가 자주 나타나므로 (시 63:4; 88:9; 141:2; 143:6), 손을 높이 들어 기도하는 것 역시 성례가 되어야 할 것이다. 결국 성자들의 모든 제스처들이 다 성례로 바뀌어야 할 것이다. 그러나 그보다 더 큰 난제들과 연관되지 않는 한 이런 문제들로 시간을 끌고 싶지는 않다.

3. 고대 교회는 "일곱" 성례를 알지 못했음

만일 그들이 고대 교회의 권위로 우리를 밀어붙이려 한다면, 나는 그들이 속이고 있는 것이라고 말하겠다. 고대 교회의 저작들 어디에서도 "일곱"이라는 숫자가 나타나지 않으며, 그것이 어느 때에 처음 스며들었는지도 확실치 않기 때문이다. 고대의 저술가들은 때로 "성례"라는 단어를 상당히 자유롭게 사용했다는 것도 인정한다. 그러나 그들은 무슨 의미로 그 단어를 사용했는가? 그들은 모든 의식들과 외형적인 예식들과 경건의 모든 행위들을 다 포함하는 의미로 사용하였다. 그러나 우리를 향한 하나님의 은혜를 증거하는 표징들에 대해서 말할 때에는, 그들은 이 두 가지 곧 세례와 성찬으로 만족하고 있는 것이다.

내가 거짓으로 이런 주장을 편다고 생각하는 사람이 없도록, 나는 여기서 아우구스티누스의 몇 가지 증언들을 인용하고자 한다. 그는 야누아리우스에게 이렇게 말하고 있다: "우선, 이 논의에서 중요한 점이 무엇인지를 파악하기를 바라네. 곧, 우리 주님 그리스도께서 — 복음서에서 그가 친히 말씀하시는 바와 같이 — 쉬운 멍에와 가벼운 짐을 우리에게 지우셨다는 것 말일세(마 11:29-30). 그러므로, 주님은 숫자도 적어서 지키기도 매우 쉽고 그 의미도 매우 탁월한 성례들로써 새로운 백성의 모임을 하나로 묶어주신 것일세. 곧, 삼위일체의 성호로 거룩하게 구별된 세례와, 주의 몸과 피의 교제와, 기타 정경에서 인정하는 것들이 그것이네."[1]

또한 「기독교 교양」에서는 이렇게 진술하고 있다: "주께서 부활하신 이래로 주님께서 친히, 그리고 사도들의 가르침이 여러 가지가 아닌 몇 가지 표징들을 제정하였으니, 시행하기에도 매우 쉽고 의미도 깊고, 지키기에도 지극히 순전한 것들인데, 곧 세례와, 주의 몸과 피를 기념하는 것이 바로 그것이다."[2]

그가 이 신성한 숫자인 "일곱"을 전혀 언급하지 않는 것은 어찌된 일인가? 그것이 당시 교회에 확립되어 있었더라면 그것을 언급하지 않았을리가 있겠는가? 특히 그는 필요 이상으로 숫자를 따지는 경향이 있는 사람이니 더더욱 그렇지 않겠는가? 그가 세례와 성찬을 거명하고, 나머지 것들에 대해서는 아무 말도 하지 않는 것을 볼 때에, 이 두 가지 신비가 그 위엄에 있어서 아주 탁월한 위치를 차지하며, 반면에 다른 의식들은 그보다 낮은 위치로 내려 앉는다는 것이 충분히 시사되지 않는가? 그러므로, 이 성례 박사들이 아무리 거짓으로 꾸며댄다 할지라도, 그들에게는 하나님의 말씀의 뒷받침도 없고 고대 교회의 지지도 없는 것이다. 그러면 이제 그들이 주장하는 성례들을 실제로 살펴보기로 하자.

(견진례(堅振禮)는 성례가 아님. 4-13)

4. 고대 교회의 관례

초기에는 그리스도인들은 그 자녀들이 장성하면 감독 앞에 데리고 나와서, 세례받을 성인들에게 요구되는 그런 의무를 이행하도록 하는 것이 관례였다.

세례받을 성인들은 믿음의 신비를 정당하게 가르침 받아 감독과 회중 앞에서 자기들의 믿음을 고백할 수 있을 때까지 예비 신자(catechumens)로 있었다. 그러므로 유아 시절에 이미 세례를 받은 자들은 그 당시에 교회 앞에서 믿음을 고백하지 않았으므로, 소년기 말이나 청년기 초에 다시 부모들이 감독 앞에 데려가 당시 확정된 형식을 갖춘 상태로 통상적으로 사용되고 있던 요리문답의 형식에 따라서 심사를 받았던 것이다. 그런데 이 일 자체만으로도 아주 중요하고 거룩한 일이었으나, 거기에 존경심과 위엄을 더하게 하기 위하여 안수의 예식이 첨가되었다. 그리하여 일단 대상자의 믿음이 인정되면, 엄숙히 축복을 받고 물러간 것이다.

고대의 저술가들은 이런 관례를 아주 비근하게 언급하고 있다. 교황 레오는 이렇게 말하고 있다: "누구든지 이단에서 다시 돌아오면 그를 다시 세례하지 말고, 다만 그가 과거에 받은 세례에 성령의 능력이 결핍되어 있으니 감독으로 하여금 안수하게 함으로써 성령의 능력이 그에게 베풀어지도록 하라." 여기서 우리의 반대자들은 성령이 베풀어지는 의식을 가리켜 성례라 부르는 것이 정당한 일이 아니냐고 목소리를 높일 것이다. 그러나 레오 자신은 자신의 말이 무슨 의미인지를 다른 곳에서 이렇게 설명하고 있다: "이단들 가운데서 세례를 받은 사람은 다시 세례를 베풀지 말고, 성령께 빌며 안수함으로써 그를 확고히 세울지니라. 그 사람은 성화(聖化)가 없이 그저 세례의 형식만을 받았을 뿐임이니라."[3] 히에로니무스 또한 루시퍼파(Luciferians)를 반대하여 이 사실을 언급한다. 물론 그런 행위가 사도 시대에도 있었다는 히에로니무스의 말은 다소 오류가 있는 것이 사실이다. 그러나 그는 이 사람들의 우매함과는 거리가 먼 것이다. 그리고 그는 이 축복의 행위가 오로지 감독들에게만 주어진 것은 법적인 필요성에 의해서가 아니라 오히려 감독직에 대한 존경의 표시로 그렇게 한 것이라고 덧붙임으로써 자기의 진술에 단서를 붙이고 있다.[4] 그러므로 단순히 축복의 형식으로 행한 그런 안수의 행위를 나도 받아들이며, 그런 순전한 의미의 안수례가 오늘날 회복되기를 바라마지 않는다.

5. 견진례에 대한 로마 교회의 가르침

그런데 후대에 가서는 그 본질을 거의 제거해 버리고 모종의 거짓된 견진례(堅振禮)를 하나님의 성례의 하나로 세우게 되었다. 그리하여 그들은 견진례는 세례로 말미암아 의를 얻은 자들에게 베풀어진 성령을 다시 베풀어서 은혜를 더해 주며, 세례로 말미암아 중생하여 생명을 얻은 자들로 하여금 싸우고 나아가도록 굳건히 해 주는 효능이 있다고 거짓으로 떠벌린다. 이 견진례를 시행할 때에는 기름을 붓고 다음과 같은 문구를 선포한다: "나는 성부와 성자와 성령의 이름으로 그대에게 거룩한 십자가의 성호를 긋고 구원의 성유(聖油)로 그대를 견진하노라." 이 모두가 아름답고도 세련된 예식이었다! 그러나 성령께서 그 자리에 임재하실 것을 약속하는 하나님의 말씀이 대체 어디 있는가? 그들은 단 한 구절도 제시할 수가 없다. 그들의 성유가 성령을 담는 그릇이라는 것을 과연 어떻게 증명할 것인가? 그저 진하고 끈적끈적한 액체인 기름밖에는 아무것도 보이지 않으니 말이다. 아우구스티누스는 말하기를, "물질에 말씀이 더해지면, 그것이 성물(聖物)이 되리라"고 하였다.[5] 그러니 기름 속에 기름 외에 다른 것이 있는 것을 보게 하려거든, 아우구스티누스가 말하는 그 말씀을 제시해야 할 것이다.

그러나 그들 스스로 성례를 수종드는 사역자들이라는 것을 인정한다면 ― 인정해야 할 것이지만 ― 우리로서는 더 이상 쟁론할 다른 이유가 없을 것이다. 사역자의 첫째가는 법칙은 명령이 없이는 아무 일도 하지 않는다는 것이다. 그러니 그들은 나아와서 이 사역에 대한 무언가 명령을 제시해 보라. 그러면 나는 거기에 이의를 붙이지 않겠다. 그러나 명령이 없이 그런 일을 한다면, 그들로서는 자기들의 망령된 대담함을 도저히 변명할 수 없을 것이다. 이런 의미에서 주께서는 바리새인들에게 요한의 세례가 하늘로서냐 사람에게서냐고 물으신 것이다. 만일 "사람에게서다"라고 대답하면 요한의 세례가 하찮고 헛된 것임을 드러내는 것이었고, "하늘로서다"라고 대답하면 요한의 가르침을 인정하지 않을 수가 없게 되는 것이었다. 그러므로 그들로서는 요한을 심하게 대할 수가 없어서 감히 그의 세례가 사람에게서 온 것이라고 말하지 못한 것이다(마 21:25-27). 그러므로 만일 견진례가 사람에게서 온 것이라면, 그것은 헛되고 하찮은 것임이 입증되는 것이다. 그러니 그것이 하늘로서 온 것임을 믿게 하고 싶거든, 그것이 과연 그렇다는 것을 증명하기 바란다.

6. 사도들의 전례에 근거한 논지에 대한 반론

사실 그들은 사도들의 실례를 들어 자기들의 입장을 변호한다. 그들이 보기에 사도들은 어떠한 일도 경솔하게 행하지 않았던 것이다. 과연 사실이다. 그들이 과연 사도들을 따르는 자들임을 스스로 보여 준다면 아무도 그들을 탓하지 않을 것이다. 그러나 과연 사도들은 어떻게 했던가? 사도행전에 나타난 누가의 보도에 따르면, 예루살렘에 있던 사도들은 사마리아 사람들이 하나님의 말씀을 받았다는 말을 듣고서 베드로와 요한을 그리로 보냈다. 이 사도들은 사마리아인들이 성령을 받기를 위하여 기도하였다. 그들 가운데 어느 누구에게도 아직 성령이 임하지 않으셨고, 그들은 그저 예수의 이름으로 세례를 받았을 뿐이었기 때문이다. 그들은 기도를 마친 후 그들에게 안수하였고, 이 안수를 통하여 사마리아인들이 성령을 받았다(행 8:14-17). 누가는 이러한 안수의 사실들을 여러 차례 언급하고 있다(행 6:6; 8:17; 13:3; 19:6).

사도들은 자기들의 직무를 신실하게 수행하였다. 주께서는 성령의 그 눈에 보이는 놀라운 은혜들이 그의 사도들의 안수를 통해서 그의 백성들에게 부어지도록 역사하신 것이다. 나는 이 안수의 행위에 더 이상 깊은 신비가 있다고는 생각하지 않는다. 나의 해석은 그들이 그런 의식을 이용하여 그 사람들을 하나님께 맡겼음을 표시하였다는 것이다. 곧, 그들은 안수의 행위를 통해서 그 안수를 받는 자들을 하나님께 바친다는 것이다.

만일 사도들이 그 당시 행한 이 직무가 여전히 교회에 남아 있었다면, 안수의 행위 역시 지켜졌을 것이다. 그러나 그 은혜를 주시는 일이 중지되었으니, 무슨 목적으로 안수를 행하겠는가? 성령께서 지금도 여전히 하나님의 백성들 가운데 계시는 것은 분명하다. 성령께서 인도하시고 이끌지 않으신다면 어떻게 교회가 서 있을 수 있겠는가? 그리스도께서는 자기에게 나아오는 자들이 생수를 마시리라는 약속으로 목마른 자들을 부르셨는데, 이러한 그리스도의 약속은 영원토록 분명하게 세워져 있다(요 7:37; 참조. 사 55:1; 요 4:10; 7:38). 그러나 안수를 행함으로써 베풀어졌던 이적적인 권능과 놀라운 역사들은 이미 중단되었다. 그것들은 오직 일시적으로만 지속되었던 것이다. 새로이 복음을 전하는 일과 새로운 그리스도의 나라가 지금까지 들어보지 못한 놀라운 이적들을 통해서 빛이 드러나고 위엄을 갖게 되는 것이 적절했기 때문에, 그런 이적적인 권능과 놀라운 역사들이 있었던 것이다. 주께서는 이런 일들을 중단시키시면서도 그의 교회를 완전히 버리지는 않으셨다. 오히려 그의 나라의 위대함과 그의 말씀의 위엄이 충분히 밝게 드러났다고 선언하신 것이다. 그러니 이 모방꾼들이 대체 어떤 점에서 자기들이 사도들을 따른다고 말할 수 있겠는가? 그들은 안수를 통해서 성령의 명백한 능력이 즉시 나타나도록 했어야 옳다. 그런데 그런 일은 일어나지 않는다. 그렇다면 사도들이 행한 것으로 기록되어 있는 그 안수 행하는 일을 자기들의 일이라고 떠벌리는 근거가 대체 무엇인가? 사도들의 경우는 그 목적이 전혀 다른 데에 있지 않았던가?

7. "구원의 기름"은 허구임

이것은 마치 주께서 그의 제자들을 향하여 내쉰 숨이(요 20:22) 바로 성령을 베푸는 하나의 성례라고 가르치는 것과 마찬가지다. 주께서는 한 번 그 일을 행하셨으나, 우리도 똑같이 그렇게 하라고 하신 것은 아니다. 이와 마찬가지로, 사도들은 주께서 그들의 기도를 들으시고 눈에 보이는 성령의 은혜들을 베풀어 주시기를 기뻐하신 그 기간 동안에 안수를 행한 것이지, 그 후손들로 하여금 마치 이 원숭이 같은 자들이 행하듯이 이것을 그대로 본따서 아무런 유익도 없는 냉랭하고 헛된 가짜 표징을 만들어 내게 하기 위해서 그렇게 한 것이 아니었던 것이다.

그런데, 안수하는 것은 사도들을 따른다고 근거를 제시한다손 치더라도(물론 일종의 왜곡된 열심이 그들에게 있기는 했으나 그 외에는 사도들과 유사한 점이 하나도 없지만), 소위 "구원의 기름"이라고 부르는 그 기름은 대체 어디서 온 것인가? 대체 누가 기름 속에서 구원을 찾으라고 가르쳤단 말인가? 대체 누가 기름에 믿음을 굳건히 하는 능력이 있다고 가르쳤단 말인가? 바울이 그렇게 가르쳤는가? 아니다. 그는 오히려 이 세상의 요소들을 멀리할 것을 가르쳤고(갈 4:9), 그런 천박한 의식들에 집착하는 것을 더할 나위 없이 정죄하지 않았던가(골 2:20)?

나는 나의 말이 아니라 주님의 말씀에 근거하여 담대히 다음과 같이 선포하고자 한다: 기름을 "구원의 기름"이라 부르는 자들은 그리스도 안에 있는 구원을 위증하는 자들이다. 그들은 그리스도를 부인하는 자들이며 하나님 나라에 속하지 않는 자들이다. 기름은 배(腹)를 위한 것이요 배는 기름을 위한 것이니, 주께서 둘 다 폐하실 것이기 때문이다(참조. 고전 6:13). 이처럼 사용할수록 부패하고 말 온갖 무력한 물질들은 하나님의 나라와는 아무런 관계가 없다. 하나님의 나라는 신령한 것이요 절대로 썩지 않는 것이다. 그렇다면 무엇인가? 혹 이렇게 질문할 수도 있을 것이다: "우리가 세례받은 물이나, 주의 성찬에서 받는 떡과 포도주를 같은 잣대로 잰단 말인가?" 이에 대해 나는 이렇게 대답하겠다. 하나님께서 주신 성례에서는 두 가지를 주목해야 하는데, 곧 우리에게 제시되는 바 물질의 본질과, 또한 하나님의 말씀으로 말미암아 그 위에 새겨지는 바 형상인데, 성례의 효력은 오직 그 말씀에 있다는 것이다. 그러므로 성례에서 우리 눈 앞에 제시되는 떡과 포도주와 물이 그 본질을 그대로 유지하는 한, 다음과 같은 바울의 진술이 언제나 적용되는 것이다: "음식은 배를 위하고 배는 음식을 위하여 있으나 하나님은 이것 저것을 다 폐하시리라"(고전 6:13). 그것들은 이 세상의 외형과 함께 지나가고 사라져가기 때문이다(고전 7:31). 그러나 그 물질들이 하나님의 말씀으로 말미암아 성례로 거룩하게 되면, 그것들은 우리를 육체 내에 붙들어 두지 않고, 참으로 영적으로 우리를 가르치게 되는 것이다.

8. 견진례는 세례를 욕되게 하는 마귀의 교리임

그러나 이 기름이 얼마나 많은 괴물들을 먹이고 기르는지를 더욱 면밀하게 살펴보도록 하자. 기름을 바르는 자들은 말하기를, 세례에서는 무죄한 상태를 위해서 성령이 주어지며, 견진례에서는 은혜를 더하기 위해서 성령이 주어진다고 한다. 세례에서는 우리가 생명으로 중생을 얻으며, 견진례에서는 싸움을 위한 능력을 갖춘다는 것이다. 그들은 뻔뻔스럽게도 견진례가 없이는 세례가 정당하게 완성될 수가 없다고까지 떠벌린다. 이 얼마나 사악한 짓인가! 그렇다면 우리가 세례로 그리스도와 함께 장사지낸 바 되고, 그의 죽으심에 참여한 자들이 되어, 그의 부활에도 함께 참여하게 된다는 말씀(롬 6:4-5)이 헛것이란 말인가? 더구나 바울은 그리스도의 죽으심과 부활과 이러한 하나 된 교제를, 우리의 육체를 죽이는 일과 성령의 살리는 역사로 설명한다. "우리 옛 사람이 … 십자가에 못 박힌 것"(롬 6:6)은 "우리로 새 생명 가운데서 행하게 하려 함"(롬 6:4)이기 때문이니 말이다. 이것이 바로 영적 싸움을 위하여 우리를 구비시켜 주는 것이 아니고 무엇이란 말인가?

그러나 혹 하나님의 말씀을 짓밟는 일을 아무것도 아닌 일로 여긴다 하더라도, 최소한 교회에 대해서만큼은 존중했어야 옳지 않겠는가? 그들이 모든 점에서 교회에 굴복하는 것으로 보이기를 바라고 있으니 말이다. 그런데, 그들의 그릇된 가르침을 배격하는 논증으로서 밀레비스 공의회(the Council of Milevis)의 법령만큼 강력한 것이 없다. 그 법령은 이렇게 진술한다: "세례를 베푸는 것은 오직 죄 사함을 위한 것뿐이고 미래의 은혜를 돕기 위함이 아니라고 말하는 자는 누구든지 저주를 받을지어다."

　그러나 누가는 앞에서 인용한 구절에서 말씀하기를, 성령을 받지 않은 사람들이 예수 그리스도의 이름으로 세례를 받았다고 한다(행 8:16). 그렇다고 해서 마음을 다하여 그리스도를 믿고 입으로 그를 고백하는 자들이 성령을 선물로 받았다는 것을 누가가 부인하는 것은 아니다(롬 10:10). 그는 다만 성령을 받아 이 적적인 권능과 눈에 보이는 은사들을 받는 것을 말하는 것이다. 그러므로 사도들이 오순절 날에 성령을 받은 것으로 말씀하고 있는 것이다(행 2:4). 그리스도께서는 이미 오래 전에 사도들에게 "말하는 이는 너희가 아니라 너희 속에서 말씀하시는 이 곧 너희 아버지의 성령이시니라"(마 10:20)고 말씀하셨던 것이다.

　하나님께 속한 여러분은 여기서 사탄의 사악하고 위험한 속임수를 볼 것이다. 사탄은 경솔한 자들을 세례에서 슬그머니 끌어내기 위하여 세례에서 받는 것을 자기가 만든 견진례에서 받는 것처럼 속이는 것이다. 세례에 주어진 약속들을 세례에서 떼어내어 다른 곳에다 붙이고 있으니, 과연 이것이 사탄의 교리라는 것을 누가 의심하겠는가? 이제 우리는 이 희한한 기름붓는 예식의 근거가 어디에 있는지를 파악하였다. 하나님의 말씀은 "누구든지 그리스도와 합하기 위하여 세례를 받은 자는 그리스도로 옷 입었느니라"(갈 3:27)고 말씀한다. 그러나 기름을 바르는 자들은 말하기를, "세례에서는 싸움에 대비하게 해 준다는 약속을 받은 바 없다"고 한다. 전자의 말씀은 진리의 음성이요, 후자의 말은 거짓의 음성이다. 그러므로 나는 그들이 견진례에 대하여 지금껏 정의한 것보다 훨씬 더 참된 정의를 내릴 수가 있다. 곧, 견진례는 세례에 대한 노골적인 모욕으로서 그 기능을 흐리게 하며 폐기시키는 것이며, 그것은 우리를 하나님의 진리에서 끌어내려는 마귀의 거짓된 약속이며, 혹은 마귀의 거짓으로 더럽혀진 기름으로서 순진한 사람들을 속여서 어둠 속으로 떨어뜨리는 것이라 할 수도 있을 것이다.

9. 견진례가 구원에 필수라는 논리의 허구성

　뿐만 아니라, 그들은 다음과 같이 떠벌린다. 모든 신자들은 세례를 받은 후에 안수를 통하여 성령을 받아야만 온전한 그리스도인이 될 수 있다는 것이다. 이는 그리스도인으로서 주교의 견진례를 통하여 기름 부음을 받지 않는 사람이 절대로 있을 수 없을 것이기 때문이다. 이것이 그들의 말이지만, 나는 기독교에 관한 모든 사실이 성경에 규정되어 있다고 생각한다. 그런데 내가 보는 바에 의하면, 그들은 참된 신앙의 모습을 성경 이외에 다른 곳에서 찾고 배워야 하는 것으로 말하고 있다. 하나님의 지혜나 하늘의 진리나 그리스도의 가르침 전체는 그저 그리스도인의 초보일 뿐이고, 기름이 그들을 보호해 주는 것으로 이야기하는 것이다. 이런 발언은 모든 사도들과 수많은 순교자들을 정죄하는 것이다. 그들은 분명 성유를 받은 일이 없기 때문이다. 그 당시에는 그들에게 부어서 기독교의 모든 세세한 사실에서 그들을 온전하게 만들어 주는, 아니 그리스도인이 아닌 자들을 그리스도인으로 만들어 주는, 그런 성유가 아직 없었기 때문이다.

그러나 내가 침묵을 지킨다 하더라도, 이 사람들 스스로가 충분히 반박하고도 남는다. 그들의 신자들 중에서 과연 세례 후에 그들이 성유를 바른 사람들이 어느 정도나 되는가? 그렇다면 그런 반쪽짜리 그리스도인들이 자기들의 양 떼들 가운데 있는데 어째서 그냥 내버려 두는가? 쉽게 그 불완전한 상태를 치유할 수 있을 텐데 말이다. 행하지 않으면 중대한 범죄 행위가 되는 일을 행하지 않고 어째서 그렇게 비겁하게 그냥 내버려 둔단 말인가? 구원을 얻는 데에 그렇게 절실하고 필수적인 일이라면, 갑자기 죽음을 당하여 어쩔 수 없는 경우를 제외하고는, 엄격하게 그 일을 요구해야 옳을 텐데 어째서 그렇게 하지 않는단 말인가? 그런 일을 그렇게 소홀히 해도 그냥 둔다는 것은 곧 그것이 그들의 주장처럼 그렇게 중요한 것이 아님을 그들 스스로도 알고 있다는 무언(無言)의 시인인 것이다.

10. 견진례의 우월성에 대한 교황주의자들의 사고

마지막으로, 그들은 이러한 신성한 기름 바르는 의식이 세례보다도 더 높이 존중받아야 한다고 단정짓는다. 세례는 모든 사제들이 공통적으로 시행하는 것이나, 이 의식은 주교들만이 행하는 것이기 때문이라는 것이다. 그들은 자기들이 만들어낸 것을 그렇게도 선호하여 하나님께서 제정하신 지극히 거룩한 제도들을 그것들과 비교하여 함부로 멸시하고 있으니 그들이 분명 미쳤다고 밖에는 말할 수 없지 않은가? 오, 망령된 입(口)아! 네가 감히 그리스도의 성례를 대적하고, 악취나는 네 입김과 중얼거리는 주문으로 더럽혀진 기름을 하나님의 말씀으로 거룩히 구별하신 물과 비교한단 말이냐? 그러나 너의 무례함에게는 이것이 오히려 사소한 일이었도다. 그런 무례를 오히려 원하지 않았느냐? 그 사도적 권위를 지닌 교황의 응답이 이러한 것이다.

그런데, 자기들이 보기에도 너무 심하다 생각했는지, 이 사람들 중에서도 이런 미친 짓을 다소나마 온건하게 만들려는 시도가 있다. 그들은 말하기를, 기름 바르는 의식을 더 높이 기려야 하지만 그 의식 자체가 더 큰 능력과 유익을 주기 때문이 아니라, 더 훌륭한 자들이 베풀며 또한 몸의 더 귀한 부분에, 즉 이마에 행하기 때문이라고 하며, 혹은 세례는 죄 사함에 더 효용이 있는 반면에 기름을 바르는 의식은 덕을 더욱 증진시켜 주기 때문이라고 한다.

그러나 이 첫 번째 이유에서, 그들 스스로 성례의 효력을 그 시행자의 가치의 유무를 따라 판정하는 도나투스주의자들(Donatists)임을 드러내 보이는 것이 아닌가? 그러나, 주교가 손으로 시행하는 것이니 이 견진례가 그만큼 더 가치가 있다는 것을 인정한다고 치자. 그렇지만, 혹 주교의 그 큰 특권의 근거가 어디에 있느냐는 질문을 받으면, 자기들의 변덕스런 생각 외에 또 무엇을 근거로 제시하겠는가? 그들은 사도들만이 성령을 베풀어 주었으므로 사도들만이 그 권한을 사용했다고 말할 것이다. 그러면, 오직 주교들만이 사도들이란 말인가? 과연 그들이 정말 사도들이기는 한가? 자, 이것까지도 그대로 인정한다고 하자. 그들은 주께서 사도들에게만 주셨다고 하여 평신도들에게 성찬의 잔을 금하고 있는데, 그렇다면 그들은 어째서 그런 동일한 논리를 근거로 오직 주교들만이 성찬에서 피의 상징물을 대해야 한다는 주장은 하지 않는 것인가? 만일 사도들에게만 주어진 것이라면 오늘날에는 주교들에게만 주어져야 할 텐데, 어째서 그렇게는 생각하지 않는가?

그 문제에 있어서는 사도들을 일반 사제들과 동격으로 만들고 있다. 그러나 다른 문제에 있어서는 머리가 어지러운 때문인지 사도들을 갑자기 주교로 둔갑시키는 것이다. 마지막으로, 아나니아는 사도가 아니었으나, 바울은 그에게 보냄을 받아서 시력을 회복하였고 그에게서 세례를 받아 성령으로 충만하게 되었다(행 9:17-19). 여기에 나는 다음과 같은 질문을 한 가지 더 추가하고 싶다: 만일 이 직분이 하나님의 권한에 의하여 주교들에게 속했다면, 그레고리우스의 서한에 나타나는 대로, 그들이 감히 그 직분을 일반 사제들에게 전이시킨 이유는 대체 무엇인가?[6)]

11. 견진례의 우월성에 대한 논지들의 유치함

견진례를 하나님의 세례보다 더 귀한 것으로 여겨야 할 근거로 제시하는 또 다른 이유가 있는데, 이것은 정말이지 하찮고 어리석고 유치하기 그지없다. 곧,

견진례에서는 이마에 기름을 바르지만, 세례에서는 정수리에 바른다는 것이다. 마치 세례에서도 견진례처럼 물이 아니라 기름을 사용하기라도 하는 것처럼 말이다. 모든 경건한 사람들은 과연 이 불한당들이 성례의 순결함을 자기들의 누룩으로 부패시키고자 하는 한 가지 목표를 위해서 그렇게 애쓰고 있는 것이 아닌지 증거해 주기를 바란다. 다른 곳에서 이미 진술한 바 있거니와,[7] 성례들에 온갖 인간들이 만든 의식들이 가득 차 있어서 하나님께 속한 것이 빛을 보일 틈이 없다.

누구든지 이 문제에 대한 나의 진술을 믿지 못하겠다면, 최소한 자기 선생들의 진술은 믿어야 할 것이다. 그런데 보라! 그들은 물은 아무것도 아닌 것처럼 소홀히 다루면서, 세례에서 기름만을 중히 여기는 것이다! 그러므로 우리는, 사실은 오히려 그 반대로 세례에서는 이마도 물에 적셔진다고 말한다. 물과 비교하면 ─ 세례에서든 견진례에서든 ─ 그대들의 기름은 똥 한 조각만큼도 가치가 없는 것이다. 혹 기름의 값이 더 비싸지 않느냐고 주장한다면, 그렇게 값이 비싸다는 사실이 혹 거기에 있을 수도 있는 좋은 것을 다 부패시켜 버렸다고 대답해야 할 것이다. 그러니 그렇게 추악한 사기를 슬그머니 퍼뜨리는 그들의 행위는 도저히 용납할 수가 없는 것이다.

그들이 제시하는 세 번째 이유에서도 그들의 불경함이 여지없이 드러난다. 곧, 세례보다도 견진례에서 덕이 더 증진된다는 것 말이다. 사도들은 안수를 통하여 눈에 보이는 성령의 은혜들을 베풀었다. 그렇다면 이 사람들이 바르는 기름 그 자체가 대체 어떤 점에서 유익을 보여 준단 말인가? 한 가지 망령된 일을 여러 가지 망령된 짓으로 덮는 이 사람들은 물리쳐 버리라. 그들의 논리는 마치 고르디오스의 매듭(Gordian knot)과 같아서 풀려고 애를 쓸 것이 아니라 차라리 끊어버리는 것이 나은 것이다.

12. 고대에는 견진례라는 성례가 없었음

그런데 그들은 자기들의 주장이 하나님의 말씀의 근거도, 확실한 증거에 입각한 논리도 없는 것을 보고서, 늘 하던 대로, 그것이 여러 시대를 걸쳐서 교회에서 동의되고 인준된 역사가 오랜 관례라고 하며 거짓된 주장을 늘어 놓는다. 그러나 그것이 사실이라 해도 그들로서는 아무것도 얻을 것이 없다. 성례는 땅이 아니라 하늘에 속한 것이요, 사람이 아니라 오직 하나님께 속한 것이기 때문이다. 견진례를 하나의 성례로 인정받고 싶으면, 반드시 하나님께서 그것을 친히 제정하셨다는 것을 증명해야만 하는 것이다.

그러나, 고대의 저술가들도 정확히 발언할 때에는 어디에서도 두 가지 성례 이상을 인정하지 않는데, 어째서 그들이 견진례가 역사가 오래된 것처럼 주장하는지 알 수가 없다. 가령 우리의 믿음의 피난처를 사람들에게서 찾아야 한다 할지라도, 이 사람들이 거짓으로 성례라고 부르는 그것에 대해서 고대 사람들은 한 번도 성례로 인정한 일이 없다는 사실이 난공불락의 요새가 되고 있으니 말이다. 옛 사람들도 안수에 대해서는 언급한다. 그러나 그들이 과연 그것을 성례라고 부르는가? 아우구스티누스가 그것은 그저 기도 이외에 아무것도 아님을 공개적으로 시인하고 있다. 이에 대하여 그들은, 아우구스티누스는 견진례의 행위가 아니라 치료나 화해의 목적을 지닌 안수 행위를 말하는 것이라고 구차하게 변명하며 나를 비웃는데, 그런 일은 사라져야 옳다. 그의 책이 지금도 남아 있고 사람들 사이에 읽혀지고 있으니, 혹시 내가 아우구스티누스 자신이 쓴 것 이외에 다른 의미를 붙여서 그 뜻을 왜곡시키고 있다면, 나를 그렇게 비방해도 만족할 것이고, 내게 침을 뱉어도 괘념치 않을 것이다.

아우구스티누스는 분명 분리된 집단에 속해 있다가 다시 교회의 하나 된 교제 속으로 돌아오는 사람들에 대해서 말씀하고 있다. 그는 그들에게 새로이 세례를 베풀 필요가 없고, 주께서 화평의 띠로 그의 성령을 베풀어 주시도록 안수를 행하는 것만으로도 충분하다고 한다. 그런데 세례는 반복하지 않으면서 어떻게 안수는 반복하는지 의아하게 여길 수도 있으므로, 그는 둘 사이의 차이를 설명하면서 말하기를, "안수를 하는 것은 곧 사람을 위해서 기도하는 것이 아니고 무엇이겠는가?"라고 한다. 이것이 그의 발언의 진의라는 것이 다른 구절에서 분명히 드러난다. 그는 이렇게 말하고 있다: "교정을 받은 이단자들에게 손을 얹는 것은 사랑의 유대 때문이다. 사랑이야말로 성령의 가장 큰 선물이며, 사랑이 없이는 사람에게 있는 다른 모든 거룩한 것들이 구원을 위해서 무가치한 것들이 되고 마는 것이다."[8]

13. 참된 의미의 견진이란?

이미 말한 바 있거니와, 이 성례의 탈을 뒤집어쓴 것이 나타나기 이전 고대의 그리스도인들 사이에 있었던 그런 관례가 그대로 지켜져 내려왔다면 얼마나 좋겠는가! 그것은 곧, 그들이 꾸며대는 그런 견진례로서가 아니라 — 견진례라는 말만으로도 세례를 해칠 수밖에 없는 것이었다 — 어린아이들이나 청년기에 가까운 자들로 하여금 교회 앞에서 자기들의 믿음을 밝히도록 가르치는 수단으로 사용하는 것이다. 그러나 교육을 위하여 가장 좋은 방법은 그 일을 위하여, 신자들의 교회 전체가 논란이 없이 일치하는 우리의 신조들 대부분을 간단하게 정리하여 실어 놓은 교범을 만드는 것일 것이다. 그리고 아이가 열 살이 되면 교회 앞에 서서 자기의 신앙을 고백하며, 각 조항에 대하여 질문하고 답하도록 하고, 혹 어느 조항에 대해서 무지하다든가 이해가 부족할 경우에는 그것에 대해서 가르친다. 그리하여 교회가 증인으로서 바라보는 가운데 그 아이가 참되고 성실한 한 믿음을 고백하며, 그로 말미암아 믿는 무리들이 한 마음으로 한 하나님께 경배하도록 하는 것이다.

이러한 훈육이 오늘날 시행된다면, 자녀를 교육하는 일에 대해 전혀 관심이 없이 소홀히 하는 게으른 부모들이 각성하게 될 것이다. 자녀 교육을 소홀히 했다가는 공적으로 수치를 당하게 될 것이기 때문이다. 그리고 그렇게 하면 그리스도인들 가운데 믿음에 대해서 더욱 일치된 견해를 갖게 될 것이고, 가르침을 받지 않아서 무식한 처지에 있는 사람들이 적어질 것이고, 새롭고 이상스런 가르침에 그렇게 경솔하게 휩쓸려 가는 일도 줄어들 것이다. 요컨대, 모두가 기독교 교리에 대해서 어느 정도 체계적인 가르침을 받게 될 것이다.

(고해성사는 성례가 아님. 14-17)

14. 고대 교회에서 고해의 관행

그들은 견진례 다음 자리에 고해성사(告解聖事: penance)를 두는데, 이에 대해서는 너무나 혼란스럽고 무질서하게 이야기하기 때문에 양심이 그들의 가르침에서 확실한 것이나 견고한 것을 도저히 얻을 수가 없다. 우리는 성경에서 회개에 관하여 배운 내용과 우리의 반대자들이 가르치는 내용에 대해서 다른 곳에서 이미 상세하게 다룬 바 있다.[9] 그러므로 여기서는 지금까지 교회와 학교들에서 주류를 이루고 있는 그들의 견해 — 즉, 그것이 성례라는 것 — 의 근거가 무엇인지에 대해서만 살펴보면 될 것이다.

우선, 그들이 자기들의 허구를 세우는 하나의 구실로 잘못 이용해온 고대 교회의 의식에 대해서 간단하게 논하고자 한다. 옛 사람들은 공적인 회개 시에 이를 시행하였는데, 부과된 보상을 이행한 사람들에게 엄숙하게 안수함으로써 그들을 원 상태로 회복시킨 것이다. 그 행사는 사면을 받은 하나의 표시였다. 그 행사를 통해서 죄인 자신은 죄 용서를 받은 확신을 갖고 하나님 앞에 나아가며, 또한 교회는 그 사람의 과실에 대한 기억을 말소시키고 그를 친절하게 받아들이라는 권고를 받는 것이었다. 키프리아누스는 이것을 가리켜 흔히 "평화를 주는 것"이라 부른다.[10] 그런데 이 행사의 격을 높이고 사람들에게 더 권장하게 하기 위하여, 이 일에 반드시 주교의 권위가 개입되도록 정해 놓게 되었다. 그리하여 제2차 카르타고 공의회의 법령은 "사제는 회개하는 자를 미사에서 공적으로 화해시킬 권한이 없다"고 명시하고 있다.

그리고 오랑주 공의회(the Council of Orange)의 또 다른 법령은 이렇게 규정한다: "고해의 시기에 이 세상을 떠나려 하는 자는 화해의 안수가 없이 성찬에 참여하게 하라. 그들이 질병에서 회복되거든 고해자 중에 서게 하고, 때가 되면 주교에게서 화해의 안수를 받게 하라." 이와 비슷하게 제3차 카르타고 공의회도, "주교의 허락이 없이는 사제는 고해자를 화해시키지 말 것이다"라고 규정하였다. 이 모든 진술들은 혹 지나친 관용으로 인하여 이 문제와 관련하여 그들이 유지하고자 하는 엄격함이 해이해지지 않도록 확실히 해두고자 하는 목적으로 주어진 것들이다. 그러므로 그들은 주교가 고해자를 처리함에 있어서 더욱 엄격할 것으로 여겨서 그들을 심판자로 삼기를 원한 것이다. 그러나 키프리아누스는 다른 구절에서, 주교뿐만 아니라 성직자 전체가 안수를 행하였음을 보여주고 있다. 그는 이렇게 말하고 있다: "그들은 적절한 기간 동안 고해를 행한다. 그리고는 성찬에 참여하게 되는데, 이때에 주교와 성직자의 안수를 통하여 성찬 참여권을 부여받는다."[11]

그러나 세월이 흐르는 동안 이것이 부패하여, 공적인 고해 이외에 사사로운 사면에까지 이 의식을 시행할 정도가 되었다. 그리하여 그라티아누스는 공적인 화해와 사적인 화해를 구분하기에 이른 것이다.[12]

나의 판단으로는 키프리아누스가 언급하고 있는 그 고대의 관행이 거룩하였고 또한 교회를 위하여 건전했다고 여겨진다. 오늘날에도 그런 관행이 다시 회복되었으면 하는 바람이다. 좀 더 최근의 관행에 대해서는 물론 지나치게 신랄하게 비판하거나 완전히 거부할 생각은 없지만, 그럼에도 불구하고 그렇게까지는 할 필요가 없었다는 생각에는 변함이 없다. 어쨌든, 고해에서 안수하는 의식은 하나님이 아니라 사람들이 만들어 낸 것이며, 그 문제는 어찌되든 상관이 없는 외형적인 행위의 문제에 속하는 것이다. 곧, 무시해서도 안 되지만, 하나님의 말씀으로 우리에게 명령하신 것보다는 낮은 위치를 점하여야 마땅한 문제에 속한다는 말이다.

15. 고해는 성례가 아님

그러나 로마교회주의자들과 스콜라 학자들은 — 이들은 사곡한 해석들로 온갖 것들을 부패시키는 고질적인 습관을 지닌 자들이다 — 어찌하든 여기서 성례를 찾아내려고 온갖 수고를 다 기울인다. 그들은 갈대 속에서 매듭을 찾는 자들이니 그것이 이상스러울 것은 없다. 그러나 할 수 있는 대로 노력을 다 기울이고 난 후에도, 그 문제를 그냥 불확실하고 혼동스러운 상태로 내버려둠으로써 온갖 잡다한 생각들이 다 일어나 복잡하도록 만들어 놓는다. 그러므로 그들은 이렇게 말한다: 외형적인 고해가 하나의 성례이든가 — 그리고 그것이 성례라면 내적인 회개, 즉 마음의 통회(이는 성례의 문제일 것이니)의 표지로 인정되어야 한다 — 아니면 둘 다 함께 성례이든가(두 가지 성례가 아니라 하나의 완전한 성례를 뜻한다) 둘 중의 하나일 것이다. 그러나 또한 이렇게도 말한다. 곧, 외적인 고해는 그저 성례일 뿐이요, 내적인 회개가 성례의 본질이요 성례이며, 죄 사함은 그저 본질일 뿐이요 성례는 아니라는 것이다.

우리가 제시한 성례의 정의를 마음에 두고 있는 사람들은 그것을 근거로 로마교회주의자들이 말하는 바가 과연 성례인지 살펴보기 바란다. 그러면 그것은 주께서 우리의 믿음을 굳건하게 하시기 위하여 제정하신 외적인 의식이 아니라는 것을 알게 될 것이다. 그러나 그들이 만일 나의 정의가 법이 아니니 그것을 반드시 따를 필요가 없다고 답한다면, 그들이 가장 거룩한 인물로 받드는 체하는 아우구스티누스의 말을 들어보기 바란다. 그는 이렇게 말하고 있다: "눈에 보이는 성례들이 제정된 것은 육적인 사람들을 위함이었다. 성례의 계단들을 통하여 눈으로 보이는 것들로부터 올라가 마음으로 이해하는 데에까지 이르게 하기 위함인 것이다."[13]

그들이 "고해 성례"(혹은 고해성사)라 부르는 것에서 과연 이와 비슷한 것을 그들 스스로 보거나 아니면 다른 사람들에게 보여 줄 수가 있는가? 다른 곳에서 그는 이렇게 말한다: "그것을 가리켜 성례라 부르는 것은 그 속에서 한 가지를 눈으로 보고, 다른 하나를 이해하기 때문이다. 눈에 보이는 것은 외형적 형태를 지녔고, 이해되는 것은 영적인 열매를 지니고 있다."[14] 이 발언은 고해성사와는 전혀 일치하지 않는다(그들은 그렇다고 상상하겠지만). 거기에는 영적인 열매를 표현해 주는 외형적 형태가 없기 때문이다.

16. 사죄 선언을 성례로 보지 않는 모순

굳이 여기서 (이 맹수들을 자기들이 노는 격투장에서 죽여 없애기 위해서) 성례를 찾자면, 내적인 면에서든 외적인 면에서든 고해보다는 오히려 사제가 베푸는 사죄 선언(absolution)을 성례라고 하는 것이 훨씬 더 그럴듯하지 않겠는가? 그것이야말로 죄 사함에 대한 우리의 믿음을 확증시켜 주는 의식이라고 말할 수 있고, 또한 그들이 즐겨 "무엇이든지 너희가 땅에서 매면 하늘에서도 매일 것이요 무엇이든지 땅에서 풀면 하늘에서도 풀리리라"(마 18:18; 참조. 마 16:19)는 말씀에 갖다 붙이는 그 열쇠의 약속이 거기에 있다고도 말할 수 있는 것이 아닌가? 이에 대해서 반론을 제기한 사람들이 있었을지도 모르겠다. 곧, 그들의 교리에 따르면 새로운 율법에 속한 성례는 그것이 나타내는 바를 반드시 실현하는 것이어야 마땅한데, 그렇게 사제들을 통하여 풀려난 많은 사람들이 그런 사죄 선언을 받고도 실제로 그 효과를 얻지 못하지 않느냐고 말이다. 그러나 이것은 어리석은 반론일 뿐이다. 이미 그들이 성찬에서 먹는 행위를 이중적인 것으로 — 성례적인 행위(이는 선인과 악인에게 공통적으로 해당된다)와 신령한 행위(이는 선인에게만 해당된다)로 — 상정하고 있으니, 사죄 선언도 이중적으로 받는 것이라고 생각하지 못할 이유가 무엇이란 말인가? 물론 나는 지금껏 그들의 교리가 대체 무슨 뜻인지 이해할 수가 없었다. 또한 앞에서 그 문제를 특별히 다루면서 그것이 얼마나 하나님의 진리와 거리가 먼가를 이미 설명한 바 있다.[15]

그러니 여기서는 그저 그런 반론이 있다 해서 사제의 사죄 선언을 성례라고 부르지 못할 이유가 없었다는 점을 밝히고자 하는 것뿐이다. 왜냐하면 얼마든지 아우구스티누스의 입을 빌려서, 눈에 보이는 성례가 없이도 성화가 있으며 내적인 성화가 없이도 눈에 보이는 성례가 있는 것이라고 대답할 수가 있었기 때문이다. 아우구스티누스는 또한, "오직 택함 받은 자들에게만 성례가 그 나타내는 바 효과를 이룬다"라고도 했고, "어떤 자들은 성례를 받는 데까지 그리스도로 옷 입으나, 어떤 자들은 성화에 이르기까지 그리스도로 옷 입는다. 전자는 선인과 악인 모두에게 공히 해당되나, 후자는 오직 선인에게만 해당된다"라고도 했다.[16] 틀림없이 그들은 유치하게 속임을 당했고, 환한 햇볕 속에서 맹인인 상태에 있었다. 그렇게 어렵게 애쓰고 수고하면서도, 그렇게 분명하고 모든 사람에게 다 확실히 드러나는 그것을 보지 못했으니 말이다.

17. 세례가 진정한 고해의 성례임

그들이 어떤 것을 가리켜 성례라 하든지 간에, 그들이 우쭐해지지 못하도록 막기 위해서라도 나는 그것을 성례로 간주하는 것은 옳지 않다고 단언한다. 첫째로, 하나님의 특별한 약속이 있어야 그것이 성례의 유일한 기초가 되는 것인데, 그 문제에 대해서는 그런 약속이 없기 때문이다. 둘째로, 성례의 의식들은 오직 하나님께서만 정하실 수 있다는 것을 이미 입증한 바 있는데, 여기서 행하는 의식은 전부가 사람이 만들어 낸 것들일 뿐이기 때문이다. 그러므로 그들이 고해성사라고 만들어 낸 것은 모두가 거짓이며 사기였던 것이다.

그들은 이 가짜 성례(고해)를 "파선 이후에 만나는 두 번째 판자"라는 아주 적절한 명칭으로 장식했다. 혹 죄를 지어서 더러워지면, 세례로 무죄의 옷을 받으며, 고해를 통해서 그것을 다시 회복할 수가 있기 때문이었다. 그들이 주장하는 대로 그것은 히에로니무스의 말이다.[17] 그러나 그것이 누구의 말이든 그들이 이해하는 그런 의미라면, 불경을 드러내는 잘못을 도저히 면할 수 없을 것이다. 그것은 세례가 죄로 인하여 무효화되도록 만드는 것이요, 또한 죄인이 죄 사함을 생각할 때마다 그 세례의 기억을 떠올리고, 그리하여 자신을 가다듬고 용기를 내며 자기가 죄 사함을 얻으리라는 믿음을 확증하는 일을 — 이미 세례에서 그런 것들이 그에게 약속되었는데도 — 그릇된 것처럼 만드는 것이다. 그러나 히에로니무스가 부적절하게 거칠게 말한 내용을 — 곧, (교회에서 파문을 받아 마땅할 정도로 세례에서 떠난 자들은) 세례가 회개로 말미암아 회복된다는 — 이 똑똑한 해석자들은 자기 자신의 불경을 뒷받침하는 것으로 곡해한 것이다.

그러므로 세례를 가리켜 고해(회개)의 성례라 부른다면, 그것이야말로 지극히 합당한 말이라 할 것이다. 세례는 진정으로 회개하는 자들에게 은혜의 확증과 확신의 인(印)으로서 베푸는 것이기 때문이다. 혹 이것이 우리가 꾸며낸 것이라고 생각하는 자가 있다면, 이것이야말로 성경의 말씀에 일치하는 것일 뿐 아니라 고대 교회에서도 하나의 확증된 원리로서 일반적으로 인정되었다는 분명한 사실을 기억해야 할 것이다. 「베드로 집사에게 보내는 신앙에 관한 논고」라는 작은 책 — 이를 아우구스티누스의 저작으로 본다 — 에서는 세례를 가리켜 "믿음과 회개의 성례"라 부르고 있다.[18] 그러나 저자가 불분명한 글을 피난처로 삼을 이유가 어디 있는가? 복음서 기자가 진술하고 있는 다음의 말씀보다 더 분명한 것이 왜 필요하단 말인가: "세례 요한이 죄 사함을 받게 하는 회개의 세례를 전파하니"(막 1:4; 눅 3:3)!

(종부성사는 성례가 아님. 18-21)

18. 종부성사의 성경적 근거에 대한 반론

세 번째 거짓된 성례는 종부성사(終傳聖事: extreme unction)이다. 이것은 오로지 사제만 시행하는 것으로, 그들의 표현대로 '임종 시에'(in extremis) (주교가 거룩하게 구별한) 기름을 바르며 다음과 같은 문구를 외운다: "이 거룩한 기름 부음을 통하여, 그리고 그의 지극히 자비하신 긍휼하심으로 말미암아, 하나님께서 그대가 보고 듣고 냄새 맡고 만지고 맛을 봄으로써 지은 모든 죄들을 사하시기를 바라노라." 그들은 종부성사가 죄를 사하는 것과 필요 시에는 육체의 질병을 완화시키며, 필요치 않을 시에는 영혼을 구원하는 두 가지 효능이 있다고 상상한다.

그들은 이것을 야고보가 제정했다고 주장하면서, 야고보의 다음과 같은 말을 근거로 삼는다: "너희 중에 병든 자가 있느냐? 그는 교회의 장로들을 청할 것이요 그들은 주의 이름으로 기름을 바르며 그를 위하여 기도할지니라. 믿음의 기도는 병든 자를 구원하리니 주께서 그를 일으키시리라 혹시 죄를 범하였을지라도 사하심을 받으리라"(약 5:14-15). 이 기름 바르는 일은 앞에서 입증한 바 있는 안수의 행위와 같은 종류에 해당된다.[19] 즉, 그저 연극을 하는 것으로서 아무런 이유도 유익도 없이 그들은 그것을 통해서 사도들을 흉내내고 싶어할 뿐인 것이다.

마가는 사도들이 첫 번째 전도 여행 시에 주께로부터 받은 명령에 따라서 죽은 자를 살리고, 귀신을 내쫓고, 나병환자를 깨끗하게 하였고, 병든 자들을 낫게 하였으며, 병든 자를 치료하는 데에 기름을 사용하였다고 보도하고 있다. 그는 이렇게 진술한다: "[제자들이] 많은 귀신들을 쫓아내며 많은 병자에게 기름을 발라 고치더라"(막 6:13). 야고보가 장로들을 청하여 병든 자에게 기름을 바르게 하라고 명한 것은 바로 이것을 염두에 둔 것이다.

그런 의식에 별다른 깊은 신비가 없다는 사실은 주님과 사도들이 이런 외형적인 문제들에 있어서 얼마나 자유로이 행하였는지를 관찰하면 금방 알 수 있을 것이다. 주께서는 맹인의 눈을 뜨게 하고자 하실 때에 땅의 진흙을 바르시고 침을 뱉으셨고(요 9:6), 어떤 이는 주님에게 손을 대기만 했는데 병이 나았고(마 9:29), 어떤 이들은 말씀으로만 고침을 받기도 했다(눅 18:42). 마찬가지로 사도들도 어떤 질병은 말씀으로만 고쳤고(행 3:6; 14:9-10), 어떤 질병은 만짐으로써 낫기도 했고(행 5:12, 16), 어떤 경우는 기름을 발라서 고치기도 했던 것이다(행 19:12).

그러나 다른 방법들도 마찬가지이지만, 이 기름 바르는 방법 역시 분별 없이 무턱대고 사용된 것은 아닐 것이다. 나는 그것이 치료의 수단이 아니었고 그저 상징일 뿐이었다고 본다. 즉, 무식한 자들이 무지하여 사도들 자신에게 공을 돌리는 일이 없도록 하기 위하여 그들로 하여금 그 위대한 권능의 근원을 깨닫도록 해 주는 하나의 상징에 불과했다는 것이다. 기름이 성령과 그의 은사들을 상징한다는 것은 널리 잘 알려진 상식이다(시 45:7).

그러나 치유의 은사는 나머지 이적들과 마찬가지로 주께서 일시적으로 베푸셨던 것들로서, 복음의 새로운 선포를 영원토록 놀랍게 만들기 위하여 지금은 사라졌다. 그러므로 기름 바르는 일이 그 당시 사도들의 손으로 행해진 그 권능들을 나타내는 하나의 성례였다는 것을 완전히 받아들인다 해도, 그것은 그런 권능을 받지 않은 오늘날 우리와는 아무 상관이 없는 것이다.

19. 기름 바르는 행위는 효력이 없음

성경에 언급되어 있는 다른 모든 상징들을 다 제쳐두고 유독 이 기름 바르는 일(도유)을 성례로 만들고자 하는 이유가 대체 무엇인가? 실로암의 못(요 9:7)을 지정하여 특정한 시간에 병자들이 거기에 몸을 담그게 할 수도 있을 텐데 어째서 그렇게는 하지 않는가? 그렇게 해도 소용이 없을 것이기 때문이라고 그들은 말한다. 그러나 기름 바르는 일만큼 소용이 없지는 않을 것이다. 바울이 죽은 어린아이 위에 엎드려서 그 아이를 살려냈는데(행 20:10), 어째서 그들은 죽은 사람 위에 엎드리지 않는가? 흙과 침으로 만든 진흙은 어째서 성례가 아닌가? 그들은 대답하기를, 다른 것들은 개별적인 예들이었지만, 이것은 야고보가 명령한 것이라고 한다. 야고보는 교회가 아직 그런 하나님의 축복을 누리던 당시에 합당하게 말한 것이다.

이들은 자기들의 기름 바르는 행위에도 여전히 동일한 효력이 있다고 주장하지만, 실제로 우리가 경험하는 것은 그것과 다르다. 그들이 그렇게 대담하게 영혼들을 속여온 사실에 대해서 놀랄 필요가 없다. 그들은 생명이요 빛이신 하나님의 말씀이 없을 때에 영혼이 무감각하고 맹인의 상태가 된다는 것을 알고 있기 때문이다. 또한 뻔뻔스럽게도 몸의 살아 있는 감각까지도 속이기를 바라고 있다. 그러므로 자기들이 치유의 은사를 받았다고 자랑하지만 그것은 오히려 자기 자신들을 웃음거리로 만드는 것이다. 주님은 과연 어느 시대에나 자기 백성들과 함께 계시며, 옛날에 못지않게 필요할 때마다 그들의 연약함을 고쳐 주신다. 그러나 사도들의 손을 통해서 베푸신 그런 눈에 드러나는 권능이나 이적들은 행하시지 않는 것이다. 그것은 일시적인 은사였고, 부분적으로 사람들의 감사치 않는 자세 때문에도 금방 소멸되어 버린 것이다.

20. 종부성사에 대해서는 하나님의 명령도 약속도 없음

사도들은 기름이라는 상징물을 사용함으로써 자기들에게 주어진 치유의 은사가 자기들의 것이 아니라 성령의 권능에 의한 것임을 공개적으로 증거하였는데, 이와는 전연 달리 그들은 아무 효력도 없는 썩은 기름을 성령의 권능으로 만들어 버리고 있으니, 이것이야말로 성령을 모욕하는 것이다. 이것은 마치 성경에서 성령을 기름으로 부르고 있으니 모든 기름이 다 성령의 권능이라는 말이나, 성령께서 비둘기의 형상으로 나타나셨으니(마 3:16; 요 1:32) 모든 비둘기가 다 성령이라는 말이나 마찬가지인 것이다. 그들은 이 사실을 명심해야 할 것이다. 우리로서는 지금 그들의 기름 바르는 의식이 성례가 아니라는 사실을 확실하게 인식하는 것으로 충분하다. 그 의식이 하나님께서 제정하신 것도 아니요, 거기에 무슨 약속이 있는 것도 아니기 때문이다. 하나님께서 제정하셔야 한다는 것과 하나님의 약속이 거기에 있어야 한다는 이 두 가지가 있어야 성례가 성립되는 것은 물론이요, 동시에 그 의식이 우리에게 전해져야 하고, 또한 그 약속이 우리에게 적용되어야 하는 것이다. 할례가 하나님께서 제정하신 것이요 또한 거기에 약속이 있었지만, 그것을 지금 기독교 교회의 성례라고 주장하는 사람은 아무도 없다. 왜냐하면 그것이 우리에게 명령된 것도 아니요 그것과 결부된 약속이 동일한 조건으로 우리에게 주어진 것도 아니기 때문이다. 그들이 종부성사에 주어진 것으로 격렬하게 주장하는 약속이 사실 우리에게 주어진 것이 아니라는 점은 이미 분명하게 입증하였고, 그들 자신도 경험으로 분명히 알고 있는 처지다. 치유의 은사를 받은 자들 이외에는 그 의식을 사용해서는 안 될 것이었으니, 사람을 고치기보다는 오히려 죽이고 난도질하는 데에 더 능한 이 도살자들의 경우야 물론 안 되는 것이다.

21. 종부성사는 야고보의 말씀을 따라 진행되는 것이 아님

그러나, 기름 바르는 일에 관한 야고보의 말씀이 이 시대에도 적용된다는 그들의 주장이 혹시 옳다 할지라도 — 물론 그럴리는 없지만 — 그들의 기름 바르는 행위를 입증하는 데에는 별 도움이 되지 않을 것이다. 야고보는 모든 병든 자들에게 기름을 바르기를 바랐는데(약 5:14), 그들은 병든 자가 아니라 이미 임종이 가까운, 혹은 그들의 표현대로 임종의 상태에 있는 시체와 방불한 자들에게만 기름을 바르기 때문이다. 만일 그 성례 속에 강력한 특효약이 있어서 그것으로 질병의 고통을 완화시키고, 최소한 심령에 안위를 줄 수가 있다면, 적절한 시기에 전혀 고쳐 주지 않는 것이야말로 잔인한 짓이 아닌가? 그리고 야고보는 교회의 장로들이 병든 자에게 기름을 바르라고 했는데, 이들은 오로지 사제들만이 기름을 바를 수 있도록 하고 있다. 그들은 야고보의 말씀에서 "장로들"을 "사제들"로 해석하고, 복수형을 존경을 뜻하는 것으로 상상한다. 마치 그 당시에 사제들이 긴 행렬을 지어 성유(聖油)를 큰 그릇에 넣어 메고 나갈 정도로 교회에 사제들이 가득하기라도 했던 것처럼 말이다. 그러나 이런 해석은 그야말로 모순된 것이다. 또한 야고보가 병든 자에게 기름을 바르라고 했을 때에는, 내 생각에는 그저 보통의 기름을 사용하라는 뜻이라 여겨진다. 그리고 마가의 보도에도 다른 기름이 나타나지 않는다(막 6:13). 그런데 이 사람들은 주교가 거룩하게 구별한 기름 — 즉, 많은 입김으로 데워지고 긴 주문으로 중얼거리고, 아홉 번 무릎을 꿇고 "찬양하나이다, 거룩한 기름이여"를 세 번, "찬양하나이다, 거룩한 성유여"를 세 번, "찬양하나이다, 거룩한 향유여"를 세 번 외쳐서 경의를 표한 그런 기름 — 이외에는 절대로 사용하지 않는 것이다. 도대체 이런 주술을 어디서 끌어왔단 말인가?

야고보는 말하기를, 병자에게 기름을 바르고 그를 위하여 기도하면, 그가 죄 가운데 있다면 그 죄가 사해질 것이라고 하였다(약 5:14-15). 이 말씀은 죄책이 면제되어 형벌에서 해방될 것이라는 뜻이며, 기름으로 죄가 씻어진다는 뜻이 아니라 신자들이 고통 중에 있는 형제를 위하여 하나님께 드리는 기도가 헛되지 않을 것이라는 뜻이다. 그런데 이 사람들은 자기들의 "신성한" — 아니 사실은 저주받은 — 종부성사를 통해서 죄가 사함받는다고 불경스럽게 거짓말을 하고 있는 것이다. 야고보의 증언을 자기들의 변덕스런 마음에 따라서 마구 오용하고 있지만, 이들이 얼마나 소득이 없는지를 분명히 볼 수 있지 않은가! 그들 자신의 연대기까지도 우리를 어려움에서 해방시켜 주고 있으니, 이 증거에 대해서 길게 수고할 필요가 없다. 아우구스티누스의 시대에 로마 교회를 지도한 교황 인노켄티우스가 장로들 뿐만 아니라 모든 그리스도인들이 자기나 혹은 가솔(家率)들이 필요로 할 경우 기름을 바르도록 하는 규례를 세웠다는 사실을 그들 스스로가 보도하고 있기 때문이다. 시게베르투스(Sigebert)가 그의 연대기에서 이를 보도하고 있는 것이다.[20]

(일곱 가지의 복잡한 소위 신품 성례의 허구성. 22-33)

22. 한 가지 성례인가, 아니면 일곱 가지 성례인가?

신품성사(神品聖事: the sacrament of order)는 그들의 성례 목록 중 네 번째 위치를 차지한다. 그러나 이것은 자식을 많이 낳아서 그 밑에 다시 일곱 가지 성례를 두고 있다. 그러나 그들은 일곱 가지 성례가 있다고 주장하나, 실제로 그것을 세어 보면 열세 가지가 되니, 정말 우스꽝스러운 일이 아닐 수 없다. 그리고 이것들이 모두 한 사제직에 관계되는 것으로 그것을 향하여 올라가는 단계들에 불과하기는 하지만, 그렇다고 해서 이것들이 모두 한 가지 성례를 구성한다고 주장할 수도 없다. 왜냐하면 그것들이 각기 다른 의식들이라는 것이 분명하며, 또한 은혜들이 서로 다르다고 말하므로 이 사람들의 견해를 그대로 수용할 경우 어느 누구도 그것들을 일곱 성례라 불러야 한다는 것을 의심할 수가 없기 때문이다. 그들 스스로가 그렇게 분명하고도 명확하게 일곱이라고 선언하고 있는데, 그것이 의심스러운 것처럼 왈가왈부할 이유가 무엇이겠는가?

그러나 첫째로, 우리는 그들이 자기들의 신품식을 성례라고 주장함으로써 우리에게 얼마나 많은 고약한 모순을 강요하는지를 간단히 언급할 것이다. 둘째로, 교회들이 성직자 임명식을 과연 성례라 부르는 것이 합당한지를 살펴볼 것이다.

그들은 일곱 가지 교회의 직분들, 혹은 계급들을 만들어서 그것들을 "성례"라는 명칭으로 구별하고 있다. 곧, 수문품(守門品: doorkeepers), 강경품(講經品: readers), 구마품(驅魔品: exorcists), 시종품(侍從品: acolytes), 차부제품(次副祭品: subdeacons, 혹은 부집사), 부제품(副祭品: deacons, 혹은 집사), 사제품(司祭品: priests) 등이 그것이다. 그들은 심지어 이 일곱 가지 계급들이 성령의 일곱 가지 은혜에 해당되는 것이므로 이 직분들을 받은 자들은 그 은혜를 받는다고까지 이야기한다. 그러나 이 은혜는 그들의 직급이 높아짐에 따라서 계속 증가하여 더욱 풍부하게 쌓인다고 한다.

그런데, 여기서 일곱이라는 숫자 자체를 거룩하게 규정한 것도, 왜곡된 성경 해석에 기인하는 것이다. 그들은 이사야서에서 성령의 일곱 가지 권능들을 읽어냈다고 생각하지만, 실제로 이사야는 여섯 가지만을 말하고 있으며(사 11:2), 또한 선지자는 성령의 권능을 거기 나타난 것들에만 한정시키기를 원치 않았다. 다른 곳에서는 성령을 가리켜 "생물의 영"(겔 1:20), "성결의 영"(롬 1:4), "양자의 영"(롬 8:15)이라 부르며, 또한 이사야서에서는 "지혜와 총명의 영이요 모략과 재능의 영이요 지식과 여호와를 경외하는 영"이라 부르는 것이다(사 11:2).

그러나 좀 더 분별이 있는 다른 사람들은 승리하는 교회의 모양새를 따라서 일곱 가지가 아니라 아홉 가지의 직분을 상정한다. 여기서 그들 가운데 의견이 상충되고 있다. 어떤 이들은 성직자 삭발을 첫 번째 계급으로 여기고, 주교를 맨 마지막으로 취급하는 데 반해서, 어떤 이들은 삭발은 제외시키고, 대주교를 계급에 포함시키는 것이다. 그러나 이시도루스(Isidore)는 전혀 달리 구분한다. 곧, 시가사(詩歌師:psalmists)와 강경사(講經師)를 구별하여, 시가사를 노래를 책임지는 자들로, 강경사는 신자들의 교육을 위하여 성경을 읽는 일을 맡은 자들로 보는 것이다. 그리고 이러한 구별이 교회법에서도 나타나고 있다.

이렇게 제각각이니 대체 우리더러 어느 것을 따르고 어느 것을 피하란 말인가? 일곱 가지 직분이 있다고 이야기할까? 스콜라 학파의 스승은 그렇게 하라고 한다. 그러나 가장 유능한 학자들은 이와 견해를 달리한다. 그러나 그들끼리도 서로 의견이 다르다. 뿐만 아니라 가장 신성한 교회법은 또 다른 방향으로 나아간다. 이것이 바로 하나님의 말씀과는 상관 없이 거룩한 일에 대해 논의할 때에 사람들에게서 나타나는 모습인 것이다.

23. 그리스도께 일곱 직분을 다 적용시킴

그러나 그들은 각 직분마다 그리스도를 자기들의 동료로 만드는데, 이는 그 어떠한 우매함보다도 더 지독한 우매함이다. 첫째로, 그들은 그리스도께서는 성전에서 매매하는 자들을 노끈으로 만든 채찍을 때려서 내쫓으셨을 때에(요 2:15; 마 21:12) 수문품(守門品)의 직무를 이루셨다고 말한다. 그리고 "나는 양의 문이라"(요 10:7)는 그의 말씀도 그가 수문품이심을 시사하는 것이라고 한다. 그는 회당에서 이사야 선지자의 글을 읽으실 때에 강경품의 기능을 발휘하셨고(눅 4:17), 또한 귀 먹은 벙어리의 두 귀에 손가락을 넣고 침을 뱉아 그의 혀에 손을 대셔서 그를 다시 듣게 만드셨는데(막 7:32-33), 여기서 그는 구마품의 직분을 수행하신 것이다. 그리고 그는 "나를 따르는 자는 어둠에 다니지 아니하리라"(요 8:12)고 말씀하심으로써 자신이 시종품이심을 증거하셨고, 수건을 허리에 두르고 제자들의 발을 씻겨 주심으로써 스스로 차부제품의 직무를 수행하셨으며(요 13:4-5), 또한 성찬 시에 몸과 피를 나누어 주심으로써 부제품의 임무를 행하셨다고 한다(마 26:26). 뿐만 아니라 그는 십자가 상에서 자기 자신을 아버지께 제물로 드리심으로써 사제품의 기능을 행하셨다는 것이다(마 27:50; 엡 5:2).

이런 내용을 들으면서 도저히 웃음을 참을 수가 없다. 이런 내용을 쓴 것이 사람이라면 도대체 어찌 웃지도 않고 이런 것들을 썼는지 놀라움을 금할 수가 없다. 그러나 그들의 교묘함은 "시종"(侍從:acolytes)의 칭호를 철학적으로 풀이하여 그를 가리켜 '초를 들고 있는 사람'(taperbearer)이라 부르는 데에서 극치에 이른다. '초를 들고 있는 사람'이란 말은 어느 나라에서도 어느 언어에서도 들어보지 못하는 마술적인 단어가 아닌가 싶다. 헬라 사람들에게 있어서 ἀκόλουθος(아콜루쏘스)는 그저 "하인"이라는 뜻일 뿐이니 말이다. 그러나 이런 이야기들을 진지하게 길게 다루게 되면, 나 역시 웃음거리가 되고 말 것이다. 그것들이 그만큼 하찮은 것이요 어리석은 이야기이기 때문이다.

24. 하급의 직분자들은 실제의 직무와는 전혀 관계 없음

그러나 무지한 여자들까지도 그들에게 속지 않도록, 그들의 헛된 주장을 폭로하고 지나가기로 하겠다. 굉장히 화려하고 엄숙한 의식으로 강경사와 시가사와 문지기와 시종들을 만들어 내지만, 정작 그들에게 부여된 일들은 소년들이나 기껏해야 그들이 "평신도"라 부르는 그런 자들에게 맡기고 있다. 촛불을 켠다든지 병에서 포도주와 물을 따르는 일을 가장 자주 하는 사람들이 누구인가? 소년 아니면 그 일로 생활을 영위하는 불쌍한 평신도가 아닌가? 그리고 그 같은 사람이 노래도 부르지 않는가? 또 그 같은 사람이 교회당 문을 열고 잠그지 않는가? 과연 시종이나 문지기가 교회에서 그 직무를 행하는 것을 본 일이 있는 사람이 있는가? 오히려 소년 시절 시종의 직무를 행하던 사람이 정작 시종이 되고 나면 자신이 부르심을 받은 그 일을 그만두니, 사실 그 칭호를 취하면서 그 직무 자체는 고의로 던져버리는 것 같다. 그러니 그렇게 아무 일도 하지 않으니 과연 그들이 성례로 거룩하게 되고 성령을 받을 필요가 있는지 생각해 볼 일이다.

혹시 자기들이 임무를 버리거나 소홀히 하는 것은 시대가 악하기 때문이라고 둘러댄다면, 그들은 동시에 오늘날 그들의 신성한 직분이(그들이 그렇게도 굉장히 떠받들지만) 교회에서 아무 소용도 없고 유익도 주지 못하며 그들의 교회 전체가 저주로 가득하다는 것을 정직하게 고백해야 할 것이다. 시종으로 거룩하게 구별되지 않고는 만질 수 없는 그런 양초와 포도주 병들을 소년들과 속된 사람들이 다루도록 허용하고 있고, 또한 입술이 거룩하게 구별된 자만 성가를 부르게 되어 있는데도 소년들에게 그 일을 맡기고 있으니 말이다.

그런데 구마사는 도대체 무슨 목적으로 세우는지 모르겠다. 유대인들에게는 구마사가 있었다. 그러나 그들을 구마사라 부른 것은 그들이 귀신을 내쫓는 일을 행하는 자들이었기 때문이다(행 19:13). 과연 이 가짜 구마사들이 자기들의 임무를 행했다는 말을 단 한 번이라도 들어본 사람이 있는가? 그들은 자기들이 미친 사람이나 초신자나 귀신들린 자들에게 안수할 능력이 있는 체하지만, 그들은 귀신들에게 그런 능력을 발휘할 수가 없다. 귀신들이 그들의 명령을 듣지도 않을 뿐더러 오히려 그들이 구마사들에게 명령을 내릴 것이니 말이다. 그들 가운데 악령에 이끌림을 받지 않는 자들은 십분의 일도 채 되지 않을 것이다. 그러므로 이들의 보잘것없는 직분들에 대한 온갖 하찮은 이야기들이란 무식하고 불미스러운 거짓을 꾸며놓은 것에 불과한 것이다. 여기서 우리의 목적은 다만 교회의 직분들과 연관지어서 이 진기한 일곱 가지의 계급을 만들어낸 것에 대해 반박하는 것일 뿐이다. 일곱 가지 성례 운운하는 그런 이야기는 이 어리석은 궤변가들, 곧 소르본느의 신학자들과 교회법 학자들 이외에는 어디에서도 읽을 수가 없는 것이다.

25. 성직자의 삭발 의식

이제는 그들이 행하는 의식을 살펴보기로 하자. 첫째로, 그들은 성직을 수여받는 모든 사람들에게 공통적인 하나의 상징을 주어서 성직에 입문시킨다. 성직자들은 마땅히 왕들로서 자기 자신은 물론 다른 사람들을 다스려야 하므로, 그들의 정수리를 삭도로 밀어서 그 둥근 정수리로 왕적인 권위를 나타내도록 한 것이다. 베드로는 그들에 대해서 다음과 같이 말하고 있다: "너희는 택하신 족속이요 왕 같은 제사장들이요 거룩한 나라요 그의 소유가 된 백성이니"(벧전 2:9). 그러나 그들은 온 교회에게 주어진 것을 스스로 자기들에게만 적용시키며 모든 신자들로부터 빼앗은 칭호를 뻔뻔스럽게 자랑하니, 그것이야말로 불경스러운 일이었다. 베드로는 온 교회에 대해서 말하고 있는데, 이 사람들이 그것을 왜곡시켜서 삭발을 한 몇몇 사람들에게 적용시키는 것이다. 마치 "거룩하라"(벧전 1:15-16; 레 20:7; 참조. 레 19:2)는 말씀이 오직 그 사람들에게만 해당되는 것처럼, 마치 그들만이 그리스도의 피로 값주고 사신 바 된 것처럼(벧전 1:18-19), 마치 그들만이 그리스도로 말미암아 하나님의 나라와 제사장들이 된 것처럼(벧전 2:5, 9) 말이다!

그들은 그런 다음 다른 이유들을 제시한다. 정수리를 삭도로 민 것은 자기들의 마음이 온전히 주님께 가 있음을 보여 주기 위함이며, 그리하여 "벗은 얼굴로"(고후 3:18) 하나님의 영광을 바라보기 위함이며, 입과 눈의 과오들을 끊어버려려야 한다는 것을 가르치기 위함이라는 것이다. 혹은 정수리를 삭도로 미는 것은 세속적인 것들을 제거하는 것이며, 둥근 정수리 주위에 남아 있는 머리카락은 그들을 유지하기 위하여 보존되는 나머지 선한 것들이라고 설명하기도 한다. 모든 것을 상징물로 나타내는 것은 "성소 휘장이" 아직 찢어지지 않았기 때문이라는 것이다(참조. 마 27:51). 그러므로 그들은 자기들의 직무를 둥근 정수리로 상징화했기 때문에 그 임무를 탁월하게 잘 수행한 것이라고 여기고서, 실제로는 아무것도 수행하지 않는다. 그러니 그런 속임수와 사기극을 갖고서 과연 언제까지나 우리를 속일 것인가? 성직자들은 머리카락 몇 개를 삭도로 밀어 놓고는, 자기들이 온갖 풍요한 세속의 물질들을 버린 것과 하나님의 영광을 바라보는 것과, 눈과 귀의 정욕을 죽이는 것을 그것으로 상징화하는 것이다. 그러나 성직자 계급보다 더 탐욕스럽고 어리석고 정욕이 많은 계급이 과연 있는가? 그릇되고 거짓된 표시로 겉모양을 드러내 보이지 말고, 진정으로 거룩을 드러내 보일 수는 없단 말인가?

26. 삭발의 근거를 나실인과 바울에게서 찾는 처사는 모순임

그들은 성직자의 삭발의 기원과 근거가 나실인에게 있다고 말하는데, 그렇다면 이런 주장은 그들의 의식들이 유대인들의 의식에서 나온 것이든가, 아니면 그저 유대교일 뿐이라는 것 이외에 다른 무슨 뜻이 있겠는가?

그리고 거기에 브리스길라와 아굴라, 그리고 바울까지도 서원이 있어서 머리를 깎아 자신들을 정결하게 했다는 사실을(행 18:18) 근거로 덧붙이는데, 이는 지독한 무식을 스스로 드러내는 것뿐이다. 브리스길라의 경우는 그 사실이 해당되지 않고, 아굴라의 경우도 역시 불확실하다. 왜냐하면 본문에서 머리를 깎은 사실은 바울에게도, 아굴라에게도 해당될 수 있기 때문이다. 그러나 그들의 주장 ― 즉, 그들의 삭발 의식이 바울의 선례에 근거한다는 ― 을 십분 인정하여 받아들인다손 치더라도 독자들이 유념해야 할 것이 있다. 바울은 절대로 거룩하게 되기 위하여 머리를 깎은 일이 없고, 다만 믿음이 연약한 형제들을 돕기 위해서 그렇게 했을 뿐이라는 사실이다. 나는 통상적으로 그런 서원을 경건의 서원이 아니라 사랑의 서원이라 부른다. 즉, 하나님을 예배하기 위하여 행한 것이 아니고, 바울 스스로 유대인에게는 유대인과 같이 되었다고 말하고 있듯이(고전 9:20) 믿음이 연약한 자들의 무지함을 부드럽게 대하기 위함이었다는 말이다. 그러므로 그가 그렇게 한 것은 ― 그는 단 한 번, 그것도 잠시 동안만 그렇게 했다 ― 자기 자신을 일시적으로 유대인들에게 맞추고자 함이었던 것이다. 그런데 이 사람들이 무분별하게 나실인들의 정결례를 모방하여 옛 유대교를 거짓으로 본뜨려 하고 있으니, 이것이 또 하나의 유대교를 일으키는 처사가 아니고 무엇이란 말인가(민 6:18; 참조. 6:5)?

그들은 사도의 예를 모방하여 교서(教書)를 내려서 성직자들로 하여금 머리를 기르지 말고 마치 공(球)처럼 머리를 깎도록 요구하였는데, 이 역시 동일한 종교적 자세에서 나온 것이다. 그것은 마치 사도가 모든 남자들에게 어울리는 일을 가르치면서(고전 11:4) 성직자의 공 모양의 삭발에 관심을 가진 것처럼 여기는 것이다. 출발부터가 이 모양이니 그 뒤에 이어지는 다른 의식들이 과연 효력과 가치가 얼마나 있겠는가를 독자들 스스로 판단하기 바란다.

27. 체발에 대한 역사적 이해

아우구스티누스 한 사람만 살펴보아도 성직자의 삭발의 기원이 어디에 있느냐 하는 것이 분명하게 드러난다. 그 시대에는 여성적인 남자나 세련되고 우아한 치장을 좋아하는 남자답지 못한 남자들만 머리를 길렀으므로, 성직자들이 머리를 기른다는 것은 좋은 모범이 될 수 없었던 것 같다. 그리하여 성직자들은 머리를 자르든지 삭도로 밀든지 하여 여자같이 치장하는 모습을 보여 주지 말라는 명령을 받았던 것이다. 그러나 모든 성직자들이 이렇게 머리를 깎은 모습이었으므로, 수도사들 가운데는 다른 사람들과는 두드러지게 구별되는 모습으로 자기들의 거룩함을 더 드러내고 싶어서 머리를 기르는 자들도 있었다. 그러나 후에 긴 머리가 다시 유행하게 되자, 그리고 프랑스, 독일, 영국 등 항상 머리를 길러온 나라들이 기독교를 받아들이게 되자, 어느 곳에서나 성직자들이 머리카락을 이용하여 치장한다는 인상을 주지 않도록 하기 위하여 머리를 삭도로 밀었던 것이다. 그리고 마침내 과거의 모든 관습들이 왜곡되거나 미신으로 전락해 버린 부패한 시대가 되자, 성직자가 머리를 밀 이유가 없어진 것을 깨닫고서(그들은 그저 어리석게 모방한 것뿐이었으므로) 이제는 그것을 하나의 신비로 취급하여 미신적으로 사람들에게 떠맡겨서 그것을 성례로 인정하도록 만든 것이다.

문지기들은 임직할 때 교회의 열쇠를 받는데 이로써 그들은 교회를 지킬 책임이 자기들에게 맡겨져 있음을 인식하여야 한다. 강경사들은 성경을 받는다. 구마사들은 미친 자들과 초신자들에게 사용하는 구마의 주문을 받는다. 시종들은 양초와 병을 받는다. 이러한 의식들은 (하나님께서 기뻐하시면) 그 자체가 은밀한 능력을 지니고 있어서 그저 표징과 표시만이 아니라 눈에 보이지 않는 은혜의 원인들이 된다고 한다. 그들은 이런 의식들을 성례에 속하는 것으로 인정했기 때문에 성례의 정의를 이 의식들에게 그대로 적용시켜서 그렇게 생각한 것이다.

그러나, 간단히 정리하자면, 이런 하급의 직분들을 성례로 만드는 스콜라 신학자들과 교회법 학자들의 처사는 그야말로 어처구니없는 모순이다. 심지어 그것을 가르치는 자들까지도 초대 교회에서는 그것들을 전혀 몰랐고 한참의 세월이 흐른 후에 비로소 고안되었음을 고백하고 있는 것이다. 그러나 성례는 하나님의 약속을 내포하므로, 천사나 사람이 제정할 수 있는 것이 아니고, 오직 그런 약속을 주시는 하나님만이 제정하시는 것이다.

28. "사제"와 "장로"

이제 세 가지 소위 "주요" 직분들이 남았다. 그런데 하급의 직분들이 계속 늘어나면서 그들이 말하는 차부제가 이 부류로 들어오게 되었다. 그러나 이 직분들에 대해서는 하나님의 말씀의 인준이 있으므로, 이것들을 가리켜 특별히 "성직(聖職)"이라 불러서 그 존귀함을 표시한다. 여기서 우리는 그들이 얼마나 부정직하게 주님의 규례들을 악용하여 자기들의 목적에 이용하는지를 보고자 한다.

먼저, 장로, 혹은 사제의 직분부터 논의해 보기로 하자. 그들은 이 두 가지를 동일한 것으로 보며, 또한 이것이 그리스도의 몸과 피를 제단에 드려 제사를 드리는 일을 수행하며, 기도문을 작성하고, 하나님의 선물들을 비는 임무를 지닌 자들을 지칭하는 것으로 본다. 그리하여 이들은 하나님께 속죄의 제사를 드릴 권한이 그들에게 주어져 있다(참조. 레 5:8)는 증표로서 신품식에서 성체를 담은 쟁반을 받으며, 축성(祝聖)의 권한을 부여받았다는 표시로 두 손에 기름을 바른다. 이 의식들에 대해서는 나중에 말할 것이다. 다만 이것 자체는 일점일획도 하나님의 말씀의 뒷받침이 전혀 없는 것으로서 — 물론 그들은 말씀의 뒷받침이 있다고 거짓 주장을 늘어 놓지만 — 하나님께서 정하신 직분을 그 이상 악하게 부패시킬 수가 없을 정도라는 것을 분명히 밝혀 둔다.

우선, 앞에서 교황주의의 미사에 대해서 논의하면서 이미 밝힌 바와 같이,[21] 스스로 속죄의 제사를 드리는 사제라 부르는 자들은 그리스도를 해치는 자들이라는 것을 틀림없는 사실로 인정해야 할 것이다. 그리스도께서는 아버지께서 맹세로써 멜기세덱의 반차를 좇아 세우신 거룩하신 제사장이시며(시 110:4; 히 5:6), 그의 제사장 직분은 영원하며 후계자도 없다(히 7:3). 그러하신 그가 영원한 속죄와 화목의 제사를 단번에 드리셨고, 지금은 하늘 성소에 들어가셔서 우리를 위하여 간구하고 계신다. 그리스도 안에서 우리 모두가 제사장들이다(계 1:6; 참조. 벧전 2:9). 그러나 찬송과 감사를 드리는, 다시 말해서, 우리 자신과 우리의 모든 것들을 하나님께 드리는 제사장들인 것이다. 하나님의 진노를 누그러뜨리고 속죄하는 제사는 오직 그리스도의 직분에게만 해당되었던 것이다. 그런데 이 사람들이 이 직분을 자기들 스스로 취하고 있으니, 그들의 사제직이 하나님을 모독하는 불경스러운 것이라는 것 이외에 무엇이 남는가? 게다가 이 의식을 감히 성례라고까지 하니 과연 처절한 악이 아니고 무엇인가?

장로의 참된 직분에 대해서는 그리스도께서 친히 우리에게 명하셨으니, 그 정당성을 기꺼이 인정한다. 거기에는 의식이 있는데, 먼저는 성경에서 취한 것이요 그 다음에는 그것이 헛되고 쓸데없는 것이 아니라 영적 은혜에 대한 신실한 증표임을 바울이 증언해 주고 있다(딤전 4:14). 그러나 나는 이것을 제 3의 성례로 제시하지 않았다. 왜냐하면 그것은 모든 신자들에게 일상적으로 다 해당되는 것이 아니라 특정한 한 가지 직분을 위한 특별한 의식이기 때문이다. 기독교의 사역에 이러한 존귀가 주어지고 있으나 교황주의의 사제들이 자랑할 이유는 없다. 그리스도께서는 그의 복음과 성례를 맡은 청지기들을 안수하여 세울 것을 명하셨지, 제사를 드리는 자들을 세울 것을 명하신 것이 아니기 때문이다. 그리스도께서는 복음을 전파하며(마 28:19; 막 16:15) 양 떼를 먹이라고(요 21:15) 명하셨지, 희생물을 바쳐 제사를 드리라고 명하신 것이 아니다. 그가 성령의 은혜를 약속하신 것은 분명하나, 그것은 그들에게 죄를 속하는 능력을 주시기 위해서가 아니라, 교회를 정당하게 다스리고 유지할 수 있도록 하시기 위함이었던 것이다(참조. 마 28:20).

29. 사제 임명과 관련된 의식들의 부당함

그 의식들은 현실과 아주 일치한다. 우리 주님은 복음 전파를 위하여 사도들을 보내실 때에 그들에게 숨을 불어주셨다(요 20:22). 주님은 그가 사도들에게 베푸시는 성령의 능력을 이 상징으로 나타내신 것이다. 그런데 이 사람들은 이 숨을 불어넣은 예를 그대로 본따서, 마치 자기들이 목구멍에서 성령을 불어내기라도 하는 것처럼, 사제로 세움을 받는 자들을 향하여 숨을 내쉬면서 "성령을 받으라"(요 20:22)고 중얼거리는 것이다. 그들은 하나도 남겨두지 않고 무엇이든 다 흉악하게 가짜를 만들어낸다. 그들의 처신은 무언가 의미 있고 예술적인 몸짓을 하는 무대의 배우들이 아니라, 아무런 분별도 없이 무턱대고 모든 것을 그냥 모방하기만 하는 원숭이들을 닮았다 하겠다. 그들은 말하기를, "우리는 주님의 모범을 따르고 있는 것이오"라고 한다. 그러나 주님께서 행하신 일 가운데에는 우리들에게 모범을 보이시려는 의도가 아닌 것들이 많은 것이다. 주께서는 제자들에게 "성령을 받으라"고 말씀하셨다(요 20:22). 또한 나사로에게는 "나사로야, 나오라"고 하셨다(요 11:43). 또 앉은뱅이에게는 "일어나 걸어가라"고 하셨다(마 9:5; 참조. 요 5:8). 그렇다면 그들은 어째서 모든 죽은 자들과 앉은뱅이들에게 똑같이 말하지 않는 것인가?

주님은 사도들에게 숨을 내쉼으로써 그들에게 성령의 은혜를 가득 부어 주심으로써 자신의 신적인 권능의 증거를 주신 것이다. 그러나 그들이 그런 행위를 하게 되면, 그것은 하나님과 경쟁을 하는 것이요 하나님의 권능에 도전하는 것이요, 어리석은 몸짓으로 아무런 효과도 없이 그저 그리스도를 욕되게 하는 것밖에 없는 것이다. 사실 그들은 감히 자기들이 성령을 베푸는 것처럼 행동하니 이 얼마나 뻔뻔스러운 짓인지 모른다. 거룩하게 사제가 된 모든 자들이 말(馬)에서 나귀로 바뀌고, 바보에서 미친 사람으로 바뀐다는 것을 경험이 소리쳐 증거하고 있지 않은가! 그러나 내가 문제 삼는 것은 그런 문제가 아니다. 나는 그저 그들이 행하는 의식 그 자체를 정죄하는 것뿐이다. 그리스도께서 특정한 한 가지 이적의 상징으로 행하신 일을 그들이 모범으로 삼아 모방해온 것 자체가 잘못이었다. 그리스도를 따르고 있다고 핑계한다고 해서 그들의 주장이 정당하게 변호되는 것이 절대로 아닌 것이다!

30. 아론의 후계자들로 자처하는 논리의 모순

끝으로, 그들이 누구에게서 기름 부음을 받았는가? 그들은 사제 계급의 시초인 아론의 자손들에게서 받았다고 대답한다. 그러니, 그들은 자기들이 꾸며낸 것을 경솔하게 사용하노라고 고백하지 않고 끊임없이 그릇된 선례들로 자기들을 변호하려 한다. 그러나 그러면서도 그들은 자기들이 아론의 자손들의 후계자들이라고 고백하게 되면 그리스도의 제사장직을 해치는 것이 된다는 것을 깨닫지 못하는 것이다. 왜냐하면 고대의 모든 제사장직은 오직 그리스도의 제사장직만을 미리 보여 주며 예표했기 때문이다. 이미 몇 차례 반복하여 말했고 또한 히브리서가 분명히 증거하고 있듯이, 모든 제사장직이 그리스도 안에 포함되었고 그리스도 안에서 성취되었으며, 또한 그리스도 안에서 폐지된 것이다. 그러나 모세의 의식들을 그렇게 좋아한다면, 어째서 제사에 소나 양이나 송아지를 드리지 않는단 말인가? 사실 고대 성막의 예배와 유대인들의 예배의 상당 부분이 그들에게 들어와 있다. 그런데도 소나 양으로 제사를 드리지 않으니, 그들의 종교 행위에는 결핍이 있는 것이다.

특히 그들이 미신을 덧붙이고 또한 행위의 가치를 바리새인적인 사고로 따지고 있으니, 그들의 이 기름 붓는 행위가 할례의 행위보다 훨씬 더 위험스럽다는 것을 과연 누가 깨닫지 못하겠는가? 유대인들은 할례에 근거하여 자기들이 의롭다는 확신을 가졌었는데, 이 사람들은 기름 부음을 받은 사실에 근거하여 자기들이 영적 은혜를 받았다는 확신을 갖는 것이다. 그러므로 그들은 레위인들을 본받기를 사모한 나머지 그리스도를 떠나 배도(背道)한 자들이 되며 목자의 직분을 저버리고 있는 것이다.

31. 기름 붓는 의식도 근거가 없음

그들은 이것을(하나님께서 기뻐하신다면) 지울 수 없는 표시를 남기는 거룩한 기름이라 한다. 그 기름이 흙이나 소금으로나, 혹은 비누로도 지워지지 않는 것처럼 말이다. 그러나 그들은 그것이 영적인 성격을 지닌 것이라고 한다. 아니, 기름이 대체 영혼과 무슨 관계가 있단 말인가? 아우구스티누스의 말을 앵무새처럼 흉내내는 그들이 다음과 같은 그의 말을 잊었단 말인가: "말씀이 물에서 떠나면 그것은 그저 물일 뿐이다. 그 물을 성례로 만들어 주는 것은 바로 말씀이다"?[22] 그들의 기름에 대해서 과연 어떤 말씀을 제시할 것인가? 모세는 아론의 자손들에게 기름을 부으라는 명령을 받았다는 것을 제시할까(출 30:30; 참조. 28:41; 29:7)? 그러나 그때에 모세는 겉옷과 에봇과 흉패와 거룩한 관으로 아론을 장식하라는 명령도 받았고(레 8:7, 9), 또한 속옷과 띠와 관을 아론의 아들들에게 입히라는 명령을 받았다(레 8:13). 그리고 수송아지를 죽여 그 기름을 불사르는 일에 대해서도(레 8:14-16), 숫양을 죽여 번제로 드리는 일에 대해서도(레 8:18-21), 그들의 귓부리와 의복을 다른 숫양의 피로 거룩하게 하는 일에 대해서도(레 8:22-24), 또한 기타 무수한 규례에 대해서도 명령을 받았다.

이 모든 것들에 대해서는 그냥 지나치면서 어떻게 유독 기름을 붓는 것에 대해서만 그렇게 고집을 하는지 의아스럽다. 그리고 혹 뿌리는 일을 좋아한다면, 피를 뿌려야 할 텐데 어째서 피 대신 기름을 뿌리는지 이해할 수 없다. 분명 그들은 무언가 아주 교묘한 일을 시도하고 있는 것이다. 곧, 기독교와 유대교와 이교를 서로 꿰매어서 하나의 새로운 종교를 형성하는 것 말이다. 소금이 — 즉, 하나님의 말씀이 — 없으니 그들의 기름 붓는 의식은 악취를 풍길 뿐이다.

자, 이제 안수가 남아 있다. 참되고 합법적인 임직에서는 그것이 성례가 된다는 점은 인정한다. 그러나 그리스도의 명령에 복종하지도 않고 그 약속이 지향하는 바 목표도 깊이 생각하지 않는 이런 광대극에는 그런 성례가 있을 수 없는 것이다. 혹 그 표징을 인정받고 싶다면, 그 표징이 나타내도록 지정된 바 그 실체에 합당하게 적용해야 할 것이다.

32. 부제(집사)

또한, 사도 시대와, 교회가 비교적 순결하던 시대에 있었던 집사직의 순전함이 회복된다면, 부제직에 대해서 이의를 제기하지 않을 것이다. 그러나 이 사람들이 꾸며내는 부제들(혹은 집사들)에게서 과연 그 비슷한 점을 볼 수 있는가? 이는 사람을 두고 하는 말이 아니라(그들이 내가 사람의 과오를 근거로 교리를 판단하는 오류를 범한다고 폄론할 테니), 로마교회주의자들이 자기들의 교리에 근거하여 부제들을 세우면서 사도 시대의 교회가 집사로 세운 사람들의 모범을 그 증거로 삼는 처사가 지극히 불경하다는 점을 지적하는 것이다. 그들은 그들이 세운 부제의 직무가 사제들을 보좌하여, 성례에서 행해지는 모든 일 — 즉, 세례, 기름 바르는 예식, 성체 쟁반(성반)과 잔에 관련된 일들 — 에서 봉사하며, 헌물들을 가져다 제단에 드리며, 주의 성찬 상을 준비하여 덮어 두며, 십자가를 들며, 복음서와 서신서의 내용을 사람들에게 선포하는 것이라고 한다. 그러나 여기에 과연 집사의 참된 사역에 관한 내용이 한 마디라도 있는가?

이제 부제들을 세우는 절차를 살펴보자. 부제를 임직시킬 때에 오직 주교만이 그에게 안수한다. 주교는 임직자의 왼편 어깨 위에 기도서(prayer book)와 영대(領帶: 형겊 띠)를 얹어서 임직자로 하여금 자신이 주님의 가벼운 멍에를 받았음을 깨닫게 하며(마 11:30), 그리하여 임직자는 그의 왼편에 속한 것들을 하나님을 경외하는 데에 드리도록 한다. 그리고 주교는 그에게 복음서의 한 구절을 주어서 그가 복음 선포자임을 스스로 시인하도록 한다. 그런데 이 모든 것들이 집사와 무슨 상관이 있는가? 교황주의자들은 마치 사도를 임직시켰다고 하면서 그 사도에게 그저 향을 피우고, 성상들의 먼지를 털고, 교회당을 청소하고, 쥐를 잡으러 다니고, 개를 쫓아버리는 일을 맡겼다고 말하는 것처럼 어처구니없는 일을 자행하고 있는 것이다. 그런 사람들을 과연 누가 사도라 부르겠으며, 또한 그리스도의 사도들에 비하겠는가? 그러므로, 그들은 자기들이 정해 놓은 연극이나 충실히 하도록 임직시켜 놓은 사람들을 부제(집사)들이라 칭하는 거짓을 당장 버려야 할 것이다. 사실 그 명칭 자체가 그 직무의 본질이 무엇인가를 충분히 드러내 준다. 그들은 그들을 레위인들이라 부르고, 그 기원과 근거가 레위의 아들들에게 있다고 하는 것이다. 지금부터라도 그들이 다른 사람들의 예복을 가져다가 그들에게 입히는 일만 하지 않는다면, 그렇게 부르는 일에 대해서는 반대하지 않겠다.

33. 차부제(부집사)

차부제(혹은 부집사)에 대해서는 과연 어떻게 말해야 좋을까? 옛날에는 그들이 가난한 자들을 돌보는 일을 실제로 책임 맡았었으나, 교황주의자들은 그들에게 잔(성작)과 쟁반(성반)을 나르고, 물병을 나르며, 수건을 제단에 가져다 놓고, 손 씻을 물을 붓는 등의 하찮은 일들을 맡겨 놓고 있다. 예물들을 받고 가져온다고 말하지만, 이는 곧 그들이 그 예물들을 삼켜서 저주를 받는다는 뜻과 다를 바 없는 것이다.

차부제의 임직 예식은 그 직분과 매우 잘 어울린다. 곧, 차부제가 주교에게서 쟁반과 잔을 받고, 부주교에게서 물이든 병과 예식서 등 기타 하찮은 물건들을 받는 것이다. 그들은 이 하찮은 것들 속에 성령께서 들어 계시다고 고백하라고 요구한다. 경건한 사람이라면 어떻게 이것을 그대로 참고 인정할 수 있겠는가? 이에 대해서 우리는 나머지 다른 것들과 똑같은 말을 하여 문제를 종결지을 수 있을 것이다. 그러나 앞에서 이미 충분히 설명한 바 있으므로 다시 반복할 필요는 없을 것이다.

내가 가르쳐온 사람들과 같이 겸손하고 가르침을 잘 받는 사람들로서는, 의식에 약속이 있거나 혹은 약속이 의식 속에 보이는 경우가 아니면 하나님의 성례가 아니라는 이 한 마디로 충분할 것이다. 그런데 이 의식에서는 그 어떠한 분명한 약속의 기미도 찾아볼 수가 없다. 그러므로 약속을 확증하는 의식을 여기서 아무리 찾아보려 해도 허사일 뿐이다. 또한 그들이 행하고 있는 의식들 중에는 하나님께서 제정하신 것으로 기록되어 있는 것이 하나도 없다. 그러므로 거기에는 그 어떠한 성례도 없는 것이다.

(결혼이 성례라는 주장의 허구성과 결혼과 관련한 로마 교회의 횡포. 34-37)

34. 결혼은 성례가 아님

마지막 남은 것은 혼인성사(婚姻聖事)다. 결혼이 하나님께서 제정하신 것이라는 것은 모든 사람이 다 인정한다(창 2:21-24; 마 19:4 이하). 그러나 그레고리우스의 시대 이전에는 결혼을 성례로 시행하는 예를 본 사람이 아무도 없다. 정신이 온전한 사람이라면 그런 것을 생각이나 하겠는가? 결혼은 분명 선하고 거룩한 하나님의 규례다. 그리고 농사, 건축, 구두 수선, 이발 등도 하나님의 적법한 규례들이지만 성례들이 아니다. 성례가 되려면 하나님의 일이어야 함은 물론 하나의 약속을 확증하도록 하나님께서 정하신 외적인 의식이 있어야 하기 때문이다. 그러나 혼인 예식에 그런 것이 없다는 것은 어린아이도 알 수 있는 것이다.

그러나 그들은 결혼이 신성한 것의 표징이라고 한다. 즉, 결혼이 그리스도와 교회와의 신령한 연합의 표징이라는 것이다. 만일 그들이 "표징"이라는 말을 하나님께서 우리의 믿음의 확신을 일으키시기 위하여 우리 앞에 제시하신 하나의 상징물로 이해한다면, 그들은 목표를 엄청나게 벗어나 있는 것이다. 그리고 혹시 "표징"을 그저 비교를 위하여 제시하는 것 정도로만 이해한다면, 그들의 추리가 얼마나 예리한지를 보여 주겠다. 바울은 "별의 영광도 다른데 … 죽은 자의 부활도 그와 같으니"(고전 15:41-42)라고 말하는데, 이것도 하나의 성례다. 그리스도께서는 "천국은 마치 사람이 자기 밭에 갖다 심은 겨자씨 한 알 같으니"(마 13:31)라고 말씀하시는데, 여기에도 또 하나의 성례가 있다. 또한 "천국은 마치 … 누룩과 같으니라"(마 13:33)고도 말씀하시니, 세 번째 성례가 여기 있다. 이사야는 말씀하기를, "그는 목자 같이 양 떼를 먹이시며"(사 40:11)라고 말씀하니, 여기네 번째 성례가 있다. 그리고 또 다른 곳에서는 "여호와께서 용사 같이 나가시며 전사 같이 분발하여 외쳐 크게 부르시며"(사 42:13)라고 말씀하니, 여기서 다섯 번째 성례를 볼 수 있다. 결국, 성례가 끝도 없이 나타날 것이다. 이런 식의 추리대로라면, 성례가 되지 않는 것이 하나도 없을 것이다. 성경에 나타나는 비유와 직유의 표현들의 숫자만큼이나 성례의 수가 많아질 것이다. 사실 "주의 날이 밤에 도둑 같이 이르리라"(살전 5:2)고 기록되어 있으니, 도둑질도 성례가 될 것이다. 이 궤변가들이 그렇게 무식하게 지껄여 대니, 과연 누가 견딜 수 있겠는가?

포도나무를 볼 때마다, "나는 포도나무요 너희는 가지라"(요 15:5), "나는 참포도나무요 내 아버지는 농부라"(요 15:1)고 하신 그리스도의 말씀을 기억한다는 것은 매우 좋은 일이다. 또한 양 떼를 데리고 있는 목자를 만날 때마다, "나는 선한 목자라"(요 10:14), "내 양은 내 음성을 들으며 … 나를 따르느니라"(요 10:27)는 주님의 말씀을 떠올리는 일도 매우 좋은 일이다. 그러나 그런 비유적인 표현들을 성례로 취급하는 자가 있다면 정신병원에 보내야 마땅할 것이다.

35. 에베소서 5:28의 오해

그러나 그들은 여전히 다음과 같은 바울의 말을 근거로 "성례"라는 용어가 결혼에 적용된다고 주장하며 우리를 압박한다: "자기 아내를 사랑하는 자는 자기를 사랑하는 것이라. 누구든지 언제나 자기 육체를 미워하지 않고 오직 양육하여 보호하기를 그리스도께서 교회에게 함과 같이 하나니 우리는 그 몸의 지체임이라. 그러므로 사람이 부모를 떠나 그의 아내와 합하여 그 둘이 한 육체가 될지니 이 비밀(성례)이 크도다. 나는 그리스도와 교회에 대하여 말하노라"(엡 5:28-32). 그러나 성경을 그런 식으로 다룬다면 그것은 하늘과 땅을 서로 뒤섞는 것과도 같다. 바울은 결혼한 남자들이 어떠한 사랑으로 아내들을 포용해야 할지를 보여 주기 위하여 그리스도를 그 원형(原形: prototype)으로 제시하고 있는 것이다. 그리스도께서 교회를 향하여 사랑을 부으셔서 스스로 교회와 하나가 되신 것처럼, 남자가 자기 아내에 대하여 그렇게 느끼기를 바라는 것이다. 그러므로 그는 또한 "자기 아내를 사랑하는 자는 자기를 사랑하는 것이라 … 그리스도께서 교회에게 함과 같이"(엡 5:28-29)라고 말하는 것이다.

바울은 여기서 그리스도께서 교회를 자기 자신처럼 사랑하셨음을, 아니 그가 자기의 신부인 교회와 스스로 하나가 되셨음을 가르치기 위하여, 아담이 스스로 말한 것으로 모세가 보도하고 있는 내용을 그에게 적용시키고 있다. 하와(자기 갈비뼈로 지음 받았음을 아담이 알고 있는)가 그 앞에 나아오자, 아담은 "내 뼈 중의 뼈요 살 중의 살이라"고 하였다(창 2:23). 우리가 그리스도의 몸의 지체요, 그의 살과 뼈의 지체요, 그리하여 그와 한 몸이라고 말함으로써, 바울은 이 모든 것이 그리스도 안에서와 우리 안에서 영적으로 성취되었음을 증언하는 것이다. 끝으로 그는 "이 비밀이 크도다"라고 정리한다. 그리고 뜻이 모호하여 혹 속임을 당하지 않도록 하기 위하여 그는 지금 남자와 여자의 육체적인 결합이 아니라, 그리스도와 교회의 신령한 혼인에 대해서 말하고 있다고 설명한다. 그리스도께서 자기 자신에게서 갈비뼈를 빼내어 우리를 만드셨다는 것이야말로, 즉 그가 강하신 분이시면서도 스스로 연약해지셔서 그의 강함으로 말미암아 우리를 강건하게 하셔서 이제는 우리 스스로 사는 것이 아니요 그리스도께서 우리 안에서 사시도록 하셨다는 것이야말로(갈 2:20), 과연 크나큰 비밀이요 신비가 아닐 수 없는 것이다.

36. "뮈스테리온"의 번역 문제, 그리고 모순된 결혼관

"성례"(sacrament)라는 용어 때문에 그들이 속임을 당한 것이다. 그러나 그들의 무식에 대한 형벌을 온 교회가 당하는 일이 과연 옳았는가? 바울은 "뮈스테리온"(μυστήριον: 신비, mystery)이라고 말했다. 성경 번역자는 이 용어가 라틴어를 사용하는 자들에게 친숙하므로 그냥 그대로 두든지, 아니면 "비밀"(secret)이라고 번역할 수 있었을 것이다. 그런데 그는 "싸크라멘툼"(sacramentum: 성례)이라는 단어를 선호하였다(엡 5:32). 그러나 그는 바울이 사용한 "신비"와 동일한 의미로 그 단어를 사용한 것이다. 그러니 이제 언어 상의 기술을 마음껏 탓해보라고 하라. 누구에게나 쉽고 분명한 문제를 언어에 무지하여 그렇게 오랫동안 부끄럽게 속아 왔으니 말이다. 그런데 어째서 다른 곳에서는 다 무시하면서 유독 이 한 곳에서만 "싸크라멘툼"이라는 번역어를 그렇게 고집하는지 모르겠다. 디모데전서(딤전 3:9)와 또한 같은 서신서인 에베소서에도(엡 1:9; 3:3), 동일한 헬라어 "뮈스테리온"이 나타나지만 라틴어 불가타 성경 번역자는 일관되게 "신비"로 번역하고 있기 때문이다. 그러나 이런 실수는 그냥 용서해 주기로 하자. 거짓말쟁이는 최소한 기억력은 좋아야 하는 법이다.

그러나, 이렇게 결혼을 성례의 칭호로 높여 놓고는 후에 가서는 그것을 부정과 오염과 정욕의 더러움이라 부르고 있으니, 어떻게 이다지도 경솔하단 말인가? 사제들을 이 성례에 참여하지 못하도록 금하고 있으니, 이 얼마나 모순인가! 그들은 사제들을 성례에서 제외시키는 것이 아니라 다만 성교(性交)에 대한 욕심에서만 제외시키는 것이라고 답변하겠지만, 그렇게 피해갈 수는 없다. 성교 자체가 성례의 일부분이며 그것만이 우리가 그리스도와 함께 나누는 연합에 대한 자연스러운 상징임을 그들 자신이 가르치기 때문이다. 남자와 여자가 한 육체가 되는 것은 오로지 육체적인 성교를 통해서 뿐이다. 그러나, 그들 중의 어떤 이들은 여기서 두 가지 성례를 찾는다. 하나는 하나님과 영혼에 관한 성례로서 신랑과 신부에게서 찾으며, 다른 하나는 그리스도와 교회에 관한 성례로서 남편과 아내에게서 찾는 것이다. 그렇지만 여전히 성교를 가리켜 성례라고 하니, 누구를 막론하고 그리스도인에게 그것을 금한다는 것은 불법이 되는 것이다. 혹 그리스도인들의 성례들이 서로 일치하지 않아서 도저히 함께 공존할 수가 없는 상태라면 문제가 달라질 수도 있겠지만 말이다. 그들의 교리에는 또 다른 모순이 있다. 그들은 성례에서 성령의 은혜가 베풀어진다고 시인한다. 그리고 성교가 하나의 성례라고 가르친다. 그러나 성령께서 성교 시에 항상 함께 계신다는 것은 부인하는 것이다.

37. 결혼과 관련한 교황제의 횡포

그런데 그들은 이 한 가지로도 모자랐는지 이 한 가지 일에 온갖 오류와 거짓말과 사기와 비행을 덧붙여서 교회를 조롱해왔다. 그러므로 그들이 결혼을 성례로 만듦으로써 추구한 것은 오로지 가증한 것들의 소굴을 이루는 것뿐이었다고 말해도 무방할 것이다. 결혼을 성례로 세운 다음, 그들은 결혼에 관한 각종 사안들에 개입하였다. 그것이 영적인 문제이므로, 세속의 재판관들은 처리할 수가 없게 된 것이다. 그리고 그들은 법령들을 통과시켜서 자기들의 횡포를 강화하였다. 부분적으로는 하나님을 향하여 노골적인 불경을 드러내며, 부분적으로는 사람들에게 지극히 불공평한 그런 법령들을 제정한 것이다.

예를 들면 다음과 같은 것들이 있다. 부모의 허락 없이 미성년자들 사이에 혼인을 서약했을 경우 그 혼인은 확고하고 정당하며, 7촌 이내의 인척 간의 혼인은 불법이며, 서약을 했을 경우도 해약시켜야 한다고 한다. 그들은 모든 나라들의 법과 모세의 규례(레 18:6 이하)와도 어긋나게 혼인 가능한 촌수를 꾸며냈다. 또한 간음한 아내를 버린 남자는 재혼을 할 수 없고, 대부와 대모는 서로 혼인으로 부부가 될 수 없으며, 사순절 이전 세 번째 일요일부터 부활절 이후 제8일까지와, 요한의 탄생일 전 3주간, 그리고 성탄일부터 예수 공현 대축일(Epiphany)까지의 기간 동안에는 혼인을 금하는 등, 도저히 다 열거할 수 없을 만큼 무수한 규정들을 제정해 낸 것이다. 정도 이상으로 오랜 동안 그들과 논쟁하느라 그들의 진흙창 속에 빠져 있었으니 이제는 벗어나야겠다. 그러나 일부분이나마 이 나귀들에게서 사자의 가죽을 벗겨냈으니, 어느 정도는 목적을 달성했다고 믿는다.

주 _____

1. Augustine, *John's Gospel*, lxxx. 3.

2. Augustine, *On Christian Doctrine*, III. ix. 13.

3. Leo I, *Letters*, clxvi. 2; clix. 7.

4. Jerome, *Against the Luciferians*, viii, ix.

5. Augustine, *John's Gospel*, lxxx. 3.

6. Gregory I, *Letters*, IV. 26.

7. 참조. 18장 20절.

8. Augustine, *On Christian Doctrine*, III. ix. 13; *Letters*, liv. 1; On Baptism, III. xvi. 21; V. xxiii. 33.

9. 참조. 3권 3-5장.

10. Cyprian, *Letters*, lvii. 1, 3.

11. *Ibid.*, xvi. 2.

12. Gratian, *Decretum*, II. xxvi. 6, 3.

13. Augustine, *On Diverse Questions*, xliii.

14. Augustine, *Sermons*, cclxxii.

15. 참조. 17장 41절.

16. Augustine, *On Baptism*, V. xxiv; *On the Merits and Remission of Sins*, I. xxi. 30; II. xxvii. 44.

17. Jerome, *Letters*, lxxxiv. 6.

18. Fulgentius, *De fide ad Petrum*, xxx. 73.

19. 참조. 6절.

20. Sigebert of Gembloux, *Chronograpia*; Innocent I, *Letters*, xxv. 8.

21. 참조. 18장 14절.

22. Augustine, *John's Gospel*, lxxx. 3.

제 20 장

국가의 통치

(국가의 통치와 영적 통치의 상호 관계. 1-2)

1. 영적 통치와 국가의 통치는 서로 별개임

자 이제, 사람이 이중적인 통치 아래 있다는 사실을 앞에서 확증했고, 영혼과 속사람 속에 존재하며 영생과 관련되는 그런 통치에 대해서도 다른 곳에서 이미 충분하게 논의하였으니, 여기서는 시민 생활의 정의와 외적인 도덕성의 확립에 대해서만 관계되는 다른 유의 통치에 대해서 논의하기로 하자.

이 주제는 지금까지 논의해 온 믿음에 관한 영적인 교리와 본질상 전혀 다른 것처럼 보이지만, 앞으로 다룰 내용을 살펴보면, 그것들을 한데 묶는 것이 옳다는 것을, 아니 사실상 그렇게 하지 않으면 안 될 필연성이 거기에 있다는 것을 알게 될 것이다. 한편에서는 정신 나간 야만스러운 자들이 하나님께서 세우신 질서를 전복시키려고 맹렬하게 날뛰고 있고, 또 다른 한편에서는 군주들에게 아첨하는 자들이 그들의 권력을 과도하게 찬양하느라 군주의 통치를 하나님 자신의 통치에 맞서도록 하기를 주저하지 않고 있으니, 거기에 대한 논의가 더욱더 절실한 것이다. 이 두 가지 악들을 단속하지 않으면, 믿음의 순결이 무너지고 말 것이다. 뿐만 아니라, 하나님께서 이런 면에서 인류를 얼마나 사랑으로 배려하셨는지를 안다는 것이 결코 하찮은 일이 아니다. 그것을 앎으로써 경건을 향한 더 큰 열심이 우리 속에서 솟아나 우리의 감사의 마음을 증거해 줄 것이기 때문이다.

이 문제 자체를 다루기 전에, 우선 앞에서 분명하게 세워 놓은 구분을 반드시 염두에 두어야 할 것이다.[1] 그리하여 전혀 본질이 다른 이 두 가지를 지혜롭지 못하게 서로 혼동하는 일이 ― 그런 일이 흔히 있다 ― 없도록 해야 할 것이다. 어떤 사람들은 복음이 자유를 약속하며, 왕이나 국가의 통치자들(magistrates)을 전혀 인정하지 않고, 오직 그리스도만 바라본다는 이야기를 듣고서, 자기들 위에 있는 권세를 인정하는 한 자기들에게 주어진 자유에서 아무런 유익을 얻을 수 없다고 생각하기도 한다. 그리하여 그들은 온 세상이 법정이나 법이나 통치자 등, 자기들이 보기에 자기들의 자유를 제한한다고 여겨지는 그 어떠한 것도 없는 그런 전연 새로운 형태로 다시 짜여지지 않고서는 아무것도 안전하지 않을 것이라 생각하는 것이다.

그러나 육체와 영혼을, 또한 덧없이 지나가는 이 땅의 삶과 미래의 영원한 삶을 서로 구분할 줄 아는 사람이라면 누구나 그리스도의 영적인 나라와 국가의 통치 질서가 서로 전연 별개의 것이라는 사실을 어렵지 않게 알 것이다. 그러므로 그리스도의 나라를 이 세상의 초보적인 제도 안에 한정하고 거기서 찾으려는 생각은 유대적인 허망한 생각이다. 성경이 분명히 가르치는 것은 그리스도의 은혜에서 우리가 거두는 바 영적인 열매라는 사실을 생각하여야 하겠고, 또한 그리스도 안에서 우리에게 약속되고 베풀어지는 그 모든 자유를 그 자체의 한계 안에 두어야 한다는 것을 기억하여야 할 것이다.

사도는 "종의 멍에"(갈 5:1)를 메지 말라고 명령하면서도 다른 곳에서는 종으로 있는 자들에게 자기들의 처지를 염려하지 말라고 말하는데(고전 7:21) 그 이유가 무엇인가? 그것은 곧, 영적인 자유가 신분 상의 멍에와 완전하게 공존할 수 있다는 뜻이 아니고 무엇이겠는가? 사도의 다음과 같은 진술들도 같은 의미로 받아들여야 할 것이다: 하나님 나라에서는 "유대인이나 헬라인이나 종이나 자유인이나 남자나 여자나 다 그리스도 예수 안에서 하나이니라"(갈 3:28); "거기에는 헬라인이나 유대인이나 할례파나 무할례파나 야만인이나 스구디아인이나 종이나 자유인이 차별이 있을 수 없나니 오직 그리스도는 만유시요 만유 안에 계시니라"(골 3:11). 이러한 진술들은 곧, 여러분이 사람들 중에서 어떤 처지에 있든 어떠한 국가의 법 아래서 살든, 그리스도의 나라가 절대로 그런 것들에 있는 것이 아니기 때문에 그런 것은 전혀 상관이 없다는 뜻이다.

2. 두 "통치"는 서로 대립하는 것이 아님

그러나 이렇게 구별한다고 해서, 국가 통치의 본질이 완전히 부패한 것으로서 그리스도인과는 아무런 관계도 없는 것이라는 식으로 생각해서는 안 된다. 이것이 바로 아무 데에도 구속을 받지 않는 방종한 상태를 즐기는 특정한 광신자들이 외치고 떠드는 것이다. 곧, 우리가 그리스도로 말미암아 이 세상의 초등학문에 대하여 죽고 나면(골 2:20) 하나님 나라로 옮겨져서 하늘의 존재들 가운데 앉게 되니, 그리스도인과는 전혀 상관이 없는 일에 대하여 악한 세상적인 걱정에 싸인다는 것은 우리에게 무가치한 일이요 또한 우리의 그 고귀한 신분에 전혀 어울리지 않는 일이라는 것이다. 그들은 이렇게 묻는다: "재판도 법정도 없다면 무엇 때문에 법이 필요한가? 그리스도인이 재판 자체와 무슨 상관이 있는가? 살인이 적법한 일이 아니라 한들, 우리가 법이나 재판과 무슨 상관이 있는가?" 그러나 바로 앞에서 지적한 대로 이런 유의 통치는, 영적이며 내적인 그리스도의 나라와는 별개의 것이므로, 이 둘이 모순되는 것이 아니라는 사실을 알아야 한다.

사실 영적인 통치는 이미 이 땅에 있는 우리 속에서 하늘 나라를 시작하였고, 또한 이 덧없는 죽을 인생 속에 영원토록 썩지 않을 미래의 복락(福樂)을 어느 정도 예고하고 있는 것이다. 그러나 국가의 통치는 우리가 사람들 사이에 사는 동안 하나님께 드리는 외형적인 예배를 존중하고 보호하며, 경건의 건전한 도리와 교회의 지위를 변호하고, 사람들의 사회에 우리의 삶을 적응시키고, 시민의 의에 맞도록 우리의 사회적 행실을 형성하고, 우리를 서로 화목케 하고, 또한 전체의 평화와 안정을 도모하는 등 그 나름대로 지정된 목표가 있는 것이다. 지금 우리 가운데 있는 하나님의 나라가 현 세상의 삶을 끊어버리게 되면 이 모든 것이 쓸데없어진다는 것은 나도 시인한다.

그러나 우리가 이 땅에서 순례자의 길을 가며 참된 본향을 사모하는 것이 하나님의 뜻이고 또한 우리의 순례의 삶에 그러한 돕는 장치들이 반드시 필요하다면, 사람들에게서 그런 장치들을 빼앗는다면 그것은 바로 인간성 자체를 빼앗는 것과 마찬가지인 것이다. 우리의 반대자들은 교회의 통치로 충족히 법을 대신할 만큼 하나님의 교회가 그렇게 완전해져야 한다고 주장한다. 그러나 그들이 자기들의 우둔함으로 상상하는 그런 완전한 상태란 인간 사회에서는 절대로 찾아 볼 수가 없는 것이다. 패역한 사람들은 지극히 오만하고 악하여 극히 가혹한 법으로도 거의 억제되지 않으니, 그들이 자기들이 아무리 악하게 처신해도 아무런 제재가 없다는 것을 알게 된다면 — 그 어떠한 억제력으로도 그들의 악행을 중단시킬 수 없다면 — 그들이 과연 어떻게 행동하겠는가?

(국가의 통치의 필연성과 이에 대한 하나님의 인정. 3-7)

3. 국가의 통치가 시행하는 주요 임무

그러나 국가적 통치의 실제에 대해서는 더 적절한 곳에서 논의할 것이다.[2] 여기서는 다만 국가의 통치를 없애버리려는 생각이 그야말로 지극히 야만적인 생각이라는 점을 이해하기만 하면 좋겠다. 사람들 사이에서 국가의 통치가 하는 기능은 떡이나 물, 태양, 공기 등의 기능에 못지않다. 사실 오히려 그보다 훨씬 더 높은 위치에 있는 것이다. 국가의 통치가 사람들의 생활을 위하여 조건을 구비시켜 줌으로써 사람들로 하여금 호흡하고 먹고 마시고 몸을 따뜻하게 하는 등, 자연이 하는 모든 기능들을 다 포괄하여 행하는 것이 사실이다. 그러나 이런 기능뿐 아니라, 우상숭배나 하나님의 이름을 망령되게 하는 행위나, 하나님의 진리에 대한 모독 등, 신앙을 대적하는 기타 공적인 범죄들이 사람들 가운데 일어나거나 퍼지지 않도록 막아 주며, 공공의 평화가 방해 받지 않도록 방지하며, 각 사람이 자기의 재산을 안전하고도 건전하게 지키도록 해 주며, 사람들이 서로서로 흠 없이 교류할 수 있도록 해 주며, 사람들 사이에 정직과 겸손이 보존되도록 해 주기도 하는 것이다. 간단히 말해서, 국가의 통치는 그리스도인들 가운데 신앙을 공적으로 드러내도록 해 주며, 또한 사람들 가운데 인간성이 유지되도록 해 주는 것이다.

앞에서는 신앙을 바로 세우는 문제를 인간의 결정 바깥에 있는 것처럼 말하고 나서,[3] 여기서는 다시 그러한 임무가 정부에게 있는 것으로 이야기한다고 해서 그것 때문에 혼란스러워 하지 않기를 바란다. 하나님의 법에 포함되어 있는 참된 신앙이 노골적이며 공적인 모독으로 침범을 당하고 더럽힘을 당하지 않도록 방지하고자 하는 것을 목표로 삼는 국가의 행정 체제를 나는 인정한다. 그러나 동시에 앞에서나 여기서나 마찬가지로, 사람들이 신앙과 하나님께 드리는 예배에 대하여 자기 마음대로 결정하는 일은 용납할 수가 없다.

그러나 각 부분별로 나누어서 논의한다면, 국가의 통치라는 주제 전체에 대해서 어떻게 생각해야 할지를 독자들이 더 잘 이해할 수 있을 것이다. 국가의 통치에는 세 가지 부분이 있다. 곧, 법의 보호자요 수호자인 통치자와, 통치자의 통치의 기준인 법과, 법에 의해서 다스림을 받고 통치자들에게 복종하는 백성이 그것이다.

그러면 먼저 통치자를 살펴보고, 그것이 과연 하나님의 인정하심을 받는 적법한 것인가 하는 것과 그 직위의 본질, 그 권세의 한계, 그리고 기독교적 통치가 어떤 법에 근거하여 시행되어야 하는가 하는 것과, 마지막으로 그 법이 어떻게 백성들에게 유익을 주며, 또한 그 통치자에게 어떻게 복종하여야 하는지를 살펴보기로 하자.

4. 통치자의 직위는 하나님께서 세우심

주께서는 자신이 통치자의 직위를 승인하시고 받아들이신다는 것을 증거하시는 것은 물론 더 나아가서 그 직위의 위엄을 최고로 존귀한 칭호들로써 제시하시고 또한 그것을 매우 높이신다. 그저 몇 가지만 언급하자면, 통치자로 섬기는 자들을 "신(神)들"이라 부르시니(출 22:8; 시 82:1, 6), 그 누구도 그렇게 부르는 자들을 하찮게 여겨서는 안 되는 것이다. 그러한 사실은 곧 그들이 하나님께로부터 명령을 받고 있고, 신적인 권위를 부여받았으며, 전적으로 하나님의 대표들로서 어떤 의미에서 하나님의 대리인(vicegerents)들로서 활동한다는 것을 의미한다.

이것은 나의 궤변이 아니라, 그리스도 자신의 설명이다: "성경은 폐하지 못하나니 하나님의 말씀을 받은 사람들을 신이라 하셨거든 …"(요 10:35). 곧, 하나님께서 그들에게 그들의 직위에서 하나님을 섬기는 일을 맡기셨고, 또한 (모세와 여호사밧이 유다의 각 성에 지명하여 세운 재판장들에게 말하듯이) 사람을 위해서가 아니라 하나님을 위해서 판결을 시행하는 일을 맡기셨다(신 1:16-17; 대하 19:6)는 뜻이 아니고 무엇이겠는가? 하나님의 지혜가 솔로몬의 입을 통하여 말씀하는 내용도 역시 같은 의미이다: "나로 말미암아 왕들이 치리하며 방백들이 공의를 세우며 나로 말미암아 재상과 존귀한 자 곧 모든 의로운 재판관들이 다스리느니라"(잠 8:15-16).

이는 결국 다음과 같은 의미이다. 곧, 이 땅의 모든 것들을 다스리는 권세가 왕들이나 기타 통치자들의 손에 주어져 있는 것은 인간의 사악함에서 나온 것이 아니고 하나님의 섭리와 거룩한 규례로 말미암아 된 것이라는 것이다. 하나님께서는 인간사(人間事)를 다스리시기를 기뻐하셔서, 사람들과 함께 계시고 또한 법을 제정하고 정의로운 법정에서 공평이 시행되도록 주관하시기 때문이다. 또한 바울도 그리스도의 종들이 교회를 세우는 일을 위하여 사용하여야 할 것들로서 다양한 은혜에 따라서 다양하게 분배되는 하나님의 은사들을 열거하면서 그 가운데 "다스리는 자"를 포함시킴으로써(롬 12:8) 그러한 사실을 분명하게 가르치고 있다. 물론 바울은 거기서 특별히 초대 교회에서 공적인 질서 유지를 담당하도록 지명을 받은 자격 있는 사람들 ― 이 직분을 가리켜 고린도서에서는 "다스리는 것"이라 부른다(고전 12:28) ― 의 모임체를 지칭하고 있는 것이다. 그러나 세상의 권세도 동일한 목적을 지향하는 것이므로, 바울은 틀림없이 여기서 모든 종류의 공정한 다스림을 전부 우리에게 천거하고 있다는 것이라 하겠다.

바울은 이 문제에 대하여 공정하게 논의하면서 이를 더욱 분명하게 말한다. 그는 권세가 하나님의 정하신 바요 또한 하나님으로부터 나지 않은 것이 없다고 말한다(롬 13:1-2). 더 나아가서, 다스리는 자들은 하나님의 사역자들로서, 선을 행하는 자들에게는 칭찬을 하고 악을 행하는 자들에게는 진노하심을 따라 보응하는 자들이라고 한다(롬 13:3-4). 여기에 거룩한 사람들의 실례를 덧붙일 수 있을 것이다. 곧, 나라를 소유한 자들로는 다윗, 요시야, 히스기야 등을 들 수 있고, 다스리는 권세를 행한 자들로는 요셉과 다니엘을 들 수 있으며, 자유한 백성들 가운데서 다스린 자들로는 모세, 여호수아, 그리고 사사들을 들 수 있을 것이다. 주께서는 이 사람들의 직위들을 친히 인정하셨다. 따라서, 국가의 권위가 하나의 소명(召命)으로서 하나님 앞에 거룩하고 정당할 뿐 아니라 죽을 인생 전체의 모든 소명 중에서 가장 신성하고 지금까지 가장 존귀한 소명이라는 사실을 의심해서는 안 되는 것이다.

5. 세속의 통치를 부인하는 자들에 대한 반박

그런데 무정부 상태로 들어가기를 바라는 자들은, 고대에는 왕들과 사사들이 무지한 일반 백성들을 다스렸으나 백성을 노예처럼 다루는 그런 강압적인 통치 방식은 오늘날 그리스도께서 그의 복음과 더불어 제시하신 완전함과는 전적으로 모순이라고 하며 반론을 제기한다. 그러나 그들의 이런 반론은 자기들의 무지를 드러내는 것은 물론 마귀적인 교만을 드러내는 것이다. 그들이 완전함을 주장하지만 그 백 분의 일도 그들에게서 볼 수가 없는 것이다. 다윗은 모든 군왕들과 관원들에게 하나님의 아들에게 입 맞추라고 강권하는데(시 2:12), 이는 모든 권세를 내려 놓고 야인(野人)으로 돌아가라는 뜻이 아니라 그들에게 주어진 권세를 그리스도께 복종시켜서 오직 그가 모든 권세 위에 우뚝 서시도록 하라는 뜻이다. 마찬가지로, 이사야 선지자도 왕들이 교회의 양부(養父)가 되고 왕비들이 교회의 유모가 될 것이라고 약속하는데(사 49:23), 그렇다고 해서 왕이나 왕비들의 존귀와 영광을 빼앗는 것이 아닌 것이다. 오히려 선지자는 그들에게 존귀한 칭호를 부여함으로써 그들을 하나님의 경건한 예배자들의 보호자들로 만드는 것이다. 그 예언은 그리스도의 오심을 바라보는 것이기 때문이다.

이처럼 통치자들의 권세를 인정하는 비슷한 내용들이 성경 여러 곳에, 특히 시편에서(시 21; 22; 45; 72; 89; 110; 132편), 자주 나타나지만 여기서는 그냥 지나가기로 한다. 그 가운데 가장 두드러진 것은 바울에게서 나타나는데, 그는 디모데에게 공적인 집회에서 왕들을 위하여 기도할 것을 권면하면서 그 이유를 다음과 같이 제시한다: "이는 우리가 모든 경건과 단정함으로 고요하고 평안한 생활을 하려 함이라"(딤전 2:2). 이로써 바울은 교회의 형편을 그들의 보호와 보살핌에 맡기고 있음이 분명히 드러나는 것이다.

6. 통치자는 하나님의 대리인임

통치자들로서는 언제나 이 점을 명심해야 한다. 그렇게 해야만 그들의 직무를 수행하는 데에 박차를 가할 수 있고, 또한 직무를 수행하면서 부딪치는 온갖 어려운 난제들을 헤쳐나가는 동안 큰 위로를 받을 수 있을 것이기 때문이다. 자기들이 하나님의 공의를 시행하도록 위임받은 사역자들임을 알고 있는 자들이라면, 공의와 분별과 온유함과 자기 절제와 정직을 향하여 큰 열심이 생기지 않겠는가? 자기들의 재판석이 살아계신 하나님의 보좌라는 말을 듣는데, 어떻게 감히 불의와 야합하겠는가? 자기들의 입이 하나님의 진리의 도구로 지정되었음을 알고 있다면, 어떻게 감히 부정한 선고를 내리겠는가? 자기들의 손이 하나님의 행적들을 기록하도록 지정되었다는 것을 알면서 과연 무슨 양심으로 사악한 법령에 서명하겠는가? 요컨대, 스스로 하나님의 대리자들임을 기억한다면, 사람들에게 하나님의 섭리와 보호와 선하심과 자비와 정의의 모습을 드러내도록 진지하고도 부지런한 열심으로 살필 것이라는 것이다. 그리고 "여호와의 일을 게을리 하는 자는 저주를 받을 것"(렘 48:10)이라 했으니 의로운 소명을 받고 거짓으로 처신하는 자들은 그보다 훨씬 더 극심한 저주를 받을 것이라는 사실을 언제나 깊이 명심해야 할 것이다.

그리하여 모세와 여호사밧이 재판관들에게 임무를 감당하라고 권면하면서 이미 앞에서 언급한 바 있는 말씀(신 1:16)으로 권면했는데, 이보다 더 효과적인 것이 없었던 것이다: "너희가 재판하는 것이 사람을 위하여 할 것인지 여호와를 위하여 할 것인지를 잘 살피라 너희가 재판할 때에 여호와께서 너희와 함께 하심이니라 그런즉 너희는 여호와를 두려워하는 마음으로 삼가 행하라 우리의 하나님 여호와께서는 사람들 앞에서 불의함도 없으시고 치우침도 없으시니 뇌물을 받는 일도 없으시니라"(대하 19:6-7). 또 다른 곳에서는 이렇게 말씀하고 있다: "하나님은 신들의 모임 가운데에 서시며 하나님은 그들 가운데에서 재판하시느니라"(시 82:1).

이는 통치자들이 자기들이 하나님의 대리자들이며, 따라서 이후로 그들이 책임 맡은 통치에 대하여 하나님 앞에서 정산(精算)하여야 할 것임을 깨닫게 하여 그들로 하여금 자기들의 임무에 정진하도록 하기 위한 말씀인 것이다. 이러한 교훈의 말씀은 깊이 명심하기에 합당한 것이다. 그들이 혹 과오를 범하게 되면, 그것은 그로 인하여 괴로움을 당하는 사람들에게만 잘못을 행하는 것이 아니라 하나님의 지극히 거룩한 심판을 더럽힘으로써 하나님 자신을 모욕하는 것이 되는 것이다(참조. 사 3:14-15). 뿐만 아니라, 그들은 자기들이 담당하는 일이 불경스런 것들이라거나, 하나님의 종에게는 합당하지 못한 것이 아니라 지극히 거룩한 임무로서 하나님의 대리자로서 섬기는 일임을 생각하면 거기서 큰 위로를 얻게 되는 것이다.

7. 통치자의 권력을 성경이 인정함

그러니, 이렇듯 많은 성경의 증언들로도 전혀 마음을 고치지 않고 이 거룩한 임무를 그리스도인의 신앙과 경건에 어긋나는 것이라고 감히 비난하는 자들은 하나님 자신을 욕되게 하는 것이 아니고 무엇이겠는가? 하나님께서 세우신 이 임무를 비난한다면 그것은 곧 하나님 자신을 비난하는 것이 아닌가? 그런데 이 사람들은 그저 통치자들만 배척하는 것이 아니라, 하나님도 배척하여 자기들을 다스리시지 못하도록 만들려 한다. 이스라엘 백성이 사무엘의 통치를 거부했을 때에 여호와께서 바로 이 말씀을 하셨다면(삼상 8:7), 하나님께서 정하신 모든 정부들을 일체 거부하는 오늘날 이 사람들에 대해서도 똑같은 말씀이 적용되지 않겠는가? 주께서는 제자들에게 말씀하시기를, "이방인의 임금들은 그들을 주관하며 그 통치자들은 은인이라 칭함을 받으나 너희는 그렇지 않을지니 너희 중에 큰 자는 젊은 자와 같고 다스리는 자는 섬기는 자와 같을지니라"(눅 22:25-26)라고 하셨는데, 이들은 이 말씀이 바로 모든 그리스도인들이 권력을 행사하거나 다스리지 못하도록 금하는 것이라고 주장한다. 오, 참으로 노련한 해석자들이여! 그때에 제자들 가운데 누가 다른 이들보다 나은가 하는 문제로 언쟁이 있었고, 이러한 허망한 야망을 잠잠케 하시기 위하여 주께서는, 그들의 사역은 한 사람이 나머지 모든 사람 위에 뛰어난, 나라의 권력과는 성격이 다르다는 점을 가르치신 것이다. 여러분에게 물어보자. 이렇게 나라의 권력과 비교하는 것이 과연 왕의 위엄을 깎아내리려 하는 것인가? 이 말씀은 과연 왕의 지위가 사도의 직분과는 다르다는 것 이외에 더 무엇을 증명해 준단 말인가?

통치자들이 물론 그 형태가 다양하지만, 우리로서는 그들 모두를 똑같이 하나님께서 정하신 자들로 인정해야 마땅한 것이다. 바울은 "모든 권세는 다 하나님께서 정하신 바라"(롬 13:1)라고 말하여 통치자들 모두를 하나로 묶어서 말하고 있다. 또한 바울은 가장 유쾌하지 못한 것, 즉 일인 통치를 나머지 모든 것보다 특별히 천거하고 있다. 이러한 일인 통치는 모든 사람(모든 일을 자기의 뜻에 복종시키는 자기 한 사람만을 제외하고)을 그 밑에 굴복시키는 것이므로, 영웅적이며 고귀한 생각을 가진 자들로서는 용납할 수가 없는 것이었다. 그러나 그들의 부당한 판단들을 막기 위하여, 성경은 왕들이 통치하는 것이 하나님의 지혜의 섭리임을 분명하게 공언하며(참조. 잠 8:15) 또한 왕을 존귀히 여길 것을 구체적으로 명령하는 것이다(잠 24:21; 벧전 2:17).

(통치 형태, 통치자들의 의무, 전쟁과 세금의 문제. 8-13)

8. 다양한 통치 형태

국가의 조직을 거론할 수 있는 자질이 없는 사람들이 사사로운 생활 중에 있으면서 자기들이 살고 있는 곳에서 가장 바람직한 통치 형태가 어떤 것일까 하며 논란을 벌이는 일은 그저 쓸데없는 시간 낭비가 분명할 것이다. 또한 이런 문제는 간단히 해결되는 것이 아니고, 심사숙고를 요하는 것이다. 왜냐하면 논의의 본질이 주로 상황에 의존하기 때문이다. 그러므로 만일 상황은 고려하지 않고 그저 통치의 형태들만을 서로 비교하자면, 모두가 다 동등하여 그 중에 어떤 것이 나은지를 분간하기가 쉽지 않다. 왕정이 폭정(暴政)으로 전락하기는 매우 쉽다. 그러나 이에 못지않게 소수의 통치가 몇 사람의 당파 정치로 전락하기도 쉽다. 그러나 무엇보다도 대중의 통치가 폭동으로 전락하기가 가장 쉬운 법이다. 만일 철학자들이 논의하는 세 가지 형태의 통치를 각기 그 자체로만 살펴보면, 귀족 통치(aristocracy), 혹은 귀족 통치와 민주 정치가 혼합된 체제가 다른 것들보다 훨씬 뛰어난 체제라 할 수 있을 것이다. 물론 그 정치 체제 자체가 뛰어나다기보다는, 왕들이 정의롭고 올바른 것과 뜻을 달리하지 않도록 스스로를 잘 제어하는 경우가 거의 없고, 혹은 왕들이 뛰어난 영민함과 분별력을 갖추어서 어느 정도의 권력이 족한지를 잘 알아서 실천하는 경우가 거의 없기 때문이다. 그러므로, 사람은 누구나 과실이나 실수가 있기 마련이므로, 한 사람보다는 여러 명이 함께 돕고 가르치고 권면하여 통치를 하며, 혹 어느 한 사람이 도를 넘어서 월권 행위를 할 경우 여러 가지의 제어 수단이 있어서 그 악의를 제어할 수 있도록 해 놓는 것이 더 안전하고 더 견디기가 쉬운 것이다.

이 점은 경험을 통해서나 주님의 확인으로나 이미 입증된 바 있다. 여호와께서는 다윗에게서 그리스도의 형상을 제시하시기까지 이스라엘 백성들을 가장 좋은 처지에 있도록 하시기 위하여 그들 중에 민주 정치에 근접하는 귀족 통치를 제정하심으로써 친히 그의 권위로 이 점을 확인하신 것이다(출 18:13-26; 신 1:9-17). 그리고 내가 기꺼이 인정하는 사실이지만, 적절한 절제로 자유를 규정하고, 견고한 기초 위에 그 자유가 합당하게 세워지는 그런 통치보다 더 행복한 것이 없고, 또한 이런 상태를 누리도록 허락을 받는 자들이야말로 가장 행복한 자들이라 생각한다. 그리고 통치자들이 이 자유를 보존하고 유지하기 위하여 단호하고도 지속적인 노력을 게을리하지 않는다면, 그들이야말로 통치자의 직무를 충실히 이행하는 것이라고 본다. 사실 통치자들은 그들이 보호자로서 지키도록 지명을 받은 바 그 자유가 여하한 면에서도 감소되거나 혹은 침해받지 않도록 최고의 근면함으로 직무에 임해야 하는 것이다. 만일 그 일에 성실히 깨어 있지 못하고 면밀한 보살핌이 없다면, 그들은 그 직무에 불성실한 것이며, 자기 나라를 반역하는 것이 되는 것이다.

그러나 주께서 한 가지 통치 형태를 지정하여 주셨음에도 불구하고 통치자가 스스로 통치 형태를 바꾸고자 하는 욕망을 갖고서 그렇게 움직이려 한다면,

그런 생각 자체가 어리석고 쓸데없을 뿐 아니라 전적으로 해로운 것이다. 한 도시만을 보지 말고 주위를 빙 둘러서 세계 전체를 바라보면, 혹은 최소한 먼 지역을 살펴보기만 해도 금방 알게 되겠지만, 각 나라들마다 갖가지 형태로 통치가 이루어지도록 하나님께서 지혜로우신 섭리로 배정해 놓으신 것이다. 성질이 동등하지 않은 요소들이 서로 잘 결합하듯이, 각 나라들마다 자기들의 고유한 상태에 맞는 통치 형태로 다스림을 받는 것이다. 그러나 오로지 주님의 뜻으로 족하다고 여기는 사람들에게는 이런 모든 것들을 이야기할 필요가 없을 것이다. 만일 주께서 나라들에 왕들을 세우고, 자유 도시들에 원로들이나 시정 관원들을 세우는 일을 좋게 여기셨다면, 우리가 살고 있는 곳에 주께서 누구를 세우시든 우리들 스스로 그들에게 복종하는 것이 우리의 의무일 것이다.

9. 통치자들의 직책

이제 여기서 통치자들의 직책을 설명해야겠다. 곧, 그것이 하나님의 말씀에서 어떻게 묘사되고 있는지와 그 직책에는 어떤 것들이 있는지를 살펴보기로 하자. 혹 그 직책이 율법의 두 돌비 모두에 미친다는 것을 성경이 가르치지 않았다 할지라도, 세속의 저술가들에게서 그 사실을 배울 수가 있다. 어느 누구도 통치자의 직책과 입법과 공공 복지에 대해 논하면서, 종교와 신적인 예배에서 논의를 출발하지 않는 사람이 없기 때문이다. 그리하여, 경건이 최고의 관심사가 되지 않으면 통치가 복되게 확립될 수 없으며, 하나님의 권한을 무시하고 오로지 사람들만을 상정하는 법이 이치에 맞는 경우가 없다는 것을 모두 이구동성으로 고백해온 것이다.

이렇듯 모든 철학자들 사이에서 종교가 첫 자리를 차지하며, 또한 이 사실이 모든 나라들에서 언제나 공통적으로 시행되어왔으므로, 만일 그리스도인 군주들과 통치자들이 이런 문제에 관심이 없다면, 그야말로 자기들의 태만에 대해 부끄러워해야 마땅할 것이다. 더욱이 이미 살펴보았듯이 이런 임무들을 하나님께서 특별히 그들에게 명하신 것이다. 그러므로 통치자들로서는 자기들이 대리하는 그분 — 또한 자기들에게 다스리는 은혜를 베푸신 그분 — 의 존귀를 보호하고 인정하도록 노력하는 것이 합당한 일이다.

또한 성경은 거룩한 왕들을 크게 칭송하는데, 이는 하나님께 드리는 예배가 부패하거나 파괴되었을 때에 그들이 그것을 회복시켰고, 또한 종교의 문제를 잘 처리하여 그것이 순결하고도 흠 없이 번성하도록 노력을 기울였기 때문이다. 그러나 반대로, 성경의 역사는 무정부 상태를 악한 것들 가운데 하나로 취급하고 있다. 이스라엘에 왕이 없으므로 각 사람마다 자기가 기뻐하는 대로 행하였기 때문이다(삿 21:25).

이러한 사실은 하나님을 향한 관심을 소홀히 하고 오로지 사람들 가운데 공의를 이루는 일에만 관심을 두는 자들의 어리석음을 잘 드러내 준다. 그것은 마치 하나님께서 그의 이름으로 통치자들을 지정하신 것이 그저 세상적인 문제들만 해결하고 그보다 더 크고 중대한 문제 — 즉, 율법의 명령대로 하나님 자신을 순결하게 예배하는 문제 — 에 대해서는 간과해 버리도록 하신 것처럼 취급하는 처사인 것이다. 과격한 자들이 바로 그런 사고를 갖고서, 모든 것을 자기들의 뜻에 맞게 바꾸어 놓으려는 야망으로 경건을 침해하기 일쑤며, 또한 그것에 대해서 저지하는 모든 사람들을 완전히 제거하려고까지 하는 것이다.

두 번째 돌비에 대해서는 예레미야가 왕들에게 권면하기를, "정의와 공의를 행하여 탈취 당한 자를 압박하는 자의 손에서 건지고 이방인과 고아와 과부를 압제하거나 학대하지 말며 이 곳에서 무죄한 피를 흘리지 말라"(렘 22:3)고 한다. 시편 82편에 나타나는 교훈 역시 동일한 뜻이다: "가난한 자와 고아를 위하여 판단하며 곤란한 자와 빈궁한 자에게 공의를 베풀지며 가난한 자와 궁핍한 자를 구원하여 악인들의 손에서 건질지니라"(시 82:3-4). 또한 모세는 그의 대리자들로 지명한 백성의 지도자들에게 이렇게 명령하고 있다: "너희의 형제 중에서 송사를 들을 때에 쌍방간에 공정히 판결할 것이며 … 타국인에게도 그리 할 것이라. 재판은 하나님께 속한 것인즉 너희는 재판할 때에 외모를 보지 말고 귀천을 차별 없이 듣고 사람의 낯을 두려워하지 말 것이며 스스로 결단하기 어려운 일이 있거든 내게로 돌리라 내가 들으리라"(신 1:16-17).

또한, 왕은 병마를 많이 두지 말 것이요, 탐욕을 멀리하며, 교만히 형제들 위에 군림하지 말고, 여호와의 율법을 평생에 옆에 두고 읽고 묵상하여야 하며(신 17:16-19), 재판을 굽게 하지 말며 뇌물을 받지 말라(신 16:19)는 등의 교훈들이 여기저기 있으나 이에 대해서는 그냥 넘어가기로 한다. 여기서는 통치자들의 직책을 설명하고 있으므로, 통치자들에게 교훈을 하는 것보다는 통치자가 무엇이며 하나님께서 어떤 목적으로 통치자를 세우셨느냐 하는 것을 다른 사람들에게 가르치는 것이 목적에 합당하기 때문이다. 그러므로 통치자들은 공공의 안전과 겸손과 예절과 평온의 보호자요 시행자로 세움을 받았으며, 또한 그들의 유일한 임무는 사회 전체의 안전과 평화를 도모하는 것임을 보게 되는 것이다. 다윗은 이 모든 덕들에 대하여 자기 자신이 하나의 전형(典形)이 될 것임을 공언하고 있다. 그는 왕위에 오른 후, 어떠한 범죄에도 동의하지 않을 것이요, 불경자와 모략하는 자들과 교만한 자들을 미워하며, 각처에서 정직하고 신실한 모사들을 구할 것이라고 하였던 것이다(참조. 시 101편, 특히 4-7절).

그러나 악인의 악행에서 선인들을 보호하고 눌린 자들을 돕고 보호하기 전에는 이를 수행할 수가 없으므로, 악을 행함으로써 공공의 평화를 어지럽히고 저해하는 노골적인 신성모독자들과 범죄자들을 강력하게 억제할 수 있도록 그들에게 필요한 권력이 주어져 있는 것이다(롬 13:3). 우리는 모든 국가의 체제는 상(賞)과 형벌에 의해서 유지되며, 이것들을 없애면 도시의 질서 전체가 무너지고 와해되고 만다는 솔론(Solon)의 진술을[4] 경험에 의해서 전적으로 동감한다. 덕행에 대하여 그에 합당한 존귀가 마련되어 있지 않으면, 많은 사람들의 생각에서 공평과 정의를 보살피고자 하는 의식이 식어 버리며, 가혹하고도 극심한 형벌을 가하는 방법이 아니고서는 악인의 탐욕을 제어할 방법이 없는 것이기 때문이다. 선지자도 이 두 가지 기능을 언급하고 있다. 그는 왕들과 통치자들에게 공의와 정의를 시행하라고 명령하는 것이다(렘 22:3; 참조. 21:12). 공의는 무죄한 자들을 안전하게 지키고 포용하며 보호하고 신원하고 자유롭게 하는 것이요, 정의는 불경한 자들의 대담함을 막고 그들의 횡포를 억제하며, 그들의 비행을 징벌하는 것이다.

10. 통치자의 무력 사용의 정당성

그러나 여기서 아주 어려워 보이는 한 가지 의문이 일어난다. 곧, 만일 하나님의 법이 모든 그리스도인들에게 살인을 금하고 있고(출 20:13; 신 5:17; 마 5:21) 또한 선지자가 하나님의 거룩한 산(교회)에 대하여 예언하기를, 거기서는 사람들이 해 됨도 없고 상함도 없을 것이라고 예언했다면(사 11:9; 65:25), 과연 통치자가 어떻게 경건한 사람이면서 동시에 피를 흘릴 수가 있겠는가 하는 것이다.

그러나 통치자가 형벌을 시행할 때에 자기 임의로 하는 것이 아니라 하나님의 심판 그 자체를 수행하는 것이라는 사실을 이해한다면, 이 문제로 방해를 받지 않을 것이다. 하나님의 율법은 살인을 금한다. 그러나 살인자가 형벌을 받지 않고 그냥 지나가는 일이 없도록 입법자 되신 하나님께서 친히 그의 사역자들의 손에 칼을 두셔서 모든 살인자들을 처단하게 하시는 것이다. 경건한 자가 남에게 상처를 입히고 해를 끼친다는 것은 합당치 않은 일이다. 그러나 여호와의 명령을 받아 경건한 자들에게 입힌 상처에 대해서 복수한다면 그것은 상처를 주고 해를 끼치는 일이 아닌 것이다.

이러한 사실을 — 사람의 경솔한 판단대로 무슨 일을 하는 것이 아니라 모든 일에서 그것을 명령하시는 하나님의 권위를 의지하여 행한다는 것을 — 항상 명심한다면, 그의 권위가 우리를 앞서서 나아가므로 절대로 올바른 길에서 벗어나지 않을 것이다! 사람의 악행을 처벌하지 못하도록 하나님의 공의를 가로막지만 않는다면 말이다. 하나님께 어떤 법이든 강요하는 것이 옳지 않다면, 어째서 그의 사역자들을 비난하려 한단 말인가? 바울은 말하기를, 그들은 하나님의 사역자로서 공연히 칼을 가진 것이 아니며 악을 행하는 자에게 진노하심을 따라 보응하는 자라고 한다(롬 13:4). 그러므로 만일 임금들과 기타 통치자들이 주님께 순종하는 것보다 합당한 것이 없다는 것을 깨닫고 하나님께서 받으실 만한 경건과 의로움과 정직을 갖기를 힘쓴다면, 우리는 그들로 하여금 이 다스리는 사역에 진력하도록 해야 할 것이다(참조. 딤후 2:15).

모세는 자신이 여호와의 권능으로 말미암아 그의 백성의 구원자로 정해졌음을 깨닫고서 애굽 사람을 쳐 죽였는데, 이때에 그는 바로 이와 같은 간절한 소망으로 용기를 얻었던 것이다(출 2:12; 행 7:24). 또한 하루에 삼천 명을 살육함으로써 백성들의 신성모독 행위를 처벌한 것도 같은 경우였다(출 32:27-28). 다윗 역시 그의 생애 말에 아들 솔로몬에게 명령하여 요압과 시므이를 죽이도록 했다(왕상 2:5-6, 8-9). 그리하여 그는 그 땅의 악인들을 진멸하여 하나님의 성에서 모든 행악자들을 쫓아내는 것을 왕의 덕행에 포함시키고 있는 것이다(시 101:8). 뿐만 아니라 솔로몬에게 주어지는 다음과 같은 칭송도 이와 같은 유에 속하는 것이다: "왕은 정의를 사랑하고 악을 미워하시나이다"(시 45:7).

부드럽고 평화로운 성품을 지닌 모세가 어떻게 해서 그렇게 격분하여 진중을 다니면서 그의 형제들을 살육하고 피로 물들게 하였겠는가? 평생토록 지극히 온유함을 보여온 다윗이 마지막 임종 시에 아들에게 명하여 요압과 시므이의 백발이 평안히 무덤에 들어가지 못하도록 하라는 끔찍한 유언을 남긴 사실은 또 어떻게 이해해야 좋겠는가? 그러나 두 사람은 하나님께서 정하신 보응을 실행함으로써 그 끔찍한 행위로 말미암아 오히려 손을 깨끗하게 한 것이다. 그렇게 하지 않았더라면 오히려 그로 인하여 손이 더러워졌을 것이다.

솔로몬은 이렇게 말한다: "악을 행하는 것은 왕들이 미워할 바니 이는 그 보좌가 공의로 말미암아 굳게 섬이니라"(잠 16:12). 또한, "심판 자리에 앉은 왕은 그의 눈으로 모든 악을 흩어지게 하느니라"(잠 20:8)라고도 말하고, "지혜로운 왕은 악인들을 키질하며 타작하는 바퀴를 그들 위에 굴리느니라"(잠 20:26)라고도 말하며, 또한 "은에서 찌꺼기를 제하라 그리하면 장색의 쓸 만한 그릇이 나올 것이요 왕 앞에서 악한 자를 제하라 그리하면 그의 왕위가 의로 말미암아 견고히 서리라"(잠 25:4-5)라고도 한다. 그리고 다시, "악인을 의롭다 하고 의인을 악하다 하는 이 두 사람은 다 여호와께 미움을 받느니라"(잠 17:15), "악한 자는 반역만 힘쓰나니 그러므로 그에게 잔인한 사자가 보냄을 받으리라"(잠 17:11)라고 말하며, 또한 "악인에게 네가 옳다 하는 자는 백성에게 저주를 받을 것이요 국민에게 미움을 받으리라"(잠 24:24)라고도 말한다. 자, 칼을 빼어들고 죄 지은 자들과 불경한 자들을 좇는 것이 그들의 참된 의로움이라면, 악인들이 날뛰며 살육과 약탈을 자행하는데도 그냥 칼을 칼집에 꽂아두고 손을 피로 물들이지 않는다면, 그것은 선하고 의롭다는 칭찬을 받는 일이기는커녕 오히려 그것이야말로 극한 불경죄를 범하는 것이 아니겠는가!

그러나, 고소당한 사람들의 암초라 불러 마땅한 그런 부정한 법정은 그 우발적이고도 잔혹한 처사와 함께 사라져야 할 것이다! 나는 부당하게 가혹한 처사를 행하는 것을 편드는 사람도 아니요, 관대한 조처가 없이는 공정한 심판이 선언될 수 없다고 생각하지도 않는다. 솔로몬의 말처럼, "왕은 인자와 진리로 스스로 보호하고 그의 왕위도 인자함으로 말미암아 견고해지"는 것이다(잠 20:28). 어느 고대의 저술가의 말처럼 관대함이야말로 군주가 주는 최고의 선물이라 불러 마땅한 것이다.[5]

그러나 통치자로서는 다음 두 가지 면에 주의를 기울여야 한다. 너무 지나치게 가혹하게 처리하여 치유하기보다는 오히려 해를 주어서도 안 되고, 관대한 조처를 맹목적으로 선호하는 나머지 끔찍스러운 부드러움 일변도의 태도에 빠져서 수많은 사람들이 파멸하도록 악을 그냥 비호하여서도 안 되는 것이다. 로마 황제 네르바(Nerva)의 치세 동안, "아무것도 허용하지 않는 군주 밑에서 산다는 것은 정말 불행한 일이다. 그러나 무슨 일이든 다 허용하는 군주 밑에서 사는 일

은 그보다 더 불행하다"라는 말이 있었는데, 이 말은 지극히 타당하다 하겠다.[6]

11. 전쟁 수행의 권한

그러나 그런 공적인 보응을 위해서 왕과 백성들은 때때로 무기를 들어야 한다. 우리는 이를 근거로 하여 수행되는 전쟁들을 정당한 것이라 판단할 수 있다. 그들에게 권세가 주어진 것이 자기들의 통치 영역 내의 평화를 보존하고, 불온한 자들의 선동적인 교란을 억제하며, 강제로 눌려있는 자들을 돕고, 악행을 벌하기 위한 것이라면, 개개인의 안정을 해치고 모두의 공동의 평화를 깨뜨리며 횡포를 부리며 압제하고 악행을 일삼는 자들의 격렬한 횡포를 막는 일보다 그 권세를 사용하기에 적합한 기회가 또 어디에 있겠는가? 그들이 법의 보호자요 수호자들이어야 한다면, 또한 법의 제재를 부패케 하는 과오를 범하는 모든 자들의 노력을 진압할 책임이 그들에게 있는 것이다.

사실, 그저 몇몇 사람들에게 해를 끼치는 행동을 한 강도들을 벌하는 것이 합당하다면, 온 나라 전체가 강도들에게 해를 입고 황폐화 되는데도 과연 그냥 지나치겠는가? 아무 권한도 없는 외국에 침입하여 원수로 노략질을 감행한다면 그것이 왕이든 천하디 천한 평민이든 전혀 차별이 없다. 그런 사람은 누구든지 강도로 간주되며, 강도로서 징벌을 받게 되는 것이다. 그러므로, 통치자의 직위가 지닌 본질적인 공정성과 그 직위의 본질로 볼 때에, 군주들은 무장을 하여 사사로운 개인들의 악행을 법적인 형벌로 억제하는 것은 물론, 하시라도 원수들의 공격을 받을 때에는 전쟁을 일으켜 자기들에게 맡겨진 통치 영역을 방어하여야 하는 것이다. 성령께서도 성경의 갖가지 증언들을 통해서 그런 전쟁을 타당한 것으로 선언하시는 것이다.

12. 전쟁 수행의 지침

그러나, 누구든 그리스도인들이 전쟁을 수행하는 일을 타당한 것으로 가르치는 증거나 실례가 신약 성경에 존재하지 않는다고 하며 나의 견해에 대해 반론을 제기한다면, 나는 첫째로 구약 시대에 존재했던 전쟁 수행의 이유가 오늘날도 여전히 적용된다고 답변할 것이다. 반대로 통치자들이 자기들의 신민(臣民)을 보호하지 말아야 하는 이유도 신약 성경에 나타나지 않는 것이다. 둘째로, 이 문제에 대한 분명한 선언은 사도들의 저작에서 찾아서는 안 된다고 말하고

자 한다. 그 저작들은 국가의 통치에 관한 내용이 아니라, 그리스도의 신령한 나라를 세우는 일에 관한 내용을 다루기 때문이다. 마지막으로 말하고자 하는 것은 그리스도께서 강림하심으로도 이런 점에서는 아무것도 변한 것이 없다는 사실이 나타나 있다는 것이다.

만일 아우구스티누스의 말처럼 기독교 교리가 모든 전쟁들을 다 정죄한다면, 군인들이 구원에 관하여 질문했을 때에 무기를 버리고 군인의 직무에서 완전히 떠나라고 대답했어야 옳을 것이다. 그러나 그들은, "사람에게서 강탈하지 말며 거짓으로 고발하지 말고 받는 급료를 족한 줄로 알라"는 대답을 들은 것으로 성경은 말씀하고 있다(눅 3:14). 받는 급료를 족한 줄로 알라고 가르쳤으니, 그들이 무기를 드는 것을 금하지 않은 것이 분명한 것이다.

그러나 여기서 통치자들은 조금이라도 감정적으로 치우치지 않도록 특별히 경계할 책임이 있다. 벌을 가해야 하는 경우라 할지라도, 격렬한 분노에 휘말리거나, 증오심에 사로잡히거나, 아니면 무자비한 가혹함으로 불타올라서는 안되는 것이다. 또한 아우구스티누스의 말처럼, 자기들이 형벌을 내리고 있는 그 사람들의 공통적인 본성에 대하여 연민의 정을 가져야 할 것이다.[7] 혹은 원수를 대항하여 스스로 무장을 해야 하는 경우에도 그런 일을 가볍게 결정해서도 안되며, 절대적인 필요성이 있는 경우가 아니면 무장을 할 구실이 있어도 무장을 해서는 안 되는 것이다. 이교도 철학자는 전쟁을 마치 평화를 추구하듯 하여야 한다고 했는데, 우리의 처신이 과연 이보다 훨씬 더 나아져야 한다면, 먼저 다른 모든 방도를 다 시도해 보고나서 그것으로도 되지 않을 때에 마지막으로 무기를 들어야 되는 것이다.

마지막으로, 어떤 경우든 통치자들은 사사로운 감정에 치우쳐서는 안 되며 반드시 백성들을 위하는 자세로 처신해야 할 것이다. 그렇지 않으면, 그들에게 주어진 권력을 악하게 사용하고 마는 것이다. 그러나 권력이 주어진 것은 통치자들 개인의 이익이 아니라 다른 사람들의 유익을 위하여 주어진 것이 아니던가!

더 나아가서, 전쟁을 일으키는 권한이 있으니, 또한 수비대와 국가 동맹 체제와 기타 민간의 방어 수단들을 강구할 이유가 있는 것이다. 여기서 "수비대"라 함은 국가의 경계를 방어하기 위하여 각 도시들 사이에 주둔해 있는 군대들을 지칭하며, "국가 동맹 체제"라 함은 서로 이웃하는 군주들 간에 혹 상대방의 나라에 어려움이 있을 경우 서로 와서 도우며, 함께 협력하여 공동의 적들을 진압하도록 하는 협약을 가리키며, 또한 "민간 방어 수단"이라는 것은 전쟁 수행에 사용되는 각종 수단들을 가리키는 것이다.

13. 세금 징수의 권한

마지막으로 한 가지 덧붙이고 싶은 것은, 공물(貢物)과 세금은 군주들의 적법한 수입원으로서, 이것은 주로 그들의 직책 수행에 소요되는 공적인 비용을 충당하는 데에 사용된다. 그러나 또한 그들의 생활을 화려하게 치장하는 데에도 쓸 수 있다. 그런 생활은 이를테면 그들이 수행하는 권세가 지닌 위엄과 직결되는 것이다. 우리가 보는 바와 같이, 다윗과 히스기야, 요시야, 여호사밧 등 거룩한 왕들이나, 요셉과 다니엘 등은 공적인 비용으로 화려한 생활을 하면서도 경건이 침해받지 않았다. 그리고 에스겔서에서는 땅의 큰 부분이 군주들에게 할당된 것을 보게 된다(겔 48:21). 물론 선지자는 거기서 그리스도의 영적 왕국을 묘사하고 있지만, 합당한 인간 왕국의 모습을 그 모범으로 삼고 있는 것이다.

그러나 동시에 그는 군주들의 편에서도 자기들의 수입이 사사로운 이득을 위한 것이 아니라 온 백성 전체의 재산이므로 — 바울도 이를 증거하고 있다(롬 13:6) — 낭비하거나 강탈할 경우 명백한 불의가 된다는 사실을 스스로 기억할 것임을 말하고 있다. 혹은, 그 재산은 백성들의 고혈(膏血)과도 같으므로 그것을 낭비한다는 것은 그야말로 가장 극악한 비인간적 행위일 것이다. 뿐만 아니라, 군주들로서는 그들이 부과하는 각종 조세 등의 공물들은 공적인 필요를 충당하는 정도로 그쳐야 하며, 아무런 연유도 없이 일반 백성들에게 과도한 세금을 부과하는 것은 폭군적인 착취 행위가 된다는 것을 생각해야 할 것이다.

이 점들을 생각한다면, 군주들이 낭비와 값비싼 사치를 조심하게 될 것이다. 이미 탐욕이 도를 넘어서 지나치게 불타오르고 있는데 거기에 구태여 기름을 더 할 필요는 없다. 그러나 무슨 일을 시도하든 반드시 하나님 앞에서 깨끗한 양심으로 해야 할 필요가 있으므로, 그들은 어느 정도가 과연 자기들에게 합당한지에 대해서 가르침을 받음으로써, 혹 불경하게 자기 자신을 믿다가 하나님의 진노 아래 들어가는 일이 없도록 해야 하는 것이다. 또한 사사로운 개인들이라 해서 이런 가르침이 불필요한 것이 아니다. 이런 가르침을 받음으로써 군주들이 일반 시민들의 보통 지출보다도 훨씬 더 많은 지출을 하여 화려한 생활을 유지하는 데 대하여 경솔하고도 뻔뻔스럽게 비난을 일삼는 일이 없게 될 것이니 말이다.

(법과 소송 절차와 그리스도인의 의무. 14-21)

14. 국가의 법과 모세의 율법

국가에서 통치자 다음으로 중요한 것은 법(法)이다. 법이란 국가 체제의 가장 든든한 힘줄이며, 키케로가 플라톤을 따라서 말하듯이 국가의 영혼이며, 통치자가 없이는 법이 효력이 없듯이 법이 없이는 통치자가 도저히 설 수 없는 것이다. 따라서, 법이란 무언(無言)의 통치자요, 통치자는 살아 있는 법이라는 말보다 옳은 말은 없을 것이다.

그러나 여기서 기독교 국가를 통치하는 법에 대해서 논의하고자 하는 것이 나의 의도이므로, 갖가지 최상의 국가 법들에 대해서 장황하게 논의하기를 기대할 이유는 없을 것이다. 거기에 대해 논의하자면 끝이 없을 것이고 또한 현재의 목적에 잘 맞지도 않을 것이기 때문이다. 여기서는 그저 어떤 법이 하나님 앞에서 경건하게 사용될 수 있으며, 또한 사람 사이에서도 올바르게 시행될 수 있는가 하는 것에 대해서 한두 마디 정도만 언급하고 지나가기로 한다.

여기서 많은 이들이 위험스럽게 곁길로 빠진다는 것을 알지 못했다면, 나는 아마 이 문제에 대해서 침묵을 지키는 편을 택했을 것이다. 그런데 모세의 정치 체제를 무시하고 각 국가의 공통적인 법으로 다스린다 해도 국가가 정상적으로 틀을 잡을 수 있다는 것을 부인하는 사람들이 있는 것이다. 다른 사람들로서는 이런 사고가 얼마나 위험스럽고 선동적인가를 생각하여야 할 것이다. 나로서는 그런 사고가 그릇된 것이요 어리석은 것임을 입증한 것으로 만족할 것이다.

우리는 모세를 통하여 반포된 하나님의 율법 전체를 일반적으로 도덕법 (moral laws), 의식법(ceremonial laws), 시민법(judicial laws)으로 구분한다는 점을 염두에 두어야 할 것이다. 그리고 이 세 가지 부분들 가운데 어떤 것이 우리에게 관계가 있고 어떤 것이 관계가 없는지를 이해할 수 있도록 하나하나를 살펴야 할 것이다. 의식법과 시민법도 역시 도덕의 문제와 관련이 있다는 작은 문제로 골머리를 썩일 필요는 없을 것이다. 이런 구분법을 가르친 고대의 저술가들도 의식법과 시민법이 도덕의 문제에 관련이 있다는 것을 모르지는 않았으나 그 법들은 변하고 폐기될 수 있는 것인 반면에 도덕은 계속해서 불변의 상태로 있는 것이기 때문에 의식법과 시민법을 도덕법이라 부르지 않은 것이다. 그들은 오로지 첫 부분만을 도덕법이라 불렀다. 그것이 없으면 참된 삶의 거룩함도 올바른 행실을 위한 불변의 법칙도 존재할 수가 없기 때문이다.

15. 율법의 세 가지 부분

우선 도덕법부터 살펴보자면 그것은 두 부분으로 되어 있는데, 그 하나는 순결한 믿음과 경건으로 하나님을 예배하라고 명령하는 것이요, 다른 하나는 순전한 사랑으로 사람들을 포용하라는 것이다. 따라서, 도덕법은 의(義)의 참되고 영원한 법칙으로서, 하나님의 뜻에 따라 삶을 영위하고자 하는 모든 나라와 모든 시대의 사람들에게 베풀어진 것이다. 하나님께서 우리 모두에게 예배를 받으시고, 또한 우리가 서로 사랑하는 것이야말로 하나님의 영원하고도 불변한 뜻이기 때문이다.

의식법은 유대인들의 후견인(後見人)과도 같은 것이었다. 여호와께서는 그의 정하신 때가 차기까지 이를테면 어린아이와도 같은 그 백성들을 그 법으로 훈련시키기를 기뻐하셨고(갈 4:3-4; 참조. 3:23-24), 그리하여 온 나라들에게 그의 지혜를 충만히 드러내시고, 또한 그때에 비유로 예표하신 것들의 실체를 보여주고자 하신 것이다.

시민법은 국가적 통치를 위하여 그들에게 주신 것으로, 그들로 하여금 흠 없고 평화롭게 함께 살도록 하시기 위하여 공평과 정의를 담은 특정한 규정들을 제시하는 것이었다.

의식에 관한 갖가지 관행들은 유대인들의 교회로 하여금 하나님을 섬기고 경외하게 하도록 지키는 것들이었으므로 경건의 도리에 속하는 것으로 보아야 옳으나, 경건 그 자체와는 구분되는 것이었다. 이와 마찬가지로, 그들의 시민법의 형식도 하나님의 영원한 율법이 명하는 바 그 사랑을 가장 잘 보존하도록 하는 의도로 주어진 것이지만, 사랑의 계명 그 자체와는 구별된 점이 있었던 것이다. 그러므로 의식법은 폐기될 수 있었으나 경건은 전혀 손상 받지 않고 안전하게 남아 있었고, 마찬가지로 이 시민법은 사라졌으나 사랑의 영구한 의무와 계명들은 여전히 남아 있는 것이다.

이것이 사실이라면, 각 나라마다 자기에게 유익하리라고 예견되는 대로 그런 법을 자유로이 만들 수가 있다. 그러나 그 일은 사랑이라는 영구한 법칙에 부합되도록 이루어져서 그 형식은 법들마다 다를지라도 모두가 동일한 목적을 지향하도록 되어야 한다. 나는 도둑들을 높이고 문란한 성 관계를 비롯하여 기타더 추잡하고 어리석은 행위들을 용납하는 그런 야만적이고 미개한 법들이 법으로 인정되어야 한다고 생각하지 않는다. 그런 법들은 모든 정의에 대해서만이 아니라 모든 인간성과 예의에 대해서도 전혀 어긋나기 때문이다.

16. 법들의 통일성과 다양성

모든 법들에서 다음과 같은 두 가지를 살펴본다면, 지금까지 내가 말한 것이 분명해질 것이다. 곧, 법의 제정과 또한 그 제정 자체가 근거를 두고 있는 공정성이 그것이다. 공정성이란 본질적인 것이므로 모두에게 동일하지 않을 수가 없는 것이요, 따라서 비록 대상은 각기 다를지라도 이 동일한 목적이 모든 법에 다 적용되어야 마땅한 것이다. 법의 제정에는 법들이 부분적으로 의존하는 바 특정한 상황이 있는 것이다. 그러므로 그런 것들이 다르다 할지라도 모두가 공정성이라는 동일한 목표를 향하여 나아가고 있다면 아무런 문제가 없는 것이다.

우리가 도덕법이라 부르는 그 하나님의 법도, 자연법에 대한 증언이요 또한 하나님께서 사람의 마음에 새겨 놓으신 양심에 대한 증언 이상 아무것도 아니라는 것이 분명한 사실이다. 그러므로 우리가 지금 논의하고 있는 이 공정의 체계 전체가 그 속에 제시되어 있는 것이다. 따라서 이 공정만이 모든 법들의 목표요 법칙이요 한계가 되어야 하는 것이다.

어떠한 법이 세워지든 그 법칙을 따르고, 그 목표를 지향하며, 그 한계를 지키는 한, 그것들이 유대인의 법과 다르다거나 아니면 자기들끼리 서로 다르다 할지라도, 그것들을 배척할 이유가 없는 것이다.

하나님의 법은 도둑질을 금한다. 유대 국가에서 도둑에게 부과하는 형벌을 출애굽기에서 볼 수 있다(출 22:1-4). 다른 나라들의 고대의 법들은 도둑질에 대해서 두 배로 갚는 형벌을 부과하였고, 이 법들 이후에 나온 법들은 명백한 도둑질과 명백하지 않은 도둑질을 서로 구분하였다. 어떤 법에서는 추방시켰고, 어떤 법에서는 태형에 처하였고, 또 어떤 법은 사형을 부과하기도 했다. 유대인들 가운데서는 거짓 증언을 그것으로 입은 손해와 동등한 값으로 배상하도록 규정하였고(신 19:18-21), 다른 법에서는 심한 모욕으로 처벌하였고, 어떤 나라에서는 교수형에 처하고, 또 십자가에 못 박아 사형시키는 나라도 있었다. 살인의 경우는 모든 법들이 똑같이 피로써 벌하고 있으나, 사형의 방법에 대해서는 각기 다르다. 간음한 자들에 대해서는 어떤 나라에서는 아주 심한 처벌을 내리고, 또 어떤 나라들에서는 가벼운 처벌을 내린다.

그러나 이렇게 양상이 다양하지만, 모든 법이 동일한 목표를 지향하고 있는 것을 보게 된다. 살인, 도둑질, 간음, 거짓 증언 등 하나님의 영원한 법이 정죄한 범죄들에 대하여 모두가 한결같이 형벌을 부과하면서도 형벌의 방식에 대해서는 서로 다른 것이다. 방식이 어느 곳이나 반드시 동일해야 할 필요는 없다. 어떤 나라들은 살인자들을 잔혹하게 처벌하여 끔찍한 모범을 보이지 않으면 즉시 살육과 강도짓으로 가득 차서 나라가 망할 지경인 경우도 있다. 시기에 따라서 더 혹독한 형벌들을 요하기도 한다. 국가에 어떠한 소요가 일어날 경우, 그에 따르는 악을 시정하기 위하여 새로운 규정들이 필요하게 된다. 전시(戰時)에는 무력이 힘을 쓰기 때문에 특별히 가혹한 형벌을 부과하여 공포심을 유발시키지 않으면 모든 인간다운 면모가 사라지고 말 것이다. 기근이나 큰 전염병이 도는 시기에는 더 엄중한 법이 시행되지 않으면 모든 것이 황폐화되고 말 것이다. 나라들마다 빈번하게 발생하는 특정한 범죄들에 대해서 엄히 다룸으로써 그러한 범죄의 성향을 막기도 한다. 그런데 이렇듯 하나님의 법을 준수하도록 각 법들마다 완벽하게 상황에 따라 적응하고 있는데, 이런 다양성을 언짢게 생각하는 사람이 있다면, 이 얼마나 사회의 질서를 혐오하며 악의를 부리는 처사이겠는가?

모세를 통하여 주신 하나님의 율법을 폐기하고 그보다 새로운 법을 선호하는 처사는 하나님의 율법을 모독하는 것이라고 주장하는 자들이 있으나, 이는 전혀 헛된 주장일 뿐이다. 모세의 법과 다른 법들을 그저 비교하여 다른 법들을 선호하는 것도 아니요 더 인정하는 것도 아니다. 시대와 장소와 나라의 처지를 따라서 다른 법들을 세우는 것이다. 모세의 법이 절대로 우리를 위하여 제정된 것이 아니어서 그것을 폐기하는 경우도 마찬가지다. 여호와께서 모세의 손을 통해서 그 법을 주신 것은 만방에 그 법을 선포하여 각처에서 강제로 그것을 집행하도록 하기 위함이 아니었다. 오히려 주께서는 유대 민족을 그의 보호하심과 보살피심 속에 두시면서 특별히 그 민족에게 자신이 입법자가 되기를 원하셨고, 지혜로우신 입법자가 되셔서 특별히 그 민족을 향하여 그들에게 맞는 법을 제정하신 것이다.

17. 그리스도인과 소송

이제는 마지막으로, 법과 재판과 통치자들이 그리스도인들의 공동 사회에 대하여 유익한 점이 무엇인지를 살펴보기로 하자. 그리고 여기에 또 다른 한 가지 문제가 결부된다. 곧, 각 개개인들이 통치자들에게 어느 정도까지 존경해야 하며, 또한 그 복종의 한계가 어디까지냐 하는 것이다. 그런데 그리스도인들에게는 통치자라는 직위가 쓸데없다고 보는 사람들이 많다. 경건을 위하여 그들의 도움을 구할 수도 없고, 복수를 하거나, 소송을 제기하거나 법에 호소하는 것이 그리스도인들에게는 금지되어 있다고 생각하기 때문이다.

그러나 바울은 이와 반대로 통치자가 우리에게 선을 베푸는 하나님의 사역자들임을 증거하고 있다(롬 13:4). 이로써 우리는 통치자가 하나님께로 말미암아 세움을 받았고 그의 손에 보호하심을 받는 자로서 악인들의 비행과 부정한 행위들을 막음으로써 우리로 하여금 고요하고 안정된 삶을 살 수 있도록 해 주는 자들임을 알게 된다(딤전 2:2). 우리가 그런 혜택을 누릴 허락을 받지 못하였다면 주께서 우리를 보호하시기 위해서 통치자를 세우신 목적이 헛것이 될 것이다. 그러므로 통치자에게 요청하고 호소한다 할지라도 결코 경건에 해가 되는 것이 아니라는 것이 분명한 것이다.

그러나 여기서 두 종류의 사람을 다루어야겠다. 소송에 대한 열심이 끓어올라서 다른 사람들과 싸움을 하지 않고 있으면 마음에 평화를 찾지 못하는 그런 사람들이 굉장히 많다. 그런 사람들은 격렬하고도 끔찍스러운 증오심과 미친듯한 복수의 감정을 갖고서 소송을 행하며, 상대방을 완전히 파멸시키고자 하는 무자비한 마음으로 끝까지 추적하기도 한다. 그러면서도 자기들이 그릇된 일을 행한다는 인상을 피하기 위하여 법적인 절차를 지킨다는 것을 구실로 그런 악심을 변호하는 것이다. 그러나 형제를 상대로 법에 호소하는 것이 허락된 일이기는 하지만, 그렇다고 해서 그 사람을 미워하거나 그에게 해를 주려고 하는 미친 욕망에 사로잡히거나 그를 끝없이 괴롭히는 따위의 일은 절대로 허용되지 않는 것이다.

18. 그리스도인의 소송의 자세

그러므로 그런 사람들은 소송을 올바르게 사용하는 경우에 한하여 소송이 허용된다는 것을 알아야 할 것이다. 피고(被告)가 지정된 날짜에 재판정에 출석하여 할 수 있는 만큼 이의를 제기하고 자신을 변호하되 원한의 마음이 없이 다만 자기의 권리를 보호하고자 하는 의도로만 임하고, 또한 원고(原告)도 자신의 신상이나 재산 상으로 부당하게 해를 입은 것에 대하여 법관의 처분에 맡기고 자기의 입장을 밝히고 공정하고도 선한 것을 추구한다면, 원고의 소송 제기와

피고의 자기 변호 모두가 정당하게 이루어진다 할 것이다. 원고는 해를 주거나 복수하고자 하는 감정이 있어서도, 증오와 욕심이 있어서도, 경쟁에서 이기고자 하는 불타는 욕망이 있어서도 안 될 것이다. 두 사람 모두 상대방을 향한 적개심에 사로잡히기보다는 차라리 자기의 입장을 양보하고 어떠한 손해라도 감수할 마음의 자세를 가져야 한다.

이와 반대로, 마음이 악의로 가득 차고, 질투심으로 더럽혀지며, 분노로 이글이글 타오르고, 결국 복수심과 투쟁심이 불타오르게 되면, 사랑이 이미 손상되기 마련이므로, 아무리 정의로운 목적을 위한 소송이라 할지라도 불경한 것이 되고 마는 것이다. 모든 그리스도인들은 다음과 같은 원칙을 세워 놓아야 할 것이다. 곧, 마치 소송 중인 문제가 이미 원만하게 해결되어 평온을 되찾은 것처럼 그렇게 상대방을 동일한 사랑과 선의로 대하지 않으면 아무리 정의로운 소송이라 할지라도 절대로 올바로 처리하는 것이 아니라는 것이 그것이다. 어쩌면 여기서 어떠한 소송에서도 그런 관용의 자세는 볼 수 없으며, 만일 그런 일이 있다면 그것은 기적일 것이라고 이의를 제기하는 사람이 있을 것이다. 사실 나도 오늘날의 관례가 계속되는 한 공명정대한 소송 당사자가 매우 드물 것이라는 것은 인정한다. 그러나 악한 것이 덧붙여져 부패하지 않은 상태로 있는 한 그 원칙 그 자체는 언제나 선하고 순결한 것이다. 통치자의 도움이 하나님의 거룩한 선물이라는 말을 들을 때에, 우리는 우리의 과실로 말미암아 그것이 더럽혀지는 일이 없도록 더 부지런히 경계해야 할 것이다.

19. 법적 소송을 부인하는 태도에 대한 반론

모든 법적인 싸움을 철저하게 정죄하는 자들은 그런 자세야말로 하나님의 거룩한 규례를 거부하는 것이요 깨끗한 자들이 깨끗하게 받을 수 있는 한 가지 부류의 선물을 거부하는 것임을 알아야 할 것이다(딛 1:15). 그러나 혹 바울이 자기를 고소하는 자들의 중상 모략을 반박하며 그들의 간계와 악의를 폭로하였고(행 24:12 이하) 법정에서 스스로 로마의 시민임을 주장하였으며(행 16:37; 22:1, 25) 또한 필요시에는 불의한 재판관에게서 가이사의 법정에까지 호소한 일을 두고서(행 25:10-11) 그가 수치스러운 행동을 했다고 하며 바울을 비난한다면, 이것은 물론 전혀 다른 문제일 것이다.

이것은 모든 그리스도인들이 복수심을 품지 말아야 하며 그리스도인의 법정에서는 그것을 멀리 쫓아내야 한다는 사실(레 19:18; 마 5:39; 신 32:35; 롬 12:19)과 모순되는 것이 아니다. 민사 소송에 관한 문제가 생길 경우, 스스로 복수심에 차서 악을 악으로 갚으리라는 생각을 하지 않고(롬 12:17) 자기의 처지를 공적인 보호자인 재판관에게 순전하게 맡기지 않는다면 바른 길을 취한다 할 수 없을 것이다. 그러나 그보다 더 심각한 범죄에 대해 조치할 경우에라도, 원고는 사사로운 상해에 대한 원한과 복수심에 불타는 심정으로 법정에 나가서는 안 되며, 파괴적인 사람의 악행으로 말미암아 사회에 해를 끼치지 않도록 방지하겠다는 심정만으로 나가야 하는 것이다. 복수심을 제거한다면, 그리스도인에게 복수를 금하는 명령을 깨뜨리는 것이 아닌 것이다.

그러나 어떤 이들은, 그리스도인들은 복수심을 품지 말아야 할 뿐 아니라, 주께서 친히 눌린 자들과 고난 당하는 자들을 대신 갚아 주시겠다고 약속하시므로 주님의 손길을 기다려야 한다고 명령하고 있으니(롬 12:19), 자기들을 위해서나 남을 위해서 관원의 도움을 청하는 자들은 하늘의 보호자이신 주님의 보응하심을 모두 앞질러가는 것이라고 하며 반대할 것이다. 그러나 절대로 그렇지 않다! 통치자의 보응은 사람의 것이 아니라 하나님의 것이라는 사실을 생각해야 하는 것이다. 바울의 말처럼(롬 13:4) 하나님께서는 우리의 선을 위하여 사람의 사역을 통하여 그 일을 시행하시는 것이다.

20. 그리스도의 명령과 신자의 법적 소송의 관계

그렇다고 해서 우리가 "악한 자를 대적하지 말라 누구든지 네 오른편 뺨을 치거든 왼편도 돌려 대며 또 너를 고발하여 속옷을 가지고자 하는 자에게 겉옷까지도 가지게 하라"(마 5:39-40)는 그리스도의 말씀을 거역하는 것도 아니다. 그리스도께서는 그의 백성들의 마음에 복수하고자 하는 바람이 전혀 없이, 받은 것을 되갚아 주기보다는 오히려 기꺼이 두 배나 더 해를 당할 자세를 가지기를 원하신다. 우리는 지금 그런 인내의 자세를 버리도록 유도하고 있는 것이 아니다. 그리스도인들은 모름지기 중상과 상해를 견디고 악인들의 모략과 간계와 조롱을 그대로 받아넘기는 그런 종류의 사람들이어야 마땅하다. 다시 말해서, 한 가지 공격을 받은 다음 기꺼이 또 다른 공격을 받으며 평생토록 오직 계속해서 십자가를 진다는 일념으로 나아가는 그런 완전한 영적인 평정의 자세를 지녀야 한다는 것이다.

그리고 거기서 더 나아가, 그리스도인들은 악을 행하는 자들에게 선을 베풀며 저주하는 자들에게 복을 빌어야 하며(눅 6:28; 참조. 마 5:44), 또한 악을 선으로 이기도록 ― 이것이 유일한 승리이니 ― 최선을 경주하여야 하는 것이다(롬 12:21). 그런 자세를 갖고서, 바리새인들이 제자들에게 복수를 품으라고 하면서 가르치듯이 눈(眼)에는 눈, 이(齒)에는 이로 갚으려 하지 않으며, 오히려 그리스도께 교훈을 받는 대로, 자신의 몸이 불구가 되고 재산을 악의로 빼앗기는 한이 있더라도 그런 해를 당하는 즉시 그런 악행들을 기꺼이 용서하고 자의로 사면하는 것이다(마 5:38 이하).

그러나 이러한 공평과 너그러움의 자세를 지니고 있으면서도 얼마든지 관원의 도움을 받아 재산을 보존하는 조치를 취할 수가 있고, 원수들을 향하여 우호적인 자세를 유지할 수가 있으며, 공공의 복지를 위한 일념으로 오로지 죽음으로써밖에는 변화시킬 방도가 없어 보이는 극악한 죄인을 처벌하기를 요구할 수가 있는 것이다.

아우구스티누스는 이 모든 교훈들의 목적을 올바로 해석해 주고 있다. 첫째로, 의롭고 경건한 사람은 자신이 선하게 되기를 바라는 자들의 악행을 인내로 참아 견딜 자세를 가져야 한다. 그렇게 해야 선한 사람의 숫자가 증가하며, 그 자신이 그들의 악행에 영향을 받아 악인의 숫자에 자기 자신을 첨가시키는 일이 없을 것이다. 둘째로, 이 교훈들은 공개적으로 드러나는 행위에 관계된 것이라기보다는 내적인 마음 가짐에 관계된 것이다. 그러므로 마음의 인내와 선의를 은밀하게 간직하고 있으면서, 동시에 ― 잘되기를 바라는 것이 마땅한 ― 그 사람들에게 유익이 될 것으로 여겨지는 일을 공개적으로 해야 한다.

21. 바울의 진술의 바른 이해

흔히 바울이 법적 소송을 완전히 정죄했다고들 주장하지만, 이런 주장 역시 그릇된 것이다(고전 6:5-8). 그의 말에서 우리는 당시 고린도 교회에서 소송에 대한 과도한 열기 때문에 심지어 그들이 입으로 고백하는 그리스도의 복음과 신앙 전체가 불신자들에게서 조롱을 받고 비웃음을 당하는 지경에 처하여 있었다는 것을 쉽게 알 수가 있다. 바울은 첫째로 신자들끼리 서로 무절제하게 분쟁을 일삼음으로써 복음이 치욕을 당하게 된 것에 대하여 책망한다. 그리고 둘째로, 그는 그들이 서로 형제들끼리 이런 식으로 싸우는 것에 대하여 책망한다. 그들은 잘못된 손해를 견디기는커녕 오히려 상대방의 재물을 탐하며 이유도 없이 서로 공격하여 해를 끼치고 있었던 것이다. 그러므로 바울은 모든 논쟁을 완전히 금한 것이 아니라 법정에 호소하고자 하는 그 미친 듯한 정욕을 맹렬하게 책망하고 있는 것이다.

재산상의 손해를 받아들이지 않고 오히려 그것을 되찾으려고 애쓰며, 그리하여 심지어 분쟁에 이르기까지 하는 것을 바울은 그들의 과실 혹은 그들의 연약함으로 간주한다. 즉, 조그만 손해도 참지 못하고 법정으로 달려가 사소한 문제에 대해 소송을 제기하곤 하는 그들의 처신이, 그들의 마음이 분을 잘 내고 참을성이 없는 것을 드러내 보이는 증거라는 것이다. 그리스도인들은 법정으로 향하기보다는 차라리 자신의 권리를 양보하기를 언제나 선호하는 그런 자세로 처신해야 할 것이다. 일단 법정에 들어가면 형제를 향한 미움의 감정에서 벗어나기가 쉽지 않기 때문이다.

그러나 손해가 너무나 커서 자기가 당하기에는 너무 심할 경우에 사랑을 잃지 않고도 자기의 재산을 보호할 수 있다고 여겨서 법정에 호소한다 할지라도, 그것은 바울의 이 말씀을 거스르는 것이 아니다. 정리하자면, 맨처음에 말한 바와 같이, 사랑이 각 사람에게 최고의 조언을 해 줄 것이다. 사랑이 없이 행하는 모든 일과, 사랑의 한계를 넘어서서 나아가는 모든 쟁론을 우리는 명백히 불의한 것이요 불경건한 것으로 간주하는 것이다.

(통치자에 대한 존경과 복종, 그리고 악한 군주에 대한 자세. 22-29)

22. 통치자를 향한 존경

통치자들에게 신민(臣民)들이 행하여야 할 첫째가는 의무는 그들의 직위를 지극히 존귀하게 대하며, 하나님께서 베푸신 관할권으로 여기고, 그리하여 그들을 하나님의 사역자들로 또한 대리인들로서 높이고 존경하는 것이다. 세상에는 통치자들에게 매우 존경하는 자세로 복종하며, 자기들이 복종할 만한 그런 사람을 통치자로 원하면서도, 통치자는 그저 공공의 복지를 위하여 편의상 필요한 것이고 그저 일종의 필요악일 뿐이라고 여기는 사람들을 볼 수가 있다.

그러나 왕을 존대하라는 베드로의 명령(벧전 2:17)이나 하나님과 왕을 경외하라는 솔로몬의 가르침(잠 24:21)은 분명 이보다 더한 자세를 우리에게 요구하는 것이다. 베드로의 경우, "존대하라"는 말에는 왕에 대한 신실하고도 솔직한 자세까지도 포함된다. 그리고 솔로몬은 왕을 하나님과 함께 묶어서 말함으로써 왕이 거룩한 존경과 위엄으로 충만하다는 것을 보여 주고 있다. 또한 바울도 말하기를, 복종을 하되 "진노 때문에 할 것이 아니라 양심을 따라 하라"고 한다(롬 13:5). 이 말은 곧, 신민들로서는 군주와 통치자들에 대한 두려움에만 이끌려서 그들에게 굴복해서는 안 되며(저항하다가는 곧바로 보복을 당할 것이므로 모두들 무장한 원수에게라도 복종하듯이), 하나님께 드리는 복종을 자의로 그들에게 드려야 한다는 것이다. 통치자의 권세가 하나님께로부터 온 것이기 때문이다.

　나는 지금 통치자들 자신을 이야기하는 것이 아니다. 그들 자신은 겉으로 위엄을 보이지만 속에는 우매함이나 게으름, 혹은 잔인함, 그리고 온갖 악행으로 가득한 악한 부도덕성이 숨어 있고, 악행을 저지르고도 덕성에 대한 칭송을 얻는 경우가 허다하다. 내가 여기서 말하는 것은 통치자의 직위 그 자체이다. 통치자의 직위는 존귀와 존경을 받을 가치가 있는 것이므로, 통치자가 되는 자들이 우리들 가운데서 높임을 받고 그들의 주권에 대하여 존경해 마지 않는 것이다.

23. 통치자에 대한 복종

　여기에 또 다른 의무가 이어진다. 곧, 신민들은 통치자들을 존경하는 마음을 갖고서 그들을 향한 복종심을 증명해 보여야 한다는 것이다. 통치자들의 포고 내용들을 따르든, 세금을 납부하든, 공적인 직책들을 수행하며 국가를 방어하는 일에 부담을 지든, 기타 그들의 명령을 수행하든, 자기들의 복종심을 드러내 보여야 하는 것이다. 바울은 말하기를, "각 사람은 위에 있는 권세들에게 복종하라 … 권세를 거스르는 자는 하나님의 명을 거스름이니"(롬 13:1-2)라고 하며, 또한 디도에게 보낸 편지에서는 이렇게 말한다: "너는 그들로 하여금 통치자들과 권세 잡은 자들에게 복종하며 순종하며 모든 선한 일 행하기를 준비하게 하며"(딛 3:1). 또한 베드로도 말하기를, "인간의 모든 제도를 주를 위하여 순종하되 혹은 위에 있는 왕이나 혹은 그가 악행하는 자를 징벌하고 선행하는 자를 포상하기 위하여 보낸 총독에게 하라"(벧전 2:13-14).

　그런데 신자들이 그저 복종하는 체하는 것이 아니라 진정으로 마음을 다하여 복종한다는 것을 증명하기 위하여 바울은 통치자들의 안전과 번영을 위하여 하나님께 간구하라고 덧붙이고 있는 것이다: "내가 … 권하노니 모든 사람을 위하여 간구와 기도와 도고와 감사를 하되 임금들과 높은 지위에 있는 모든 사람을 위하여 하라 이는 우리가 모든 경건과 단정함으로 고요하고 평안한 생활을 하려 함이라"(딤전 2:1-2).

여기서 스스로 속는 사람이 없어야겠다. 통치자를 거역하면 동시에 하나님을 거역하는 것이 되므로, 통치자가 무장(武裝)을 하지 않아서 그를 멸시해도 무사할 것 같아 보인다 할지라도 하나님께서 이를 자신에 대한 멸시로 받으셔서 강력하게 응징하시기 위하여 무장을 갖추고 계신다는 것이다.

더 나아가서 나는 사사로운 시민들이 스스로 공적으로 지키는 자제까지도 이 복종에 포함시킨다. 곧, 공적인 일에 고의로 개입하지 않고, 통치자의 직무에 쓸데없이 간섭하지도 않고, 정치적 행위를 하지 않는 것 등이다. 공적인 규정의 어떤 점이 개정을 요한다고 할 때에도, 소요를 일으키거나 자기들의 손으로 그 일을 직접 처리하려 해서는 안 되며 — 이 점에서 그들은 모두 손을 묶어두어야 한다 — 그 문제를 통치자의 판단에 내어 맡겨서 그가 여기서 홀로 자유로이 처리하도록 하여야 하는 것이다. 즉, 무슨 일이든 명령이 없이 감행하려 해서는 안 된다는 것이다. 통치자가 명령을 줄 때에, 비로소 사사로운 시민들이 공적인 권위를 얻게 되는 것이다. 고문관들을 가리켜 대개 군주의 귀와 눈이라 부르듯이, 군주가 어떤 일을 시행하도록 지명을 받아 명령을 하달받은 사람들은 마땅히 군주의 손이라 부를 수 있을 것이다.

24. 불의한 통치자에 대한 자세

그러나 지금까지 우리는 참으로 통치자로 불릴 만한, 즉 국가의 아버지요, 또한 시인(호메로스)의 표현처럼 그 백성의 목자요, 평화의 수호자요, 의의 보호자요, 무죄한 사람을 위한 보응자로 불릴 만한 그런 사람들에 대해서만 묘사해 왔으므로, 그런 사람들의 통치를 인정하지 않는다면 그런 사람은 미친 사람으로 간주해야 마땅할 것이다.

그러나 거의 모든 시대마다 일부 군주들은 당연히 유념해야 할 것들에 대해서 전혀 관심조차 두지 않고 오히려 나태하게 쾌락을 추구해왔다. 그리고 자기들의 일에만 관심을 두고 법과 특권과 재판과 청탁서를 돈을 받고 처리하는 군주들도 있고, 일반 백성들의 돈을 모조리 거두어 미친 듯이 화려함과 사치에 쏟아붓는 군주들도 있고, 또한 강도짓을 일삼으며, 집들을 약탈하고, 부녀자들을 겁탈하고 무고한 자들을 살육하는 군주들도 있다.

그러므로, 많은 사람들이 이런 자들을 군주로 인정하여 가능한 만큼 그들의 권위에 복종해야 한다는 것을 납득하지 못하고 있다. 그런 치욕스러운 일과 그런 범죄 행위야말로 통치자의 직위에는 물론 그저 일개의 사람의 신분에도 어긋나는 것이므로, 통치자의 직위에서 드러나야 할 하나님의 형상의 모습이 거기에 조금도 나타나지 않으며, 또한 선을 장려하고 악을 처벌하기 위하여 세움을 받은 하나님의 사역자로서의 자취(참조. 벧전 2:14)도 조금도 나타나지 않기 때문이다. 그리하여 그들은, 성경이 그 위엄과 권위를 우리에게 가르치는데도 불구하고 그런 사람을 통치자로 인정하지 않는 것이다. 사실 정당한 왕들을 사랑하고 존경하는 것과 마찬가지로 이런 폭군들을 미워하고 저주하는 자세가 사람들의 마음속에 언제나 뿌리깊게 자리잡아온 것이다.

25. 악한 통치자에 대한 자세

그러나 하나님의 말씀을 바라보면, 그 말씀이 우리를 더 멀리까지 인도해 줄 것이다. 우리를 향하여 직무를 공명정대하게 수행하는 군주들의 권위에는 당연히 복종해야 하겠지만, 동시에 어떠한 수단으로든 권세를 장악한 모든 사람들의 권위에도 — 심지어 그들이 군주의 직무를 조금도 수행하지 않는다 할지라도 — 복종하여야 마땅한 것이다. 통치자의 직위야말로 사람들의 안전을 보호해 주기 위하여 하나님께서 자비로 내리신 가장 고귀한 선물이라고 주께서 증언하셨지만, 그리고 주께서 통치자들에게 한계를 지정해 주셨지만, 동시에 주께서는 여전히 그들이 누구든지 간에 그들의 권위가 오직 주님 자신에게서 온 것임을 선포하고 계시는 것이다. 주님은, 백성의 유익을 위하여 다스리는 자들이야말로 이러한 주님의 자비하심의 참된 전형이요 증거라고 말씀하시며, 또한 불의하게 다스리고 무능하게 다스리는 자들은 백성들의 사악함을 벌하시기 위하여 주께서 일으키신 것이라고 말씀하시며, 또한 모든 통치자들이 동등하게 하나님께서 합당한 권세와 함께 부여하신 거룩한 위엄을 지니고 있다는 것을 말씀하시는 것이다.

이 문제를 더 다루기 전에, 이에 대한 확실한 증거들을 좀 더 덧붙이고자 한다. 악한 왕이 그 땅에 임하는 여호와의 진노라는 사실에 대해서는 구태여 증명할 필요가 없을 것이다(욥 34:30; 호 13:11; 사 3:4; 10:5; 신 28:29). 어느 누구도 이에 대해 반론을 제기하지 않을 것이라 믿기 때문이다. 그러니, 백성의 재산을 빼앗는 강도나 혼인을 더럽히는 간음자나 백성을 죽이려 하는 살인자들의 경우와 마찬가지로, 그런 왕에 대해서도 더 이상 말할 필요가 없을 것이다. 성경은 그런 모든 재난들을 하나님의 저주의 일환으로 간주하기 때문이다.

그러나 여기서 잠깐 멈추고 사람들의 생각에 쉽게 잘 납득이 되지 않는 이 문제를 증명해 보기로 하자. 어떠한 존귀도 받을 가치가 없는 철저히 악한 사람이라 할지라도 그에게 공적인 권세가 주어졌다면, 주께서 그의 공의와 심판의 사자들에게 그의 말씀으로 주신 그 고귀한 신적인 권세가 그들에게도 있는 것이다. 그러므로 공적인 복종에 관한 한 신민들로서는 최고의 왕이 그들에게 주어졌을 경우에 드릴 그런 동일한 존경과 높임을 그 사람에게도 드려야 마땅한 것이다.

26. 악한 통치자에 대한 복종

우선, 나는 독자들이 성경이 그렇게 자주 우리에게 제시하는 하나님의 섭리와 또한 하나님께서 기뻐하시는 대로 나라를 배분하고 왕들을 지명하는 데서 나타나는 그 섭리의 특별한 작용을 면밀하게 관찰하기를 바란다. 다니엘서에 의하면, 주께서는 때와 계절을 바꾸시고 왕들을 폐하시고 왕들을 일으키신다(단 2:21, 37). 또한 "지극히 높으신 이가 사람의 나라를 다스리시며 자기의 뜻대로 그 것을 누구에게든지 주시며 또 지극히 천한 자를 그 위에 세우시는 줄을 사람들이 알게 하려 함이라"고도 말씀한다(단 4:17).

성경의 어디든지 이런 구절들이 가득 하지만, 다니엘서에는 특히 그런 구절들이 많다. 느부갓네살이 어떤 왕이었는지를 충분히 알 것이다. 그는 예루살렘을 정복한 자로서 강력한 침략자요, 다른 나라를 파괴시킨 자였다. 그런데도 불구하고, 에스겔서에서는 느부갓네살이 애굽을 쳐서 주를 섬긴 일에 대한 상급으로 주께서 애굽의 땅을 그에게 주었노라고 선언하시는 것을 본다(겔 29:19-20). 그리고 다니엘은 그에게 이렇게 말했다: "왕이여, 왕은 여러 왕들 중의 왕이시라 하늘의 하나님이 나라와 권세와 능력과 영광을 왕에게 주셨고 사람들과 들짐승과 공중의 새들, 어느 곳에 있는 것을 막론하고 그것들을 왕의 손에 넘기사 다 다스리게 하셨으니"(단 2:37-38). 또한 다니엘은 느부갓네살의 아들 벨사살에게 이렇게 말한다: "지극히 높으신 하나님이 왕의 부친 느부갓네살에게 나라와 큰 권세와 영광과 위엄을 주셨고 그에게 큰 권세를 주셨으므로 백성들과 나라들과 언어가 다른 모든 사람들이 그의 앞에서 떨며 두려워하였으며"(단 5:18-19).

하나님께서 어떤 왕을 세우셨다는 말을 들으면, 우리는 왕을 존귀히 여기고 두려워하라는 하늘의 명령을 즉시 생각하도록 하자. 그리고 이어서, 아무리 사악한 폭군이라 할지라도 그를 주께서 그에게 정해 주신 그 위치에 놓고 인정하기를 주저하지 말아야 할 것이다. 사무엘은 왕으로 인하여 이스라엘 백성들이 어떤 희생을 당할 것인지를 경계하면서 이렇게 말했다: "너희를 다스릴 왕의 제도는 이러하니라 그가 너희 아들들을 데려다가 그의 병거와 말을 어거하게 하리니 … 자기 밭을 갈게 하고 자기 추수를 하게 할 것이며 자기 무기와 병거의 장비도 만들게 할 것이며 그가 또 너희의 딸들을 데려다가 향료 만드는 자와 요리하는 자와 떡 굽는 자로 삼을 것이며 그가 또 너희의 밭과 포도원과 감람원에서 제일 좋은 것을 가져다가 자기의 신하들에게 줄 것이며 그가 또 너희의 곡식과 포도원 소산의 십일조를 거두어 자기의 관리와 신하에게 줄 것이며 그가 또 너희의 노비와 가장 아름다운 소년과 나귀들을 끌어다가 자기 일을 시킬 것이며 너희의 양 떼의 십분의 일을 거두어 가리니 너희가 그의 종이 될 것이라"(삼상 8:11-17).

율법이 왕들이 스스로 절제하고 근신하도록 훈련을 시켰으므로(신 17:16 이하), 이런 일들을 행하는 것이 그들의 합법적인 권한은 아니었을 것이다. 그러나 백성들과의 관계에서는 그것을 하나의 권한이라 불렀다. 백성들로서는 그것에 복종하여야 했고 저항할 수가 없었기 때문이다. 사무엘의 이 말은 마치 이런 뜻과도 같다: "왕들이 마음대로 저지르는 횡포가 도에 지나칠 것이지만, 그것을 억제하는 것이 너희의 임무가 아니다. 다만 그들의 명령에 복종하고 그들의 말에 귀를 기울이는 것이 너희의 할 일이다."

27. 통치자에 대한 예레미야서의 예언

그러나 예레미야서에는 이와 관련하여 기억에 남을 만한 구절이 있는데, 이것은 다소 길지만 이 문제를 지극히 명확하게 해결지어 주는 것이므로 여기서 인용하는 데 문제가 없을 것이다: "만군의 여호와 이스라엘의 하나님께서 이와 같이 말씀하시되 … 나는 내 큰 능력과 나의 쳐든 팔로 땅과 지상에 있는 사람과 짐승들을 만들고 내가 보기에 옳은 사람에게 그것을 주었노라 이제 내가 이 모든 땅을 내 종 바벨론의 왕 느부갓네살의 손에 주고 또 들짐승들을 그에게 주어서 섬기게 하였나니 모든 나라가 그와 그의 아들과 손자를 그 땅의 기한이 이르기까지 섬기리라 … 바벨론의 왕 느부갓네살을 섬기지 아니하 … 는 백성과 나라는 내가 그들이 멸망하기까지 칼과 기근과 전염병으로 그 민족을 벌하리라 … 너희는 … 바벨론의 왕을 섬기라 그리하면 살리라"(렘 27:5-8, 17).

여기서 우리는 왕이 아무리 가증스럽고 잔인한 폭군이라 할지라도 그가 왕권을 소유하고 있다는 이유 하나만으로도 그에게 복종하는 것이 하나님의 뜻임을 보게 된다. 그런 자가 나라의 보좌에 앉아서 왕의 위엄을 지니게 된 것이 하늘의 정하신 뜻에 따라 된 일이므로, 그 권위를 범한다는 것은 불법인 것이다. 아무리 무가치한 왕이라 할지라도 모든 왕들의 권위가 세워지는 그 동일한 하늘의 뜻에 의하여 세움받은 것이라는 사실을 계속해서 마음에 새기고 눈 앞에 두게 되면, 왕을 그 공적 여부에 따라서 대하여야 한다는 악한 생각이나, 왕의 편에서 자신이 우리에게 진정 왕으로서의 모습을 보이지 않는 한 그에게 우리 자신을 굴복시키는 것이 부당하다는 선동적인 생각이 절대로 일어나지 않을 것이다.

28. 통치자의 권위에 대한 성경의 증거

그런 예레미야의 명령이 이스라엘 사람들에게만 해당되는 것이라고 반론을 제기해도 소용이 없다. 여호와께서 어떤 연유로 그런 명령을 주셨는지를 보게 되기 때문이다. 주께서는 말씀하기를, "내가 이 모든 땅을 느부갓네살의 손에 주어서 섬기게 하였느니라"(렘 27:6), "그러므로 그를 섬기라 그리하면 살리라"(렘 27:17)고 하신다. 하나님께서 나라를 주신 것이 명백하게 드러나는 그 사람을 섬겨야 한다는 것을 의심해서는 안 될 것이다. 그리고 일단 주께서 어느 사람을 왕의 직위에 오르게 하셨을 때에는, 그로 하여금 다스리게 하시려는 결연한 주님의 의지가 거기서 드러나는 것이다. 이 점에 대하여 성경의 개략적인 증언들이 있다. 솔로몬은 잠언 28장에서, "나라는 죄가 있으면 주관자가 많아진다"(잠 28:2)고 말씀한다. 또한 욥기 12장에서는 "[그가] 왕들이 맨 것을 풀어 그들의 허리를 동이시며"(욥 12:18)라고 말씀한다. 이 점을 인정하게 되면, 우리로서는 그저 섬기고 사는 것 외에 다른 방도가 없는 것이다.

선지자 예레미야의 글에는 "너희는 내가 사로잡혀 가게 한 그 성읍의 평안을 구하고 그를 위하여 여호와께 기도하라 이는 그 성읍이 평안함으로 너희도 평안할 것임이라"(렘 29:7)고 하여, 바벨론의 평안을 간구하라는 명령이 나타난다. 보라, 모든 재산을 빼앗기고 고향에서 쫓겨나 유배의 상태에 끌려가 속박을 당하고 있는 이스라엘 사람들에게 그들의 정복자의 번영을 위하여 기도하라고 명령하고 있는 것이다. 물론 다른 구절에서는 우리를 박해하는 자들을 위하여 기도하라고 명령하지만(참조. 마 5:44) 그것과는 달리, 이 명령은 그 정복자의 나라가 안전하고 평화롭게 보존됨으로써 그 정복자 밑에서 그들 역시 번영하도록 하라는 것이다.

그리하여 다윗도 이미 하나님의 세우심과 기름 부으심으로 왕으로 지명되었음에도 불구하고 아무런 연고도 없이 사울에게서 박해를 받으면서도 그를 공격하는 사울의 목숨을 해쳐서는 안 될 것으로 여겼다. 주께서 그 나라의 존귀함으로 그를 거룩하게 세우셨다는 생각 때문이었다. 그는 이렇게 말한다: "내가 손을 들어 여호와의 기름 부음을 받은 내 주를 치는 것은 여호와께서 금하시는 것이니 그는 여호와의 기름 부음을 받은 자가 됨이니라"(삼상 24:6). 그는 또 다시 말하기를, "내가 왕을 아껴 말하기를 나는 내 손을 들어 내 주를 해하지 아니하리니 그는 여호와의 기름 부음을 받은 자이기 때문이라 하였나이다"(삼상 24:10)라고 하였고, 또한 "누구든지 손을 들어 여호와의 기름 부음 받은 자를 치면 죄가 없겠느냐? … 여호와께서 살아 계심을 두고 맹세하노니 여호와께서 그를 치시리니 혹은 죽을 날이 이르거나 또는 전장에 나가서 망하리라 내가 손을 들어 여호와의 기름 부음 받은 자를 치는 것을 여호와께서 금하시나니"(삼상 26:9-11)라고 하였다.

29. 통치자는 하나님께서 다루심

통치자들이 어떠한 사람들이든 간에, 우리로서는 우리의 모든 통치자들에게 최고의 존경과 충성의 자세를 가져야 한다. 그러므로 자주 반복하는 말이지만, 통치자들의 사람 됨이 어떠한가를 살피기를 배울 것이 아니라 주께서 그의 뜻으로 그 사람에게 새겨 두신 그 불가침의 위엄을 그들이 지니고 있다는 사실로 만족할 줄 알아야 하는 것이다.

그러나 통치자들도 그 신민들에게 책임을 다하여야 하지 않느냐고 말할 것이다. 이 점은 나도 이미 인정하였다. 그러나 만일 이를 근거로 올바른 통치자들만을 섬겨야 한다는 식으로 결론을 짓는다면, 그것은 어리석은 추리일 뿐이다. 남편과 아내나, 부모와 자녀들도 서로 상대방에 대한 책임을 지고 있다. 그런데 가령 부모와 남편들이 그 의무에서 이탈한다고 생각해 보라. 부모가 자식을 노엽게 하지 말라는 명령(엡 6:4)을 어기고 그들을 지나치게 혹독하고도 난폭하게 대하여 도저히 견딜 수 없도록 만든다고 생각해 보자. 남편이 아내를 사랑하여야 하고(엡 5:25) 연약한 그릇으로 여겨야 함에도 불구하고(벧전 3:7), 아내를 극심하게 학대한다고 생각해 보자. 그렇다고 해서 자녀가 부모에게 순종하지 않고, 아내가 남편에게 순종하지 않아야 옳겠는가? 아무리 악하고 의무를 다하지 않는다 할지라도 여전히 부모와 남편으로서 복종하여야 마땅할 것이다.

사실, 우리 모두 남이 등에 짊어지고 있는 짐을 보려 해서는 안 된다. 즉, 다른 사람의 의무에 대해서 묻지 말고, 각자 자기 자신의 한 가지 의무를 마음에 새겨야 한다. 다른 사람의 권세 아래 있는 자들은 특히 더 그렇게 해야 하는 것이다. 그러므로, 잔인한 군주에게 혹독하게 고통을 당한다거나, 탐욕스럽거나 방자한 군주에게 착취를 당하거나, 불경하고 모독을 일삼는 군주에게 경건의 일로 큰 어려움을 당하거나, 우리는 먼저 우리 자신의 잘못을 먼저 생각하여야 할 것이다. 바로 그러한 잘못 때문에 우리가 주께로부터 그런 매를 맞고 있는 것이기 때문이다(참조. 단 9:7). 그렇게 하면, 우리가 겸손해져서 조급함이 억제될 것이다.

또한 이와 함께, 그런 악을 치유하는 것이 우리의 할 일이 아니라 주님의 도우심을 간구하는 것이 우리의 할 일이라는 것을 명심해야 할 것이다. 왕들의 마음도, 나라의 변화도 모두 주님의 손에 달려 있는 것이다(잠 21:1). "하나님은 신들의 모임 가운데에 서시며 하나님은 그들 가운데에서 재판하시느니라"(시 82:1). 하나님의 기름 부으신 자에게 입을 맞추지 않는 모든 왕들과 땅의 통치자들이 하나님 앞에서 망하고 무너질 것이며(시 2:10-12), 또한 "불의한 법령을 만들며 불의한 말을 기록하며 가난한 자를 불공평하게 판결하여 가난한 내 백성의 권리를 박탈하며 과부에게 토색하고 고아의 것을 약탈하는 자는"(사 10:1-2) 모두 화를 당할 것이다.

(폭정에 대한 하나님의 처리와 하나님을 향한 순종. 30-32)

30. 통치자들에 대한 하나님의 처리

여기서 하나님의 선하심과 권능과 섭리가 드러난다. 하나님께서는 때때로 그의 종들 중에서 노골적인 복수자들을 일으키시고 그들에게 명령을 주셔서 악한 정부를 처벌하고 정당한 자세로 억눌려 있는 그의 백성들을 비참한 재난에서 구해내기도 하신다. 그리고 때로는 다른 의도와 다른 욕심을 가진 사람들의 격렬한 분노를 사용하셔서 이 목적을 이루기도 하신다. 여호와께서는 모세를 통해서 바로의 폭정에서 이스라엘 백성을 구하여 내셨고(출 3:7-10), 옷니엘을 통하여 수리아 왕 구산의 횡포로부터 그 백성을 구원하셨고(삿 3:9), 다른 왕들이나 사사들을 통하여 다른 폭정에서 구원하셨다.

하나님께서는 애굽 사람들을 통해서 두로의 교만을 꺾으셨고, 앗수르 사람들을 통해서 애굽 사람들의 오만을 깨뜨리셨으며, 갈대아 사람들을 통해서 앗수르의 맹렬한 포악을 무너뜨리셨고, 메대인들과 바사인들을 통하여 바벨론의 교만을 꺾으셨고, 그에 앞서서 고레스를 통해서 메대 사람들을 정복시키셨던 것이다. 여호와께서는 유다와 이스라엘의 왕들의 배은망덕한 자세와 주께서 베푸신 온갖 혜택에 대하여 그들이 보인 불경스러운 완악함을 — 항상 방식은 달랐으나 — 때로는 앗수르 사람들을 통해서, 때로는 바벨론 사람들을 통해서 무너뜨리시고 깨뜨리신 것이다.

첫 번째 부류의 사람들의 경우는 하나님의 정당한 부르심을 받아 왕들을 대적하여 무력을 사용하는 그런 행동을 취하기 위하여 보내심을 받았을 때에 하나님께서 정하사 왕들에게 심어 놓으신 그 위엄을 절대로 침해하지 않았고, 오히려 하늘로부터 무력을 부여받아서 더 높은 권세로 그 낮은 권세를 진압하였는데, 이는 마치 왕이 그 신민을 처벌하는 것과 마찬가지로 지극히 합법적인 처사인 것이다. 그러나 두 번째 부류의 사람들의 경우는, 비록 그들이 하나님의 손에 인도하심을 받아 하나님께서 원하시는 곳으로 가서 자기들도 모르는 사이에 하나님의 일을 수행하였으나, 자기들의 생각으로는 순전히 악행만을 도모한 것뿐이다.

31. 통치자들에 대한 합법적인 저지 수단

이 사람들의 행위 그 자체를 어떻게 판단하든지 간에 여호와께서는 그들 모두를 사용하셔서 교만한 왕들의 피비린내나는 홀을 깨뜨리시고, 도저히 용납할 수 없는 정부를 전복시키사 그의 일을 행하신 것이다. 그러니 군주들은 이 말을 귀담아 듣고 두려워해야 할 것이다.

그러나 한편으로, 우리는 통치자들의 권위를 멸시하거나 침범하지 않도록 매우 조심해야 한다. 통치자들이 지극히 무가치한 자들로서 자기들의 악으로 할 수 있는 만큼 그 위엄을 더럽힌다 할지라도, 하나님께서 친히 지극히 엄숙한 뜻으로 그들을 그 직위에 세우셨으므로 그들에게는 여전히 높고 귀한 위엄이 충만하기 때문이다. 혹 그처럼 제멋대로 날뛰는 폭정에 대해서 보응하시는 것이 주의 뜻이라 할지라도, 우리는 그 일이 우리에게 맡겨졌다는 식으로 금방 생각해서는 안 될 것이다. 우리로서는 오직 복종하고 묵묵히 견디라는 것 이외에 다른 명령을 받은 바가 없기 때문이다.

나는 지금 계속해서 사사로운 개개인들의 처신에 대해서 말하고 있는 것이다. 그러나 만일 왕들의 사악한 횡포를 억제하도록 임명된 백성들의 관리들이 있다면 — 고대 스파르타의 왕들을 견제하기 위하여 감독관들(ephor)이 있었고, 로마 집정관들을 견제하기 위하여 호민관들이 있었고, 아테네의 원로원을 견제하기 위하여 장관들이 있었고, 현재와 같이 각국의 최고 회의에서 삼부 계급이 있어서 그 역할을 담당하듯이 — 그들이 자기들의 의무에 따라서 왕들의 맹렬한 방종을 대적하는 것을 절대로 반대하지 않는다. 오히려 지체 낮은 평민들에 대한 군주들의 횡포를 그들이 눈감아 준다면, 그것이야말로 극악스러운 배신 행위라고 선언할 것이다. 그들은 하나님의 명령에 의하여 호민관으로 지명을 받았음을 잘 알고 있으면서도 스스로 백성의 자유를 부정직하게 배반하고 있는 것이기 때문이다.

32. 하나님을 향한 순종이 가장 우선함

그러나 통치자들의 권위에 우리가 마땅히 보여야 할 복종에 있어서, 언제나 다음과 같은 한 가지 예외의 사실이 있다는 것을 알고 또한 그것을 최우선으로 지켜야 한다. 곧, 통치자들에게 복종하여야 하지만, 그렇다고 해서 하나님을 향한 순종에서 벗어나는 일이 있어서는 절대로 안 된다. 모든 왕들의 욕망도, 왕들의 모든 명령도, 왕들의 권위의 홀도 모두 그분께 복종하고 굴복해야 한다. 사람들에게 복종하는 것이 바로 하나님을 위해서 하는 것인데, 만일 사람들을 만족시키려 하는 나머지 바로 그 하나님을 거스른다면 이 얼마나 어리석은 짓이겠는가! 그러므로 여호와께서 왕 중의 왕이시니, 그가 그의 거룩하신 입을 여시면 다른 모든 사람들의 말에 앞서서 오직 그의 말씀을 들어야 하는 것이다. 하나님 다음으로 우리는 우리를 다스리는 자들에게 복종해야 한다. 그러나 오로지 하나님 안에서만 복종해야 하는 것이다.

만일 통치자들이 하나님을 거스르는 일을 명령하면, 그 명령은 듣지 말아야 한다. 그리고 이때에는 통치자들이 소유한 위엄에 대해서는 전혀 개의치 말아야 한다. 하나님의 고유한 최고의 권세 앞에서는 그들의 위엄이 낮아져도 아무런 해가 없는 것이다. 이에 대해서, 다니엘은 왕의 불경한 칙령에 복종하지 않으면서 자기가 왕에 대하여 범죄한 것이 아니라고 대답하고 있다(단 6:22-23). 왕이 자기의 한계를 넘어서 사람들을 향하여 그릇되게 행하였을 뿐 아니라, 하나님을 대적하여 스스로 뿔을 높임으로써 하나님의 권세를 폐기시켰기 때문이다.

이와 반대로, 이스라엘 백성들은 왕의 사악한 포고에 너무 지나치게 복종하였다가 정죄를 받았다(호 5:13). 여로보암이 금송아지를 만들었을 때에, 그들은 여로보암을 기쁘게 하느라 하나님의 성전을 저버리고 그 새로운 미신을 따라갔던 것이다(왕상 12:30). 그리고 그들의 후손들 역시 똑같이 왕들의 칙령에 그대로 복종하였고, 선지자는 그들이 왕의 칙령을 그대로 따른 것에 대해서 신랄하게 책망하고 있다(호 5:11). 겸손을 가장한 것은 결코 칭찬할 수가 없다. 왕궁의 간신배들을 거짓된 겸손의 모습으로 치장하고서 단순한 백성들을 속이면서, 어떠한 명령이든 왕들이 부과한 것을 거부하는 것은 결코 합당한 일이 아니라고 떠벌리는 것이다. 하나님께서 죽을 인생들에게 자기의 권한을 넘겨 주셔서 인류를 다스리게 하기라도 하신 것처럼 말이다! 아니면, 통치자들에게 권세를 주신 분은 그 앞에서 하늘의 권능들조차 떨며 애원하는 그런 분인데, 그런 통치자들의 권세가 그 본래의 주인이신 그분께 굴복하게 되면 그 힘이 약화되기라도 하는 것처럼 떠벌리는 것이다!

나는 신민들이 이런 절개를 지키고자 하면 얼마나 큰 위험에 봉착하게 되는지를 잘 알고 있다. 왕들이 그런 일에 대해서 극히 진노할 것이기 때문이다. 솔로몬은 말하기를, "왕의 진노는 죽음의 사자들과 같다"고 하였다(잠 16:14). 그러나 하늘의 사자인 베드로가 친히 이러한 명령을 ― "사람보다 하나님께 순종하는 것이 마땅하니라"(행 5:29) ― 선언하였으니, 우리는 경건에서 떠나기보다는 차라리 무엇이든 그대로 견디고 당하면서라도 주께서 요구하시는 복종을 시행하여야 한다는 생각으로 위로를 받도록 하자. 그리고 우리의 용기가 희미해지지 않도록, 바울은 또 다른 막대기로 우리에게 자극을 주고 있다. 곧, 그리스도께서 우리의 구속을 위하여 필요한 그 엄청난 값을 치르시고 우리를 구속하셨으므로, 우리는 사람들의 악한 욕망에 종이 되어서는 안 되며, 더욱이 그들의 불경에 굴복해서는 더욱더 안 된다고 가르치는 것이다(고전 7:23).

하나님을 찬양하라

주

1. 참조. 3권 19장 16절; 4권 10장 3-6절.

2. 참조. 8절.

3. 4권 8장 10절.

4. Pseudo-Cicero, *Letters to Brutus*, I. xv. 5.

5. Seneca, *On Clemency*, I. iii. 3.

6. Dio Cassius, *Nerva*, Epitome of Book, lxviii. 3.

7. Augustine, *Letters*, cxxxviii. 2. 15; cxxx. 6. 13.

생명(삶) 1.5.8-10 / 1.13.13-14 / 1.16.9 / 1.17.4 / 2.6.1 / 2.8.46 / 2.10.10 / 2.12.2 / 2.16.1 / 2.17.5 / 3.2.28 / 3.6.10 / 3.9-10 / 3.14.4 / 3.25.10-12 / 4.1.4, 13 / 4.13.12 / 4.16.17

선(善) 2.2.25-27 / 2.5.3 / 2.8.46 / 3.5.3 / 3.6.2 / 3.7.5 / 3.14.2

선지자 1.6.2 / 1.8.7-8 / 2.9.1 / 2.10.20 / 2.11.6, 10 / 4.1.5, 18, 25 / 4.3.4 / 4.8.3, 6 / 4.9.3

선택 3.21 / 3.22. / 3.23.1 / 3.24.6

선행 2.3.12 / 2.5.14-15 / 3.11.13-20 / 3.14.9, 18, 21 / 3.16.1-2 / 3.17.5

설교 3.23.12-14 / 3.24.13 / 4.3.3 / 4.8.9 / 4.16.19 / 4.17.39

섬김 4.3.1 / 4.13.18 / 4.20.15

섭리 1.16-17 / 2.4.6-8

성경 1.6-9 / 1.11.12

성도 1.12.1 / 2.3.9 / 2.8.25-26 / 3.20.20, 24, 26, 47 / 3.25.6 / 4.1.3, 20, 22 / 4.15.13, 15

성령 1.5.13 / 1.7.4 / 1.9 / 1.13.14-15 / 2.2.25-26 / 3.1.1-4 / 3.2.33-37 / 3.20.5 / 4.14.7-13 / 4.16.21-22 / 4.17.8-10, 32-34

성례 4.14-19

성부 1.13.17-18, 19, 24-26 / 2.6.1-2 / 2.15.5

성소 2.10.17 / 2.11.5 / 3.2.41 / 3.20.2 / 3.23.9

성육신 1.13.26 / 2.12.4-7 / 2.13.1-2 / 2.14.4-8

성자(聖子) 1.13.7-13, 23 / 2.14.5, 7

성직록 4.5.4-9

성직자 4.4.9 / 4.5.15 / 4.11.15 / 4.12.1 / 4.19.22-33

성찬 4.17-18

성화(聖化) 2.1.7 / 2.13.4 / 2.16.13 / 3.2.8 / 3.3.9-10, 19 / 3.6.2-3 / 3.7.5 / 3.11.1, 15 / 3.14.9 / 3.19.2 / 3.20.28, 42 / 3.22.1 /

3.23.12-13 / 4.15.2 / 4.16.29

세례 2.15.5 / 2.16.5 / 4.1.23-27 / 4.4.26-27 / 4.7.9 / 4.8.16 / 4.14.22-24 / 4.15 / 4.16.2-3, 10-16 / 4.19.5, 10-11

세상(세계) 1.3.3 / 1.14.1-2 / 1.17.1 / 2.2.20 / 2.10.17, 20 / 2.15.3, 5 / 3.1.2 / 3.9.4 / 3.20.42-43 / 3.22.7 / 4.8.9 / 4.11.11. / 4.19.7

소망 2.6.3 / 2.7 / 2.10.7-15, 17 / 2.11.2 / 3.2.41-43 / 3.1.2 / 3.2.31 / 3.8.3 / 3.13.4 / 3.20.11-14, 51-52 / 3.21.5 / 3.24.7 / 3.25.1-3

속성, 하나님의 1.2.1 / 1.5.6-7 / 1.5.10 / 1.14.21 / 1.16.2 / 3.20.13 / 2.30.41

속죄 2.6.2 / 2.7.16 / 2.14.5 / 2.16.2, 4 / 2.17.2 / 3.14.11 / 4.18.1 / 4.19.28

수도원주의 4.13.8-16

순결 1.1.1-2 / 1.15.1 / 1.18 / 2.8.4, 6, 41 / 2.16.6 / 3.3.16 / 3.4 / 3.15.3-4 / 4.8 / 4.17.38

순교자 1.8.12-13 / 3.5.3

순종, 그리스도의 2.12.3 / 2.16.5-7

순종, 사람의 2.8.3-5 / 2.15.5 / 3.8.4 / 3.19.4-6 / 4.9.12-14 / 4.20.22-29, 32

스랍 1.11.3

신(神)들 1.4.3 / 1.10 / 1.14

신뢰 1.4.4 / 1.14.12-13, 18, 22 / 2.6.3 / 2.8.16 / 2.13.1 / 3.2.17-18, 23 / 3.7.8-9 / 3.8.2-3 / 3.12.21 / 3.20.37 / 3.24.6 / 3.25.3 / 4.14.12 / 4.17.40

신자 1.14.6, 18 / 2.7.3, 12-13 / 3.3.10-11 / 3.9.6 / 3.14.9 / 3.17.15 / 3.19.4 / 3.20.19, 30 / 4.1.4, 23-29 /

신학 1.14.4 / 1.15.12 / 1.13.3-5, 31 / 1.14.4 / 3.15.6 / 4.7.27 / 4.8 / 4.9.13 / 4.17.25

심판 1.5.7 / 1.18 / 2.2.23 / 3.4.32-33 / 3.4.31,

● 독자 여러분들께 알립니다!
'CH북스'는 기존 '크리스천다이제스트'의 영문명 앞 2글자와
도서를 의미하는 '북스'를 결합한 출판사의 새로운 이름입니다.

세계기독교고전 46

기독교 강요 (하)

1판 1쇄 발행 2003년 4월 15일
2판 1쇄 발행 2015년 11월 19일
2판 7쇄 발행 2024년 3월 14일

지은이 존 칼빈
옮긴이 원광연
발행인 박명곤   **CEO** 박지성   **CFO** 김영은
기획편집1팀 채대광, 김준원, 이승미, 이상지
기획편집2팀 박일귀, 이은빈, 강민형, 이지은
디자인팀 구경표, 구혜민, 임지선
마케팅팀 임우열, 김은지, 이호, 최고은

펴낸곳 CH북스
출판등록 제406-1999-000038호
전화 070-4917-2074   **팩스** 0303-3444-2136
주소 서울시 강서구 마곡중앙6로 40, 장흥빌딩 10층
홈페이지 www.hdjisung.com   **이메일** support@hdjisung.com
제작처 영신사

ⓒ CH북스 2015

"크리스천의 영적 성장을 돕는 고전"
세계기독교고전 목록